D1822351

साथ जुड़ें साथ पढ़ें

आत्मकथा

दियासलाई

दियासलाई

कैलाश सत्यार्थी

राजकमल प्रकाशन

ISBN : 978-93-6086-284-8

मूल्य : ₹999

पहला संस्करण : 2025

प्रकाशक : राजकमल प्रकाशन प्रा. लि.
1-बी, नेताजी सुभाष मार्ग, दरियागंज
नई दिल्ली-110 002

शाखाएँ : अशोक राजपथ, साइंस कॉलेज के सामने, पटना-800 006
पहली मंजिल, दरबारी बिल्डिंग, महात्मा गांधी मार्ग, प्रयागराज-211 001
1, अनमोल सोराबजी सन्तुक लेन, धोबी तलाव, मरीन लाइंस, मुम्बई-400 002
वेबसाइट : www.rajkamalprakashan.com
ई-मेल : info@rajkamalprakashan.com

मुद्रक : यश प्रिंटोग्राफ़िक्स
नोएडा-201 301 (उत्तर प्रदेश)

DIYASALAEE
An Autobiography by Kailash Satyarthi

मुझे जीवन देने वाली
मेरी माँ स्व. चिरोन्जी देवी और
पिता स्व. रामप्रसाद शर्मा

एवं

मेरे सपनों के सहयात्री बनकर
अपना जीवन बलिदान करने वाले
शहीद धूमदास, आदर्श किशोर और कालू कुमार को
समर्पित

क्रम

भूमिका

मैंने कभी नहीं सोचा था कि एक दियासलाई की आत्मकथा लिखूँगा। दियासलाई पर लिख पाना बड़ा मुश्किल काम है, क्योंकि उसकी ज़िन्दगी बहुत अजीबोग़रीब होती है। विरोधाभासों, विसंगतियों और अँधेरों-उजालों के साथ-साथ ज़िन्दगी और मौत के संघर्षों से भरी हुई।

एक छोटी-सी दियासलाई किसी मोमबत्ती या दीये को प्रकाशित करके घने से घने अँधियारे को क्षण भर में जीत लेती है। अँधेरे में जलने वाला वह दीया न केवल हमें संसार के अस्तित्व का बोध कराता है, बल्कि हमारी आँखों की सार्थकता का प्रमाण भी बनता है। वह दियासलाई उसे अनगिनत दीये जला सकने के सामर्थ्य से भर देती है और उजाले की अनन्त सम्भावनाओं की इबारत का पहला अक्षर लिखती है।

दरअसल हम सभी किसी न किसी रूप में दियासलाई हैं। मैं भी उन्हीं में से एक हूँ। परन्तु हम माचिस में रखी दियासलाइयों से अलग हैं, क्योंकि हम चेतन हैं। अपने फ़ैसले ख़ुद ले सकते हैं। फिर भी, यह हमारे ऊपर है कि हम दूसरों के द्वारा इस्तेमाल किये जाएँ, या फिर ख़ुद के सामर्थ्य और उद्देश्य की पहचान कर सकें।

बचपन में मेरे घर में बिजली नहीं थी। मोहल्ले में भी नहीं थी। मुझे और मेरे परिवार को हर रोज़ लालटेन या ढिबरी जलाकर रोशनी करनी पड़ती थी। हम काँच की शीशी में मिट्टी का तेल भरकर उसके ढक्कन में छेद करके, पुराने कपड़े की बाती बनाकर डाल देते थे। माचिस की एक तीली से वह ढिबरी जलाते थे। फिर उसी से दूसरी ढिबरियाँ और लालटेन जलाकर रात में अपनी पढ़ाई-लिखाई और दूसरे काम करते थे। शायद तभी से मेरे मन में दियासलाई

में छुपी आग और रोशनी की ताक़त से प्यार हो गया था।

घर का माहौल धर्म-कर्म और देशभक्ति से ओत-प्रोत था। मैं अलग-अलग मत-पंथों के साधु-संतों और आज़ादी की लड़ाई में बलिदान देने वालों के जीवन को दियासलाई की भाँति देखता था। अँधेरे के अन्त का आरम्भ किसी-न-किसी चिंगारी से होता है। इसीलिए अपनी अन्तश्चेतना की अग्नि को दूसरों में बाँटकर उन्हें प्रकाशपुंजों में बदलने वाली दियासलाई मेरी सबसे बड़ी प्रेरणा बन गई। मुझे लगने लगा था कि जिस तरह एक छोटी सी दियासलाई के दिल में रोशनी का समन्दर छुपा रहता है, उसी तरह से मनुष्य के मस्तिष्क में दुनिया को बेहतर बनाने की अपार सम्भावनाएँ भरी होती हैं। निश्चित तौर पर इस सोच में मेरे माता-पिता, बड़े भाई, बहन, अध्यापकों और मित्रों का सबसे बड़ा योगदान रहा।

कई तरह के अँधेरे से पीड़ितों की तकलीफ़ को महसूस करके उन्हें दूर करने के संकल्प, साहस और सक्रियता के साथ-साथ अँधेरों के प्रति आक्रोश और उसे नष्ट करने की बेचैनी के बिना कोई दियासलाई नहीं बन सकता। दियासलाई बनने की कोशिश में मेरा जीवन भी आक्रोश और करुणा के ताने-बाने से बुना जाता रहा है।

मेरी आत्मकथा में कुछ भी चमत्कारिक, असाधारण या विशिष्ट खोजने की कोशिश करेंगे तो आपको निराशा होगी। किसी भी साधारण व्यक्ति की तरह मेरे जीवन की कहानी में सफलता-असफलता, आशा-निराशा, अच्छाई-बुराई, मज़बूती-कमज़ोरी, गुण-अवगुण, सुख-दुःख, लालच-त्याग आदि सभी चीज़ें शामिल हैं। हाँ, इन सबके बावजूद रुककर बैठ जाना मैंने नहीं सीखा। बड़े-से-बड़े सपने देखकर उन्हें पूरा करने के लिए अपना सब कुछ झोंक देने से मैं जरा-सा भी नहीं हिचका। कई आन्दोलन खड़े किये, कई संगठन बनाए और उनके माध्यम से बहुत सारी उपलब्धियाँ हासिल कीं, लेकिन किसी से बँधकर नहीं रहा क्योंकि इनका श्रेय अनगिनत जाने-अनजाने साथियों और सहयोगियों को है।

दियासलाई का काम बुझे पड़े दीयों और मोमबत्तियों के भीतर की रोशनी को जगाना होता है, ख़ुद दीया बनने की कोशिश करना नहीं। ग़ुलामी, शोषण और उत्पीड़न से मुक्त कराए गए मेरे हज़ारों बच्चे न केवल प्रकाशपुंज बनकर समाज में फैले अँधेरों को मिटा रहे हैं, बल्कि उनमें से कई ख़ुद दियासलाइयाँ बनकर बुझे पड़े दीपों को प्रज्वलित कर रहे हैं।

हाँ, एक आख़िरी लेकिन सबसे महत्त्वपूर्ण बात। दियासलाई की तरह कभी-कभी ही मेरे जैसे लोगों की ज़िन्दगी और कामों की पहचान हो पाती है। जैसे कि नोबेल शान्ति पुरस्कार मिलने के कारण हो गया। परन्तु दियासलाई होने की

जो क़ीमत मेरे परिवार को चुकानी पड़ी है, उसे शब्दों में लिख पाना असम्भव है। मेरी सबसे मज़बूत साथी सुमेधा जी हमारे विवाह के बाद से ही, और बेटा भुवन और बेटी अस्मिता अपने बचपन से ही मेरे संघर्षों के साझीदार रहे हैं। कई तरह के हमलों, ख़तरों, परेशानियों और अभावों के बावजूद उनकी बहादुरी और समर्पण की घटनाएँ आपको ज़रूर प्रेरित करेंगी।

मुझे पूरा भरोसा है कि यह आत्मकथा मानवता में आपके विश्वास को बढ़ाएगी। साथ ही, समाज में फैली निराशा और हताशा को आशा में, डर को निडरता में, अलगाव को जुड़ाव में, घृणा को प्रेम में, उदासीनता को करुणा में, अशान्ति को शान्ति में, और अँधेरे को उजाले में बदलने में कुछ हद तक ज़रूर सफल होगी। याद रखिएगा कि यह मेरी यात्रा अभी जारी है, और सपने भी पूरे नहीं हुए। इसलिए मैं आह्वान करता हूँ कि इस पुस्तक को पढ़ने के बाद करुणा के वैश्वीकरण के मेरे नये आन्दोलन में आप सहभागी बनें। आशा करता हूँ कि अगली आत्मकथा में मेरी कहानियों के साथ आपके क़िस्से भी ज़रूर शामिल होंगे।

—कैलाश सत्यार्थी

बाल आश्रम
विराटनगर, राजस्थान

ओस्लो के मंच से पीछे झाँकते हुए

10 दिसम्बर, 2014 की दोपहर को; नार्वे की राजधानी ओस्लो बर्फ़ से ढकी पड़ी थी। हड्डियाँ जमा देने वाली सर्दी के बावजूद पूरे शहर में उत्सव का माहौल था। उस दिन पाकिस्तान की मलाला यूसुफ़ज़ई और मुझे नोबेल शान्ति पुरस्कार दिया जाना था। हम नोबेल कमेटी के सदस्यों के साथ सिटी हॉल के मंच पर बैठे थे। मुझे महसूस करते हुए बहुत रोमांच हो रहा था कि यह वही जगह है और ये वे ही कुर्सियाँ हैं, जिन पर कभी मार्टिन लूथर किंग, नेल्सन मंडेला, आर्कबिशप डेसमंड टूटू, दलाई लामा, मदर टेरेसा जैसी महान विभूतियाँ बैठी थीं। पूरा सिटी हॉल जानी-मानी हस्तियों से भरा हुआ था। उनमें नार्वे के राजा, रानी सहित पूरा राज परिवार, प्रधानमंत्री, मंत्रिमंडल के सदस्य, सांसद और देश-विदेश से पहुँचे महत्त्वपूर्ण अतिथियों के अलावा मेरे परिवार जन और कुछ नज़दीकी दोस्त भी थे।

पुरस्कार दिये जाने से पहले वहाँ नोबेल शान्ति पुरस्कार कमेटी के मुखिया का संक्षिप्त भाषण और संगीत का कार्यक्रम हुआ था। मैं अपना नाम पुकारे जाने तक तरह-तरह के विचारों और स्मृतियों में खोया हुआ था। मैं समूची दुनिया के बच्चों के प्रति पहले से कहीं ज़्यादा नैतिक जिम्मेवारी महसूस कर रहा था। अपनी मातृभूमि को याद करते हुए भारतीय होने पर गर्व कर रहा था क्योंकि भारत के सांस्कृतिक मूल्यों की बुनियाद पूरे विश्व को एक परिवार मानने पर खड़ी है। हज़ारों साल पहले भारत के ऋषियों ने सबको साथ-साथ चलने, साथ-साथ विचार करने, बोलने और अपने कार्यों की उपलब्धियों को साथ मिलकर भोगने का सन्देश दिया था। उन्होंने सिर्फ़ मनुष्यों के बीच हिंसा और टकराव की समाप्ति को शान्ति न मानकर उसे समग्रता के साथ समझा था और सभी

प्राणियों, प्रकृति के सभी तत्त्वों और पूरे ब्रह्मांड के प्रत्येक अस्तित्व के बीच शान्तिपूर्ण सन्तुलन तथा सामंजस्य बनाने की प्रार्थना की थी, संकल्प लिया था।

मुझे महात्मा गांधी की भी याद आई, जिन्हें नोबेल शान्ति पुरस्कार के लिए पाँच बार नामित किया गया था। यदि उन्हें वह पुरस्कार मिला होता तो इस सम्मान का महत्त्व कई गुना और बढ़ जाता। पुरस्कार मिलने की घोषणा के दिन से ही मुझे इस बात की हैरानी थी कि भारत में जन्मी अनेक विभूतियों ने मानवता को बेहतर बनाने के उत्कृष्टतम कार्य किये हैं, लेकिन मेरे जैसे साधारण व्यक्ति को इस सम्मान के लायक़ कैसे मान लिया गया? बार-बार अपने पूरे जीवन को याद करके ख़ुद को भरोसा दिलाने की कोशिश करता रहता था कि मैं उस सम्मान के योग्य क्यों हूँ। मैं अपने माता-पिता, आन्दोलन के साथियों, सुमेधा जी और दोनों बच्चों के संघर्ष भरे दिनों को याद करके काफ़ी भावुक हो रहा था। उनके अलावा मेरी स्मृतियों में ऐसे ढेर सारे लोग आ-जा रहे थे, जिन्होंने कभी किसी रूप में सहयोग करके या नुक़सान पहुँचाकर मुझे उस मंच तक पहुँचाया था। मैं उन सबके लिए कृतज्ञता का अनुभव कर रहा था।

जब छोटा था, घर में बिजली कनेक्शन नहीं था। एक बार एक लेखन प्रतियोगिता में भाग लेना था। तब मैं पाँचवीं या छठी कक्षा में पढ़ता था। पिछली शाम को अचानक हमारी लालटेन में से मिट्टी का तेल रिसने लगा। मैंने काँच की एक बोतल के टीन वाले ढक्कन में छेद करके उसमें पुराने कपड़े की चिंदी की बत्ती बनाकर डाली। तेल भरा। रात को उसी ढिबरी की रोशनी में तैयारी की। दूसरे दिन वह इनाम जीत लिया। पिताजी के चेहरे पर ख़ुशी और गर्व के जो भाव उस रोज़ दिखे उसे कभी नहीं भूला। वह प्रतियोगिता जीतने पर मुझे एक सर्टिफ़िकेट मिला था। उसे गत्ते के डिब्बे में सँभालकर रख दिया था। एक बार तेज़ बारिश शुरू होने पर भतीजे-भतीजियों के साथ गली में मस्ती करने निकल गया। बरसात में हमारी गली कई घंटों के लिए बड़ा-सा नाला बन जाती थी। हम उसी में लुढ़कते-पुड़कते तैरना सीखते थे। उस रोज़ घर में वापस घुसते ही मेरी नज़र अपने डिब्बे पर पड़ी, जिसमें लबालब पानी भरा हुआ था। मेरा सर्टिफ़िकेट गीला हो चुका था।

तेज़ बरसात में अक्सर हमारे घर की खपरैल की छत में से जगह-जगह पानी टपकने लगता था। तब हम जल्दी-जल्दी अपना सामान हटाकर ऐसी जगह रखते थे, जहाँ पानी न चू रहा हो। जल्दी से कोयले वाली लोहे की इस्तरी गरम करके उसे सुखाने की कोशिश भी की। लेकिन स्याही से लिखे हुए अक्षर पूरी तरह धुल चुके थे। मैं अपना पहला सर्टिफ़िकेट नष्ट हो जाने पर ख़ूब रोया। तब

मेरे पिताजी ने समझाते हुए कहा, "बेटा, कई लोगों के पास सर्टिफ़िकेट होते हैं, लेकिन योग्यता नहीं होती। तुम्हारे पास तो योग्यता है। सर्टिफ़िकेट नहीं भी बचा तो क्या फ़र्क़ पड़ता है?" उसके बाद मैंने कभी कोई सर्टिफ़िकेट सँभालकर नहीं रखा।

07 अक्टूबर, 1995 में मुझे 'रॉबर्ट एफ. कैनेडी ह्यूमन राइट्स अवार्ड' मिलने की ख़बर विदिशा के अख़बारों में छपी। मेरी माँ मोहल्ले भर में मिठाइयाँ बाँट आईं। उन्होंने मेरे स्वर्गीय पिताजी के नाम पर मिलने वाली पेंशन के सारे रुपये बैंक से निकालकर वे मिठाइयाँ ख़रीदी थीं। कभी-कभार मेरे कामों की ख़बरें अख़बारों में छपने पर मेरे बड़े भाई अपनी पुरानी साइकिल लेकर हर दोस्त को वह ख़बर दिखाने जाते थे। अपनी दवाइयाँ तक ख़रीदने में कंजूसी करने वाले वे भाई चाय की किसी सस्ती दुकान पर बैठकर बड़े गर्व से अपने दोस्तों को अख़बार दिखाते और चाय पिलाते हुए यह बताना नहीं भूलते कि वह साइकिल अपने स्कूली दिनों में कबाड़ की पुरानी साइकिलों के पुर्जे जोड़कर मैंने बनाई थी। मैं यह सोच रहा था कि वे जीवित होते तो सामने की पंक्ति में मौजूद रहते।

जीवन की ऐसी कई-कई घटनाएँ मानस पटल पर आ-जा रही थीं। मैं स्मृतियों के द्वार से अपने भीतर प्रवेश करता जाता था। वह रास्ता अँधेरों और उजालों, भीड़ और सुनसान, कोलाहल और मौन, घृणा और प्रेम, सुख और दुख, मान और अपमान तथा असफलता और सफलता जैसे कई परस्पर विरोधी अनुभवों से भरा हुआ था। स्मृतियों के साथ-साथ मैं ख़ुद को और सबको पीछे छोड़ चुका था। जो शेष रह गया था, वह मेरे भीतर बसे दुनिया के बच्चों के मुस्कराते बचपन का सपना था। थोड़ी देर में जब मेरा नाम पुकारा गया तो मैं नहीं, बल्कि उस कुर्सी से उठकर एक पूरी पीढ़ी के ख़ूबसूरत भविष्य का मेरा वही सपना पुरस्कार लेने पहुँचा था।

मेरे साथ पोडियम तक जाने वालों में वे साथी भी थे जो अब इस दुनिया में नहीं हैं। उन्होंने मेरे सपने को अपना सपना बनाया और उसे पूरा करने के लिए शहादत तक दे दी। मैं उस वक़्त पत्थर खदान माफ़िया द्वारा पीट-पीटकर मार दिये गए धूमदास की लाश का वज़न अपने कन्धों पर महसूस कर रहा था। गोलियों के शिकार हुए आदर्श किशोर के भीतर की बेचैनी और नन्हे शहीद कालू कुमार का हमेशा खिलखिलाते रहने वाला चेहरा मेरे ज़ेहन में तैर रहा था। वे तीनों मेरे साथ थे। उन हज़ारों बच्चों के चेहरों की मुस्कराहट और खिलखिलाहट साथ थी, जिन्हें मेरे साथियों और मैंने ग़ुलामी से आज़ाद कराया था। अनगिनत माँओं और पिताओं की आँखों से बहे ख़ुशी के वे आँसू साथ थे जो वर्षों के बाद अपने बेटे और बेटियों को गले से लगाने पर छलके थे।

मैं हमेशा बच्चों की आज़ादी की पहली मुस्कान और उन माँओं के आँसुओं में ईश्वर की झलक देखता आया हूँ, इसलिए कह सकता हूँ कि पुरस्कार लेते वक़्त वही ईश्वर मेरे साथ था।

एक मिनट होल्ड कीजिए

मुझे दो महीने पहले, 10 अक्टूबर को सूचना मिलने तक यह नहीं मालूम था कि उस दिन नोबेल शान्ति पुरस्कार की घोषणा होनी थी। हाँ, आठ साल पहले एक ऐसे ही दिन के बारे में मुझे पहले से जानकारी थी। 2006 में भारत के एक बड़े अख़बार में मुझे नोबेल पुरस्कार के लिए नामित किये जाने की ख़बर छपी थी। उसका भरोसा नहीं हुआ था, फिर भी मन में कहीं-न-कहीं उत्कंठा की एक हिलोर ज़रूर उठी थी। कुछ टेलीविज़न वालों ने तो मेरे जीवन और कामों पर वीडियो रिकॉर्डिंग तक तैयार कर ली थी। शायद इसीलिए मैं सोचता था—यह हो जाए! मज़ेदार बात यह हुई कि पुरस्कार की घोषणा वाले दिन सुबह से ही कुछ टेलीविज़न और अख़बार वाले मेरे घर जमा हो गए थे। वे पीछा करते मेरे दफ़्तर तक पहुँच गए। वहाँ पहले से ही कुछ पत्रकार मौजूद थे। मीडियाकर्मियों के अलावा मेरे ऑफ़िस के साथियों की भी साँसें थमी हुई थीं। दोपहर में सूचना आ गई कि नोबेल पुरस्कार किसी और को मिल गया। वे सब दुखी होकर लौट गए।

संयोग से उस दिन शाम को हमारे ऑफ़िस के साथी मिलकर हमारी शादी की सालगिरह मनाने वाले थे। वह जश्न तो ख़ूब अच्छे ढंग से मनाया गया, लेकिन सभी के मन में एक टीस रह गई। जल्दी ही बात आई-गई होकर रह गई। मैं जानता था कि हर साल हज़ारों व्यक्तियों और संस्थाओं को नामित किया जाता है जिनमें से डेढ़-दो सौ नामों की सूची पर विचार किया जाता है। पुरस्कार तो सिर्फ़ एक-दो को ही मिलता है। उसके बाद फिर कभी मुझे या मेरे संगठन के साथियों में घोषणा के दिन की कोई जानकारी, प्रतीक्षा या उत्कंठा नहीं बची थी।

मैं रोज़मर्रा की तरह दोपहर में दिल्ली में अपने दफ़्तर में बैठा लैपटॉप पर काम कर रहा था। मुझे कुछ हफ़्तों के बाद एक कार्यक्रम में जर्मनी जाना था। हमेशा की तरह अलग-अलग वेबसाइट पर सबसे सस्ते हवाई टिकट खोज रहा था। तभी अचानक किसी पत्रकार का फ़ोन आया। उन्होंने बहुत उत्साह में कहा, "कैलाश जी, नोबेल प्राइज़!"

मैंने पूछा, "क्या?"

उन्होंने और ज़ोर से ख़ुशी में चिल्लाते हुए कहा, "नोबेल प्राइज़!"

वे अति उत्साह में आगे कुछ और नहीं बोल पाए थे। मैंने समझा कि आज किसी को नोबेल पुरस्कार की घोषणा हुई होगी। शायद वे मुझसे उन्हीं के बारे में कोई टिप्पणी माँग रहे हैं।

मैंने कहा, "प्लीज़, एक मिनट होल्ड कीजिए।"

फ़ोन टेबल पर रखकर मैंने तुरन्त गूगल सर्च पर 'नोबेल शान्ति पुरस्कार 2014' खोजना शुरू कर दिया। यह जाने बग़ैर कि किसके नाम की घोषणा हुई है, मैं क्या टिप्पणी करता? ख़ुद को इतना बुद्धू भी नहीं दिखाना चाहता था। मुझे ख़ुद से ज़्यादा गूगल पर झुँझलाहट हो रही थी क्योंकि तब तक उसमें वह जानकारी नहीं थी।

बस, कुछ ही क्षणों की बात थी। ऑफ़िस के साथी नीचे और ऊपर की मंज़िलों से ख़ुशी के मारे पागलों की तरह भागते हुए मेरे कमरे में घुस आए। उनमें से कुछ पैर छूने लगे तो कुछ मुझसे और एक-दूसरे से चिपट-चिपटकर रोने लगे। मेरा बेटा भुवन और बहू प्रियंका ऑफ़िस में थे। बेटी अस्मिता घर पर बीमार पड़ी थी और पत्नी सुमेधा जी किसी काम से बाहर गई थीं। सभी दौड़ते-भागते मेरे पास आ गए। कुछ देर के बाद नोबेल कमेटी के अध्यक्ष ने मुझे फ़ोन करके सूचना दी। चन्द मिनटों में मीडियाकर्मियों की आपाधापी मचनी शुरू हो गई थी। आसपास की सभी सड़कें जाम हो गई थीं। ऑफ़िस और कार्यकर्ताओं के फ़ोनों की घंटियाँ रुकने का नाम नहीं ले रही थीं। पत्रकार मुझ तक पहले पहुँचने की होड़ में आपस में धक्का-मुक्की और मारपीट कर रहे थे। हमारे छोटे से दफ़्तर में साँस लेने तक की जगह नहीं बची थी। फ़ोटोग्राफ़रों की मेहरबानी से मेरे कमरे की कुर्सियाँ, टेबल, सीलिंग फैन जैसी कोई भी चीज़ साबुत नहीं बच सकी। दस-बारह घंटों तक वही सब चलता रहा था। हम सुबह दो-तीन बजे के आसपास घर लौट पाए थे।

पैंतीस साल बनाम पैंतीस घंटे

नोबेल पुरस्कार मेरे साथियों और मेरे द्वारा किये जा रहे विनम्र प्रयासों की सबसे बड़ी मान्यता थी, सबसे बड़ा सम्मान था। इसके साथ ही वह विश्व के सबसे प्रतिष्ठित मंच द्वारा बच्चों के उत्पीड़न को मानवता का शत्रु और विश्व शान्ति में बाधा मान लिए जाने का प्रतीक था। यही वजह थी कि बच्चों की मज़दूरी, ग़ुलामी और दुर्व्यापार के बारे में मेरे पैंतीस साल के संघर्ष में जितनी चर्चा और

जागृति नहीं हो पाई थी, उतनी पैंतीस घंटे में हो गई होगी। एक और मज़ेदार बात यह हुई कि भारत या दुनिया में मेरा नाम बहुत ही कम जाना-पहचाना था, इसलिए पुरस्कार की घोषणा होते ही करोड़ों लोगों ने गूगल पर मुझे ढूँढ़ना शुरू कर दिया था। ट्विटर पर फॉलोअरों की जो संख्या सैकड़ों में भी नहीं थी, वह कुछ ही दिनों में लाखों तक जा पहुँची। सुबह से रात तक, घर और ऑफ़िस में मिलने वालों का ताँता लगा रहता। मेरा परिवार लगभग 20 सालों से दिल्ली में अरावली अपार्टमेंट नाम की बस्ती में दो कमरों के मकान में रहता था। घर के बाहर टेंट हाउस से लाकर किराए की कुर्सियाँ डाल दी गई थीं। फिर भी कुछ दिनों तक तो हमारी जान-पहचान वाले भीतर पुराने सोफ़े और कुर्सियों के अलावा बिस्तरों पर भी लदे होते थे। उन्हें विदा करना मुश्किल था जबकि उनसे ज़्यादा संख्या में लोग बाहर कुर्सियों पर बैठे रहते थे।

कुछ दिनों के बाद नोबेल कमेटी ने 10 दिसम्बर के पुरस्कार वितरण समारोह से सम्बन्धित व्यवस्थाओं के बारे में बातचीत शुरू कर दी थी। 35 वर्षीय बेटे भुवन ने यह जिम्मेवारी सँभाली। ओस्लो में अधिकारियों को इस बात से बड़ी हैरानी हो रही थी कि हम उनसे कोई नखरे, शर्तें या माँगें नहीं कर रहे थे। हमने सुरक्षा, मीडिया, साथ में जाने वाले परिजनों व मित्रों की संख्या और अलग-अलग कार्यक्रमों में हिस्सेदारी जैसी किसी भी बात पर अपनी कोई शर्त नहीं रखी थी। नोबेल कमेटी के अधिकारियों का कहना था कि बिरले मामलों में ही ऐसा हो पाता है क्योंकि ज़्यादातर पुरस्कार प्राप्तकर्ता पहले से बड़े प्रसिद्ध, ऊँचे ओहदों वाले प्रभावशाली व्यक्ति होते हैं। अलबत्ता, हमने कमेटी से यह निवेदन ज़रूर किया था कि पहली क़तार में एक कुर्सी ख़ाली रखी जाए। वह मेरे इस संकल्प का प्रतीक होगी कि मैं दुनिया में सबसे पीछे धकेल दिये गए बच्चे को सबसे आगे की क़तार में बैठा देखना चाहता हूँ।

दिल्ली से मेरे और सुमेधा जी के साथ भुवन, अस्मिता, बहू प्रियंका व उसके पेट में पल रही सन्तान और मेरा होने वाला दामाद सुदीप ओस्लो गए थे। वहाँ पहुँचकर ऐसा लगा जैसे ओस्लो और नॉर्वे ही नहीं, पूरा यूरोप नोबेल पुरस्कार समारोह के लिए प्रफुल्लित और उत्साहित था। बर्फ़ से ढकी सड़कों के दोनों तरफ़ खड़े हुए लोग हाथ हिलाकर और उछल-उछलकर अभिवादन कर रहे थे। कुछ लोग बड़े-बड़े कैमरे लिये हमारी कारों के क़ाफ़िले के फ़ोटो खींचने में जुटे थे। हमारे होटल के सामने के मैदान में कई सौ लोग लम्बे-लम्बे लेंसों के कैमरे लिये इन्तज़ार में खड़े थे। सुरक्षा के भारी बन्दोबस्त के कारण दूर से ही सैकड़ों स्त्री, पुरुष और उनके साथ आए छोटे-छोटे बच्चे ख़ुश होकर अभिवादन

कर रहे थे। उनमें से कई आसपास के देशों से आए थे। हमने होटल में पहुँचने के बाद सबसे पहले अपने कमरे के बाहर अपना राष्ट्रीय ध्वज तिरंगा लहराया।

मेरी तरफ़ से भारत से ओस्लो पहुँचने वाले लोगों की संख्या बहुत कम थी। बचपन बचाओ आन्दोलन के अध्यक्ष रमाशंकर चौरसिया, परिवार की एक बहू अर्चना, मेरे नज़दीकी मित्र रमेश गुप्ता, वकील और पुराने मित्र एच.एस. फुल्का और संगठन के सहयोगी तथा प्रसिद्ध उद्योगपति राहुल बजाज जी और मेरा भतीजा दिनेश समारोह से एक दिन पहले वहाँ पहुँच गए थे। मेरे अमेरिकी मित्र सेनेटर टॉम हार्किन और सुप्रसिद्ध मानव अधिकार कार्यकर्ता कैरी कैनेडी भी पहुँचे थे।

नोबेल पुरस्कार लेते वक़्त दिये जाने वाले भाषण का मज़मून मैंने लिख रखा था। उसमें अपने बच्चों और कुछ साथियों की सलाह और मदद भी ली थी। मैंने तय किया था कि अपना भाषण दुनिया के प्राचीनतम आध्यात्मिक ग्रन्थ वेद के मंत्र से शुरू करके उसी के सन्देश से समाप्त करूँगा। साथ ही, भाषण की शुरुआत अपनी मातृभाषा हिन्दी में करूँगा। हालाँकि ज़्यादातर मित्रों की सलाह थी कि मुझे सिर्फ़ अंग्रेज़ी में ही बोलना चाहिए। लेकिन मैं जानता था कि उससे पहले कभी उस मंच से संस्कृत या हिन्दी का एक शब्द तक नहीं बोला गया था। इसलिए मैंने वह मौक़ा नहीं गँवाया। मैंने बाक़ी कई सन्देशों के अलावा अपने भाषण में विशेष रूप से करुणा के वैश्वीकरण का आह्वान किया।

भाषण के बीच अनायास ही एक मज़ेदार घटना घट गई। मुझे लिखा हुआ भाषण पढ़ने की आदत नहीं है। शायद इसीलिए लिखित भाषण के कुछ पन्ने इधर-उधर हो गए। मैंने दो-चार सेकेंड के लिए अपने काग़ज़ पलटे, फिर हँसते हुए कहा कि मेरे कुछ पन्ने खो गए हैं। नोबेल पुरस्कार समारोह में इससे पहले ऐसा कभी नहीं हुआ था। सभी की आँखें फटी की फटी रह गई थीं और मुँह खुला का खुला। सब नर्वस हो गए थे। भुवन ने तत्काल भागकर अपने हाथ में रखी मेरे भाषण की एक प्रतिलिपि नोबेल कमेटी के सेक्रेटरी को दे दी, जो उन्होंने मेरे पास पहुँचाई। तब तक मैंने अपना भाषण जारी रखा। मैंने हँसते हुए कहा कि आज नई-नई चीज़ें हो रही हैं, जैसे कि मेरे काग़ज़ों का खो जाना, लेकिन इससे भी बड़ी बात यह हुई है कि इस साल के समारोह में एक भारतीय को पाकिस्तानी बेटी, और पाकिस्तानी को भारतीय पिता मिले हैं। वे मलाला और मैं हूँ। तभी मुझे बचपन में पढ़ी एक कहानी याद आ गई, जिसे सुनाना शुरू कर दिया।

एक बार जंगल में भयानक आग लग गई। वनराज सिंह समेत सभी पशु-पक्षी वहाँ से भाग रहे थे। तभी शेर की नज़र एक छोटी-सी चिड़िया पर पड़ी,

जो उलटा आग की लपटों की तरफ़ उड़े जा रही थी। शेर चिल्लाया, "तुम यह क्या कर रही हो? पागल हो गई हो क्या?" नन्ही चिड़िया ने विनम्रता से उत्तर दिया, "महाराज, मैं इस आग को बुझाने जा रही हूँ। मैं इसी जंगल में पैदा और बड़ी हुई हूँ। अपनी चोंच में बूँद-बूँद पानी भरकर आग पर डालूँगी। जितना हो सके, अपने हिस्से का काम पूरा करूँगी।" यह बोलकर चिड़िया आग की तरफ़ उड़ती चली गई। वह मेरे लिए सिर्फ़ एक कहानी नहीं, बल्कि मेरी अपनी ज़िन्दगी थी।

मलाला को बेटी कहने के पीछे भी एक दिन पहले घटी घटना थी। नोबेल कमेटी के कार्यालय में मलाला और मैं पत्रकार वार्ता को सम्बोधित कर रहे थे। तभी किसी पत्रकार ने उससे पाकिस्तान के सन्दर्भ में एक सवाल पूछ लिया, जिसके जवाब में वह थोड़ा हिचकिचाई। मैंने अपने स्वभाव के अनुसार मलाला से पूछा, "अगर तुम चाहो तो मैं जवाब दिये देता हूँ। लेकिन क्या इसके लिए मैं तुम्हें अपनी बेटी कह सकता हूँ?"

वह तुरन्त बोल पड़ी, "हाँ, क्यों नहीं।"

मैंने फिर कहा, "सामने बैठे अपने अब्बू से पूछ लो क्योंकि अगर मुझे अब्बू मानोगी तो अब्बू कहकर पुकारना पड़ेगा।" मैंने उसके पिता से भी पूछा। उन्होंने भीड़ में से हाथ हिलाकर हामी भर दी। उसने मुझे अब्बू कहकर बुलाया और मैंने अपनी बेटी के कन्धे पर हाथ रखे हुए उसकी तरफ़ से पत्रकार के सवाल का जवाब दे दिया।

कुछ लोगों को ऐसा लगा कि मलाला को बेटी बना लेने, पुरस्कार समारोह में एक कुर्सी ख़ाली रखने और भाषण के दौरान काग़ज़ खो जाने की घटनाएँ सुनियोजित थीं। एक जाने-माने पत्रकार ने तो मुझसे ही पूछ लिया था कि इनकी योजना किसने और कैसे बनाई? मेरे पास हँसने के अलावा और क्या जवाब था! मैंने उन्हें तो कुछ नहीं कहा, लेकिन एक बच्ची को अपनी बेटी मानना मेरे भारतीय संस्कार, काग़ज़ों का खो जाना मेरी लापरवाही की आदत और एक कुर्सी ख़ाली रखना सबसे ज़्यादा वंचित बच्चे के लिए मेरे सपने के अलावा कुछ नहीं था।

वहाँ कई लोगों ने बार-बार भुवन से पूछा था कि आख़िर हमारा मैनेजर कौन है, जो बग़ैर किसी हाय-तौबा और तनाव के इतनी समझदारी से सारा प्रबन्ध कर रहा है? वे हमारे उसी मैनेजर से सम्पर्क रखना चाहते थे, परन्तु मेरे साथ तो कोई स्टाफ़ नहीं था। वे यह मानने को तैयार नहीं थे कि भुवन ही प्रियंका, सुदीप और दिल्ली में बैठे कार्यकर्ताओं की मदद से सारी व्यवस्था कर रहा है।

हमने ओस्लो प्रवास के दौरान कई महत्त्वपूर्ण कार्यक्रमों में भाग लिया था। उनमें नॉर्वे के राजपरिवार के साथ नाश्ता, प्रधानमंत्री से विशेष मुलाक़ात, संसद भवन में सांसदों के समूह को सम्बोधित करना, नोबेल कमेटी के सदस्यों के साथ विशेष रात्रि भोज, देश और दुनिया की कई हस्तियों के साथ रात्रि भोज, हज़ारों दर्शकों की मौजूदगी में भव्य संगीत समारोह, नोबेल कॉन्सर्ट आदि मुख्य थे। वहाँ पर ऐतिहासिक नोबेल म्यूज़ियम है। मैंने उस म्यूज़ियम के लिए कैरोसिन तेल की एक पुरानी लालटेन भेंट की। अपने बचपन में उसी लालटेन की रोशनी में पढ़ाई-लिखाई किया करता था। नोबेल कमेटी पचास सालों के बाद ही किसी पुरस्कार प्राप्तकर्ता को चुने जाने की पूरी प्रक्रिया को उजागर करती है। उससे पहले तक नामित करने वालों, उनकी चिट्ठियों, कमेटी की बैठकों और निर्णयों की जानकारियों को गुप्त रखा जाता है। सौभाग्य से, 2014 में मार्टिन लूथर किंग के नोबेल पुरस्कार को पचास साल हुए थे। इसलिए संग्रहालय के एक कमरे में उन सारे दस्तावेज़ों की प्रदर्शनी लगाई गई थी।

स्टॉकहोम में बाक़ी पुरस्कार प्राप्तकर्ताओं से प्रेरणास्पद मुलाक़ात

परम्परा के अनुसार नॉर्वे के कार्यक्रमों के बाद नोबेल शान्ति पुरस्कार प्राप्तकर्ता को स्वीडन ले जाया जाता है। वहाँ राजपरिवार से मुलाक़ात, प्रधानमंत्री और उनके विशिष्ट मंत्रियों के साथ लंच, स्टॉकहोम विश्वविद्यालय में व्याख्यान और बाक़ी विषयों में नोबेल पुरस्कार प्राप्तकर्ताओं तथा उनके पति या पत्नी के साथ बैठक और रात्रि भोज होता है। उस भोज में शान्ति पुरस्कार प्राप्तकर्ता का एक संक्षिप्त भाषण होता है। मेरे लिए उन सभी प्रतिभावान वैज्ञानिकों, अर्थशास्त्रियों और साहित्यकारों के बीच होना बड़े गर्व की बात थी। मन विनम्रता से भरा हुआ था। मैंने अपने वक्तव्य में दुनिया के बच्चों की दयनीय स्थिति और अपने संघर्ष के बारे में बताया तो वे सभी सिहर उठे। एकाध को छोड़कर किसी को अन्दाज़ तक नहीं था कि करोड़ों बच्चे अशिक्षा, मज़दूरी, ग़ुलामी, ट्रैफ़िकिंग और वेश्यावृत्ति के शिकार हैं। कुछ की आँखें छलक आईं। लगभग सभी ने कई सवाल किये और सहयोग की इच्छा ज़ाहिर की। मैंने बड़ी विनम्रतापूर्वक कहा कि उनमें से प्रत्येक व्यक्ति धरती पर सिर्फ़ अपने विषय की सबसे बड़ी हस्तियों में से एक नहीं है, बल्कि एक नैतिक हस्ती भी है, जिसकी बात को नज़रअन्दाज़ नहीं किया जा सकता। इसलिए पूरी मानवता के प्रति हम सभी की नैतिक ज़िम्मेदारी और जवाबदेही पहले से कहीं ज़्यादा हो गई है।

मैं सभी नोबेल पुरस्कार प्राप्तकर्ताओं की महानता और जीवन की तपस्या से बहुत प्रभावित हुआ था। उनमें से एक प्रोफ़ेसर की बात सुनकर तो मुझे अपने कानों पर भरोसा नहीं हुआ था। उन्होंने मेरे हाथ पकड़कर बहुत गम्भीरता से कहा था, "सत्यार्थी, आपके शब्दों में बहुत शक्ति है। इसलिए मेरा निवेदन है कि स्वीडन की नोबेल कमेटी से ज़ोर देकर कहें कि जब तक किसी वैज्ञानिक का शोधकार्य पूरा न हो जाए, तब तक उसे नोबेल पुरस्कार नहीं दिया जाना चाहिए।"

मैंने आश्चर्य से पूछा, "क्या ऐसा भी होता है?"

वे बोले, "देखिए, अभी तक तो मेरी रिसर्च अधूरी है। नोबेल पुरस्कार की घोषणा के बाद पिछले दो महीने से मुझे एक दिन के लिए भी प्रयोगशाला में काम करने की फ़ुरसत नहीं मिली। इसके अलावा मुझे मीडिया के सामने जाने से डर लगता है।" मैं उनकी यह बात कभी नहीं भूल सकता।

रात्रि भोज स्टॉकहोम में नोबेल फ़ाउंडेशन के ऑफ़िस में किया जाता है। वह बहुत ख़ूबसूरत ऐतिहासिक इमारत है। भोजन के लिए सुनिश्चित छोटे से पुराने कमरे में कई दशकों से वही टेबल और कुर्सियाँ रखी हुई हैं, जिन पर आधुनिक विश्व का निर्माण करने में सबसे बड़ी भूमिका निभाने वाले वैज्ञानिक, अर्थशास्त्री और साहित्यकार बैठ चुके हैं। टेबल के ठीक पीछे दीवार में बने छोटे से ताखे* में एक बड़ी बुझी हुई पुरानी मोमबत्ती रखी थी। मैं भोज के बाद उसे उठाकर टेबल पर ले आया और मेजबानों से माचिस लेकर उसे जला दिया।

सभी लोग कौतूहलपूर्वक देख रहे थे। फिर मैंने हाथ जोड़कर आह्वान किया कि हम सब मिलकर बच्चों के जीवन में उजाला लाने के लिए एक संकल्प लें। उन सबको वह मोमबत्ती पकड़ने के लिए अपने पास बुला लिया। उन्होंने बड़े उत्साह से जलती हुई मोमबत्ती पकड़कर मेरे बोले हुए संकल्प को दोहराया। मैंने 'असतो मा सद्गमय, तमसो मा ज्योतिर्गमय, मृत्योर्मा अमृतम् गमय' यानी बुराई से अच्छाई की तरफ़, अँधेरे से उजाले की तरफ़ और मृत्यु से जीवन की तरफ़ बढ़ने का वैदिक मंत्र उच्चरित किया, जिसे उन सबने दोहराया। मैंने करुणा के वैश्वीकरण के लिए भी उनका आह्वान किया। उसी समय मेरे मन में यह विचार आया कि बाल दासता मिटाने में सभी विषयों के नोबेल पुरस्कार विजेताओं की आवाज़ शामिल करना बहुत उपयोगी हो सकता है। वहीं से नोबेल पुरस्कार प्राप्तकर्ताओं और विश्व नेताओं के साझा मंच का विचार जन्मा। कुछ ही महीनों बाद एक नये अभियान 'लॉरिएट्स एंड लीडर्स फॉर चिल्ड्रन' की नींव पड़ गई।

---

* छोटा-मोटा सामान रखने के लिए बनाई गई जगह।

हम अपनी यात्रा पूरी करके आधी रात के बाद दिल्ली लौटे थे। मैंने जहाज़ से उतरते ही भारत माता को प्रणाम करते हुए धरती को चूमकर वह पुरस्कार वहीं पर रख दिया था। संगठन के कई साथी हवाई अड्डे से लेकर लगभग सुबह तक साथ में रहे थे। सबसे पहले हमने महात्मा गांधी की समाधि, राजघाट पर जाकर उनकी स्मृति में श्रद्धा-सुमन अर्पित किये और समाधि के चबूतरे के नीचे नोबेल डिप्लोमा और सोने का मेडल रखकर विश्व शान्ति के लिए प्रार्थना की। फिर कुछ दिनों तक हमारे आश्रमों और बाल मित्र गाँव के बच्चे, संगठन के साथी, मित्रगण और रिश्तेदार मेडल और डिप्लोमा के साथ फ़ोटो खिंचवाते रहे थे।

थोड़े दिनों के बाद 14 दिसम्बर को हम सब मेरी जन्मस्थली विदिशा गए। स्वाभाविक था कि पूरा शहर उमड़ पड़ा था। रेलवे स्टेशन पर हज़ारों लोगों की भीड़ जमा थी। पुलिस और प्रशासन बड़ी मशक़्क़त से सुमेधा जी को और मुझे प्लेटफ़ार्म से बाहर ला पाए थे। शहर का हरेक बच्चा, जवान और बूढ़ा घरों की छतों और बालकनियों से या दुकानों के बाहर निकलकर, गलियों और सड़कों पर आकर फूल बरसा रहा था। मैंने उस दिन हज़ारों स्वजनों से हाथ मिलाया था। रास्ते में सैकड़ों बच्चों को गोद में लेकर चूमा था और अनगिनत वृद्धों के पैर छुए थे। जिन लोगों के बीच रहकर और जिन गली-मोहल्लों में जीवन के 25 साल गुज़ारे थे, उनमें उमड़े प्यार और आशीर्वाद के समुद्र में डुबकी लगाने से ज़्यादा भावुकता और आनन्द से भरे दूसरे क्षण नहीं हो सकते थे।

शुद्धीकरण के आदेश को ठुकराने के कारण जब मुझे जाति बाहर किया गया था तब तीन साल जिस कमरे में निर्वासित जीवन काटना पड़ा, मैं उसी में बैठा हुआ था। खिड़की से सामने वह आँगन दिख रहा था जिससे जुड़ी असंख्य यादें हैं। कमरे के एक कोने में मुझे वह पुराना सन्दूक़ भी दिख गया जिसमें मैं बचपन में मिले पुरस्कार या सर्टिफ़िकेट आदि ऐसे सँभालकर रखा था जैसे इनमें मेरे प्राण बसते हों।

मैंने ओस्लो जाने से कुछ दिन पहले भारत के राष्ट्रपति प्रणब मुखर्जी को पत्र लिखकर इच्छा ज़ाहिर की थी कि उनके माध्यम से अपना पुरस्कार भारत की जनता को समर्पित करना चाहता हूँ क्योंकि वह सिर्फ़ मेरा नहीं है। अनगिनत लोगों के सहयोग और उपकार का परिणाम है। राष्ट्रपति महोदय पत्र पढ़कर भावुक हो गए थे। उन्होंने पुछवाया कि क्या सचमुच वह पत्र मैंने लिखा है? उन्हें या किसी को विश्वास नहीं हो रहा था क्योंकि उससे पहले दुनिया में कहीं भी ऐसी घटना नहीं हुई थी। इसलिए राष्ट्रपति सचिवालय बड़ी ऊहापोह में पड़ गया था। उनको थोड़ा-बहुत भरोसा तब हुआ जब मैंने ओस्लो में अपने पुरस्कार

की धनराशि ख़ुद के या परिवार के लिए न लेकर दुनिया के सबसे ज़रूरतमन्द बच्चों और सामाजिक कार्यकर्ताओं को देने की घोषणा कर दी।

मैं वह पुरस्कार राष्ट्र को समर्पित करने का मन तो बना चुका था, लेकिन उसे राष्ट्रपति महोदय को सौंपने की तिथि के बारे में दुविधा में था। हम फ़रवरी के अन्त तक अपनी पोती या पोते के जन्म की उम्मीद कर रहे थे। मेरा विचार था कि एक बार वह सन्तान उस पदक को देख ले और छू ले तो अच्छा है। परन्तु फिर सोचा कि मोह और ममता का तो कोई अन्त नहीं है। मेरे लिए तो सभी पोते-पोतियाँ एक जैसे लगने चाहिए। मैंने इस तरह अपनी दुविधा को मन से निकाल दिया।

आख़िर राष्ट्रपति जी यह मान गए कि वे मेडल ग्रहण करके राष्ट्रपति संग्रहालय में रखेंगे। तय कार्यक्रम के मुताबिक अपने परिवार और संगठन के कुछ वरिष्ठ साथियों के साथ मैं राष्ट्रपति भवन पहुँचा। राष्ट्रपति जी को आख़िरी क्षण तक पूरा भरोसा नहीं था कि वही असली मेडल है, कहीं उसकी प्रतिकृति तो नहीं। दरअसल, उनके सहायकों ने दोबारा सुमेधा जी के कान में बड़े धीरे से यह बात पूछी थी।

जब मैंने वह मेडल भारत माता को समर्पित करते हुए राष्ट्रपति जी के हाथों में रख दिया तो वे भावातिरेक में कुछ क्षणों के लिए अवाक् होकर मुझे देखते रहे। फिर उनका पहला वाक्य था, "कैलाश जी, मेरे पास कोई शब्द नहीं हैं।" मैंने उस मौक़े पर 15वीं शताब्दी के दार्शनिक और क्रान्तिकारी सन्त कबीरदास का एक दोहा पढ़ा—

मेरा मुझमें कुछ नहीं जो कुछ है सब तोर,
तेरा तुझको सौंपते क्या लागत है मोर।

राष्ट्रपति भवन से लौटते वक़्त मेरे मन में बहुत सन्तोष और शान्ति थी। मैं सोच रहा था कि तेज़ रोशनी की चकाचौंध में प्रकाश का स्रोत दिखाई नहीं देता। धन-दौलत, मान-सम्मान और पद-पदवियों की परतों में सहजता और सरलता दबकर रह जाती हैं। प्रशंसा, प्रसिद्धि और चापलूसी के बादल हमारी बुद्धि के आईने को धुँधला कर देते हैं। शब्दों के पीछे सत्य, ज्ञान के पीछे चरित्र और कर्मकांडों के पीछे धर्म के छुप जाने का ख़तरा बना रहता है। उसी तरह अपनी उपलब्धियों का श्रेय सिर्फ़ ख़ुद को देने से अहंकार उपजता है। अहंकार से बड़ा आत्महंता कोई दूसरा नहीं।

जीवनभर का पाठ

मेरे शहर विदिशा का पुराना हिस्सा एक क़िले के भीतर बसा है। वहाँ के ज़्यादातर मकान दो-ढाई सौ साल पुराने हैं। गलियाँ भी इतनी सँकरी हैं कि उनमें से कार या ताँगा तक आसानी से नहीं गुज़र सकते। मैं अन्दर, किला कहलाने वाली बस्ती में ही पैदा हुआ था और वहीं पर पला-बढ़ा। घर से लगभग तीन-चार सौ मीटर दूर एक साधारण सरकारी प्राइमरी स्कूल था—दुर्ग पाठशाला। वहाँ पाँचवीं क्लास तक पढ़ाई होती थी। सारे बच्चे ज़मीन पर टाट-पट्टियाँ बिछाकर बैठते थे।

01 जुलाई, 1959 की बात है। स्कूल जाने का मेरा पहला दिन। तब मेरी उम्र साढ़े पाँच साल थी। स्कूल की सीढ़ियाँ चढ़ते वक़्त मेरी नज़र दाहिनी तरफ़ की दीवार से सटे एक छोटे-से कोने पर पड़ी। वहाँ एक मोची अपने लड़के के साथ बैठा हुआ था। लड़के की उम्र मेरे बराबर रही होगी। दुबला-पतला शरीर, चेहरा सुन्दर और गोल। उसने नीली-सफ़ेद खड़ी धारियों वाली लम्बी चड्ढी और पुरानी सफ़ेद मटमैली बनियान पहन रखी थी। उसके पिता घुटनों तक धोती और फटी हुई गंजी पहने हुए थे। दोनों के सामने जूते की मरम्मत और पॉलिश करने का सामान रखा हुआ था। बारिश से बचने के लिए उन्होंने ईंटों के सहारे एक लट्ठ खड़ा करके उस पर उतरे हुए रंग का पुराना छाता बाँध रखा था।

वह लड़का स्कूल जाने वाले हम बच्चों के पैरों की तरफ़ ताक रहा था। शायद वह काम आने की प्रतीक्षा में था। हमउम्र लड़के हँसते-खिलखिलाते पढ़ने जा रहे थे, लेकिन उसके चेहरे पर अजीब तरह का सूनापन था। मैं स्कूल में दाख़िल हुआ और उसकी उदासी मेरे मन में आ बसी। याद नहीं पड़ता कि

उससे पहले कभी किसी हमउम्र को मैंने मज़दूरी करते हुए देखा हो। सम्भव है, देखकर भी उस पर इस तरह ध्यान नहीं दिया हो। हम सभी विद्यार्थी अपनी कक्षा में जाकर बैठ गए। थोड़ी देर बाद मास्टर जी ने आकर सबका परिचय पूछना शुरू किया। अपनी बारी आने पर मैंने परिचय देने के साथ तपाक् से यह भी पूछ लिया—"मास्साब, एक लड़का बाहर जूते पॉलिश करने बैठा है। वह हमारे साथ क्यों नहीं है?" मास्टर जी चौंक पड़े। उन्होंने जिस तरह मेरी तरफ़ घूरकर देखा, उससे मैं घबराया। लेकिन वे मुझे समझाते हुए बोले—"बेटा, यह कोई नई बात नहीं है। ग़रीब के बच्चे तो मज़दूरी करते ही हैं। यह तुम्हारा पहला दिन है। तुम अपना ध्यान पढ़ने में लगाओ।" मास्टर जी के कहने पर मैं चुपचाप बैठ गया। फिर भी मेरे मन में उथल-पुथल चलती रही।

लौटते वक़्त भी मैंने उन बाप-बेटे को वहीं बैठे देखा। घर पहुँचकर माँ और बड़े भाई से वही बात पूछी। सब ने मुझे मास्टर जी की तरह ही समझाने की कोशिश की। शायद मैं समझ भी जाता, लेकिन हर रोज़ स्कूल जाते और लौटते वक़्त उस लड़के को देखता और मन परेशान हो उठता। हफ़्ते-दस दिन तक उन बाप-बेटे से बात करने की हिम्मत जुटाता रहा। फिर एक दिन स्कूल से लौटते वक़्त उनके पास रुककर खड़ा हो गया। थोड़ा डर था और कुछ झेंप भी थी।

तभी उस लड़के के पिता ने मेरी तरफ़ देखकर मुस्कराते हुए पूछा—"बाबू, कुछ मरम्मत कराना है?"

पहले तो मैंने 'नहीं' कहकर अपना सिर हिला दिया। फिर लड़के की ओर इशारा करके पूछा, "दादा, आप इसे स्कूल क्यों नहीं भेजते?" वे हैरान हुए; बोले, "इस बारे में सोचा ही नहीं...कभी किसी और ने पूछा भी नहीं...हमारे बाप-दादा यही काम करते थे। मैं भी बचपन से यही कर रहा हूँ।"

मुझे आज भी याद है, उन्होंने कहा था—"हम लोग तो मज़दूरी करने के लिए ही पैदा होते हैं। स्कूल जाने के लिए तो आप लोग हैं।"

जाने मुझे क्या हुआ, मैं रोते हुए घर लौटा। उस आदमी का जवाब मेरे लिए बहुत बड़ा सवाल बन गया था। वही सवाल जीवन भर के लिए एक चुनौती भी बना।

आज सोचता हूँ तो लगता है, पाँच-छह साल के बच्चे को तब क्या समझ में आया होगा! मैं क्यों रोया होऊँगा? 'मज़दूरी करने' और 'स्कूल जाने' वाले लोग अलग-अलग तरह के होते हैं, वह चुप्प लड़का मुझ जैसा होकर भी अलग है, हम एक उम्र के होकर भी दो तरह के हैं, वह मज़दूरी करने के लिए पैदा हुआ है, मैं पढ़ने के लिए—यह जानना मेरी मासूमियत पर शायद उस उम्र तक

की सबसे बड़ी चोट रहा होगा। जिसे सहन न कर सकने की स्थिति में मैं रो पड़ा होऊँगा! वही वह तारीख़ रही होगी जब मुझे अपने आसपास के समाज को देखने का नया नज़रिया मिला होगा।

मुझे कहना चाहिए कि मैंने उस मोची से समाज की ग़ैर बराबरी का सच जाना था, उस हमउम्र मोची बच्चे की आँखों से सही और ग़लत के बीच फ़र्क़ करना सीखा था।

वह मेरे लिए जीवनभर का पाठ था!

बड़े सपने देखता छोटे शहर का लड़का

मेरी जन्मस्थली विदिशा

मेरा जन्म 11 जनवरी, 1954 को विदिशा के किला अन्दर बस्ती में किराए के एक मकान में हुआ था। मध्य प्रदेश की राजधानी भोपाल से क़रीब 50 किलोमीटर की दूरी पर स्थित विदिशा भारत के प्राचीन नगरों में से एक है। बेतवा और बैस नदियों के बीच बसे इस शहर का ऐतिहासिक, धार्मिक और पुरातात्त्विक महत्त्व बहुत है। कहा जाता है कि वनवास के दौरान भगवान राम विदिशा में भी रुके थे। बेतवा पर बने घाट, मन्दिर और मूर्तियाँ अद्‌भुत हैं। पुराने शहर के तक़रीबन हर मोहल्ले में दो-चार प्राचीन मन्दिर और मकानों के खँडहर ज़रूर मिल जाएँगे। विदिशा से छह किलोमीटर की दूरी पर साँची है। यह बौद्ध धर्म का केन्द्र रहा है। सम्राट अशोक ने साँची की पहाड़ी पर स्तूप, बौद्ध विहार और अन्य स्तम्भ बनवाए थे। ये स्तूप बौद्ध धर्म के महानतम तीर्थस्थलों में गिने जाते हैं। मैं कई बार अकेला या कुछ दोस्तों के साथ साइकिल से या पैदल घूमते हुए वहाँ पर जाकर बैठा करता था। इसी तरह मेरे घर से महज़ चार किलोमीटर की दूरी पर उदयगिरि की प्रसिद्ध गुफाएँ हैं। वे गुफाएँ चौथी-पाँचवीं सदी की हैं। इन गुफाओं में से एक में भगवान विष्णु के वराह अवतार की विशाल मूर्ति खुदी हुई है। जैन तीर्थंकरों की मूर्तियाँ भी हैं।

मेरे पुरखे विदिशा के नहीं थे। वे वहाँ से कुछ दूर स्थित टीकमगढ़ के बुढ़ेरा गाँव के मूल निवासी थे। मेरे पिता श्री राम प्रसाद शर्मा का जन्म वहीं हुआ था। वे अपने माता-पिता की इकलौती सन्तान थे। मेरी दादी का देहान्त बहुत कम उम्र में हो गया था। तब मेरे पिता की उम्र मुश्किल से 10 वर्ष रही होगी। दादाजी

ने अकेले ही उन्हें पाला-पोसा। दादा श्री बंसीलाल शर्मा गाँव में ही पुरोहिताई किया करते थे। बड़े होने पर पिताजी ग्वालियर राज की पुलिस में भर्ती हो गए। देश आज़ाद नहीं हुआ था और राजघरानों का अपना पुलिसबल हुआ करता था। आज़ादी के बाद मध्य भारत एक अलग प्रान्त बना और पिताजी उसकी पुलिस सेवा के कर्मचारी हो गए।

दादाजी ने पुश्तैनी गाँव छोड़ दिया और जहाँ भी पिताजी की पोस्टिंग हुई वहाँ उनके साथ रहे। मैंने उनको कभी नहीं देखा। मेरे जन्म से काफ़ी पहले उनका देहान्त हो चुका था। मेरे सबसे बड़े भाई ने उन्हें देखा था और वे ही उनके बारे में कभी-कभी बताया करते थे।

पाँच भाई-बहनों में मैं सबसे छोटा हूँ। जिस घर में मेरा जन्म हुआ वह किराए का था। नीचे परचून की छोटी-सी दुकान थी। उसके पीछे एक गोदाम था। गोदाम के दाहिने कोने से बहुत सँकरी और खड़ी सीढ़ियाँ ऊपर निकलती थीं। वे एक छत पर जाकर खुलती थीं। उसी पर दो कमरे बने हुए थे। वे पत्थर की पतली-पतली पट्टियों के टुकड़ों से बनी खपरैल से ढके थे। बड़े कमरे में पूरे परिवार का खाना पकाया और खाया जाता था। मैं और घर के ज़्यादातर सदस्य उसी में सोते थे। दूसरा छोटा-सा कमरा सबसे बड़े भाई और भाभी के लिए था। वह मकान एक पतली लम्बी गली को काटते हुए निकलने वाली एक दूसरी—और पहली से भी सँकरी—गली के कोने पर था। गलियों की चौड़ाई मुश्किल से 8-10 फ़ुट थी। हमारे घर के ठीक सामने हनुमान जी की मढ़िया थी और उसके दूसरे छोर पर महादेव की। मेरी तीन साल की उम्र हो जाने तक हमारा परिवार उसी मकान में रहा था।

बाद में पिताजी ने सामने वाली गली के दूसरे कोने पर एक पुराना खँडहर ख़रीद लिया था। उस घर के दरवाज़े के सामने भी देवी दुर्गा जी की एक बहुत पुरानी मढ़िया थी। घर और मढ़िया के बीच से गुज़रने वाली गली का नाम क़ाज़ी गली था क्योंकि उसके दूसरे सिरे पर क़ाज़ी* जी की पुरानी हवेली और मस्जिद थी।

हमारा मकान क़रीब डेढ़ हज़ार वर्ग फ़ुट की ज़मीन पर था। पिताजी और सबसे बड़े भाई ने एक कमरा तथा दालान बनवा लिए थे। उनके ऊपर भी उसी तरह का एक कमरा और दालान बनाए गए थे। वे मिट्टी के खपरैल से ढके थे। उनके अलावा पहले से बना हुआ मिट्टी का एक बड़ा कमरा और एक छोटी-सी कोठरी थे।

---

* इस्लामी क़ानून-कायदों के मुताबिक फ़ैसले कराने वाले इज़्ज़तदार आदमी को क़ाज़ी कहा जाता है।

हम अपने पिताजी को कक्का कहकर पुकारते थे। पिता के लिए ऐसा सम्बोधन हमारी तरफ़ पहले चलन में रहा है। वैसे यह चाचा या किसी और भी बड़े-बुज़ुर्ग के लिए इस्तेमाल होता था। कक्का मेरे जन्म के वक़्त पुलिस में सिपाही थे और रिटायर होने के कई साल पहले हवलदार बन गए थे। पुलिस की नौकरी तबादले की नौकरी होती है। मेरे बचपन के दौरान उनका ज़्यादातर जीवन शहर से बाहर दूर-दराज़ के गाँवों के पुलिस थानों में गुज़रा था। इसलिए मुझे कई-कई दिनों तक बेसब्री से उनका इन्तज़ार करना पड़ता था। मुझे अपनी माँ और भाइयों से संवाद की पहली यादें उनसे यही पूछने की है कि कक्का कब घर आएँगे? मैं तीन या चार बार ही उन गाँवों में जाकर पिताजी के साथ रहा, जहाँ के थानों में वे तैनात थे। उनका इन्तज़ार मेरे भीतर की सबसे बड़ी भूख और अकुलाहट होती थी। वे अपने रिटायरमेंट के बाद विदिशा में रहने लगे थे। इसलिए मैं ज़्यादातर वक़्त उनके साथ बिताने की कोशिश करता था। उन्हीं के बिस्तर पर सोता था। उनकी मृत्यु 19 दिसम्बर, 1971 को उसी छोटी-सी कोठरी में हुई थी जिसकी कच्ची दीवारें और दरवाज़ा मैंने अपने हाथों से बनाया था। टीन की छत हम दोनों ने मिलकर डाली थी। हम उसी में सोते थे।

कक्का की लम्बाई पाँच फ़ुट सात इंच होगी, किन्तु बड़ी-बड़ी घनी मूँछों, चमकदार पैनी आँखों और रौबीले चेहरे की वजह से उनका व्यक्तित्व बहुत प्रभावशाली था। वे दुबले-पतले और बेहद फुर्तीले थे। वे अपनी चोंचदार टोपी पर लगे पीतल के बटनों, बेल्ट के बक्सुए और बाँहों पर लगे फीतों को ख़ूब चमकाकर रखते थे। वे ड्यूटी की वर्दी के अलावा सफ़ेद धोती और क़मीज़ पहनते थे। पढ़ने के लिए पीतल के पतले तारों की फ्रेम का गोल चश्मा लगाते थे। वे बहुत सफाई पसन्द थे। सभी उनके ज्ञान, तर्कशक्ति और बुद्धिकौशल का लोहा मानते थे। उम्दा खाना पकाना, ख़ुद कमरे में झाड़ू लगाना, घर की चारों साइकिलों की मरम्मत, चारपाई बुनना, सब्ज़ियाँ उगाना जैसे सभी काम वे एक जैसी कुशलता से ही करते थे। मैं हमेशा उन कामों में कक्का का हाथ बँटाता हुआ वह सब सीख गया था।

बरसात आने से पहले वे छुट्टी लेकर घर आकर खपरैल और पत्थर की पट्टियों की छत की मरम्मत में जुट जाते थे। हम जून की गर्मी में नंगे बदन छत का एक-एक कबेलू जमाते थे। एक तरफ़ तो हमें बारिश में धींगामुश्ती का ख़ूब

इन्तज़ार रहता था, दूसरी तरफ़ खपरैल से पानी टपकने की चिन्ता बनी रहती थी। कई बार कबेलुओं की छान पर बन्दर चढ़ जाते थे और पुराने कबेलू टूटने लगते थे। तब मेरी और मेरे भतीजे-भतीजियों की ज़िम्मेवारी थी कि हम भाग-भागकर मिट्टी के फ़र्श पर टपकते पानी के नीचे बाल्टियाँ या घर के बर्तन रखें। रात में तेज़ बारिश हो जाने पर तो समझिए कि पूरी रात वही चलता रहता था। फिर दिन में छान पर चढ़कर कबेलुओं को बदलना होता था। हर साल तीन-चार महीने वही चलता रहता था।

मेरी माँ का नाम चिरोन्जी देवी था। उन्हें हम फुआ कहकर बुलाते थे। मज़ेदार बात यह कि आमतौर पर पिता की बहन को फुआ या बुआ कहा जाता है। हमारे जन्म के पहले से माँ के कुछ भतीजे उनके साथ घर में रहते थे। मेरे माता-पिता ने उनकी परवरिश और पढ़ाई-लिखाई कराने के बाद नौकरियाँ भी लगवाई थीं। वे उनको फुआ कहकर पुकारते थे। उनकी देखादेखी हमने भी उन्हें फुआ कहना ही सीख लिया था। वे साँवले रंग की, छोटी-छोटी गहरी हरी आँखों और तीखे नैन-नक्श वाली दुबली-पतली बहुत सुन्दर महिला थीं। वे हमेशा नाक में सोने की बड़ी सी फूलदार लौंग, कानों के ऊपरी और निचले हिस्से में सोने की पतली बालियाँ और हाथों में चाँदी के मोटे कड़े पहने रहती थीं। मुझे नहीं लगता कि उनके या मेरे पिताजी के पास दो-चार जोड़ी से ज़्यादा कपड़े रहते होंगे। उनका असली ख़र्चा बच्चों की पढ़ाई-लिखाई पर ही होता था। फुआ ख़ुद तो बिलकुल अनपढ़ थीं, लेकिन बच्चों की पढ़ाई-लिखाई में कोई कसर नहीं छोड़ती थीं। घर चलाने के बाद बचे पैसों से मेहमानों की आवभगत और तीज-त्योहारों पर ख़र्च होता होगा।

मैंने जब से होश सँभाला था, तभी से याद है कि फुआ और बड़ी भाभी मिल-जुलकर पूरे परिवार का ध्यान रखती थीं। वे दोनों झाड़ू-पोंछा, खाना पकाना, घर की लिपाई-पुताई, बड़ी, पापड़, सेवैंया वग़ैरह बनाना, ख़ुद घर की चक्की में आटा पीसना, दही बिलोकर मक्खन निकालना और साल भर के लिए तरह-तरह के अचार डालना जैसे तमाम काम करती थीं। वे बहुत मिलनसार थीं। इसलिए घर में पड़ोसिनों का जमावड़ा लगा रहता था। मैं उन महिलाओं को न केवल नानी, बुआ, अम्मा, चाची, जीजी, मामी आदि कहकर बुलाता था, बल्कि उनके साथ वैसे ही रिश्ते निभाना भी सीख गया था। हम सब मिल-जुलकर गाय-भैंसों के गोबर के थप्पे बनाकर घर की बाहरी दीवारों पर और सामने खँडहर में उपले थापते थे। हमारे घर का खाना सूखी लकड़ियों और उपलों से पकता था।

वह धुएँ भरा मिट्टी का चूल्हा दिन में पाँच-छह बार तो जलता ही होगा। हमारा परिवार हमेशा शुद्ध शाकाहारी था।

अमरूदों की मिठास, कबेलू की छत से टपकता पानी

घर में घुसते ही एक छोटा-सा आँगन था। उसके बाएँ कोने में बहुत मीठे अमरूदों का एक पुराना पेड़ था। वह पेड़ मुझे बड़ा प्रिय था। मैं न केवल उस मज़बूत और घने पेड़ की डालियों पर चढ़कर लाल-लाल अमरूद तोड़ता रहता था, बल्कि वहीं बैठकर पढ़ाई भी करता था। पेड़ की घनी छाया पुराने कमरे और कोठरी के ऊपर पतले पत्थरों की पट्टियों से ढकी ढलान वाली छत पर पड़ती थी। गर्मियों के दिनों में हम लोग रात में दरियाँ बिछाकर उसी छत पर सो जाते थे। मेरे माता-पिता पेड़-पौधों और सब्ज़ियों के बड़े शौकीन थे। उन्होंने आँगन में दाहिनी तरफ़ के एक-तिहाई हिस्से में सहजन का पेड़ और कई तरह की हरी सब्ज़ियाँ उगा रखी थीं। अमरूदों, सहजन की फलियों, घिया, तोरई और कद्दुओं को बढ़ते तथा पकते देखना बहुत ख़ुशी देता था। आँगन के दूसरे एक-तिहाई हिस्से में टीन की चादरें डालकर एक दालान बना ली गई थी। उसमें दो-चार गायें पली रहती थीं। हमारा परिवार गायों को चारा डालना, उनका गोबर और पेशाब साफ़ करना, नहलाना और दूध दुहने का सारा काम करता था। मुझसे बड़े भाई, मैं और मेरा भतीजा स्कूल की छुट्टियों में अपनी गायों को चराने ले जाते थे।

उसी घर में मेरी बड़ी बहन और बाक़ी दोनों बड़े भाइयों की शादियाँ हुई थीं। मैं 25 वर्ष की उम्र तक वहीं रहा था। हालाँकि तब तक छोटे-छोटे चार-पाँच और कमरे बना लिए गए थे। उनमें से सड़क से सटे हुए एक कोने में पूरे घर का एक पाखाना और नहाने की जगह थी। सभी घरों में पाखाने खुले होते थे, यानी गली से सटी घर की दीवार के नीचे की तरफ़ एक खुला छेद होता था जिसमें से टट्टी-पेशाब सीधे नीचे गिर जाती थी। सफाई करने वाले लोहे का चमचा डालकर छेद में से मैला खींचकर टोकरी में भरते थे। फिर उसको सिर पर ढोकर घूरे में ले जाकर उड़ेल देते थे।

घर के सामने की गली ही हमारे खेल का मैदान थी। वहाँ हम कबड्डी और गिल्ली-डंडा खेलते थे। जब मैंने स्कूल में फुटबॉल खेलना सीखा तो वही जगह हमारा फुटबॉल मैदान बन गई थी। वहाँ से इक्का-दुक्का लोग ही गुज़रते थे क्योंकि गली में सिर्फ़ 5-7 मकान ही होंगे। उन्हीं दिनों मैंने भारत की आज़ादी

के महानायक नेताजी सुभाषचन्द्र बोस के नाम से सुभाष बाल क्लब बनाया था। वहीं पर मैंने साइकिल और बाद में मोटरसाइकिल चलाना सीखा था। मुझे 12-13 साल की उम्र में साइकिल के करतब सीखने और करने का बड़ा शौक़ हो गया था। मैं कभी सिर्फ़ अगले पहिए तो कभी पिछले पहिए पर, यहाँ तक कि हैंडल या पैडल पर उलटे बैठकर साइकिल चला लेता था। मैं अपने कुछ दोस्तों को एक साथ लिटाकर उनकी पीठ पर से तेज़ी से उछालकर साइकिल निकाल देता था। मगर कभी किसी को खरोंच तक नहीं आती थी।

खिलौनों की चोरी

हमारे शहर में गली-गली में श्रीकृष्ण जन्माष्टमी पर झाँकियाँ लगाई जाती थीं। अपनी-अपनी झाँकियाँ लगाने के लिए बच्चों में आपस में बड़ी होड़ लगती थी। तब मेरी उम्र 9-10 साल की रही होगी। हम कुछ दोस्तों ने मिलकर घर के पिछवाड़े में झाँकी लगाई थी। तरह-तरह की सजावटें कीं। घर के सारे खिलौने बढ़िया ढंग से सजाकर रख दिये। तब भी हमारे खिलौने पड़ोस वाली झाँकी से काफ़ी कम थे। घरवालों ने हमें खिलौनों के लिए कुछ पैसे दिये थे। मैं, मेरा भतीजा दिनेश और तीन साथी मेले में जाकर मिट्टी के कुछ खिलौने ख़रीद लाए थे। हमें लगा कि खिलौने बेचने वाला ढंग से हिसाब-किताब नहीं जानता था। इसलिए हमने उसे बुद्धू बनाकर चालाकी से ढेर सारे खिलौने उठा लिये। यानी चुरा लिये। हमने जितने खिलौने ख़रीदे थे, उनसे चौगुने से भी ज़्यादा खिलौने लेकर ख़ुशी-ख़ुशी घर पहुँचे। इस तरह हमारे खिलौने पड़ोस वाली झाँकी से कहीं ज़्यादा हो गए थे।

रात को कक्का ने हमारी झाँकी देखी। एक पुलिस वाला होने के नाते उन्हें यह भाँपते देर नहीं लगी कि दाल में कुछ काला है। उन्होंने मुझे घर के अन्दर दालान में ले जाकर अपने पुलिसिया अन्दाज़ में पूछा, “सच बताओ, इतने खिलौने कहाँ से आए?”

डर के मारे मैंने झूठ बोल दिया, “हमने ये खिलौने दूसरे साथियों के पैसों से ख़रीदे हैं।”

उनके धमकाने पर मैंने कहा, “हम लोगों ने दही हाँड़ी मेले में से चुराए हैं।”

वे बोले, “तुमने चोरी करने और झूठ बोलने के दो अपराध किये हैं, जिनकी सज़ा मिलेगी।”

मैं डर और ग्लानि के मारे चुपचाप खड़ा रहा। कक्का ने मुझसे अपनी हथेली

कमरे में रखी चारपाई के एक पाए के नीचे रखने को कहा। बिलकुल पुलिसिया अन्दाज़ में। मेरी माँ चिल्लाकर उन्हें रोकने की कोशिश करती रहीं, लेकिन वे नहीं माने। मुझे हाथ वहाँ रखना पड़ा। कक्का कुछ मिनटों के लिए उस चारपाई पर इस तरह से जाकर बैठ गए कि मुझे दर्द तो हो, लेकिन हथेली टूटे नहीं। मैं उस समय तो ख़ूब रोया, परन्तु उनका वह सबक़ मुझे हमेशा याद रहा।

उन्होंने हमारे सारे खिलौने उठाकर उसी आदमी को वापस करवा दिये। उनमें वे खिलौने भी शामिल थे जो मैंने और मेरे दोस्तों ने अपने पैसों से ख़रीदे थे। खिलौने वाला बहुत हैरान हुआ और ख़ुश भी, लेकिन हमारी झाँकी का तो सत्यानाश ही हो गया था। हालाँकि अगले साल पिताजी ने ख़ुद हमारी झाँकी लगवाने में बड़ी मदद की थी। उन्होंने हमें बहुत से खिलौने लाकर दे दिये थे।

होली का हुड़दंग और बचपन की एक शैतानी

विदिशा में होली का त्योहार बहुत मस्ती में मनाया जाता था। मोहल्ले-मोहल्ले में गली-नुक्कड़ों पर होलिका जलाई जाती थी। यह ऊँच-नीच, जात-पाँत के भेदभाव और आपस के मनमुटाव ख़त्म करके मौज-मस्ती और हँसी-मज़ाक़ का सबसे बड़ा त्योहार होता है। देश में ज़्यादातर जगह होली जलने के दूसरे दिन यानी धुलैंडी पर रंगों, पानी और कीचड़ आदि से होली खेली जाती है। कहीं-कहीं पर यह सब पाँच दिन यानी रंग पंचमी तक चलता है। विदिशा उनमें से एक है। सड़कों और गली-मोहल्लों में हुरियारे जत्थे बना-बना कर नाचते-गाते रंगों और मस्ती में सराबोर होकर घूमते थे। मैं बचपन से आज तक उसी मस्ती के साथ होली मनाता हूँ। हम दोस्त लोग होली मनाने के लिए घर-घर जाकर चन्दा इकट्ठा करते थे। उससे ढेर सारी लकड़ियाँ ख़रीदकर लाते थे। हालाँकि ज़्यादातर जलाऊ लकड़ियाँ चुराई हुई होती थीं। कुछ लोग अमीर होते हुए भी हमें चन्दा नहीं देते थे, या फिर रंगों से बचने के लिए घरों में छुपकर बैठे रहते थे। उन्हीं को निशाना बनाया जाता था।

एक बार ऐसे ही किराना व्यापारी सेठ सीताराम फँस गए थे। ठिंगने क़द के गोल-मटोल सीताराम मोहल्ले के शायद सबसे धनी आदमी थे। लेकिन कंजूस इतने कि हमेशा एक जोड़ी कुर्ते-पायजामे और सस्ती सी चप्पल में ही नज़र आते थे। इसलिए चन्दा देने का तो कोई सवाल ही नहीं था। हम लोगों को एक मज़ाक़ सूझा। हम धुलैंडी की सुबह-सुबह मस्ती और हुड़दंग करने की बजाय, मुँह लटकाए हुए सेठ जी के घर पर जमा हो गए। हमने चुपके-चुपके एक अर्थी

बनाकर उसमें पुराने कपड़ों का मोटा सा पुतला रख लिया था। एक मटके में आग भी जला ली थी। फिर उनके घर के सामने अर्थी रखकर 'राम नाम सत्य है, सत्य बोलो गत्य है' बोलते हुए बैठ गए। मोहल्ले के लोग त्योहार छोड़कर धीरे-धीरे मातम में शामिल होने लगे थे। उन्हें लगा था कि सेठ जी भगवान को प्यारे हो गए हैं।

कुछ देर बाद सेठ जी ग़ुस्से में तमतमाए बाहर निकल आए। वे ज़ोर-ज़ोर से चिल्लाने लगे, "अरे हरामखोरो, मैं अभी ज़िन्दा हूँ। भागो यहाँ से।" वे हमें गालियाँ दिये जा रहे थे।

उन्हें देखकर कुछ लोग चीख़ पड़े, "अरे, सेठ तो ज़िन्दा हैं।"

तभी हम ज़ोर-ज़ोर से चिल्लाए, "भागो, भागो, सेठ सीताराम का भूत हमें खा जाएगा।"

अफ़रा-तफ़री मच गई। वे सेठ जी को भूत समझकर भाग खड़े हुए।

कुछ दिनों के बाद पड़ोस के एक लड़के ने सेठ सीताराम से मेरी चुगली कर दी। उन्होंने मेरे घर में शिकायत कर दी। मुझे बड़ी डाँट-फटकार पड़ी। एक दिन मैंने मौक़ा देखकर उस लड़के की पिटाई कर दी। मारे तो दो ही थप्पड़ थे, मगर उसके मुँह से ख़ून निकलने लगा था। वह उसी हालत में मेरे बड़े भाई जगमोहन जी के पास शिकायत लेकर चला गया, तब मेरी ख़ूब पिटाई हुई थी।

अलग-अलग विचारधाराओं और रुचियों का संगम मेरा परिवार

हमारे घर में शुरू से ही पढ़ाई-लिखाई का माहौल रहा है। सबसे बड़े भाई चन्द्रभान जी पढ़ाई में हमेशा अव्वल रहते थे। उन्हें विश्वविद्यालय में सबसे ज़्यादा अंक पाने के लिए स्वर्ण पदक मिला था। वे एक साधारण अध्यापक से अपना करियर शुरू करके कॉलेज के प्राचार्य और ज़िला शिक्षा अधिकारी तक रह चुके थे। मेरे जन्म से पहले उनका विवाह हो चुका था। इसलिए वे और मेरी बड़ी भाभी मुझे हमेशा अपने बच्चों से ज़्यादा प्यार करते रहे। हम सभी भाई उन्हें लला कहकर सम्बोधित करते थे। उनकी नौकरी ज़्यादातर विदिशा से बाहर रहती थी, इसलिए मुझे और मेरे भतीजे-भतीजियों को उनके घर आने का इन्तज़ार बना रहता था। मैं बचपन में घंटों बैठकर पूजा-पाठ करके भगवान से उनका विदिशा में तबादला कराने की प्रार्थना किया करता था।

वे मेरे आन्दोलनों के दौरान मेरे ऊपर होने वाले हमलों में मुझसे भी ज़्यादा दुखी और मेरी सफलताओं में मुझसे भी अधिक ख़ुश होते थे। मुझे उनकी

सिद्धान्तवादिता, आदर्शवादिता और अध्ययनशीलता से बहुत सीखने को मिला था। उन पर भारत के पहले प्रधानमंत्री जवाहरलाल नेहरू के विचारों का बड़ा असर था।

उनसे विपरीत मेरे दूसरे भाई डॉ. जगमोहन शुरू में तो हिन्दू देवी दुर्गा के बड़े उपासक थे, किन्तु बाद में कम्यूनिस्ट नेता बन गए। उन्होंने रेडियो की मरम्मत का अपना व्यवसाय शुरू करके वकालत और पीएच.डी. तक की पढ़ाई की। कुछ साल एक कॉलेज में भी पढ़ाया। उनके सख़्त स्वभाव से हम सभी छोटे भाई-बहन बहुत डरते थे। इधर कई सालों से उनके भीतर एक कवि जाग उठा है। उन्होंने अध्यात्म, दर्शन और समाज व्यवहार पर हज़ारों दोहे लिख डाले। उन्होंने प्रसिद्ध ग्रन्थ गीता के हर श्लोक को हिन्दी के दोहों के रूप में लिखा है। उनसे छोटी बहन श्रीमती लीला भी शिक्षिका रही हैं। लड़कियों के इंटर कॉलेज के प्रिंसिपल पद से रिटायर होने के बाद भी वे अपना हाई स्कूल चलाती हैं। मेरे तीसरे भाई नरेन्द्र जी भी अध्यापक रहे। यूँ तो उम्र के लिहाज़ से वे मुझसे 7-8 साल बड़े हैं, परन्तु बचपन में सबसे ज़्यादा नज़दीकी उन्हीं के साथ रही थी। मेरे भतीजे और भतीजियाँ ऊँची-ऊँची पढ़ाई करके कॉलेजों में प्रोफ़ेसर, वकील, अध्यापक, सामाजिक कार्यकर्ता आदि हैं। बड़ा भतीजा दिनेश शर्मा मध्य प्रदेश के महू स्थित डॉ. बी.आर. अंबेडकर सामाजिक विज्ञान विश्वविद्यालय का कुलपति रह चुका है।

घर के माहौल के कारण पुस्तकों में मेरी गहरी रुचि हो गई थी। उस दौर के बच्चों में राष्ट्रवादी साहित्य, ख़ासकर महापुरुषों और क्रान्तिकारियों की जीवनियाँ पढ़ना सबसे बड़ा शौक़ होता था। जहाँ तक मुझे याद है, मैंने अपने कोर्स की किताबों से चौगुना समय सामाजिक, धार्मिक, आध्यात्मिक और साहित्यिक पुस्तकें पढ़ने में लगाया होगा।

ईश्वर की तलाश

मेरे घर का परिवेश बड़ा धार्मिक था। पूजा-पाठ, तीज-त्योहार, व्रत-उपवास हमारी ज़िन्दगी का हिस्सा थे। मेरे पिताजी भगवान राम के गहरे उपासक थे। 15वीं शताब्दी के भक्त कवि गोस्वामी तुलसीदास का महाकाव्य 'रामचरितमानस' के कुछ अंशों का पाठ हमारी दिनचर्या का हिस्सा था। उस एक ग्रन्थ ने भारतीय जनमानस में जितना गहरा असर छोड़ा है, उतना शायद किसी दूसरे ग्रन्थ ने नहीं। परिवार में भगवान राम के अलावा भी सभी देवी-देवताओं की पूजा उतने

ही श्रद्धाभाव से होती थी। यही हिन्दू धर्म की सबसे बड़ी विशेषताओं में से एक है। कोई किसी देवता, देवी या ईश्वर के किसी भी रूप को सर्वश्रेष्ठ मानकर अपने तरीक़े से पूजा-अर्चना कर सकता है, लेकिन दूसरे के मत को नीचा नहीं दिखाता। यहाँ तक कि ईश्वर को न मानने वाले भी उतने ही अच्छे हिन्दू बने रह सकते हैं, जितने घोर कर्मकांडी। हिन्दुओं का कोई एक धर्मग्रन्थ, कोई प्रवर्तक और कोई एक पूजा स्थल नहीं होता। मुझ पर इस खुलेपन, सहिष्णुता और समन्वय का गहरा असर पड़ा था।

किशोर होते-होते मेरे मन में ईश्वर और उसके सत्य को मानने की बजाय जानने की इच्छा बढ़ने लगी थी। मैं ख़ुद ईश्वर का साक्षात्कार करना चाहता था। मुझे भरोसा था कि तपस्या और भक्ति से उसे पाया जा सकता है। मैं यह भी मानने लगा था कि संसार की हर चीज़ और प्राणी एक ही ईश्वर के रूप हैं। उसी वजह से कई बार मरते-मरते बचा था। लेकिन डरने या पछताने की बजाय, ईश्वर में मेरी आस्था और ज़्यादा बढ़ गई थी।

अचानक मिला था 'बुक बैंक' का आइडिया

1964 की बात है। मैं सातवीं कक्षा में पहुँचा था। गर्मियों की छुट्टियों के बाद जब जुलाई महीने में हमारा स्कूल खुला तो नई क्लास में कुछ पुराने साथी मौजूद नहीं थे। पता चला कि फ़ीस और किताबों के लिए पैसे नहीं होने से उन्हें पढ़ाई छोड़नी पड़ी थी। उन्हीं में मेरा एक गहरा दोस्त श्रीकृष्ण छीपा भी था। सर्दियों के मौसम में श्रीकृष्ण और मैं, मेरे घर के सामने की मढ़िया (छोटा मन्दिर) के चबूतरे पर बैठकर साथ-साथ स्कूल का होमवर्क करते थे। साथ में खेलते-कूदते और खाना खाते थे।

वह बहुत ग़रीब था। अपने बड़े भाई के साथ एक छोटे से कच्चे कमरे में किराए पर रहता था। उसका भाई गली-गली घूमकर चने-मुरमुरे बेचकर गुज़ारा चलाता था। श्रीकृष्ण कई दिनों तक स्कूल और घर के आसपास नहीं दिखा तो मैंने सोचा कि शायद बीमार हो गया होगा। उसे खोजता हुआ जब मैं उसके कमरे पर पहुँचा तो मकान मालकिन ने बताया कि दोनों भाई हमेशा के लिए कमरा छोड़कर जा चुके हैं क्योंकि उनके पास किराया देने के लिए पैसे नहीं थे। मैं उस दिन ख़ूब रोया और कई दिनों तक अपने दोस्त को याद करके उदास बना रहा।

उस घटना के लगभग 10 महीने बाद की बात है। तब तक मैंने एक दूसरे दोस्त रमेश व्यास के साथ चुपचाप एक योजना बना ली थी। हमारी सालाना

परीक्षाओं के रिजल्ट 30 अप्रैल को निकलते थे। हमने सोचा कि पास होने के बाद हम जैसे बहुत से विद्यार्थियों की किताबें बेकार होकर रद्दी में चली जाएँगी। इसलिए क्यों न सबसे वे किताबें माँगकर ज़रूरतमन्द बच्चों को बाँट दी जाएँ? हमें अपने घरवालों ने मिठाई ख़रीदकर मन्दिर में प्रसाद चढ़ाने के लिए कुछ पैसे दिये थे। हम दोनों ने उन पैसों से एक हथठेला* किराए पर ले लिया।

हम ठेला लेकर अपने मोहल्ले से काफ़ी दूर दूसरे मोहल्लों की गलियों में निकल पड़े। हममें से एक बारी-बारी से ठेला धकेलता था। दूसरा उस पर खड़े होकर ज़ोर-ज़ोर से आवाज़ लगाता था, "दादीजी, अम्माजी, आंटीजी, अंकलजी, बहनों, भाइयों, हमारी बात सुनिए। आज बहुत ख़ुशी का दिन है। आपके बच्चे पास होकर अगली क्लास में पहुँच गए हैं। इसके लिए आपको बहुत-बहुत बधाई।" हम बार-बार वही बात दोहराते। हमें उस तरह ठेले पर खड़ा देखकर कई लोग कौतूहल में घरों से निकल आते थे।

जमा होती भीड़ को देखकर हम और ज़्यादा ऊँची आवाज़ में चिल्लाकर कहते, "देखिए, अगली क्लास में पहुँच जाने से आपके घर के बच्चों की किताबें रद्दी हो जाएँगी। लेकिन हमारे शहर में ऐसे बहुत से बच्चे हैं, जिन्हें बीच में ही पढ़ाई छोड़ देनी पड़ती है क्योंकि उनके पास किताबों के लिए पैसे नहीं होते।"

सभी हमारी बातें बहुत ध्यान से सुनते थे। कुछ लोग पूछ भी लेते थे, "हाँ, यह तो सच है, लेकिन हम क्या कर सकते हैं?"

तब हम अपनी झोली फैलाकर उनसे पुरानी किताबें देने की प्रार्थना करने लगते। देखते ही देखते किताबें दान करने वालों की होड़ लग गई। क्या बच्चे और क्या बूढ़े, हर कोई भाग-भागकर घर की फ़ालतू किताबें लाकर ठेले में डालने लगते। कुछ देर में ही हमारा ठेला भर जाता। हमने कई चक्कर लगाकर चार-पाँच घंटे में क़रीब ढाई हज़ार किताबें इकट्ठी कर ली थीं।

हम दोनों ख़ुशी और उत्साह के मारे पागल हुए जा रहे थे। हमने इतनी बड़ी सफलता के बारे में कभी सोचा ही नहीं था। लेकिन हमारे सामने दो बड़ी समस्याएँ आ गईं। पहली यह कि इतनी सारी पुस्तकें रखी कहाँ जाएँ? और दूसरी यह कि हम नहीं जानते थे कि वे किताबें किन विषयों की थीं? लोगों ने अपने घरों में पड़ी ऊँची कक्षाओं की किताबें भी उदारतापूर्वक हमारे ठेले में डाल दी थीं। हम तो पहली से आठवीं तक की कक्षाओं की किताबों के अलावा दूसरे विषयों के नाम तक नहीं जानते थे। ख़ैर, हमने रमेश के घर पर उन पुस्तकों को सँभालकर रख दिया। बाद में उसके पिताजी और एक मास्टर जी ने उन्हें

---

* सब्ज़ियाँ और फल आदि बेचने वाले साइकिल के चार पहियों का जैसा ठेला इस्तेमाल करते हैं।

अलग-अलग कक्षाओं के हिसाब से छाँटने में हमारी मदद की थी।

यह बात हमारी समझ में नहीं आ रही थी कि इतनी ढेर सारी किताबें किसको और कैसे बँटेगी? इसके लिए हम अपने और दूसरे स्कूलों के हेडमास्टरों से मिले। हमने उनसे प्रार्थना की कि वे ज़रूरतमन्द विद्यार्थियों को किताबें दान कर देने की बजाय, एक साल तक पढ़ाई करने के लिए उधार दे दें ताकि अगले साल फिर से कोई दूसरा ज़रूरतमन्द विद्यार्थी उनका लाभ उठा सके। छात्रों को चुनने, उन्हें पुस्तकें बाँटने और सत्र ख़त्म होने के बाद वापस जमा कराने की ज़िम्मेदारी वे ख़ुद ले लें। उन्हें यह सुझाव बहुत पसन्द आया। मेरे स्कूल के हेडमास्टर जी ने तो ख़ुद आगे बढ़कर शिक्षकों और छात्रों से पुरानी किताबें इकट्ठा करने की मुहिम शुरू कर दी थी।

देखा-देखी दूसरे स्कूल भी उस अभियान में शामिल हो गए थे। इस तरह खेल-खेल में एक पुस्तक-कोष, यानी बुक-बैंक बन गया। शहर के पुस्तक विक्रेताओं ने भी हमारे बुक बैंक में ढेर सारी नई किताबें दान दे दीं। इस तरह किताबों के अभाव के कारण सैकड़ों छात्रों की पढ़ाई रुकने से बच गई। कुछ सालों के बाद बुक-बैंक के संचालन की ज़िम्मेवारी एक सार्वजनिक पुस्तकालय ने ले ली।

उस दिन हमारे ठेले में जमा होने वाली एक-एक किताब, उस एक-एक ईंट की तरह थी, जिनसे मेरे व्यक्तित्व की नई इमारत खड़ी हुई। वह घटना मेरे लिए एक नये जन्म की तरह थी क्योंकि मैं अपने भीतर के उस सामर्थ्य को पहचान पाया था, जो किसी चीज़ को असम्भव नहीं मानता। समाज में और एक-एक व्यक्ति में बसी अच्छाई में मेरा भरोसा इतना ज़्यादा बढ़ गया था कि वह ज़िन्दगी में कई धोखे खाने के बावजूद भी ख़त्म नहीं हुआ।

मन शुद्ध हो, नि:स्वार्थ हो, साहसी हो, संकल्प दृढ़ हो, अहंकार से दूर हो और योजना सही हो तो दूसरों की बेहतरी के लिए उठने वाला पहला क़दम ज़्यादा वक़्त तक अकेला नहीं रहता, और न कभी रुकता है। देर-सबेर उस पहले क़दम के साथ हज़ारों, लाखों, करोड़ों क़दमों का उठना तय है। एक और बात अच्छी तरह से समझ आ गई थी कि हर समस्या के गर्भ में ही उसका समाधान होता है।

मेले में चाय की दुकान

बहुत से विद्यार्थी बुक बैंक का फ़ायदा उठाने लगे थे, लेकिन ग़रीब बच्चे

फ़ीस का इन्तज़ाम नहीं होने से स्कूल छोड़ देते थे। उनके स्कूल छोड़ देने से तकलीफ़ तो बहुत होती थी, लेकिन मन मसोसकर रह जाना पड़ता था। हमारे लिए गली-गली घूमकर किताबें माँगना उतना मुश्किल नहीं था, लेकिन मैं फ़ीस के लिए रुपये-पैसे माँगने की हिम्मत नहीं जुटा पा रहा था। मेरा एक भी दोस्त इसके लिए तैयार नहीं था। इसी ऊहापोह में लगभग चार साल गुज़र गए।

यह बात 1968 की है। जनवरी महीने में होने वाला सालाना रामलीला मेला विदिशा का सबसे बड़ा आकर्षण था। ज़रूरतमन्द बच्चों के लिए स्कूल की फ़ीस का इन्तज़ाम करने के लिए हम कुछ दोस्तों ने मिलकर मेले में चाय-पकौड़ों की दुकान लगाने की योजना बनाई। हमने मेला आयोजकों से बात की। उन्होंने हमारी कोशिश को सराहा और बड़े मौक़े की एक जगह बिना किराया लिये दे दी। हम साथियों ने आपस में चन्दा इकट्ठा करके दूध, चीनी, चाय की पत्ती और पकौड़े बनाने के लिए बेसन, नमक, अजवाइन तथा आलू-प्याज़ वग़ैरह जुटा लिये। अपने-अपने घरों से टेबल, कुर्सी, स्टोव, कड़ाही-पतीला और कप-प्लेटों का इन्तज़ाम कर लिया गया। एक बैनर बनाकर दुकान में टाँग दिया गया, जिस पर दुकान चलाने का उद्देश्य लिखा हुआ था।

उस अनोखी दुकान में मेरे जैसे कई लड़के और लड़कियाँ चाय बनाते, ग्राहकों को परोसते, बर्तन साफ़ करते और दुकान की सफाई करते थे। कौतूहलवश ढेरों ग्राहक हमारी दुकान पर आते थे। वे बैनर पढ़कर हमारी तारीफ़ करते थे, और चाय-पकौड़े खाते थे।

एक रविवार की शाम जब मैं घर लौटा तो अपने बड़े भाई से थप्पड़ खाने पड़े क्योंकि मैंने अपने ज़िम्मे का एक ज़रूरी काम पूरा नहीं किया था। तब हमारे घर में पानी का नल नहीं लगा था। हम 100-150 मीटर की दूरी पर लगे एक सार्वजनिक नल से भरकर पानी लाते थे। उस दिन नल में पानी नहीं आया था, जिससे मेरी भाभियों और माँ को नदी से पानी ढोकर लाना पड़ा था। मेरे भाई कहीं पर व्यस्त थे।

वह नल खुली जगह पर था। मैं और मेरे भाई पीने का पानी पीतल के घड़ों में भरकर सिर पर रखकर घर ले आते थे। बाक़ी ज़रूरतों का पानी बाल्टियों में ढोकर लाते थे। हम वहीं पर जाकर नहाते थे। कपड़े धोने के लिए छुट्टी वाले दिन उसी नल पर या पास में छोटी हवेली के कुएँ पर जाते थे। नल में सिर्फ़ एक निश्चित समय पर पानी आता था। इसलिए अपने-अपने घड़े रखकर लम्बी लाइनें लगानी पड़ती थीं। कई बार वहाँ पर झंझट भी हो जाता था। गर्मियों के

मौसम में नल में पानी कम हो जाने से क़रीब डेढ़ किलोमीटर दूर नदी से पानी लाना पड़ता था।

ख़ैर, उसके बाद चाय की दुकान चलाने वाले हम सब साथियों ने आपस में समय और काम बाँट लिया। मेला एक महीने चलता था। हम छुट्टियों में तो उसे पूरे दिन खोलते थे, लेकिन बाक़ी दिनों में केवल शाम को। हर दिन इतना मुनाफ़ा ज़रूर हो जाता था, जिससे कम से कम एक-दो बच्चों की साल भर की फ़ीस का इन्तज़ाम किया जा सके।

नोबेल पुरस्कार मिलने के बाद मेरी पहली विदिशा यात्रा के दौरान एक बड़ी भावुक घटना घटी। जब हमारा जुलूस शहर में से गुज़र रहा था तो मैंने देखा कि भीड़ में से दो बुज़ुर्गवार व्यक्ति आवाज़ लगाते हुए मेरी तरफ़ बढ़ने की कोशिश कर रहे थे। भीड़भाड़ और पुलिस की रोक की वजह से वे मुझ तक पहुँच नहीं पा रहे थे। वे ज़ोर-ज़ोर से चिल्ला रहे थे, "कैलाश, कैलाश, भैया तूने हमें पहचाना नहीं?"

मैं जीप से उतरकर उनके पास चला गया। वे मेरा माथा चूमते हुए मुझसे चिपट गए। उनमें से एक ने रोते हुए बोला, "भैया, हमने तेरे बुक बैंक की किताबों से अपनी पढ़ाई की थी। मैं हेडमास्टर की पोस्ट से रिटायर हुआ हूँ। मैंने भी अपनी नौकरी के दौरान फ़ीस या किताबों की वजह से किसी बच्चे की पढ़ाई नहीं छूटने दी।" मेरी आँखों से आँसू टपक पड़े।

मैं, मगरमच्छ और ममेरे भाई

यह तब की बात है जब मैं 13-14 साल का था। लगभग मेरी ही उम्र के मेरे एक ममेरे भाई हैं, हरिवल्लभ शर्मा। एक दिन हम दोनों बेतवा नदी पर बैराबाबा घाट गए थे। नदी के अन्दर बीचोबीच एक ऊँचा सा टीला था। गर्मियों के मौसम में पानी उथला हो जाने से कभी-कभी वह टीला दूर से दिखने लगता था। नदी की चौड़ाई लगभग 100 मीटर थी। उसे तैरकर पार करना मेरा शौक़ था। मैंने हरि भाई से कहा, "टीले के नीचे पानी में एक चौड़ा सा पत्थर दिखाई दे रहा है। चलो, वहाँ तक तैरकर चलते हैं।"

उन्होंने उसको ग़ौर से देखा और बोले, "मुझे वह पत्थर नहीं लगता, बल्कि मगरमच्छ की पीठ लग रही है।" हालाँकि पानी के घास की वजह से कुछ साफ़ नहीं दिख रहा था।

उन दिनों बेतवा नदी में कुछ मगरमच्छ थे जिन्हें पहले कई बार देखा गया

था। कम से कम एक तो उस जगह से तीन-चार सौ मीटर पीछे रामघाट पर रहता था।

मैंने हरि भाई से कहा, "मुझे नहीं लगता कि वह मगरमच्छ है। अगर वह मगरमच्छ भी होगा, तो हम पर हमला नहीं करेगा क्योंकि वह उसी ईश्वर का अंश है जिसके हम। मैं उसे नुक़सान नहीं पहुँचाना चाहता। न मैं उससे नफ़रत करता हूँ। और मैं उसी भगवान का भक्त हूँ जिसने मगरमच्छ बनाया है।"

मैं उनके मना करने के बावजूद नदी में कूद गया और जल्दी-जल्दी तैरकर उस खुरदरी लेकिन कठोर सतह पर पैर रखता हुआ टीले तक जा पहुँचा। वहाँ पहुँचते ही उस वस्तु में तेज़ी से हलचल होने लगी। सचमुच वह वहाँ आराम फरमा रहा एक बड़ा मगरमच्छ ही था, जो देखते-देखते पानी में गोते लगाकर पीछे की तरफ़ मुड़ गया।

हरि भाई किनारे पर खड़े डर के मारे मुझे बचाने की गुहार करते हुए चिल्ला रहे थे। लेकिन वहाँ मेरे और मगरमच्छ के अलावा उनकी आवाज़ सुनने वाला कोई नहीं था क्योंकि दोपहर में लगभग सभी घाट सुनसान रहते थे। थोड़ी देर के बाद वे ख़ुद भी तैरकर मुझ तक पहुँचे। उनकी हालत तो देखते ही बनती थी। वे अब भी उस दुस्साहस पर मुझे कोसते रहते हैं। मेरे दोनों पैरों में गहरी खरोंचें आ गई थीं।

मेरे मन में तरह-तरह के सवाल उठते रहते थे। जैसे, ईश्वर कैसा होगा? वह कहाँ और कैसे मिलेगा? वह एक ही है या कई हैं? हिन्दुओं में राम, शिव, हनुमान, दुर्गा, गणेश आदि के जीवन और उनके बीच जो रिश्ते धर्म ग्रन्थों में बताए गए थे, वे तो इनसानों की तरह ही थे या फिर चमत्कारी कथाओं जैसे। मुसलमानों, ईसाइयों, बौद्धों, जैनियों के धर्मग्रन्थों में भी अलग-अलग और विरोधाभासी बातें नज़र आती थीं। ऐसे में किसकी मानें, और किसकी नहीं, यह सोच पाना कठिन था।

मैं ज़्यादातर धार्मिक किताबों के क़िस्से-कहानियों से ऊब चुका था। हालाँकि उनमें कहीं-कहीं शिक्षाप्रद और नैतिक बातें ज़रूर मिल जाती थीं। धीरे-धीरे मेरा रुझान अध्यात्म और दर्शन की तरफ़ बढ़ने लगा था। मैं यह भी समझ गया था कि ज़्यादातर पंडे-पुजारी धर्म की सही-सही व्याख्या करना तो दूर, संस्कृत के श्लोकों और मंत्रों का अर्थ तक नहीं जानते थे, बल्कि ढंग से उच्चारण तक नहीं कर पाते थे। इसलिए मैंने ख़ुद संस्कृत पढ़ना शुरू कर दिया था। मैंने कुछ वर्षों में देश के प्रसिद्ध संस्थान भारतीय विद्या भवन द्वारा संचालित संस्कृत पत्राचार परीक्षाएँ देकर 'संस्कृत भाषा कोविद्' नामक उपाधि प्राप्त की। मुझे उसका बहुत

फ़ायदा हुआ। मुझे वेदों, उपनिषदों और दूसरे ग्रन्थों के अर्थ समझने में थोड़ी सी आसानी रहती है। मेरे मन में एक बात तो स्पष्ट हो चुकी थी कि अगर ईश्वर है, तो वह सभी के लिए एक ही होगा। सभी प्राणियों और वस्तुओं में उसी एक ईश्वर का प्रकाश होना चाहिए। इस तरह से मुझे पूरे ब्रह्मांड की एकात्मकता का एहसास होने लगा था। मुझे विश्वास हो गया कि पूरे ब्रह्मांड में एक ही सत्ता है, 'ईश्वर की सत्ता'। बाक़ी प्रकृति जिसमें मनुष्य भी शामिल है, झूठा भ्रम है। इसे अद्वैत दर्शन कहा जाता है।

न्यूटन, गांधी, भगत सिंह, माओ और अध्यात्म

मुझे धर्म की तरह विज्ञान का बड़ा भूत सवार था। मैंने न केवल आइंस्टाइन, एडिसन, मैडम क्यूरी, न्यूटन और जगदीश चन्द्र बोस जैसे अनेक वैज्ञानिकों के बारे में पढ़ा था, बल्कि उनके जैसा बनने के सपने भी देखने लगा था। 10-11 साल की उम्र में पंखा, इस्त्री, हीटर वग़ैरह खोलकर उनसे तरह-तरह के प्रयोग करता रहता था। उस चक्कर में कई घड़ियों और बिजली के सामानों को खोलकर ख़राब कर दिया था। इस पर अपने भाइयों से ख़ूब डाँट और कभी-कभी मार भी खानी पड़ती थी। मैं विज्ञान प्रदर्शनियों और प्रतियोगिताओं में बढ़-चढ़कर हिस्सा लेता था और इनाम जीतता था।

मैं अपनी आध्यात्मिक और धार्मिक रुचियों के साथ-साथ 16-17 साल की उम्र से ही गांधीवाद और मार्क्सवाद की ख़ूबियों और सीमाओं को समझने की कोशिश करने लगा था। शुरू-शुरू में तो इन परस्पर विरोधी विचारधाराओं के कारण बड़ी मानसिक उलझन होती थी, लेकिन बाद में इन्हीं से समाज, राजनीति और जीवन के यथार्थ को समग्रता से समझने में बड़ी मदद मिली। किसी ख़ास समय या स्थान की वास्तविकता का अहसास करने में अपने संस्कारों, विचारधाराओं, पूर्वग्रहों, संचित ज्ञान, अनुभवों और आस्थाओं आदि का बड़ा हाथ होता है। अलग-अलग लोगों को वह अहसास टुकड़ों-टुकड़ों में और अलग-अलग तरीक़े से होता है। जैसे हाथी के सिर्फ़ पाँव छूकर खम्भा, सूँड़ छूकर अजगर या कान छूकर पंखा समझ लेने की पुरानी कहानी है। उसके शरीर के किसी अंग से चिपटने की बजाय, उसे एक उचित दूरी से खड़े होकर देखने से ही वह पूरा हाथी नज़र आ सकता है।

मैं महात्मा गांधी के जीवन और दर्शन से काफ़ी कुछ सीखने की कोशिश करता हूँ, परन्तु पारम्परिक अर्थों में गांधीवादी नहीं बना। सत्य, अहिंसा और

शान्ति जैसे मानवीय मूल्य धर्म गुरुओं के उपदेशों की बातें हुआ करती थीं। गांधी जी सम्भवत: वह पहले व्यक्ति थे जिन्होंने इन्हीं चीज़ों को न केवल सामाजिक आन्दोलन में बदल डाला, बल्कि इन्हीं को आधार बनाकर भारत की आज़ादी का अनूठा आन्दोलन खड़ा कर दिया। वे जिन बातों को बोल रहे थे, उन्हें जी भी रहे थे। इन्हीं कारणों से वे मेरे सबसे प्रिय चरित्र नायक हैं।

गांधी जन्मशती और नेताओं का दोहरापन

सन् 1969 की बात है। उस साल गांधी जी के जन्म के सौ साल पूरे हुए थे। देश भर में गांधी जन्म शताब्दी वर्ष मनाया जा रहा था। महात्मा गांधी को याद करके तरह-तरह के कार्यक्रम आयोजित किये जा रहे थे। शहर के नेतागण छुआछूत के ख़िलाफ़ बड़े-बड़े भाषण देते थे जिन्हें सुनकर मुझे बड़ी प्रेरणा मिली।

इसका एक कारण और भी था। कुछ लोग हमारे घरों के खुले पाखानों से मैला निकालकर टोकरियों में भरकर सिर पर ढोते थे। उन्हें मेहतर और मेहतरानियाँ कहा जाता था। वे जाति व्यवस्था में सबसे नीचे और अछूत माने जाते थे। उन मेहतरानियों की टोकरियों का मैला रिसकर उनके गालों और शरीर पर बहता रहता था। वे कभी किसी के घर के भीतर नहीं घुस सकती थीं। वे शाम को नहा-धोकर एक साफ़ टोकरी लेकर मोहल्ले में हर घर के सामने जाकर आवाज़ लगाती थीं। लोग छतों, बालकनियों या दरवाज़ों पर जाकर रोटियाँ, या सिक्के फेंककर उनकी टोकरियों में डाल दिया करते थे। यह देखकर मुझे बहुत बुरा लगता था।

एक दिन मेरे मन में एक ऐसा भोज आयोजित करने का विचार आया जिसमें मेहतरानियाँ भोजन पकाएँ, और ऊँची जातियों के लोग उनके साथ बैठकर खाएँ। मैंने सोचा कि इसके लिए शहर के नेताओं से ज़्यादा अच्छा और कौन हो सकता है? मैंने अपने कुछ दोस्तों से सलाह-मशविरा किया। वे थोड़ी झिझक के बाद इसके लिए राज़ी हो गए। हमने भोज के लिए आपस में कुछ चन्दा इकट्ठा कर लिया। एक शाम हम तीन लड़के मेहतरों की बस्ती में पहुँच गए। उस बस्ती में मिट्टी के कच्चे घरों के आसपास सुअरों और इनसानों के बच्चे साथ-साथ कीचड़ में सने हुए घूम रहे थे। रात होने से पहले ही कुछ आदमी नशे में धुत्त हो चुके थे। हमने सबसे पहले उन लोगों के घर ढूँढ़े जो हमारी गलियों की सफाई करते थे। उनमें से एक का नाम सिद्दी था। हमें वहाँ पर देखकर 10-12 लोग जमा हो गए। हमने सिद्दी के अहाते में बैठकर उन्हें भोज की योजना बताई।

वहाँ एक बुढ़िया दूर से हमारी बात सुन रही थी। वह हमसे कुछ कहने की बजाय अपनी बहू पर ज़ोर से चिल्लाई, "ये पागल लड़के कौन हैं?"

जवाब मैंने दिया, "अम्मा हम अन्दर किले में रहते हैं और स्कूल में पढ़ते हैं। हम चाहते हैं कि आप सहभोज के लिए खाना पकाएँ।"

वह बोली, "बेटा, तेरा दिमाग़ ख़राब हो गया है। तू जानता है, हम लोग भंगी हैं? हमारी तो सात पुश्तों से ऊँच-जात वालों ने हमें कभी नहीं छुआ, और न हमने उन्हें छुआ।"

मैंने समझाया, "देखो अम्मा, गांधी जी ने हमें आज़ादी दिलाई। वे छुआछूत ख़त्म करना चाहते थे। हमारे शहर के बहुत सारे नेता इस बुराई के ख़िलाफ़ हैं। जब वे लोग भोज में खाना खा लेंगे तो बाक़ी जनता भी आपको अछूत मानना छोड़ देगी।"

इतने में एक नौजवान थोड़ा खीजकर बोला, "क्या तुम्हें मालूम है कि हम हिन्दू हैं, फिर भी मन्दिर में घुस पाना तो दूर, हमारी परछाईं तक से परहेज किया जाता है। हम किसी चाय की दुकान पर जाकर चाय नहीं पी सकते। हम अपने बच्चों की शादियों में आपके मोहल्लों से बारात तक नहीं निकाल सकते। हमारा दूल्हा घोड़ी पर नहीं चढ़ सकता।"

एक दूसरी महिला बोल पड़ी, "मैं अपने गाँव में बड़ी जात वालों के कुओं से पानी भरने नहीं जा सकती थी। मेरे बाप को बड़े लोगों के इलाक़ों में से साइकिल चलाकर और जूते पहनकर गुज़रने की इजाज़त नहीं है। बरसात में वहाँ से छतरी लगाकर निकल जाने पर हमारी पिटाई होती है।"

उन परिवारों ने हमको शाबाशी दी, लेकिन चेताया कि हम धोखे में न रहें। कोई नेता खाना खाने नहीं आएगा।

मुझे और मेरे दोस्तों को भेदभाव के घिनौनेपन की इतनी गहरी जानकारी नहीं थी। मैंने उठकर सिद्दी दादा और सभी मेहतरानियों के पैर छूकर माफ़ी माँगी। वे चौंक पड़े, लेकिन साथ ही उनका दिल पिघलने लगा था। मैंने फिर से उनसे हाथ जोड़कर प्रार्थना की कि वे खाना बनाने आएँ। हमने उन्हें विश्वास दिलाया कि ऊँची जाति के कुछ नेता लोग तो ज़रूर आएँगे। लेकिन वे हमारी बात नहीं माने। थोड़ी देर तक सन्नाटा बना रहा। महिलाएँ अपने घरों में लालटेनें जलाने लगी थीं। उनके मिट्टी के घरों के आँगन और चेहरों पर से तो अँधेरा छँटने लगा था, लेकिन समाज में भेदभाव और छुआछूत के अँधेरे को मिटाने वाली रोशनी की किरणें कहाँ से निकलेंगी? हम निराश होकर लौटने को मजबूर हो गए थे। लेकिन तभी सिद्दी दादा और उसकी पत्नी कमला ने हमें रोका।

उन्होंने कहा कि हम भोज में खाना पकाने के लिए तैयार हैं। हमारी ख़ुशी का ठिकाना नहीं रहा था।

हमने सहभोज के लिए शहर के नीमताल इलाक़े में गांधी चबूतरा चुना। 19 अक्टूबर, 1969 रविवार का दिन तय कर दिया गया। मुझे अपने प्रिय नेताओं पर पूरा भरोसा था। मैं और मेरे साथी शहर के सभी ख़ास नेताओं को सहभोज में आमंत्रित करने के लिए उनके घर गए। वे मुझे बुक बैंक के कारण पहचानते थे। उन्होंने मुझे शाबाशी देते हुए भोज में आने की हामी भर दी। हमारा उत्साह चौगुना हो गया था। लगा कि इससे एक झटके में ही सदियों पुरानी कुप्रथा टूट जाएगी और मेरे शहर में बदलाव आ जाएगा।

हम दिन भर तैयारी में जुटे रहे। चार मेहतरानियाँ और दो मेहतर ख़ूब नहा-धोकर, घर के सबसे साफ़-सुथरे और अच्छे कपड़े पहनकर दोपहर में ही गांधी पार्क पहुँच गए। उन्होंने साथ लाए बर्तन भी इस तरह रगड़-रगड़ कर चमका रखे थे, जैसे कि समाज के सदियों पुराने छुआछूत के मैल को साफ़ करने निकले हों।

शाम के सात बजे तक दाल-चावल की खिचड़ी और आलू की सब्ज़ी बनकर तैयार हो गई थी। हम बेसब्री से उन मेहमानों का इन्तज़ार करने लगे, जिनके हाथों से विदिशा में सामाजिक न्याय की एक नई इबारत लिखी जानी थी। साढ़े सात बज गए, लेकिन वहाँ कोई नहीं पहुँचा। हमारे दिलों की धड़कनें बढ़ने लगी थीं। हमने सोचा कि शायद जगह और समय के बारे में कुछ ग़लतफ़हमी हो गई है। हम पाँचों लड़के अपनी साइकिलें उठाकर उन नेताओं को बुलाने निकल पड़े।

मुझे एक नेता के घर पहुँचने पर बताया गया कि वे महाशय घर पर नहीं हैं, शायद भोज के लिए निकल गए होंगे। एक दूसरे नेताजी ने मुझे अपने बेडरूम में बुला लिया। वे बोले कि अचानक उनका पेट ख़राब हो जाने से वे भोज में शामिल नहीं हो सकते। तीसरे नेता ने भीतर से ही कहलवा दिया था कि वे अभी बड़े ज़रूरी काम में लगे हैं। लेकिन, कार्यक्रम में ज़रूर आएँगे। हम वापस गांधी चबूतरे पर पहुँच गए। लेकिन तब तक वहाँ कोई भी मेहमान नहीं पहुँचा था। हमारा अन्दाज़ था कि दो-चार लोग तो ज़रूर पहुँचेंगे। हमें एक-एक क्षण भारी लग रहा था। इन्तज़ार करते-करते रात के दस बज चुके थे। मुझे घड़ी देखने तक में बड़ा ज़ोर पड़ रहा था। आख़िर वही हुआ, जिसकी आशंका उन माताओं ने ज़ाहिर की थी। हमारे सहभोज में कोई नहीं पहुँचा।

मैं और मेरे साथी बहुत दुखी और आक्रोशित थे। हममें से किसी में इतना साहस नहीं बचा था कि आपस में बात कर सकें। यहाँ तक कि एक-दूसरे से आँखें मिलाने तक की हिम्मत नहीं हो रही थी। समाज के असली चरित्र ने मेरे

अन्दर की आग धधका दी थी। उसकी तपन में मेरे भीतर एक दुनिया मोम की तरह पिघलकर बिखर रही थी, और उसी आग की लपटों से एक दूसरी दुनिया का निर्माण हो रहा था।

मैं बड़ी देर तक गांधी जी की मूर्ति के क़दमों से सटकर खड़ा-खड़ा कभी उनकी तरफ़ ताकता था, तो कभी अपने आँसू छुपाने के लिए खुले आसमान की तरफ़ देखता। फिर मैंने चुपचाप पतीलों में से खिचड़ी और सब्ज़ी निकालकर खाना शुरू कर दिया। मेरी भावनाओं का ज्वार फूट पड़ा और मैं फफककर रोने लगा। तभी कन्धे पर किसी के हाथों की प्यार भरी छुअन से मेरा ध्यान टूटा। वह 50-60 साल की एक 'अछूत माँ' का ममतामयी स्पर्श था। मेरी हालत देखकर उन्होंने मुझे प्यार से समझाया, "बेटा, तुम्हें दुखी नहीं होना चाहिए। यह मौक़ा तो ख़ुश होने का है। हमारे शहर में आज पहली बार ऊँची जाति के लड़के ने हम भंगिनों के हाथ का खाना खाया है।"

एक-एक करके सभी लोगों ने भोजन परोसा और साथ में खाया। बाहर का पसरा सन्नाटा हमारे भीतर की ख़ामोशी में समा चुका था। हम सभी अपने आँसुओं को भीतर ही भीतर गटक रहे थे, या फिर थाली में टपक रहे आँसुओं को खाने के साथ निगल रहे थे। फिर भी उन मेहतर और मेहतरानियों के चेहरों पर एक गर्वीला सन्तोष था। हम एक-दूसरे से बिना कुछ बोले धीरे-धीरे अपने घरों की तरफ़ लौट गए।

पंडितों का पाखंड

मेरे घर से गांधी पार्क क़रीब डेढ़ किलोमीटर की दूरी पर था। मैं विचारों में मग्न अपनी साइकिल को धकेलते हुए घर पहुँचा। शायद, मुझे साइकिल को चलाकर ले जाना याद ही नहीं रहा था। मैंने दरवाज़े से झाँककर देखा तो घर के आँगन की बिजली जल रही थी। अन्दर से कुछ आवाज़ें भी सुनाई पड़ीं। जब मैं अधखुले दरवाज़े को ठेलता हुआ अन्दर पहुँचा तो वहाँ परिवार के अलावा कुछ पड़ोसी, बिरादरी के लोग और रिश्तेदार बड़े ग़ुस्से में बैठे हुए दिखे। मेरा परिवार ब्राह्मण था, यानी सबसे ऊँची बिरादरी वाला। घर में घुसते ही मेरे एक बड़े भाई ने मेरी करतूत पर मुझे बुरी तरह फटकारा। वहाँ बैठे लोगों में से एक ने कहा, "अरे लड़के, तूने शहर के इज़्ज़तदार लोगों के साथ एक भद्दा मज़ाक़ किया है।"

दूसरा ग़ुस्से से बोला, "इस पापी लड़के ने अपना तो धर्म भ्रष्ट किया ही, सात पीढ़ियों को नरक में डाल दिया।"

वे लोग मेरे परिवार को बिरादरी से बाहर करने की धमकी दे चुके थे। किसी के लिए भी जाति निकाला सबसे कठोर सामाजिक दंड माना जाता है क्योंकि बिरादरी वाले उनके यहाँ शादी, ब्याह और मौतों तक में शामिल नहीं होते।

मेरी माँ और भाभियाँ मिन्नतें कर रही थीं, "इस बार कैलाश को माफ कर दो। यह अभी बच्चा है। आगे से नहीं करेगा।"

वह सब तमाशा देखकर मेरा ग़ुस्सा और भी भड़क उठा था। मैंने चिल्लाकर कहा, "सज़ा ही देनी है तो मुझे दो, मेरे घरवालों ने क्या किया है?"

काफ़ी बहस-मुहाबिसे के बाद उनमें से कुछ लोगों ने अपना विचार बदल लिया। वे इस बात पर राज़ी हो गए कि परिवार की बजाय सिर्फ़ मुझे सज़ा दी जाए।

सोच-विचार करके उन्होंने कहा, "लड़के की शुद्धि ज़रूरी है। इसके लिए इसे हरिद्वार ले जाकर गंगा में डुबकी लगवाकर लाओ। हरिद्वार से लौटकर ब्राह्मण भोज कराया जाना चाहिए। पाप के प्रायश्चित्त के लिए कैलाश 101 ब्राह्मणों के पैर धोकर पिएगा, ताकि पूरी तरह से शुद्ध हो सके।" विदिशा से हरिद्वार की दूरी क़रीब 850 किलोमीटर है।

मेरा ग़ुस्सा सातवें आसमान पर चढ़ता जा रहा था। मैंने कहा, "भोजन बनाने वाली माताएँ आपसे ज़्यादा पवित्र हैं क्योंकि वे आप जैसे गन्दगी फैलाने वालों के पाखाने साफ़ करती हैं। मुझे बताइए कि गन्दगी फैलाने वाला अपवित्र होता है या गन्दगी साफ़ करने वाला?"

इस तरह मैंने अपने शुद्धीकरण का वह आदेश ठुकरा दिया। मेरे इनकार करने पर मामला और तूल पकड़ता गया। मगर सबसे अच्छी बात यह हुई कि उन्होंने मेरे परिवार को बख़्श कर सिर्फ़ मुझ अकेले को जात से बाहर करने का फ़रमान जारी कर दिया।

जीवन बदलने वाली रात

मैं चुपचाप अपने कमरे में जाकर पूरी रात चारपाई पर बैठा रहा। बीच में एक बार जब मैं उठकर आँगन में गया तो दालान में रोशनी दिखाई दी। मेरी माँ भी करवटें बदलते हुए जाग रही थीं। वे मुझे आँगन में खड़ा देखकर बाहर निकल आईं। उनकी आँखों में बेबसी के अँधेरे के बावजूद ममता और करुणा का उजाला था, जिसे कोई भी परम्परा या पाबन्दी अपने बेटे तक पहुँचने से नहीं रोक सकती। उन्होंने मेरा हाथ पकड़कर मुझे ख़ूब डाँटा। फिर वे फूट-फूटकर

रोने लगीं। मैं भी उनसे चिपटकर ख़ूब रोया। उस समय एक क्षण के लिए तो मन में आया कि सुबह उठकर सभी से अपने किये-धरे की माफ़ी माँग लूँ।

तभी कुछ घंटों पहले की उस 'अछूत' माँ का चेहरा याद आ गया जिस पर मैंने गरिमा, सन्तोष, वात्सल्य और मेरे प्रति भरोसे के भाव एक साथ देखे थे। मैं वापस कमरे में चला आया। मुझे बाहरी लोगों के सामने अपने भाइयों का अपमान करने का अपराधबोध सता रहा था। हमारे घर में बड़ों की मर्यादा धर्म की तरह निभाई जाती थी। मैंने उससे पहले कभी भी इस तरह ज़ुबान नहीं लड़ाई थी। उस रात मैंने पहली बार अपने बड़े भाइयों के चेहरों पर हार के भाव देखे थे। मैं कुछ क्षणों के लिए शर्मिंदगी से भर जाता था, तो दूसरे ही कुछ क्षण में ख़ुद पर गर्व महसूस करने लगता था।

मेरे लिए वह रात बहुत मुश्किल थी। ऐसा लग रहा था जैसे कि मैं अपने भीतर फिर से ख़ुद को एक नया जन्म दे रहा हूँ। असुरक्षा, अनिश्चितता और ख़तरों के बीच लिये गए कठोर फ़ैसलों के क्षण प्रसव पीड़ा जैसे होते हैं। थोड़ी देर के लिए तो मुझे लगा था कि मैं घर छोड़कर भाग जाऊँ। मुझे अपने घरवालों पर ग़ुस्सा कम और तरस ज़्यादा आ रहा था। फिर भी मुझे पंडितों की बात को नामंजूर कर देने का गहरा सन्तोष भी था। तब मेरे पिताजी शहर में नहीं थे। मुझे उनकी बड़ी याद आ रही थी। मैं सोच रहा था कि शायद वे वहाँ होते तो मेरी तरफ़दारी करते हुए उन पोंगा पंडितों को फटकार लगा देते। फिर कभी मेरे मन में विचार आता था कि इतने बड़े परिवार के मुखिया के नाते शायद वे भी जात बाहर किये जाने के डर से समझौता कर लेते। अगर वे ऐसा करते तो शायद मेरा आत्मविश्वास डगमगा जाता। मुझे नहीं मालूम कि क्या होता? इसलिए अच्छा हुआ कि वे वहाँ नहीं थे।

मैंने कुछ घंटों के भीतर अपनी भावनाओं पर काबू पा लिया था। मेरे दिमाग़ में एक नया विचार कौंधा। मैंने सोचा कि वे लोग मुझे जाति से निकालने वाले कौन होते हैं? क्यों न मैं पूरी जाति व्यवस्था को ही अपने जीवन से निकाल फेंकूँ? जाति का ठप्पा हटाने के लिए मेरा पहला क़दम था कि अपने नाम में से परिवार का नाम हटा दूँ। यानी अपना उपनाम छोड़ दूँ। असल में उपनाम ही जातिसूचक होते हैं। मैंने अपना पारिवारिक उपनाम 'शर्मा' छोड़ने का फ़ैसला कर लिया और अपने लिए नये नामों की तलाश शुरू कर दी। बाद में मेरे दोस्तों ने भी कुछ नाम सुझाए। एक दोस्त का सुझाया हुआ नाम 'विद्रोही' मुझे काफ़ी पसन्द आया था। लेकिन 15 साल के बच्चे के लिए क़ानूनी तौर पर नाम बदलना नामुमकिन था। कुछ सालों के बाद मैंने अपना उपनाम 'सत्यार्थी' रख

लिया। इस नाम को चुनने के पीछे आर्य समाज का प्रभाव भी था। मैंने स्वामी दयानन्द की पुस्तक 'सत्यार्थ प्रकाश' पढ़ी थी। सत्यार्थी का अर्थ होता है—हमेशा सच्चाई की तलाश में रहने वाला।

मुझे आँगन के बाहरी कोने में ही छोटा सा कमरा दे दिया गया था। उसका एक दरवाज़ा आँगन में और दूसरा बाहर की गली में खुलता था। रसोई में जाने की मनाही थी। माँ और भाभियाँ मुझे उसी कमरे में भोजन-पानी दे देती थीं। मैं तीन सालों तक उसी कमरे में रहा। इस तरह से मुझे अपने ही घर में निर्वासित जीवन जीना पड़ा था। मेरी उम्र के पोंगा-पंथी ब्राह्मणों के बच्चे मुझसे दूरी रखने लगे थे। लोग हमारे परिवार को भी बदनाम करते रहते थे। कहते थे, "यह तो बाहर से आकर बसा हुआ नीच जाति का परिवार है। कैलाश की हरकतों से साबित हो गया है कि ये लोग झूठ-मूठ में ब्राह्मण होने का नाटक कर रहे थे।"

मैं ऐसी बातों में मजे ही लेता था। लेकिन मेरे घरवालों के लिए बड़ी बेइज़्ज़ती की बात होती थी। मैं अपने भाई-बहनों में सबसे छोटा था। इसलिए सभी का लाड़ला भी। परन्तु इस तरह की गतिविधियों के कारण उन्हें बहुत तकलीफ़ और नाराज़गी होती थी। उनकी सबसे बड़ी चिन्ता मेरे भविष्य को लेकर थी। इतनी बड़ी घटना के बावजूद मेरे लिए परिवार का प्यार नहीं घटा।

उस घटना का असर मेरी पढ़ाई-लिखाई और सामाजिक कामों पर ज़रूर पड़ा। मैं जिन मित्रों के साथ स्कूलों-कॉलेजों में महत्त्वपूर्ण मुद्दों पर भाषण, वाद-विवाद और लेखन प्रतियोगिताएँ कराता था, वे मुझसे दूर होने लगे थे। ज़रूरतमन्द बच्चों की फ़ीस भरने के लिए चन्दा जमा करना मुश्किल होने लगा था। दूसरी दिक़्क़त यह थी कि 'अछूत' बच्चे भी मुझे अपनी जाति का नहीं मानते थे।

धीरे-धीरे कुछ सालों के बाद परिवार और समाज के हालात बदलने लगे थे। इसी के साथ मेरे बारे में सबका रवैया भी बदलता चला गया। हिन्दुओं की सुधारवादी संस्था आर्य समाज से भी मेरा मेल-जोल बढ़ा और ईश्वर तथा जीवन के सत्य को ढूँढ़ने की मेरी बचपन की कोशिशों में भी इज़ाफ़ा हुआ। सामाजिक अन्याय और ग़ैरबराबरी के ख़िलाफ़ संघर्ष का माद्दा भी मजबूत हुआ।

सबसे आगे भाग निकलने में अक्सर बड़ी सन्तुष्टि और आत्मसुख मिलते हैं, परन्तु अकेले होते जाने का ख़तरा बढ़ता रहता है; जबकि पीछे धकेले गए लोगों में शामिल होकर साथ-साथ चलने में यह सम्भावना होती है कि उनकी रफ़्तार भी बढ़ जाए। इससे जो आत्मीयता और सुरक्षा मिलती है, वह अकेलेपन में सम्भव नहीं है। मनुष्य के रूप में हम एक-दूसरे के बग़ैर नहीं जी सकते। दूसरों के कन्धों को सीढ़ियाँ बनाकर ऊँचाई हासिल कर लेने से समाज में विसंगतियाँ

और बिखराव पैदा होते हैं। एक-दूसरे के हाथ पकड़कर साथ-साथ आगे बढ़ने के तरीक़े से ही स्थायित्व, सुरक्षा और शान्ति लाई जा सकती है।

उन दिनों लिखी गई एक कविता की कुछ पंक्तियाँ हैं—

मैं तब तक सवाल करता रहूँगा
जब तक तुम्हारी सारी संज्ञाएँ झुलस न जाएँ
मेरे सवालों की तपन में, और
तुम्हारी मकड़ी-सी परिभाषाएँ
अपने ही बुने जालों में फँस निष्प्राण न हो जाएँ।

एक दिन मैं ख़ुद लिखूँगा अपना शास्त्र
जिसमें मेरी आज़ादी तो होगी ही,
मगर तुम भी ग़ुलाम नहीं रहोगे।

पिता का देहान्त, कभी न भरने वाला सूनापन

19 दिसम्बर, 1971 को मेरे पिता का स्वर्गवास हो गया। तब मैं क़रीब 17 साल का था। उनकी चिता जलाकर लौटने के बाद मैंने अपनी डायरी में लिखा था—

> मेरे शरीर को जन्म देने वाले एक नश्वर शरीर को जलाकर लौटा हूँ। परन्तु जो उस शरीर को छोड़कर गया है वह कभी न मरने वाली आत्मा है। न मैं कभी उनका पुत्र था और न ही वह आत्मा मेरे पिता थे क्योंकि जब तक हम इस शरीर से बँधे हैं तभी तक हमें रिश्तों का अहसास रहता है।

यही वजह थी कि मैं उस दिन रोया तक नहीं था।

परिवार के लोग दोपहर में शोक में डूबे हुए घर में इधर-उधर चुपचाप लेटे पड़े थे। तभी किसी पड़ोसी ने बाहर का दरवाज़ा खटखटाया। मैंने जाकर दरवाज़ा खोला। उसने बताया कि आपके पिताजी के शव का कुछ हिस्सा जलती हुई चिता में से फिसलकर गिर गया है। मैं तुरन्त अकेला साइकिल उठाकर श्मशान घाट भागा। वहाँ जाकर देखा कि उनका एक पैर बाहर निकलकर गिर गया था। मैंने एक लकड़ी के सहारे उसे दुबारा चिता की आग में धकेला। लौटते हुए एक तरफ़ तो पूरे रास्ते शरीर की नश्वरता के बारे में सोचता रहा तो दूसरी तरफ़ पिता का मोह भी नहीं छूट रहा था।

उनकी मृत्यु ने मेरे मन के अन्दर बहुत उथल-पुथल पैदा कर दी थी। एक तरफ़ तो अनासक्ति के विचार मुझे उनकी यादों से दूर हटाना चाहते थे तो दूसरी तरफ़ लगता था कि मैं एकदम अकेला और असुरक्षित हो गया हूँ। जब तक पिताजी जीवित थे तब तक लगता था कि कभी भी कोई भी ख़तरा उठा सकता हूँ। किसी बात की चिन्ता नहीं करनी पड़ेगी क्योंकि पिताजी तो हैं। मेरी माँ, तीनों बड़े भाई, भाभियाँ और बड़ी बहन मुझे ख़ूब प्यार करते थे। मैं बुनियादी रूप से अन्तर्मुखी बालक रहा हूँ। इसी के चलते मेरा कोई ऐसा दोस्त या परिवार का सदस्य नहीं था, जिसके साथ मैं अपने उस सूनेपन का दर्द साझा कर पाता। हो सकता है कि मैं उसी सूनेपन को भरने के लिए सामाजिक गतिविधियों और छात्र आन्दोलन में ज़्यादा बढ़-चढ़कर भाग लेने लगा था। उनका साया सर से हटने के बाद जो भावनात्मक सूनापन आया, वह कभी नहीं भरा जा सका। और, घर के सभी पालतू जानवरों के साथ जो गुज़री उस पर तो आसानी से भरोसा नहीं होता।

रिटायर होने के बाद कक्का अपना काफ़ी वक़्त रामायणी सत्संगों और अपने प्रिय जानवरों की देख-रेख में ही गुज़ारते थे। वे आँगन में या साथ की खुली दालान में बैठकर खाना खाते थे क्योंकि मेरी भाभियाँ उनके सामने घूँघट निकालकर रहती थीं। वहीं थोड़ी दूरी पर उनके पालतू—कुत्ता, बिल्ली और तोता—पास बैठकर खाना खाते थे। वे तोते को पिंजरे से निकालकर अपनी थाली में खाना खिलाते थे। इतना ही नहीं, दो-चार गिलहरियाँ पेड़ों से उतरकर साथ में रोटी या चावल कुतरती रहती थीं। वे पिताजी के हाथ फेरने पर भी नहीं भागती थीं। मैं भी उन्हीं के साथ बैठकर खाना खाता था। सभी प्राणियों से प्रेम करने की इससे बड़ी पाठशाला और क्या हो सकती थी? लेकिन पिताजी के जाने के दो दिनों के अन्दर हमने परिवार के दो और सदस्य खो दिये। हमारा तोता उन्हें न पाकर इतना उदास था कि पहले तो उसने खाना-पीना छोड़ दिया और रात को उसने पिंजरे की दीवारों पर अपना सर मारकर जान दे दी। एक दिन बाद हमारी गाय न जाने कहाँ चली गई। मैं, मेरे भाई और भतीजों ने उसे दूर-दूर तक खोजा लेकिन वह कहीं नहीं मिली। उसी तरह बिल्ली भी कहीं चली गई।

बूढ़े कोढ़ी के साथ ईश्वर की अनुभूति

किशोरावस्था से ही मैं योग-ध्यान और तैराकी में बहुत रुचि लेता रहा हूँ। बेतवा में तैरने के प्रेम में तो मगरमच्छ का ग्रास ही बन गया होता। ख़ैर उस घटना के बावजूद बेतवा से प्रेम में रत्तीभर भी कमी नहीं आई।

तब मेरी उम्र क़रीब 18 साल थी। बारिश के दिन थे। कच्ची सड़कों पर पानी भर जाने से नदी तक पहुँचने के लिए दूसरा रास्ता लेना पड़ता था। उस रास्ते में कुछ झुग्गियाँ और कच्चे मकान थे।

मुझे एक दिन किसी झुग्गी में से किसी की ज़ोर-ज़ोर से कराहने की आवाज़ सुनाई दी। जब मैंने उसमें झाँका तो भयंकर बदबू के मारे मेरा सिर चकराने लगा था। अन्दर 60-65 साल का एक कोढ़ी आदमी बहुत बुरी हालत में ज़मीन पर पड़ा हुआ घिसटने की कोशिश कर रहा था। उसका पूरा शरीर सिकुड़ चुका था। उसके हाथ-पाँव के अँगूठे, आँखों की पलकें और शरीर के कई अंग गल चुके थे। वह उसी झुग्गी में टट्टी-पेशाब करता था, जिसकी बदबू बाहर तक फैल रही थी। भयानक घिन के मारे मेरा सिर चकराने लगा था। कोढ़ी व्यक्ति समाज और परिवार से तो उपेक्षा का शिकार होता ही है, शरीर के गलने और सड़ने से वह ख़ुद से भी घृणा करने लगता है।

मुझे उबकाई आ रही थी। फिर भी मैं अपने मुँह और नाक को बन्द करके झोंपड़ी में घुस गया। सोचा कि शायद उस आदमी की कुछ मदद या सेवा कर पाऊँ। लेकिन, मुझे देखते ही वह न केवल गन्दी-गन्दी गालियाँ देने लगा, बल्कि मारने के लिए पास में पड़ी लाठी उठाकर मेरी तरफ़ फेंकी। उससे मुझे ग़ुस्सा आने की बजाय उसके लिए और ज़्यादा सहानुभूति हो गई। मैं थोड़ी देर के बाद घर से दो रोटियाँ और एक लोटे में साफ़ पानी लेकर उसके पास पहुँच गया। उसके शरीर और झुग्गी की सफाई करने के लिए पड़ोस में से बाल्टी भर पानी लेकर बड़ी हिम्मत करके झुग्गी के अन्दर घुस गया। वह गालियाँ देता रहा और मैं नाक पर हाथ रखे हुए सफाई करता रहा। उससे पहले मेरा वास्ता इतनी गन्दगी और बदबू से कभी नहीं पड़ा था। बाहर निकलते ही मैंने कई उल्टियाँ कर दीं। रात को भी खाना नहीं खाया गया।

मैंने सोचा कि कल से वहाँ नहीं जाऊँगा। आख़िर मैं क्या साबित करना चाहता हूँ? कहीं यह मेरा अहंकार और ज़िद है जो उस बीभत्सता से हारना नहीं चाहता? फिर मन में विचार आया कि उस कोढ़ी के पास न जाना उदासीनता और उपेक्षा होगी। इस तरह मैं बड़ी देर तक अपने आप से लड़ता रहा था। तभी मुझे बचपन में पढ़ी हुई एक कहानी ने बहुत ताक़त दी थी—

> एक सन्त नदी के किनारे टहल रहे थे। उनकी नज़र पानी के तेज़ बहाव में बहते हुए एक बिच्छू पर पड़ी। बिच्छू अपनी जान बचाने के लिए बार-बार किनारे के झुरमुटों की तरफ़ भागने की कोशिश कर रहा था, लेकिन तेज़ पानी उसे फिर से बहा ले जाता था। सन्त भागकर बिच्छू

> को अपने हाथ से पकड़कर बाहर निकालने की कोशिश करने लगे। लेकिन जहरीले बिच्छू ने उनकी हथेली में डंक मार दिया। उससे वह उनके हाथ से छूटकर बहने लगा। सन्त उसी तरफ़ भागे। बिच्छू को फिर से उठाकर निकालने में जुट गए। उसने दोबारा डंक मार दिया। बड़ी देर तक सन्त और बिच्छू के बीच में वही चलता रहा। अन्त में या तो बिच्छू थक गया था अथवा उसका ज़हर पूरी तरह ख़त्म हो चुका था। सन्त ने उसे जीवित बाहर निकाल लिया। भौचक्के शिष्यों ने गुरु की ज़हर से काली पड़ चुकी सूजी हुई हथेलियों को देखकर उनसे पूछा कि उन्होंने अपने आप को वह सज़ा क्यों दी? दर्द में कराहते हुए सन्त ने मुस्कराकर उत्तर दिया था, "यह बिच्छू तो मेरा शिक्षक निकला। उसने जब मौत से जूझते हुए भी डंक मारते रहने का अपना धर्म नहीं छोड़ा, तो मैं मरते हुए प्राणी को बचाने का अपना धर्म कैसे छोड़ता?"

मैं उस बूढ़े के रिसते हुए घावों को पानी से साफ़ करना चाहता था, लेकिन उसने मुझे हाथ नहीं लगाने दिया। हालाँकि मेरी दी हुई दोनों रोटियाँ खाकर पानी पी लिया था। फिर मैं हर रोज़ उसके लिए रोटी और पानी लेकर जाने लगा। उसने गालियाँ बकने में कोई कमी नहीं की। मैं उसके शरीर को साफ़ करने की हिम्मत नहीं जुटा पाता था। कुछ दिनों की कोशिश करने पर वह राज़ी हो गया। मैंने उसे नहलाया, फिर एक तौलिए से धीरे-धीरे उसका शरीर पोंछा। जगह-जगह से उसके घावों में से ख़ून रिसने लगा था। फिर भी वह मुझ पर गालियों की बौछार करता था। मुझे भी मज़ा आने लगा था।

रोज़-रोज़ घर से रोटियाँ माँगकर ले जाना बड़ा मुश्किल था। मेरी गतिविधियों के कारण घर के लोग पहले से ही नाख़ुश थे। पिताजी की मृत्यु हो जाने के कारण कई बार लगता था कि मैं अपने भाइयों पर बोझ बनकर रह रहा हूँ। तब मुझे एक उपाय सूझा। मैं खाना खाते वक़्त अपनी थाली में से अपने हिस्से की कुछ रोटियाँ और सूखी सब्ज़ी छुपाकर एक काग़ज़ में लपेटकर रख लेता था। फिर जेब में रखकर उस कोढ़ी बाबा को खिलाने ले जाता था। मैं पहले उसका मल-मूत्र वग़ैरह साफ़ करता था, फिर खाना खिलाता था। नियमित खाना मिलने से उसमें गालियाँ देने की ताक़त बढ़ गई थी और भूख भी। वह मुझे रात का खाना लाने के लिए भी गालियाँ देने लगा था। मैं अपनी थाली की क़रीब-क़रीब सभी रोटियाँ उसे दे देता था।

यह सिलसिला क़रीब दो हफ़्ते तक चलता रहा था। हमने सोचा कि उस आदमी को इलाज के लिए सरकारी अस्पताल ले जाया जाए। हमने एक हाथठेले का इन्तज़ाम कर लिया। मैं शाम को रोटियाँ लेकर उसके पास गया। उससे कहा कि कल सुबह उसे अस्पताल ले चलेंगे, और अच्छा इलाज कराएँगे। वह पहला मौक़ा था जब उसने मुझे एक भी गाली नहीं दी थी। कुछ बोला भी नहीं था। मुझे यह देखकर बड़ी हैरानी हुई कि वह किसी सहारे के बिना रोटियों का थैला लेकर अपनी चारपाई पर जाकर बैठ गया। वह खाना खाते-खाते लगातार मेरी तरफ़ देखकर बार-बार मुस्करा देता था। मेरी ख़ुशी का तो कोई ठिकाना ही नहीं था। जब मैं लौटने लगा तो उसने इशारे से मुझे अपने पास बुलाया। फिर अचानक मेरा हाथ पकड़कर चूम लिया और लेट गया।

मैंने सोचा कि वह अस्पताल ले जाने के नाम पर इतना ख़ुश हो गया है। मैंने थोड़ी देर बाद उसका हाथ हटाते हुए कहा, "बाबा अब मैं जा रहा हूँ कल सुबह आऊँगा।"

उसने अपने दोनों हाथ जोड़ लिये और बोला, "तू तो भगवान है, तू मुझे छोड़कर कहाँ जाएगा? मुझे अपने पास बुला ले।"

मैं भौचक्का होकर खड़ा रहा। उसकी आँखों में से आँसू झर रहे थे और चेहरे पर मुस्कराहट थी। मैं मुँह से कुछ भी नहीं बोल सका। मैं इतने दिनों से ईश्वर की पूजा मानकर उसकी सेवा कर रहा था, लेकिन उस वक़्त मुझे ऐसा लगा कि जैसे मेरे भीतर वही ईश्वर है जिसे मैं पूज रहा था। मैं एक अनजाने, अनकहे अहसास से भरकर रोने लगा था। कुछ देर तक झुग्गी के बाहर ज़मीन पर बैठा रहा।

मैं दूसरे दिन ठेले वाले के पास थोड़ा जल्दी पहुँच गया। मेरे मन में बड़ी उथल-पुथल चल रही थी। मैं देखना चाहता था कि वह कोढ़ी व्यक्ति आज क्या करता है? रोज़ की तरह जब अन्दर घुसा तो देखा कि वह आँखें खोले हुए आराम से चारपाई पर सो रहा था। मेरे बार-बार पुकारने पर जब कोई हलचल नहीं दिखी तो मैंने उसका हाथ पकड़कर हिलाया। उसका शरीर एकदम ठंडा पड़ चुका था। चेहरे पर रात जैसी ही मुस्कराहट और शान्ति थी। इसलिए मुझे भरोसा नहीं हुआ कि उसके प्राण उड़ चुके थे। मैंने आवाज़ लगाकर मोहल्ले के लोगों को इकट्ठा किया। उन्हीं में से एक उसका बेटा भी था। मैं मृत शरीर को उसके हवाले करके लौट गया।

वहाँ से लौटकर मुझे और ज़्यादा भरोसा हो गया था कि करुणा से ही सत्य की मंज़िल तक पहुँचा जा सकता है, न कि वैभव, आडम्बर, कर्मकांड

और गुरुडम के द्वारा। हृदय की सरलता में करुणा के बीज फूटते हैं। जीवन में सरल बनने से नुक़सान तो हो सकते हैं, लेकिन हमारे अन्दर समभाव पैदा हो जाता है और पनपता रहता है। मैं सोचता रहा कि मुक्ति की व्याख्या असम्भव है। वह धार्मिक तो क़तई नहीं है। मुक्ति की धारणा और परिभाषा से भी तो मुक्त होना पड़ेगा। यहाँ तक कि उसकी इच्छा और प्रयत्नों से भी। सिर्फ़ अँधेरे से ही नहीं, उजाले से भी मुक्त होना पड़ेगा। जैसे पाप-पुण्य, सुख-दुख, अच्छाई-बुराई, ऊँच-नीच आदि सभी परस्पर विरोधी भावों से मुक्त हो जाना ही जीवन को सरल बनाना है। मुझे तो मुक्ति, ईश्वर, सत्य, करुणा सब पर्यायवाची लगते हैं।

मैं नहीं मानता कि कोई मज़हब, किताब, पूजा-पाठ या गुरु हमें बाहर के किसी ईश्वर से मिला सकता है। मैं किसी ऐसे ईश्वर में भरोसा नहीं रखता जो मेरे और सभी के भीतर न हो, या फिर अपनी ही सन्तानों में किसी तरह का भेदभाव रखता हो। जो पूजा-पाठ, चढ़ावे, प्रार्थना, आरती और चापलूसी आदि से ख़ुश हो जाता हो, वह और कोई भी हो, ईश्वर नहीं हो सकता। हाँ, नि:स्वार्थ भाव से की जाने वाली ईश्वर भक्ति के कई फ़ायदे हैं। भक्ति से विनम्रता, परोपकार, त्याग, समर्पण, करुणा और आत्मसुधार जैसे कई गुण विकसित हो सकते हैं।

मानव इतिहास में हिंसा की सबसे बड़ी वजह धर्मांधता रही है। सभी धर्म (पंथ या मत) 'मैं', 'मेरा' और 'मुझे' को 'हम', 'हमारा' और 'हम सबको' में बदलना सिखाते हैं। लेकिन समय के साथ-साथ उनका मक़सद पूरी तरह से बदल चुका है। प्रत्येक पंथ के विकास के लिए मोटे तौर पर जो पाँच सीढ़ियाँ हुआ करती थी वे अब भी पाँच तरह की बेड़ियाँ बन चुकी हैं। हरेक पंथ उनमें जकड़ा हुआ है। पहली बेड़ी है—पैगम्बर या अवतार, दूसरी—धर्मग्रन्थ, तीसरी—तीर्थ, पूजा या प्रार्थना की जगह, चौथी—पूजा-अर्चना या कर्मकांड कराने वाले पुजारी, और पाँचवीं—धार्मिक पहचान जैसे टोपी, दाढ़ी, क्रॉस, तिलक, जनेऊ आदि। धर्मांधता की जड़ भी ये ही पाँच चीज़ें हैं। अपने भीतर गहरी करुणा जगाकर इन बेड़ियों को काटा जा सकता है और सद्भावना, शान्ति और समरसता कायम की जा सकती है क्योंकि सभी मत-पंथ करुणा की चिंगारी से ही जन्मे हैं।

कॉलेज के दिन

कॉलेज के दिन भी अजीब होते हैं। एक तरफ़ तो पढ़ाई का बोझ रहता है, तो दूसरी तरफ़ मौज-मस्ती और शैतानियों का भी मन करता है। ऊर्जा, उमंग, सपने और सम्बन्ध उम्र के साथ-साथ जवान होने लगते हैं। कई बार हर तरह

की सीमाएँ तोड़ने का मन करता है। संस्कारों, आदर्शों और इच्छाओं के बीच कुश्तम-कुश्ती चलने लगती है। लगता है कि मन में पंख लग गए हों और पूरे जमाने के पास जैसे उन्हें कुतरने के अलावा कोई काम ही न हो। ख़ुद को दूसरों से अलग और बेहतर दिखाने की ललक जाग उठती है।

मेरे कॉलेज का नाम सम्राट अशोक टेक्नोलॉजिकल इंस्टिट्यूट था। वह एक प्राइवेट कॉलेज था। फिर भी कॉलेज का लगभग पूरा ख़र्च सरकार उठाती थी। कॉलेज में छात्रों के दो मुख्य गुट थे, जो दो मुख्य राजनीतिक विचारधाराओं या पार्टियों से सम्बन्ध रखते थे। उन्हीं में से किसी एक गुट का छात्र संघ पर क़ब्ज़ा रहता था। मैंने और मेरे कुछ साथियों ने एक तीसरे ही गुट की शुरुआत की थी। उसका किसी राजनीतिक पार्टी से कोई सम्बन्ध नहीं था। ज़्यादातर छात्रों ने उसे पसन्द किया, जिससे कई वर्षों तक छात्र संघ पर हमारा क़ब्ज़ा बना रहा था। हालाँकि वह इतना आसान नहीं था। मुझ पर और मेरे कुछ साथियों पर विरोधी गुटों के उत्पाती छात्रों ने हिंसक हमले तक किये थे।

मैनेजमेंट की मनमानी और भ्रष्टाचार के ख़िलाफ़ हमारी छात्र यूनियन ने आवाज़ उठाई। हमने माँग की कि सरकार ख़ुद कॉलेज चलाए। उसके लिए हमने न केवल कॉलेज में हड़तालें कीं, बल्कि प्रदेश की राजधानी भोपाल जाकर कई बार धरने और प्रदर्शन किये। दोस्तों के साथ मैंने दो बार भूख हड़तालें भी की। हमें कई बार गिरफ़्तार करके थाने में बन्द रखा गया। हमने पुलिस की लाठियाँ तक खाई थीं। लेकिन हम सफल नहीं हो सके थे।

आर्य समाज का प्रभाव

भारत में 19वीं शताब्दी में कई आध्यात्मिक हस्तियाँ, समाज सुधारक और सन्त पैदा हुए थे। स्वामी विवेकानन्द उन्हीं में से एक थे। किशोर अवस्था में मुझे स्वामी विवेकानन्द ने सबसे ज़्यादा प्रभावित किया था। उसकी सबसे बड़ी वजह यह थी कि वे समाज में फैली बुराइयों, विषमताओं और अन्याय के ख़िलाफ़ धर्म की वैश्विक और वैज्ञानिक व्याख्या करते थे। उनके विचार पारम्परिक धर्मों की बजाय गहरे सामाजिक अध्यात्म और मानवता से प्रेरित थे। मुझ पर उनका असर इतना गहरा हो चुका था कि मैं ख़ुद नदी के घाटों पर बैठकर अपने दोस्तों को आध्यात्मिक ज्ञान बाँटने लगा था। मैं अक्सर गेरुआ रंग की चद्दर लपेटे रहता था, जैसा संन्यासी धारण किये रहते हैं।

1972 में मेरा आर्य समाज नामक संस्था से सम्पर्क हुआ। आर्य समाज

धार्मिक पाखंडों, सामाजिक कुरीतियों और पोंगापंथ के ख़िलाफ़ 1875 से शुरू हुआ सुधारवादी आन्दोलन है। उसी की एक शाखा विदिशा में थी। आर्य समाज को मूर्ति पूजा या सनातन धर्म का विरोधी माना जाता था। मैं और मेरा परिवार पक्के सनातनी हिन्दू और मूर्तिपूजक थे। मैंने स्वामी दयानन्द सरस्वती द्वारा लिखित सत्यार्थ प्रकाश के कुछ अंश पढ़े। उससे मेरे दिमाग़ में ज़बरदस्त हलचल पैदा हो गई थी। कुछ समय के बाद परिवार वालों से बहस होने लगी थी। मेरे साथ-साथ मेरा भतीजा दिनेश और कई दोस्त आर्य समाज के प्रभाव में आ गए थे। एक बार मैंने हिम्मत करके पूजा-पाठ की अपनी निजी मूर्तियाँ तोड़कर फेंक दीं क्योंकि मुझे निराकार ईश्वर में भरोसा हो गया था। पूजा-पाठ, व्रत-उपवास और सभी तरह के कर्मकांड छोड़ देने से मेरे परिवार में बड़ा तूफ़ान मचता रहा था।

उसी दौरान मैं आर्य समाज के एक नेता की बेटी के प्रति बहुत आकर्षित हुआ। उसके मन में भी मेरे लिए कम लगाव नहीं था। मैं स्कूली शिक्षा के दौरान कई बार उस लड़की से भाषण प्रतियोगिताओं में हार चुका था और निबन्ध लेखन में हर बार जीता था। फिर भी हमारी आपस में कभी बातचीत नहीं हुई थी। आर्य समाज में सक्रिय होने पर हमारे बीच बहुत अच्छी दोस्ती हो गई थी। हमें एक-दूसरे के साथ वक़्त गुज़ारना बहुत अच्छा लगता था। लेकिन वह प्यार आर्य समाज मन्दिर या उसके घर में बैठकर सामाजिक, धार्मिक बातें करने तक ही सीमित था। हमारे घरवालों और दोस्तों को यह शक हो गया था कि हम आपस में शादी कर सकते हैं। हालाँकि हमारे मन में ऐसा करने की कल्पना तक नहीं थी। इसलिए हमने एक-दूसरे को भाई-बहन घोषित कर दिया। शायद हम लोक-लाज से डर गए थे। वह लड़की 'कैलाश' की जगह मुझे राखी बाँधकर 'भाई साहब' कहकर बुलाने लगी थी। हमारे क़स्बों में ऐसी कहानियाँ बड़ी सामान्य होती हैं।

मैंने 21 साल की उम्र में एक पुस्तिका 'वर्तमान सन्दर्भों में आर्य समाज की भूमिका' नाम से लिखी। कुछ सालों के बाद 'सत्यार्थ प्रकाश में क्या है' नाम से एक और छोटी पुस्तक लिखी थी। एक मित्र महिपाल सिंह और स्थानीय छापाखाने के सहयोग से वे हज़ारों की संख्या में छपी थीं।

मेरे मन में ईश्वर के अवतारों के बारे में भी सन्देह धीरे-धीरे दूर हो गए थे। मैं समझ गया था कि अगर ईश्वर की सत्ता सब जगह मौजूद है, तो उसे नये-नये रूप धरने की ज़रूरत क्या है? और वह अपने दूत भी क्यों भेजेगा? मेरे ख़याल से राम, कृष्ण, शिव, दुर्गा, गणेश, बुद्ध, महावीर, ईसा मसीह, मोहम्मद साहिब, गुरु नानक देव आदि सभी वे महामानव थे, जिन्होंने ईश्वर की प्रेरणा

से उसके महान गुणों को अपने जीवन में जिया। सभी लोग उनकी अच्छाइयों से शिक्षा ले सकते हैं। हालाँकि यह क़तई ज़रूरी नहीं कि उन लोगों की सभी बातें या कार्य आज पूरी तरह उचित या मान्य हों।

छात्र युवा आन्दोलनों का दौर

सन् 1973-74 के साल नौजवानों और छात्रों की आकांक्षाओं, भावनाओं, ग़ुस्से और आन्दोलनों के उभार के साल थे। जिस कांग्रेस (आई) का नेतृत्व इन्दिरा गांधी कर रही थीं, वह 1971 के आम चुनाव में 'ग़रीबी हटाओ' नारे के साथ भारी वोटों से जीती थी। उन्होंने एक बहादुर और दूरदर्शी नेतृत्व साबित करते हुए पाकिस्तान को युद्ध में हराकर उसको दो टुकड़ों में बँटवा दिया था। उस जीत की नायक प्रधानमंत्री इन्दिरा गांधी आत्ममुग्ध होकर तानाशाही की तरफ़ बढ़ रही थीं। धीरे-धीरे उनकी नीतियों और शासन करने के ढंग के ख़िलाफ़ देश भर में आवाज़ें उठने लगी थीं। उसमें सबसे बड़ी भूमिका छात्रों और युवाओं की थी। उन्होंने लोकनायक जयप्रकाश नारायण, यानी जेपी से जाकर आग्रह किया कि वे उनका नेतृत्व करें।

जेपी ऐसे गांधीवादी नेता थे, जिन्होंने स्वतंत्र भारत की पहली सरकार में उप प्रधानमंत्री पद के प्रस्ताव को ठुकरा दिया था। वे बहुत सम्मानित समाजसेवी, स्वतंत्रता सेनानी और राजनीतिक विचारक थे। उन्होंने छात्रों की प्रार्थना को स्वीकार कर लिया। देखते ही देखते जेपी के नेतृत्व में एक बहुत बड़ा आन्दोलन पूरे देश में फैल गया था। मैं भी जेपी आन्दोलन में शामिल होकर अपने और दूसरे स्कूल-कॉलेजों में पढ़ने वाले छात्रों और युवाओं को लामबन्द करने लगा था। इतना ही नहीं, हमने जेपी को विदिशा भी बुलाया था। वे 1974 में किसी जगह जाते हुए कुछ देर के लिए हमारे स्टेशन पर रुके थे।

राजनीतिक बदलाव की लहर

आन्दोलनों से नाराज़ होकर प्रधानमंत्री इन्दिरा गांधी ने 25 जून, 1975 की आधी रात को देश में राजनीतिक आपातकाल लगा दिया। सभी तरह की नागरिक स्वतंत्रता पर पाबन्दी लगा दी गई। जेपी समेत ज़्यादातर विपक्षी नेताओं और आन्दोलनकारी छात्रों को गिरफ़्तार करके जेल भेज दिया गया था। अख़बारों की आज़ादी छीन ली गई थी। विदिशा में भी पुलिस की धर-पकड़ शुरू हो गई थी।

मैं पुलिस और प्रशासन की नज़रों में था। लेकिन संयोग से उस दिन देर रात तक किसी दोस्त के घर पर था। वहीं रेडियो पर आपातकाल लगा दिये जाने की सूचना मिली। अचानक सड़कों पर पुलिस की गाड़ियाँ दौड़ने लगी थीं। पुलिस ने चारों तरफ़ से हर रास्ते पर नाकाबन्दी कर रखी थी।

मैं उस रात को और दूसरे दिन भर एक दोस्त के घर में छुपा रहा। दूसरी रात किसी तरह बचते-बचाते भोपाल पहुँच गया। दोस्तों की मदद से कुछ दिनों तक मौलाना आज़ाद कॉलेज ऑफ़ टेक्नोलॉजी के होस्टल में रुका रहा। आपातकाल बहुत असमंजस, अनिश्चितता और ख़ौफ़ का समय था। हमें नहीं मालूम था कि देश में कहाँ क्या हो रहा है। हम यह नहीं जानते थे कि हमारे साथी पकड़े गए हैं या मार डाले गए हैं।

मैंने वहीं से किसी तरह अपने प्रिंसिपल राजेन्द्र शरण साहब से सम्पर्क किया। वे मेरे बारे में पहले से ही बहुत चिन्तित थे। उन्होंने मुझे कुछ दिन चुपचाप छुपे रहने की सलाह दी और एक पिता की तरह आदेश दिया कि मैं फ़िलहाल सरकार के ख़िलाफ़ कुछ न करूँ। प्रोफ़ेसर शरण और उनके छोटे भाई के बड़े-बड़े सरकारी अफ़सरों से बहुत अच्छे सम्बन्ध थे। प्रदेश पुलिस के मुखिया उनके एक रिश्तेदार थे। उन सबने आपस में बातचीत की। मुझसे कहा गया कि अगर मैं नेतागिरी छोड़कर शान्तिपूर्वक अपनी पढ़ाई पर ही ध्यान दूँ तो गिरफ़्तारी से बच सकता हूँ।

उस सब में कई महीने लग गए थे। मेरे मन में बहुत बेचैनी थी। परिवार की हालत और उनकी मेरे प्रति नाराज़ी की वजह से मैं सोचता था कि इसी तरह अपनी डिग्री हासिल कर लूँ, बाक़ी काम बाद में होते रहेंगे। फिर सोचने लगता था कि आपातकाल का विरोध करते हुए जेल चले जाना ही बेहतर है। फिर कभी सोचता था कि अँधेरे में गुमनामी में चले जाने के बजाय चारों ओर फैली गहरी हताशा को कम करने के लिए कुछ किया जाए। कोई नहीं जानता था कि उस अँधेरी रात का सवेरा कब होगा। मैं नागरिक अधिकारों के हनन से बेहद निराश और ग़ुस्सा था, लेकिन पारम्परिक राजनीति और नेताओं के लिए मेरे मन में कोई ख़ास आस्था नहीं थी। मैं नहीं समझ पा रहा था कि उस दमन का कैसे मुक़ाबला किया जाए, साथ ही साथ दूसरे कई नौजवानों की तरह जेल न जाने की आत्मग्लानि में घुट रहा था।

मैं उसी दौरान एक बार गुपचुप रेलगाड़ी से दिल्ली गया था। वहाँ स्वामी अग्निवेश और कुछ दूसरे भूमिगत कार्यकर्ताओं के साथ कुछ दिनों तक ठहरा। वे भेष और नाम बदलकर रहते थे और जनता में आशा जगाने के तरीक़े ढूँढ़ते

रहते थे। मैं ऐसे ही एक तरीक़े का ज़िक्र करना चाहूँगा। हम रद्दी अख़बारों के चौकोर टुकड़े काटकर लाल, नीली या हरी गाढ़ी स्याही से उन पर जोशीली बातें लिखते थे। जैसे; 'लोकतंत्र की जीत होगी', 'आपातकाल का अन्त होगा', 'नागरिक अधिकार बहाल करो' आदि। उन काग़ज़ों को लपेटकर अपनी पैंटों या क़मीज़ों के अन्दर छुपा लेते थे। फिर सार्वजनिक पेशाबघरों या शौचालयों में जाकर खड़े हो जाते थे। मौक़ा मिलते ही खड़े-खड़े आगे दीवार की तरफ़ झुककर उन काग़ज़ों को वहाँ पर चिपका देते थे।

भारतीय मानस में लोकतंत्र की जड़ें बहुत गहरी हैं। आख़िरकार जेपी की प्रेरणा और नैतिक नेतृत्व के कारण 1977 में जनता पार्टी ने सत्तारूढ़ दल कांग्रेस को हराकर सरकार बना ली थी। मेरे बहुत से दोस्त और जान-पहचान के नौजवान सरकार में बड़े पदों पर पहुँच गए थे। कुछ तो मंत्री तक बन गए थे। मैंने न तो कभी उनसे अपने लिए कोई मदद माँगी, और न ही कोई फ़ायदा उठाया। वह कई विचारधाराओं और पार्टियों की घालमेल सरकार थी, जो लोगों की आसमान छू चुकी उम्मीदों को पूरा नहीं कर पा रही थी। नये नेता दोनों हाथों से लूट-लूट कर खाने लगे थे। पुरानी सरकार बदलने में महत्त्वपूर्ण भूमिका निभाने वाले आदर्शवादी नौजवान निराश होने लगे थे।

जनवरी 1980 में इन्दिरा गांधी चुनाव जीतकर फिर से सत्ता में आ गई थीं। बहुत से हताश नौजवानों ने गाँवों में जाकर समाज कल्याण के काम शुरू कर दिये थे, और कई युवक-युवतियाँ बन्दूक़ें उठाकर नक्सली बनकर जंगलों की तरफ़ निकल गए थे। बाद के कुछ साल भारत में कई तरह के जन आन्दोलनों के उभार के साल थे। गाँव-देहातों तक में भ्रष्ट राजनीति, व्यवस्थागत अन्याय और शोषण के ख़िलाफ़ जनता का आक्रोश, बदलाव और प्रतिरोध की लहर बन रहा था। उसी से किसानों, असंगठित मज़दूरों, महिलाओं, मछुआरों और आदिवासियों के आन्दोलन पैदा हुए। उनमें लाखों लोग शामिल हुए थे, जिसके कारण सरकार को अपनी नीतियाँ बदलनी पड़ी थीं।

जब मैं संन्यासी बनना चाहता था...

अपनी किशोरावस्था तक मुझ पर अध्यात्म और वेदान्त दर्शन का बहुत गहरा असर रहा था। पिताजी की मृत्यु के बाद ख़र्चीली पढ़ाई से लेकर कपड़े-लत्तों जैसी बुनियादी ज़रूरतों के लिए अपने भाइयों पर निर्भर था। कभी-कभी कॉलेज की परीक्षाएँ न देने या फिर कुछ विषयों में फेल हो जाने से वे मुझसे बड़े ख़फ़ा

रहते थे। हालाँकि वे बिलकुल सही थे। मैं संकोच के मारे अपने फटे-पुराने कपड़े या जूते-चप्पलें बदलने तक के लिए किसी से पैसे नहीं माँगता था, इसलिए कई वर्षों तक टायरों से बनी चप्पलें पहनता रहा था। उससे मेरी एड़ियाँ ख़राब होने लगी थीं। अपने स्वेटर, कोट और सभी ऊनी कपड़े पुरानी उतरन-पुतरन की दुकानों से ख़रीदता था।

देश की गम्भीर परिस्थितियों, मेरी अपनी अनिश्चितता और मन में चल रहे झंझावातों के बड़े ख़राब नतीजे निकले। इंजीनियरिंग की पढ़ाई के लिए बहुत लगन और मेहनत की ज़रूरत होती है। लेकिन मैं वह नहीं कर पा रहा था क्योंकि मुझे मन ही मन उस पढ़ाई की निरर्थकता का एहसास होने लगा था। दूसरी ओर परिवार के भीतर नाराज़गी के कारण भी मेरे मन में तनाव और वेदना भी बढ़ते गए थे।

मेरा मन इतना उचाट सा हो चला था कि मैं कई बार गम्भीरता से संन्यासी बनने की सोचने लगता। लेकिन समाज में फैले तरह-तरह के पाखंड, अन्याय और पीड़ा मुझे अपने भीतर की दुनिया में समा जाने की बजाय बाहर की दुनिया की चुनौतियों से लड़ने के लिए उकसाते रहते थे। मैं उन दोनों परस्पर विरोधी लगने वाली प्रवृत्तियों के बीच उलझा रहता था। कभी किसी एक को चुनने की सोचता तो कभी दोनों के बीच पुल बनाने की कोशिश करता रहता था। यह द्वंद्व कई वर्षों तक चलता रहा। उस अवस्था में मैंने अपनी पीड़ा काग़ज़ों पर लिखनी शुरू कीं। नियमित रूप से डायरियाँ लिखने लगा। सत्रहवें और अठारहवें वर्ष में तो नियमित रूप से डायरियाँ लिखीं। कुछ कविताएँ भी लिखीं। उनमें से एक कविता की पंक्तियाँ हैं—

लेकिन कल
एक दियासलाई की तीली बनकर
ख़ुद को परिभाषित करूँगा
तब मोमबत्ती, अगरबत्ती बन
जलने की ज़रूरत नहीं पड़ेगी मुझे

भले ही मैं रहूँ—न रहूँ, तुम रहो—न रहो
ढेरों मोमबत्तियाँ और अगरबत्तियाँ ज़रूर जलेंगी
हमारे बच्चे
रोशनी और ख़ुशबू में पलेंगे।

मैं समझता हूँ कि किशोरावस्था है ही वह उम्र जहाँ हम ऊर्जा से भरे होते हैं और अगर कोई सही दिशा न मिल रही हो तो वह ऊर्जा हमें अलग-अलग कामों के लिए उकसाती रहती है, कई बार भटकाती भी है। इन तमाम मानसिक उलझनों के बीच मैंने अपनी पढ़ाई छोड़ने के बारे में कभी नहीं सोचा और न ही सामाजिक कार्यों से मुँह मोड़ने का मन में कभी विचार किया। बावजूद इसके दोनों में से कोई भी चीज़ मेरी सन्तुष्टि की नहीं हो पा रही थी। इसी तरह से क़रीब तीन साल गुज़र गए थे। पढ़ाई-लिखाई के बारे में घरवालों से झूठ बोलकर असलियत छुपाता रहता था। उस वजह से मेरी आत्मग्लानि बढ़ती गई। मैं एक अजीब मन:स्थिति में जी रहा था। शायद ख़ुद पर भरोसा घटने लगा था।

धीरे-धीरे मैंने अपने आप को टटोलना शुरू किया तो कई कमियों का एहसास होने लगा। मेरी सबसे बड़ी कमी अपनी प्राथमिकता तय करके उसके अनुसार समय का उपयोग नहीं कर पाने की थी। दूसरे, मैं यह नहीं सीख पाया था कि कम से कम समय ख़र्च करके किसी की ज़्यादा से ज़्यादा मदद कैसे की जा सकती है। इसलिए लोगों की छोटी सी सहायता करने में ढेर सारा फ़ालतू समय बर्बाद करता रहता था। तीसरे, मैं अपने तात्कालिक और दूरगामी लक्ष्य तय नहीं कर पा रहा था। धुँधले तौर पर जो लक्ष्य सोचता था, उनके बीच तालमेल नहीं बैठा पाता था। जिन परिवारों और हमउम्र लड़के-लड़कियों से मेरी दोस्ती थी, उनसे मिलने वाली इज़्ज़त, प्यार और प्रशंसा के नशे ने भी बड़ा नुक़सान किया।

मुझे अपनी याददाश्त और बुद्धि में कोई कमी नज़र नहीं आई। सबसे बड़ी कमी मन की एकाग्रता और पढ़ाई के प्रति आत्मविश्वास की थी। मैंने इस कमज़ोरी से निजात पाने की ठान ली। मुझे यह भी समझ में आ गया था कि जागते हुए बड़े सपने देखने का अर्थ यह नहीं है कि सामने दिख रहे छोटे-छोटे रास्तों और मंज़िलों को नज़रअन्दाज़ कर दिया जाए। इसी बीच एक युवती से मुझे प्रेम हो गया। उस प्रेम को विवाह में बदलने की ज़िद ने मुझे अपनी पढ़ाई के प्रति गम्भीर बनाया, हालाँकि इसमें कई साल लग गए। मुझे लगने लगा कि पढ़ाई ख़त्म करके डिग्री लिये बिना जीवन बड़ा दुश्वार हो जाएगा। आख़िरकार मैंने एक-डेढ़ साल में ही 1977-78 में पिछले सभी बकाया पेपर पास कर लिये।

ये इश्क़ नहीं आसां

1976 की बात है। मैं किसी काम से दिल्ली गया था। उन दिनों पत्र-पत्रिकाओं में लेख लिखता रहता था। उन्हीं में से एक पत्रिका साप्ताहिक 'जनज्ञान' थी। मैंने सोचा कि क्यों न उसके प्रकाशक और सम्पादक पंडित भारतेन्द्रनाथ जी से मिल लिया जाए। वे बहुत ओजस्वी लेखक और वक्ता थे। उनकी धर्मपत्नी पंडिता राकेश रानी आर्य समाज के सबसे बड़े प्रकाशन दयानन्द संस्थान की अध्यक्षा थीं। मैं उनके प्रति बहुत श्रद्धाभाव रखता था।

02 अक्टूबर की दोपहर, तीन बजे के आसपास, मैं करोलबाग में पत्रिका के दफ़्तर गया। घुसते ही मेरा सामना टेबल के इर्द-गिर्द खड़ी चार-पाँच लड़कियों से हुआ। वे सभी 20-22 साल की रही होंगी। सब बड़ी सुन्दर थीं। उन्हीं में एक जनज्ञान की सह-सम्पादिका थीं। मैंने उनका चित्र पत्रिका में पहले से देख रखा था, इसलिए उन्हें आसानी से पहचान लिया। वे बाक़ी लड़कियों को कुछ निर्देश देने में मशगूल थीं।

वह ख़ूबसूरत सम्पादिका

मैंने आगे बढ़कर कहा, "नमस्ते, मेरा नाम कैलाश सत्यार्थी है। मुझे पंडित भारतेन्द्र नाथ जी और पंडिता राकेश रानी जी से मिलना है।"

उस युवती ने मेरी बात पर जरा भी तवज्जो न देते हुए लापरवाही से पूछा, "जी, बताएँ; क्या उनसे कोई विशेष काम है?"

"नहीं, मेरा नाम कैलाश सत्यार्थी है। आपकी पत्रिका में लिखता हूँ।"

वे यह सुनकर थोड़ा ठिठकीं, फिर मेरी तरफ़ नज़रें उठाकर पूछा, "कैलाश सत्यार्थी? क्या कहा आपने?"

शायद उन्होंने पहली बार में मेरा नाम ठीक ढंग से नहीं सुना था।

मैंने कहा, "हाँ-जी।"

वे हँसकर बोलीं, 'देखो जी, ये महाशय ख़ुद को कैलाश सत्यार्थी बता रहे हैं?' उनके साथ की बाक़ी लड़कियाँ भी मेरा मज़ाक़ उड़ाते हुए हँसने लगीं। मैं समझ नहीं सका कि वे सब ऐसा क्यों कर रही हैं। मैंने भी थोड़ा शरारती लहजे में पूछा, "क्या आप उन्हें जानती हैं?"

इस पर एक लड़की बोली, "हाँ, वे जनज्ञान में लेख लिखते हैं।"

मैंने कहा, "जी हाँ, वह मैं ही हूँ।"

सम्पादिका जी चिढ़कर बोलीं, "प्लीज़ जाइए, हमें अपना काम करने दीजिए।"

मैंने ज़िद करते हुए कहा, "मुझे पंडित भारतेन्द्रनाथ जी से मिलना है, और मिलकर ही जाऊँगा।" मैं बेचारा ख़ुद को कैलाश सत्यार्थी साबित करने की नाकामयाब कोशिश करता रहा; जबकि वे सब मिलकर मेरी हँसी उड़ा रही थीं। काफ़ी देर की बहसबाज़ी के बाद उन्होंने अन्दर पंडित जी के पास ख़बर भिजवाई।

मैंने आपातकाल के शुरुआती महीनों में 'जनज्ञान' में एक लेख लिखा था। उस लेख में भारतीय दर्शन के मूल तत्त्वों को आधार बनाकर व्यवस्था परिवर्तन के लिए कई विचार और तर्क दिये गए थे। वह एक नये तरह का गम्भीर वैचारिक लेख था। उस समय मेरी उम्र 21 साल की थी। उस लेख से पाठकों में बड़ी हलचल मच गई थी। सम्पादक के पास सैकड़ों प्रतिक्रियाएँ पहुँची थीं। कुछ मेरे विचारों के समर्थन में थीं, और कुछ विरोध में। इस तरह मेरा नाम पत्रिका के लोगों के लिए जाना-पहचाना बन गया था। इसीलिए वे लड़कियाँ समझ रही थीं कि जिस आदमी के एक लेख पर इतना भारी बवाल मचा था, वह कम से कम 50-60 साल का कोई परिपक्व आदमी होगा।

सह-सम्पादिका जी और बाक़ी लड़कियाँ अपनी बला किसी और कर्मचारी पर टालकर बाहर निकल गईं। कुछ देर के बाद उन सज्जन ने मुझे पंडित भारतेन्द्रनाथ से मिलवाया। शुरुआत में तो पंडित जी को भी मुझ पर भरोसा नहीं हुआ था, लेकिन धीरे-धीरे उनके चेहरे के हाव-भाव बदलने लगे थे। बाद में तो उनका स्नेह और ख़ुशी देखते ही बन रही थी। उन्होंने मुझे गरमागरम चाय और पकौड़े मँगवाकर खिलाए।

भारतेन्द्रनाथ जी का व्यक्तित्व बहुत प्रभावशाली था। वे शरीर से काफ़ी मोटे लेकिन बेहद फुर्तीले थे। मुँड़े हुए सिर पर कभी-कभी टोपी लगाते थे। वे ख़ूब गोरे-चिट्टे थे। खादी की सफ़ेद धोती और सफ़ेद बनियान या कुर्ता पहनते थे। उनके पिताजी पं. गयाप्रसाद शुक्ल थे जो देश की आज़ादी के लिए शहीद हुए

थे। माँ विद्यावती जी भी बड़ी विदुषी और क्रान्तिकारी महिला थीं। उन दोनों ने जात-पाँत तोड़कर विवाह किया था। जिन दिनों देश में लड़कियों की पढ़ाई नाममात्र के लिए होती थी, तब उन्होंने अपने पति की शहादत के बाद अकेले हिम्मत करके लड़कियों के लिए गुरुकुल खोलकर चलाया था।

काफ़ी देर की बातचीत के बाद पंडित जी ने मुझसे पूछा, "रात को कहाँ ठहरे हैं?"

मैंने उत्तर दिया, "अभी तक पक्का नहीं है। किसी जान-पहचान वाले के घर पर ठहरने की सोच रहा हूँ।"

वे बोले, "चाहो तो मेरे साथ चलकर हमारे घर पर ही रुक सकते हो। हमें और भी गपशप का समय मिल जाएगा।"

मेरे मन में लड्डू-से फूट पड़े। मैंने अपनी ख़ुशी छुपाते हुए कहा, "मैं भी चाहता हूँ कि आपके साथ बैठकर कुछ ज्ञान हासिल कर सकूँ।"

उनके हाथ की चाय

वे शाम को मुझे अपने साथ घर ले गए। मेरे मन में बड़ी गुदगुदी हो रही थी कि पहचानने तक से मना कर देने वाली उनकी लाडली बेटी मुझे वहाँ देखकर क्या सोचेगी? जब हमारी कार घर के गेट पर रुकी, तभी इत्तिफ़ाक़ से वही बेटी अपनी साइकिल खड़ी करके घर का गेट खोल रही थीं। मुझको वहाँ देखते ही उनकी आँखें फटी की फटी रह गईं। वे कुछ क्षणों तक हैरानी से या शायद चिढ़कर मुझे देखती रहीं। मैं भी उन्हें कनखियों से देखते हुए मुस्कराकर घर में घुस गया। मैं उन्हें थोड़ा चिढ़ाना चाहता था। घर पर उनकी माताजी के अलावा एक बड़ी और तीन छोटी बहनें मौजूद थीं। सबने साथ में बैठकर खाना खाया। फिर देर रात तक गपशप होती रही। लेकिन सह-सम्पादिका, यानी सुमेधा जी का बर्ताव बहुत शर्मीला बना रहा था। मैं उनकी सुन्दरता और सौम्यता के कारण उनके प्रति बहुत आकर्षित होने लगा था। दोपहर में मिलने से लेकर उनकी हर बात को याद कर रहा था। उन्हें देखकर जो अनुभूति हुई वह मुझे पहले कभी नहीं हुई थी। इसलिए रात को बहुत देर तक उन्हीं के बारे में ही सोचता रहा था।

मैं ड्राइंग रूम में दीवान पर सोया था। मेरी नींद सुबह जल्दी खुल गई थी इसलिए वहीं बैठकर कुछ पढ़ने लगा। मैं जान-बूझकर जनज्ञान पत्रिका का वह अंक उठाकर देखने लगा जिसमें सुमेधा जी की फ़ोटो थी। मन ही मन सोच

रहा था कि शायद वे ही आकर चाय के लिए पूछ लें। मेरी ख़ुशी और आश्चर्य का ठिकाना नहीं रहा, जब वे मेरे सामने चाय का प्याला लेकर खड़ी हो गईं। मैं अपनी भावनाओं को छुपाते हुए सोच रहा था कि पिछले दिन की घटना को लेकर उन्हें थोड़ा छेड़ूँ। तभी उन्होंने पूछ लिया, "चाय में कितने चम्मच चीनी लेंगे?" मेरे मुँह से अनायास निकल पड़ा, "आप चाहे जितनी चीनी डाल दें, या न भी डालें, चाय तो मीठी हो ही जाएगी।"

वे नाराज़ होने के बजाय शरमाकर मुस्कराती हुई लौट गईं। मुझे यह बहुत अच्छा लगा, लेकिन मन ही मन घबरा रहा था कि आख़िर मैंने यह क्या बोल दिया था।

पहली मुलाक़ात से ही मैं और सुमेधा जी एक-दूसरे को चाहने लगे थे, लेकिन हम ख़ुद भी नहीं जानते थे कि क्या हमें सचमुच प्यार हो गया था? कभी-कभी मुझे लगता था कि वह उनके लिए मेरा शारीरिक आकर्षण था। हम अपने-अपने संस्कारों या सामाजिक वर्जनाओं के कारण लम्बे अरसे तक अपनी भावनाओं का इज़हार नहीं कर सके थे। हमारे बीच लगभग साल भर तक कोई संवाद नहीं हुआ था। न तो कोई चिट्ठी-पत्री हुई, और न ही फ़ोन। लेकिन उनके परिवार से मेरा सम्पर्क बढ़ता रहा।

1977 के जनवरी महीने में हम कुछ दोस्तों ने मिलकर विदिशा में एक सर्व-धर्म महासम्मेलन का आयोजन किया था। उसमें जगह-जगह से हिन्दू, मुसलमान, ईसाई, जैन, सिख और आर्य समाजी धर्मगुरुओं को आमंत्रित किया गया था। पं. भारतेन्द्रनाथ जी को भी बुलाया था। मैंने उन्हें अपनी बड़ी बहन के घर पर ठहराया था। वह परिवार आर्य समाज का घोर विरोधी तथा पक्का सनातनी मूर्तिपूजक था। इसलिए उन्हें वहाँ ठहराने के लिए बहुत पापड़ बेलने पड़े थे। वहीं पर पहली बार पंडित जी ने मेरे और मेरे परिवार के बारे में विस्तार से बातचीत की थी। वह सिर्फ़ शिष्टाचार होगा, लेकिन मैंने सोचा, हो सकता है कि वे अपनी बेटी के लिए मुझमें रुचि ले रहे हों। शायद यह मानव स्वभाव ही है कि हम घटनाओं और परिस्थितियों को उसी तरह देखते और सुनते हैं, जैसे हमारे मन के पूर्वग्रह, शंकाएँ और इच्छाएँ होती हैं।

उन दिनों मेरे बचपन के प्रिय दोस्त ओमप्रकाश मथुरा तेलशोधक कारख़ाने में इंजीनियर और शहर के आर्य समाज के मंत्री थे। हमारी दोस्ती पाँचवीं क्लास से शुरू हुई थी। ओम को अपने कामों से दिल्ली आना-जाना पड़ता था। वे सुमेधा जी के परिवार से मिलने भी चले जाते थे। सुमेधा जी और ओम में अच्छी दोस्ती हो गई थी। वे मुँहबोले भाई-बहन बन गए। ओम अपने आप में प्रतिभा,

परिश्रम, आदर्शों और दृढ़ निश्चय से मिलने वाली सफलता का प्रेरणास्पद उदाहरण है। एक ग़रीब परिवार में जन्मे ओम के इंजीनियरिंग कॉलेज में पढ़ाई के दिनों तक घर में बिजली नहीं थी। वह पास में नगरपालिका की लालटेन वाले खम्भे के नीचे बैठकर पढ़ाई करता था। फिर भी वह हर क्लास में अव्वल रहता था। उसे हमेशा वज़ीफ़ा मिलता रहा, किन्तु परिवार की मदद के लिए वह ट्यूशनें पढ़ाया करता था। उसकी विधवा माँ और छोटी बहन अगरबत्तियाँ बना-बनाकर घर का गुज़ारा चलाती थीं।

ओम ने अपनी पहली तनख़्वाह मिलने पर सबसे पहले मुझे नये पैंट-बुश्शर्ट बनवाकर दिये थे। इसी तरह उसे अपनी सगाई में मिली घड़ी उसने मेरे हाथ में बाँध दी थी क्योंकि मेरी घड़ी खो गई थी। हमारे रिश्ते हमेशा सगे-सम्बन्धियों से कहीं ज़्यादा गहरे बने रहे। आगे चलकर ओम देश की सबसे बड़ी बिजली बनाने वाली कम्पनी के महाप्रबन्धक पद पर रहा।

1977 के जून महीने की बात है। ओमप्रकाश ने मथुरा में एक कार्यक्रम में सुमेधा जी और उनके पिताजी को आमंत्रित किया था। सुमेधा जी कार्यक्रम से एक दिन पहले मथुरा पहुँच गई थीं। मैं तो और भी पहले पहुँचकर बेसब्री से उनका इन्तज़ार कर रहा था। वहाँ उनसे मिलकर लगा कि मेरी तरह उनके दिल में भी मेरे प्रति वही भावनाएँ हैं। हम दोनों ने अकेले में घूमने-फिरने का थोड़ा सा मौक़ा ढूँढ़ लिया था। हमने पहले दिन साइकिल रिक्शा से बाज़ार जाकर चाट-पकौड़े खाए। सुमेधा जी को पानी-पूरी खाना बहुत पसन्द है। अगली सुबह फिर से किसी बहाने से आइसक्रीम खाने चले गए। उस दौरान हमारे बीच ढेर सारी बातचीत हो सकी।

सुमेधा जी जितनी ख़ूबसूरत थीं, उतनी ही शालीन, सौम्य, भावुक और स्पष्टवादी। थीं क्या, आज भी हैं। उनके प्रति मेरा लगाव और बढ़ता चला गया। वे मेरे विचारों से अच्छी तरह से परिचित हो गई थीं। साथ ही वे जीवन और भविष्य के प्रति मेरे ग़ैर-पारम्परिक, जोखिम और पागलपन भरे नज़रिये को भी गहराई से जान चुकी थीं। मैं समझ गया था कि बाहर से कोमल दिखने वाली यह युवती भीतर से कितनी मज़बूत, साहसी और ईमानदार है।

आजा-रे परदेसी

कुछ महीनों बाद फिर से मेरा दिल्ली जाना हुआ। मैंने उन लोगों को अपने पहुँचने की कोई सूचना नहीं दी थी। मुझे बहुत संकोच और डर लग रहा था। मैं एक

दोस्त के साथ ठहरने वाला था। मेरा मन नहीं माना और स्टेशन से निकलकर सीधा सुमेधा जी के घर पहुँच गया। सुबह के नौ बजे होंगे। सामने का दरवाज़ा खुला हुआ था। मैंने अन्दर जाकर घर के लोगों को पुकारा लेकिन कोई जवाब नहीं आया। मैं बीच के बैठक वाले कमरे में खड़ा होकर किसी के आने का इन्तज़ार करने लगा। आया तो कोई नहीं, लेकिन एक सुरीली आवाज़ ने मेरे कानों को ही नहीं, मन और आत्मा तक को झनझना दिया था। भीतर रसोईघर या गुसलख़ाने से आने वाली वह मधुर आवाज़ सुमेधा जी की थी। वे एक पुराना फ़िल्मी गीत गुनगुना रही थीं—

मैं तो कब से खड़ी इस पार,
ये अँखियाँ थक गईं पंथ निहार
आजा रे...परदेसी...

बाहर निकलने के बाद भी उनका ध्यान नहीं टूटा। वे गाने में इतनी मग्न थीं कि उन्हें मेरे आने की आहट तक सुनाई नहीं दी थी। मैं मुस्कराता हुआ खड़ा रहा। उनकी तन्मयता में प्रेम की अथाह गहराई थी और सौन्दर्य में ताज़े फूलों की सुगन्ध। मैंने ऐसा कभी महसूस नहीं किया था। कुछ क्षणों के लिए उसी भाव में खोया रहा।

फिर अचानक हम दोनों का ध्यान टूटा। उनका मुँह और आँखें खुली की खुली रह गई थीं। उनके चेहरे पर आश्चर्य, ख़ुशी और लज्जा के इतने सारे भाव एक साथ आए कि अवाक् होकर कुछ देर तक मूर्ति की तरह खड़ी रहीं। एक क्षण के लिए मेरे मन में आया कि उन्हें अपनी बाँहों में भरकर ख़ूब प्यार करूँ। शायद उनके मन में भी वही था। लेकिन अपनी ही सामाजिक मर्यादाओं और मानसिक वर्जनाओं के कारण एक-दूसरे को छुआ तक नहीं। विचारों में ऐसी वर्जनाएँ टूट भी जाएँ, तो भी संस्कारों में आसानी से नहीं टूट पातीं।

हम आपस में हालचाल पूछने लगे। तभी उनकी एक छोटी बहन लौटकर आ गई। वह बाहर दूध लेने के लिए गई थी। थोड़ी देर में उनके अम्मा-पिताजी भी पहुँच गए थे। मैंने उनके पैर छुए। उनका व्यवहार पहले की तरह उत्साह भरा नहीं था, लेकिन बुरा भी नहीं था। सुमेधा जी ख़ुशी-ख़ुशी चाय बनाकर ले आईं। मैं बड़े मानसिक तनाव में था। अम्मा-पिताजी कुछ समय तक कमरे में जाकर गुफ़्तगू करते रहे। लौटकर उन्होंने मुझसे मेरे भविष्य की योजनाओं के बारे में गहराई से बातचीत की। ज़ाहिर था कि वे अपनी बेटी की इच्छा और निश्चय को अच्छी तरह से जान चुके थे। इसलिए हम सोच रहे थे कि अम्मा-

पिताजी कुछ न कुछ अच्छा इशारा ज़रूर करेंगे। लेकिन ऐसा नहीं हुआ। मैं उदास विदिशा लौट गया।

कुछ महीनों के बाद सुमेधा जी की माताजी ने ओम को दिल्ली बुलाया। उससे मेरे बारे में ख़ूब बातें कीं और पूछा, "लगता है कि पप्पू (सुमेधा जी के घर का नाम) तुम्हारे दोस्त को बहुत पसन्द करने लगी है। दिन भर उसकी तारीफ़ करती रहती है। सच बताओ, कैलाश कैसा लड़का है? क्या वह भी पप्पू को पसन्द करता है?" ओम ने ख़ुशी-ख़ुशी मेरी वकालत की और उन्हें सुझाव दिया कि इस बात को आगे बढ़ाया जाए। फिर उसने तुरन्त ही चिट्ठी लिखकर मुझे सब कुछ बता दिया।

मैं उसकी चिट्ठी पढ़कर ख़ुश तो हुआ, लेकिन बड़ी चिन्ता और असमंजस में पड़ गया । मैं सुमेधा जी को मन ही मन बेइन्तहा प्यार करता तो था, लेकिन तब तक न तो मेरी पढ़ाई पूरी हुई थी, और न ही कमाई का कोई ज़रिया था। इसके अलावा एक बात और थी। मैं सोचता था कि आपस में प्यार करने वाले युवक और युवती अगर समाज की बेहतरी के लिए साथ रहकर काम करना चाहें, तो उन्हें विवाह करना क्यों ज़रूरी है? बिना विवाह किये साथ क्यों नहीं रह सकते?

साझा सपनों की सुगबुगाहट

भारतीय समाज में ज़्यादातर मामलों में विवाह पहले हो जाते हैं, और प्रेम बाद में। कई बार तो मजबूरी में ही प्यार करना पड़ता है या फिर मजबूरी में विवाह। विवाह केवल पति-पत्नी की शारीरिक भूख, सन्तान की इच्छा, स्वर्ग में बनाई जोड़ी या अक्लमन्दी से चलने वाला समझौता नहीं होता। एक-दूसरे को सम्पूर्णता के साथ स्वीकार करना होता है। इसके लिए स्वभावों, विचारों और संस्कारों की भिन्नताओं की इज़्ज़त करना सीखना ज़रूरी है। इसलिए बेहतर है कि हम पहले प्यार करना सीख लें। विवाह हो सके तो बहुत अच्छा, यदि न हो पाए तो भी पछतावा नहीं होना चाहिए। सम्बन्धों में शुरुआत से ही झूठ, दिखावे और लालच का सहारा न लेकर अपनी ख़ामियों और ख़ूबियों को साझा करने से प्यार में ठहराव आ सकता है। उसी तरह दूसरे की ख़ुशी को अपनी ख़ुशी और दुःख को अपने दुःख की तरह अनुभव करें। दोनों के सपने और लक्ष्य एक जैसे हो जाएँ तो कहना ही क्या? सुमेधा जी और मैंने ऐसा ही करने की कोशिश की। आख़िरकार हमने साथ-साथ जीवन बिताने का मन बना लिया था।

दिल्ली से लौटने के बाद मुझे चिन्ता लगी रहती थी कि मेरे परिवार को

मनाने से पहले ही उनके माता-पिता कहीं विदिशा न पहुँच जाएँ।

वह चिन्ता सही निकली। कुछ हफ़्तों के बाद अम्मा की चिट्ठी आ गई। मैं बड़ी दुविधा में था कि अपने परिवार से कैसे बात शुरू करूँ? आज भी क़स्बों में निम्न मध्यवर्गीय और ऊँची जाति के परिवारों में लड़के या लड़कियाँ अपनी शादी-ब्याह की बात नहीं करते। उसे घोर अशिष्टता माना जाता है। रिश्तेदार या घर वाले ही बातचीत शुरू करके जन्मकुंडली का मिलान करते हैं। लड़की की फ़ोटो आदि देखकर उसे पसन्द करते हैं। आख़िर में लड़का-लड़की को आपस में देखने या मिलवाने की खानापूरी करा ली जाती है। जब चाहे तब, लड़का या उसके माँ-बाप, भाई-बहन, भाभियाँ और यार-दोस्त लड़की को नापसन्द कर सकते हैं। ज़्यादातर मामलों में तो शादी की बात दहेज की माँग से ही आगे नहीं बढ़ पाती। पहले की हालत और ज़्यादा बुरी थी। मेरे शहर में तब तक कुल तीन प्रेम-विवाह ही हुए थे। उनमें से दो तो मैंने ही करवाए थे।

तीनों बड़े भाई और बड़ी बहन उम्र में मुझसे काफ़ी बड़े थे। लिहाज़ा मेरा उनसे बात कर पाना नामुमकिन था। मेरा भतीजा दिनेश मुझसे तीन वर्ष छोटा है। वह उस समय बीएससी की पढ़ाई कर रहा था। वह पारिवारिक और सामाजिक मामलों में मेरे सबसे नज़दीक था। मैंने उसे और अपनी भतीजियों को पं. भारतेन्द्रनाथ जी और राकेश रानी जी की विदिशा आने की मंशा बताई। उन्होंने फुआ और भाभियों को बता दिया। यह सुनकर फुआ ख़ुशी से भावुक हो उठी थीं। लेकिन दूसरे ही पल उनके चेहरे पर चिन्ता की रेखाएँ उभर आई थीं।

वे मायूस होकर मुझसे बोलीं, "बेटा, अभी तुम्हारे पास कोई नौकरी-धंधा नहीं है। बिना कमाई के परायी लड़की को घर में लाकर क्या करोगे? कब तक अपने भाइयों के सामने हाथ फैलाओगे?"

फिर वे फूट-फूटकर रोने लगीं और बोलीं, "तुम्हारे बाप भी हमें छोड़कर चले गए हैं। अगर वे जिन्दा होते तो मैं ख़ुद सबसे लड़-झगड़कर तुम्हारी पसन्द की लड़की से तुम्हारी शादी करवाती।"

मैंने हिम्मत जुटाकर उन्हें समझाया, "देखो फुआ, अभी तो लड़की के माँ-बाप सिर्फ़ आप लोगों से मिलने आ रहे हैं। मैं जब तक अपने पैरों पर खड़ा नहीं हो जाता, तब तक शादी का सवाल ही नहीं उठता।"

वे तो किसी तरह सन्तुष्ट हो गई थीं, लेकिन मेरे दोनों बड़े भाई बड़े नाराज़ हुए। हालाँकि उनसे छोटे, नरेंद्र भाई साहब ने मुझे प्यार से समझाया कि शादी की जल्दबाज़ी न करूँ। भाई-बहनों में मेरी सबसे ज़्यादा नज़दीकी उन्हीं के साथ थी। तब तक मेरे लिए कई रिश्ते आने शुरू हो गए थे जिनमें अच्छे-ख़ासे दहेज

के ऑफ़र भी शामिल थे क्योंकि बिरादरी में इंजीनियर लड़के बहुत मुश्किल से मिलते थे।

सार्वजनिक तमाशा बना सुमेधा जी के माता-पिता का आगमन

आख़िरकार जनवरी 1978 के शुरुआती दिनों में सुमेधा जी के माता-पिता विदिशा पहुँच गए। विदिशा में पं. भारतेन्द्रनाथ जी और राकेश रानी जी के काफ़ी प्रशंसक थे। वे लोग शहर के एक नामी-गिरामी वकील और एक हिन्दू पार्टी के नेता के घर पर ठहरे। उनका बेटा तेज़-तर्रार वकील और मेरे बचपन का पक्का दोस्त था। मैंने भी अपने मेहमानों को वहीं पर ठहरने का सुझाव दिया था। उन लोगों का विदिशा आना अपने आप में एक संघर्ष गाथा है। जब यह ख़बर शहर के पुरातन पंथियों को मिली कि भारतेन्द्रनाथ जी मुझसे अपनी बेटी के विवाह की बात करने आ रहे हैं, तो वे लोग बुरी तरह बौखला गए थे। कुछ लोगों ने फ़ोन करके तो कुछ ने टेलिग्राम और पत्रों के ज़रिये मेरी बुराइयाँ करके उनसे यात्रा रद्द करने के लिए ज़ोर डाला था। जब पंडित जी नहीं माने तो उन लोगों ने नगर में विरोध प्रदर्शन करने और काले झंडे दिखाने की धमकी दी।

मेरे समर्थकों को प्रदर्शन की तैयारी की भनक लग गई थी। हमने एक आपातकालीन बैठक करके फ़ैसला किया कि उन साम्प्रदायिक और पोंगापंथी लोगों का षड्यंत्र सफल नहीं होने दिया जाएगा। हमारे शहर में क़रीब 30 घोड़ा-ताँगे और चार टैक्सियाँ थीं। ताँगा यूनियन और टैक्सी चालकों से हमारे अच्छे सम्बन्ध थे। हम उनके अधिकारों की लड़ाई लड़ने और ख़ासकर पुलिसिया ज़ोर-ज़बरदस्ती से बचाने में मदद करते थे। ढेर सारे युवा और छात्र तो हमारे समर्थक थे ही। मेहमानों के आने से पहले उनके स्वागत में रातों-रात जगह-जगह बैनर-झंडे लगा दिये गए। ख़ास-ख़ास रास्तों पर स्वागत द्वार बनाए गए। शहर के क़रीब सारे ताँगे और टैक्सियाँ जुलूस की शक्ल में स्टेशन के बाहर खड़ी हो गईं। वह इन्तज़ाम मेरे मित्र मुनव्वर सलीम और देवेश आर्य ने करवाया था। रात को लाउडस्पीकर पर मुनादी करा दी गई थी कि मेहमानों का शानदार स्वागत किया जाएगा और काले झंडों जैसी कोई हरकत बर्दाश्त नहीं की जाएगी। उस सबके कारण शहर में बहुत तनाव फैल गया था।

मेहमान सवेरे रेलगाड़ी से विदिशा पहुँच गए। स्टेशन से उनका जुलूस ढोल-नगाड़े और बैंड-बाजे के साथ एक खुली जीप में शहर भर से गुज़रता हुआ वकील साहब के घर पहुँचा। विरोध में कहीं चूँ तक नहीं हुई थी। मैं एक तरफ़

अपनी जीत और अतिथियों के भव्य स्वागत पर बहुत ख़ुश था तो दूसरी तरफ़ मन ही मन उतना ही उद्वेलित था क्योंकि जीवन के बेहद निजी और सुखद क्षण एक सार्वजनिक तमाशा बन गए थे। मैं नहीं जानता था कि मेरे मेहमान वह सब देखकर ख़ुश होंगे या उनकी नज़रों में मेरी छवि का सत्यानाश हो जाएगा! दिन भर सब कुछ सामान्य चलता रहा। उन्होंने मेरे घर पर आकर भोजन किया। परिवार के सभी सदस्यों ने उनका अच्छी तरह से स्वागत-सत्कार किया। मेहमानों का बर्ताव भी बड़ा अच्छा था। वे लोग रात की ट्रेन से वापस लौट गए। मेरा मन कई तरह की शंकाओं और आशंकाओं के बीच झूल रहा था क्योंकि रात होते-होते मुझे लगने लगा था कि वे भले ही मुझसे बड़े प्यार से पेश आ रहे थे, लेकिन मेरी आँखों में आँखें डालकर कोई बातचीत नहीं कर रहे थे।

कुछ दिनों के बाद मुझे बहुत चौंकाने वाली जानकारी मिली। सुमेधा जी के अम्मा-पिताजी जिन महोदय के यहाँ ठहरे थे, उन्हीं ने मेरे ख़िलाफ़ ऊलजलूल बातें करके उनके कान भर दिये थे। उनसे कहा गया था कि कैलाश एक आवारा और गुंडा लड़का है, जिसने ज़ोर-ज़बरदस्ती से स्वागत का इतना बड़ा तमाशा रचाया था। हालाँकि पं. भारतेन्द्रनाथ जी का मानना था कि जो भी हो, लड़का बड़ा प्रभावशाली और दबंग है। लेकिन अम्मा का मन बदल चुका था। उन्होंने वकील साहब के बेटे से साफ़-साफ़ पूछ लिया था कि अगर सुमेधा उनकी अपनी सगी बहन होती तो वे क्या फ़ैसला लेते?

मेरे मित्र महोदय का जवाब था, "भले ही कैलाश मेरा दोस्त है, लेकिन मैं कभी भी अपनी बहन की शादी उससे नहीं करता।"

उन पिता-पुत्र ने तो यहाँ तक बोल दिया था कि यदि वे अपनी बेटी को कुएँ में धकेलना चाहते हैं तो उनकी मरज़ी। बाद में मुझे पता चला था कि सुमेधा जी के माता-पिता तो सगाई करने की इच्छा से आए थे। उनकी तरफ़ से मामला लगभग ठंडा पड़ चुका था, लेकिन बातचीत के पुल पूरी तरह नहीं ढहे थे। मैंने जनज्ञान में लेख लिखना बन्द नहीं किया, न ही उन्होंने प्रकाशित करना। सुमेधा जी अपने तरीक़े से वातावरण बनाने में जुटी रहीं।

कुछ दिनों के बाद मैंने सुमेधा जी को एक चिट्ठी लिखी। उसमें समाज में व्याप्त अन्याय, विषमता, पाखंड और घटिया परम्पराओं के ख़िलाफ़ मिलकर लड़ने की इच्छा और संकल्प के बारे में विस्तार से चर्चा की थी। हाँ, उनकी सुन्दरता का ज़िक्र किये बिना तो वह चिट्ठी अधूरी रह जाती। अपनी सभी चिट्ठियों में एक नये समाज की रचना के लिए मेरे विचारों, कल्पनाओं के बारे में लिखता रहता था।

मैंने एक चिट्ठी में जीवन के लक्ष्यों और उद्देश्यों के बारे में बताते हुए लिखा, "आत्मनियंत्रण और धैर्य मेरी सुमेधा में इतना होना चाहिए कि लोग ईर्ष्या करने लगें। हम जैसे लोग जो सम्पूर्ण सामाजिक व्यवस्था और ढाँचे में बदलाव के लिए संकल्पबद्ध हैं, जिनका जीवन 'निज' की सीमाएँ तोड़कर 'पर' की असीमितता से जुड़ा हो, उन्हें विपरीत और जोखिम भरी परिस्थितियों में भी सन्तुलित और संयमित रहने का स्वभाव बनाना चाहिए।"

मैं कभी-कभी उन्हें कविताएँ भी लिखकर भेजता था। उनमें से दीपावली पर लिखी गई चार लाइनें—

उजली इमारत के लाख दीये बेमानी
चलो बनें एक दीया अँधियारी बस्ती का!
बाहर के साथ-साथ अन्तस् का तम मिटे
फ़र्क़ मिटे बूँद और सागर की हस्ती का!!

मैं अपनी चिट्ठियाँ सुमेधा जी की एक सहेली के पते पर लिखा करता था। एक बार अचानक उनकी एक बहन को चिट्ठियों का पुलिंदा मिल गया। उसने वह पुलिंदा पिताजी को दे दिया। उनमें लिखी बातों के बहाने घर में हंगामा खड़ा हो गया। शोर मच गया कि कैलाश तो पहले से ही नास्तिक और कम्युनिस्ट था, अब उसने सुमेधा का दिमाग़ भी ख़राब कर दिया है। हम दोनों संस्कृति, समाज और परिवार की कोई इज़्ज़त नहीं करते। उलटा चोरी-चोरी प्रेम पत्र लिखते हैं। सुमेधा जी को काफ़ी डाँट-फटकार लगी। उनसे साफ़ कह दिया गया था कि अब उनकी शादी मुझसे नहीं हो सकती। सुमेधा जी ग़ुस्से में आकर मेरी बाक़ी सारी चिट्ठियाँ अपनी माँ को दे दी थीं और साफ़ कह दिया कि वे अगर शादी करेंगी तो सिर्फ़ मुझसे। दुबारा सोचने का तो सवाल ही नहीं उठता।

चार दिनों में शादी की चुनौती

3 अक्टूबर, 1978 को मंगलवार का दिन था। विदिशा में रात को मेरे एक दोस्त ने सूचना दी कि सुमेधा जी दिनभर से मुझे फ़ोन करने की कोशिश कर रही थीं। वे तत्काल बात करना चाहती थीं। मेरे घर पर टेलीफ़ोन नहीं था। पूरे शहर में मुश्किल से 40-50 टेलीफ़ोन रहे होंगे। सुमेधा जी जब भी फ़ोन करना चाहती थीं, तब वे चोरी-छुपे किसी सहेली के घर जाती थीं। वहाँ बैठकर उसके टेलीफ़ोन से दिल्ली के एक्सचेंज द्वारा विदिशा के लिए मेरे किसी दोस्त के नम्बर पर कॉल

बुक कराती थीं। दिल्ली का एक्सचेंज दफ़्तर विदिशा के टेलीफ़ोन एक्सचेंज से कनेक्शन जोड़ता था। कभी तो चन्द मिनटों में ही लाइन मिल जाती थी, तो कभी-कभी घंटों के इन्तज़ार के बाद भी ख़ाली हाथ लौटना पड़ता था। वे फ़ोन का कनेक्शन मिल जाने पर मेरे दोस्त को बोल देती थीं कि एक निश्चित समय पर मुझसे उनकी बात करा दें। मैं तय किये गए समय पर पहुँचकर उनके फ़ोन का इन्तज़ार करता था। उसी प्रकार जब मुझे उनसे फ़ोन पर बात करनी होती थी, तो वही सब करना होता था। हालाँकि ऐसा गिनी-चुनी बार हुआ होगा। मैंने उस रात जब पलटकर सुमेधा जी को फ़ोन किया तो वे बहुत तनाव में थीं। वे फ़ोन पर मेरी आवाज़ सुनते ही रो पड़ी थीं।

मैंने उन्हें सांत्वना देकर पूछा, तो बोलीं, "अब तुम्हारी परीक्षा की घड़ी है। तुम्हें मना नहीं करना, नहीं तो मुझे हमेशा के लिए भूल जाओ।"

मैंने घबराकर पूछा, "बताओ तो सही, अचानक ऐसी कौन सी बात हो गई?"

उन्होंने कहा, "हमें लेकर घर में कई दिनों से तनातनी चल रही है। लेकिन आज बात कुछ ज़्यादा ही बढ़ गई थी। पिताजी ने साफ़-साफ़ कह दिया है कि अगर तुम्हें शादी करनी है, तो अगले रविवार को ही हो सकती है। अगर कैलाश में हिम्मत है तो दिल्ली आकर तुमसे विवाह कर ले।"

वे जो कुछ बोलीं, मुझे उसकी कल्पना तक नहीं थी। मेरे हाथ काँपने लगे और ज़बान लड़खड़ाने लगी। मैंने थोड़ा सँभलकर पूछा, "क्या कोई ऐसा तरीक़ा हो सकता है कि फ़िलहाल कुछ महीनों के लिए शादी को टाल दिया जाए?"

उन्होंने ग़ुस्से से कहा, "नहीं, मेरे घरवालों ने कोई और लड़का ढूँढ़ रखा है। वे कहते हैं कि या तो रविवार को कैलाश से शादी कर लो, नहीं तो हम तुम्हारी शादी दूसरी जगह कर देंगे।"

वह सब सिनेमा की कहानी की तरह लग रहा था, फिर भी हालात की नाजुकता समझते हुए मैंने दृढ़ता से कह दिया, "हाँ, उनसे कह दो कि मैं तैयार हूँ।"

मैंने आगे कहा, "लेकिन तुम्हें फिर से बता दूँ कि मेरे पास दस-पाँच रुपये से ज़्यादा कोई जमा-पूँजी नहीं है। न ही आमदनी का कोई और साधन है। मुझे नहीं मालूम कि मेरे घरवाले इतनी जल्दी और इस तरह थोपी गई शादी को मानेंगे या नहीं। फिर भी अगर तुम तैयार हो तो शादी उसी दिन होगी।"

वे बोलीं, "ठीक है साहब जी, तो इतवार को मिलेंगे।"

मैं सुमेधा जी से फ़ोन पर बात करने के बाद घर लौटने के बजाय अपनी साइकिल से बेतवा नदी के महल घाट चला गया। कुछ देर तक तो यह भी नहीं सोच पाया कि इस बारे में किससे, क्या और कैसे बात करूँ? कई सालों

से अपने ज़रूरी ख़र्चों के लिए बड़े भाइयों से पैसे माँगने में कितना भावनात्मक और मानसिक संघर्ष करना पड़ता था, वह मैं ही समझता था। उसका सबसे बड़ा कारण अपनी पढ़ाई पूरी न कर पाना था।

मैं उस अँधेरी रात में काफ़ी देर तक सुनसान घाट पर नदी में पैर लटकाकर अकेला बैठा रहा। मैं अचानक आन पड़ी उस चुनौती का समाधान ढूँढ़ने के बारे में सोचता, तो कभी विवाह हो जाने के बाद के भविष्य के बारे में सोच-सोचकर परेशान होता रहा। मुझे जितने अकेलेपन का अहसास उस वक़्त हुआ था, शायद उतना पहले कभी नहीं हुआ। मुझे अपने पिताजी की सबसे ज़्यादा याद आई। मैं अपने होश सँभालने से लेकर उनकी चिता जलने तक की एक-एक घटना याद करके चुपचाप आँसू बहाता रहा। यूँ तो मैं उनकी मृत्यु के बाद मिली उपेक्षा, अवहेलना, बीमारी, अभाव और परेशानी के हर एक क्षण में उन्हें याद करता था, लेकिन उस दिन उनका मेरे पास न होना मुझे सहन नहीं हो रहा था।

मैं बेतवा के उसी बहते हुए पानी को देखते-देखते पला-बढ़ा था। मुझे बहाव से उलटी दिशा में तैरने में जो मज़ा आता था, वह पानी के साथ-साथ बहने में कभी नहीं आया। यह सोचकर मैं मन ही मन मुस्करा उठा। एक तरफ़ सुमेधा जी के पिताजी और उनका परिवार विवाह करने के लिए मेरे वजूद को ललकार रहे थे, वहीं दूसरी तरफ़ मैं बिलकुल अकेला ख़ुद के वजूद को साबित करने के लिए अपने भीतर की बिखरी-बिखरी ताक़त जुटाने में लगा था। कक्का की याद ने मुझे भरोसा दिलाया कि मैं हारने वाला नहीं हूँ, भले ही चुनौती कितनी कठिन क्यों न हो। मुझे ख़ुद पर, सुमेधा जी पर, और ईश्वर पर पूरा भरोसा था। मैं बड़ी देर से घर लौटा और रात भर उधेड़बुन में करवटें बदलता रहा।

अगले दिन अपने कुछ ख़ास दोस्तों को ढूँढ़ना शुरू किया। देर तक सलाह-मशविरा करने के बाद उन्हीं ने मेरे घरवालों तक वह ख़बर पहुँचाई। ज़ाहिर है वे न केवल हैरान रह गए, बल्कि बहुत नाराज़ हुए। वे मुझे धिक्कार रहे थे कि एक लड़की के लिए अपना आत्मसम्मान गँवा बैठा हूँ। ससुराल की दौलत और इज़्ज़त के लालच में उनके पैरों तले गिर चुका हूँ। घर में तनाव, ग़ुस्से और मातम जैसा माहौल छाया हुआ था।

मेरे दोस्तों ने शादी की तैयारियों के लिए आपस में चन्दा इकट्ठा करना शुरू कर दिया था। गुरुवार का आधा दिन उसी तरह गुज़र गया। मुझे अपने प्रिंसिपल प्रोफ़ेसर शरण की समझदारी और मेरे लिए प्यार पर बहुत भरोसा था। हिम्मत जुटाकर उनके घर पहुँचा और बहुत डरते-डरते उन्हें अपनी परेशानी बता दी। वे भी हैरान रह गए। उन्होंने मुझे समझाने की कोशिश की कि किसी तरह

चार-छह महीने के लिए विवाह टाल दूँ। मैंने कह दिया कि वह नहीं हो सकता। उनसे प्रार्थना की कि वे मेरे बड़े भाइयों को बुलवाकर समझाएँ। उन्होंने शाम को मेरे दो बड़े भाइयों, लला और छोटे दादा को अपने घर बुलाकर किसी तरह मना लिया। आख़िरकार वे कुछ नज़दीकी रिश्तेदारों के साथ शनिवार की सुबह की ट्रेन से दिल्ली जाने के लिए तैयार हो गए।

शुक्रवार का दिन भी भयंकर तनाव के माहौल में गुज़रा। मेरी माँ कभी घर के सामने दुर्गा की मढ़िया में जाकर अकेली बैठ जाती थीं, तो कभी अपनी पुरानी सन्दूक़ें खोलकर चाँदी के गहने खँगालने लगती थीं। मैं उनके मन की हालत समझ रहा था। सबसे छोटी सन्तान होने की वजह से वे न केवल मुझे सबसे ज़्यादा प्यार करती थीं, बल्कि मेरे बारे में बहुत चिन्तित रहती थीं। उनकी बहुत ख़्वाहिश थी कि मेरा विवाह ख़ूब उमंग, ख़ुशियों और धूमधाम से हो। लेकिन वे यह बात किसी से भी कह नहीं पा रही थीं। वे मन ही मन सुमेधा जी से बहुत प्यार करती थीं। घर में जब भी उनकी बात चलती थी, तो फुआ का चेहरा खिल उठता था। मैं शाम को चुपचाप अपने कमरे में अकेला बैठा था। अचानक फुआ मेरे पास आकर खड़ी हो गईं और काफ़ी नाराज़ होकर बोलीं, "कुलच्छी*, तू यह सब क्यों कर रहा है?"

अकेली वे ही तो थीं जो बिना बोले भी मेरी बेबसी, मेरी उलझनों, और मेरे निश्चय को पूरी तरह महसूस कर पा रही थीं। उमंग, मजबूरी और ग़ुस्से के भाव उनकी आँखों से आँसू बनकर टपकने लगे थे। मैं उन्हें देखता रहा। मुझे सबसे ज़्यादा पछतावा इस बात का हो रहा था कि अब तक अपने पैरों पर खड़ा क्यों नहीं हो पाया? मैं एक निरीह बालक की तरह उनका हाथ पकड़कर रोने लगा। फुआ के चेहरे पर आत्मविश्वास के भाव उभर आए।

वे तत्काल ख़ुद को सँभालकर मुझे हिम्मत बँधाते हुए धीरे से बोलीं, "तू चिन्ता मत करना। मेरे पास चाँदी के इतने गहने हैं कि सुमेधा को और तुझे भूखा नहीं रहने दूँगी। तुझे किसी के आगे हाथ नहीं फैलाने दूँगी। तब तक तू अपने लिए नौकरी-धन्धा ढूँढ़ लेना।"

उन्होंने पहले मेरे सिर और हाथ को छुआ था और फिर खूँटी पर टँगे हुए मेरे दो जोड़ी पैंट-क़मीज़ों को हाथ लगाते हुए कमरे से बाहर चली गईं। वे उस दिन कुछ नहीं बोलीं। मेरी माँ चुपचाप रह जाने वालों में से नहीं थीं। कुछ महीनों के बाद उन्होंने घरवालों को उलाहना देते हुए बोल दिया था, "अगर कैलाश

* बुंदेलखंड में 'कुलच्छी' स्नेह और उलाहने वाली एक आम फटकार होती है।

के बाप ज़िन्दा होते, तो क्या वे उसे पुराने कपड़ों में शादी कराने ले जाते? क्या इस तरह उसकी शादी होती?"

सच्ची बात तो यह है कि मुझे ख़ुद नये या पुराने कपड़ों के फ़र्क़ का अहसास तक नहीं था। हालाँकि मेरे भाई दिल्ली पहुँचकर शादी के लिए नये कपड़े ख़रीदने का कह चुके थे।

अचानक फूटी रोशनी की किरण

मुझे मानसिक तनाव और थकान की वजह से रात में तेज़ बुख़ार हो गया था। हमारी ट्रेन दिल्ली के लिए अगले दिन सुबह आठ बजे के आसपास छूटने वाली थी। मैं क़रीब छह बजे अपने कमरे से नीचे उतरकर आँगन में आ गया। मैं जल्दी-जल्दी नहा-धोकर तैयार हो गया। फुआ चुपचाप दुर्गा मन्दिर में जाकर बैठ गई थीं। बड़े भाई अपनी अटैची वग़ैरह तैयार कर रहे थे।

एकाएक घर के बाहर से किसी कार का हॉर्न बजा। मैंने बाहर निकलकर देखा। वह कार हमारे कॉलेज के प्रिंसिपल साहब की थी। मुझे बड़ा अचरज हुआ। लेकिन कार में से वे ख़ुद नहीं, बल्कि रजिस्ट्रार महोदय उतर रहे थे। उन्होंने बधाई देकर मेरे हाथ में शरण साहब का भेजा हुआ एक बन्द लिफ़ाफ़ा थमा दिया। मैंने लिफ़ाफ़े को टटोलकर अन्दाज़ा लगाया कि उन्होंने शायद उपहार में चेक भेजा है। अगर उसमें रुपये होते, तो वह थोड़ा मोटा और भारी होता। मैं उसे टेबल पर रखकर कंघी करने लगा। कुछ देर के बाद मैंने जब वह लिफ़ाफ़ा खोला तो मेरी ख़ुशी का ठिकाना नहीं रहा। उसमें कॉलेज में अध्यापन हेतु मेरा नियुक्ति-पत्र था। मैंने वह नियुक्ति-पत्र सबको दिखा दिया। क्षण भर में सभी ख़ुश हो उठे। फुआ बड़े गर्व से बोल पड़ीं, "देखो, घर में लक्ष्मी आ रही है। उसके क़दम पड़ने से पहले ही कैलाश की नौकरी का इन्तज़ाम हो गया!"

हम शनिवार की शाम को दिल्ली पहुँच गए। 8 अक्टूबर, रविवार के दिन करोलबाग के आर्य समाज मन्दिर में बहुत सीधे-सादे तरीक़े से हमारा विवाह संस्कार हुआ। सुमेधा जी और मैंने ख़ुद विवाह के मंत्र पढ़े थे। वैदिक रीति से होने वाले विवाह में सबसे ज़्यादा महत्त्व सप्तपदी और हवनकुंड की अग्नि के फेरों का होता है। यह सुख और दुख में साथ-साथ चलने की प्रतिज्ञा होती है। उसी में पत्नी और पति मान लेने का अर्थ बराबरी के साथ ज़िन्दगी जीने का संकल्प निहित रहता है। इसके अलावा परिवार, समाज और पूरे संसार के लिए मिलकर ज़िम्मेवारी निभाने का वचन भी लेना पड़ता है। विवाह समारोह में

सगे-सम्बन्धियों के अलावा कुछ नज़दीकी लोग शामिल हुए थे। सुमेधा जी के परिवार ने वहीं पर रात को एक छोटा सा भोज दिया था। मैंने उनकी माताजी के कहने पर आशीर्वाद के रूप में एक रुपया ले लिया था।

हम नई दुलहन के साथ रात की ट्रेन से विदिशा के लिए रवाना हुए। हमारी सीटों का रिजर्वेशन नहीं हो सका था। वह रेल दिल्ली से बनकर चलती थी, इसलिए मेरे दोस्तों ने पहले से जाकर साधारण दर्जे के एक डिब्बे में सबके बैठने की जगह बना रखी थी। हम बैठे-बैठे रात गुज़ारकर सुबह दस-ग्यारह बजे विदिशा पहुँच गए।

हमारी शादी में आम शादियों की तरह कोई शोर-शराबा, बैंड-बाजा और उत्सव जैसी कोई चीज़ नहीं थी। फुआ, मेरी बहन और माँ सरीखी तीनों भाभियाँ सुमेधा जी को दरवाज़े के अन्दर ले गईं। ऐसी शादी किसी ने कभी देखी-सुनी नहीं थी। मेरे मन में सुमेधा जी को लेकर बहुत पीड़ा थी जो हमेशा बनी रही। हर लड़की बचपन से ही अपने विवाह और ससुराल के बारे में कोई न कोई सपना सँजोने लगती है। उसके मन में तरह-तरह की कल्पनाएँ रहती हैं। लेकिन शायद ऐसी शादी और ससुराल में अगवानी की कल्पना कभी कोई लड़की नहीं करती। उन्होंने मेरे घरवालों के साथ पूरा आदर और शिष्टाचार निभाते हुए एक अच्छी बहू का बर्ताव किया। अपने चेहरे पर शिकन तक नहीं आने दी।

हमने घर में दाहिनी तरफ़ पहली मंज़िल पर बने छोटे से कमरे में रहना शुरू कर दिया। वह कमरा भी मैंने अपने हाथों से चुना था, लकड़ी के फट्टे के दरवाज़े और खिड़कियाँ भी बनाए थे और टीन के चद्दरों की छत डाली थी।

कॉलेज में पढ़ाने के दौरान धीरे-धीरे मुझे लगने लगा कि मैं अपने सपनों के साथ न्याय नहीं कर पा रहा हूँ। कॉलेज मैनेजमेंट की अंधेरगर्दी के ख़िलाफ़ संघर्ष करने में भी काफ़ी वक़्त गुज़रता था। सामाजिक गतिविधियों के लिए वक़्त निकाल पाना बहुत मुश्किल होता था। सुमेधा जी और मैंने सलाह-मशविरा किया कि वहाँ रहते हुए अपने बड़े उद्देश्य की प्राप्ति नहीं कर सकते। लेकिन न तो हमारे पास कोई जमा-पूँजी थी, और न ही नया कुछ करने का सीधा रास्ता मालूम था। मैं ऐसे किसी आदमी या संस्था को नहीं जानता था जो बच्चों को शोषण से बचाने के लिए व्यवस्थागत बदलाव लाने में जुटा हो। मेरी मानसिक उलझन बढ़ती जा रही थी। तभी सुमेधा जी के गर्भवती होने की ख़ुशख़बरी मिली। हम माँ-बाप बनने की कल्पनाओं की ख़ुशी में खो गए थे। इसलिए हमने जल्दबाज़ी में नौकरी छोड़ने का इरादा छोड़ दिया। सोचा कि बच्चे के जन्म के बाद ही कोई बड़ा फ़ैसला लेंगे।

उसी बीच 1979 में मेरे ससुर जी को लकवा मार गया। हम दोनों तुरन्त दिल्ली पहुँचकर कुछ हफ़्तों तक उनकी सेवा-शुश्रूषा के लिए उनके पास रहे। वे धीरे-धीरे स्वस्थ होने लगे थे। मेरे विदिशा वापस लौटने से पहले शाम को उन्होंने मुझे अपने पास बुलाया। वे बहुत भावुक होकर बोले, "देखो कैलाश, पता नहीं मैं कब तक जीऊँगा। तुम संस्थान का सारा कामकाज सँभाल लो।"

मैंने उन्हें कोई आश्वासन नहीं दिया। लेकिन ज़रूरत होने पर आख़िरी वक़्त तक एक बेटे की तरह उनकी सेवा करने का वायदा ज़रूर किया था, जो मैंने निभाया भी।

सुमेधा जी अपनी सन्तान के जन्म के लगभग महीने भर पहले अपनी माँ के पास दिल्ली जाकर रहने लगी थीं। उसकी वजह यह थी कि एक बार विदिशा में उनकी हालत बहुत बिगड़ गई थी। पेट में बच्चे का बचना तक मुश्किल हो गया था। हमारे शहर की सबसे अच्छी महिला डॉक्टर और मेरी मुँहबोली बहन तरुणा सक्सेना ने दिन-रात की मेहनत करके माँ और पेट में पल रहे बच्चे को सुरक्षित बचाया था।

25 जुलाई, 1979 के दिन हमारे बेटे भुवन का जन्म हुआ। मैं उस दिन विदिशा में था। दूसरे दिन दिल्ली पहुँचकर माँ-बेटे से मिल पाया। पहले से दिल्ली में न होने के कारण मुझे ख़ुद पर बहुत ग़ुस्सा था। शायद अपने अहंकार पर चोट महसूस हो रही थी। फुआ के अलावा मेरे परिवार में किसी की इच्छा नहीं थी कि वे विदिशा में ही बच्चे के जन्म का ख़र्चा उठाएँ। मुझमें किसी तरह का जोखिम उठाने या घरवालों से झगड़ा कर सकने की हिम्मत नहीं थी। मेरे पास कोई जमापूँजी भी नहीं थी। सुमेधा जी जब से प्रसूति के लिए दिल्ली गई थीं, मैं अपनी मजबूरी के मलाल और चिन्ता के कारण रातों में सो नहीं पाता था। शायद मैं अपने ससुराल वालों से भी चिढ़ रहा था क्योंकि उस आनन्द की घड़ी में मेरी पत्नी मेरे पास होने की बज़ाय उनके साथ थी।

मैंने अस्पताल पहुँचते ही वह सारा ग़ुस्सा सुमेधा जी पर उतार दिया। कुछ मिनटों तक उनसे बात नहीं की। उनका हालचाल तक नहीं पूछा। वे टुकटुकी लगाए मेरी तरफ़ देख रही थीं। उनकी मुस्कराहट ने मुझे भावुक कर दिया। अपने उस व्यवहार के पछतावे और बाप बनने की ख़ुशी में आए आँसुओं को छुपाते हुए मैंने बेटे के सिर को बार-बार चूमा। बाद में उन्हें ख़ूब प्यार किया। लेकिन जीवन के जिस बेहद नाज़ुक क्षण में उन्हें मेरे प्यार का सबसे ज़्यादा इन्तज़ार और भूख थी, वह मैं गँवा चुका था। मुझे जब-जब ख़ुद पर ग़ुस्सा आता है, तो

सुमेधा जी उसकी शिकार बनती हैं। हालाँकि मैं ही ज़्यादातर बार माफ़ी माँगता हूँ। मुझे याद नहीं कि कभी भी हमारा झगड़ा घंटे-दो घंटे से ज़्यादा चल पाया हो।

हम दोनों ने अपने बेटे को सोना कहकर बुलाना शुरू कर दिया। बाद में उसका नाम भुवन रखा गया। उसके जन्म के कुछ महीनों के बाद लिखी एक कविता के अंश—

मेरी ख़्वाहिशों और ख़्वाबों का
अवतार है मेरा बेटा।
मैं कोई पिंजरा नहीं बनाऊँगा उसके लिए
अपने लिए भी नहीं बनाया कभी।
ख़ुशबू, रोशनी, पानी और हवा
कभी पिंजरे में क़ैद नहीं होते
क्योंकि वे सबके हैं।
याद रखना सबके हो तुम भी,
कोई दायरा कोई दीवार
नहीं ठहर सकती उनके आगे
तुम्हारे आगे भी, मेरे बेटे

उन दिनों कॉलेज प्रबन्धन के ख़िलाफ़ मेरा संघर्ष पूरे ज़ोरों पर था। कुछ समय बाद नाराज़ कॉलेज मैनेजमेंट ने प्रिंसिपल प्रो. शरण और मुझे भी नौकरी से निलम्बित कर दिया। वह मेरे और मेरे परिवार के लिए एक बहुत बड़ा झटका था। मेरी तनख़्वाह क़रीब 600 रुपये महीना थी। उनमें से मैं सौ-सवा सौ रुपया बचाकर बाकी पैसा अपनी माँ को सौंप देता था। निलम्बन के कारण मैं सिर्फ़ आधा वेतन पाने का हक़दार था, लेकिन कॉलेज ने मुझे परेशान करने के लिए वह पैसा भी रोक दिया था। हमारा संयुक्त परिवार था। सभी का खाना एक साथ पकता था। हालाँकि सुमेधा जी मेरी भाभियों के साथ लकड़ियाँ जलाकर चूल्हे पर खाना बनाना, झाड़ू-पोंछा करना और बर्तन माँजना जैसे सारे घरेलू काम करती थीं, परन्तु मेरी तनख़्वाह बन्द हो जाने का असर हमारे घर में दिखने लगा था। मेरे साथ-साथ सुमेधा जी के प्रति भी घरवालों का व्यवहार बदल गया। हमारा मज़ाक़ उड़ाया जाने लगा और बात-बात पर ताने कसे जाने लगे। हालाँकि वह कोई अनोखी बात नहीं थी।

हमने अपने निलम्बन को उच्च न्यायालय में चुनौती दी। मुक़दमे के दौरान हमें कई महीनों तक अदालतों और वकीलों के चक्कर लगाने पड़े। मुझे बार-बार

भोपाल जाना होता था और किराए तक के लिए पैसे नहीं होते थे। कई बार एकदम सुबह घर से निकलकर रात को देर से लौट पाता था। दिन में कभी सूखी डबल रोटी तो कभी पानी पीकर रह जाता था। मैं यह बात सुमेधा जी से छुपाता था, लेकिन वे भाँप लेती थीं। इसलिए मुँहअँधेरे उठकर मेरे लिए चाय और पराँठे बनाकर खिला देती थीं। इसके लिए भी उन्हें मेरे घरवालों के व्यंग्य बाण सहने पड़ते थे।

वे ऐसी हालत में अपनी आँखों से टपकते आँसुओं को छुपाते हुए कहती थीं, "देखो न, ये लकड़ियाँ कितना धुआँ दे रही हैं?" मेरी आँखें भी छलक आती थीं और मैं उनकी हाँ में हाँ मिलाते हुए कह देता था, "हाँ, देखो न, पूरे कमरे में ही धुआँ भर गया है।" तब बिना धुएँ के अच्छी तरह जल रहे चूल्हे की तरफ़ देखने की हिम्मत भी हम दोनों में नहीं होती थी। शायद घरवालों से कुछ कह पाने के संकोच और घुटन का धुआँ मेरे भीतर भर गया था।

मेरा भतीजा दिनेश वह हाल जानता था। उन दिनों वह और उसका दोस्त मेडिकल की परीक्षा की तैयारी के लिए भोपाल में दो कमरों का मकान किराए पर लेकर रहते थे। वह हमें वहीं ले गया। परिवार की घुटन से बचने के अलावा हम सोच रहे थे कि भोपाल में आसानी से कोई नौकरी मिल जाएगी। शरण जी ने मेरी परेशानी भाँप ली। वे मुझे कुछ महीनों तक ज़बदरस्ती कुछ धनराशि देने लगे। मैंने मुक़दमा जीतने के बाद लौटा देने की शर्त पर ही वह पैसा लिया।

रुपये मिलते ही सुमेधा जी ने सबसे पहले बेटे के लिए ढेर सारे फल, चॉकलेट और नये कपड़े ख़रीदे। बाद में हमारे खाने-पीने का सामान ख़रीदा। मैं समझ गया कि माँ के लिए आज़ादी, इंसाफ़ और आनन्द का अर्थ बेटे की ख़ुशी और सुरक्षा होती है। मैंने कई दिनों के बाद उन्हें इतना ख़ुश देखा था। हम दो महीने तक वहीं पर रहे थे।

भोपाल में रहने के दौरान दोस्तों की कोशिश से मुझे नौकरियों के कुछ ऑफ़र आए। मेरे मन में आया कि फ़िलहाल किसी नौकरी का ऑफ़र मान लूँ। कई दिनों तक वही कशमकश चलती रही थी। मैंने ट्रांसफार्मर डिज़ाइन की पढ़ाई कर रखी थी। आख़िरकार मैंने ट्रांसफार्मर के पुर्जे बनाने के एक छोटे कारख़ाने में काम करने के लिए हामी भर दी। सुमेधा जी भी सहमत थीं। मैं उस रात को ख़ुश होने के बजाय रोने लगा। सुमेधा जी ने मेरी परेशानी और पीड़ा को भाँपते हुए समझाया, "अगर तुम्हें असमंजस है तो एक बार फिर से सोच लो।"

मैंने कहा, "इस फ़ैसले में मुझे अपने मन की हार लग रही है। मैं हारना नहीं चाहता।"

फिर हम थोड़ी देर तक मेरे नाम बदलने की घटना और अपनी शादी में आई अड़चनों को याद करते रहे। उससे हमें ख़ुद पर भरोसा लौट आया। सुमेधा जी ने कहा, "देखो, मेरा दिल कहता है कि दुख और परेशानी के बादल छँट ही जाएँगे, लेकिन हार के एहसास का अँधेरा बाद में भी बना रहेगा।" यह सुनकर मैंने उन्हें सीने से लगा लिया। मेरे चेहरे पर गर्वीली मुस्कान थी।

वे बोलीं, "हाँ, तुम्हारा तो नाम ही कैलाश है। यानी हिमालय का सीना।"

मैंने मज़ाक़ में कहा, "अच्छा, तो तुमने हिमालय के सीने से उसका दिल छीनकर अपने भीतर बसा रखा है। इसलिए मुझसे ज़्यादा मज़बूत हो। बेचारा हिमालय!"

मैं दूसरे दिन नई नौकरी पर जाने की बजाय अपनी क़ानूनी लड़ाई में लग गया।

कुछ महीनों के बाद अदालत में हमारी जीत हो गई। मुझे वेतन मिलना शुरू हो गया। ज़िन्दगी पटरी पर वापस लौट आई थी। मुझे लगने लगा कि छोटे-छोटे से पचड़ों में पड़े रहने से, मैं अपने जीवन के बड़े उद्देश्यों से भटक रहा हूँ। मेरी जीत एक छोटे से कॉलेज के मैनेजमेंट को हराने में नहीं थी, बल्कि उस व्यवस्था को हराने में थी, जो बच्चों से उनका बचपन छीन लेती है।

मेरे दोस्त दबाव डाल रहे थे कि अगर मुझे कॉलेज में नौकरी नहीं करना है तो कहीं और इंजीनियर बन जाऊँ या फिर राजनीति में उतर पड़ूँ। बड़े भाइयों ने भी मुझे अपना भविष्य दाँव पर लगाने से रोकने की हरेक कोशिश की थी। फुआ बहुत ज़्यादा दुखी हुई थीं। वे बचपन से ही मुझे परेशानियों और ख़तरों से जूझते हुए देख रही थीं। वे अकेले में मौक़े ढूँढ़कर चुपचाप सुमेधा जी और मुझे समझाती रहती थीं कि हम घर छोड़कर न जाएँ। अगर घर में नहीं रहना तो अलग मकान लेकर रह लें। कभी उनकी आँखों में आँसू भरे होते थे, तो कभी झुँझलाहट और ग़ुस्सा।

वे कई बार रो पड़ती थीं। एक-दो बार उन्होंने ग़ुस्से में झिड़ककर यह तक बोल दिया था, "घर जमाई बनने से तो यही अच्छा है कि तू किसी और शहर में जाकर नौकरी-धंधा कर ले।"

वे मेरी भारी-भरकम बातें सुनने और समझने के लिए तैयार ही नहीं थीं। कभी-कभी प्यार से समझाते हुए कहती थीं, "तू कोई अनाथालय या ग़रीब बच्चों को मुफ्त पढ़ाने का स्कूल क्यों नहीं खोल लेता? मैं उसके लिए अपने सारे जेवर तुझे दे दूँगी। तेरे बाप की पेंशन भी तुझे ही देती रहूँगी।"

मैं कोई पत्थरदिल इनसान नहीं था। लेकिन इस बात का पूरा यक़ीन था कि मैं अपना रास्ता ज़रूर बना लूँगा और अपनी मंज़िल ढूँढ़कर पा लूँगा। मैं फुआ से कहा करता था कि वे कभी न कभी मुझसे और मेरे कामों से ज़रूर ख़ुश होंगी। ईश्वर की कृपा थी कि मेरी माँ अपने जीते-जी वह ख़ुशी देख सकीं। आश्रम में रहने वाले ग़ुलामी से छूटे बच्चे उनसे कहते थे, "दादीजी, मैं इंजीनियर बनूँगा," "दादीजी मैं वकील बनूँगा," आदि। तब उनके चेहरे की ख़ुशी और गर्व देखते ही बनते थे।

तब वे कहती थीं, "तुम ज़रूर बनोगे। भगवान ने इसी काम के लिए तो मुझे ये बेटा दिया है।"

दिल्ली का संघर्ष

1980 के अप्रैल महीने में, हम दिल्ली में बसने के लिए आ गए थे। तब हमारे पास मुश्किल से 500 रुपये की जमा-पूँजी थी। बेटा भुवन केवल नौ महीने का था। ससुर जी के बार-बार आग्रह पर मैंने 'जनज्ञान' पत्रिका के सम्पादन की ज़िम्मेवारी ले ली। मैं सोचता था कि कुछ समय के लिए वही ठीक है। उसके ज़रिये अपने विचारों को फैला सकूँगा और शायद दिल्ली में रहते हुए अपना रास्ता भी ढूँढ़ सकूँगा।

सभी बड़े ख़ुश थे। अम्मा-पिताजी ने हमें बड़े लाड़-प्यार से अपने घर पर ही रखा। मैं अपने सास-ससुर को अम्मा-पिताजी कहकर बुलाता था। पिताजी खुले दिमाग़ के आदमी थे। उन्हें कभी-कभी मेरे विचारों से असहमति ज़रूर रहती थी, मगर परहेज या विरोध नहीं था। उन्होंने मुझे सम्पादन के साथ-साथ संस्थान के सभी कामों में शामिल कर लिया था। उससे परिवार और कुछ नज़दीकी लोगों के मन में हमसे जलन होने लगी थी। उन्हें डर था कि मैं करोड़ों की सम्पत्ति और इतने बड़े प्रकाशन संस्थान पर क़ब्ज़ा करने के लिए आया हूँ। धीरे-धीरे उनकी कोशिशें सफल हो गईं और अम्मा-पिताजी की नज़रें बदलने लगीं। वे मेरी गतिविधियों में कटौती करने लगे। वह मेरे लिए क़तई स्वीकार नहीं था। हमारे बीच मतभेदों के साथ-साथ मनमुटाव भी बढ़ने लगे थे।

हम उनके व्यवहार से बहुत दुखी हुए। भुवन छोटा था। फिर भी एक दिन हम अपना सामान उठाकर सुमेधा जी की बुआ के घर में पेइंग गेस्ट की तरह जाकर रहने लगे। बाद में, बड़े दुखी और आहत मन से जनज्ञान का कामकाज भी छोड़ दिया। मुझे भरोसा था कि पत्र-पत्रिकाओं में लेख लिखकर कुछ पैसा कमा लूँगा, इससे कुछ वक़्त के लिए परिवार का गुज़ारा चलाया जा सकता

है। वह किया भी। लेकिन मैं जिस उद्देश्य के लिए इंजीनियर की नौकरी और विदिशा में अपना परिवार छोड़कर दिल्ली आया था, उसकी शुरुआत तो दूर-दूर तक दिखाई नहीं दे रही थी। वह बहुत मानसिक कष्टों का दौर था। फिर भी हमें अपने सपने की ताक़त पर पूरा भरोसा था।

सात सौ रुपये से गृहस्थी की शुरुआत

यह 1980 के नवम्बर महीने की बात है। हमारे पास क़रीब 700 रुपये जमा हो गए थे। हमें नई दिल्ली स्टेशन के पीछे वाली सड़क, थॉमसन रोड पर एक छोटा सा कमरा किराए पर मिल गया। शहर के बीचोबीच उससे सस्ती कोई दूसरी जगह नहीं मिल सकती थी। हमने एक महीने का किराया एडवांस में दे दिया। फिर भी हमारे पास 600 रुपये बचे थे, इसलिए कंगाल नहीं थे। हम अपनी नई गृहस्थी बसाने के लिए बहुत उत्साहित थे। हमारे पास सामान के नाम पर सिर्फ़ दो सन्दूक़ें थीं। उनमें से एक टीन की चादर से बनी थी, जो सुमेधा जी अपनी शादी में मायके से लाई थीं, और दूसरी मैंने विदिशा में अपने एक परिचित की दुकान से किश्तों पर ख़रीदी थी। उनके अलावा एक प्लास्टिक का बैग और कुछ छोटे-बड़े थैले थे। अजमेरी गेट का सीताराम बाज़ार हमारे घर के पास में था। हमने वहाँ जाकर दो चटाइयाँ, एक मोटी दरी, खाने-पकाने और ओढ़ने-बिछाने का ज़रूरी सामान ख़रीद लिया। उस दिन अपने नये घर में खाना बनाने के बजाय, हम अपने बेटे को गोद में लेकर पैदल-पैदल दो-ढाई किलोमीटर दूर बंगाली मार्केट गए। वहाँ जाकर छोले-भटूरे और कुल्फी खाकर जश्न मनाया।

रविवार के दिन लाल किले के पीछे के कबाड़ी बाज़ार से किताबें रखने और रसोईघर में सामान जमाने के लिए लकड़ी के दो रैक ख़रीदे। इस तरह हमारी गृहस्थी जम गई थी। हम सोना को ऊनी शॉलों में लपेटकर और नीचे स्वेटर बिछाकर सुलाते थे। फिर भी ठंड से बच पाना मुश्किल था। इसलिए दो कंबल ख़रीदे गए।

हम मिट्टी तेल यानी केरोसिन के स्टोव पर खाना पकाते थे जो बड़ा ख़र्चीला पड़ता था। इसलिए कुछ दिनों के बाद कोयले की अँगीठी का इस्तेमाल करने लगे थे। वह लोहे की पुरानी बाल्टी के भीतर मिट्टी की मोटी परत चिपकाकर ऊपर सरिये के आड़े टुकड़े फँसाकर बनाई जाती थी। बाल्टी के बीच-बीच में धुएँ व हवा के लिए छेद होते थे। अँगीठी जलाना एक संघर्ष होता था। घर में सुलगाने से धुआँ हो जाता था, जिससे मकान मालकिन नाराज़ होती थीं। इसलिए हमें

अँगीठी लेकर पीछे की गली में जाना पड़ता था। फूँक-फूँककर अँगीठी सुलगाने में धुएँ से हमारी आँखें लाल हो जाती थीं। सुमेधा जी को ऐसा करते देखकर मुझे बहुत तकलीफ़ होती थी। लेकिन वे अभावों के बीच हमेशा मुस्कराकर मेरी हौसला अफजाई करती थीं। कम से कम साधनों से ख़ुशी-ख़ुशी कैसे घर चलाया जाता है, भला उनसे बेहतर शायद ही कोई कर पाए।

संयोग से हमारे घर के पास डॉ. कृष्ण स्वरूप श्रीवास्तव का परिवार रहता था। वे मेरे ससुराल वालों के घनिष्ठ दोस्त थे। सुमेधा जी उन्हें चाचाजी कहती थीं। वे ही हम तीनों का इलाज और दवाइयों का इन्तज़ाम करते थे। डॉक्टर साहब और उनकी पत्नी अपने जीवन भर हमारे दुख-सुख में एक बुज़ुर्ग की तरह मानसिक सम्बल बने रहे।

मैंने अपनी एक पत्रिका प्रकाशित करने का मन बना लिया था। लेकिन मेरे पास कोई रुपया-पैसा तो था नहीं। इसलिए आर्य समाजी नेता और पुराने मित्र स्वामी अग्निवेश जी से मिला। स्वामी अग्निवेश से मेरी पहली मुलाक़ात दिल्ली में इमरजेंसी के दौरान हुई थी। मेरे कॉलेज के दिनों में प्रगतिशील संन्यासी स्वामी अग्निवेश जी ने किसी पत्रिका में मेरा एक लेख पढ़कर मुझे पत्र लिखकर मिलने की इच्छा ज़ाहिर की थी। उनकी छवि एक क्रान्तिकारी युवा नेता की थी। उनके व्यक्तित्व, विचार और वाणी में बड़ा आकर्षण था। वे भगवा वस्त्र पहनते थे और सिर पर साफ़ा बाँधते थे। मुझ जैसे कई नौजवान उनसे प्रभावित थे और श्रद्धा रखते थे। मैं उसी दौरान एक बार गुपचुप दिल्ली गया था। वहाँ मैं उनके और कुछ दूसरे भूमिगत कार्यकर्ताओं के साथ कुछ दिनों तक ठहरा। अग्निवेश जी अब हरियाणा प्रान्त के विधायक बन चुके थे।

मैंने उनके सामने पत्रिका का अपना विचार रखा। उन्होंने सहमत होकर अपने ट्रस्ट से कम-से-कम साल भर तक का ख़र्च उठाने की ज़िम्मेवारी ले ली। उनकी इच्छा थी कि उनका नाम प्रधान सम्पादक के रूप में छपे। मुझे कोई आपत्ति नहीं थी। पाक्षिक पत्रिका का नाम 'संघर्ष जारी रहेगा' रखा गया। 1981 के जनवरी महीने से प्रकाशन शुरू कर दिया गया था। इस तरह से मेरा एक बड़ा सपना पूरा हुआ।

संघर्ष जारी रहेगा

'संघर्ष जारी रहेगा' का कार्यालय दिल्ली में हरियाणा भवन में स्वामी अग्निवेश

के कमरे के पीछे की छोटी सी बालकनी में चलता था। मैंने वहाँ बाँस की चिकें डालकर दो कुर्सियाँ और एक टेबल रखने का इन्तज़ाम कर लिया था। हमारी पत्रिका कई मायनों में निराली थी। महीने में दो बार निकलने वाली 64 पेज की पूरी की पूरी पत्रिका दो प्रमुख विषयों पर केन्द्रित थी। पहला—शोषित, पीड़ित बच्चों और समाज के ऐसे दबे-कुचले वर्गों और लोगों की सच्ची कहानियाँ और समाचार छापना, जिनका मुख्यधारा की पत्रकारिता में कोई स्थान नहीं होता था। और दूसरा—न्याय, समता, सद्भाव और सामाजिक बदलाव के कामों में जुटे हुए कार्यकर्ताओं और समूहों के बारे में रिपोर्टें छापना। उन दिनों भारत में मानवाधिकार तो दूर, मानवीय मुद्दों पर आधारित पत्रकारिता की शुरुआत नहीं हुई थी। हमारी पत्रिका की एक ख़ास बात थी। हम हर रिपोर्ट और लेख के बाद पाठकों से अपील करते थे कि वे उसमें उठाए गए मुद्दों पर सम्बन्धित अधिकारियों को पत्र लिखकर कार्यवाही की माँग करें। सैकड़ों पाठक ऐसे शिकायती पत्र लिखने लगे थे। कई मामलों में कार्यवाही भी होती थी।

अस्सी के दशक में पत्रिका प्रकाशित करना बहुत कठिन काम था। आज की तरह न तो तब प्रिंटिंग तकनीक का विकास हुआ था, और न ही अख़बारों का इतना विस्तार था। स्वतंत्र इलेक्ट्रॉनिक मीडिया तो था ही नहीं। सरकारी दूरदर्शन था जो पूरे दिन में केवल 15-20 मिनट के दो समाचार बुलेटिन प्रसारित करता था। मैं अपनी पत्रिका का सम्पादक, साक्षात्कारकर्ता, रिपोर्टर, लेखक, फ़ोटोग्राफ़र, प्रूफ़रीडर और ले-आउट डिज़ाइनर था। इतना ही नहीं, लिफ़ाफ़े बनाकर उन पर पते चिपकाने, डाकघरों में जाकर सस्ती दरों पर पत्रिका को पोस्ट करने और अख़बारों की दुकानों पर घूम-घूमकर बिक्री करने जैसे सभी काम करता था। यानी मैं पीर, बावरची, भिश्ती सभी कुछ था। पुरानी दिल्ली की गन्दगी भरी तंग गलियों और कूचों में बन्द कमरों में चल रहे सस्ते छापाख़ानों में घंटों खड़े रहकर पत्रिका छपवाने का काम करना पड़ता था। फोटुओं के ब्लॉक किसी दूसरी जगह जाकर बनवाया जाता था। उन दिनों कंप्यूटर नहीं थे। कम्पोजिंग कैसे होती थी—अब यह तकनीक के इतिहास की ऐसी बात है जिसके बारे में लोगों को अन्दाज़ा नहीं है। सीसे से ढले एक-एक अक्षर और मात्राओं को चुन-चुनकर एक लाइन में मिलाकर रखने के बाद एक शब्द तैयार होता था। उस काम के लिए कुछ ख़ास कारीगर होते थे। उन्हें कम्पोजीटर कहा जाता था। एक कम्पोजीटर दिनभर में मुश्किल से एक-डेढ़ पेज तैयार कर पाता था। इसके बाद कई-कई बार प्रूफ़रीडिंग करके ग़लतियों को ठीक कराना पड़ता था।

धीरे-धीरे 'संघर्ष जारी रहेगा' लोकप्रिय होने लगी थी। बिक्री, विज्ञापन और

चन्दे वग़ैरह से कुछ ख़र्च निकलने लगा था। हमारा महीने का गुज़ारा सात-साढ़े सात सौ रुपये में चल जाता था। लेकिन बाद में अपना घर चलाने में परेशानी होने लगी। मेरे दोस्त मुझे बेटे की पढ़ाई और भविष्य के ख़र्चों की चिन्ता करने के लिए समझाते रहते थे। वे कोई पार्ट टाइम जॉब करने की सलाह देते रहते थे। मैंने उनकी बात मान ली। किसी की मदद से मुझे लड़कियों के एक पॉलिटेक्निक कॉलेज में शाम को दो घंटे पढ़ाने के लिए नियुक्ति-पत्र मिल गया। उस काम के लिए 1200 रुपये महीने मिलने थे। मुझे ख़ुशी तो बहुत हुई, पर मुसीबत यह थी कि पत्रिका चलाने के लिए हर रोज़ कम से कम 10-12 घंटे काम करना पड़ता था। महीने में पन्द्रह दिन तो प्रिंटिंग प्रेस से ही लौटने में रात हो जाती थी। लगा कि मैं दोनों कामों के साथ न्याय नहीं कर पाऊँगा। मैंने वह ऑफ़र ठुकरा दिया।

यहाँ मुझे एक घटना याद आती है जो करुणा की उस शक्ति पर मेरा भरोसा बढ़ाती रहती है कि अपने भीतर छुपी करुणा के लिए अनगिनत द्वार खोलकर मानवता को जो बल दिया जा सकता है, वह अद्वितीय है। हमने एक दिन 'संघर्ष जारी रहेगा' में मदद का एक अनुरोध छापा—

> हमें एक साइकिल और एक हिन्दी टाइपराइटर की आवश्यकता है।
> कृपया इसमें मददगार बनकर काम में हाथ बँटाएँ।

जब यह अनुरोध छापा था तो उम्मीद इतनी ही भर थी कि थोड़ी-बहुत मदद आ जाएगी। कहीं से कुछ और पैसे का इन्तज़ाम करके महीने-दो महीने में साइकिल या टाइपराइटर में से कोई एक ले पाएँगे। पत्रिका पीड़ितों-शोषितों की लड़ाई लड़ती थी। उसके अधिकांश पाठक भी ऐसे ही लोग या फिर कुछ फक्कड़ जुझारू समाजसेवी टाइप और गांधीवादी लोग ही थे। इसलिए हम ज़्यादा दान की आस लगा भी नहीं सकते थे। पत्रिका की एक प्रशंसिका रोहतक की बहन लक्ष्मी देवी जी भी थीं। वे स्वतंत्रता सेनानियों के परिवार से आती थीं और स्वयं भी आज़ादी की लड़ाई में शामिल रही थीं। उन्होंने एक साइकिल का प्रबन्ध करा दिया। यह उनका प्रेम, उनका आशीर्वाद था जिसने मुझे इतनी ऊर्जा दी कि मैं उसे शब्दों में व्यक्त करने में असमर्थ पाता हूँ। मुझे जीवन में अनगिनत लोग मिले जिन्होंने मेरे सपनों को पंख दिये, उन सबके बीच लक्ष्मी बहन जी का योगदान मेरे लिए बहुत ख़ास है।

उस साइकिल के आने से सेवा का जो भाव, वंचितों और ज़रूरतमन्दों के लिए संघर्ष के अपने अभियान पर आगे बढ़ने की जो ऊर्जा और जो आत्मिक

सुख मिला, उसकी बराबरी कोई दूसरी चीज़ नहीं कर सकती। बहन जी से मेरी कभी मुलाक़ात तो नहीं हो पाई लेकिन पत्राचार होता रहा। अब उनका स्वर्गवास भी हो चुका है, लेकिन वे हमेशा मातृवत मेरी स्मृतियों में रहेंगी।

उसी तरह कोलकाता के निवासी और आर्य समाज के नेता गजानन्द आर्य भाई जी ने एक हिन्दी टाइपराइटर दिला दिया जिससे हमारा काम आसान हो गया।

कई साल बाद हमने सेना से रिटायर्ड एक पुरानी जीप ली। परिचालन से बाहर हो चुकीं द्वितीय विश्वयुद्ध के समय की पुरानी कबाड़ टाइप जीपों की बोलियाँ लगती थीं। लोग उन जीपों को ख़रीदकर उनमें डीजल इंजन लगा लिया करते थे। थोड़ी मरम्मत के बाद वे जीपें उपयोग लायक हो जाती थीं। उस जीप की ड्राइविंग सीट पर बैठते वक़्त या जीवन में जब कभी मैंने कोई गाड़ी ख़रीदी, मुझे लक्ष्मी बहन ज़रूर याद आईं। उनके जैसे अनगिनत लोगों का प्रेम, और आशीर्वाद ही तो था जिसने मुझे ऊर्जा दी, बचपन को शोषणमुक्त बनाने के मेरे सपनों को पंख दिये।

अब मैं उन दो घटनाओं के बारे में लिख रहा हूँ जो दुनिया से करोड़ों बच्चों का बचपन लौटाने के लिए विश्वव्यापी आन्दोलन की पहली चिंगारियाँ बनीं। वे किसी नदी के शीतल जल और किसी धधकती ज्वालामुखी के साथ-साथ बहने की कहानियाँ हैं। ये कहानियाँ करुणा और आक्रोश की हैं।

एक अजनबी की दस्तक से मिला जीवन का उद्देश्य

02 मार्च, 1981 की बात है। मैं रोज़ की तरह 'संघर्ष जारी रहेगा' के दफ़्तर में बैठकर काम कर रहा था। वह दफ़्तर दिल्ली में एक पुरानी इमारत की बालकनी में टीन की शेड में चलता था। शाम के पाँच-छह बजे होंगे। मुझे बाहर से किसी के दरवाज़ा खटखटाने की आवाज़ सुनाई दी। आने वाला आदमी शायद दीवार पर लगी बिजली की घंटी का बटन दबाना नहीं जानता था। मैंने दरवाज़ा खोला, तो बूढ़ा और बीमार सा दिख रहा एक आदमी बाहर बैठा मिला। शायद वह पहले से धीरे-धीरे दरवाज़ा खटखटा रहा होगा। फिर एक-दो बार ज़ोर से खटखटाने के बाद थककर वहीं बैठ गया था। वह मुझे देखकर खड़ा हो गया। उसने सफ़ेद पतली चादर की फटी हुई मैली-कुचैली लुंगी और नीले रंग की जगह-जगह से फटी हुई पुरानी धारीदार क़मीज़ पहन रखी थी। क़रीब साढ़े पाँच फ़ुट लम्बाई का वह आदमी नंगे पैर था। उसकी उम्र 40-45 साल से ज़्यादा

नहीं होगी। ऐसा लगता था कि उसने दो-चार दिनों से अपनी काली-सफ़ेद हो रही दाढ़ी नहीं बनाई थी। वह बहुत बदहवास दिखाई दे रहा था। तभी उसने अपनी लुंगी के अन्दर से, कमर में से मेरी पत्रिका का पुराना अंक निकालकर मुझे दिखाते हुए पूछा, "हुजूर, क्या आप ही ये किताब छापते हैं?"

घबराहट के मारे न केवल उसके हाथ-पाँव, बल्कि पूरा शरीर ही काँप रहा था।

मैंने कहा, "हाँ, अन्दर आ जाओ।"

इससे पहले कि मैं कुछ और जान पाता, वह नीचे गिरकर बेहोश-सा हो गया। मैंने उसका सिर और हाथ पकड़कर हिलाए और जल्दी से भागकर पानी का गिलास भरकर ले आया। उसके सिर और मुँह पर छींटे मारे। थोड़ा पानी मुँह में डाला, तब जाकर वह होश में आ पाया। वह मेरे पैर पकड़कर ज़ोर-ज़ोर से रोने लगा, "बाबूजी, आप मेरी बेटी को बचा लीजिए। मेरी साबो को बचा लीजिए।"

मैं उसे कमरे के अन्दर लाकर बड़ी देर तक सांत्वना देता रहा। फिर उससे कहा, "तुम पहले शान्त होकर बताओ कि तुम कौन हो और तुम्हारे साथ क्या हुआ।"

वह बोला, "बाबूजी, मेरा नाम वासल ख़ान है। मैं पंजाब से आया हूँ। हुजूर मेरी साबो को बचा लीजिए, नहीं तो भट्ठे वाले उसे बेच देंगे।" वह फिर से ज़ोर से सुबकने लगा।

मैंने उसे नीचे कैंटीन में से चाय मँगाकर पिलाई। तब तक मैं अपनी कलम और कॉपी उठाकर ले आया था। उसने गिड़गिड़ाते हुए कहा, "आप मेरी फरियाद अपनी किताब (पत्रिका) में छाप दीजिए। वकील साहब बोले थे कि आप ज़रूर हमारी मदद करेंगे।"

मैंने पूछा, "तुम्हें किस वकील साहब ने भेजा है?"

वह बोला, "बाबूजी, चंडीगढ़ में एक वकील साहब ने मुझ ग़रीब पर मेहरबानी करके यह किताब दी थी। उन्होंने बोला था कि आप हम जैसे लोगों की मदद के लिए किताबें छापते हैं, जिससे सरकार इंसाफ़ दिला सकती है।"

वह अपने दोनों घुटने सिकोड़े हुए फ़र्श पर दीवार से सटकर बैठा था। उसके कन्धे पर हाथ रखकर मैंने पूछा, "वासल ख़ान तुम्हारी बोली से तो तुम पंजाब के नहीं लगते। कहाँ के हो?"

"नहीं बाबूजी, मैं पंजाब का नहीं हूँ। मैं तो अलीगढ़ ज़िले का हूँ।"

"तुम तो कह रहे थे पंजाब से आए हो, और तुम किस भट्ठे की बात कर रहे हो? इत्मीनान से पूरी कहानी बताओ।"

वासल अपनी दोनों हथेलियों पर सिर को टिकाए हुए बोला, "भट्ठा मालिक

मेरी साबो को बेच देंगे। आप उसे बचा लीजिए। चार दिनों पहले हमारे भट्ठे पर दिल्ली के चकलाघर (वेश्यालय) से कुछ लोग गए थे। मेरा मालिक और मुनीम साबो को उन्हें बेच रहे थे। हमारा ईंट-भट्ठा सरहिन्द के पास है।"

मैं जानता था कि सरहिन्द पंजाब में लुधियाना और जालंधर के पास है। वह जगह सिख धर्म के अनुयायियों के लिए बहुत महत्त्व रखती है। सिखों के दसवें और अन्तिम गुरु श्री गुरु गोबिन्द सिंह जी के दो साहिबजादों की सरहिन्द में शहादत हुई थी। शहादत स्थल पर श्री फतेहगढ़ साहिब गुरुद्वारा बना है जो बहुत प्रसिद्ध है।

वासल ख़ान आँखें नीचे झुकाए अपने एक हाथ से ज़मीन को खुरच रहा था, जैसे कोई अपने गहरे ज़ख़्मों को कुरेद रहा हो। बीच-बीच में उसके आँसू फ़र्श पर या सूखकर काले पड़ चुके पैरों पर टपक रहे थे। उसने बताया, "एक दिन शाम को उन लोगों ने मेरी बेटी को अपने दफ़्तर में बुलाया था। थोड़ी देर बाद साबो की माँ चुपके से जाकर खिड़की के पीछे दुबककर खड़ी हो गई थी। उसी ने मुझे बताया कि वे जल्लाद दलाल साबो के जिस्म को टटोल-टटोल कर सौदेबाज़ी की बातें कर रहे थे। भट्ठा मालिक ज़्यादा पैसे माँग रहा था। कोठे के दलाल उतने पैसे देने को राज़ी नहीं थे। इसलिए सौदा नहीं पटा।"

मेरे मन में और भी ढेर सारे सवाल थे। मैं एक अच्छी रिपोर्ट लिखने के लिए तत्पर था। इसलिए जल्दी-जल्दी उसके बारे में ज़्यादा से ज़्यादा जान लेना चाहता था। मैंने उससे पूछा, "वासल, अलीगढ़ में अपने गाँव से तुम पंजाब कैसे पहुँच गए, और अगर तुम्हारा मालिक इतना बुरा आदमी है, तो तुम वहाँ से भागे क्यों नहीं?"

उसने बड़ी बेचारगी के साथ जवाब दिया, "बाबूजी, कुछ मत पूछिए। मुकद्दर और पेट जहाँ न ले जाए! 17 साल पुरानी बात है। हमारे गाँव में एक ठेकेदार आया था। मैं बहुत ग़रीब हूँ। मेरी नई-नई शादी हुई थी। मुझे रुपयों की ज़रूरत थी। गाँव में हम सरीखे और भी कई परिवार थे। वही आदमी अच्छी कमाई का लालच देकर हमें अपने साथ पंजाब ले गया। उसने हम लोगों को एक-एक सौ रुपये दिये थे। उसने कहा था कि वह हमें ईंटें बनाने का काम सिखा देगा। फिर हम ख़ूब सारे रुपये कमा सकेंगे। सभी उस दलाल की बातों में आकर उसके साथ हो लिये थे। वह हमें रेल से अम्बाला ले गया। फिर वहाँ से ट्रक में बैठाकर सरहिन्द के बाहर 10-12 मील दूर ले गया। वहाँ पर कई ईंट भट्ठे थे। उसने हमें एक मालिक के हवाले कर दिया।"

उसने आगे बताया, 'साबो के अलावा मेरे दो और बच्चे हैं। सभी वहीं पर

पैदा हुए। दूसरे मज़दूरों के भी बच्चे वहीं पैदा हुए थे। कई पैदा होते वक़्त ही मर गए थे। हमने अस्पताल का मुँह तक नहीं देखा। इतने सालों में किसी को बाहर क़दम तक नहीं रखने दिया गया। हमें कभी मज़दूरी का एक भी पैसा नहीं मिला। बस, सिर्फ़ आटा, काली दाल, प्याज़, नमक और मिर्च मिलती है। कभी-कभी आलू और टमाटर भी मिल जाता है। हमारे साथ बड़ी बदसलूकी होती है। बच्चों और मर्दों के साथ मार-पीट होती रहती है।'

फिर ठंडी साँसें भरते हुए बोला, "बाबूजी, क्या बताएँ, औरतों के साथ भी बुरे काम होते हैं।"

उस शाम की घटना को याद करते हुए वासल ख़ान ने बताया, "मुनीम के दफ़्तर से लौटकर साबो झुग्गी के कोने में गिरकर ख़ूब रोई। उसने अपनी माँ को सारी बात बताई थी। आज नहीं तो कल साबो को ज़रूर बेच दिया जाएगा। साबो की माँ ने खाना तक नहीं पकाया। आख़िर साबो ने ही चूल्हा जलाकर रोटियाँ सेंकीं। फिर मुझे एक तजवीज सूझी। आधी रात के बाद ईंटों से भरे ट्रक भट्ठों से शहरों की तरफ़ रवाना किये जाते हैं। मैं चुपके से एक ट्रक में ईंटों के बीच छुपकर बैठ गया। मुझे नहीं मालूम था कि वह ट्रक कहाँ जा रहा है। ट्रक भोर में चंडीगढ़ पहुँचा था। मैं जल्दी से कूदकर निकल भागा।"

चंडीगढ़ एक आधुनिक साफ़-सुथरा शहर है जो पंजाब और हरियाणा प्रान्तों की राजधानी है। वासल ख़ान दिन भर धक्के खाता रहा। जो भी मिला, उससे मदद की गुहार करता रहा। वह किसी तरह कचहरी इलाक़े तक पहुँच गया। संयोग से उसे कोई आदमी मिल गया जो 'संघर्ष जारी रहेगा' का ग्राहक था। उसी ने वासल को सलाह दी कि वह दिल्ली जाकर पत्रिका में अपनी कहानी छपवा सकता है। इस तरह शायद कोई मदद मिल सके। दरअसल, हमारी वह पत्रिका बच्चों, महिलाओं और समाज में हाशिये से बाहर छोड़ दिये गए लोगों की समस्याओं और उनके समाधान की कोशिशों के लिए ही निकाली जाती थी।

अगर साबो मेरी बेटी होती

मैं वासल की आपबीती सुनने में पूरी तरह खो गया था। मुझे याद नहीं कि मैंने कब अपनी नोटबुक पर लिखना बन्द कर दिया था। मुझे ग़रीबों पर होने वाले अत्याचारों की जानकारी थी परन्तु ग़ुलामी और बेबसी की ऐसी दर्दनाक कहानी किसी के मुँह से पहले कभी नहीं सुनी थी। मुझे नहीं मालूम था कि आज़ाद भारत में बच्चे ग़ुलामी में ही पैदा होकर बड़े हो रहे हैं। इतना ही नहीं,

वे वेश्यावृत्ति करने के लिए बेच दिये जाते हैं। मेरे मन में सबसे पहला विचार आया कि अगर साबो मेरी सगी बहन या बेटी होती तो मैं क्या करता? अख़बारों में लिखने और छपाने की कवायद करने की बजाय, मैं ज़मीन-आसमान एक कर देता। मैं बड़े-से-बड़ा ख़तरा उठाकर उसे आज़ाद कराने के लिए एक मिनट का भी इन्तज़ार नहीं करता।

मेरी बातचीत वासल ख़ान से शुरू हुई थी, लेकिन आत्ममन्थन पर जाकर रुकी। वह ऐसा साक्षात्कार था जिसने मेरे भीतर अपने और दूसरों के बच्चों के बीच की रेखा को हमेशा के लिए ख़त्म कर दिया था और मानव-मुक्ति के लिए एक ग़ुस्सा और कभी न ख़त्म होने वाली तड़प पैदा कर दी थी।

मैंने वासल से कहा, 'भाई, मैं तुम्हारी कहानी नहीं छापूँगा। बल्कि तुम्हारी बेटी को आज़ाद कराने चलूँगा।'

वह चौंक पड़ा। घबराकर बोला "बाबूजी, मेरे मालिक बड़े खतरनाक लोग हैं। उनके पास बन्दूक़ें हैं। वे आपको और मुझे मार डालेंगे।"

मैंने उसे समझाया कि वैसा कुछ नहीं होगा। वह धीरज रखे। साबो ज़रूर छूटेगी। इसमें कुछ दिन ज़रूर लग सकते हैं। वह जैसे-तैसे मान गया। तब तक देर शाम हो चुकी थी।

वासल को ठहराने का कोई और ठिकाना तो था नहीं, इसलिए मैं उसको अपने घर ले गया। हालाँकि मुझे यह सोचकर संकोच हो रहा था कि उसे कैसे सुलाएँगे। मेरे मकान मालिक कहीं नाराज़ तो नहीं होंगे! वह घर नई दिल्ली स्टेशन के पीछे वाली सड़क पर एक छोटा सा कमरा था। कमरा भी क्या, किसी सरकारी क्वार्टर में एक स्टोर रूम था, जिसे हमने 100 रुपये महीना किराये पर ले रखा था। 10 फ़ुट लम्बे और 8 फ़ुट चौड़े उस कमरे में कोई खिड़की या अलमारी नहीं थी। ग़नीमत थी कि दरवाज़े के अलावा एक बड़ा सा रोशनदान ज़रूर था। कमरे का दरवाज़ा छोटी सी दालान में खुलता था जिसके बाहर खुला आँगन था। उसका फ़र्श पुरानी ईंटों का था। हमारे आने-जाने का रास्ता उसी आँगन में से पीछे की सँकरी गली में निकलता था।

घर में लोहे के दो फ़ोल्डिंग कुर्सियाँ, प्लास्टिक की फ़ोल्डिंग टेबल और प्लास्टिक से बुनी हुई लोहे की एक फ़ोल्डिंग चारपाई थी। हमने वह पुराना सामान कबाड़ी बाज़ार से ख़रीदा था। किसी मेहमान के आने पर कुर्सियाँ और टेबल खोलकर अपने कमरे को ड्राइंग रूम में तब्दील कर देते थे। वही हमारा बेडरूम, बैठक, अतिथि कक्ष और डाइनिंग रूम था।

घर पहुँचकर मैंने सुमेधा जी को सारी कहानी बताई। मैं हमारे डेढ़ साल के

बेटे भुवन को गोद में लिये चारपाई पर बैठा था। वासल ख़ान सिर झुकाए हुए एक कुर्सी पर बैठा चुपचाप सुन रहा था। दूसरी कुर्सी पर सुमेधा जी बैठी थीं। उनके चेहरे पर आश्चर्य, गहरी पीड़ा और ग़ुस्से के भाव तैर रहे थे। कभी-कभी उनकी आँखें नम हो उठती थीं। मेरे कहने से पहले ही वे बोलीं, "चाहे कुछ भी हो जाए हम इनकी बेटी को नहीं बिकने देंगे। जब तक इनकी बेटी नहीं छूट जाती, तब तक ये हमारे पास ही रुक सकते हैं।"

मुझे उनसे वही उम्मीद थी। मैंने मुस्कराकर मज़ाक़ करते हुए कहा, "देवीजी, इसीलिए तो मैंने तुमसे शादी की है। तुम तो जानती हो कितनी लड़कियाँ मेरे पीछे पड़ी थीं।"

वे भी कहाँ चूकने वाली थीं। बोलीं, "मैं अपने अम्मा-पिताजी के सामने नहीं अड़ जाती, तो तुम अकेले क्या कर लेते?" हम दोनों हँस पड़े। पहली बार वासल ख़ान के होंठों के बीच से उसके दाँत भी झाँकते हुए दिखे।

मैंने और सुमेधा जी ने जल्दी-जल्दी अपने मेहमान के लिए खाना बनाया। सभी ने चटाई पर साथ बैठकर भोजन किया। हमने महसूस किया कि वासल के चेहरे के भाव बदल रहे थे। शायद पहले वह सोचता होगा कि वह पूरा मकान हमारा है। लेकिन हमारा रहन-सहन और झोंपड़ीनुमा रसोई में हमें खाना बनाते देखकर वह उलझन में पड़ गया था। वह रसोई आँगन के एक कोने में टीन की दो चादरें डालकर बनाई गई थी, जो मुश्किल से चार फ़ुट चौड़ी और छह फ़ुट लम्बी रही होगी।

मकान मालकिन की झाड़

हम वासल ख़ान को सुलाने का इन्तज़ाम कर रहे थे। तभी हमारी मकान मालकिन आकर दरवाज़े पर खड़ी हो गईं। वे डाक-तार विभाग में एक अफ़सर थीं। उन्होंने सुमेधा जी को बरामदे में बुलाकर झिड़की भरे अन्दाज़ में कहा, "देखो अभी तक तो आपके दोस्त और रिश्तेदार आकर ठहरते थे, लेकिन अब आप हमारे घर में कैसे आदमी को ले आए? ऐसा तो नहीं चलेगा।" सुमेधा जी ने उन्हें समझाने की कोशिश की कि वह आदमी बहुत मजबूर है और केवल एक रात को ही वहाँ ठहरेगा। आख़िर वह महिला ग़ुस्से में बड़बड़ाते हुए लौट गई। मुझे और वासल ख़ान को उनकी बातचीत साफ़-साफ़ सुनाई दे रही थी।

मैंने और सुमेधा जी ने बड़ी बेबसी में एक-दूसरे को देखा। सुमेधा जी एक सम्पन्न और देश के प्रतिष्ठित परिवार की बेटी हैं। मैं भी कुछ अरसे पहले ही

इंजीनियर की नौकरी छोड़कर आया था। हम दोनों में एक-दूसरे से कुछ कह पाने की हिम्मत नहीं थी। मुझे उस अपमान का घूँट पीते हुए अपने आप पर कोफ्त हो रही थी। तभी अचानक वासल चुपचाप उठकर खड़ा हो गया। शायद मेरे साथ दफ़्तर में गुज़ारे हुए कुछ घंटों में उसे यह आशा बँध गई थी कि मैं उसकी मदद करने के लायक़ हूँ। लेकिन हमें फटेहाल देखकर उसकी उम्मीदें हवा हो गईं। वह हिम्मत जुटाकर बोला, "बाबूजी मुझे जाने दीजिए। मैं स्टेशन जाकर प्लेटफ़ार्म पर रात गुज़ार लूँगा।"

सुमेधा जी ने समझाया कि वह इतनी रात में अकेला कहाँ जाएगा? वहीं पर सो जाए, ताकि अगले दिन जल्दी से उसकी बेटी को छुड़वाने की कोशिश शुरू की जा सके। वह जैसे-तैसे मान गया।

हमने ख़ुद के सोने और मेहमानों को सुलाने के लिए एक जुगाड़ निकाल लिया था। हम पुराने अख़बारों के ढेर सारे बंडल बनाकर उसी चारपाई के नीचे सहेजकर रखे रहते थे। फिर रात को उन बंडलों को निकालकर ज़मीन पर बिछा ऊपर से दरी डाल लेते थे। इस तरह बन जाता था हमारा आरामदायक बिछौना। अपने मेहमानों को भी उसी अख़बारी बिस्तर पर सुलाते थे। अपने कामों से दिल्ली आने वाले कई दोस्त यह सोचकर घर आते थे कि चलो टिकने के लिए कैलाश का घर एक उम्दा ठिकाना होगा। परन्तु कम ही ऐसे थे जो हमारे संघर्ष और साहस की दाद देते थे। बाक़ी हमारे पागलपन को कोसते हुए जाते थे। ख़ैर उस रात हमारे मेहमान वासल ख़ान जी को भी उसी तरह सुलाया गया।

उसके हाव-भाव देखकर मुझे लग गया था कि मुझ पर से उसका यक़ीन जाता रहा था। कई दिनों के बाद वासल ने ख़ुद मुझसे यह बात बोली थी। फिर भी उस रात उसकी आँखों से हमारे लिए प्यार और सम्मान टपक रहा था। वह बड़ी अजीब सी मन:स्थिति में था जो शायद हम सबके जीवन में आती है। कभी-कभी हम किसी से बहुत स्नेह करते हैं, किन्तु हमारी मदद कर सकने की उसकी क्षमता पर यक़ीन नहीं कर पाते। इससे उलट, किसी को सक्षम मानकर मदद मिलने का भरोसा करते हैं, लेकिन उसके लिए दिल में कोई प्यार या सम्मान नहीं होता।

वासल ख़ान से बातचीत में पता चला था कि सरहिन्द के उस भट्ठे पर कुल 36 बच्चे, जवान और बूढ़े मज़दूर फँसे हुए थे। वहाँ शुरू-शुरू के दिनों में दो लोगों ने भागने की हिम्मत की थी तो मालिक ने उन्हें गरम ईंटों से दाग दिया था। फिर कभी किसी की हिम्मत नहीं पड़ी। वे हर रोज़ भोर से लेकर शाम का धुँधलका हो जाने तक साँचों में ईंटें पाथने, भट्ठे में जमाने, आग में

डालने और पक चुकी ईंटों को बाहर निकालने जैसे कामों में खटते रहते थे। उनकी ज़िन्दगियाँ भी ग़ुलामी के साँचे में ढल चुकी ईंटें बनकर रह गई थीं।

मेरी पूरी रात बहुत मानसिक कशमकश में गुज़री। मैं सोच रहा था कि मैंने जोश-जोश में वासल ख़ान को वायदा तो कर दिया कि उसकी बेटी को छुड़ाएँगे, लेकिन वह होगा कैसे? मन ही मन डर भी लग रहा था कि अनजानी जगह पर जाकर ख़तरनाक भट्ठा मालिक से कैसे निपटा जाएगा। अगर वे मुझे मार डालेंगे तब मेरी पत्नी और बच्चे का क्या होगा? उन्हें या मेरी माँ को ऐसे हादसे की ख़बर मिलेगी, तो उन पर क्या गुज़रेगी। मैं क्यों न वासल ख़ान की तरफ़ से वहाँ की पुलिस और सरकार के आला अफ़सरों से शिकायत करके उसके परिवार को छुड़वाऊँ? इतनी बड़ी कार्रवाई के लिए साधनों का इन्तज़ाम करना भी कोई आसान बात नहीं थी। छुड़ाने में ज़्यादा देर हो जाने पर साबो के कहीं और बिक जाने का डर भी था। दूसरी तरफ़ उसके चेहरे की कल्पना करते हुए विचार आ रहे थे कि जब वह और दूसरे बच्चे आज़ाद होकर ख़ुश होंगे, तो कैसा अनूठा नज़ारा होगा!

मैंने अगले दिन सुबह वासल को लेकर जल्दी ऑफ़िस पहुँचकर स्वामी अग्निवेश को पूरी बात बताई तथा उनसे सलाह-मशविरा किया। हमने पूरी हालात का जायज़ा लेने के लिए अपने एक पुराने साथी जयसिंह राणा से फ़ोन पर सम्पर्क किया। वे पंजाब के फिल्लौर क़स्बे में रहते थे, जो सरहिन्द से ज़्यादा दूर नहीं है। वे ख़ुद को एक ठेकेदार बताते हुए उस भट्ठे पर गए। वहाँ की दुर्गति देखकर वे इतने विचलित हुए कि उन मज़दूरों को आज़ाद कराने के लिए ख़ुद भी साथ जाने के लिए तैयार हो गए।

ऐसी हालत में हम ज़्यादा समय नहीं गँवा सकते थे। आनन-फ़ानन में कुछ रुपयों का इन्तज़ाम किया। उनसे एक टैक्सी और भट्ठा मज़दूरों को भरकर वापस लाने के लिए एक ट्रक किराए पर ले लिया गया। आख़िरकार वासल ख़ान को साथ लेकर जयसिंह, स्वामी अग्निवेश जी, दलीप सिंह, अश्विनी कुमार और मैं, सरहिन्द रवाना हो गए। वासल बड़ी बुरी तरह से डरा हुआ था। वह बार-बार कह रहा था, 'बाबूजी वे हम सबको मार डालेंगे। मैं मर जाऊँगा, तो मेरे बीबी-बच्चों का क्या होगा?' हम लोगों ने बड़ी मुश्किल से उसे समझाया।

पहली छापामार कार्रवाई

वासल ख़ान के साथ हम पाँचों साथी पक्के-कच्चे घुमावदार रास्तों से होते हुए

सरहिन्द शहर से काफ़ी दूर पर चल रहे उस भट्ठे पर पहुँचे। हम जोश और आत्मविश्वास से भरे हुए थे। सभी ट्रक से उतरकर धड़ाधड़ भट्ठे की तरफ़ भागे। हमने देखा कि कोने में एक या दो पक्के कमरे बने हुए थे। यही वह दफ़्तर था जिसका ज़िक्र वासल ने किया था। उन्हीं कमरों का उपयोग भट्ठा मज़दूरिनों के यौन शोषण या मज़दूरों के उत्पीड़न के लिए किया जाता था। हमारी नज़र उन कमरों से थोड़ी दूर मज़दूरों के रहने की दस-बारह सिरकियों पर पड़ी। सिरकियाँ झुग्गियों से भी निचले स्तर की रिहाइशी ठिकाना होती हैं। लगभग आठ-दस फ़ुट लम्बाई-चौड़ाई की हर एक सिरकी तीन तरफ़ से ईंटें खड़ी करके बनाई गई अस्थायी दीवारों पर टिकी थी। ऊपर की छत तथा सामने की आधी दीवार मोमजामे (प्लास्टिक की चादरों) से ढकी हुई थी। पूरा परिवार उसी सिरकी के भीतर पकाता, खाता, सोता और रोता होगा। भट्ठे के एक कोने में ट्यूबवेल लगा था। वही पानी ईंटें पाथने, नहाने-धोने और पीने के काम आता था। बस वही उनकी दुनिया थी।

तभी उस दफ़्तर से अधेड़ उम्र का एक आदमी बाहर निकलकर गेट पर हमारा रास्ता रोककर खड़ा हो गया। क़रीब छह फ़ुट के उस आदमी ने सिर पर पगड़ी बाँध रखी थी। उसका एक हाथ लम्बी घनी काली दाढ़ी पर था और दूसरा कन्धे पर लटकी दुनाली बन्दूक़ पर। उसने जल्दी ही वह बन्दूक़ उतार ली। लेकिन हम लोगों पर तानने के बजाय उसे एक लाठी की तरह हाथ में लेकर सामने खड़ा रहा। डरा हुआ वासल ट्रक से नहीं उतरा था। एकाएक बन्दूक़धारी ने उसे देख लिया।

वह पंजाबी भाषा में ज़ोर से चिल्लाया, "अच्छा हरामजादे! तो तू इन लोगों को लेकर आया है?" डर के मारे वासल के हाथ-पैर काँप रहे थे। वह एक शब्द भी नहीं बोल सका। उस बन्दूक़धारी के सामने अपने दोनों हाथ जोड़कर बैठ गया।

मैंने आगे बढ़ते हुए कहा, "हम लोग दिल्ली से वासल ख़ान के परिवार को छुड़ाने आए हैं। हमें अन्दर जाने दीजिए।"

भट्ठा कँटीले तारों की बाड़ से घिरा था। कूदकर भीतर घुस पाना मुमकिन नहीं था।

हमारे एक साथी ने तेज़ आवाज़ में कहा, "सुना नहीं, हम लोग दिल्ली से आए हैं। तुमने ग़ैर-क़ानूनी तौर पर वासल ख़ान के परिवार को क़ैद कर रखा है। उन्हें अभी छोड़ दो, वरना जेल जाओगे।"

"अरे जा, बहुत देखे हैं तेरे जैसे। भाग यहाँ से," वह आदमी ग़ुस्से में चिल्लाया।

उसी बीच हमारे एक दूसरे साथी ने अपने कैमरे से ताबड़तोड़ फ़ोटो खींचना शुरू कर दिया। वह आदमी कैमरे वाले की तरफ़ लपका।

मैंने ऊँची आवाज़ में कहा, "तुम नहीं जानते कि हम लोग कौन हैं। हम अख़बार वाले हैं। तुम हमें फ़ोटो खींचने से नहीं रोक सकते।"

'अख़बार वाले' होने की बात सुनकर वह ज़रूर थोड़ा झिझका। फिर बिना कुछ बोले अपनी मोटरसाइकिल स्टार्ट करके बाहर निकल गया। हमने इधर-उधर देखा। वहाँ हमें रोकने वाला कोई और नहीं था। हम लोग ट्रक लेकर गेट के अन्दर घुस गए। वासल ख़ान का डर भी जाता रहा। वह दौड़कर दूर झुग्गियों से बाहर निकलकर भयभीत खड़े मज़दूर परिवारों को बुलाने लगा। उसकी पत्नी और बच्चे, जो तब तक सहमे हुए दूर खड़े थे, वासल ख़ान की तरफ़ भागे। चपटे लम्बे चेहरे वाली दुबली-पतली जो लड़की सबसे पहले उसके सीने से जाकर लिपटी, वही साबो थी।

हमारी ख़ुशी का ठिकाना नहीं रहा। मैं अनायास ही उसकी तरफ़ दौड़ा। वह मुझे एक किशोरी की तरह नहीं, बल्कि न्यूयॉर्क में लगी मूर्ति स्टेच्यू ऑफ़ लिबर्टी यानी आज़ादी की देवी की तरह दिखी। मैं उसे ख़ूब ज़ोर से गले लगाना चाहता था, लेकिन वह झिझककर पीछे हट गई। मैं ठिठककर उसे देखता रहा। शायद सोच भी नहीं सका था कि पिछले कुछ दिनों से मैं जिसे कल्पनाओं में अपनी बहन मान रहा था, उसके लिए तो मैं अजनबी था।

एक-एक करके सभी लोग हमारे नज़दीक आ गए थे। वे बहुत सहमे और डरे हुए थे। हमने जल्दी-जल्दी उन्हें उनके सामान उठाकर ट्रक पर चढ़ाया। चन्द मिनटों में सभी लोग ट्रक में लद गए।

हमने उनकी गिनती की। उनमें 14 स्त्री-पुरुष और 22 बच्चे थे। यानी उतने ही जितने वासल ख़ान ने हमें बताए थे। इतने सारे लोगों के पास बहुत कम सामान देखकर हमने उनसे बार-बार कहा कि ट्रक में काफ़ी ख़ाली जगह है। कोई अपना सामान छोड़कर न भागे। लेकिन अगर उनके पास ज़्यादा कुछ होता, तभी तो लाते। आठ परिवारों में कुल दो पुरानी टूटी चारपाइयाँ, मिट्टी के छोटे-बड़े घड़े, एल्यूमिनियम के चन्द बरतन, फटे-पुराने गद्दे और कपड़ों की पोटलियाँ थीं। सभी चीज़ों की कीमत सौ-पचास रुपयों से ज़्यादा नहीं होगी; जबकि जितने स्त्री-पुरुष वहाँ लाए गए थे 17 सालों में उनसे दुगने होकर लौट रहे थे। मैंने देखा कि उन्होंने अपने रहने के लिए ख़ुद ही कामचलाऊ सिरकियाँ डाल रखी थीं।

हम ज्योंही अपना ट्रक लेकर वहाँ से निकलने लगे, त्योंही खेतों के बीच

कच्चे रास्ते पर एक जीप आती हुई दिखाई दी। वह हमारे ट्रक के सामने आकर खड़ी हो गई। सबसे पहले वही बन्दूक़धारी पीछे से कूदकर उतरा, जो मोटर साइकिल से भाग गया था। फिर भट्ठे का मालिक दो पुलिस वालों और चार-पाँच मुस्टंडों के साथ गालियाँ देते हुए जीप में से उतर आया। वह खांटी पंजाबी में बोल रहा था। उसकी पूरी बात समझ नहीं आ रही थी।

भट्ठा मालिक अपने आदमियों पर चिल्लाया, "इन हरामजादों को ट्रक से उतारो।"

तुरन्त सभी बूढ़ों, बच्चों और औरतों को कचरे की तरह ट्रक से बाहर फेंक दिया गया। चन्द घड़ियों पहले ख़ुशी से भरे वे मज़दूर उन लोगों के पैर पकड़कर रो-गिड़गिड़ा रहे थे।

मैंने उनमें से कुछ लोगों को कहते हुए सुना, "मालिक हम तो आपके ग़ुलाम हैं। भागने की सोच भी नहीं सकते। ये सब वासल का किया-धरा है।"

एक युवती हमारी तरफ़ इशारा करके चिल्ला रही थी, "हम लोग तो यहाँ बहुत ख़ुश हैं। ये हमें बहकाकर ज़बरदस्ती ले जा रहे हैं।"

ग़ुस्साए भट्ठा मालिक, उसके गुंडे और पुलिस वाले हम पर ही टूट पड़े। हमें धक्के मार-मारकर बाहर निकाल दिया गया। हम सदमे में थे। फिर भी मुझे अच्छी तरह याद है कि पिट रहे वासल ख़ान को बचाने के लिए साबो और उसकी माँ उसे भट्ठे की चहारदीवारी के भीतर ज़ोर से खींचकर ले जा रही थीं।

हम जान बचाने के लिए ट्रक की तरफ़ भागे। लेकिन उसका ड्राइवर पहले ही डर के मारे कहीं भाग चुका था। हमारे पास वापस लौटने के लिए कोई साधन नहीं था। सड़क तीन-चार किलोमीटर दूर थी। हमारे कपड़े फट गए थे। जूते-चप्पल भी वहीं पर छूट गए थे। ग़नीमत यह थी कि हम पर लाठी-डंडों या ईंटों आदि से कोई हमला नहीं किया गया। हालाँकि भट्ठे वालों के लिए वह करवाना क़तई मुश्किल काम नहीं था। शायद अग्निवेश जी के साधु या विधायक होने के कारण हमें छोड़ दिया था। वासल ख़ान को पकड़कर वहीं रोक लिया गया।

उन गुंडों ने हमारे साथी का कैमरा छीनकर तोड़ दिया था। परन्तु एक अच्छी बात यह रही कि उसने पहले ही फ़ोटुओं की एक पूरी रील अपनी जेब में छुपा ली थी। हम लोग पैदल चलकर सड़क तक पहुँचे। वहाँ से जैसे-तैसे चंडीगढ़ जाकर ठिकाने लग पाए। हम सभी के दिलों में कसमसाहट, बेचैनी, ग़ुस्सा और उस चुनौती का हल निकालने का संकल्प और तेज़ हो गया। सिर्फ़ अश्विनी अकेला डर के मारे काँप रहा था।

हमारे फ़ोटो बेहद क़ीमती साबित हुए। स्थानीय अख़बारों ने भी उनका इस्तेमाल किया। उन चित्रों के साथ चंडीगढ़ से प्रकाशित दैनिक ट्रिब्यून में एक बड़ी ख़बर छपी, जिसका शीर्षक मुझे अब तक याद है—

'आज़ाद भारत में आज भी ग़ुलामी मौजूद'

आज़ादी के आकाश में पहली उड़ान

दिल्ली लौटकर हमने अपने कुछ वकील दोस्तों से सलाह-मशविरा किया। किसी ने सुझाव दिया था कि कोर्ट में एक बन्दी प्रत्यक्षीकरण याचिका (हैबियस कॉर्पस) दायर करके मुक़दमा किया जा सकता है। अंग्रेज़ों के जमाने से चला आ रहा यह क़ानून किसी भी तरह की ज़ोर-ज़बदरस्ती से या इच्छा के विरुद्ध रोककर रखे गए व्यक्तियों की रिहाई की गारंटी देता है। हमारे वकील ने अदालत में याचिका दायर कर दी। उसे तत्काल स्वीकार कर लिया गया। पंजाब सरकार को नोटिस जारी हुए और कार्यवाही शुरू हो गई। चन्द दिनों के भीतर ही राज्य सरकार उन सभी बँधुआ मज़दूरों को ईंट भट्ठे से निकालकर दिल्ली ले आई। उन्हें न्यायालय के सामने पेश कर दिया गया। अदालत ने उनको आज़ाद करने के आदेश दे दिये। आख़िर वे सभी आज़ाद हो गए। वह 1981 में मार्च के महीने की 22 तारीख़ का एक ऐतिहासिक दिन था।

कोर्ट से हमारे दफ़्तर की दूरी एक-डेढ़ किलोमीटर थी। पैदल चलकर उतनी दूरी तय करने में मुश्किल से 15-20 मिनट लगते हैं। लेकिन हमें एक घंटे से ज़्यादा वक़्त लग गया था। उसकी वजह यह थी कि ईंट भट्ठे की क़ैद में पैदा हुए वे बच्चे और किशोर दिल्ली पहुँचकर भौचक रह गए थे। मैं साबो और एक दूसरी बच्ची नजमा के हाथ पकड़े हुए चल रहा था। दूसरे कुछ बच्चे उनकी उँगलियाँ पकड़े हुए थे। उसी तरह मेरे साथी दूसरे बच्चों का हाथ थामकर चल रहे थे।

कुछ ही मिनटों में वे बच्चे हाथ छुड़ाकर इधर-उधर भागने लगे थे, जैसे कि किसी डिब्बे के ढक्कन को खोल देने पर मेढक या अचानक पिंजरा खुल जाने पर पक्षी बेताब होकर भागने लगे हों। वे सड़कों के बीच में दौड़-भाग करने लगे। मोटर-कारों वाले ज़ोर-ज़ोर से हॉर्न बजाकर रास्ता बनाने की कोशिश कर रहे थे। अजीब नज़ारा था। माँ-बाप और हमारे साथी भाग-भागकर उन बच्चों को फ़ुटपाथ पर लाने में जुटे हुए थे।

लग रहा था जैसे कि खुले आसमान में चहकते वे पंछी, अपने पूरे पंख फैलाकर आसमान में से सूरज, चाँद और सितारों को अपनी चोंचों में भर लेंगे।

मैं उन ख़ुशनसीबों में से हूँ जो देश को आज़ादी मिलने के बाद पैदा हुए हैं। मैंने स्वतंत्रता संग्राम की कहानियाँ पढ़ी-सुनी थीं, परन्तु आज़ादी की इतनी गहरी अनुभूति मुझे पहले कभी नहीं हुई थी। एक क्षण में मुझे ख़ुद ही पक्षी बन जाने का अहसास हो रहा था, तो दूसरे में आसमान बन जाने का। आसमान और कुछ नहीं, बल्कि हर तरह की सीमा तथा हर प्रकार के बन्धन से मुक्ति का अहसास मात्र है। समान रूप से सभी का हो जाने के मायने ही तो आकाश है। सभी ग्रहों, नक्षत्रों, हवाओं, पक्षियों, अँधेरों और उजालों की आज़ादी और खुली जगह का नाम आकाश है। असलियत में तो हमारे सबके भीतर एक आकाश होता है, जिसे हम नहीं पहचान पाते।

वह एहसास ईश्वर का साक्षात्कार कर लेने जैसा था। उछल-कूदकर भाग रहे उन बच्चों के चेहरों पर आज़ादी की मुस्कान और उन्हें पकड़ने के लिए दौड़ रहीं माँओं के चेहरों से ढलकते ख़ुशी के आँसुओं में मुझे जैसे ईश्वर के दर्शन हो रहे थे। उन क्षणों को शब्दों में बयान नहीं किया जा सकता।

आख़िर हमने उन्हें ले जाकर हरियाणा भवन में नीचे आगे और पीछे खुले मैदान में ठहरा दिया। दिल्ली का मौसम बहुत अच्छा था। हमने भागदौड़ करके उनके खाने-पीने और कुछ दरियों का इन्तज़ाम कर दिया था। मैं दूसरे दिन सवेरे-सवेरे चाय और डबल रोटियों का इन्तज़ाम करके वहाँ पहुँच गया था। मेरी नज़र 20-22 साल की उसी युवती पर पड़ी जिसने कुछ दिन पहले भट्ठे पर ज़ोर से चीख़कर मालिक से कहा था कि हम लोग उन्हें ज़बरदस्ती वहाँ से निकाल रहे हैं। वह एक पेड़ के पास अकेली खड़ी मुस्करा रही थी। मैं कुछ क्षणों के लिए वहीं रुककर खड़ा हो गया। उसे देखते हुए मैंने देखा कि उसकी मुस्कराहट बहुत मासूमियत भरी और लुभावनी थी।

उसका नाम फरीदा था। उसका चेहरा गोल और रंग साँवला था। उस दुबली-पतली लड़की ने ख़ुद की क़द-काठी से लम्बे और ढीले सलवार क़मीज़ पहन रखे थे। ज़ाहिर था कि वे कपड़े भट्ठा मालिक के घर की औरतों की उतरन-पुतरन थी। ज़्यादातर औरतों की पोशाकें वैसी ही थीं। मेरे मन में उसके लिए ग़ुस्सा और झुँझलाहट थी। हम लोग तो अपनी जान हथेली पर रखकर उन सभी को आज़ाद कराने गए थे। लेकिन उलटा उसने मालिक से हमारी ही शिकायत कर दी थी। फिर भी मैं यह सोचकर उसकी तरफ़ आगे बढ़ा कि उसे अपने किये पर पछतावा होगा और वह मुझसे माफ़ी माँगेगी। लेकिन ऐसा कुछ नहीं हुआ। मैं यह भी सोचने लगा था कि ऐसी हालत में वह बेचारी करती भी क्या?

पीढ़ियों से दबे-कुचले और अशक्त बनाकर रखे गए लोग आख़िर भरोसा

करें भी तो किस पर और क्यों? फ़रीदा को देखते हुए मैंने यह महसूस किया कि इनसानियत और इंसाफ़ में भरोसा करने वाले कार्यकर्ता को बहुत धैर्यवान होना ज़रूरी है। हमारा संघर्ष बाहर होने वाले अन्याय के ख़िलाफ़ तो होता ही है, साथ ही शोषित लोगों के भीतर की बेबसी, लाचारी, ख़ौफ़ और अविश्वास के ख़िलाफ़ भी होता है। इसके अलावा ख़ुद के अहंकार और उतावलेपन से भी लड़ना पड़ता है।

मैंने फरीदा के पास जाकर पूछा, "तुम इतनी ख़ुश होकर आसमान में क्या देख रही हो?"

वह चौंक पड़ी, जैसे नींद से जागी हो। फिर उसने बड़े भोलेपन से जवाब दिया, "भइया जी, सूरज को देख रही हूँ।"

मैंने बड़ी हैरानी से पूछा, "क्या तुमने पहले कभी सूरज नहीं देखा?"

बोली, "नहीं भइया जी, मैंने तो जबसे होश सँभाला है तब से लगता था कि सूरज सिर्फ़ अंगारे बरसाता है। इसलिए मुझे सूरज कभी नहीं भाता था। न जाने क्यों आज पहली बार सूरज की रोशनी ठंडी लग रही है।"

मैं भौचक्क होकर कुछ क्षणों के लिए उसके चेहरे की तरफ़ देखता रह गया। उतनी सी बात में फरीदा ने ग़ुलामी और आज़ादी के बीच के फ़र्क़ को इतनी गहराई और सरलता से बयान कर दिया था।

मैंने फरीदा से कहा, "तुम अपने पुश्तैनी गाँव में लौटने के बाद क्या करोगी?"

वह क्षण भर को रुकी। फिर चुपचाप खुले आसमान को ताकने लगी। उसकी आँखों के आँसू गालों पर बहने लगे, जिन पर जलने या फोड़े-फुंसी के निशान थे। मैं भी अवाक् खड़ा रहा।

थोड़ा ठहरकर वह बोली, "भइया जी, मैं सबसे पहले अपनी दादी से गले मिलकर ख़ूब रोऊँगी और उससे माफ़ी माँगूँगी। उसने मुझे बार-बार माँ-बाप के साथ भट्ठे पर जाने से रोका था। लेकिन मैंने उसकी बात नहीं मानी थी।"

मुझे पता चल गया था कि फरीदा की शादी भट्ठे पर रहते हुए कर दी गई थी। उसका पति उम्र में कम से कम 10 साल बड़ा होगा। वे सभी लोग घर लौटने के लिए बड़े बेताब हो रहे थे। हमने उनके किराये-भाड़े के लिए कुछ रुपयों का इन्तज़ाम करके अगले दिन उन्हें अपने गाँव लौटा दिया।

बाद के वर्षों में हमारे दफ़्तर में कई बार हुई लूटपाट और आगजनी में हमारा रिकॉर्ड नष्ट हो गया था। दफ़्तर भी कई बार बदलने पड़े थे। इसलिए वासल ख़ान से हमारा सम्पर्क टूट गया। मैं नहीं जानता कि अब साबो कहाँ है? अगर कभी इत्तिफ़ाक़ से मिल भी गए तो शायद ही हम एक-दूसरे को पहचान पाएँ।

सरहिन्द की घटना के बाद हमने पीछे मुड़कर नहीं देखा। हमें अलग-अलग जगहों से मज़दूरों को बँधुआ बनाकर रखे जाने की शिकायतें मिलती थीं। हम उन्हें आज़ाद कराने में जुट पड़ते थे। यहाँ हम का मतलब मैं और मेरे साथियों से है।

मानव दासता के विरुद्ध अभियान

मुक्ति अभियान के शुरुआती दौर में ही हम जान गए थे कि ज़्यादातर बँधुआ परिवार असंगठित रहते हैं। संगठित नहीं होने के कारण न तो वे अपनी मज़दूरी का मोलभाव कर सकते हैं और न ही कोई क़ानूनी हक़ माँग पाते। जहाँ-जहाँ मज़दूर यूनियनें होती हैं, वहाँ बँधुआ मज़दूरी नहीं चल सकती। ज़्यादातर बाल मज़दूरों के माता-पिता असंगठित क्षेत्र के ग़रीब और अशिक्षित मज़दूर होते हैं। इसीलिए साबो के छूटने के तुरन्त बाद बँधुआ मुक्ति अभियान समिति बनाई। हमने 1981 के अगस्त महीने में राष्ट्रीय भट्ठा मज़दूर यूनियन बनाया। इसके साथ ही दिल्ली के पास फरीदाबाद की पत्थर खदानों में खदान मज़दूर यूनियन बनाना शुरू कर दिया था। एक बड़ा यूनियन बना और हम हर क्षेत्र के मज़दूरों को संगठित करने लगे। साल के आख़िर में हमने बँधुआ मुक्ति अभियान समिति को बँधुआ मुक्ति आन्दोलन कर दिया। इसी साल दिसम्बर महीने में स्वामी अग्निवेश जी और मैंने मिलकर दिल्ली में एक बँधुआ मुक्ति चौपाल आयोजित की थी। वहीं से हमारे आन्दोलन की विधिवत शुरुआत हो गई थी।

क़रीब दो साल बाद बँधुआ मुक्ति आन्दोलन को हमने बँधुआ मुक्ति मोर्चा बना दिया। 1989 में बँधुआ मुक्ति मोर्चा के एक बड़ा हिस्से का दक्षिण एशियाई बाल दासता विरोधी यात्रा में विलय हो गया। कई लोग इन दोनों संगठनों में थे तो हम सबने इसे व्यवस्थित करने का फ़ैसला किया। 1990-91 तक अधिकांश साथी इसे व्यवस्थित करने के पक्ष में हो गए। चूँकि हमारा फोकस पूरी तरह बच्चों पर ही हो गया था, इसलिए हमने इसे 'बचपन बचाओ आन्दोलन' का नाम दिया।

मज़दूरों को संगठित करने के पीछे हमारा उद्देश्य केवल उनके अधिकार और सुविधाएँ दिलाना ही नहीं था, बल्कि उनमें सामाजिक व सांस्कृतिक चेतना पैदा करके उन्हें ताक़तवर बनाना भी था ताकि वे अपने बच्चों, ख़ासकर बेटियों को पढ़ा-लिखा सकें। उनमें शराब और जुए जैसी लत ख़त्म हो सके। वे औरतों की इज़्ज़त करना सीख सकें। उन्हें कम से कम पूरी क़ानूनी मज़दूरी मिले और

अपने रोज़गार चुनने की आज़ादी हो। हमें इस तरीक़े में बँधुआ और बाल मज़दूरी का समाधान नज़र आ रहा था।

ज़्यादातर मज़दूर शराब पीते थे। उससे न केवल उनका स्वास्थ्य ख़राब रहता था, बल्कि उनके परिवार भी तबाह हो जाते थे। लिहाज़ा हमने घर-घर जाकर शराबबन्दी अभियान चलाना शुरू कर दिया। मैं ख़ुद दिल्ली से दो-तीन बसें बदल-बदल कर और फिर कुछ किलोमीटर पैदल चलकर वहाँ पहुँचता था। कई बार सुमेधा जी भी दो-तीन साल के बेटे को साथ लेकर वहाँ जाती थीं। महिलाओं और बच्चों को हमारी ये बातें अच्छी लगती थीं क्योंकि नशेड़ी आदमी घर में औरतों से मारपीट करते थे। बाद में हमने अलग-अलग डेरों में आठ स्कूल खोले थे। वहीं के पढ़े-लिखे युवाओं को कामचलाऊ ट्रेनिंग देकर शिक्षक बनाया गया था।

इस दिसम्बर महीने की ही बात है। मैं अपने ऑफ़िस में था। फरीदाबाद की खदानों से एक मज़दूर साथी का फ़ोन आया कि वहाँ हमारे दफ़्तर में आग लगा दी गई है और सारे कार्यकर्ता खदानों में घायल पड़े हैं। हमने खदानों के बीच एक ऊँचे टीले पर बने किसी के कमरे में जो दफ़्तर बना रखा था, वह क़रीब-क़रीब जल चुका था। मेरे पाँच साथी पीछे गहरी खदान में ख़ून से लथपथ पड़े हुए थे। उनमें से जयसिंह राणा और ईश्वर दयाल पाठक को बहुत गहरी चोटें लगी थीं। वे बस मरते-मरते ही बचे थे। जयसिंह जी का सिर फट गया था और हाथ टूट गया था।

ये वे ही जयसिंह राणा थे जो वासल ख़ान की बेटी और दूसरे ग़ुलाम मज़दूरों को छुड़वाने में शामिल थे। वे लगभग मेरी ही उम्र के थे। उन दिनों 27-28 साल के होंगे। वे ख़ूब मोटे-तगड़े, अंग्रेज़ों की तरह गोरे-चिट्टे, कभी न थकने वाले, तेज़ दिमाग़ के बड़े बहादुर और समर्पित साथी थे। उनका जन्म एक पंजाबी दलित परिवार में हुआ था। वे ऊँच-नीच या किसी भी तरह का भेदभाव सहन नहीं कर सकते थे। यहाँ तक कि ऐसी किसी बात पर शक हो जाने पर वे मुझसे तक रूठ जाते थे। जयसिंह की विधवा माँ, पत्नी और तीन छोटे-छोटे बच्चे थे। खदानों में रहते हुए उन पर ख़तरा बढ़ता जा रहा था, लेकिन वे इसकी परवाह किये बिना आज़ादी और न्याय की लड़ाई लड़ते रहे थे।

पत्थर खदानें नियम-क़ानूनों की पहुँच से बाहर रहती हैं क्योंकि आमतौर पर वे शहरों व क़स्बों से दूर होती हैं। नदियों के किनारे की रेत और अवैध पत्थर मुफ़्त में मिल सकने वाली दौलत होती है, इसलिए उनकी लूट-खसोट देश के सबसे बड़े काले धंधों में से एक है। हमने फरीदाबाद की क़रीब 10 किलोमीटर

के दायरे में फैली खदानों के मज़दूरों के बीच ज़ोर-शोर से काम शुरू किया था। ज़्यादातर अपने परिवारों सहित खदान में ही बने डेरों में रहते थे। उनके घर ऊबड़-खाबड़ पत्थरों से बनाई गई दीवारों और टीन की चादरों से ढकी झुग्गियाँ थीं। कई लोगों को मज़दूरी नहीं दी जाती थी या फिर बहुत ही मामूली मज़दूरी पर काम कराया जाता था। उन्हें पीने का साफ़ पानी तक मुहैया नहीं था। वे खदानों में बरसात का जमा पानी पीते थे। उसकी वजह से कई बीमारियों के शिकार होकर मर जाते थे।

हमने यूनियन बनाने के साथ-साथ उन्हें क़ानूनी हक दिलाने के लिए 25 फ़रवरी, 1982 को सर्वोच्च न्यायालय में एक जनहित याचिका दायर कर दी थी। इसकी भी एक कहानी है। उन दिनों हम बँधुआ मुक्ति मोर्चा बनाकर काम कर रहे थे। अंग्रेज़ी के प्रसिद्ध अख़बार *द ट्रिब्यून* में फरीदाबाद की पत्थर खदानों में बँधुआ मज़दूरों की अमानवीय ज़िन्दगी के बारे में मोर्चा की एक रिपोर्ट छपी थी। सर्वोच्च न्यायालय के वरिष्ठ न्यायाधीश पीएन भगवती जी ने वह रिपोर्ट पढ़ी। उसी दिन शाम को उन्होंने स्वामी अग्निवेश और मुझे अपने घर बुलाकर पूछा कि क्या सचमुच वहाँ की हालत इतनी गम्भीर है? मैं इतने बड़े आदमी से पहली बार मिल रहा था। संकोच के मारे मैं तो थोड़ा-बहुत ही बोल पाया, अग्निवेश जी ने ही ज़्यादा बातचीत की।

हमने पूरे वृत्तांत के साथ न्यायमूर्ति महोदय को एक पत्र लिख दिया। उसे जनहित याचिका की तरह स्वीकार कर लिया गया। हमारी याचिका पर 16 दिसम्बर, 1983 को न्यायमूर्ति भगवती की बेंच ने एक ऐतिहासिक फ़ैसला दे दिया। उसमें बड़े विस्तार से संविधान की मूल भावनाओं और अनुच्छेदों का हवाला देकर बँधुआ मज़दूरी की विस्तृत व्याख्या की गई। यहाँ तक कि आर्थिक मजबूरी के कारण क़ानूनी तौर पर तय की गई मज़दूरी से कम पर काम कराने की स्थिति को ज़बरिया अर्थात बँधुआ मज़दूरी मान लिया गया। फ़ैसले में पहली बार सरकार को यह निर्देश दिया गया कि पत्थर खदानों में काम कर रहे मज़दूरों को आज़ादी, जीवन की सुरक्षा, सहित तमाम क़ानूनी अधिकार और बुनियादी सुविधाएँ मुहैया कराई जाएँ। परिणामस्वरूप क़रीब ढाई हज़ार बँधुआ मज़दूरों की पहचान करके उन्हें मुक्त व पुनर्वासित कराने के भी आदेश दिये गए थे।

वह आदेश न केवल हमारे संगठन के लिए, बल्कि पूरे देश में असंगठित क्षेत्रों के करोड़ों मज़दूरों की ज़िन्दगी में एक नई रोशनी की किरण लेकर आया था। दरअसल वह भारत की न्याय व्यवस्था के इतिहास में ग़ुलामी और अमानवीय

शोषण के शिकार लोगों और उनके बीच काम करने वाले सामाजिक कार्यकर्ताओं के हाथों में सबसे ताक़तवर हथियार की तरह था। लेकिन शर्म और अफ़सोस की बात यह थी कि सरकारी अफ़सरों ने उस आदेश को जैसे रद्दी की टोकरी में फेंक दिया था। हम यह तो जानते थे कि सरकार चलाने वाले कुछ प्रभावशाली और अपराधी राजनेता ही उन खदानों के मलिक थे, लेकिन इसका अन्दाज़ा बिलकुल नहीं था कि देश की सबसे बड़ी अदालत के आदेश की ऐसी फ़ज़ीहत भी हो सकती है। हम बार-बार लिखा-पढ़ी और शान्तिपूर्ण प्रदर्शनों आदि के ज़रिये उसे लागू करने की जद्दोजहद करते रहे।

ऐसे बना बाल मज़दूरी का मुद्दा

01 मार्च, 1982 में एक ऐसी घटना घटी जिसका मेरे हृदय पर बहुत गहरा असर हुआ। मैं कई रातों तक सो नहीं सका था। उस घटना ने मुझे भीतर से इतना हिला दिया कि मेरे काम की दिशा, तौर-तरीक़ों और रणनीति में बहुत बदलाव आ गया था।

हमने दिल्ली से लगभग सौ-सवा सौ किलोमीटर दूर एक गाँव के ईंट भट्ठे से कुछ बँधुआ परिवारों को आज़ाद कराके 28 फ़रवरी, 1982 की रात दिल्ली लाकर अपने नये दफ़्तर में ठहरा दिया था। उनमें एक परिवार सूबे सिंह का था, जिसमें पत्नी के अलावा, दो छोटे बेटे और बड़ी बेटी गुलाबो थी। यूँ तो गुलाबो 14 साल की थी, लेकिन वह आठ बरस के भाई से भी कहीं ज़्यादा दुबली-पतली और छोटी दिखती थी। वह कुछ दिनों से बीमार चल रही थी। भट्ठे पर किसी दवाई का इन्तज़ाम नहीं था। उस रात उसे तेज़ बुख़ार और खाँसी हो गई। मेरे एक सहयोगी ने डॉक्टर से पूछकर उसे बुख़ार की साधारण दवा खिला दी थी। सुबह फिर से वही दवाई देने से गुलाबो को बुख़ार नहीं चढ़ा। उसने चाय के साथ ब्रेड खाई। हमने एक परिचित डॉक्टर साहब से शाम को मुलाक़ात का वक़्त ले लिया था, लेकिन दोपहर में अचानक उसे कँपकँपी के साथ बहुत तेज़ बुख़ार चढ़ गया। मैंने कमरे में जाकर देखा कि वह अपने हाथ-पाँव ज़ोर-ज़ोर से पटक रही थी। वह "अम्मा-अम्मा, बापू-बापू" कहकर बुदबुदा रही थी।

उसकी माँ मुझे देखते ही रो पड़ी। बोली, "बाबूजी, मेरी बेटी को बचा लो।"

सूबे सिंह पीछे निरीह बना खड़ा था। वह बड़े क़ातर भाव से मेरी तरफ़ देख रहा था। मैं वहीं फ़र्श पर बैठ गया। मैंने गुलाबो के सिर पर हाथ रखा।

फिर तुरन्त उसके सिर पर ठंडे पानी की पट्टियाँ रखना शुरू कर दीं। उसका बुख़ार कुछ कम होने लगा था।

उस वक़्त मुझे विदिशा के उस कोढ़ी आदमी की याद आ रही थी, जिसे छोड़कर चले जाने पर दूसरे दिन वह मुझे मरा हुआ मिला था। शायद इसीलिए मैं गुलाबो को नहीं छोड़ना चाहता था। मैंने धीरे से उसके सिर को अपनी गोद में ले लिया। वह खाँसते-खाँसते आँखें खोलकर रोने लगती थी, 'मैं मरना नहीं चाहती, मुझे बचा लो, भैयाजी।' उसकी आँखों में एक असहनीय वेदना और याचना थी। वह किसी चमत्कार की आशा से मेरी तरफ़ देख रही थी। वह एक हाथ से मुझे, और दूसरे से अपनी माँ को भींचकर पकड़े हुए थी।

धीरे-धीरे उसके हाथों की पकड़ ढीली पड़ने लगी। दो-तीन बार उसने तेज़-तेज़ साँसें लीं। फिर उसकी आँखें फटी रह गईं। उसके आख़िरी शब्द थे, 'मुझे बचा लो। मुझे बचा ले, भैयाजी, मुझे बचा ले अम्मा!' उस मासूम बच्ची ने मेरी गोद में दम तोड़ दिया था। गुलाबो दुनिया छोड़कर जा चुकी थी। एक ऐसी दुनिया, जिसे बेहतर और ख़ूबसूरत बनाने के लिए ईश्वर ख़ुद मुस्कराते हुए बच्चों की शक्लों में आता है। एक ऐसी दुनिया, जो पाप तथा भय से मुक्ति के लिए, अथवा अपने स्वार्थ और सुविधा के लिए पाखंड रचाकर नये-नये ईश्वरों को ईजाद कर लेती है। मगर जब वही ईश्वर ख़ुद किसी मासूम बच्चे की शक्ल में हमारे सामने होता है, तो हमारी यही दुनिया उसका ख़ून तक चूस डालती है।

गुलाबो मर गई थी! एक बार फिर ईश्वर की मौत हो गई थी! मैं उसे नहीं बचा सका! भला मैं दो हाथ-पैर वाला अदना सा आदमी, सदियों से रोज़-रोज़ मरने वाले ईश्वर को कैसे बचा सकता था? मैं सोच रहा था कि कैसे चल पाएगी ये दुनिया, जो अपने अस्तित्व के बीज को भी नहीं बचा सकती? आसमानी फ़रिश्ते जैसी गुलाबो अपने जिस्म के साथ-साथ एक मरी हुई दुनिया को छोड़कर सदा के लिए उड़ गई थी। कुछ क्षणों के लिए मैं पत्थर सा बन चुका था, संवेदना के अतिरेक में एकदम संवेदनशून्य। गुलाबो के माँ-बाप बिलख-बिलख कर रो रहे थे।

मैं उसकी लाश को उठाए हुए बाहर अपनी जीप की तरफ़ भागा। मैं सोच रहा था शायद वह फिर से आँखें खोल दे। सूबे सिंह मेरे साथ था। हम सीधे राममनोहर लोहिया अस्पताल जा पहुँचे, जो हमारे दफ़्तर से दो-तीन किलोमीटर की दूरी पर था। जाते ही डॉक्टरों ने बता दिया कि लड़की मरी हुई लाई गई है। उसके शव को पोस्टमार्टम की कार्यवाही के लिए वहीं पर जमा कराना पड़ा।

दूसरे दिन दोपहर तक बड़ी दौड़-धूप करने के बाद सूबे सिंह को गुलाबो का शव मिल पाया। पोस्टमार्टम रिपोर्ट के मुताबिक गुलाबो की मौत भयानक टी.बी. के कारण हुई थी। उसके दोनों फेफड़े पूरी तरह ख़त्म हो चुके थे। वह गम्भीर कुपोषण की शिकार थी।

अस्पताल के एक अधिकारी ने सूबे सिंह को कुछ काग़ज़ देते हुए कहा, "जल्दी से इन काग़ज़ों पर दस्तख़त कर दो, ताकि बेटी की लाश को यहाँ से ले जा सको।"

सूबे सिंह ने अपनी सदियों की वेदना और बेबसी को एक ही वाक्य में बोल दिया, "डॉक्टर साहब, मुझे पढ़ना-लिखना आता होता तो मेरी बेटी जानवरों से भी बुरी मौत नहीं मरती।" मेरे पास महसूस कर पाने के लिए कोई भाव और सोच सकने के लिए कोई विचार नहीं बचा था।

किसी तरह सूबे सिंह का अँगूठा लगवाया गया। मैंने अपने दस्तख़त किये। हम गुलाबो की लाश को अपनी गाड़ी में रखकर श्मशान घाट ले गए। वहाँ खड़ा सूबे फूट-फूट कर रोए जा रहा था। मैंने अपने जीवन में शायद उससे ज़्यादा बेबस और लाचार आदमी पहले कभी नहीं देखा था। वह एक ऐसा अभागा बाप था जो अपनी इकलौती बेटी को घर से अस्पताल तक और अस्पताल से श्मशान तक एक बार भी अपने हाथों में नहीं उठा पाया था। दरअसल, उसका दाहिना हाथ था ही नहीं। कई साल पहले भट्ठे पर काम करने के दौरान बुरी तरह जल जाने से वह हाथ सड़ गया था, जिसे कन्धे से ही काटना पड़ा था। दो दिनों पहले भट्ठे पर उसके बाएँ हाथ की हथेली ज़ख़्मी हो गई थी। मैंने उसके घायल हाथ को सहारा देकर ट्रे में रखी गुलाबो की लाश को बिजली की भट्ठी के अन्दर धकेल दिया। सूबे तेज़ आँच के सामने खड़ा हुआ एक ठंडी आह लेते हुए बोला, "बाबूजी, मेरी बेटी तो पहले ही जल-जल कर मर चुकी थी। अब तो हम उसकी राख को फिर से जला रहे हैं।"

मैं अब ईश्वर को मरने नहीं दूँगा

ईंट भट्ठों पर रोज़-रोज़ जलकर मर रहीं लाखों गुलाबो, सिर्फ़ सूबे सिंह की नहीं, मेरी और आपकी बेटियाँ और बहनें हैं। मुझे आज भी कभी-कभी मकानों की दीवारों में चुनीं ईंटों पर गुलाबो का सूखा पीला पड़ चुका, मगर परी जैसा ख़ूबसूरत चेहरा दिखाई दे जाता है। आज भी उसके आख़िरी शब्द, 'भैयाजी मुझे बचा लो', मेरे कानों में गूँजते रहते हैं। अपनी गोद में एक बहन की मौत को

याद करके मेरा पूरा शरीर काँप उठता है। ऐसा लगता है कि तमाम कायनात बनाने वाला ईश्वर ख़ुद को बचाने के लिए मुझे पुकार रहा हो। मैं गुलाबो को मरने नहीं दूँगा। मैं ईश्वर को नहीं मरने दूँगा।

हर बच्चा पंख लेकर पैदा होता है। हम उन पंखों को पूरी तरह खुलने और तूफ़ान से बचाने में मदद ज़रूर कर सकते हैं। हम उनके लिए खुला आसमान तो बन ही सकते हैं। हर बच्चा अनन्त सम्भावनाओं से भरा बीज है, जो अनगिनत पेड़ों, फूलों और फलों को भीतर समेटे रखता है। हम उसके लिए ज़मीन बन सकते हैं। अगर हम उनके लिए धरती न भी बन सकें, तो कम से कम हवा, पानी, खाद या धूप तो बन ही सकते हैं।

गुलाबो की मौत के बाद से हमारा ज़्यादा ज़ोर बाल मज़दूरी पर ही हो गया था।

हमारा संगठन भारत में सीधी कार्यवाहियों के ज़रिये 2023 तक लगभग सवा लाख से ज़्यादा बच्चों को आज़ाद करा चुका है। जब हमने यह अभियान शुरू किया था तब देश में बँधुआ मज़दूरी, बाल दासता, बाल मज़दूरी, बाल दुर्व्यापार जैसे विषयों पर कोई चर्चा तक नहीं थी। हमारी बात सुनने तक को कोई तैयार नहीं होता था। हमारा मज़ाक़ उड़ाया जाता था। आज दुनिया-भर में हज़ारों संगठन और लाखों लोग इन मुद्दों पर काम कर रहे हैं। राष्ट्रीय व अन्तरराष्ट्रीय स्तर पर नये-नये क़ानून बन चुके हैं। शोध हुए हैं। किताबें लिखी गई हैं। संयुक्त राष्ट्र की एजेंसियों और क़रीब-क़रीब सभी देशों की सरकारों द्वारा अलग से नये-नये विभाग और कार्यक्रम चलाए जा रहे हैं। व्यापार जगत में बाल श्रम रोकने हेतु कई तरह की आचार संहिताएँ और निगरानी तंत्र बनाए गए हैं। बाल मज़दूरों की संख्या करोड़ों में घटी है। और इस मुद्दे पर काम कर रहे लाखों लोगों को रोज़गार मिला है।

इक्के-दुक्के लोग ही यह जानते होंगे कि इन उपलब्धियों और बदलाव की बुनियाद मासूम बच्ची गुलाबो की ज़िन्दगी के लिए छटपटाहट और बेटी को आज़ादी दिलाने के लिए वासल ख़ान जैसे कई माता-पिताओं की हिम्मत और हौसले पर खड़ी है। एक दशक बाद 1996 में जब मेरे मन में बच्चों की ग़ुलामी के ख़िलाफ़ विश्वव्यापी यात्रा करने का विचार आया तब भी गुलाबो के आख़िरी शब्द—'भैयाजी, मुझे बचा लो'—सदियों के सन्नाटे को चीरकर निकली पुकार की तरह मेरे कानों में गूँज रहे थे। साथ ही, इससे उलट साबो के चेहरे पर आज़ादी की पहली मुस्कान ईश्वर की मुस्कान की तरह मुझे हमेशा प्रेरणा देती रही।

ऐसी ही शुरुआती घटनाओं से मुझे कई जीवन-मंत्र सीखने को मिले। दुख,

निराशा, डर और क्रोध जैसे नकारात्मक भाव मनुष्य के ज़िन्दा होने का सबूत होते हैं। इसलिए उनमें हमेशा सकारात्मक बदलाव के बीज मौजूद रहते हैं। जीवन स्वयं में अनन्त सम्भावनाओं वाले बीजों से भरा हुआ एक फल है। पीड़ा, लाचारी और बेबसी की इन्तहा से उपजी तड़पन में बहुत ऊर्जा होती है। उस पीड़ा को गहराई से महसूस करते हुए उसे दूर करने की बेचैनी और क्रियाशीलता से बड़ी से बड़ी समस्या का हल किया जा सकता है। इससे ख़ुद के भीतर की अनजानी और अनदेखी शक्तियाँ भी बढ़ती हैं। यही क्रियाशील करुणा है।

मानव दासता के विरुद्ध हमारा अभियान शुरू हो गया था। उसने धीरे-धीरे संगठन और आन्दोलन का रूप ले लिया। उससे मेरी व्यस्तता बहुत बढ़ गई थी। मैं दिल्ली के बाहर हरियाणा, राजस्थान, उत्तर प्रदेश, मध्य प्रदेश आदि कई राज्यों में बँधुआ मज़दूरों को मुक्त कराने के लिए जाने लगा था। हम जितना चन्दा इकट्ठा कर पाते थे उससे कहीं ज़्यादा हमारी ज़रूरतें बढ़ने लगी थीं। साथ ही जोखिम और ख़तरे भी बढ़ने लगे थे। मैं कई बार दो-चार दिन की योजना बनाकर छापामार कार्यवाहियों के लिए जाता था लेकिन हफ़्ता-दस दिन तक लग जाते थे। दूर-दराज़ के इलाक़ों में फ़ोन नहीं होते थे। घर में मेरा इन्तज़ार करने के अलावा सुमेधा जी और सोना के पास और कोई चारा नहीं था। वे उसे बचपन से ही कहानियों, कविताओं और गीतों के माध्यम से राष्ट्रभक्ति और नैतिकता की शिक्षा देती रही थीं।

यूँ तो उनके पास ख़र्च चलाने भर के पैसे रहते थे। परन्तु कई बार ज़्यादा दिनों तक दिल्ली से बाहर रुक जाने के कारण उनके पास पैसे नहीं बचते थे। कुछ ऐसे मौक़े भी आए, जब घर में राशन-पानी तक ख़त्म हो गया था। उनके पास सोना के लिए दूध तक के पैसे नहीं बचते थे। हम उधारी को अपने आत्मसम्मान पर सबसे बड़ी चोट मानते थे, लेकिन सुमेधा जी को एक बार अपनी छोटी मौसी से थोड़े से पैसे उधार लेने पड़े थे। मौसी और मौसा जी हमेशा से ही हमसे बहुत स्नेह करते रहे हैं। वे हर दुःख-सुख के मौक़े पर माता-पिता की तरह हमारे साथ खड़े रहते थे।

मकान मालकिन की पाबन्दियों के कारण हमने कोई दूसरा मकान तलाशना शुरू कर दिया। मेरे एक गांधीवादी दोस्त सुरेंद्र चक्रपाणि जी दक्षिणी दिल्ली में कालका जी इलाक़े की जेजे कॉलोनी यानी झुग्गी-झोंपड़ी कॉलोनी में रहते थे। दिल्ली सरकार ने तुर्कमान गेट की झुग्गी-बस्तियों से उजाड़े गए ग़रीब लोगों के लिए चार मंज़िला बिल्डिंग में एक-एक कमरा किश्तों पर मुहैया करवाया था। वे कमरे 25-25 वर्ग गज में बने थे। आगे के थोड़े से हिस्से को दो भागों में

बाँटकर एक तरफ़ शौचालय और दूसरी तरफ़ खाना पकाने की जगह छोड़ी गई थी। कई लोग अपने कमरे को किराए पर उठाकर या बेचकर कहीं और नई झुग्गी डालकर जा बसे थे। चक्रपाणि जी ने हमें उनके एक रिश्तेदार के ख़ाली पड़े मकान में मुफ़्त में ठहरा दिया।

ऑफ़िस चलाने का संघर्ष भी कम रोमांचक नहीं था। तीन सालों में हमें चार बार अपनी पत्रिका और आन्दोलन के ऑफ़िस बदलने पड़े थे। कभी हमारा सामान उठाकर फेंका गया था, तो कभी दोस्तों ने मदद करने से हाथ खींच लिए थे।

झुग्गी-बस्ती कॉलोनी में अपना घर

हम अक्टूबर 1983 में जेजे पुनर्वास कॉलोनी में रहने चले गए। हम वहाँ जाकर बड़े ख़ुश थे। वहाँ पर छोटा मकान ही सही, कोई रोक-टोक नहीं थी। हमें किराया भी नहीं देना पड़ रहा था। लेकिन वह मौज-मस्ती ज़्यादा दिन नहीं टिकी। दो हफ़्ते में ही मकान का असली मालिक आ गया। वह दिल्ली से बाहर कहीं नौकरी करता था। अचानक नौकरी छूट जाने से उसे घर लौटना पड़ा था। हमने उससे कुछ दिनों की मोहलत ले ली और आसपास किराए का कमरा ढूँढ़ना शुरू कर दिया।

उसी बीच एक दिन अचानक मुझे डाक में एक लिफ़ाफ़ा मिला। वह विदिशा में मेरे इंजीनियरिंग कॉलेज से भेजा गया था। लिफ़ाफ़ा क्या, वह तो भयंकर गरमी के दिनों में ठंडी-ठंडी फुहार आ जाने जैसा था। उसमें हिसाब-किताब के ब्योरे के साथ 29,000 रुपये से कुछ ज़्यादा का बैंक चेक था। वह मेरी पुरानी बकाया तनख़्वाह और दूसरे मदों का पैसा था।

मैं शाम को उस प्रॉपर्टी डीलर के पास गया, जो हमें किराए के मकान दिखा रहा था। उसने कहा कि बीस-पच्चीस हज़ार रुपये में वैसा घर ख़रीदा जा सकता है। इसलिए किराएदार के बजाय मकान मालिक बनने का वक़्त आ चुका था। उसने अगले ही दिन हमें कुछ मकान दिखा दिये। हमें सप्ताह भर के भीतर एक अच्छा मकान मिल गया। सड़क से लगा हुआ पहली मंज़िल पर और खुला-खुला होने से वह थोड़ा सा महँगा ज़रूर था। सुमेधा जी, सोना और मुझे वह बहुत पसन्द आ गया था। हमने उसका सौदा क़रीब 28,000 रुपये में कर लिया। झुग्गियाँ उजाड़कर बसाए गए पड़ोसियों की दिनचर्या गाली-गलौज, गन्दगी, तोड़-फोड़, शोर-शराबा, मार-पीट आदि थी। फिर भी अपना घर अपना ही होता है।

सोना बचपन से ही बहुत गम्भीर और जिज्ञासु था। उसकी याददाश्त बहुत तेज़ थी। छोटी सी उम्र में ही उसको ढेर सारी कविताएँ याद हो गई थीं। वह ढाई-तीन साल की उम्र में भी टूटा-फूटा ही सही, मगर भाषण दे लेता था। जून 1982 में एक बार अंबाला में पूर्व प्रधानमंत्री मोरारजी देसाई की एक सभा में उसका मुँह माइक तक नहीं पहुँच पा रहा था, तो वहाँ मौजूद प्रसिद्ध राजनेता सुषमा स्वराज ने उसे गोद में उठाकर माइक के सामने किया था।

हमारे ठीक ऊपर वाले कमरे में रहने वाले सज्जन जूतों का ठेला लगाते थे। नीचे वाले पड़ोसी एक ड्राइवर थे। वे बड़ी अकड़ में रहते थे क्योंकि किसी अफ़सर की कार चलाते थे। रात को वह कार लाकर गली में ठूँसकर ऐसे रखते थे, जैसे उनका निजी ग़ैराज हो। दूसरी पड़ोसन एक महिला थीं, जो घरों में झाड़ू-पोंछा लगाने का काम करती थीं। नीचे एक मुल्ला जी थे, जो घर में रुई के गद्दे बनाने का काम करते थे। ठीक सामने वाले कमरे में एक सिख परिवार रहता था। सभी पड़ोसियों से हमारे बहुत अच्छे सम्बन्ध रहे थे। हमसे सटे हुए कमरे में वर्मा जी का परिवार रहता था। हमारी उनसे ख़ूब बनती थी क्योंकि वे हमसे अख़बार उधार लेकर पढ़ने के बड़े शौक़ीन थे। बदले में हम उनके टेलीविज़न पर रविवार की शाम वाली फ़िल्म साथ-साथ देख लेते थे।

1984 का सिख हत्याकांड

उसी दौरान भारत के इतिहास को कलंकित करने वाले सिख विरोधी दंगे हुए थे। सन् 1984 में एक उन्मादी सिख अंगरक्षक ने इन्दिरा गांधी की हत्या कर दी थी। उसकी प्रतिक्रिया में नवम्बर के पहले सप्ताह में देश भर में हज़ारों सिखों की नृशंस हत्या कर दी गई। अकेले दिल्ली में वह संख्या तीन हज़ार के क़रीब थी। मैं 01 नवम्बर की सुबह अपनी छोटी सी बालकनी में चाय पी रहा था। तभी अलग-अलग गलियों से ख़ून-ख़राबे पर उतारू लोगों के झुंड सिखों को गालियाँ देते हुए इधर-उधर भागते दिखे।

थोड़ी देर बाद घर के सामने की गली के गुरुद्वारे से लाउडस्पीकर पर ऐलान होने लगा था कि अपनी हिफ़ाज़त के लिए सिख संगत गुरुद्वारे में जमा हो जाएँ। गोविन्दपुरी की गलियों में से कुछ सिख चोरी-छुपे गुरुद्वारे की तरफ़ भागते दिखे। हमें अपने ठीक सामने रहने वाले सरदार हरदेव सिंह के परिवार की चिन्ता हुई। मैंने उनका दरवाज़ा खटखटाया। वे लोग गुरुद्वारे की मुनादी सुनकर

बहुत घबराए हुए थे। मैंने सरदार जी के बारे में पूछा तो पता चला कि वे रोज़ की तरह सुबह ही काम पर निकल गए थे।

दोपहर के बारह-एक बज चुके थे। मोहल्ले के बाहर के लोगों की हिंसक भीड़ सिखों के घर ढूँढ़ रही थी। हम उनके हाथों में तलवारें, लाठियाँ, लोहे के सरिये और पेट्रोल या तेल से भरे हुए डिब्बे देखकर बुरी तरह घबरा गए थे। हमने आनन-फ़ानन में उस सिख परिवार के सदस्यों को अपने घर में घुसा लिया। हरदेव जी की पत्नी के अलावा उनकी 18 और 16 साल की दो बेटियाँ, और 8 साल का बेटा था। हमने उनके घर में ताला लगवा दिया और अपने घर का दरवाज़ा अन्दर से बन्द कर लिया। कुछ देर बाद ख़ून का प्यासा एक झुंड हरदेव सिंह का पता पूछते हुए हमारी बिल्डिंग के ब्लॉक में घुसने लगा। हमने अपने कमरे को दो हिस्सों में बाँट रखा था। संयोग से हमारे बिस्तर में नीचे कपड़े रखने का बॉक्स बना हुआ था। हमने तीनों बच्चों को उसके अन्दर लिटा दिया और उनकी माँ को सुमेधा जी के साथ बाथरूम में छुपा दिया। मैं जल्दी से बालकनी में जाकर खड़ा हो गया। भीड़ को मुझसे कोई समस्या नहीं थी।

मैंने उन लोगों से पूछा, "किसे ढूँढ़ रहे हैं?"

हाथ में तलवार लहराते हुए एक आदमी बोला, "आपके आसपास एक हत्यारा सिख रहता है।"

मैंने कहा, "उनका मकान तो मेरे सामने ही है। लेकिन सुबह से उनके यहाँ ताला पड़ा है।" दो-तीन लोग तसल्ली करने के लिए सीढ़ियों से ऊपर पहुँचे और ताला लगा देखकर लौट गए। हमने राहत की साँस ली।

हरदेव सिंह के बच्चे अपने पिता की चिन्ता में रो रहे थे। शाम के चार बजे के लगभग माहौल को थोड़ा ठंडा होते देखकर मैंने अपने साथ वाले पड़ोसी को बुलाया। हम दोनों उनका स्कूटर लेकर सरदार जी को ढूँढ़ने निकल पड़े। वे क़रीब 10 किलोमीटर दूर लकड़ी चीरने की मशीन पर नौकरी करते थे। हमें रास्ते भर छुटपुट दंगाई झुंड नज़र आते रहे। लेकिन भोगल इलाक़े के उस बाज़ार का नज़ारा तो इतना ख़ौफ़नाक था कि मुझे कल्पना तक नहीं थी। अच्छे-अच्छे मकान और दुकानें लूट ली गई थीं। लकड़ी चीरने की दुकानों और टालों में से आग की लपटें दिल को दहला देने वाली थीं। चारों तरफ़ धुआँ ही धुआँ था। ऐसा लग रहा था कि गन्दी राजनीति, साम्प्रदायिकता के जुनून और बदले की आग से उठते हुए धुएँ ने भारत की आत्मा को ढक लिया था।

हम दोनों सरदार जी को ढूँढ़ने के लिए घबराए हुए इधर-उधर भागे। काफ़ी देर की मशक़्क़त के बाद वे 10-12 लोगों के साथ एक पंडित जी की चाय की

दुकान में छुपे हुए मिल गए। सरदार जी की आवाज़ नहीं निकल रही थी। वे हमें पहचान कर रोने लगे। लेकिन हम उन्हें नहीं पहचान पाए थे क्योंकि हत्याएँ और आगजनी शुरू होने के बाद वहाँ काम करने वाले सभी सिखों ने अपनी दाढ़ी और बाल मुँड़वा लिये थे। मैं क़रीब 60 साल की उम्र के मोटे सरदार जी को स्कूटर पर बीच में बैठाकर सीधे घर जाकर रुका। मैं सबेरे से ही ख़ुद को बहुत कमज़ोर और असहाय समझ रहा था लेकिन एक परिवार की मदद करने से मेरा आत्मविश्वास लौट आया। हमने अगले दो दिन तक उन्हें अपने घर में ही छुपाकर रखा।

2 नवम्बर को इनसानियत और अमन में भरोसा करने वाले कई लोग बाहर निकलने लगे थे। एक तरफ़ अलग-अलग कॉलोनियों में उन्मादी लोग हत्याएँ, बलात्कार, लूटपाट और आगजनी में जुटे हुए थे, तो दूसरी तरफ़ हम जैसे सैकड़ों लोग खाने-पीने का सामान, कपड़े, दवाइयाँ आदि इकट्ठी कर रहे थे। दिल्ली का लाजपत भवन हमारा अड्डा बन गया था। हम छोटे-छोटे झुंडों में घूम-घूम कर शान्ति बनाए रखने की अपीलें कर रहे थे। मैं उसी दौरान शाम को कुछ स्वयंसेवियों के साथ कल्याणपुरी की कॉलोनी में सिख परिवारों को सुरक्षित निकालने के लिए निकला हुआ था। वहाँ मज़दूरी और छोटे-छोटे धंधे करके पेट पालने वाले सिख बड़ी संख्या में रहते थे। वहाँ की हालत श्मशान से बुरी थी। हम जिस गली में घुसे, वहीं इनसानों के जलने से निकल रहा धुआँ भरा पड़ा था। छोटे-छोटे घरों में इनसानों की अधजली लाशें और शरीर के कटे हुए टुकड़े देखने से ज़्यादा शर्मनाक और क्या हो सकता था? मैं उस दृश्य को अपनी आँखों से अब तक नहीं भुला पाया हूँ। वह धुआँ जैसे अभी भी मेरी नांक में घुसकर मेरा दम घोंटने लगता है। मेरे मित्र स्वामी अग्निवेश, सुरेन्द्र चक्रपाणि और मैं कई दिनों तक लाजपत भवन जाकर राहत और सेवा के काम करते थे।

हमने धीरे-धीरे पैसे बचाकर जून 1986 में एक छोटा सा ब्लैक एंड व्हाइट टेलीविज़न ख़रीदा। उस रविवार को टेलीविज़न का उत्सव मनाया गया था। पड़ोसी परिवारों के साथ खाना हुआ और सबने बैठकर टेलीविज़न पर कोई फ़िल्म देखी। मैं हमेशा से छोटी से छोटी सफलता व उपलब्धि को उत्सव की तरह मनाने में विश्वास करता हूँ। ख़ुशी सिर्फ़ ख़ुशी होती है, छोटी-बड़ी का फ़र्क़ तो सिर्फ़ हमारे अपने नज़रिये की बात है। जो छोटी-छोटी सफलताओं पर ख़ुशी मनाना नहीं जानते, उनकी ज़िन्दगी का ज़्यादातर हिस्सा बड़ी ख़ुशी के इन्तज़ार में ही गुज़र जाता है।

दिलवालों की दिल्ली का मैं एक

30 अगस्त, 1985 का दिन सुमेधा जी, सोना और मेरे जीवन में एक नई ख़ुशी लेकर आया था। उस दिन हमारी बेटी जन्मी थी। मैंने उसे लाड़ में 'बेटू' बुलाना शुरू कर दिया था। संयोग से वह भाई-बहन के सबसे बड़े और पवित्र त्योहार रक्षाबन्धन का दिन था।

हमारे दोनों बच्चों का जन्म दिल्ली नगर निगम के तिब्बिया अस्पताल में हुआ था। अस्मिता के जन्मदिन की कहानी भी बड़ी मज़ेदार है, अनोखी नहीं है। जच्चाघर से निकली नर्सों और डॉक्टरों का चेहरा देखकर मैं बुरी तरह घबरा उठा था क्योंकि ख़ुश होने के बजाय उनके चेहरे लटके हुए थे। मैं उनके पीछे भागा और डरते हुए पूछा कि क्या हुआ है? तो उनका ठंडा सा जवाब था, "लड़की पैदा हुई है।"

मैंने फिर पूछा, "क्या मेरी पत्नी और बेटी ठीक हैं?"

"हाँ बिलकुल ठीक हैं," कहते हुए वे आगे बढ़ गईं।

मेरी ख़ुशी का ठिकाना नहीं रहा था। भला बेटी से बढ़कर, ईश्वर का दिया हुआ और क्या वरदान हो सकता है! मैं जल्दी से भागकर मिठाइयाँ ख़रीद लाया। अस्पताल के डॉक्टरों, नर्सों और दूसरे कर्मचारियों को मिठाई बाँटी। मैंने अपनी हैसियत के मुताबिक नर्सों और प्रसूति गृह के कर्मचारियों को उपहार में कुछ पैसे भी दिये। बेटी का जन्म ईश्वर द्वारा अपनी सृष्टि की निरन्तरता बनाए रखने की इच्छा का प्रमाण है। वे माता-पिता भाग्यशाली होते हैं, जिन्हें ईश्वर अपनी इस इच्छा के लिए चुनता है। हमने अपनी बेटी का नाम अस्मिता रखा। उसके जन्म पर लिखी कविता के अंश—

धरती पर कब महका पहला फूल
कब चहकी पहली चिरैया?
कब हुई पहली भोर?
उस एक दिन में हुआ था यह सब
जिस दिन तू जन्मी मेरी बेटी
तू ही तो है सृष्टि की माँ
मेरी बेटी तू ही है
प्रकृति पर परमात्मा का प्रथम हस्ताक्षर...

दिल्ली में रहते हुए कई तरह की सफलताओं और असफलताओं, सहयोग

और धोखों, संघर्षों और आसानियों के अनुभव किये हैं। दिल्ली के हज़ारों सालों के इतिहास की तरह हमारे जीवन के लगभग 45 सालों की कहानी भी उतार-चढ़ावों से भरी रही है। यहाँ के पुराने किलों, मन्दिरों, मस्जिदों, गली-कूचों से लगाकर आधुनिकतम मेट्रो रेल, शानदार कोठियों और आलीशान इमारतों में झलकती दिल्ली पुरातन पर गर्व और आधुनिकता की दौड़ का अहसास कराती है। कहते हैं, दिल्ली दिल वालों की है। मैं उन्हीं में से एक हूँ।

आन्दोलन के शहीद

धूमदास

17 मार्च, 1985 का दिन था। हम जस्टिस भगवती का फ़ैसला लागू कराने की माँग को लेकर फरीदाबाद के ज़िला कलेक्टर के दफ़्तर पर एक विरोध प्रदर्शन करने के लिए जाने वाले थे। दिन के 11 बजे तक खदानों के पास रेल की पटरी से सटे खुले मैदान में क़रीब 2,000 मज़दूर जमा हो चुके थे। हमें वहाँ से 12 बजे निकलना था।

मैं साढ़े ग्यारह बजे वहाँ पहुँच गया। आमतौर पर हम सभाओं और प्रदर्शनों की शुरुआत लाउडस्पीकर पर क्रान्ति गीतों और कार्यकर्ताओं के भाषणों से करते थे। पास पहुँच जाने के बाद भी जब कोई आवाज़ सुनाई नहीं पड़ी तो मेरे मन में कई तरह की आशंकाएँ उठने लगीं। मैं तेज़ी से जीप भगाता हुआ मैदान में पहुँचा तो वहाँ की हालत देखकर मेरा दिल बैठ गया। कई जगह घायल लोगों के समूह पड़े थे। उसमें से कुछ रो-चीख़ रहे थे। घायलों में औरतें, बच्चे और बूढ़े थे। सौ-सवा सौ लोग रहे होंगे।

मुझे देखते ही वे चिल्लाते हुए मेरी तरफ़ भागे, "भाई साहब, ठेकेदारों ने हमें मार डाला।" मैं घायलों को अस्पताल भेजने की जुगत करने लगा। तभी कुछ कार्यकर्ता मुझे थोड़ी दूरी पर ख़ून से लथपथ पड़े धूमदास के पास खींचकर ले गए। धूमदास हमारे संगठन के स्थानीय कार्यकर्ताओं में से एक था। छत्तीसगढ़ी मज़दूरों में उसकी बड़ी साख थी। लिहाज़ा, खदान मालिक उससे खार खाए हुए थे। वह उस दिन सुबह ही तैयार होकर डेरे के बाहर लोगों को जुलूस में जाने के लिए इकट्ठा कर रहा था। उस वक़्त धूमदास के मुँह, नाक और कानों से

ख़ून निकल रहा था। उसकी साँसें रुक चुकी थीं। मैंने उसे ज़ोर-ज़ोर से पुकारा। मैं बुरी तरह घबरा गया था। धूमदास हमें हमेशा के लिए छोड़ गया है। यह भरोसा नहीं हो रहा था। मैं भी चीख़-चीख़ कर रोना चाहता था लेकिन किसी तरह ख़ुद को सँभालने की कोशिश कर रहा था। मैं यह नहीं चाहता था कि मेरे आन्दोलनकारी साथी हताश हों या हिंसा पर उतारू हो जाएँ।

धूमदास को जल्दी से अपनी जीप में रखकर अस्पताल भागा। परमात्मा से प्रार्थना कर रहा था कि कोई चमत्कार हो जाए और उसकी साँसें चलने लगें। अस्पताल पहुँचने पर बाक़ी घायलों का इलाज शुरू हो गया था, लेकिन डॉक्टरों ने धूमदास को मृत घोषित कर दिया।

धूमदास की उम्र लगभग 24-25 साल की रही होगी। वह साँवला, गठीले शरीर का ठिंगना युवक था। वह अपने बाल लम्बे रखता था, लेकिन वह अपनी दाढ़ी-मूँछें साफ़ रखता था। वह खदानों में पत्थर तोड़ते वक़्त एक लाल धारीदार गमछा लपेटकर नंगे बदन रहता था। कभी-कभी घुटनों तक की धोती और क़मीज़ पहनता था। अपनी मौत के दिन भी वह वही धोती और सफ़ेद काली धारियों वाली क़मीज़ पहने हुए था। वह एक पिछड़ी जाति का बिना पढ़ा-लिखा नौजवान था। उस इलाक़े में काम करने वाले क़रीब दस हज़ार मज़दूरों की तरह धूमदास को भी कोई दलाल बहला-फुसला कर फरीदाबाद लेकर आया था। उन सभी को बँधुआ बनाकर रखा गया था। धूमदास स्वभाव से बड़ा धार्मिक था। उसकी शादी फरीदाबाद आने के साल-डेढ़ साल पहले हुई थी। पत्नी गाँव में ही रहती थी। उनकी कोई सन्तान नहीं थी।

हमले में हुई मौत का मामला होने से उसके शरीर को पोस्टमार्टम के लिए भेज दिया गया। वह सब करते-करते शाम हो चुकी थी। मैं अपने आप को नहीं सँभाल पा रहा था। मौक़ा मिलते ही अस्पताल की पहली मंज़िल पर जाकर एक शौचालय में घुस गया। वहाँ अपने साथी को याद करके बड़ी देर तक रोता रहा। उस वक़्त मुझे शरीर के नश्वर और आत्मा के अमर होने का दर्शन याद नहीं रहा। आसपास का हर व्यक्ति और हर चीज़ धूमदास के माँ-बाप और पत्नी की तरह लग रहे थे। वे धूमदास को वापस माँग रहे थे। नल के पानी से अपना मुँह धोकर शीशे की तरफ़ देखा। उस पर किसी गन्दगी का निशान नज़र नहीं आया। मैंने अपना चेहरा और ग़ौर से देखा तो लगा कि वह सिर्फ़ मेरा चेहरा नहीं, बल्कि आशा, भरोसे और संकल्प से भरे उन लाखों बँधुआ मज़दूरों का मिला-जुला चेहरा है जो हर क़ीमत पर आज़ादी चाहते हैं। उस विचार ने क्षण भर में मेरे भीतर की ताक़त वापस ला दी थी।

मुझे धूमदास की लाश को कन्धे पर उठाकर अपनी जीप में रखकर अस्पताल ले जाने में वज़न महसूस नहीं हुआ था, लेकिन ऐसा लगता है जैसे आज भी मेरे कन्धे पर उसका भार है।

अस्पताल के रास्ते में कुछ कार्यकर्ताओं ने सुबह की घटना के बारे में पूरी जानकारी दी।

एक कार्यकर्ता ने बताया, "प्रदर्शन की ख़बर खदान मालिकों को पहले से ही लग चुकी थी। हम आधी रात तक घूम-घूम कर लोगों को रैली में चलने के लिए तैयार करते रहे। कुछ खदान मालिकों के क्रेशर के दफ़्तरों में लाइट जलती देखकर हमें शक तो हुआ लेकिन इस बात की भनक तक नहीं लगी कि वे हम पर हमले की तैयारी कर रहे हैं।"

उसने कहा, "हम कल दिनभर अपराधी क़िस्म के ठेकेदारों की आवाजाही पर नज़र रखे हुए थे। हम सोचते थे कि वे मज़दूर बस्तियों में जाकर लोगों को डरा-धमकाकर या लालच देकर प्रदर्शन में जाने से रोकेंगे। लेकिन उन्होंने ऐसा नहीं किया। इसलिए हम निश्चिन्त थे।"

उसने आगे बताया, "हम सवेरे से ही मैदान में जुट गए थे। थोड़ी देर बाद कुछ मालिक और ठेकेदार अपने गुंडों के साथ हाथों में बन्दूक़ें और लाठियाँ वग़ैरह लेकर वहाँ पहुँच गए। उन्हीं में से एक दबंग खदान मालिक ने धूमदास और दूसरे कार्यकर्ताओं को गालियाँ देते हुए वहाँ से भाग जाने के लिए धमकाया। हमने मालिकों की बात अनसुनी कर दी। धूमदास मज़दूरों से ज़ोर-ज़ोर से नारे लगवाने लगा। एक खदान मालिक ने बन्दूक़ की बट से उसकी छाती और सिर पर ज़ोर-ज़ोर से वार किये, और भी कई ठेकेदार उसे पीटते रहे।"

हम दूसरे दिन दोपहर तक अस्पताल से धूमदास का शरीर लेकर गुरुकुल के मैदान में पहुँचे। वहाँ पर जमा हुए हज़ारों खदान मज़दूर 'शहीद धूमदास अमर रहे' और 'इन्कलाब ज़िन्दाबाद' के नारे लगा रहे थे। लगभग चार बजे चिता जलाई गई। हम सबने धूमदास की चिता को साक्षी मानकर क़सम ली कि अपनी ज़िन्दगी की आख़िरी साँस तक हम मानव मुक्ति के लिए संघर्ष करेंगे और धूमदास के हत्यारों को अदालत से सज़ा दिलाएँगे।

कुछ महीनों बाद हमने मध्य प्रदेश के बिलासपुर ज़िले में उसके पैतृक गाँव में एक बहुत बड़ी श्रद्धांजलि सभा आयोजित की थी। उसमें आसपास के गाँवों के हज़ारों लोग शामिल हुए थे। कार्यक्रम का मक़सद उसके परिवार को सम्मानित करके उनकी आर्थिक मदद करना था। हमने अपने संगठन और दोस्तों

की मदद से क़रीब 20 हज़ार रुपये इकट्ठे किये थे। वह धनराशि धूमदास के माता-पिता और पत्नी को समर्पित की गई।

हत्यारों को सज़ा दिलाने की नाकाम कोशिशें

धूमदास की हत्या के कई चश्मदीद गवाह थे। उनमें हमारे संगठन के एक वरिष्ठ नेता थे। दो मज़दूर भी थे जो धूमदास के पड़ोसी या शायद रिश्तेदार थे। हमारे वकीलों ने उन तीनों का नाम मुख्य गवाहों के रूप में फरीदाबाद में लिखवा दिया। सारे सबूत हमारे पक्ष में थे। इसलिए हमें पूरा भरोसा था कि हत्यारों को ज़रूर सज़ा मिलेगी। वह मुकदमा कई सालों तक चलता रहा था। धूमदास की हत्या का मुख्य आरोपी एक कुख्यात करोड़पति खान माफ़िया था जो राजनीति में बड़े-बड़े ओहदों पर रहा था।

उसी दौरान एक बार फरीदाबाद के खदान क्षेत्र में बने गुरुकुल इन्द्रप्रस्थ (धार्मिक विषयों की शिक्षा का रिहायशी विद्यालय) के मुखिया स्वामी शक्तिवेश ने मुझे बुलाया। उनके साथ इलाक़े के कुछ सम्मानित और असरदार लोगों के अलावा दो खदान मालिक भी थे। उनमें कोई भी हत्या का आरोपी नहीं था। मैंने सोचा कि शायद वे लोग मुक़दमे में मदद करना चाहते हैं। इधर-उधर की बातचीत के बाद शक्तिवेश जी ने मुझसे कहा, "कैलाश जी, इस इलाक़े में आपके लिए ख़तरा बढ़ता जा रहा है। आपके दोस्त स्वामी अग्निवेश आपकी यूनियन की आड़ में इस गुरुकुल पर क़ब्ज़ा करना चाहते हैं। यहाँ तक कि मेरी हत्या तक करा सकते हैं। इतना ही नहीं, वह अपने एक कॉलोनाइजर मित्र की मदद के लिए खदानों को बन्द करवाने की कोशिश कर रहे हैं। ताकि इन ज़मीनों को सैकड़ों गुने दामों पर बेचकर कॉलोनी बसाई जा सके।"

मुझे उनकी बात पर भरोसा नहीं हुआ, बल्कि बहुत ग़ुस्सा आया। मैंने कह दिया, "कृपया मुझे डराने या भड़काने की कोशिश मत कीजिए। साफ़ बताइए कि आप लोग मुझसे क्या चाहते हैं?"

वे बोले, "आप धूमदास की हत्या का मुक़दमा कभी नहीं जीत पाएँगे, इसलिए हमारी सलाह है कि समझौता कर लीजिए। हम आपका और आपके संगठन का भी कुछ फ़ायदा करा देंगे।"

मेरा ग़ुस्सा और बढ़ गया था। लेकिन मैंने उस पर काबू रखते हुए कहा कि कृपा करके मुझे सोचने का वक़्त दीजिए। वहाँ से लौटने के बाद मैं उनसे फिर कभी नहीं मिला। दुर्भाग्यवश, कुछ साल बाद शक्तिवेश जी की सचमुच हत्या

हो गई। हत्या किसने और क्यों की, यह कभी पता नहीं चल सका।

अपनों से ही हारे हम

धूमदास की हत्या के मुक़दमे में आख़िरी गवाहियों का दिन आ गया। फरीदाबाद के सेशन कोर्ट में सुनवाई चल रही थी। अदालत पहुँचने पर मेरे कार्यकर्ताओं ने बताया कि दोनों चश्मदीद गवाह पिछली शाम से ही ग़ायब हैं। उनकी झुग्गियों पर ताले पड़े हैं। फिर भी, आशा की एक किरण बाक़ी थी क्योंकि मुझे अपने तीसरे गवाह पर पूरा भरोसा था।

वह भी काफ़ी देर तक अदालत में नहीं पहुँचा। उस भरोसेमन्द साथी पर शक करना मुश्किल था क्योंकि उसने यूनियन बनाने में सचमुच बहुत मेहनत की थी। अदालत की कार्यवाही शुरू होते ही वह आदमी हत्या के आरोपी पक्ष के वकीलों के साथ कोर्ट रूम में पहुँचा। यह देखकर मेरी हैरानी की कोई सीमा नहीं थी। उसकी आँखें शर्म के मारे झुकी हुई थीं, लेकिन आरोपियों के चेहरों पर शरारत भरी मुस्कानें थीं। गवाही हुई। मेरा वह साथी पुलिस में दिये गए अपने बयान से पलट गया। उसने आरोपियों को पहचानने से इनकार कर दिया। हम ग़ुस्से, निराशा और दुख से भरे हुए बाहर निकलकर एक चाय की गुमटी पर बैठ गए। कुछ देर बाद देखा कि धूमदास की शहादत से गद्दारी करने वाला वह आदमी एक नई मोटरसाइकिल पर सवार होकर वहाँ से निकल रहा था। उस व्यक्ति के मन में राजनीति में जाने और विधायक बनने की बड़ी ख़्वाहिश थी। कुछ सालों के बाद में पता चला था कि खान माफ़िया ने अपने रसूख का इस्तेमाल करके उसे चुनाव का टिकट भी दिला दिया था।

ख़ैर, हम सेशन कोर्ट से अपना मुक़दमा हार गए। धूमदास के हत्यारे छूट गए।

उस घटना का मुझ पर बहुत गहरा भावनात्मक असर पड़ा। कुछ दिनों तक मैं अपने संगठन के कई साथियों पर शक भी करने लग गया था; जबकि वह मेरी आदत और स्वभाव से एकदम उलट है। गवाहों और सबूतों के अभाव में हम किसी ऊँची अदालत का दरवाज़ा खटखटाने के क़ाबिल नहीं थे। न ही हमारे पास संसाधन थे। इन कारणों से मैं ख़ुद को बहुत बेबस महसूस करता रहा था।

शहीद आदर्श किशोर

1988 की गर्मियों में हमारे आन्दोलन को फिर से एक बड़ा झटका लगा था।

उन्हीं खदानों में हमारे एक पुराने साथी आदर्श किशोर शर्मा की हत्या कर दी गई थी। वह क़रीब चार सालों से हमारे संगठन का पूर्णकालिक कार्यकर्ता था। तब उसकी उम्र क़रीब 30 साल की रही होगी। आदर्श की माँ का देहान्त हो चुका था। वह अपने रिटायर्ड शिक्षक पिता का अकेला बेटा था। जहाँ तक मुझे याद है उसकी दो बड़ी बहनें थीं। वह अक्सर देशभक्ति के गीत गुनगुनाता रहता था। उसकी लम्बाई पाँच फ़ुट चार इंच के क़रीब होगी। छोटी उम्र में ही उसकी तोंद दिखने लगी थी। साँवले रंग और गोल चेहरे वाले उस नौजवान के सिर के बाल काफ़ी झड़ चुके थे। वह कभी-कभी बोलने में हकलाता था। रबड़ या चमड़े की पुराने फ़ैशन की चप्पलें, ढीले-ढाले पतलून और बुशर्ट पहनने वाला आदर्श अपने काम में बड़ा चतुर और धुनी आदमी था।

एक बार हम राजस्थान के एक क़स्बे में बँधुआ मज़दूरों को छुड़ाने के लिए छापामार कार्रवाई करने गए थे। वहाँ एक छोटे से लॉज में ठहर गए। आसपास खाने-पीने की कोई ठीक-ठाक दुकान नहीं थी। आदर्श जी ठहरे पेटू। वे रात को मेरे पास आकर बोले, "भाई साहब, यह जगह आपके ठहरने के लिए सुरक्षित नहीं है।"

मैं उनका मक़सद समझ गया। उन्हें साथ लेकर लॉज की तीसरी मंज़िल के दड़बेनुमा कमरों से नीचे उतर तिपहिया साइकिल रिक्शे से रेलवे स्टेशन के पास पहुँचा। ट्रेनों की आवाजाही के कारण वहाँ देर रात तक खाने की दुकानें खुली रहती हैं। हलवाई की एक दुकान पर रिक्शा रुकवाकर मैंने आदर्श से कहा, "पंडित जी, सबसे सुरक्षित जगह पहुँच गए हैं। जल्दी से अन्दर आ जाओ।"

आदर्श शरमा गया। फिर हम सभी हँसते-हँसते दुकान में घुस गए। सब ने ख़ूब छककर पूरी, सब्ज़ी और गुलाब जामुन खाए। मैं तले हुए खाने से परहेज रखता था, इसलिए दाल-रोटी खाई। मैं अक्सर बड़े जोखिम भरी कार्यवाहियों से पहले की रात में अपने साथियों के साथ बैठकर ख़ूब हँसी-मज़ाक़ करता था। उन्हें देर रात में आइसक्रीम, मिठाई और गरम-गरम दूध या रबड़ी खिलाने ले जाता था। हम मिलकर ख़ूब जोशीले गीत गाते थे। कौन जाने, हममें से किसी को ऐसा मौक़ा दुबारा मिले न मिले! आदर्श ने बड़े उत्साह से अपना प्रिय गीत 'मेरा रंग दे बसन्ती चोला...' गाया।

आदर्श किसी न किसी बहाने से हमारे घर में आकर ठहर जाता था। वह सुमेधा जी के साथ मीठी-मीठी बातें करके रसोईघर में घुसकर सबसे पहले मिठाई चट कर लेता था। चाय का शौक़ीन होने के कारण ख़ुद कई-कई बार चाय बनाकर पीता रहता था। वह बड़े फक्कड़ स्वभाव का आदमी था। ख़ुद तो

घर बसाने से रहा, इसलिए हम ही उसकी शादी की चिन्ता करते रहते थे। कई बार उसे दूर रखना चाहते थे, लेकिन वह बड़ा चिपकू आदमी था। हमें छोड़ना ही नहीं चाहता था। लेकिन जब छोड़ा तो ऐसा कि वह हमारे संगठन के लिए प्रेरणा-पुंज बन गया।

वह खदान माफ़िया की आँखों की किरकिरी बन गया था। कभी-कभी गुरुकुल इन्द्रप्रस्थ को एक सुरक्षित जगह मानकर रात को वहीं रुक जाता था। एक रात वह पहाड़ी के ऊपर किले की तरह बने गुरुकुल की छत पर सो रहा था। आधी रात के समय हत्यारों ने उसे सोते में ही गोलियों से छलनी कर दिया।

उस बार भी हमने हत्यारों को ढूँढ़ने और सज़ा दिलाने के लिए जी-जान लगा दी। पुलिस महीनों तक छानबीन करती रही थी। लेकिन वह सब दिखावा भर था। धूमदास की तरह आदर्श किशोर के हत्यारों को भी सज़ा नहीं दिलाई जा सकी।

सच्चाई के युद्ध में हार को असत्य की जीत मान लेना समझदारी नहीं है। ज़रूरी नहीं है कि जीता गया युद्ध सत्य या न्याय की जीत ही हो। असत्य की जीतें स्थायी नहीं होतीं। वे अक्सर विनाशकारी और दूरगामी भविष्य के लिए आत्मघाती होती हैं।

धूमदास और आदर्श किशोर की शहादतें बेकार नहीं गईं। हमने अपने आन्दोलन को तेज़ धार दी। इन सबका मिला-जुला परिणाम यह रहा कि सुप्रीम कोर्ट का फ़ैसला लागू होना शुरू हो गया। 15-20 साल ज़रूर लगे, किन्तु फरीदाबाद और आसपास से अवैध खनन ही नहीं बल्कि हर तरह की खुदाई पर रोक लग गई। हालाँकि तब तक खदानों में क्रैशरों से उड़ने वाली धूल से होने वाले पर्यावरण-विनाश का मुद्दा भी जुड़ गया था।

लगभग दो हज़ार बँधुआ मज़दूरों को उनके गाँव में अलग-अलग सरकारी योजनाओं के अन्तर्गत पुनर्वासित करा दिया गया। जो फरीदाबाद में ही बसना चाहते थे, उन्हें मकान बनवाकर दिये गए थे। आज सैकड़ों परिवार उन मकानों में रहते हैं। सभी के बच्चे पढ़ाई करके आगे बढ़ रहे हैं। उन्हीं में से एक मुक्त बँधुआ बाल मज़दूर लक्ष्मण मास्टर हैं। लक्ष्मण मास्टर 'बचपन बचाओ आन्दोलन' के ख़ज़ांची हैं। उनका बड़ा बेटा इंजीनियर बन चुका है। छोटा, चार्टर्ड अकाउंटेंट है और तीसरा मैनेजमेंट की पढ़ाई पूरी करके अच्छी नौकरी कर रहा है। एक दूसरे व्यक्ति रामकृपाल थे जो हमारे बाल आश्रम के हेडमास्टर और डिप्टी मैनेजर हैं। उनकी बेटियाँ यूनिवर्सिटी में अलग-अलग विषयों की पढ़ाई कर रही हैं।

ईंट भट्ठा मज़दूरों का संगठन

हमने पत्थर खदानों के साथ-साथ ही ईंट-भट्ठों पर भी यूनियनें बनाना शुरू किया था। वहाँ पर भी हमें मालिकों का विरोध और धमकियाँ मिलने लगी थीं। कई बार मालिकों के गुर्गों ने हमारी सभाओं में तोड़-फोड़ और हम पर पथराव किये थे। मुझे और मेरे साथियों को चोटें लगीं। उस सबके बावजूद तीन सालों में यूनियन में लगभग 15,000 सदस्य बन गए थे।

हमें कई सफलताएँ मिली थीं। कई राज्य सरकारों ने मज़दूरी की क़ानूनी दरें लागू कर दीं, जो पहले नहीं होता था। ज़्यादातर भट्ठों पर बँधुआ मज़दूरी रुकी और बाल मज़दूरी काफ़ी हद तक घट गई थी। बहुत से मज़दूरों ने शराब पीना छोड़ दिया, जिससे महिलाओं की इज़्ज़त और सुरक्षा बढ़ गई। कुछ भट्ठा मालिक भले थे। उन्होंने हमारी बात मानकर भट्ठों पर बच्चों की पढ़ाई और दवाई आदि का इन्तज़ाम कर दिया।

भारत के बाहर काम का फैलाव

भारत की सीमाओं से बाहर मेरा पहला सम्पर्क एशियन कल्चरल फोरम ऑन डेवलपमेंट (एक्फाड) नाम की संस्था से हुआ था। उसे एशियाई देशों के कुछ मानवतावादी, प्रगतिशील सामाजिक कार्यकर्ताओं और बुद्धिजीवियों ने मिलकर बनाया था। वे ऐसा मानते थे कि पश्चिमी विकास का मॉडल भौतिकतावादी सोच से चलता है जिससे समाज, संस्कृति और प्रकृति को बड़ा नुक़सान होता है। इनका बचाव और आर्थिक विकास साथ-साथ चलना चाहिए।

एक्फाड का मुख्यालय बैंकाक में था। वह अलग-अलग मतों में बसी आध्यात्मिक चेतना, सांस्कृतिक मूल्यों और न्याय के संघर्षों की बुनियाद पर विकास के एजेंडा की वकालत करने वाला पहला एशियाई मंच था। उसकी शाखाएँ न्यूज़ीलैंड, ऑस्ट्रेलिया, जापान, मलेशिया, इंडोनेशिया, थाईलैंड, भारत, नेपाल, बांग्लादेश आदि लगभग सभी एशियाई देशों में थीं। एक्फाड ज़मीनी स्तर पर लोगों की भागीदारी और सशक्तीकरण के कई कार्यक्रम चलाता था। मुझे उनके विचार और कार्यक्रम बहुत अच्छे लगे थे, इसलिए 1981 में उसका सदस्य बन गया। फिर कुछ वर्षों के बाद 1985 में बोर्ड का सदस्य चुन लिया गया था।

मुझे एक्फाड के माध्यम से न केवल एशियाई देशों में, बल्कि 1987 में उसके एक प्रतिनिधिमंडल का नेतृत्व करते हुए पेरू, ग्वाटेमाला बोलीविया और मैक्सिको जाने का मौक़ा मिला था। उन देशों में सैकड़ों सरकारी और ग़ैर-सरकारी संगठनों, संयुक्त राष्ट्रसंघ की संस्थाओं, विश्वविद्यालयों, आदिवासी समूहों और आन्दोलनकारियों के साथ वक़्त गुज़ारने और सीखने-समझने का सौभाग्य मिल सका। वहाँ बाल मज़दूरी, बँधुआ मज़दूरी और बाल वेश्यावृत्ति की समस्याओं को नज़दीक से देख पाया था।

मैं एक्फाड के संस्थापकों और विचारकों में से एक सुलक सिवरक्षा की विद्वत्ता से बड़ा प्रभावित हुआ था। वे दुनिया के जाने-माने बौद्ध विद्वान हैं। लोकतंत्र और मानव अधिकारों में गहरी आस्था पर लेखन के कारण उन पर देशद्रोह का मुक़दमा भी चला था। कुछ सालों में हमारे बीच अच्छी मित्रता हो गई थी। उन्हीं की तरह जापान, मलेशिया, इंडोनेशिया और फ़िलीपीन्स आदि देशों के अध्यात्म प्रेरित सामाजिक नेताओं से मेरा भी मिलना-जुलना बहुत हो गया। उनसे यह जाना कि सभी धर्मों में समानता और न्याय के लिए सामाजिक बदलाव की चिंगारियाँ भरी पड़ी हैं। उन चिंगारियों को खोज निकालने और प्रयोग में लाने की ज़रूरत है।

1988 में संस्था का एक बड़ा कार्यक्रम जापान के मिनामाता शहर में आयोजित हुआ था। भोपाल की गैस त्रासदी के अलावा मिनामाता त्रासदी को दुनिया की सबसे बड़ी औद्योगिक दुर्घटनाओं में से एक माना जाता है। एक रासायनिक कारख़ाने से निकले मिथाइल मर्करी के समुद्र में घुलने से वहाँ 1950 के दशक में ऐसी बीमारी सामने आई जो पीढ़ी दर पीढ़ी चलती रही। सैकड़ों लोगों की जानें चली गई थीं और कई हज़ार लोग अपंग हो गए थे। मैं वहाँ पर ऐसे बहुत से लोगों से मिला जो अपाहिज पैदा हुए थे। उनकी हथेलियाँ, पंजे, चेहरे, हाथ, पैर, गर्दन आदि अंग सिकुड़े हुए, लकवाग्रस्त जैसे लग रहे थे। हमने एक्फाड के माध्यम से वहाँ दुनिया के कई भागों से, औद्योगिक दुर्घटनाओं से पीड़ित व्यक्तियों को बुलाया था। हमने मुनाफ़े और पूँजी निर्माण के पागलपन में किये जा रहे आर्थिक विकास पर प्रश्न उठाया था। संवेदनहीन विकास बाहरी आडम्बर तो खड़े कर सकता है, लेकिन मनुष्यता, सुरक्षा और शान्ति के लिए ख़तरा बना रहता है।

हम उसी यात्रा में टोक्यो, ओसाका, हिरोशिमा और नागासाकी भी गए थे। द्वितीय विश्वयुद्ध में बुरी तरह तबाह हो चुके जापान ने जिस संकल्प, अनुशासन, आत्मविश्वास और बुद्धिमत्ता से ख़ुद को न केवल दुबारा से खड़ा किया, बल्कि दुनिया के सबसे आधुनिक और विकसित देशों में से एक बनकर दिखा दिया। आज हिरोशिमा और नागासाकी की भव्यता मनुष्य की असीमित क्षमताओं और शक्ति का परिचायक हैं। मैं उस स्थान पर जाकर बहुत भावुक हो उठा, जहाँ पर 1945 में पहले परमाणु बम गिराए गए थे। वहाँ बने संग्रहालय में बमों से निकले धुएँ, आग, गुबार और तबाही के चित्र दिल दहला देने वाले थे।

वहाँ खड़े होकर मैं सोच रहा था, आख़िर वह कैसी सभ्यता है जो ज़िन्दगी बचाने के बजाय उसे छीनने के नये-नये तरीक़े ईज़ाद करती है? यह कितना बड़ा

दुर्भाग्य है कि विनाश के उस क्रूरतम प्रयोग के बाद पछताने या उससे सीख लेने की बजाय और ज़्यादा घातक न्यूक्लियर हथियार राष्ट्रों की ताक़त और तरक़्क़ी की पहचान बन गए हैं! अगर विध्वंस के बाद पुन:निर्माण ही होना है, तो पहले विध्वंस करना कहाँ की समझदारी है? युद्ध के बाद शान्ति तलाशने की बजाय, उसे पहले से ही हासिल करने के उपाय क्यों न कर लिये जाएँ?

मुझे हैरानी है कि हम अब तक यह नहीं समझ पाए हैं कि सुरक्षित और निडर रहने के लिए साथ-साथ चलने के अलावा दूसरा कोई रास्ता नहीं है। जब तक हम साथ-साथ चलना नहीं सीखते, तब तक जाने-अनजाने भय से छुटकारा नहीं पा सकते।

बाल मज़दूरी मिटाने की कोशिश का फैलाव

1983-84 के बाद से हमारा काम बाल मज़दूरी पर केन्द्रित होता चला गया। उसके बाद समाज के सभी वर्गों में बहुत सारे वैचारिक, राजनीतिक और नीतिगत सवाल उठने लगे थे क्योंकि उन दिनों बाल मज़दूरी को बुराई या अपराध नहीं माना जाता था। आर्थिक सहयोग करने वाले संगठन तक बाल मज़दूरी विरोधी गतिविधियों के लिए सहायता देने के लिए तैयार नहीं थे। मैंने अपने ज़मीनी अनुभव के आधार पर ऐसे मज़बूत तर्क गढ़ने शुरू किये, जिनसे साबित किया जा सके कि अशिक्षा, वयस्कों की बेरोज़गारी, बीमारियों, जनसंख्या वृद्धि और पीढ़ी-दर-पीढ़ी ग़रीबी का सबसे बड़ा कारण बाल मज़दूरी है। धीरे-धीरे हमारे कुछ लोगों को यह समझ में आने लगी थी।

नवम्बर 1989 में संयुक्त राष्ट्रसंघ के बाल अधिकार कन्वेंशन पारित होने के बाद बच्चों के हितों के लिए काम करने वाली स्वयंसेवी संस्थाओं की बाढ़ आ गई। सरकारों और दानदात्री संस्थाओं ने भी बाल अधिकार रक्षा के नाम पर संगोष्ठियों, अध्ययनों, शोधों और जागरूकता के कार्यों के लिए भारी-भरकम आर्थिक सहायता देना शुरू कर दिया था। इस काम के लिए आसानी से विदेशी धन मिलने का रास्ता देख बाल अधिकार के नाम पर कई संस्थाएँ बन गईं। इनमें से ज़्यादातर बच्चों के काम करने के अधिकार, यानी उनके मज़दूरी करने की ज़बरदस्त वकालत करती थीं। तब बाल मज़दूरी का विरोध करने वाले इक्के-दुक्के एनजीओ ढूँढ़ पाना भी मुश्किल होता था।

विदेशी मीडिया में हमारे कामों की ख़बरें आने से कई मानव अधिकार संगठनों से हमारे सम्बन्ध बनने लगे थे। उनमें से एंटी स्लेवरी सोसाइटी, आईसीएफटीयू

(श्रमिक संगठनों का अन्तरराष्ट्रीय महागठबन्धन) और एजुकेशन इंटरनेशनल जैसे संगठन प्रमुख थे। उसी बीच यूरोप और अमेरिका की कई संस्थाओं ने हमारे संघर्ष और उपलब्धियों के लिए मुझे पुरस्कार-सम्मान देना शुरू कर दिया। उन पुरस्कार समारोहों में कई महत्त्वपूर्ण व्यक्ति, राजनेता, पत्रकार, बुद्धिजीवी और युवा शामिल होते थे। वहाँ अपने विचार और तर्क रखने का सबसे बड़ा फ़ायदा यह हुआ कि मेरे विचारों पर बौद्धिक बहस शुरू हो गई थी। धीरे-धीरे समर्थन भी बढ़ने लगा था।

दक्षिण एशियाई बाल दासता विरोधी संगठन

भारत के अलावा पाकिस्तान, नेपाल और बांग्लादेश में चल रही बाल दासता के बारे में मुझे थोड़ी-बहुत जानकारी थी, लेकिन न तो इस अपराध के बारे में कोई जागरूकता थी और न ही पर्याप्त क़ानून थे। इसलिए दक्षिण एशियाई देशों के कार्यकर्ताओं और संगठनों को जोड़कर एक गठबन्धन बनाना ज़रूरी था। हैरानी की बात यह थी कि तब तक दक्षिण एशिया में किसी भी मुद्दे पर कोई साझा मंच या गठबन्धन नहीं बन सका था। इसका सबसे बड़ा कारण भारत और पाकिस्तान के बीच के तनावपूर्ण रिश्ते थे। मैं सोचता था कि बच्चों के मुद्दे पर सिविल सोसाइटी का गठबन्धन बन जाने से आपसी रिश्ते भी सुधर सकते हैं।

एक्फाड से जुड़े एशिया के कई कार्यकर्ताओं और सामाजिक संगठनों से मेरे बड़े अच्छे सम्बन्ध थे। उनमें नेपाल में सी-विन के गौरी प्रधान, पाकिस्तान में भट्ठा मज़दूर महाज के एहसान उल्लाह ख़ान, बांग्लादेश में कैरितास के फ़ादर टिम और रोजालिन कोस्ता, श्रीलंका में मानव अधिकारों के लिए काम करने वाले वकीलों का एक समूह आदि प्रमुख थे। हमने उन सभी को चिट्ठियाँ लिखकर अपने विचार साझा किये। वे राज़ी हुए। 1989 में हमने नई दिल्ली के विश्व युवक केन्द्र में एक तीन दिवसीय सम्मेलन आयोजित किया, जिसमें उन सबके अलावा लगभग दो सौ सामाजिक कार्यकर्ता और ग़ुलामी से मुक्त कराए गए बच्चे शामिल हुए। उस सम्मेलन का उद्घाटन सर्वोच्च न्यायालय के न्यायमूर्ति पी.एन. भगवती ने किया था।

सम्मेलन में साउथ एशियन कोइलिशन अगेन्स्ट चाइल्ड सर्विट्यूड (दक्षिण एशियाई बाल दासता विरोधी गठबन्धन) की स्थापना की गई। गठबन्धन माध्यम से न केवल क्षेत्र में बाल दासता की समस्या उजागर हुई, बल्कि सरकारों को भी सक्रिय होना पड़ा।

उसी साल अगस्त के पहले सप्ताह में एहसान उल्लाह ख़ान और मैंने दक्षिण एशियाई बाल दासता का मुद्दा जिनेवा में संयुक्त राष्ट्रसंघ मानवाधिकार आयोग की बैठक में उठाया। उसके बाद हम कई साल तक लगातार आयोग की सालाना बैठकों में समकालीन दासता पर ठोस प्रमाणों के साथ अपनी बात उठाते रहे।

मुझे 1990 के अगस्त के पहले हफ़्ते का एक वाक़या याद आ रहा है। मैंने उस समूह में पाकिस्तान के गलीचा उद्योग में बच्चों की ग़ुलामी और खाड़ी देशों में होने वाली ऊँटों की दौड़ में उनकी गर्दन पर बाँधने के लिए बच्चों की तस्करी का मुद्दा उठाया। तभी वहाँ मौजूद पाकिस्तान के राजदूत उठकर खड़े हो गए। उन्होंने बड़े कड़वे अन्दाज़ में मुझे रोकते हुए आरोप लगाया कि मैं एक भारतीय हूँ जो पाकिस्तान को बेवजह बदनाम कर रहा है। बैठक के अध्यक्ष को पाकिस्तानी राजदूत को सख़्ती से रोकना पड़ा था। लेकिन सबसे मजेदार बात यह हुई कि भारत में बच्चों की ग़ुलामी पर बोलने के कारण भारतीय राजदूत ने मेरी बात का विरोध करते हुए आइन्दा मुझे उस बैठक में न बुलाने की माँग की। उन विवादों का बड़ा फ़ायदा हुआ। बैठकों में आने वाले कई मानव अधिकार संगठनों के अधिकारियों से मेरी पहचान हो गई। उन्हीं में से आईएलओ के एक वरिष्ठ अधिकारी डॉ. असेफा बेक़ले थे, जो अफ्रीकन चाइल्ड पॉलिसी फ़ोरम के संस्थापक और एक्जीक्यूटिव डाइरेक्टर भी थे। उन्हीं के माध्यम से आईएलओ से मेरा सम्पर्क शुरू हुआ था। हमारी वह मित्रता विश्व यात्रा के आयोजन में बड़े काम आई थी।

मानव अधिकारों की अद्वितीय योद्धा कैरी कैनेडी से मित्रता

'रॉबर्ट एफ. कैनेडी ह्यूमन राइट्स अवार्ड' मिलने से हमारे काम में बहुत लाभ हुआ था। मैं एक बार इटली में किसी कार्यक्रम में भाग लेने गया था। वहीं अचानक श्रीमती ईथल कैनेडी का फ़ोन आया। कई बार मुझे अमेरिकियों के उच्चारण जल्दी समझ नहीं आते। सच्ची बात यह थी कि मैं रॉबर्ट कैनेडी का प्रशंसक होते हुए भी उनकी पत्नी का नाम नहीं जानता था। उस पुरस्कार का नाम भी नहीं मालूम था। उन्होंने जब मुझे उसके लिए चुने जाने की सूचना दी तो उनकी पूरी बात समझ में नहीं आई। मैंने उनसे दोबारा से अपना परिचय बताने और जानकारी देने के लिए कहा। वे हँस पड़ीं। फिर बड़ी विनम्रता के साथ धीरे-धीरे बोलकर मुझे वह सूचना दी। वह 1995 की बात है। मैं अवॉर्ड लेने वाशिंगटन गया था। वहीं उनके सारे परिवार से परिचय हुआ। उनकी बेटी कैरी मेरी अच्छी मित्र बन गईं।

वे हमारे सभी अभियानों का अभिन्न हिस्सा बनीं। कैरी बाद में ग्लोबल मार्च में भाग लेने के लिए अपनी मित्र और निकारागुआ की समाजसेवी, प्रसिद्ध अभिनेत्री बिअंका जैगर के साथ भारत आई थीं। कैरी अपनी दुधमुँही जुड़वाँ बच्चियों को अमेरिका में छोड़कर भारत की धूल, आँधी और गर्मी में पैदल चली थीं। न्याय और मानव अधिकारों के लिए उनकी प्रतिबद्धता अद्वितीय है।

उनकी प्रसिद्ध पुस्तक 'स्पीक ट्रुथ टू पावर' में मेरे जीवन और कार्यों पर एक अध्याय शामिल होने से बाल दासता के बारे में चेतना फैलाने में बड़ी मदद मिली। वह पुस्तक कई देशों और कई भाषाओं में प्रकाशित हुई है। उन्होंने अपनी संस्थाओं, रॉबर्ट एफ. कैनेडी सेंटर फॉर ह्यूमन राइट्स और स्पीक ट्रुथ टू पावर के माध्यम से मुझे कई देशों में आमंत्रित किया था। उसके कारण कई महत्त्वपूर्ण लोग हमारे मुद्दों से जुड़ सके।

धीरे-धीरे मेरे परिवार के साथ उनके और उनकी बेटियों के सम्बन्ध घनिष्ठ होते गए। 2017 में कैरी और न्यूयार्क के गवर्नर एन्ड्यू कूमो की बेटी कारा ने कई महीनों तक जयपुर ज़िले के विराटनगर में स्थित हमारे बाल आश्रम में रहकर सेवा कार्य किया। 2017-18 में कैरी ने अपनी तीनों बेटियों, कारा, मिकेला और मराया के साथ बाल आश्रम में रहते हुए क्रिसमस और नये साल की छुट्टियाँ बिताई थीं। मैंने विश्व के कई मंचों पर कैरी के साहस, सच्चाई और विद्वत्ता का असर देखा है, लेकिन जिस सरलता, सादगी और अपनेपन से वे बाल आश्रम के बच्चों के साथ उन्हीं की तरह खेलती-कूदती, नाचती-गाती और हँसी-मज़ाक़ करती हैं, उसे देखकर कोई नहीं कह सकता कि वे कैनेडी वंश की सबसे देदीप्यमान सितारा हैं।

कैरी कैनेडी कैलाश सत्यार्थी चिल्ड्रं'स फ़ाउंडेशन की बोर्ड मेंबर और लॉरिएट्स एंड लीडर्स फॉर चिल्ड्रन के संचालन मंडल की सदस्य हैं।

जाको राखे साइयाँ मार सके ना कोय

न जाने कितनी बार मेरा मौत से आमना-सामना हुआ है। कभी जुनून के कारण तो कभी मूर्खता से। यहाँ मैं सिर्फ़ चार घटनाएँ लिख रहा हूँ जिनमें मौत अलग-अलग रूपों में आई, फिर भी ज़िन्दगी हर बार जाने कैसे जीत गई! मज़ेदार बात यह रही कि हत्या की इन नाकाम कोशिशों के बावजूद न केवल मेरी और मेरे साथियों की जान बची, बल्कि अनगिनत बच्चों की ज़िन्दगियाँ और बचपन बचाने वाले सुखद परिणाम भी निकले।

सन्त कवि कबीर की वाणी याद आती है—

जाको राखे साइयाँ मार सके ना कोय,
बाल न बाँका कर सकै जो जग बैरी होय।

पहली घटना पाकिस्तान की है, जिसे भारत का दुश्मन समझा जाता है। लेकिन मेरा वाक़या दुश्मनी से नहीं, दोस्ती से जुड़ा हुआ है। मुझे 1987 में पहली बार पाकिस्तान के पुराने शहर लाहौर जाने का मौक़ा मिला था। जिनेवा स्थित संस्था इंटरनेशनल कमीशन ऑफ़ ज्यूरिस्ट्स ने एक संगोष्ठी में भाग लेने के लिए बुलाया था। गोष्ठी में दुनिया-भर से कई जाने-माने मानवाधिकारवादी पहुँचे थे। पाकिस्तान की प्रसिद्ध कार्यकर्ता आसमाँ जहाँगीर और हिना जिलानी मेजबान थीं। वे दोनों बहनें पाकिस्तान में मानव अधिकार और महिला आन्दोलन का सबसे तेज़-तर्रार और जाना-माना चेहरा थीं। संयुक्त राष्ट्रसंघ की अलग-अलग संस्थाओं में उनका प्रमुख स्थान था।

उन दिनों पाकिस्तान में जनरल जिया-उल हक का सैनिक शासन लागू था। भारत और पाकिस्तान के सम्बन्ध बहुत ख़राब दौर से गुज़र रहे थे। भारतीयों का पाकिस्तान जा पाना या फिर किसी पाकिस्तानी का हमारे देश में आ पाना एक

सपने की तरह था। मैं होटल में चेक-इन करने के बाद अपने कमरे में चला गया। थोड़ी देर में एक वेटर मेरी तीमारदारी में चाय-बिस्कुट लेकर आया। उस दिन मैं ख़ाली था। मेरे मन में लाहौर घूमने की बड़ी इच्छा थी। मैं अपने कमरे में पड़ी आरामकुर्सी पर बैठा था। मैंने वेटर को बग़ल में रखे सोफ़े पर बैठने के लिए कहा। वह झेंपते हुए सिर झुकाकर हाथ बाँधे खड़ा रहा।

मैंने फिर आग्रह किया, "भैया! क्यों शरमा रहे हैं, बैठ जाइए। मैं आपसे कुछ पूछना चाहता हूँ।" उसने 'भैया' शब्द सुनकर बड़ी हैरानी में अपना चेहरा उठाते हुए जवाब दिया, "हुजूर! यह तो आपकी जर्रानवाज़ी है। हुक्म कीजिए, क्या पूछना चाहते हैं?" मैंने खड़े होकर उसके कन्धे पर हाथ रखते हुए उसे सोफ़े पर अपने पास बैठा लिया। वह बड़ा भावुक हो उठा।

फिर धीरे से बोला, "साहब, अब तक कभी किसी गेस्ट ने मेरे साथ ऐसा सुलूक नहीं किया। बताइए, मैं आपकी क्या खिदमत कर सकता हूँ?"

उस वेटर का नाम रियाज़ था। मैंने उससे होटल के आसपास पैदल घूमकर देख सकने लायक़ दर्शनीय स्थलों के बारे में पूछा। मैं दो जगह ज़रूर जाना चाहता था। एक तो लाहौर जेल, जहाँ पर क्रान्तिकारी भगत सिंह, सुखदेव और राजगुरु को फाँसी दी गई थी। और दूसरा, वह पुराना डीएवी कॉलेज, जहाँ उन जैसे तमाम क्रान्तिकारियों ने रहकर पढ़ाई की थी।

रियाज़ ने मुझसे पूछा, "हुजूर, मेरे ख़याल से आप लखनवी या देहलवी लगते हैं?"

मैंने मुस्कराते हुए कहा, "तुमने यह अन्दाज़ा कैसे लगाया?"

वह बोला, "इतनी तहजीब और मोहब्बत और कहाँ मिलेगी? वैसे हम भी दिल्ली के ही हैं।"

मैं हैरानी से उसे देख रहा था। उसने आगे बताया, "मैं ख़ुद तो लाहौर में पैदा हुआ हूँ, लेकिन मेरी अम्मी पुरानी दिल्ली के चाँदनी चौक की हैं। वे 18-20 साल की उम्र तक वहीं रहती थीं। बँटवारे में उन्हें लाहौर आना पड़ा।... शायद ही कोई ऐसा दिन हो, जब अम्मी चाँदनी चौक, फतेहपुरी, जामा मस्जिद, दरीबाकलां और चावड़ी बाज़ार की गलियों, अपनी पुरानी सहेलियों और खानदान की बातें न करती हों। उन्होंने इतने साल बाद भी दिल से पाकिस्तान को अपना घर नहीं माना।"

वह यह जानकर बहुत ख़ुश हुआ कि मैं दिल्ली में रहता हूँ। मैंने उससे कहा, "अगर मुझे फ़ुर्सत मिली और तुम्हारी अम्मी चाहें तो मैं उनसे ज़रूर मिलना चाहूँगा।"

अगले दिन संगोष्ठी में मेरी मुलाक़ात ईंट-भट्ठा मज़दूरों के बीच काम करने वाली एक संस्था 'भट्ठा मज़दूर महाज' के एक कार्यकर्ता से हुई। उसी दिन शाम को संगठन के संस्थापक और मुखिया एहसान उल्ला ख़ान से मिलने मैं उनके दफ़्तर चला गया। वह दफ़्तर लाहौर के पुरानी बस्ती अनारकली की दयाल सिंह मेंशन नाम की बिल्डिंग में था। वह इलाक़ा बिलकुल पुरानी दिल्ली जैसा लग रहा था। छह फ़ुट लम्बे, गोरे-चिट्टे, तगड़ी क़द-काठी, काली घनी मूँछों और प्रभावशाली चेहरे वाले एहसान उल्ला ख़ान झकाझक सफ़ेद सलवार क़मीज़ और बिना आस्तीनों की जैकेट पहनते थे। उनसे मिलकर मुझे ऐसा लगा था कि यह पठान पाकिस्तान में बाल दासता को चुनौती देने वाला पहला योद्धा और मेरा अज़ीज़ दोस्त साबित होगा। मैं शाम को होटल लौटकर लज़ीज़ दावत खाने के बजाय एहसान के साथ रूमाली रोटी और उड़द की दाल खाकर देर रात तक बातें करता रहा।

भट्ठा मज़दूर महाज ईंट भट्ठों पर दवाख़ाने और स्कूल वग़ैरह चलाता था। मैंने उन लोगों से मिली जानकारी और अपने अनुभवों को जोड़ते हुए उन्हें यह समझाने की कोशिश की कि भारत की तरह पाकिस्तानी भट्ठा मज़दूर परिवार भी ग़ुलाम हैं। उनके बच्चे बँधुआ मज़दूरी के शिकार हैं। इसलिए वहाँ भी ग़ुलामी के ख़िलाफ़ संघर्ष करना होगा। एहसान भाई को मेरी बात आसानी से समझ में आ गई थी, लेकिन पाकिस्तान में बँधुआ मज़दूरी के ख़िलाफ़ कोई क़ानून न होने से उनके हाथ बँधे हुए थे। हम लोगों ने विचार किया कि संगोष्ठी के प्रतिनिधियों को ईंट भट्ठों का दौरा कराया जाए, ताकि पाकिस्तान में बच्चों की मज़दूरी और ग़ुलामी का मुद्दा बड़े स्तर पर उठाया जा सकेगा।

बेटे, तुझे गर्म हवा न लग जाए!

मैंने मेज़बानों और प्रतिनिधियों के सामने उनसे ईंट भट्ठों पर चलने का प्रस्ताव रखा, जहाँ पर ग़ुलामी जारी थी। सेना और पुलिस की विशेष इजाज़त के बग़ैर शहर के बाहर जाने पर पाबन्दी थी। अभी भी भारतीय और पाकिस्तानी नागरिक वीज़ा में मंजूर की गई जगहों के अलावा कहीं और नहीं आ-जा सकते। मेज़बान और ज़्यादातर प्रतिनिधि इसके लिए राज़ी नहीं थे। हालाँकि कुछ यूरोपीय व अमेरिकी काफ़ी उत्साहित थे। आख़िरकार लाहौर से 10-12 किलोमीटर दूर माँगा मंडी के इलाक़े में एक ईंट भट्ठे पर जाने की इजाज़त ले ली गई।

हम अगले दिन दोपहर को वहाँ पर पहुँच गए। एहसान ने रातों-रात बड़े

गुपचुप तरीक़े से तैयारी कर ली थी। भट्ठा मालिकों और सरकार को भनक तक नहीं लगने दी थी। उस इलाक़े में घुसते ही चारों तरफ़ से मज़दूरों की भारी भीड़ उमड़ पड़ी। पाँच हज़ार से ज़्यादा बच्चे, महिलाएँ और पुरुष इकट्ठा हो गए थे। सरकार ने सभा करने की कोई इजाज़त नहीं दी थी। वहाँ किसी मंच या लाउडस्पीकर का इन्तज़ाम भी नहीं था। हमारे साथ कुछ पुलिस वाहन गए थे। लोगों के हुजूम को देखते ही उन पुलिस वालों ने सेना और पुलिस को बुला लिया। चूँकि वह पूरी योजना ही मेरी बनाई हुई थी, इसलिए मैं उत्साहित होकर सबसे पहले कार से उतरकर अन्दर जाने लगा। पुलिसवालों ने हमें बाहर ही रोककर वापस लौट जाने का हुक्म दिया।

मैं यह भूलकर कि पाकिस्तान में हूँ, बिना सोचे-समझे पुलिस अधिकारियों से बहस करने लगा। मेरे भारतीय साथी, पत्रकार शीला बार्से और वकील जोश वर्गीज मुझे रोकने की कोशिश करते रहे। लेकिन, मैं इस बात पर अड़ा रहा कि हमने भट्ठा मज़दूरों से मिलने की अनुमति ले रखी है। लिहाज़ा, हमें भट्ठे के अन्दर जाने दिया जाए। कई अंग्रेज़ भी मेरा साथ देने लगे थे। लम्बी जद्दोजहद के बाद आख़िर हम भट्ठे के अन्दर घुस पाने में सफल हो गए।

वह इलाक़ा दर्जनों भट्ठों से घिरा हुआ था। एहसान उल्लाह और उनके साथियों ने मुझे ले जाकर ईंटों के एक ऊँचे ढेर पर चढ़ा दिया। उन्होंने फटाफट अपनी कारों में से हैंडहेलर (बैट्री से चलने वाला छोटा लाउडस्पीकर) निकाल लिया। एहसान ने उसमें बोलना शुरू कर दिया। पुलिस वालों के होश फ़ाख़्ता हो गए। देखते ही देखते सेना-पुलिस ने हमें चारों तरफ़ से घेर लिया। कुछ सिपाही उस टीले पर चढ़ गए, जहाँ मैं और एहसान खड़े थे। यह सब देखकर मेज़बान और विदेशी प्रतिनिधि बुरी तरह घबरा गए थे। एहसान के बार-बार आग्रह के बावजूद कोई मेहमान उस अनोखे मंच पर नहीं चढ़ा। फिर उन्होंने विस्तार से मेरा परिचय देकर मुझे बोलने के लिए बुलाया।

मैंने अपने भाषण की शुरुआत में मज़दूरों से सवाल पूछा, "क्या आप लोग पहले कभी किसी हिन्दुस्तानी से मिले हैं?"

सभी ने जवाब दिया, "नहीं।"

फिर मैंने पूछा, "क्या मैं बोलचाल, रंग-रूप और लिबास से आपसे अलग लगता हूँ?" सभी ने तालियाँ बजाते हुए एक स्वर में कहा, "नहीं।"

मैंने ज़ोर देकर कहा कि मैं भारत, पाकिस्तान या किसी भी देश की सीमा में विश्वास नहीं रखता क्योंकि ख़ुदा ने तो सभी के लिए एक ही धरती बनाई है। हम सबको एक जैसा ही इनसान बनाया है। हमने ख़ुद अपने आप को मज़हबों

और मुल्कों में बाँट रखा है। भला, अल्लाह अपनी सन्तानों को क्यों बाँटेगा और लड़वाएगा? वह अपने बन्दों में से किसी को मालिक और किसी को ग़ुलाम क्यों बनाएगा? सभी बहुत ध्यान से मेरी बात सुन रहे थे। फिर मैंने उन्हें भारत में चल रही आधुनिक ग़ुलामी के कई क़िस्से तथा अपने संघर्ष और जीत की कुछ घटनाएँ विस्तार से सुनाईं। उन्हें यह भी बताया कि पाकिस्तान और भारत के ग़रीबों की समस्याएँ क़रीब-क़रीब एक जैसी हैं। जैसी बँधुआ और बाल मज़दूरी पाकिस्तान में है, वैसी ही भारत में भी है।

लोग बात-बात पर तालियाँ बजाते हुए अल्लाह और यीशु के नारे लगा रहे थे। मैंने भी उन्हें अपने आन्दोलन के कुछ नारे सिखाए।

तभी मैंने महसूस किया कि सेना पुलिस के दो जवान अपनी संगीनें ताने मेरे क़रीब आकर खड़े हो गए थे। मेरे और उनके बीच की दूरी महज़ फ़ुट-दो फ़ुट की रही होगी। मैं समझ गया था कि अब यहाँ से बचकर जा पाना मुश्किल है। लेकिन न जाने क्यों, उस वक़्त मैं बिलकुल नहीं डरा। मैंने सोच लिया कि भट्ठे से बाहर निकलते ही मुझे गिरफ़्तार कर लिया जाएगा या हत्या कर दी जाएगी।

मेरे भाषण के दौरान बेचैन हो रहीं हमारी मेज़बान आसमाँ जहाँगीर ने तीन बार पर्चियाँ भेजकर मुझे नीचे उतर जाने के लिए कहा। लेकिन मुक्ति के लिए उठ रहे हज़ारों हाथों, संकल्प से भरे दिलों और आशा से भरी आँखों ने मेरे अन्दर ज़बरदस्त जोश और ऊर्जा भर दी थी। मुझे लगा कि आज भले ही मेरे प्राण चले जाएँ, लेकिन पीढ़ियों से ग़ुलामी भोग रही पाकिस्तान की इस अवाम के मन से मुक्ति के बीज उगने से अब कोई नहीं रोक सकता।

मैंने वहाँ मौजूद जनता से सवाल किया, "क्या वे आज़ादी की एक मुकम्मल लड़ाई के लिए तैयार हैं?" जवाब में हज़ारों लोगों ने खड़े होकर और दोनों हाथ उठाकर क़सम ली कि वे इसके लिए तैयार हैं। तनाव और ख़तरे का पारा पल-पल चढ़ता जा रहा था। अब संगीनें मेरे कन्धे और गले को छूने लगी थीं। मैंने वहाँ मौजूद सैनिक अफ़सरों से गुज़ारिश करके कहा, "मेहरबानी करके मुझे चन्द मिनटों के लिए बख़्श दें, फिर भले ही मुझ पर गोली चलाएँ या गिरफ़्तार कर लें।"

क्या आप मेरे अब्बू को ला दोगे?

मैंने भाषण के आख़िर में अपने कुर्ते की झोली फैलाते हुए मुल्क के सदर जनरल जिया से इल्तजा की कि वे ख़ुदा और उसके बन्दों के वास्ते मेहरबानी करके एक नया क़ानून दे दें। ऐसा क़ानून जो पाकिस्तान से ग़ुलामी का ख़ात्मा करने

में मददगार साबित हो सके। टीले से नीचे उतरते हुए देखा कि एक आदमी के कन्धे पर बैठा चार-पाँच साल का बच्चा मेरी तरफ़ बढ़ने की कोशिश कर रहा था। मैंने आगे झुककर उस बच्चे को तपाक से अपनी गोद में खींच लिया। वह बुदबुदा रहा था, "भाईजान, क्या आप मेरे अब्बू को ला दोगे?"

इससे पहले कि मैं कुछ समझ पाता, किसी ने मेरे दूसरे कान में बताया कि कुछ महीनों पहले बच्चे के ग़ुलाम पिता ने भागने की कोशिश की थी। मालिकों ने उसे भट्ठे में झोंककर जला दिया था। उस बेचारे की लाश तक नहीं मिल सकी।

उस बच्चे को न जाने क्यों मुझसे यह आशा हो गई थी कि मैं उसके अब्बू को वापस ला सकता हूँ। मैं और ज़्यादा भावुक को उठा। उसे गोद में उठाए हुए दोबारा ईंट के टीले पर चढ़ गया। मैंने दूसरे हाथ में माइक लेकर लोगों को ललकारते हुए पूछा कि उस सरीखे ऐसे बच्चों को यतीम होने से रोकने के लिए क्या वे एकजुट होकर लड़ने के लिए तैयार हैं? सभी ने पूरे जोश में हामी भरी। भावनाओं का तूफ़ान और ज़्यादा उमड़ पड़ा था।

पुलिस और सेना के जवान मुझे घेरे हुए थे, लेकिन उन्होंने मुझे छुआ तक नहीं। वहाँ से निकलते वक़्त कई नौजवानों ने मुझे अपने कन्धों पर उठा लिया। अनगिनत लोग हाथ मिलाने की कोशिश कर रहे थे या चूम रहे थे। उसी धक्का-मुक्की के बीच मेरी नज़र एक कँपकँपाते हुए हाथ पर पड़ी। वह एक बुढ़िया का हाथ था जो उस उत्तेजित भीड़ को चीरती हुई आशीर्वाद देने के लिए मेरी तरफ़ बढ़ रही थी। मैं रुककर उस बूढ़ी माँ के सामने झुककर खड़ा हो गया। अचानक उसने अपने फटे हुए दुपट्टे के एक सिरे से मेरा सिर ढक दिया।

फिर मेरे कान पर मुँह रखकर बुदबुदाते हुए बोली, "मेरे बेटे, तुझे इस मुल्क की गरम हवा न लग जाए...अल्लाह तुझे सलामत रखे।"

मैं न तो कभी उस माँ के ये शब्द भुला सकता हूँ, और न ही उसके झुर्रियों वाले चेहरे में से मुझे दुआएँ देती वे प्यार भरी आँखें। उसके वाक्य किसी भी धर्मग्रन्थ की प्रार्थना से कहीं ज़्यादा पवित्र थे।

आसमाँ जहाँगीर, मेरे भारतीय साथियों और पाकिस्तान के दूसरे मानवाधिकारवादियों ने वहाँ के नाज़ुक हालात को देखते हुए मुझे बचाने के लिए एक योजना बना ली थी। उन्होंने मुझे पाकिस्तान के सुप्रीम कोर्ट के पूर्व मुख्य न्यायाधीश दोराव पटेल की गाड़ी में बैठा दिया। उनके साथ की गाड़ियों में उनके सुरक्षाकर्मी और पत्रकार थे। वह कार सीधे होटल जाकर रुकी। मेरे मन में तरह-तरह की आशंकाएँ उठ रही थीं। मुझे लग रहा था कि रास्ते में तो नहीं, लेकिन होटल पहुँचने के बाद मेरी हत्या की जा सकती है। अगर ऐसा न

हुआ तो जेल जाना तो पक्का ही है। मैं जानता था कि पाकिस्तान बनने से लेकर उस दिन तक किसी भारतीय ने इतनी बड़ी 'गुस्ताखी' नहीं की थी। मैं रास्ते भर अपने देश और दुनिया-भर के ऐसे परिचितों और दोस्तों को याद करता रहा जो पाकिस्तानी हुकूमत पर असर डालकर मेरी मदद कर सकते थे। मैं जेल जाने की हालत में अपने परिवार को सूचना देने से लेकर सुमेधा जी और अपने दोनों बच्चों के भविष्य के बारे में चिन्तित हो रहा था।

होटल पहुँचने पर देखा कि मेरे कमरे के चारों तरफ़ पुलिस ही पुलिस खड़ी थी। मेरा सारा सामान खँगालकर पहले ही बिखेर दिया गया था। संगोष्ठी में ज़्यादातर मेहमान मुझसे मिलने से डर रहे थे। सिर्फ़ कुछ ही लोगों ने सहानुभूति दिखाई। मुझे एहसान उल्लाह और उनके कार्यकर्ताओं की बड़ी चिन्ता हो रही थी। पूरी तरह से असमंजस और अनिश्चितता बनी हुई थी। मैं शान्त मन से अपने कमरे में जाकर बैठ गया। एक तरफ़ ख़ुश था कि पाकिस्तान में मानव दासता के ख़िलाफ़ एक जन-आन्दोलन की शुरुआत हो गई है, मगर दूसरी तरफ़ अपने परिवार और संगठन के बारे में सोचकर बहुत चिन्तित और परेशान था। अपने आप से पूछने की कोशिश कर रहा था कि कहीं वह मेरी भावुकता से भरी बेवकूफ़ी तो नहीं थी। रात में एक सूत्र से ख़बर मिली कि मुझ पर किसी कार्यवाही के बारे में पाकिस्तान के वरिष्ठ पुलिस अधिकारी, सेना और खुफिया एजेंसियाँ एकमत नहीं थे। कार्यक्रम के मुताबिक मुझे अगले दिन सुबह के जहाज़ से दिल्ली लौटना था। पाकिस्तानी अधिकारियों ने रात में मुझसे थोड़ी-बहुत पूछताछ ज़रूर की थी, लेकिन किसी प्रकार का बुरा बर्ताव नहीं किया। फिर भी मेरी पूरी रात जागते-जागते गुज़री। मुझे सबसे ज़्यादा याद अपनी माँ की आती रही।

मुझे सवेरे-सवेरे मुँहअँधेरे पुलिस की निगरानी में हवाई अड्डे तक पहुँचा दिया गया। मेरे होटल से निकलने के पल भी कम भावुक नहीं थे। बड़े सवेरे बेहद डरे हुए रियाज़ मियाँ चाय लेकर मेरे कमरे में आए। उन्होंने टेबल पर ट्रे रखकर खिड़की के बाहर इधर-उधर झाँका। फिर अपनी जेब से स्टील का एक छोटा सा डिब्बा निकालकर मेरे सामने रखते हुए बोले, 'अम्मी ने आपके लिए यह हलवा भेजा है।' इतना कहकर वे झटपट बाहर निकल गए। मैंने पूरा का पूरा हलवा चाट-चाट कर खा लिया। इस तरह से पहली ही पाकिस्तानी यात्रा में मेरा एक भावनात्मक रिश्ता कायम हो गया था। रियाज़ से फिर कभी मुलाक़ात तो नहीं हुई, लेकिन उस घटना के 10-15 साल बाद मैं जब कभी लाहौर की फूड गली में चाट, लस्सी और लाहौरी हलवा खाने जाता था, तो उसकी अम्मी के हाथ का हलवा ज़रूर याद करता था।

तब पाकिस्तान में बाल और बँधुआ मज़दूरी रोकने के लिए कोई क़ानून नहीं था। मेरे मन में विचार आया कि एहसान भाई की मदद से वहाँ के सुप्रीम कोर्ट में एक याचिका दायर करनी चाहिए। एहसान उसके लिए तैयार हो गए थे। लेकिन याचिका दायर करने के लिए उन्हें भारत और दूसरे देशों के क़ानूनों और फ़ैसलों का हवाला चाहिए था। हमारे मुक़दमे में भारत के सुप्रीम कोर्ट के जस्टिस पी.एन. भगवती ने बाल मज़दूरी और बँधुआ मज़दूरी पर महत्त्वपूर्ण फ़ैसले दिये थे। उस समय इंटरनेट का जमाना नहीं था। दस्तावेज़ों को भेजने का एकमात्र ज़रिया डाक ही था। पाकिस्तान भेजी जाने वाली डाक को दोनों सरकारें जाँच-पड़ताल के बाद ही पते पर पहुँचाती थीं। इसलिए वे दस्तावेज़ एहसान उल्लाह तक पहुँचाना बहुत मुश्किल था। संयोग से कुछ दिनों के बाद मेरे एक मलेशियाई दोस्त भारत होते हुए पाकिस्तान जाने वाले थे। मैंने उन्हीं के हाथों सारे काग़ज़ पाकिस्तान भिजवा दिये।

बहादुर साथी एहसान उल्लाह ख़ान

एहसान उल्लाह ने उन्हीं काग़ज़ों के आधार पर ईंट भट्ठे पर काम करने वाले बँधुआ मज़दूरों के परिवारों को छुड़ाने के लिए लाहौर हाई कोर्ट में एक याचिका दायर कर दी। उस पर 18 सितम्बर, 1988 को ऐतिहासिक फ़ैसला आया, जिससे कई हज़ार लोगों को बाल और बँधुआ मज़दूरी से मुक्ति मिल सकी। तभी से हमने उस दिन को दक्षिण-एशियाई बाल दासता विरोधी दिवस मनाना शुरू किया था। एहसान उल्लाह के नेतृत्व में आन्दोलन तेज़ करने के लिए 'बॉन्डेड लेबर लिबरेशन फ्रंट' नामक संगठन बनाया गया। धीरे-धीरे कई ग़ैर-सरकारी संस्थाओं, मानव अधिकार संगठनों और मीडिया ने भी उस मुद्दे को आगे बढ़ाया।

उनके मुक्त कराए गए बच्चों में से एक बच्चा इकबाल मसीह था। वह एक बाल नेता की तरह उभर रहा था। उसने एहसान के साथ कुछ विदेश यात्राएँ की थीं। उसकी वजह से पाकिस्तान के कालीन उद्योग के असरदार लोग बुरी तरह बौखला उठे थे। वे एहसान से तो नाराज़ थे ही। एक दिन किसी ने इकबाल की हत्या कर दी। कुछ लोगों ने एहसान पर ही उस हत्या का दोष मढ़ दिया था। उन पर देशद्रोह का मुक़दमा चलाने की तैयारियाँ हो गई थीं। सरकार ने जाँच के नाम पर उनके सारे बैंक के खातों पर रोक लगा दी, और संगठन की सारी सम्पत्तियों पर ताले जड़ दिये। उन्हें 1995 में रातों-रात पाकिस्तान छोड़कर स्वीडन भागना पड़ा था।

पाकिस्तान में आधुनिक ग़ुलामी के ख़िलाफ़ पहली आवाज़ उठाने वाले एहसान उल्लाह आज ख़ानाबदोश की ज़िन्दगी जी रहे हैं। वे स्वीडन के एक छोटे से गाँव में शरणार्थी बन गए हैं। जिसकी एक आवाज़ पर हज़ारों भट्ठा मज़दूर इकट्ठे हो जाते थे, आज वही आदमी स्वीडिश सरकार की आर्थिक मदद से अपना गुज़ारा कर रहा है। वे हमारे दक्षिण एशियाई बाल दासता विरोधी संगठन के संस्थापकों में से एक थे। एहसान अभी भी मेरे बहुत अच्छे दोस्त हैं और मौक़ा मिलने पर उनसे मिलने जाता रहता हूँ।

भारत की सीमाओं से बाहर के देशों में बच्चों की ग़ुलामी के ख़िलाफ़ संघर्ष की शुरुआत करने में मुझे कभी नहीं लगा कि मैं किसी परदेस में हूँ या वहाँ के बच्चे किसी भी तरह से अलग हैं। सारे बच्चे मेरे हैं और उनके सपने मेरे सपने हैं—यह भाव मुझे निरन्तर आगे बढ़ने की ताक़त देता है।

मन्दिर की दीवार पर खुदी मानवता विरोधी इबारत

धर्मों के नाम पर चलाए जा रहे भेदभाव के विरोध में न जाने कितना ख़ून बहा है। ख़ून तो मेरा भी बहा, लेकिन जान बच गई। ज़्यादातर बँधुआ मज़दूर 'नीची' मानी जाने वाली जातियों के ही होते हैं। मेरे लिए आज़ादी का मतलब केवल बँधुआ मज़दूरी से छुड़वा देना नहीं है, बल्कि राजनीतिक, सामाजिक, सांस्कृतिक और आर्थिक बराबरी हासिल कराना भी है। एक बार ग़ुलामी से छुड़ाई एक बहन ने मुझसे ग़ुस्से में पूछा था, "भाई साहब, वैसे तो हमें कोई छूता तक नहीं, लेकिन हमारे साथ मुँह काला करते वक़्त उनकी छुआछूत कहाँ चली जाती है?"

हिन्दुओं के कई मन्दिरों में 'अछूतों' का घुसना मना है। उन्हीं में से एक राजस्थान प्रान्त में नाथद्वारा का मन्दिर था। हमारे वरिष्ठ नेता स्वामी अग्निवेश, हरिजन कार्यकर्ता हज़ारी लाल जाटौलिया और मैंने मिलकर विचार किया कि हम कुछ हरिजनों के साथ नाथद्वारा के मन्दिर में प्रवेश करें। इससे पंडे-पुजारियों की ज़्यादतियाँ रोकने और शोषित समाज का मनोबल बढ़ाने में मदद मिलेगी।

02 अक्टूबर, 1988 की बात है। मैं अछूत माने जाने वाले क़रीब 30 लोगों का जत्था लेकर नाथद्वारा क़स्बे के उस 400 साल पुराने किलेनुमा मन्दिर तक पहुँचा। हमने हाई कोर्ट की मदद लेकर पुलिस सुरक्षा का बन्दोबस्त करा लिया था। इसलिए काफ़ी हद तक निश्चिन्त थे। मेरे साथ वरिष्ठ साथी जाटौलिया जी, रामेश्वर तिवारी और बहन माधुरी सिंह भी थीं। हम मन्दिर की संगमरमर की सीढ़ियाँ चढ़कर ऊँचाई पर बने मुख्य दरवाज़े तक पहुँच गए थे। ख़तरा देखते

हुए अग्निवेश जी को पुलिस ने उदयपुर में ही रोक रखा था। चाँदी से मढ़ा हुआ आलीशान दरवाज़ा बाहर से बन्द था। हमारे साथ चल रहे पुलिस वाले नियम और मर्यादा के कारण बाहर रुके रहे। वे वर्दी में जूते, बेल्ट और हथियारों के साथ धर्मस्थल के अन्दर नहीं घुस सकते थे।

हम ज्योंही किवाड़ खोलकर आँगन में घुसे, एकाएक कई मुस्टंडे धड़धड़ाते हुए हमारी तरफ़ लपक पड़े। उन्होंने अन्दर से किवाड़ बन्द कर दिये। 20-25 लोग उसी आँगन के नीचे बने तलघर में घात लगाकर छुपे हुए थे। उनके हाथों में भाँग और मेवे कूटने वाले लोहे के मूसल और लाठियाँ थीं। इससे पहले कि मैं कुछ समझ पाता, तीन-चार मुस्टंडों ने मेरा हाथ मोड़कर गला भींच दिया। वे ग़ुस्से से लाल होकर चीख़े, "अच्छा, तो तू है भंगियों का नेता? आज तूने श्रीनाथ जी के मन्दिर को अपवित्र किया है। अब तेरी बलि चढ़ाकर ही हम इसे पवित्र करेंगे।"

गले की पकड़ जैसे-तैसे कुछ ढीली पड़ी तो मैंने समझाते हुए कहा, "आप लोग मेरी बात सुनें। ख़ून-ख़राबे से कुछ नहीं होगा। आप जानते हैं कि हाई कोर्ट ने इन लोगों को मन्दिर में दर्शन करने की इजाज़त दी है।" तभी किसी ने मेरे पीछे से गर्दन पर तेज़ मुक्का मारा। एक मोटे-तगड़े पंडे की ज़ोर से चिल्लाने की आवाज़ मेरे कानों में पड़ी, "हाई कोर्ट की ऐसी की तैसी। तू बामन (ब्राह्मण) की औलाद होकर भंगियों की नेतागिरी कर रहा है?"

वहाँ पर हाहाकर मच गया। कई लोग हम पर एक साथ टूट पड़े। मेरी पीठ पर एक मूसल लगते ही जाटौलिया जी, दलित नौजवान जगदीश जाजू और कुछ साथी मुझे बचाने के लिए मेरे ऊपर लद गए। मैं फ़र्श पर पड़ा था। वे लोग ढाल की तरह मेरे ऊपर लेटे हुए पिट रहे थे। मुझे अपने गले और कन्धे पर बहते हुए ख़ून की गर्मी महसूस हुई। कुछ लोग मुझे पैर से पकड़कर घसीटने लगे। हमारे साथ मारपीट होती रही। मेरे साथी भगवान श्रीनाथ के मन्दिर में घायल होकर ख़ून से सने पड़े थे।

भीतर की आवाज़ें सुनकर बाहर रुकी राजस्थान हाई कोर्ट में वकील और मेरी मुँहबोली बहन माधुरी सिंह ने वरिष्ठ अधिकारियों को लताड़ा और कोर्ट में घसीटने की धमकी दी तब पुलिस सक्रिय हुई। थोड़ी देर में सशस्त्र पुलिस की एक टुकड़ी दरवाज़ा तोड़ती हुई अन्दर घुस आई। तब तक सभी हमलावर मन्दिर में घुसकर किसी चोर रास्ते से भाग चुके थे। पुलिस हम लोगों को उठाकर बाहर लाई।

वहाँ पर अपना एक भी साथी न देखकर मैं घबरा गया। मैंने पुलिस ऑफ़िसर

से पूछा, “मेरे सारे साथी कहाँ हैं? उन्हें मन्दिर के तलघर में कहीं मारकर डाल दिया है या कहीं बन्दी बना लिया गया है।”

वह बोला, “आप लोगों को बहुत चोटें लगी हैं। ख़ून भी बह रहा है। पहले आप अस्पताल चलिए। हम उन्हें ज़रूर ढुँढ़वा लेंगे।”

मैं अड़ गया और बोला, “मेरे तीन साथियों के सिर से बहुत ख़ून बह रहा है, उन्हें अस्पताल ले जाइए। मैं जब तक अपने हर साथी को अपनी आँखों से नहीं देख लेता, इस चबूतरे को नहीं छोड़ूँगा।”

बड़ी जद्दोजहद के बाद घायल साथियों को अस्पताल भिजवा दिया गया, लेकिन मैं वहीं बैठा रहा।

तेज़ाब से मारने का षड्यंत्र

वह हंगामा लगभग आधा घंटे तक चलता रहा। तभी मैंने देखा कि उस चबूतरे के साथ बनी छतों पर पुलिस वाले तेज़ी से इधर-उधर भाग रहे हैं। वे बदहवास होकर कुछ चिल्ला रहे थे जिसे मैं ठीक से नहीं सुन पाया। मेरा सिर चकरा रहा था। फिर अचानक पास खड़े पुलिसकर्मियों ने मुझे बड़ी ज़ोर से दूर धकेल दिया। इससे पहले कि मैं कुछ समझ पाता, ऊपर छत पर तेज़ आवाज़ के साथ धुआँ सा उड़ता देखा। थोड़ी देर बाद एक पुलिस अधिकारी ने बताया कि छत की मुँडेर पर ठीक मेरे सिर के सामने मिट्टी के घड़े में तेज़ाब भरकर रखा गया था। पुलिस की मुस्तैदी से घड़ा नीचे नहीं गिर पाया। उठाने की कोशिश में वह वहीं पर फूट गया था।

मैंने मन्दिर का अहाता नहीं छोड़ा। संघर्ष के दौरान संकट में घिरे साथियों को छोड़कर भागने वाले को नेतृत्व करने का कोई नैतिक अधिकार नहीं है। मेरा अनुभव रहा है कि साथियों के लिए जोखिम उठाने से उनके भरोसे के साथ-साथ ख़ुद के भीतर की ताक़त बढ़ती जाती है।

आख़िरकार, पुलिस ने मेरे सभी साथियों को ढूँढ़ निकाला। सचमुच में वे डर के मारे इधर-उधर छुप गए थे। कुछ दलित भाइयों ने श्रीनाथ जी के दर्शन करने की इच्छा ज़ाहिर की। उन्हें भारी सुरक्षा में मन्दिर के अन्दर ले जाकर पूजा-अर्चना करा दी गई। मुझे अस्पताल ले जाया गया जहाँ जाटौलिया जी पहले से पड़े हुए थे।

मैंने मुस्कराते हुए कहा, “लगता है कि श्रीनाथ जी को हमारी बलि स्वीकार नहीं थी, इसीलिए हम बच गए।” वे भी कराहते-कराहते मुस्कराने लगे। मैंने उन्हें

बताया कि हमारे कई साथी मन्दिर के भीतर पूजा-अर्चना कर आए हैं।

उन्होंने झिझकते हुए पूछा, "आप कहीं हमारा हौसला बढ़ाने के लिए तो ये नहीं कह रहे हैं? क्या सचमुच मेरी बिरादरी के अछूत मन्दिर के अन्दर तक चले गए थे?" मैंने और साथ खड़े तिवारी जी ने उन्हें भरोसा दिलाया। हम तीनों जीत की ख़ुशी में एक-दूसरे से चिपटकर रोने लगे। मैंने जाटौलिया जी के चेहरे पर पहली बार इतना गर्व, ख़ुशी, जीत और सन्तोष के भाव एक साथ देखे। हम उसी रात को उदयपुर चले गए, जहाँ दूसरे दिन ठीक से इलाज कराया।

सदियों पुराने भेदभाव का अन्त

नाथद्वारा की घटना की गूँज राष्ट्रपति भवन तक जा पहुँची थी। राष्ट्रपति महामहिम श्री आर. वेंकटरमण ने स्वयं दलितों के साथ नाथद्वारा जाकर श्रीनाथ जी के दर्शन करने की इच्छा ज़ाहिर कर दी। उससे केन्द्र और राज्य सरकार में खलबली मच गई थी। उनकी इस घोषणा के कुछ दिनों के भीतर ही राजस्थान के मुख्यमंत्री दलितों के एक बड़े समूह को साथ लेकर नाथद्वारा के मन्दिर पहुँचे। पंडों ने दलितों का बारातियों की तरह स्वागत-सत्कार करके श्रीनाथ जी की पूजा-अर्चना कराई।

अब नाथद्वारा मन्दिर में शूद्रों और विधर्मियों के प्रवेश पर लगी रोक एक बीता इतिहास बन चुका है। न तो दीवार पर अब वह शिलालेख बचा है और न ही दलितों को वहाँ जाने से रोकने वाले पंडे-पुजारी। किशोरावस्था में दलितों के साथ सवर्णों के सहभोज के विफल होने पर जितना दुख हुआ था, उससे कई गुना ज़्यादा ख़ुशी मुझे नाथद्वारा मन्दिर में दलितों को प्रवेश दिलाकर हुई।

फ़र्ज़ी मुठभेड़ की साजिश

इस घटना में एक बड़ी कम्पनी, राजनेता, पुलिस और गुंडों ने मेरी हत्या कराने में कोई कसर नहीं छोड़ी थी, लेकिन एक ईमानदार पुलिस वाले और चतुर वकील के कारण जान बच पाई थी। 1995 के मई महीने की बात है। जर्मनी के किसी टीवी चैनल पर एक डाक्यूमेंट्री फ़िल्म दिखाई गई थी। उसमें खुलासा किया गया था कि फ़र्नीचर और घरेलू सामान बेचने वाली विश्व की जानी-मानी कम्पनी इकेया द्वारा बेचे जा रहे गलीचे भारतीय बाल मज़दूरों द्वारा बनाए जाते हैं। वह फ़िल्म एक ऐसे टेलीविज़न शो में दिखाई गई थी, जिसमें उसके बड़े अधिकारी को जवाब देने के लिए बुलाया गया था।

उस फ़िल्म में भारत के हरियाणा राज्य के पानीपत की शीना एक्सपोर्ट्स नामक कम्पनी के किसी कारख़ाने में बच्चों को गलीचे बुनते हुए दिखाया गया था। उन्हें कथित तौर पर वह कम्पनी आयात करती थी। फ़िल्म में मुझसे हुई बातचीत के कुछ अंश भी दिखाए गए थे। उस विस्फोटक खुलासे के कारण इकेया ने तत्काल शीना एक्सपोर्ट्स के साथ अपना सैकड़ों करोड़ रुपए का व्यापार रद्द कर दिया।

उन दिनों हमारा दफ़्तर दक्षिण दिल्ली के अरावली अपार्टमेंट में चलता था। वह तीन कमरों का एक फ़्लैट था। एक दिन अचानक कुछ सन्देहास्पद लोग वहाँ आकर धड़धड़ाते हुए सीधे मेरे कमरे में घुस आए। उनमें से एक आदमी बड़ी तल्ख़ आवाज़ में बोला, "हम पानीपत की शीना एक्सपोर्ट कम्पनी से आए हैं। आपने जर्मनी के टेलीविज़न के साथ मिलकर हमारी कम्पनी को बर्बाद करने के लिए एक फ़िल्म बनाई है। जिसमें हमारे कारख़ानों में फ़र्ज़ी बाल मज़दूर दिखाए हैं।"

मैं समझ ही नहीं पाया कि वह क्या बात कर रहा था। मैंने उन्हें कुर्सी पर बैठाया और शान्त बने रहने को कहा, "भाई साहब, मैं किसी शीना कम्पनी को नहीं जानता और न ही मैं या मेरा कोई साथी कभी पानीपत गया। ऐसी किसी फ़िल्म से मेरा कोई सम्बन्ध नहीं है। हाँ, मेरे पास कई देसी-विदेशी पत्रकार इंटरव्यू लेने ज़रूर आते रहते हैं।"

कुछ देर तक इधर-उधर की बातें करने के बाद वे दबाव डालने लगे कि मैं पानीपत जाकर उनके कारख़ानों का निरीक्षण करके प्रमाणपत्र दे दूँ कि उनमें कोई बाल मज़दूर नहीं है। मैंने साफ़ मना कर दिया क्योंकि इस तरह के प्रमाणपत्र देने का मेरे पास कोई अधिकार ही नहीं है। तब वे लोग हमें धमकियाँ देकर चले गए।

तीन-चार दिनों के बाद दोबारा उसी कम्पनी के चार लोग हमारे कार्यालय पहुँचे। वे पढ़े-लिखे और सभ्य नज़र आ रहे थे। उनमें से एक आदमी सादी वर्दी में हरियाणा पुलिस का अधिकारी था और दूसरे दो उस कम्पनी के मुख्य पार्टनर थे। इस बार धमकाने के बजाय मुझे ख़रीदने की नीयत से आए थे। उन्होंने थोड़ी देर बातचीत के बाद एक बड़ी धनराशि की पेशकश की, जिसके बदले मुझे कैमरे पर बोलकर और लिखकर देना था कि शीना कम्पनी में कोई बाल मज़दूर नहीं है। मेरे दृढ़तापूर्वक मना कर देने के बाद वे गम्भीर नतीजे भुगतने की धमकी देकर चले गए। तब तक मुझे यह भी नहीं मालूम था कि शीना एक्सपोर्ट्स का एक पार्टनर ख़ुद हरियाणा सरकार में मंत्री और प्रदेश के सत्तारूढ़ दल का कोषाध्यक्ष है।

बाद में कई दिनों तक मेरे कार्यालय और घर के टेलीफ़ोनों पर तरह-तरह की धमकियाँ आती रहीं। वे लोग जानबूझकर मेरी अनुपस्थिति में फ़ोन करते थे। अक्सर हमारी नौ साल की बेटी फ़ोन उठाती थी। वे उसे यह कहकर डराने की कोशिश करते रहे कि जल्दी ही उसके पिता की हत्या कर दी जाएगी। उसी दौरान एक रात को किसी अनजान आदमी का फ़ोन आया। उस बार फ़ोन सुमेधा जी ने उठाया था। उस आदमी ने ख़ुद को मेरा एक शुभचिन्तक बताते हुए आगाह किया कि एक-दो दिन के अन्दर कैलाश जी पर जानलेवा हमला हो सकता है। इसलिए आप लोग कुछ दिनों के लिए कहीं और चले जाएँ। सुमेधा जी को फ़ोन करने वाले आदमी की बात में ईमानदारी नज़र आई। उस पर भरोसा करके हमने अस्मिता को विदिशा भेज दिया। हम भी दो दिनों तक एक गुप्त स्थान पर जाकर रुके। भुवन के साथ घर पर कुछ ख़ास-ख़ास साथी ठहर गए।

उन दिनों हम दक्षिणी दिल्ली के शेख सराय इलाक़े में तीसरी मंज़िल वाले फ़्लैट में रहते थे। हम तीसरे दिन घर लौट आए। वह 01 जून, 1995 का दिन था। दोपहर का वक़्त था। हमारे साथ 'बचपन बचाओ आन्दोलन' के महामंत्री रमाशंकर चौरसिया थे। एकाएक बाहर दरवाज़े की घंटी बजी। हम पहले से ही आशंकित थे। भुवन उठकर दरवाज़ा खोलने गया। तब वह 14 साल का था। हमारे मकान के मुख्य दरवाज़े पर दो तरह के किवाड़ लगे थे। बाहर की तरफ़ लोहे की जाली और सीख़चों वाला किवाड़ था और भीतर लकड़ी का। उस वक़्त दोनों किवाड़ अन्दर से बन्द थे। उसने लकड़ी के दरवाज़े को आधा खोलते हुए झाँककर देखा तो कुछ पुलिस वाले और बहुत सारे हथियारबन्द लोग खड़े दिखाई दिये। उसी बीच हमारे प्रिय कुत्ते टाइगर ने बालकनी में ज़ोर-ज़ोर से भौंकना शुरू कर दिया क्योंकि हमलावर दीवारों पर लगे पानी की निकासी की पाइपों के सहारे ऊपर चढ़ने की कोशिश कर रहे थे।

वे गुंडे दो अलग-अलग दिशाओं से पाइपों के सहारे मेरी छत और खिड़कियों की तरफ़ बढ़ रहे थे। कुछ दरवाज़े पर थे। टाइगर उन्हें तीनों तरफ़ से रोकने के लिए बिजली जैसी तेज़ी से सभी तरफ़ भाग-भाग कर डराता रहा। हमारे मोहल्ले में किसी ने कभी कुत्ते के भौंकने की इतनी तेज़ और ख़ौफ़नाक आवाज़ नहीं सुनी थी। हमलावरों ने समझा कि मेरे घर में कई शिकारी कुत्ते हैं। वे टाइगर की दहाड़ के कारण ऊपर चढ़ने से बुरी तरह डर गए थे।

दरवाज़े पर खड़े लोग भुवन से गाली-गलौज करके किवाड़ खोलने के लिए दबाव डाल रहे थे। उसने बिना किसी डर के उनसे पूछा कि क्या वे अपने साथ किसी अदालत का गिरफ़्तारी वारंट और दिल्ली पुलिस को साथ लेकर आए हैं?

उन्होंने पिस्तौल दिखाकर धमकाया, "हमारे पास असली वारंट ये है।" भुवन ने उनसे कह दिया कि दिल्ली पुलिस और हमारे वकील के आने से पहले दरवाज़ा नहीं खोला जाएगा, चाहे वे कुछ भी कर लें। उस घटना के कुछ दिनों बाद हमारे सामने रहने वाले पड़ोसियों ने हमें बताया था कि उनमें से कुछ लोग गोली मारकर दरवाज़े की कुंडी तोड़ने के लिए आमादा थे; जबकि दूसरों का कहना था कि ऐसे कुत्ते गोली मारने वाले को भी ज़िन्दा नहीं छोड़ते।

रमेश गुप्ता के क़ानूनी ज्ञान और चतुराई से टली मौत

हमने तुरन्त दिल्ली पुलिस को फ़ोन कर दिया था। पुलिस 30-40 मिनट बाद पहुँची। तब तक हमने दरवाज़ा नहीं खोला था। बाद में किसी ने भुवन को बताया कि हरियाणा पुलिस के लोग पानीपत की अदालत से मेरे ख़िलाफ़ गिरफ़्तारी वारंट लेकर आए थे। दिल्ली पुलिस को यह भाँपते देर नहीं लगी कि मामला जितना आसान दिख रहा है, उतना था नहीं। वहाँ पर हरियाणा की पुलिस तो महज़ दिखावे के लिए थी। 15-20 कारों में दर्जनों हथियारबन्द गुंडे चारों तरफ़ से मेरे घर को घेरे हुए थे। भुवन ने दिल्ली के पुलिस वालों से आग्रह किया कि वे कुछ देर तक रुककर हमारे वकील रमेश गुप्ता के पहुँचने का इन्तज़ार कर लें।

रमेश जी मुझसे 5 साल बड़े हैं। वे मेरे अच्छे पारिवारिक दोस्त और दिल्ली में आपराधिक मुकदमों के सबसे बड़े वकीलों में से एक हैं। उन्होंने साधारण सरकारी कर्मचारी, व्यावसायिक फ़ोटोग्राफ़र और एक पत्रिका के सम्पादन जैसे काम कर चुकने के बाद वकालत में क़दम रखा था। अपनी मेहनत, प्रतिभा और ईमानदारी के कारण वे आज नामी-गिरामी वकीलों में गिने जाते हैं। दौलत और शोहरत बढ़ने के साथ-साथ उनका दिल भी उतना ही बड़ा होता रहा है। रमेश जी हमारे कार्यकर्ताओं के घर में दुख-बीमारी या शादी-ब्याह जैसे मामलों में हमेशा मदद के लिए तैयार रहते थे। दोस्ती निभाने में तो उनका कोई सानी नहीं है। ऐसे कई मौक़े आए जब संगठन के पास पैसा न होने की हालत में मैंने उन्हीं से उधार पैसे लेकर काम चलाया था। वे संगठन के उतार-चढ़ावों और क़ानूनी उलझनों में मेरे बहुत भरोसेमन्द साथी रहे हैं। वे कई वर्षों तक बचपन बचाओ आन्दोलन के अध्यक्ष भी रह चुके हैं।

रमेश जी क़रीब डेढ़-दो घंटे बाद अपने दो सहायक वकीलों के साथ हमारे घर पहुँच पाए। वे एकदम ठंडे दिमाग़ से मुस्कराते हुए हमारे घर में घुसे। उन्होंने बड़ी इज़्ज़त के साथ हरियाणा पुलिस और दिल्ली पुलिस के अधिकारियों को

घर में बुला लिया। अचरज की बात यह थी कि हमारे वकीलों के आने पर टाइगर भौंकना बन्द करके चुपचाप सुमेधा जी के पास जाकर बैठ गया था। इस तरह वह मेरी जान बचाने वाला एक सच्चा दोस्त और फ़रिश्ता साबित हुआ था।

उस समय शाम के क़रीब छह बजे चुके थे। वे उनसे बाहर ही वायदा करके आए थे कि गिरफ़्तारी के लिए उनको कोई एतराज नहीं है। रमेश जी उन्हें ड्राइंगरूम में बैठाकर काग़ज़ात पढ़ने लगे। उन्होंने सुमेधा जी से कहा कि वे सबके लिए चाय-नाश्ते का इन्तज़ाम करें। हममें से कोई भी नहीं समझ पा रहा था कि वे आख़िर ऐसा क्यों कर रहे हैं? वे काफ़ी देर तक उन लोगों से हरियाणा पुलिस के कुछ वरिष्ठ अफ़सरों, नेताओं और राजनीति के बारे में बातें करते रहे। उन्होंने बातों-बातों में उन पुलिस वालों से दिल्ली से पानीपत तक की दूरी पूछ ली थी। हमें इस बात पर हैरानी हो रही थी कि वे घुमा-फिरा कर बार-बार वही बातें क्यों पूछ रहे हैं? सबने यही बताया कि वह दूरी कम से कम 80 से 90 किलोमीटर के बीच है। मेरे घर से तो 100 किलोमीटर से भी ज़्यादा होगी।

तब तक घड़ी में सवा सात बज चुके थे। तभी रमेश जी ने लोगों से पूछा, "क्या वक़्त हुआ है?" अपनी घड़ियाँ देखकर सभी बोले, "सर, सवा सात बजा है।"

एकाएक रमेश जी के तेवर बदल गए। हम यह देखकर अचम्भित थे। उन्होंने हाथ में रखी हुई किताब के एक पन्ने पर लिखी इबारत को सभी के सामने खोल दिया। वह सुप्रीम कोर्ट का एक फ़ैसला था। उसके अनुसार शाम सात बजे के बाद किसी आरोपी को दूसरे राज्य से गिरफ़्तार करके 70 किलोमीटर से अधिक दूर नहीं ले जाया जा सकता था। उन्होंने वह इबारत दिल्ली और हरियाणा पुलिस के इंस्पेक्टरों से दो-दो बार पढ़वाई। फिर कठोर रवैया दिखाते हुए हरियाणा पुलिस को तत्काल घर से चले जाने के लिए कहा। उन बेचारों की हालत तो देखते ही बनती थी। वे मुँह लटकाकर निकल गए। बाद में रमेश जी ने दिल्ली के पुलिस वालों को क़ानूनी हालत समझाकर कहा कि अब वे मुझे गिरफ़्तार करके रात को अपने पास रख सकते हैं। दिल्ली पुलिस ने मुझे क़रीब 10 बजे रात में मेट्रोपोलिटन मजिस्ट्रेट सी.के. चतुर्वेदी के घर पर पेश किया। रमेश जी ने मजिस्ट्रेट साहब को वहाँ रात में आने का कारण बताया।

मामले की गम्भीरता समझकर मजिस्ट्रेट महोदय ख़ुद चिन्तित हो गए। ख़तरा भाँपते हुए उन्होंने मुझे कड़ी पुलिस सुरक्षा में किसी पुलिस थाने में बन्द रखने के निर्देश दे दिये। साथ ही, अगले दिन अपनी अदालत में सुनवाई निश्चित कर दी। मुझे तिलक मार्ग थाने ले जाया गया। रास्ते भर हथियारबन्द गुंडों की गाड़ियाँ हमारा पीछा करती रही थीं। तिलक मार्ग दिल्ली के बीचोबीच स्थित महत्त्वपूर्ण

थाना है क्योंकि पटियाला हाउस कोर्ट, हाई कोर्ट और सुप्रीम कोर्ट उसी थाना क्षेत्र में हैं। थानेदार मुझे गन्दे बदबूदार लॉकअप में बन्दी बनाकर रखने में संकोच कर रहे थे। आख़िर मुझे सीख़चों के भीतर एक कोठरी में बन्द कर दिया गया। पीछे से सुमेधा जी और दूसरे कई साथी थाने में पहुँच गए। वे मेरे लिए भोजन और बिस्तर का इन्तज़ाम करना चाहते थे, जिसे मैंने कठोरता से मना कर दिया और एक साधारण क़ैदी की तरह ज़मीन पर लेटकर रात गुज़ारी।

मुझे दूसरे दिन अदालत में पेश किया गया। मेरे ख़िलाफ़ हरियाणा सरकार और शीना एक्सपोर्ट्स की तरफ़ से सुप्रीम कोर्ट के कई नामी-गिरामी महँगे वकील पेश हुए। वे इसी बात पर ज़ोर दे रहे थे कि मुझे हरियाणा पुलिस के हवाले कर दिया जाए; जबकि मेरे वकील रमेश गुप्ता वहीं से पक्की जमानत की माँग कर रहे थे। दिन भर क़ानूनी पेचीदगियों पर बहस चलती रही। अदालत में हर तरफ़, यहाँ तक कि जज के कमरे के ठीक बाहर गलियारे में ख़ौफ़नाक शक्लों वाले गुंडे घूम रहे थे। भुवन गलियारे में एक बेंच पर हमारे कुछ साथियों और मुक्ति आश्रम के बच्चों के साथ बैठा था। वे गुंडे बार-बार उसे पिस्तौलें दिखा रहे थे। उन्होंने अपने पतलूनों और क़मीज़ों के भीतर हथियार छुपा रखे थे। इतना ही नहीं, उन लोगों ने हमारे संगठन और दोस्तों की सभी कारों के पहियों की हवा निकाल दी थी, ताकि मैं या मेरा कोई सहयोगी अदालत के अहाते से बाहर न निकल पाए। मेरे ख़याल से उन्हीं दो दिनों में मेरे बेटे के भीतर कभी हार न मानने वाला वकील जन्म ले चुका था।

न्यायाधीश महोदय ने मुझे शाम को इस शर्त पर जमानत दे दी कि मैं अगले दो दिनों के अन्दर पानीपत की अदालत में पेश होऊँगा। उसके बाद मेरे साथी मुझे चुपके से जजों के कमरों के अन्दर से होते हुए किसी तरह बाहर निकालने में कामयाब रहे। वहाँ से ले जाकर मुझे एक गुप्त स्थान पर छुपाकर रखा गया, जहाँ मैंने पूरी रात गुज़ारी। उस बीच भारत के पूर्व मुख्य न्यायाधीश न्यायमूर्ति भगवती जी, राष्ट्रीय मानवाधिकार आयोग के अध्यक्ष न्यायमूर्ति रंगनाथ मिश्रा और देश-विदेश के मानव अधिकार क्षेत्र की कई बड़ी-बड़ी हस्तियाँ लगातार सुमेधा जी और मेरे सहयोगियों के सम्पर्क में बनी रहीं। मुझे बताया गया कि उन 24 घंटों के दौरान मानव अधिकार आयोग की फैक्स मशीन को पलभर का भी चैन नहीं मिला था। रात में ही एमनेस्टी इंटरनेशनल ने बीबीसी रेडियो पर गिरफ़्तारी की निन्दा करते हुए मेरी जान बचाने की अपील जारी कर दी। दसेक दिनों के भीतर सेनेटर टॉम हार्किन की अगुआई में 40 अमेरिकी सांसदों ने भारत सरकार से अपील करके मेरी सुरक्षा की माँग की थी।

वकीलों की राय थी कि चंडीगढ़ उच्च न्यायालय में अपील दायर करके मुझे पानीपत की अदालत में पेश होने पर रोक लगवाई जाए। बड़ी मुश्किल से हरियाणा और पंजाब हाई कोर्ट के एक वरिष्ठ वकील इसके लिए राज़ी हुए। ज़्यादातर वकील शीना एक्सपोर्ट्स का नाम सुनते ही मेरा मुक़दमा लेने में ना-नुकर कर चुके थे। मेरे कुछ बहादुर साथी मुझे एक कार में छुपाकर रातों-रात चंडीगढ़ ले गए। उनमें से एक का तो नाम ही रामबहादुर था। दिल्ली से चंडीगढ़ जाने वाली सड़क पानीपत से होकर गुज़रती है। इसलिए मुझे पीछे के गाँवों में से खेतों की पगडंडियों के रास्तों से निकालकर ले जाया गया। अगली सुबह पूरी तैयारी के साथ हाई कोर्ट में अपील कर दी गई। सौभाग्य से अदालत ने न केवल हमारी याचिका मंजूर कर ली, बल्कि निचली अदालत में पेश होने की ज़रूरत पर रोक के आदेश भी दे दिये।

कुछ सालों के बाद कई दूसरे खुलासे होते रहे। एक मेरे साथ, और दूसरा भुवन के साथ हुआ। एक बार वे न्यायाधीश चतुर्वेदी जी कहीं पर मिल गए, जिन्होंने दिल्ली के पटियाला हाउस कोर्ट में मुझे ज़मानत दी थी। तब वे रिटायर हो चुके थे। उन्होंने बताया कि सुनवाई वाले दिन उन पर जितना राजनीतिक दबाव आया था, वैसा उनके कार्यकाल के दौरान कभी नहीं हुआ था। भारत के तत्कालीन क़ानून राज्य मंत्री हंसराज भारद्वाज ने उनसे कहा था कि वे मुझे जमानत न देकर हरियाणा पुलिस को सौंप दें। भारद्वाज ख़ुद हरियाणा के एक नेता थे।

मेरे अनन्य सहयोगी और विश्वनेता सेनेटर हार्किन

हमारे मुद्दे को दुनिया के राजनीतिक पटल तक ले जाने और शीना एक्सपोर्ट्स के मामले में भारत सरकार पर दबाव बनाकर मेरी जान बचाने में अमेरिका के सेनेटर टॉम हार्किन को बड़ा श्रेय जाता है। 1992 की शुरुआत में सेनेटर टॉम हार्किन से मेरी पहली मुलाक़ात बाल मज़दूरी को वैश्विक आन्दोलन बनाने की दिशा में मेरे जीवन की सबसे महत्त्वपूर्ण घटना है। वह मुलाक़ात वाशिंगटन डीसी में उन्हीं के ऑफ़िस में हुई थी। वे अमेरिका के सबसे प्रतिष्ठित राजनेताओं में से एक हैं। एक बार उनका नाम डेमोक्रेटिक पार्टी की तरफ़ से राष्ट्रपति पद की उम्मीदवारी के लिए भी चला था, मगर उन्होंने बिल क्लिंटन के समर्थन में अपना नाम वापस लिया था। युवावस्था में टॉम, मार्टिन लूथर किंग के आन्दोलन में शरीक रहे थे। वे अपने प्रान्त आयोवा से लगातार कई बार चुनाव जीते थे। उन्हें अमेरिकी सीनेट में किसानों, मज़दूरों, बच्चों, विकलांगों और बाहर से आकर

अमेरिका में बसने वालों की सबसे बुलन्द आवाज़ माना जाता था।

उस मुलाक़ात से हम दोनों के बीच न केवल बाल मज़दूरी के ख़िलाफ़ मिलकर लड़ने के बारे में एक गहरी समझ बन गई थी, बल्कि जीवन भर के लिए मुझे अपना सबसे प्रभावशाली साथी मिल गया था। उन्होंने पहली मुलाक़ात के बाद ही अमेरिकी संसद में मेरे ऊपर एक पूरा भाषण दे डाला था। सीनेटर हार्किन कुछ ही सालों में बाल मज़दूरी के ख़िलाफ़ इतिहास के सबसे संवेदनशील और प्रभावशाली राजनेता बनकर उभरे, जिसके आगे बड़े-बड़े उद्योगों और सरकारों को घुटने टेकने पड़े।

सेनेटर हार्किन के विरोधी और दुश्मन भी कम नहीं थे। बांग्लादेश का वस्त्र उद्योग, भारत का गलीचा उद्योग, चॉकलेट उद्योग और अमेरिका समेत सभी देशों के ऐसे उद्योग-धंधे जिनमें बाल मज़दूरी चलती थी, उनके नाम से खार खाते थे। उनसे मेरी दोस्ती के कारण कई देशों की सरकारें और उद्योग मुझे भी अपना दुश्मन मानने लगे।

उन्होंने अमेरिका में रगमार्क स्थापित करने में बड़ी मदद की और सीनेट में उस योजना का ज़ोरदार समर्थन करवाया। सेनेटर टॉम हार्किन के प्रयासों से अमेरिका और कई देशों की नीतियाँ बदलीं, बाल मज़दूरी को ख़त्म करने के लिए नये कार्यक्रम बने और बजट बढ़ाए गए, अमेरिका के श्रम मंत्रालय में एक नया विभाग खोला गया और आईएलओ के क़ानून बनवाने में मदद मिली। मैं इसे उनकी महानता ही कहूँगा कि वे हमेशा मुझे इस विषय में अपनी प्रेरणा मानकर श्रेय देते रहते हैं। टॉम चुनावी राजनीति से संन्यास लेकर अपने प्रान्त आयोवा में रहते हैं। मैंने उनसे ज़्यादा सरल, सहृदय और मानवतावादी राजनेता कोई दूसरा नहीं देखा। जब से मेरा उनसे परिचय हुआ है, तब से उन्होंने मेरे या मेरे परिवार के ऊपर आए किसी भी संकट की हर घड़ी में हमारा साथ दिया है। वे जब भी मिलते हैं, मेरे परिवार के हर सदस्य के बारे में पूछताछ करते हैं। मैं अक्सर कहता हूँ कि यदि संयोग से कोई सन्त राजनेता बन जाए, तो वह टॉम हार्किन होता है।

पुराने दोस्तों का विश्वासघात

हमने 1983 में खूबेराम नाम के एक आदमी को बँधुआ मज़दूरी से मुक्त कराया था। बाद में वह कई वर्षों तक हमारा कार्यकर्ता रहा था। शीना एक्सपोर्ट्स कम्पनी ने किसी तरह उसे और रमेश नाम के एक दूसरे कार्यकर्ता को ख़रीद

लिया। गाँव के एक बहुत ग़रीब परिवार से आए एक नौजवान रमेश को हमने कई महीनों तक अपने घर में रखा था। वह हमारे कार्यालय में काम करते हुए ख़ुफ़ियागिरी करता था; जबकि खूबेराम बाहर रहकर। दोनों को उस काम के लिए अच्छी-ख़ासी रकम दी गई थी। कई सालों के बाद ख़ुद खूबेराम ने बताया कि उस कम्पनी के मालिकों ने उसकी बेटी की शादी के लिए कुछ हज़ार रुपये दिये थे।

घटना के कुछ दिनों पहले हमारे पड़ोसियों ने रमेश को उस कम्पनी के आदमियों के साथ मेरे घर के इर्द-गिर्द घूमते हुए देखा था। अपनी पोल खुल जाने पर उसने साजिशकर्ताओं की मदद से मेरे ख़िलाफ़ कई झूठे मुक़दमे दायर करा दिये। हमें पता चला कि मुक़दमा दर्ज करने के लिए उन्हीं लोगों ने पुलिस को पैसे दिये थे। उन मुक़दमों में मुझे कई वर्षों तक कोर्ट-कचहरी के चक्कर लगाते हुए भयानक मानसिक त्रासदी और उत्पीड़न झेलना पड़ा था। अदालती पेशियों के कारण एक बार अपनी बीमार माँ को देखने विदिशा नहीं जा पाया था और दो बार मुझे विदेश यात्राएँ रद्द करनी पड़ी थीं। मेरे पासपोर्ट का नवीनीकरण भी रोक दिया गया था। साधारण आदमी के लिए भारत की निचली अदालतों से न्याय हासिल करने की प्रक्रिया अपने आप में एक बड़ी सज़ा होती है जो मैंने भुगती थी।

अन्त में मेरी जीत हुई। न्यायालय ने मेरे ख़िलाफ़ सभी आरोपों को झूठा करार देकर मुझे बरी कर दिया था। मेरे वकीलों की सलाह थी कि रमेश के ख़िलाफ़ मानहानि और मुआवज़े का मुक़दमा कर दूँ। लेकिन मैंने उसे माफ़ कर दिया। शुरू से ही मेरे पुराने मित्र और नेता स्वामी अग्निवेश और मेरे बीच काम करने के तौर-तरीक़ों में भी मतभेद होने लगा था। फिर भी मैं सोचता था कि मित्रता के सम्बन्धों में भिन्नताओं के मुक़ाबले समानताओं को आगे रखना चाहिए। अगर व्यक्तियों के बीच में भिन्नता न हो तो उनका अलग-अलग अस्तित्व ही क्यों है? फिर भी हमारी दोस्ती टिक नहीं पाई। हमने अलग-अलग रास्ते चुन लिए। वे बदले की भावना से मुझे नुक़सान पहुँचाने के कई षड्यंत्र और कोशिशें करते रहे। उन्होंने सरकारी तंत्र का इस्तेमाल करके हमारे आन्दोलन के ऑफ़िस पर तो अपना क़ब्ज़ा कर ही लिया था, बाद में आश्रमों पर क़ब्ज़ा करने में भी जुट पड़े थे। कई ज़िम्मेवार मित्रों ने बताया था कि शीना एक्सपोर्ट्स के मालिकों ने सारी योजना स्वामी जी के साथ बैठकर बनाई थी।

इस सबके बावजूद मैं व्यक्तिगत तौर पर अग्निवेश जी के लिए बहुत कृतज्ञ हूँ क्योंकि आन्दोलन के शुरुआती दौर में उनका सहयोग बहुत महत्त्वपूर्ण रहा

था। मैंने न केवल साथ रहते हुए उनसे काफ़ी कुछ सीखा, बल्कि अलग होने के बाद भी उनकी दुश्मनी और बदले से बहुत सी बातें सीखने को मिलीं।

उस पुलिस अफ़सर की इनसानियत और हिम्मत

सन् 2013 में भुवन के साथ एक मज़ेदार वाक़या हुआ। वह भारत सरकार की ट्रेनिंग एकेडमी में पुलिस के अधिकारियों को प्रशिक्षण देने गया था। एक पुलिस अधिकारी उसके व्यावहारिक अनुभव और क़ानूनी जानकारी से प्रभावित होकर क्लास के बाद उससे अकेले में जाकर मिला। वह संकोच के कारण कुछ कह पाने में हिचक रहा था। काफ़ी देर बाद हिम्मत जुटाकर उसने एक पुरानी घटना सुनाई।

उसने बताया कि कई वर्ष पहले वह पानीपत में थानेदार था। तब उसे कुछ नेताओं और बड़े अफ़सरों से एक ख़तरनाक काम को अंजाम देने का हुक्म मिला था। वह काम दिल्ली जाकर फ़र्ज़ी मुठभेड़ करके एक सामाजिक कार्यकर्ता को मारने का था। जब थानेदार ने उस कार्यकर्ता के बारे में जाँच-पड़ताल की तो पता चला था कि वह बच्चों की भलाई के लिए लड़ने वाला कोई नेक इनसान है। भुवन अपनी ओर से कुछ बताए बग़ैर उससे पूरा वाक़या जानने की कोशिश करता रहा। पुलिस अफ़सर ने कहा कि उसकी अन्तरात्मा फ़र्ज़ी मुठभेड़ के लिए राज़ी नहीं हुई। इसलिए हिम्मत करके अपने अफ़सरों से वह पाप करने से मना कर दिया था। उसी वजह से पहले तो उस बेचारे को थाने से हटाया गया, फिर कुछ आरोप लगाकर उसकी तरक़्क़ी रोक दी गई थी।

पूरी कहानी सुनाकर उसने भुवन से कहा, "तब उस आदमी को नहीं मारकर मेरे मन में बड़ा सन्तोष हुआ था। लेकिन आज आपके मुँह से बच्चों पर हो रहे अत्याचारों के बारे में जानकर मुझे लग रहा है कि मैंने सचमुच बड़े पुण्य का काम किया था।"

भुवन ने मुस्कराते हुए उससे पूछा, "क्या आपको उस सामाजिक कार्यकर्ता का नाम याद है?" काफ़ी सोचने के बाद भी उसे नाम याद नहीं आया।

भुवन ने फिर से पूछा, "क्या वह नाम कैलाश सत्यार्थी था?"

उसने तपाक से 'हाँ' में जवाब देते हुए बड़े अचम्भे से भुवन को देखते हुए पूछा, "सर, आप कैसे जानते हैं?"

भुवन धीरे से बोला, "आप जानना चाहते हैं कि वह कौन थे?...वह मेरे पिताजी हैं।"

सुनते ही उस पुलिसवाले की आँखें फटी की फटी रह गईं। वह समझ

नहीं पा रहा था कि क्या करे और क्या न करे? भुवन ने उसे गले लगा लिया। उसकी कर्तव्यपरायणता और हिम्मत की ख़ूब तारीफ़ की और पिता की जान न लेने के लिए उसे धन्यवाद भी दिया।

भुवन से उस पुलिस अफ़सर की कहानी सुनते हुए मुझे अपने पिता याद आते रहे। वे बेहद ईमानदार और कर्तव्यनिष्ठ पुलिसकर्मी थे। वे कभी-कभी मेरी माँ और बड़े भाइयों को बताते थे कि कैसे उनके साथी पुलिसकर्मी रिश्वतखोरी से मालामाल हो रहे हैं; जबकि उन्हें अपनी ईमानदारी की क़ीमत चुकानी पड़ती है। कक्का को आपराधिक क़ानूनों की बड़ी जानकारी थी। साथ ही अपराधों की छानबीन करने में उनकी बहुत महारत थी। वे जब किसी अपराध की गुत्थी सुलझाते थे, तब बहुत ख़ुश होकर घर में सुनाते थे। पिताजी कहा करते थे कि कर्तव्य पालन को वरदान की तरह करने से आनन्द और असली सन्तुष्टि मिलती है।

मेरी जान बचाने वाले अशोक शर्मा

नाटकीयता और चतुराई से जान बचाकर निकल भागने की यह एक मज़ेदार कहानी है। 1995 की बात है। बीबीसी अपने वीडियो डायरी नामक कार्यक्रम में मेरे जीवन और काम पर एक डॉक्यूमेंट्री बना रही थी। बीबीसी की एक संवाददाता कुलदीप ढड्डा मेरे साथ उत्तर प्रदेश के इलाहाबाद ज़िले के हरचन्दपुर गाँव गई थी। सुबह के लगभग 11 बजे थे। हमारे साथ बिहार से आईं दो विधवा महिलाओं के बच्चों को इलाहाबाद के पास के गाँव के कालीन कारख़ाने में कई वर्षों से बन्धक बनाकर रखा गया था ।

दिल्ली से मेरे साथ एक तेज़-तर्रार नौजवान साथी राकेश सेंगर भी गए थे। उनसे मेरी मुलाक़ात 1994 में इलाहाबाद विश्वविद्यालय के छात्रसंघ के एक कार्यक्रम में हुई थी। वे वहाँ एम.ए. की पढ़ाई कर रहे एक छात्र नेता थे। मेरा भाषण सुनने के बाद कुछ नौजवान अकेले में आकर मुझसे मिले। राकेश उन्हीं में से एक थे। वे देर रात तक मेरे साथ रहे। राकेश और दूसरे दो युवकों ने पढ़ाई छोड़कर तुरन्त मेरे साथ काम करने की इच्छा ज़ाहिर की। मैंने उनकी भावनाओं और सामाजिक सरोकारों की तारीफ़ करते हुए सुझाव दिया कि पहले वे अपनी पढ़ाई पूरी कर लें। वे मेरी बात मान गए। कुछ महीनों के बाद परीक्षा ख़त्म होते ही तीनों दिल्ली पहुँचकर मुझसे मिले। भले ही उनकी रुचियाँ तथा योग्यताएँ अलग-अलग थीं, किन्तु सभी के भीतर एक जैसी आग थी। मैंने उन्हें अलग-अलग कामों में लगा दिया था।

उनमें राकेश ही सबसे ज़्यादा समर्पित और भावनाशील नवयुवक था। वह संगठन का कार्यकर्ता बन गया और हमारे घर में रहने लगा था। उसका मस्तिष्क बहुत रचनात्मक और उर्वर है, परन्तु ग़ुस्सा नाक पर ही चढ़ा रहता है। किसी अभियान में दरी बिछाने से लेकर दिन-रात बैठकर तख़्ती-बैनर बनाने और मीडिया के साथ भाग-दौड़ करने से लेकर मंच संचालन जैसे हर तरह के काम उसकी फ़ितरत में शामिल हैं। राकेश एक उम्दा कलाकार और कवि है। सुमेधा जी और मैं राकेश को अपने बेटे की तरह और हमारे बच्चे बड़े भाई की तरह मानते हैं।

उसने छापेमारी के लिए रवाना होने से पहले उन महिलाओं से कुछ जानकारी इकट्ठी कर ली। उन्हें इतना भर याद था कि पिछली दोनों बार वे इलाहाबाद बस लेकर ऐसी जगह गई थीं जहाँ सड़क के किनारे पुलिस थाना था। वे वहीं से खेतों के बीच से चलकर बच्चों से मिलने पहुँची थीं। हमने उसी जानकारी के आधार पर एक नक़्शा तैयार कर लिया था। हमें अन्दाज़ा लग गया कि बच्चे अवसानपुर पुलिस चौकी के पास के किसी गाँव में हैं। वह गाँव अवसानपुर और हरचन्दपुर में से कोई एक हो सकता था।

हमारे वरिष्ठ साथी कामरेड रमाशंकर चौरसिया जी और राकेश के नेतृत्व में एक टीम अवसानपुर गाँव की तरफ़ भेज दी गई; जबकि मैं उन औरतों के साथ पगडंडी पकड़कर पैदल-पैदल दूसरे गाँव की तरफ़ आगे बढ़ने लगा। क़रीब एक किलोमीटर आगे जाने पर मामला और उलझ गया। वह पगडंडी आगे खेतों के बीच तीन हिस्सों में बँट जाती थी। हम जल्दी-जल्दी भाग रहे थे। पसीने के मारे बुरा हाल था। मैं हाँफता हुआ उन औरतों पर बार-बार झुँझला पड़ता था। वे हमें कभी एक तरफ़ तो कभी दूसरी तरफ़ घुमाए जा रही थीं। फिर थोड़ी दूरी पर एक गाँव देखते ही उनके चेहरे खिल उठे। वह गाँव हरचन्दपुर था। हम जल्दी-जल्दी क़दम बढ़ाते हुए गाँव के नज़दीक पहुँच गए।

अचानक मेरी नज़र गाँव के छोर पर खड़े 30-40 लोगों के झुंड पर पड़ी। मुझे अन्देशा था कि इतनी देर तक खेतों में भटकने से आसपास के लोगों को हम पर शक हो गया है। मैंने अपने साथियों को सचेत कर दिया कि हम पर हमला हो सकता है। हम चुपचाप आगे चलते रहे। मैंने पास पहुँचकर देखा कि झुंड में कई आदमियों के हाथों में लाठियाँ और कुल्हाड़ियाँ थीं। उनमें से एक आदमी हाथ में बन्दूक़ लिये हुए था। उसने अपनी धोती लुंगी की तरह बाँध रखी थी। बाक़ी बदन नंगा था। वह अच्छा-ख़ासा पहलवान नज़र आता था।

मैंने तुरन्त अपने आप को पूरी तरह सन्तुलित किया और बड़े इत्मीनान से मुस्कराता हुआ उन लोगों की तरफ़ बढ़ता रहा। मेरे साथी बुरी तरह डर गए

थे। ग़ुस्से से तमतमा रहे गाँव के लोग मुझे मुस्कराते हुए देखकर हैरान होकर एक-दूसरे के चेहरे ताकते रहे। इससे पहले कि बन्दूक़धारी पहलवान कुछ बोल पाता, मैंने हाथ जोड़कर उसे नमस्ते किया और अपना दाहिना हाथ उसके कन्धे पर रख दिया। वह एकदम सकपका गया। मैंने ख़ूब ज़ोर से ठहाका मारकर हँसते हुए कहा, "मैं समझ गया हूँ कि आप लोग ऐसे क्यों खड़े हैं? आप मुझे कैलाश सत्यार्थी समझ रहे हैं न?"

मैं बिना रुके बोलता गया, "देखो, फिर हो गया न वही धोखा।" फिर मैंने आगे बढ़कर उस आदमी को गले लगा लिया। गाँव वाले हक्के-बक्के खड़े थे।

मैंने कहा, "आपके इलाक़े में तो जहाँ भी जाओ, लोग मुझे कैलाश सत्यार्थी समझ लेते हैं। भैया, मेरा नाम पंडित अशोक शर्मा है। मैं दिल्ली में एक अधिकारी हूँ। आप मुझे बैठने की जगह देंगे या मैं ऐसे ही अपने बारे में सफाई देता हुआ खड़ा रहूँ?" इतना सुनकर गाँव वालों का ग़ुस्सा ग़ायब हो गया। सभी मुस्कराने लगे थे।

एक होशियार नौजवान तपाक से बोला, "मैं तो पहले ही सोच रहा था कि यह सज्जन कैलाश सत्यार्थी नहीं हो सकते।"

मेरे नाम पर दो-चार गन्दी गालियाँ देते हुए एक दूसरा आदमी बोल पड़ा, "हाँ भाई, अगर ये असली कैलाश होता तो यहाँ गाँव-देहात में धक्के क्यों खाता? वह तो कहीं अमेरिका, जापान वग़ैरह में होटलों में ऐश कर रहा होगा।"

तब तक बहुत से गाँव वाले इकट्ठा हो गए। उनमें से कुर्ता-पायजामा पहने हुए एक नेतानुमा आदमी ने कहा, "भाई, तुम लोग कैसे पागल हो? मैंने ख़ुद कैलाश सत्यार्थी को बनारस में एक रैली में देखा है। वह तो अशोक शर्मा जी से कम से कम एक फ़ुट ज़्यादा लम्बा था। इनसे मोटा भी था।"

मैं उनकी 'बुद्धिमत्ता' पर मन ही मन ख़ुश होकर सिर हिलाए जा रहा था। मैंने उन लोगों की तारीफ़ करते हुए कहा, "आप सरीखे विद्वान समझदार लोगों के कारण एक बहुत बड़ा अनर्थ होते-होते बच गया। अगर जरा सी भी चूक हो जाती तो आज इस गाँव को ब्रह्महत्या (किसी ब्राह्मण की हत्या) का पाप लग जाता। आप सब तो नरक में जाते ही, आने वाली कई पीढ़ियों को अकाल और महामारी झेलने पड़ते।"

कुछ लोग हमारे बैठने के लिए लकड़ी की एक कुर्सी और कुछ चारपाइयाँ लेकर आ गए। एक घर से दो बच्चे जग में पानी और गिलास लाए। अशोक शर्मा जी का स्वागत-सत्कार शुरू हो गया। मैं आराम से कुर्सी पर बैठ गया। मैंने कहा, "मैं बड़ा पूजा-पाठी ब्राह्मण हूँ। आज मेरा उपवास है। मैं केवल किसी

ब्राह्मण बालिका के हाथ से ही पानी पी सकता हूँ।"

कुछ लोगों ने मेरे पैर छूने शुरू कर दिये। पड़ोस के पंडित जी के घर से एक छोटी बच्ची ने पानी लाकर दिया। दूध, फल और मिठाइयाँ खिलाई गईं। उस दिन मेरा रामचरितमानस और संस्कृत का ज्ञान बड़े काम आया। वे मेरे मुँह से चौपाइयाँ और श्लोक सुनकर गद्‌गद हो रहे थे। तब तक मेरे मन में आगे की योजना बन चुकी थी। मैंने बड़ी चतुराई से उन्हें अपने आने का उद्‌देश्य बताना शुरू किया।

उनसे कहा, "इन दो औरतों और उस बदमाश कैलाश सत्यार्थी ने मेरा जीना हराम कर रखा है। इन्होंने बचपन बचाओ आन्दोलन में शिकायत की है कि इनके बच्चे आपके गाँव में बँधुआ बनाकर रखे गए हैं। सत्यार्थी ने लन्दन में बैठे-बैठे भारत सरकार को धमका दिया। उस आदमी के हाथ बहुत लम्बे हैं। इसी वजह से मुझे यहाँ भूखे-प्यासे ठोकरें खानी पड़ रही हैं। मैं आप लोगों से प्रार्थना करता हूँ कि इनके बच्चे को वापस दिला दें, ताकि मेरी नौकरी बच सके।"

मैं नेता और पहलवान जैसे दिखने वाले दोनों आदमियों को अलग ले गया। उनके कान में धीरे से कहा, "देखो भाई, मामला गम्भीर है। बच्चे तो देने ही होंगे। मैं एक ब्राह्मण हूँ और आप मेरी बिरादरी वाले हैं। इसलिए आप लोगों को बचाने की कोशिश करूँगा। दिल्ली की सरकार यहाँ पुलिस, पीएसी, सेना, बीएसएफ सब कुछ भेज देगी। घर-घर की तलाशी होगी। सभी लोग पकड़े जाएँगे। आपका गाँव हमेशा के लिए बदनाम हो जाएगा।"

हरचन्दपुर के लोग कुछ ज़्यादा ही समझदार थे। उन्होंने आपस में कानाफूसी शुरू कर दी। आख़िर में यह फ़ैसला हुआ कि थोड़ी देर बाद दोनों लड़कों का पता लगाकर उन्हें अवसानपुर चौकी पहुँचा दिया जाएगा। अच्छी बात यह थी कि लन्दन में पैदा हुई पत्रकार कुलदीप पहली बार भारत आई थी। उसे हिन्दी का एक शब्द भी समझ नहीं आता था वरना अगर उसने मेरा असली नाम ले लिया होता तो न जाने क्या हो जाता।

हम गाँव वालों का धन्यवाद करके वापस निकल पड़े। हमें छोड़ने के लिए चन्द नौजवान कुछ दूर तक हमारे साथ आए। लेकिन लगता था कि उस दिन यमराज मुझ पर कुछ ज़्यादा ही मेहरबान थे। हमने देखा कि दूसरे गाँव अवसानपुर की तरफ़ से 10-12 लोगों का झुंड हाथों में तलवारें, डंडे आदि लिये हुए हमारी तरफ़ आ रहा था। वे मेरा नाम लेकर गन्दी-गन्दी गालियाँ देते हुए चिल्ला रहे थे, "कहाँ है कैलाश सत्यार्थी? आज हम तुझे नहीं छोड़ेंगे। तू पहले धोखे से हमारे गाँव से बच्चे उठा ले गया था। लेकिन इस बार तेरी लाश यहाँ से जाएगी।"

मैंने हरचन्दपुर से साथ आए नौजवानों से कहा, "देखिए, ये भी वही ग़लती दोहरा रहे हैं। वे मुझे कैलाश सत्यार्थी मान रहे हैं। आप उन्हें समझाइए, नहीं तो आज आपके गाँव आए अतिथि ब्राह्मण की हत्या हो जाएगी।"

उन्होंने आगे बढ़कर, उस झुंड को डाँटकर कहा, "भाई, ये पंडित अशोक शर्मा जी हैं। भारत सरकार के बड़े अफ़सर हैं। ये कैलाश नहीं हैं।" थोड़ी बहसबाज़ी के बाद सब शान्त हो गए। मैंने हाथ जोड़कर उनका आभार प्रकट किया। सभी मेरे पैर छूकर आशीर्वाद लेकर लौट गए।

हमारा ड्राइवर बहुत बहादुर था। वह किसी की भी परवाह किये बग़ैर सड़क पर जीप को तेज़ भगाते हुए गाँव से बाहर निकाल ले गया। उस दिन हमने 25 बच्चों को मुक्त कराया था जिसमें उन औरतों के दो बेटे शामिल थे। अगले दिन अख़बारों में ख़बर छपी कि कैलाश सत्यार्थी ने अपनी सूझबूझ से 25 बच्चों को छुड़ा लिया। इस ख़बर को पढ़कर हरचन्दपुर और अवसानपुर के उन लोगों पर जाने क्या गुज़री होगी!

भगवद्गीता में बहुत सी दार्शनिक बातें और जीवन की शिक्षाएँ हैं। इसके दो श्लोक मुझे विशेष रूप से हमेशा याद रहते हैं। उनमें कहा गया है कि मुझे आग जला नहीं सकती, हथियार काट नहीं सकते, हवा सुखा नहीं सकती, पानी गीला नहीं कर सकता और शरीर का छूटना तो फटे-पुराने कपड़े बदलने की तरह होता है। मैं सोचता हूँ कि आत्मा की अमरता में गहरा भरोसा रखने से मौत के सामने डरने और विचलित होने से काफ़ी हद तक बचा जा सकता है। लेकिन इसका मतलब यह भी नहीं कि जान-बूझकर या किसी चूक के कारण अपनी और अपने साथियों की जान जोखिम में डालकर मुझे मज़ा आता है। फिर भी जब-जब हमले हुए मुझे ख़ुद को आईना दिखाने का मौक़ा मिला और सीखने का भी। लेकिन सच्चाई यही है—

जाको राखे साइयाँ, मार सके ना कोय।

पुलिस लॉकअप में गुज़री रात और जर्मन बुढ़िया की चुनौती

भारत में क़ालीन बुनाई के लिए ज़्यादातर बच्चों को बिहार से लाकर उत्तर प्रदेश में ग़ुलाम रखा जाता था। मुझे पहली बार इसकी जानकारी बिहार के सबसे पिछड़े ज़िले पलामू में मिली जहाँ गर्मियों में हमने बँधुआ मज़दूरी पर एक बड़ी चौपाल की थी। उसके बाद हमने दोनों राज्यों से जानकारियाँ इकट्ठा करके बच्चों को आज़ाद कराने की ताबड़तोड़ छापेमार कार्रवाइयाँ शुरू कर दी थीं। संगठन के कार्यकर्ताओं द्वारा ऐसी छापेमारियाँ अब भी हो रही हैं। समस्या की गम्भीरता और पेचीदगियों को समझते हुए हमने सुप्रीम कोर्ट में 1984 में एक जनहित याचिका दायर की थी। कोर्ट ने उस पर प्रसिद्ध गांधीवादी कार्यकर्ता प्रेम भाई की अध्यक्षता में एक जाँच कमीशन गठित कर दिया। कमीशन ने पाया कि कालीन उद्योग में 75 हज़ार से एक लाख तक बच्चे बाल मज़दूरी के शिकार हैं। सुप्रीम कोर्ट ने सरकार को कई क़दम उठाने के आदेश दिये थे, लेकिन असरदार कालीन निर्माताओं और सरकारों की मिलीभगत के चलते वे कभी ढंग से लागू नहीं हो सके। हालाँकि देश की सबसे बड़ी अदालत की उस कार्रवाई से हमारे आन्दोलन को ताक़त के साथ-साथ वैधता भी मिली।

अब मैं उस घटना का ज़िक्र कर रहा हूँ जिसने दुनिया के कालीन उद्योग के चरित्र को बदल डाला। उसी से करुणा का वैश्वीकरण करके व्यापार और उद्योग में सामाजिक सरोकार की एक नई संस्कृति का जन्म शुरू हुआ।

1989 के दिसम्बर महीने की बात है। सर्दियाँ पूरे ज़ोरों पर थीं। हमने उत्तर प्रदेश के प्रयागराज, जो तब इलाहाबाद हुआ करता था, ज़िले के एक गाँव अवसानपुर में छापेमारी में 58 बच्चों को आज़ाद कराया था। हम क़ानूनी

लिखा-पढ़ी के लिए उन्हें तहसील मुख्यालय ले गए। एक-एक करके हर बच्चे का बयान लिखा जा रहा था। गोल-मटोल मजिस्ट्रेट साहब बोलते कम थे और पान की पीक ज़्यादा थूकते थे। छोटे से कमरे के पीछे की दीवार उनके पान और जर्दे के प्रेम की कहानी बयान करती थी। उन्हें न तो अपने सहयोगियों पर भरोसा था और न ख़ुद पर। इसलिए हर बच्चे से बार-बार एक ही सवाल पूछने लगते थे। इस तरह क़ानूनी खानापूर्ति में घंटों बीत गए थे। उस बीच मुझे बच्चों से बतियाने का काफ़ी वक़्त मिल गया।

इदरीस की आज़ादी : ईद का तोहफ़ा

मेरी नज़र 10-11 साल के एक बच्चे पर पड़ी। वह बहुत दुबला-पतला था। उसका चेहरा लम्बा और चपटा था। उसने पुरानी चड्डी और क़मीज़ पहन रखी थी। वह सिर पर एक मैला-कुचैला, फटा हुआ सफ़ेद गमछा लपेटे हुए था। उसका नाम इदरीस था। वह एकदम गुमसुम बैठा था। न तो उसके चेहरे पर कोई डर दिखाई दे रहा था, और न ही ख़ुशी। मैं धीरे से उठकर उसके पास जाकर बैठ गया। तब भी उसके हाव-भाव में कोई बदलाव नज़र नहीं आया।

मैंने उसे पुचकारते हुए प्यार से पूछा, "बेटा! तुम्हारा नाम क्या है?" मैं मुक्ति की कार्यवाही के दौरान बच्चों से बातें करते हुए अक्सर उनके सिर या कन्धे पर हाथ रखकर उनका मनोबल बढ़ाने की कोशिश करता हूँ। कई बार उन्हें चूम लेता हूँ या फिर सीने से लगा लेता हूँ। लेकिन उसके साथ सावधानी से पेश आना चाहता था। वह बड़ी देर तक मुझे अनदेखा करता रहा।

मैंने फिर उससे पूछा, "सभी बच्चे अपने घर लौटने जा रहे वाले हैं। तुम भी अपने घर लौटोगे, तो बताओ कि तुम सबसे पहले किससे मिलना चाहोगे?" उसने मुझे पहली बार नज़र उठाकर देखा। मैंने धीरे से अपना हाथ उसके कन्धे पर रखकर मैंने फिर वही सवाल दोहराया। इदरीस मेरी तरफ़ देखे जा रहा था। लेकिन, उसे मुझ पर भरोसा नहीं हो रहा था।

काफ़ी तसल्ली देने के बाद उसने कहा, "अब्बू से!"

मैंने पूछा, "क्यों?"

उसने जवाब दिया, "जब मुझे चुराके यहाँ लाया गया था, तब वे बहुत बीमार थे।"

मैंने देखा, धीरे-धीरे उसने अपने दोनों हाथों से मेरा हाथ पकड़ लिया था। मैंने थोड़ी देर तो महसूस किया कि उसकी हथेलियों की पकड़ मज़बूत होती

जा रही है। फिर लगने लगा कि चारों हथेलियाँ एक ही हाथ की हैं। वह हाथ न तो इदरीस का था, और न ही मेरा।

तभी उसने बड़ी मासूमियत से मुझसे पूछा, "क्या आप सचमुच मुझे अब्बू और अम्मी के पास पहुँचा देंगे?"

मैंने उतने ही प्यार से भरोसा दिलाया, "हाँ, मैं ज़रूर तुम्हें तुम्हारे गाँव पहुँचाकर आऊँगा," यह कहते हुए मैंने उसे अपनी गोद में उठा लिया। उसकी आँखों से आँसू टपकने लगे। उसे चुप करा रहा था तभी मेरी नज़र उसके सिर पर बँधे उस पुराने फटे गमछे में से झाँकते एक बड़े से घाव के निशान पर पड़ी।

पास बैठे एक लड़के ने बताया, "इदरीस हम सभी में सबसे छोटा था। जब वह कारख़ाने में लाया गया था, तब सिर्फ़ चार-पाँच साल का था। वह अपने अम्मी-अब्बू को याद करके बहुत रोता रहता था। एक दिन मालिक ने ग़ुस्से में इसके सिर पर लोहे का पंजा दे मारा था। उसे बहुत ख़ून निकला था। बस, तभी से यह रोना तो रोना, हँसना और मुस्कराना भी भूल गया है।"

ज़्यादातर बच्चे दक्षिणी बिहार के गढ़वा और नगर उटारी इलाक़े के थे जहाँ से कुछ माता-पिता हमारे पास शिकायत लेकर पहुँचे थे। उनमें से एक आदमी इदरीस के पड़ोसी गाँव का था। मुझे उससे यह जानकर बहुत धक्का लगा कि इदरीस के पिता तीन-चार साल पहले ही मर चुके थे और उसकी माँ तसलीमा बेटे के ग़म में बीमार रहती है। मैं उसे माता-पिता से मिलाने का वादा कर चुका था, इसलिए उसे असलियत बता पाने की हिम्मत नहीं हो रही थी।

अगले दिन इदरीस और आसपास के गाँवों के कुछ बच्चों को एक बड़ी जीप में बैठाकर मैं उनके घर नगर उटारी के गाँव छोड़ने चला गया। 60-70 घरों की एक बस्ती में इदरीस का घर मुग़ल टोला में था। घुसते ही पहले ऊँची जाति वालों के घर थे। गाँव के पीछे बाईं तरफ़ हरिजन बस्ती और दाहिनी ओर मुस्लिम बस्ती मुग़ल टोला थी। मैं जीप से उतरकर अपने एक कार्यकर्ता के साथ उसका हाथ थामे हुए टोले की तरफ़ बढ़ गया। इदरीस को अब अपने गाँव का भूगोल ठीक से याद नहीं था। हम उसकी माँ तसलीमा का नाम पूछते हुए आगे बढ़ रहे थे। लोग हमें अचम्भे से देख रहे थे। सभी मुसलमान परिवार नये कपड़े पहने हुए थे। पता चला कि उस दिन ईद का त्योहार था।

हम बताए हुए रास्ते पर चलते हुए गली के मुहाने पर एक छोटे से खपरैल घर के सामने जा पहुँचे जो किसी झोंपड़ी की तरह ही था। वहाँ बाहर नीम के पेड़ के नीचे एक दुबली-पतली बुढ़िया बैठी हुई दिखी। वह लगातार हमारी तरफ़

घूर रही थी। तभी मैंने देखा कि रेशमी कपड़ों में सजी-धजी, दो चोटी वाली एक छोटी सी लड़की अपने घर से निकलकर उसी बुढ़िया की तरफ़ जा रही थी। मैंने उससे तसलीमा के बारे में पूछा। उसने बड़ी मीठी और तोतली ज़ुबान में कहा, "आप इत्ते बड़े हो गए हो, ये भी नहीं जानते कि तसलीमा खाला कौन हैं? वो सामने तो बैठी हैं।"

मैं हैरान था कि तसलीमा अपने बेटे को क्यों नहीं पहचान रही है। न ही बेटा माँ को। मैंने उसके पास जाकर ज़ोर से आवाज़ दी, "देखो! तसलीमा कौन आया है?" उसका चेहरा हमारी आवाज़ पर आकर टिक गया। लेकिन उसने कोई उत्तर नहीं दिया। तभी वह बच्ची मेरे कान के पास आकर बोली, "आप नहीं जानते कि खाला को आँखों से नहीं दिखता।"

फिर उसने बिना रुके दूर झाड़ियों भरे एक टीले की तरफ़ उँगली का इशारा करते हुए कहा, "इनके बेटे को कोई वहीं से चुराकर ले गया था। वह बकरियाँ चराने जाता था। अब तक नहीं मिला है। खाला सबेरे से शाम तक वहीं बैठकर उसका इन्तज़ार करती थीं। रोते-रोते बेचारी अन्धी हो गई हैं।" इदरीस उसकी बात समझने की कोशिश कर रहा था। मैं उसका हाथ थामे हुए उसके और अपने भीतर की हलचल और बेचैनी को उँगलियों में महसूस कर रहा था।

बच्ची की मीठी बोली फूलों-सी कोमल और बर्फ़ सरीखी ठंडी थी, लेकिन उसने जो बात बताई वह काँटों से ज़्यादा नुकीली और अंगारों से ज़्यादा गर्म थी। पहले इदरीस के पिता की मौत की ख़बर मिली थी और अब उसकी माँ के अन्धे हो जाने की। मैं बच्चे को सँभाले हुए तसलीमा के बिलकुल सामने जा पहुँचा और ज़ोर से पुकारा, "देखो तसलीमा आपा, तुम्हारा बेटा इदरीस वापस आ गया है।" तब मेरी आवाज़ में कम्पन थी।

यह सुनते ही वह एक झटके में उठकर खड़ी हो गई और हमारी तरफ़ लपकी। मैंने तत्काल बच्चे का हाथ उसके हाथ में थमा दिया। मैं उन क्षणों को और उस एहसास को शब्दों में नहीं लिख सकता। मैंने हज़ारों बार बच्चों को उनकी माँओं या पिताओं की गोद में सौंपा था। लेकिन एक अन्धी माँ और उसका चेहरा तक भूल चुके बेटे के मिलन की वैसी अनुभूति पहली बार हुई थी। एक-दूसरे की उँगलियों को छूने से ही मानो दोनों में किसी बिजली की तरंगें फैल गई थीं। वे माँ-बेटे सिर्फ़ छू लेने भर से एक दूसरे को पहचान गए थे और ज़ोर से चिपटकर रोने लगे थे।

देखते ही देखते वहाँ काफ़ी भीड़ इकट्ठी हो गई। ईद मनाने में मशगूल

लोग मुसलमान थे। ख़ुशी के मारे उन्होंने मुझे कन्धों पर उठा लिया। सभी की ज़ुबान पर बस एक ही बात थी, "सुभान अल्लाह! आज तक न तो किसी ने ऐसी ईद देखी और न सुनी। अल्लाह ने इदरीस को लौटाकर पूरे गाँव को ईद का एक नायाब तोहफ़ा दिया है।" मज़ेदार बात यह थी कि वे लोग शुरू-शुरू में मुझे भी मुसलमान समझ रहे थे। मैंने महसूस किया कि असलियत जानकर उनमें से कुछ लोग बड़े हैरान रह गए थे। उन्हें विश्वास नहीं हो रहा था कि कोई ग़ैर-मुस्लिम किसी मुसलमान के लिए इतना कुछ करेगा।

मैं जीवन की सबसे अच्छी ईद मनाने के बाद मिर्ज़ापुर वापस लौट आया। मुझे वहाँ से दिल्ली के लिए रात की ट्रेन पर सवार होना था। मेरा रोम-रोम आनन्दित था। वह बहुत अँधेरी और सर्द रात थी। मेरी रेल क़रीब साढ़े बारह बजे रात को आनी थी। मैं प्लेटफ़ार्म की एक बेंच पर बैठकर रेल का इन्तज़ार कर रहा था। आमतौर पर प्लेटफ़ार्म पर देर रात तक खुले रहने वाले चाय और बिस्कुट के ठेले ठंड की वजह से जल्दी बन्द हो चुके थे। दस-बारह यात्री इधर-उधर दुबके बैठे थे। स्टेशन पर गहरा सन्नाटा पसरा हुआ था। हाँ, बीच-बीच में ख़ामोशी और अँधेरे को चीरकर गुज़रती हुई कोई मालगाड़ी ज़रूर उस भयावहता को और बढ़ा देती थी।

हमारी ट्रेन आधा घंटा देरी से, यानी क़रीब एक बजे रात को मिर्ज़ापुर पहुँची। मैं साधारण दर्जे के किसी ऐसे डिब्बे की तलाश में दौड़ने लगा, जहाँ कम से कम बैठने भर के लिए एक सीट मिल सके। उसी भागमभाग में मेरी नज़र एक डिब्बे पर पड़ी। उसमें से 25-30 बच्चे नीचे उतर रहे थे। लग रहा था कि कोई उन्हें नींद में से जगाकर नीचे धकेल रहा था। ज़्यादातर बच्चे फटी-पुरानी निक्करों और क़मीज़ों में नंगे पाँव थे। कुछ तो सिर्फ़ गमछा और बनियान में थे। उन्होंने अपने हाथों में छोटी-छोटी गठरियाँ या थैले ले रखे थे जिन्हें वे दोनों हाथों से पकड़कर बार-बार छाती से चिपका लेते थे। शायद वे बच्चे सर्दी से बचने की कोशिश कर रहे थे। फिर भी वे बुरी तरह से काँप रहे थे। तभी मेरी नज़र एक अधेड़ आदमी पर पड़ी जो उन्हें जानवरों की तरह आगे-आगे हाँक रहा था। कुछ ही क्षणों बाद दूसरा आदमी सभी बच्चों को नीचे उतारकर सबसे आख़िर में उतरा। वे उन बच्चों की गिनती करने लगे। मैं वह सब देखकर अपनी गाड़ी पकड़ना भूलकर उनके पास जा पहुँचा। मुझे सारा माजरा समझने में देर नहीं लगी। बिहार से चलकर मिर्ज़ापुर पहुँची उस रेल में से उतरे बच्चे ट्रैफ़िकिंग करके लाए गए थे। उन्हें कालीन उद्योग में बँधुआ मज़दूर बनाया जाना था।

मिर्जापुर के पुलिस लॉकअप में दिसम्बर की रात

मैंने उन दोनों आदमियों को रोकते हुए ज़ोर से पूछा, "ये बच्चे कौन हैं? आप लोग इन्हें कहाँ से ला रहे हैं, और कहाँ ले जा रहे हैं?"

एक आदमी ने जवाब दिया, "यह पूछने वाले आप कौन हैं?"

मैंने फिर से पूछा, "मैं जो भी हूँ, आप से यह जानना चाहता हूँ कि आप इन्हें जानवरों की तरह घेरकर कहाँ ले जा रहे हैं?"

इस पर दूसरे ने शैतानी भरी हँसी हँसते हुए जवाब दिया, "अरे भैया! ये तो हमारी बारात है, और ये सब हमारे बाराती हैं। जाओ अपना काम करो।"

फिर पहला आदमी बोल पड़ा, "नहीं-नहीं, यह तो मज़ाक़ कर रहा है। ये तो हम दोनों की औलादें हैं। हम जहाँ चाहें ले जाएँ, तुम पूछने वाले कौन होते हो?"

मैंने कहा, "यह सब झूठ है। मैं अभी पुलिस को बुलाता हूँ," मैं उनसे बहस कर रहा था तभी दो सिपाही वहाँ पहुँच गए। उन्होंने मुस्कराते हुए दोनों आदमियों से हाथ मिलाया और उनका हालचाल पूछा। एक सिपाही का मुँह पान की गिलौरी और सिगरेट के धुएँ से भरा हुआ था।

उनमें से एक ने मेरी तरफ़ इशारा करते हुए सिपाहियों से कहा, "देखिएगा! ये नये प्रधानमंत्री जी हैं। पूछ रहे हैं कि हम बच्चों को कहाँ ले जा रहे हैं?"

इतना सुनते ही उस सिपाही ने मेरा हाथ पकड़कर सिगरेट का पूरा धुआँ मेरे मुँह पर उड़ेल दिया। उसकी बड़ी मेहरबानी थी कि पान की पीक मेरे ऊपर नहीं थूकी। उसके मुँह से शराब की तेज़ बदबू आ रही थी। उसने उन आदमियों से इशारे से कहा कि वे बच्चों को लेकर स्टेशन के गेट से बाहर चले जाएँ।

एक सिपाही उन्हीं के साथ चला गया। दूसरा, मेरा हाथ पकड़कर प्लेटफ़ार्म नम्बर एक तक खींचकर ले गया। वहाँ पर कोने में एक पिंजरेनुमा कोठरी थी। वह रेलवे पुलिस का लॉकअप रूम था। उसकी लम्बाई-चौड़ाई क़रीब 8 गुणा 8 फ़ुट की रही होगी। सिपाही महाशय ने लोहे के सरियों से बना सीख़चों वाला दरवाज़ा खोलकर कहा, "तुम रेलवे प्लेटफ़ार्म पर शान्ति भंग करने के आरोप में गिरफ़्तार किये गए हो। कल तुम्हें अदालत में पेश किया जाएगा। एक जमानती और रुपये-पैसे का इन्तज़ाम कर लेना।" मैं बेहद नाराज़ था, लेकिन मौक़े की नज़ाकत देखते हुए चुप रहने में ही अपनी भलाई समझी। दिल्ली की आख़िरी ट्रेन भी जा चुकी थी, और रह गए थे केवल मैं और सिपाही महाशय। मैं चुपचाप

लॉकअप के अन्दर घुस गया। वह सिपाही दरवाज़े पर भारी सा ताला ठोंककर चलता बना।

छात्र आन्दोलनों में कई बार गिरफ़्तार होकर पुलिस के लॉकअप में गया था, लेकिन ऐसी बदबूदार और कीड़ों-मकोड़ों से भरी कोठरी से पहली बार पाला पड़ा था। कोठरी के कोने में पत्थर की गन्दी सी बेंच पड़ी थी। दूसरी तरफ़ बैठकर पेशाब करने की जगह थी। शायद सर्दी की वजह से वहाँ पर मच्छर नहीं थे। लेकिन पेशाब की बदबू सहन नहीं हो रही थी। हर तरफ़ कीड़े रेंग रहे थे। मैं ख़ुद पेशाब नहीं कर पा रहा था। मैं बेंच पर बैठ गया। रात भर पुलिस के वरिष्ठ अधिकारियों से उन सिपाहियों की शिकायत करने, बच्चों की बरामदी की माँग करने और उस घटना को अख़बारों में उजागर करने की योजनाएँ बनाता रहा। शुरू में तो ग़ुस्से के मारे मेरा बुरा हाल था। लेकिन, सर्द हवा के झोंकों में वह ग़ुस्सा धीरे-धीरे ठंडा पड़ गया।

कालीन उद्योग में बाल मज़दूरी की समस्या के बारे में मैं और भी गहराई से सोचने लगा। मैंने सोचा, पहले तो उन सिपाहियों के ख़िलाफ़ कार्रवाई कर पाना बहुत मुश्किल है। अगर हो भी जाए तो क्या बच्चों की ख़रीद-फ़रोख़्त रुक पाएगी? अपने परिचितों और दोस्तों के घरों में बिछे हुए ख़ूबसूरत गलीचों के बारे में सोचकर मुझे अपने भीतर एक अजीब सी कसमसाहट महसूस हो रही थी। मुझे लगा कि कालीन के धागे भेड़ों के बालों की ऊन से नहीं, बल्कि बच्चों की खाल से बनाए जाते हैं। उनमें चमकता हुआ लाल रंग ग़ुलाम बच्चों के ख़ून से सना होता है।

हम लोग जान पर खेलकर उन्हें छुड़ाते थे, लेकिन कालीन कारख़ानों में उनकी तादाद घटने के बजाय बढ़ती ही जा रही थी। भारत में बनने वाले कालीन कई देशों को निर्यात किये जाते थे। उनमें जर्मनी सबसे ख़ास था। मैंने सोचा कि इस उद्योग की चाबी जर्मन आयातकों और उपभोक्ताओं के हाथों में है। इसलिए जब तक सस्ते और उम्दा गलीचों की माँग बनी रहेगी, तब तक उन्हें बुनने वाले बच्चों की ग़ुलामी नहीं रुक सकती।

मेरे मन में एक नया विचार आया। कुछ साल पहले जर्मनी और यूरोप के कुछ देशों में जानवरों के मखमली बालों वाले फर से बने कपड़ों के बहिष्कार का एक अभियान चला था। इसलिए क्यों न कालीन आयातक देशों में उपभोक्ताओं को जागरूक करने का आन्दोलन शुरू किया जाए! अगर पशुओं के साथ की जा रही क्रूरता के ख़िलाफ़ जनता को जगाया जा सकता है तो निर्दोष बच्चों के मामले में क्यों नहीं? लेकिन मैंने सोचा कि सभी कालीनों के बहिष्कार की

माँग ग़लत होगी। उपभोक्ता तो कहीं न कहीं से कालीन ख़रीदेंगे ही। इसलिए मैं रचनात्मक समाधान के साथ कोई अभियान चलाने के बारे में सोचने लगा जो बहुत मुश्किल काम था।

उसी उधेड़बुन में बेसब्री से सवेरा होने का इन्तज़ार करता रहा। जर्मन संस्था 'ब्रेड फॉर द वर्ल्ड' हमारे काम में मदद करती थी। उसके भारतीय विभाग के प्रमुख रैनर क्रूजे से मेरी अच्छी जान-पहचान थी। मैंने सोचा कि जल्दी से दिल्ली लौटकर उन्हें फ़ोन करके कहूँगा कि बच्चों की मुक्ति के लिए केवल आर्थिक सहयोग से काम नहीं चलेगा। इसलिए उनकी संस्था कालीन उपभोक्ताओं और आयातकों में जागरूकता फैलाने में मेरी मदद करें।

मैं अपने ख़यालों में डूबा हुआ था कि एक पुलिसवाले ने सीख़चों का ताला खोलकर मुझसे ही पूछा, "यहाँ क्या कर रहे हो?"

उस वक़्त सुबह के छह बजे होंगे।

मैंने कहा, "आपके ही एक साथी ने रात को मुझे यहाँ लाकर बन्द कर दिया था।"

बेपरवाही से वह बोला, "मुझे इसकी कोई जानकारी नहीं है। काग़ज़ों में भी कुछ दर्ज नहीं है। चलो, भागो यहाँ से।" इधर-उधर की कुछ और पूछताछ के बाद बिना रिश्वत माँगे उसने मुझे बाहर निकाल दिया।

मैं तो ख़ुद जल्दी से जल्दी छूटना चाहता था। संयोग से चन्द मिनटों बाद दिल्ली की तरफ़ जाने वाली एक रेलगाड़ी प्लेटफ़ॉर्म पर आकर रुकी। मैं जल्दी से टिकट ख़रीदकर उसमें घुस गया। वह ट्रेन शाम को सात-साढ़े सात बजे दिल्ली पहुँच गई।

एक अनूठे विचार का जन्म

मैं स्टेशन से घर जाने के बजाय सीधा अपने ऑफ़िस गया। तब जर्मनी में दोपहर का समय रहा होगा। मैंने रैनर क्रूजे को फ़ोन मिलाकर एक ही साँस में पूरी घटना और अपनी योजना बता दी। वह मेरे विचार से सहमत नहीं हुए। उनका कहना था कि उनकी संस्था की नीति किसी तरह के अभियान की इजाज़त नहीं देती। इस अजीबोग़रीब विचार से यूरोप की पूरी दानदात्री बिरादरी में नीतियों और कार्यक्रमों को लेकर भारी उथल-पुथल होने का ख़तरा है। रैनर ने मुझे यह समझाने की कोशिश की कि यह एक बड़ी बेतुकी योजना है। दुनिया में कहीं पर भी बच्चों द्वारा बनाई गई वस्तुओं के मुद्दे पर पहले ऐसा कोई अभियान नहीं

चलाया गया। काफ़ी बहस करने के बाद वे इस बात के लिए राज़ी हो गए कि मैं उन्हें एक छोटा नोट बनाकर भेज दूँ, ताकि वे संस्था के वरिष्ठ अधिकारियों से चर्चा कर सकें।

मैं रात में देर तक नोट बनाने में जुटा रहा। मुझे पूरा यक़ीन था कि मेरे तर्कों पर ज़रूर ग़ौर किया जाएगा। अगले दिन उसे डाक से जर्मनी भिजवा दिया। कुछ दिनों के बाद रैनर का पत्र आया, जिसमें उन्होंने कुछ स्पष्टीकरण माँगे थे। मैंने उनका भी जवाब विस्तार से भेज दिया। रैनर को मेरा विचार पसन्द आया। उन्हीं की कोशिशों से मुझे कुछ हफ़्तों के बाद संस्था के स्टटगार्ट स्थित मुख्यालय से बुलावा आ गया।

1990 की मई में वहाँ पहुँचने पर रैनर ने मुझे चेतावनी दी कि यदि मैं उनके बोर्ड के सदस्यों को अपनी बात समझाने में सफल नहीं हुआ तो हमारी सभी तरह की मदद बन्द की जा सकती है क्योंकि बोर्ड को ऐसा लग सकता है कि मेरी योजनाएँ व्यावहारिक नहीं होतीं। मुझे कोलोन नामक शहर में स्थित सामाजिक संस्था 'डिओकोनीजवैर्क' में बोर्ड के सामने अपनी बात रखने के लिए भेजा गया। बोर्ड के सदस्य सफ़ेद और काले रंग के गाउनों में सजे बिशप आदि बूढ़े-बूढ़े अधिकारी थे। उन लोगों ने मेरे दस्तावेज़ और 'ब्रेड फॉर द वर्ल्ड' द्वारा तैयार की गई रिपोर्ट पढ़ रखी थी। फिर भी वे बहुत पैने सवाल पूछकर मेरी मज़हबी धारणाओं, वैश्विक दृष्टिकोण और विचारधारा को समझने की कोशिश करते रहे।

उन्होंने चर्चा की शुरुआत मुझे एक भारतीय हिन्दू और गांधीवादी कार्यकर्ता मानते हुए की थी। मैंने भारतीय दर्शन और संस्कृति के भीतर रचे-बसे वैश्विक दृष्टिकोण और करुणा को अपने तर्कों का आधार बनाया। साथ ही ज़ोर देकर कहा कि जाने-अनजाने में सभी मत-मज़हबों और परिवर्तनकारी प्रयासों की बुनियाद करुणा पर खड़ी होती है।

मेरा सबसे मज़बूत तर्क उस देश के माहौल से निकला था। उन दिनों वहाँ के लोग पूर्वी और पश्चिमी जर्मनी के एकीकरण को 'आईन वैल्ट फ्यूर आल' यानी 'सबके लिए एक दुनिया' की तरह मना रहे थे। बर्लिन की दीवार का गिरना मानव समाज के उस स्वाभाविक विकास का परिणाम था जो दुनिया को एक करने की दिशा में हो रहा था। मैं ख़ुद कोलोन से पहले बर्लिन गया था। मैंने वहाँ बहुत से लोगों को किराए पर छेनी-हथौड़ा लेकर दीवार तोड़ते देखा था। वे यादगार के रूप में कुछ टुकड़े अपने साथ ले जाते थे। मैंने भी 15-16 मई को हथौड़ा लेकर पूरा ज़ोर लगाकर दीवार का कुछ हिस्सा तोड़ा। वह कंक्रीट

की बहुत मज़बूत दीवार थी। मेरे हथौड़े की चोटों से जब भी कोई छोटा सा टुकड़ा टूटकर गिरता, मुझे रोमांच हो उठता क्योंकि मैं हमेशा से मनुष्यता को बाँटने वाली हर दीवार को तोड़ने में भरोसा करता हूँ। प्रतीकात्मक रूप में ही सही, वह मेरे हाथ से हो रहा था।

मैंने बैठक में वही बात कह दी। आगे कहा कि किसी भी वस्तु के लिए कच्चा माल तैयार करने से लगाकर उसके निर्माण में लगे लोगों और पर्यावरण के बारे में उपभोक्ताओं में सरोकार पैदा करने से मानवता को जोड़ने में मदद मिलेगी। जर्मनी के उपभोक्ता अगर कालीन बनाने वाले ग़ुलाम बच्चों के बारे में चिन्ता करने लगेंगे तो वह 'सबके लिए एक विश्व' की दिशा में असरकारी क़दम होगा। धीरे-धीरे मेरे विचारों में उनकी रुचि बढ़ रही थी।

उनमें से एक बुज़ुर्ग सज्जन—जो किसी विश्वविद्यालय में प्रोफ़ेसर थे—ने पूछा, "मानवता के नाते आपकी बातें सुनने में अच्छी लग रही हैं, लेकिन उन ग़रीब और बूढ़े माँ-बाप का क्या होगा जो अपने बच्चों की कमाई पर गुज़ारा करते हैं?"

मैंने उत्तर दिया, "आमतौर पर 10-12 साल के बच्चों के माँ-बाप शायद ही इतने बूढ़े होते हैं कि वे कोई काम-धंधा न कर सकें। असली बात यह है कि बच्चों को काम पर इसलिए रखा जाता है क्योंकि वे सस्ते मज़दूर होते हैं। वयस्कों को ज़्यादा मज़दूरी देनी पड़ती है। बच्चों से रात-दिन काम लिया जा सकता है। उन्हें ज़बरन कारख़ानों, फ़ैक्ट्रियों और घरों के भीतर रोका जा सकता है। बच्चों के साथ यौन शोषण, गाली-गलौज या मारपीट करना आसान होता है। वे यूनियन नहीं बना सकते, हड़ताल आदि नहीं कर सकते और मालिकों के ख़िलाफ़ कोर्ट-कचहरी में भी नहीं जा सकते।"

यह बात सुनकर सभी एक-दूसरे को देखने लगे। फिर किसी ने पूछा, "काम-धंधा छुड़ा देने पर आख़िर ये बच्चे कहाँ जाएँगे, क्या करेंगे?"

मैंने विनम्रतापूर्वक जवाब दिया, "श्रीमान, स्कूल ही उनके लिए सबसे अच्छी जगह है और पढ़ाई सबसे अच्छा काम।" यह सुनकर अनायास ही दो या तीन लोगों ने ताली बजा दी।

शायद उन प्रोफ़ेसर महाशय को मेरा जवाब अच्छा नहीं लगा। फिर पूछा, "यह तो आदर्शवादी बात है। असलियत में उनकी पढ़ाई का इन्तज़ाम कौन करेगा?"

मैंने तपाक से उत्तर दिया, "आदर्श स्थिति तो यह है कि पढ़ाई का इन्तज़ाम सरकारें करें, और व्यावहारिक बात यह है कि यदि सब लोग बच्चों के बजाय सिर्फ़ वयस्कों के द्वारा बनाया हुआ सामान ख़रीदेंगे तो उद्योग धंधों में बच्चों के

बदले उनके माँ-बाप को रोज़गार मिलेगा। भारत सहित कई देशों में जहाँ माता-पिता को साल भर में एक सौ दिन के लिए भी रोज़गार नहीं मिलता, उनके बच्चे बाल मज़दूरी करने को मजबूर होते हैं। बाल मज़दूरी हटने से उनकी जगह पर वयस्क भाई-बहन, और माँ-बाप को रोज़गार मिलेगा।"

फिर एक बिशप महोदय ने आख़िरी और मुश्किल सवाल किया, "अगर आपके देश में बाल मज़दूरी रोकने के लिए कोई क़ानून है तो उसे लागू क्यों नहीं कराते?"

उस पर मैंने कहा, "दुर्भाग्य है कि दुनिया के ज़्यादातर ग़रीब देशों में शोषित और वंचित व्यक्तियों की हिफ़ाज़त के क़ानून आसानी से लागू नहीं होते। भारत में भी नहीं। राजनेता, अधिकारी और पढ़े-लिखे लोग तक यही सोचते हैं कि बच्चे काम नहीं करेंगे तो भूखे मर जाएँगे या अपराधी बन जाएँगे। प्रभावशाली लोग ख़ुद बाल मज़दूरी की आड़ में ख़ूब कमाई करते हैं। निगरानी तंत्र या तो कमज़ोर होता है या फिर संवेदनहीन और भ्रष्ट। ऐसे में उपभोक्ताओं, उद्योगपतियों और समाज के हर तबक़े की ज़िम्मेवारी है कि बच्चों का बचपन, भविष्य, पढ़ाई-लिखाई और स्वास्थ्य बर्बाद न होने दे। मैं अपने तरीक़े से विनम्र प्रयास कर रहा हूँ। परन्तु इस काम में आप के सहयोग से पीढ़ी दर पीढ़ी की ग़रीबी, अशिक्षा और ग़ुलामी का अन्त किया जा सकता है।"

मैंने अपनी बात के अन्त में बाइबिल से एक कथन को दोहराते हुए कहा कि यीशु ने तो यहाँ तक कहा था कि सबसे पहले बच्चों को मेरे पास आने दिया जाए। उन्हें परमात्मा के राज्य में आने से मत रोकिये, क्योंकि वह बच्चों का है।

फिर मैं हाथ जोड़कर बोला, "बाल मज़दूरी कराने वाले लोग बच्चों को अलग-थलग कर रहे हैं और पीछे धकेल रहे हैं। अगर आप यीशु की आज्ञा का पालन करते हुए उन्हें नहीं बचाएँगे तो कौन बचाएगा?" यह सुनकर सभी ने एक साथ तालियाँ बजा दीं।

विश्व के पहले उपभोक्ता जागरूकता आन्दोलन की शुरुआत

उस एक-डेढ़ घंटे के सवाल-जवाब के बाद जो परिणाम निकला, वह ऐतिहासिक था। पहली बार जर्मन चर्च एक नये तरह के आन्दोलन के लिए सहमत हुआ था। आख़िरकार, मुझे मई महीने में फिर से जर्मनी बुलवाकर हमारे अभियान की शुरुआत कर दी गई। उसमें उदारवादी चर्च के अलावा जर्मनी के कई उपभोक्ता संगठनों, मज़दूर यूनियनों और मीडिया ने बढ़-चढ़कर भागीदारी की। देखते-देखते जर्मनी से शुरू हुआ वह अभियान यूरोप होते हुए तेज़ी से अमेरिका तक में फैल

गया। उसके लिए मैंने भी कई देशों के अनेक शहरों की यात्राएँ कीं।

बच्चों से मज़दूरी करवाए बग़ैर भी अच्छे गलीचों का उत्पादन कराया जाता था। यानी कि सभी कालीन निर्माता और निर्यातक बाल मज़दूरी नहीं कराते थे। इसलिए मैंने केवल बच्चों द्वारा बनाए गए कालीनों के ही बहिष्कार की माँग के साथ-साथ बाल मज़दूरी रहित कालीनों को बढ़ावा देने पर ख़ूब पूरा ज़ोर दिया। वह अभियान महज़ भारत के कालीन उद्योग तक सीमित नहीं था, बल्कि दूसरे दोनों बड़े कालीन उत्पादक देशों, पाकिस्तान और नेपाल के लिए भी था। मैं कभी नहीं चाहता था कि किसी एक देश से या कालीन उद्योग से बाल मज़दूरी समाप्त हो जाए, परन्तु दूसरे देशों और उद्योगों में बढ़ जाए।

बूढ़ी माँ की चुनौती

10 मई, 1990 की बात है। संयोग से वह सुमेधा जी का जन्मदिन था। जर्मनी की तत्कालीन राजधानी बोन में एक राष्ट्रीय टी.वी. चैनल एआरडी-1 के स्टूडियो में मेरे साक्षात्कार का सीधा प्रसारण चल रहा था। कार्यक्रम के दर्शकों में से कोई भी मुझसे सीधे सवाल कर सकता था।

एक दर्शक ने पूछा, “बाल मज़दूरी तो आपके देश की समस्या है, हमारी नहीं। तब इसके समाधान की ज़िम्मेवारी हम पर क्यों थोप रहे हैं?”

मैंने कहा, “समस्याएँ या उनके समाधान भले ही अलग-अलग नज़र आते हों, लेकिन उनके कारण या परिणाम आपस में जुड़े रहते हैं। सामान आप ख़रीदते हैं जिसे बनाने में दूसरे देशों के बच्चे ग़ुलामी में धकेले जाते हैं। यह कहाँ तक उचित है?” मैंने आगे कहा, “मज़बूत दीवारें मनुष्य को ताक़तवर नहीं कमज़ोर बनाती हैं और मज़बूत सीमाएँ मनुष्यता को कमज़ोर करती हैं। दीवारों और सीमाओं में बन्द रहकर स्थायी तौर पर निडर और सुरक्षित नहीं रहा जा सकता। न ही दुनिया की समस्याओं के समाधान निकाले जा सकते हैं।”

तभी किसी बूढ़ी महिला ने बड़ा मार्मिक और कठिन सवाल पूछ लिया, “मैंने कई वर्षों से पैसे बचाकर कुछ हफ़्ते पहले ही एक सुन्दर और क़ीमती कालीन ख़रीदा है। बच्चों की ग़ुलामी की बात से मेरे दिल में बड़ा धक्का लगा है। इसलिए मैं अभी इस कालीन को घर से निकालकर सड़क पर फेंक दूँगी। मैंने सोचा था कि यह मेरी ज़िन्दगी का आख़िरी कालीन है। अब आप मुझे यह बताइए कि क्या मैं मरने से पहले कभी ऐसे गलीचे का इस्तेमाल कर सकूँगी, जिसे बाल मज़दूरों ने नहीं बनाया हो?”

उस सवाल का जवाब देना मेरे लिए बहुत बड़ी चुनौती थी। अगर मैं उसे टाल देता तो मेरे अभियान की जन्म लेने से पहले ही मौत हो जाती।

मैंने अपनी पूरी आत्मशक्ति को सँजोकर उत्तर दिया, "माताजी, ईश्वर करे आपकी उम्र सौ साल की हो। लेकिन आपको गलीचे के लिए इतना इन्तज़ार नहीं करना पड़ेगा। मैं आपसे वादा करता हूँ कि बहुत जल्दी ही आप ऐसा गलीचा ख़रीद सकेंगी।"

मैंने वह बात कह तो दी, लेकिन हमारे जर्मन मेज़बान बहुत ख़फ़ा हो गए थे। उनके काम का तरीक़ा अलग होता है। किसी ठोस योजना, तैयारी और बजट आदि के बिना वे कोई नई बात सोच तक नहीं सकते थे। दूसरी ओर मैं ठहरा अपने आदर्शों और सपनों के साथ जीने वाला कार्यकर्ता। मैंने उन्हें भरोसा दिलाया कि गलीचों पर प्रमाणीकरण और गारंटी की पर्चियाँ लगाने का कोई न कोई तरीक़ा ज़रूर खोज लिया जाएगा। जर्मनी में खाने के सामान की कुछ ख़ास दुकानों में फलों और सब्ज़ियों पर सिर्फ़ जैविक खाद से उगाने और किसी तरह के केमिकल का इस्तेमाल न होने की गारंटी का स्टिकर लगा होता था। मैंने उनसे कहा कि यदि टमाटर, सेब और केले जैसी चीज़ों पर पर्ची लगाई जा सकती है तो कालीनों पर क्यों नहीं? काफ़ी चर्चाओं के बाद यह परिणाम निकला कि उपभोक्ताओं में जागरूकता फैलाने के साथ-साथ कालीन उत्पादन में जाँच-पड़ताल और पर्ची लगाने का तरीक़ा भी खोजा जाए।

आईएलओ में बाल श्रम विरोधी इकाई का गठन

यह बात 1991 की है। शुरू-शुरू में हमारे उपभोक्ता आन्दोलन का सबसे बड़ा असर जर्मनी की जनता के अलावा राजनीति पर पड़ा। दक्षिण एशिया से ख़रीदे जाने वाले कालीनों में बच्चों की ग़ुलामी का मुद्दा वहाँ की संसद में उठाया गया। कुछ संसद सदस्यों ने बच्चों के हाथों से बने कालीनों के आयात पर रोक लगाने की माँग उठानी शुरू कर दी।

1992 में जर्मनी के एक वरिष्ठ सांसद डॉ. क्लाउज क्यूब्लर और कुछ दूसरे संसद सदस्यों ने वहाँ की संसद में एक विशेष सुनवाई आयोजित की। उसी साल मुझे उसमें अपनी बात रखने के लिए बुलाया गया। वहाँ जर्मनी के श्रम मंत्री नॉर्बर्ट ब्ल्यूम भी मौजूद थे। मैं पहले भारत में उन दोनों से मिल चुका था। मैंने सुझाव दिया कि सभी क्षेत्रों से बाल मज़दूरी रोकने की व्यापक पहल होनी चाहिए। अगर जर्मन सरकार कोई मदद करना चाहती है तो वह भारत या

कालीन उद्योग तक सीमित नहीं होनी रहनी चाहिए क्योंकि उस उद्योग से हटाए गए बच्चे कहीं और मज़दूरी करने के लिए मजबूर हो जाएँगे। उसी तरह अगर किसी अकेले देश को लक्ष्य करते हुए कोई कार्यक्रम शुरू किया जाएगा तो वह वहाँ की सरकार के लिए बहुत संवेदनशील और आपत्तिजनक बात होगी। इसलिए एक साथ कुछ देशों में बाल मज़दूरी की रोकथाम, उन्मूलन, बच्चों के पुनर्वास, शिक्षा, लेबर इंस्पेक्टरों की ट्रेनिंग और सरकार तथा समाज के विभिन्न वर्गों के बीच भागीदारी बढ़ाने के लिए सहायता की जानी चाहिए।

संसदीय समिति को मेरी बात अच्छी लगी। परिणाम यह निकला कि भारत सहित छह देशों की सरकार के साथ कार्यक्रम चलाने के लिए मैं जर्मनी की सरकार यूनिसेफ को एकमुश्त कुछ राशि देने के लिए तैयार हो गई। इस पर मेरी सलाह थी कि बाल मज़दूरी का मामला श्रम क़ानूनों और श्रम मंत्रालयों से जुड़ा है, इसलिए वह कार्यक्रम आईएलओ के माध्यम से चलाना ज़्यादा ठीक होगा। वे थोड़ी चर्चा के बाद राज़ी हो गए। कार्यक्रम को छह देशों में चलाने के लिए 60 लाख ड्यूश मार्क देना तय हो गया। तब मार्क जर्मनी की मुद्रा थी।

कुछ महीनों के बाद दिसम्बर में आईएलओ के जिनेवा मुख्यालय में एक नया विभाग शुरू कर दिया गया। उसका नाम 'इंटरनेशनल प्रोग्राम फॉर एलिमिनेशन ऑफ चाइल्ड लेबर' (आईपेक) था। जर्मन सरकार के एक अधिकारी को आईपैक का निदेशक नियुक्त कर दिया गया। उनका नाम हैबनिख्त था। उन्हें ठोस कार्ययोजना और रणनीति बनाने के लिए मेरे पास दिल्ली भेजा गया। कुछ वर्षों के बाद दूसरे देशों ने भी आईपैक को फंड देना शुरू कर दिया जिससे यह कार्यक्रम कई देशों में फैल गया। बाद में अमेरिकी सरकार सबसे ज़्यादा धन देने लगी। इसका पूरा श्रेय मेरे वरिष्ठ मित्र सीनेटर हार्किन को है।

पाकिस्तानी एजेंट, वापस जाओ

हमारी छापामार कार्यवाहियों के अलावा यूरोप और अमेरिका में चल रहे उपभोक्ता जागरूकता अभियान से कालीन निर्माताओं और निर्यातकों पर ज़बरदस्त दबाव बनने लगा था। मेरे जर्मनी से लौटने के बाद से ही कालीन निर्यातकों ने मुझसे बातचीत शुरू कर दी थी। अखिल भारतीय कालीन निर्माता संघ और कालीन निर्यात संवर्धन परिषद ने सुझाव दिया कि सभी बड़े निर्माता और निर्यातकों की एक बैठक मेरे साथ रखी जाए। मैंने हामी भर दी। यह सन् 1992 के मई महीने की बात है। उन्होंने उत्तर प्रदेश में भदोही स्थित अपने मुख्यालय 'कालीन भवन'

में बैठक रख ली। मैं अपने कुछ साथियों को लेकर वहाँ पहुँचा। भदोही पहुँचते ही ढोल-नगाड़ों से स्वागत किया गया। स्वागत में पूरे इलाक़े में पोस्टर लगवाए गए थे। मैं उनके इस रवैये से थोड़ा हैरान और आशंकित था। मेरे साथ कई पुराने सहयोगी रमाशंकर चौरसिया, चम्पा बहन, उनके पति विपिन बिहारी वर्मा और रमाकान्त राय आदि मौजूद थे। वर्मा जी मिर्ज़ापुर में आपराधिक मुक़दमों के सबसे बड़े वकील माने जाते थे।

कालीन भवन का पूरा हाल निर्माताओं और निर्यातकों से खचाखच भरा हुआ था। मैं उन संगठनों के पदाधिकारियों के साथ मंच पर था। नीचे, सामने की पहली क़तार में, मेरे सभी साथी बैठे थे। मेज़बानों के स्वागत भाषण चल रहे थे। तभी मैंने देखा कि वर्मा जी बड़े बेचैन होकर इधर-उधर झाँक रहे थे। वे इशारों से मुझे कुछ बताने की कोशिश कर रहे थे। वे ज़्यादा देर नहीं रुक सके। उन्होंने मेरे पास एक पर्ची भिजवाई। पढ़कर मैं हैरान रह गया था। मुझे थोड़ी-बहुत गड़बड़ का शक तो था, पर उतना नहीं। पर्ची में लिखा था—'आपके ठीक सामने दो पेशेवर शूटर बैठे हैं। वे आपको मारने के लिए ही बुलाए गए होंगे। इसलिए जितनी जल्दी हो सके, मौक़ा देखकर मंच के पीछे से निकल जाइए।'

मैं पर्ची पढ़कर चुपचाप बैठा रहा। कुछ क्षणों के लिए ज़रूर थोड़ा घबरा गया था, पर जल्दी ही ख़ुद को संयत करके बचने का कोई तरीक़ा सोचने लगा। परेशान वर्मा जी ने मुझे दूसरी पर्ची भेजी।

उसी बीच अचानक हॉल में पीछे की तरफ़ बैठे लोगों का एक झुंड खड़े होकर मेरे ख़िलाफ़ नारेबाज़ी करने लगा। दूसरे लोग उन्हें शान्त कराने की कोशिश कर रहे थे। फिर भी हंगामा बढ़ता गया। मैंने यह भाँप लिया कि वे लोग अफ़रा-तफ़री का माहौल बनाना चाहते हैं। मेरे बाहर भागने की हालत में गोली चला देना सबसे अच्छा मौक़ा था। कालीन निर्यातकों में दो गुट हैं। उनमें से एक सचमुच में समाधान ढूँढ़ना चाहता था; जबकि दूसरा मुझे बन्दूक़ की नली से शान्त कराना चाहता था। मैं दोनों पर्चियाँ निर्माता संघ के अध्यक्ष के हाथ में देकर सीधा माइक पर चला गया। पर्ची पढ़कर नरम दल के नेता बुरी तरह घबरा गए और तुरन्त उठकर अपने गुट के लोगों से सलाह-मशविरा करने लगे। दूसरी ओर हंगामा करने वाले चिल्ला रहे थे—"पाकिस्तानी एजेंट वापस जाओ।"

मैंने किसी की परवाह के बिना बोलना शुरू कर दिया, "मैं जानता हूँ कि यहाँ पर कुछ लोग मेरी हत्या करने के लिए बैठे हैं।" पहले वाक्य के बाद ही सभागार में सन्नाटा छा गया। मैं आगे बोलता गया, "किसी की जान लेने के

लिए 100-200 रुपये के कारतूस काफ़ी होते हैं। और मेरी जान के लिए भी। लेकिन मुझे और मेरे साथियों को अच्छी तरह पता है कि मेरी हत्या के षड्यंत्र के पीछे कौन है? मैं समझता हूँ कि आप लोग इतने बेवक़ूफ़ नहीं हैं जो यहाँ कालीन भवन के अन्दर मुझ पर गोली चलाएँगे। हो सकता है कि बाहर निकलने के बाद चलाएँ, लेकिन पहले सभी लोग मेरी बात ध्यान से सुनिए। बाल मज़दूरी, कालीन उद्योग और कैलाश सत्यार्थी एक साथ जीवित नहीं रह सकते। इनमें से किसी एक को मरना पड़ेगा।"

"मेरी लड़ाई बाल मज़दूरी से है, कालीन उद्योग से नहीं। मेरे मन में आपके लिए प्यार है। आप इस बात पर भरोसा नहीं करेंगे, लेकिन मैं गलीचा उद्योग से बाल दासता का पाप, और आपके दिलों से क्रूरता को ख़त्म करना चाहता हूँ। अगर मैं ज़िन्दा रहता हूँ तो बाल मज़दूरी समाप्त होने में कम से कम 10-15 साल तो लग ही जाएँगे। कालीन उद्योग फिर भी ज़िन्दा रहेगा। लेकिन अगर आप आज इस जगह पर मेरी हत्या करा देते हैं तो बाल मज़दूरी भले ही समाप्त न हो पाए, कालीन उद्योग को चौपट होने में महीने-दो महीने से ज़्यादा नहीं लगेंगे। दुनिया-भर के देशों में भारत के कालीनों पर आयात प्रतिबन्ध लग जाएगा। उपभोक्ता आपके गलीचों का बहिष्कार कर देंगे। मैं जीवित रहूँ या न रहूँ, लेकिन आपका और देश का इतना बड़ा नुक़सान नहीं होने देना चाहता। अब फ़ैसला आपका है।"

पूरे सभागार में ख़ामोशी छा गई। हंगामा करने वाले एक-दूसरे का मुँह ताक रहे थे। तभी घबराए हुए आयोजक मुझे मंच से साथ बने एक कमरे में ले गए। उन्होंने मुझे भीतर धकेलकर बाहर से दरवाज़ा बन्द कर दिया। मुझे बचाने के लिए उन्हीं में से 50-60 लोग और मेरे सभी साथी कमरे के सामने और आसपास पहुँच गए। मुझे सड़क के बाहर से बड़ा तेज़ शोरगुल सुनाई पड़ा। बहुत से लोग मेरे ख़िलाफ़ एक जुलूस बनाकर कालीन भवन में घुसने की कोशिश कर रहे थे। पुलिस उन्हें रोक रही थी। जुलूस का नेतृत्व एक जाने-माने कालीन व्यवसायी और भारत के पूर्व मंत्री श्यामधर मिश्रा कर रहे थे। क़रीब आधा घंटे तक वही सब चलता रहा। तब तक ज़्यादा संख्या में पुलिस बुला ली गई थी, जो बड़ी मुश्किल से भीड़ को भगा पाई। फिर किसी तरह मुझे पीछे के रास्ते से निकाल दिया गया। कुछ दिनों के बाद मेरे वकील मित्र वर्मा जी ने बताया कि उन दोनों शार्प शूटरों को किसी तरह जेल से लाया गया था।

उस दिन मुझे वहाँ से सुरक्षित निकालने वालों में कई अन्य मित्रों के अलावा हमारे वरिष्ठ साथी रमाशंकर चौरसिया जी थे। वे बहुत सारी छापामार कार्यवाहियों

में जान हथेली पर रखकर मेरे साथ शामिल रहे थे। इतना ही नहीं, ख़ुद के प्राण ख़तरे में डालकर भी मुझे बचाने के लिए हमेशा आगे रहते थे।

हमारे आन्दोलन के सिरमौर कॉमरेड चौरसिया

15 फ़रवरी, 1931 में जन्मे, क़रीब साढ़े पाँच फ़ुट के गोरे-चिट्टे कामरेड रमाशंकर चौरसिया के गोल चेहरे पर मासूमियत और शालीनता टपकती रहती है। उनसे मेरा परिचय अस्सी के दशक के शुरुआती वर्षों में हुआ था। उन दिनों हमने मिर्ज़ापुर के कालीन उद्योग से बच्चों की मुक्ति का अभियान शुरू किया हुआ था। तब मेरी उम्र 30 साल से कम की थी; जबकि कॉमरेड मुझसे क़रीब 23 साल बड़े थे। धीरे-धीरे उनसे मेरे रिश्ते, विश्वसनीय सहयोगी, व्यक्तिगत दोस्त और बड़े भाई की तरह बन गए थे।

उनकी क़ानूनी जानकारी और पेचीदगियों की समझ किसी बड़े वकील से कम नहीं है। संगठन को इसका बहुत लाभ मिलता रहा है। ग़रीबों के लिए संवेदना, व्यवहार में अद्‌भुत विनम्रता, सरलता, सहृदयता और सादा जीवन जीने में उनका मुक़ाबला कर पाना असम्भव है। चौरसिया जी ने अपनी जवानी में खेतिहर मज़दूरों आदि के लिए बहुत संघर्ष किया था। वे एम.कॉम. की डिग्री लेकर मिर्ज़ापुर के एक कॉलेज में पढ़ाने का काम करते थे। लेकिन जल्दी ही अपनी नौकरी छोड़कर ग़रीबों और मज़दूरों को उनका हक़ दिलाने के लिए जन-आन्दोलनों से जुड़ गए थे। वे कई साल तक भारतीय कम्यूनिस्ट पार्टी के पूर्णकालिक कार्यकर्ता भी रह चुके थे। इसीलिए हम सब उन्हें सम्मान और प्यार से कॉमरेड कहते हैं। उनकी पत्नी एक सरकारी कॉलेज में प्रोफ़ेसर थीं, जिनकी कमाई से घर का गुज़ारा चलता रहा था।

वे गलीचा उद्योग के गढ़ मिर्ज़ापुर के रहने वाले हैं। वहाँ के कामकाज, रोज़गार-धंधे और राजनीति आदि सभी क्षेत्रों में कालीन कारख़ाना मालिकों का असर था। चौरसिया जी और उनके परिवार के बिना उस इलाक़े में इतना काम कर पाना मेरे लिए सम्भव नहीं था। कई बार तो मेरे सामने ही मिर्ज़ापुर के लोग उन्हें अपमानित करते थे और तरह-तरह की धमकियाँ देते थे। लेकिन वे शान्त बने रहते थे। चौरसिया जी अपने परिवार के साथ किराए के एक छोटे से पुराने मकान में रहते थे। मैं

अक्सर उसी घर की दालान में ठहरता था। वे 1985 में बचपन बचाओ आन्दोलन के मिर्जापुर ज़िले के अध्यक्ष चुने गए थे और 2021 तक पद पर बने रहे।

बाल मज़दूरों को छुड़ाने की सभी छापामार कार्यवाहियों में क़रीब 80 साल की उम्र तक उनकी चुस्ती-फुर्ती नौजवान कार्यकर्ताओं से कम नहीं थी। कॉमरेड 1993 से 2018 तक दिल्ली में रहे। बाद में उनके बेटों, बहुओं, पोते-पोतियों और हम सभी ने उन्हें समझा-बुझाकर किसी तरह मिर्जापुर वापस भेज दिया ताकि वे बुढ़ापे में चैन से घर में रह सकें। साथ ही परिवार को उनका आशीर्वाद मिल सके।

वे दिल्ली की गर्मी और धक्का-मुक्की भरे ट्रैफ़िक में टैक्सी लेना तो दूर, ऑटो रिक्शा तक नहीं लेते थे। सिर्फ़ बस में चलते थे। वे बड़ी मुश्किल से संगठन की कार का इस्तेमाल करने पर राज़ी हुए थे। रेल यात्रा भी साधारण दर्जे में ही करते थे। मेरे बहुत नाराज़ होने के बाद उन्होंने ऊँचे दर्जे में रेल में चलना शुरू किया। हमारे संगठन का हर नया-पुराना कार्यकर्ता उनके पास जाकर मार्गदर्शन और प्रेरणा लेता था। मैं भी उन्हीं में से एक हूँ।

नींव के पहले पत्थर रैदानी और गंगाधर दुबे

क़ालीन भवन की घटना वाले दिन कामरेड चौरसिया और एक दूसरे मित्र रमाकान्त राय मुझे भदोही के कालीन भवन से सेवापुरी लेकर गए। भदोही के कालीन भवन से वाराणसी की दूरी क़रीब 40 किलोमीटर है। उनके बीचोबीच एक जगह गोपालपुर है। वहाँ कई साल पुरानी एक गांधीवादी संस्था सेवापुरी का केन्द्र था। राय जी वहीं पर काम करते थे। वह जगह पूरी तरह सुरक्षित थी। मुझे वहाँ के गेस्ट हाउस में लाकर ठहरा दिया गया।

रात के क़रीब दस बजे थे। हमारा एक कार्यकर्ता मेरे कमरे में आया। उसने बताया, “दो कालीन व्यवसायी आपसे मिलना चाहते हैं। उनके नाम गंगाधर दुबे और राजेन्द्र कुमार रैदानी हैं। वे बाहर रिसेप्शन पर बैठे हैं।” उसकी बात सुनकर मैंने अपने भरोसेमन्द साथियों को कमरे में बुलाकर सलाह की। उन्होंने किसी भी बाहरी आदमी से नहीं मिलने की हिदायत दी। वे तब तक दिन के हादसे के ख़ौफ़ से नहीं उबर पाए थे।

मैंने अपने सहयोगियों से कहा, "मुझे नहीं लगता कि वे यहाँ मेरी हत्या करने के इरादे से आए होंगे। फिर भी आप लोग जाकर पूछताछ कर लें। मेरा मन कहता है कि वे हमारी मदद करना चाहते हैं या कोई ख़ास जानकारी देना चाहते हैं।"

मेरी एक महिला साथी नाराज़ होकर बोलीं, "भाई साहब, आप दिन में तो जैसे-तैसे बच गए थे। हम अभी तक अपनी मूर्खता पर पछता रहे हैं कि हमने आपको कालीन भवन क्यों जाने दिया। अब किसी अनजान आदमी से नहीं मिलने देंगे।" तब तक मेरे कुछ और सहयोगी कमरे में पहुँच चुके थे। मैंने किसी तरह समझा-बुझाकर उन्हें आगन्तुकों से मिलने भेजा। मेरे मन में कभी भी कालीन उद्योगपतियों के ख़िलाफ़ नफ़रत की भावना नहीं रही।

उन्होंने लौटकर कहा, "वे लोग पूरी जाँच-पड़ताल कराने और कपड़ों-लत्तों को खँगालने देने के लिए तैयार हैं। शायद आपका अन्दाज़ा ठीक है। वे आपसे कुछ ख़ास बात करना चाहते हैं, और सिर्फ़ आपसे ही करेंगे।"

उन दोनों कालीन व्यावसायियों को मेरे कमरे में ले आया गया। उनकी आँखें झुकी हुई थीं और चेहरे शर्मिंदा थे। उन्होंने आते ही मेरे पैर छुए। मेरे बहुत कहने के बाद वे कुर्सियों पर बैठे। गंगाधर दुबे की उम्र 34-35 साल रही होगी। वे बहुत दबंग और गठीले शरीर के तगड़े पहलवान जैसे दिखते थे। रैदानी 50-55 साल के होंगे। ठिंगने क़द के और गोरे-चिट्टे।

पहले उन्हीं ने बोलना शुरू किया, "भाई जी, हम आपसे माफ़ी माँगने आए हैं। हम लोग कालीन भवन में मौजूद थे। इसलिए हम बहुत शर्मिन्दा हैं।" वे कुछ क्षणों तक चुप बैठे रहे। मैं उनकी आँखों और चेहरों को पढ़ने की कोशिश कर रहा था। मैंने पूछा, "आप लोग अपने बारे में और यहाँ आने के मक़सद के बारे में बताइए।" इस पर गंगाधर बोले, "भाई साहब, हमें तो आपके बारे में बहुत उलटा-सीधा बताया गया था। आपको पाकिस्तानी एजेंट और कालीन उद्योग का दुश्मन कहा जाता है।"

कालीन निर्यात में भारत का सबसे बड़ा प्रतिद्वंद्वी पाकिस्तान था। इसीलिए भारतीय कालीन व्यवसायियों और उनके चहेते राजनेता बड़े ज़ोर-शोर से ढिंढोरा पीटते थे कि मैं पाकिस्तानी एजेंट हूँ। यह गूँज अख़बारों से लेकर संसद तक में पहुँची थी। मिर्जापुर के तत्कालीन सांसद वीरेन्द्र सिंह मस्त मुझे देशद्रोही करार देकर मेरा पासपोर्ट जब्त करने की माँग उठाते रहते थे। वहीं से बाद में चुनी गईं संसद सदस्या और भूतपूर्व दस्यु-सुन्दरी फूलन देवी ने तो अपनी चुनावी सभाओं तक में बोला था कि यदि मैं उन्हें मिल जाऊँ तो वे मुझे ख़त्म करने

के लिए फिर से बन्दूक़ उठा लेंगी। कुछ स्वार्थी तत्त्वों ने मुझे अमेरिका और यूरोप के कालीन उद्योग का दलाल ठहराने की मुहिम भी चलाई। उनका आरोप था कि मैं पश्चिमी देशों के कालीनों को बढ़ावा देने के लिए भारतीय उद्योग को चौपट करना चाहता हूँ। वे लोग या तो जानते नहीं थे या फिर जान-बूझकर यह असलियत छुपा रहे थे कि पश्चिमी देशों में कहीं पर भी हाथ से गलीचे नहीं बुने जाते थे।

दुबे जी ने कहा, "भाई जी, आप नहीं जानते कि मैंने यह धंधा शुरू करने से पहले इलाक़े में बहुत दबंगई की है। मैंने भी कई तरह की रिवॉल्वरों और पिस्तौलों से खेला है। मैं जानता था कि रिवॉल्वरों से लैस दो हत्यारे आप पर गोली चलाने के लिए सामने बैठे हैं। कोई और होता तो उस हालात में पैंट गीली हो जाती। लेकिन आपने माइक पकड़कर शान्त भाव से जो बातें कहीं, वह मैं सोच भी नहीं सकता था। मेरे जैसे आदमी का दिल बैठने लगा था कि कहीं आप पर गोली न चल जाए। शायद मैं ख़ुद उन हत्यारों को भून डालता। ईश्वर की कृपा से आप बच गए। हमें यक़ीन है कि आप हमें अपना दुश्मन नहीं समझते। दूसरों के बच्चों के लिए कोई आदमी मौत के सामने कैसे खड़ा रह सकता है, यह हमने आज पहली बार देखा।"

बोलते-बोलते उनका गला रुँध गया। तभी रैदानी बोले, "हमने सोच लिया है हम दोनों अखिल भारतीय कालीन निर्माता संघ छोड़ देंगे। आपका मिशन ईश्वर की पूजा की तरह है। हम बाल मज़दूरों के बिना गलीचे बनाएँगे और आपके साथ मिलकर इस बुराई से लड़ेंगे। भाई जी, आप हम पर भरोसा कीजिए।"

मैंने उठकर उन दोनों को एक साथ अपने गले से लगा लिया। मेरे साथी भी बहुत उत्साहित हो गए। उन दोनों की बहादुरी की तारीफ़ करते हुए मैंने सुझाव दिया कि वे कुछ और कालीन निर्माताओं को अपने साथ जोड़ लें। उन्होंने लौटकर वही किया। उनके प्रयत्नों से जल्दी ही 'बाल श्रम रहित कालीन निर्माता संघ' का गठन हो गया। उसमें आठ कालीन निर्माता शामिल हो गए। कुछ महीनों के बाद हमने मिर्जापुर से उस नये संगठन की विधिवत घोषणा कर दी।

उस समय तक 'कॉर्पोरेट जगत का सामाजिक दायित्व', यानी सीएसआर जैसी किसी अवधारणा की चर्चा तक नहीं थी। वस्तुओं के उत्पादन में मानव अधिकारों की रक्षा से जुड़े प्रमाणीकरण, सामाजिक निगरानी अथवा गारंटी का लेबल लगाने का कोई उदाहरण मौजूद नहीं था। हमारी कोशिश थी कि उपभोक्ताओं को ऐसे गलीचे मिल सकें जिनमें बाल मज़दूरी न कराई गई हो। हम उत्पादन और बिक्री की प्रक्रिया को मानवीय और नैतिक भी बनाना चाहते थे। साथ ही,

बाल मज़दूरी नहीं करवाने वाले निर्माताओं और निर्यातकों के धंधे को बढ़ावा दिया जाना भी ज़रूरी था।

आसान रास्तों का चुनाव तो ज़्यादातर लोग करते हैं, लेकिन ऊबड़-खाबड़ ज़मीन पर नये रास्ते बनाने की हिम्मत कम ही लोग कर पाते हैं। बने-बनाए रास्तों से सिर्फ़ पहले से नज़र आ रही उस मंज़िल तक पहुँचा जा सकता है जिसे पहले से कोई बना चुका है। नये रास्तों के बग़ैर नई मंज़िलें तय नहीं हो सकतीं और नई मंज़िलों के बग़ैर सभ्यता का विकास नहीं होता। सभ्यता के विकास का रास्ता अपने सपनों में से नई मंज़िलों के नक़्शे गढ़ने वाले लोगों की बेचैनी, जुनून, हौसले और धीरज के मिट्टी-पानी से ही बनता है। रैदानी और दुबे ने पूरे कालीन उद्योग की नाराज़गी मोल लेकर यह कर दिखाया।

पहला विश्व पुरस्कार और रगमार्क लेबल की शुरुआत

इस बीच 8 मई को मेरे नाम की घोषणा 1994 के जर्मनी के प्रसिद्ध आखनर विश्व शान्ति पुरस्कार के लिए हो गई। यह मेरा पहला बड़ा अन्तरराष्ट्रीय पुरस्कार था। पुरस्कार जर्मनी के पुराने, छोटे लेकिन बेहद सुन्दर शहर आखन में दिया जाता है। मुझसे पहले यह सम्मान तिब्बती नेता और धर्मगुरु दलाई लामा, दक्षिण अमेरिकी देश हैती के राष्ट्रपति जीन-बरट्रांड अरस्तीद आदि विशिष्ट व्यक्तियों को मिल चुका था। इससे मेरे प्रयासों की स्वीकार्यता बढ़ी और लोग समर्थन भी देने लगे। जर्मनी से सम्बन्धित संस्थाएँ तो विशेषकर समर्थन देने लगीं।

भारत से गलीचा और दूसरे सामानों के निर्यात को बढ़ावा देने का काम 'इंडो जर्मन एक्सपोर्ट प्रमोशन प्रोजेक्ट' (आईजीईपी) नामक संस्था करती थी। उसका दफ़्तर दिल्ली में था। मैंने उसके डायरेक्टर डॉ. कैब्श्यूल से मिलकर अपने अभियान की जानकारी दी। जर्मन मीडिया में प्रचार हो जाने के कारण वे ख़ुद मुझसे मिलना चाहते थे। उनसे मिलने से पहले हमने कुछ जानकारों की मदद से गलीचे के उत्पादन में बाल मज़दूरी की जाँच-पड़ताल करने और लेबल लगाने का एक ख़ाका तैयार कर लिया था। उन्हें हमारी योजना पसन्द आई। कुछ हफ़्ते बाद मैंने बाल श्रम रहित कालीन निर्माता संघ के लगभग 15 सदस्यों को दिल्ली बुलाकर डॉ. कैब्श्यूल से मिलवाया। दिनभर की चर्चा के बाद उन क़ालीन निर्माताओं को भरोसा हो गया कि जर्मनी में उनका निर्यात घटने के बजाय बढ़ सकता है। दूसरी ओर डॉक्टर कैब्श्यूल भी काफ़ी उत्साहित हो गए। इस तरह हमारा एक छोटा समूह बन गया।

प्रमुख आयातक जर्मनी के साथ ज़्यादा दिक़्क़त नहीं थी। परेशानी तो भारत के कालीन निर्माताओं और उसके निर्यातकों को राज़ी करने में आ रही थी। एक-एक निर्माता और निर्यातक से कई-कई बार माथा-पच्ची करके उन्हें मुनाफ़े का गणित समझाना पड़ता था। 1991 में आन्दोलन शुरू करने से लेकर 1995-96 तक उनके साथ हमारी दर्जनों बैठकें हुईं, जिनमें से ज़्यादातर नाकामयाब रहीं। कई बार ऐसा लगने लगता कि अब मामला आगे नहीं बढ़ पाएगा। इसके अलावा आपसी होड़ में लगे स्वयंसेवी संगठनों को साथ लाना, कुछ राजनेताओं और क़ालीन उद्योग द्वारा की जा रही बदनामी और विरोध का मुक़ाबला करना बहुत मुश्किल होता था क्योंकि उससे हमारे काम में आर्थिक मदद करने वाले भी छिटक जाते थे। छापेमारी, क़ानूनी कार्यवाहियाँ और मुक्ति आश्रम में बच्चों को रखने और निर्माण कार्यों आदि के लिए संसाधन जुटाना बहुत बड़ा संघर्ष था। लेकिन मेरे साथियों ने हिम्मत नहीं हारी।

आख़िरकार 1994 के सितम्बर महीने में भारत में 'रगमार्क' नाम से संस्था का रजिस्ट्रेशन करा लिया गया। आईजीईपी ने इस काम में हमारी बड़ी मदद की। इस संस्था के डायरेक्टर डॉ. कैब्श्यूल के अलावा बाल श्रम रहित कालीन निर्माता संघ, स्थानीय ग़ैर सरकारी संस्थाओं, यूनिसेफ़ और बचपन बचाओ आन्दोलन के प्रतिनिधि रगमार्क फ़ाउंडेशन के संस्थापक बोर्ड में शामिल थे। धीरे-धीरे हमने दिल्ली और उत्तर प्रदेश के भदोही कालीन क्षेत्र में अपने दफ़्तर खोलकर इंस्पेक्टरों और सामाजिक कार्यकर्ताओं की नियुक्तियाँ कीं।

गहरी जाँच-पड़ताल, पारदर्शिता और जवाबदेही की प्रक्रिया पूरी करने के बाद किसी गलीचे पर 'रगमार्क' लेबल लगाया जाता था। हरेक लेबल पर एक संख्या होती है, जिस पर छपे अंकों के ज़रिये उसे बनाने वाली कम्पनी, कारख़ाने, यहाँ तक कि लूम (खड्डी) तक की पड़ताल की जा सकती है। लेबल का उपयोग करने वाले निर्माताओं को लाइसेंस लेना पड़ता था। उसके आवेदन के साथ उन्हें लूमों की पूरी जानकारी देनी पड़ती थी, जहाँ उनके गलीचे बनते थे। निरीक्षक बिना सूचना दिये गाँवों में जाकर लूमों की जाँच-पड़ताल करते थे। लाइसेंस-धारक कालीन उत्पादकों और आयातकों से एक बहुत छोटी राशि फ़ीस के रूप में ली जाती थी। उस राशि से सभी स्तरों पर निगरानी करने के अलावा, छुड़ाए गए बच्चों की शिक्षा और पुनर्वास सुनिश्चित किये जाते थे।

3-4 साल के भीतर ही 'रगमार्क' लगे हुए कालीनों के लाखों ख़रीदार हो चुके थे। 23 फ़रवरी, 1999 को जर्मनी का एक अन्य प्रतिष्ठित पुरस्कार फ्रैड्रिक एबर्ट स्टिफटुंग अवार्ड मिलने से उस देश में मेरी जान-पहचान वालों

और समर्थकों का दायरा बढ़ता चला गया। उपभोक्ताओं और उद्योग जगत को एक नैतिक व सकारात्मक विकल्प मिल गया था। परन्तु दुनिया की बड़ी-बड़ी कालीन कम्पनियाँ और भारत सरकार मुझसे बड़ी ख़फ़ा हो गई थी। भारत के नौकरशाहों द्वारा लेबल लगाने के आइडिया को शेखचिल्ली का ख़्वाब बताकर उसे रद्द कर दिया जाता था। बड़े नेताओं ने मुझे बदनाम करने की कोशिशें कीं। रगमार्क में उपभोक्ताओं के बढ़ते हुए समर्थन से घबराकर मेरे ख़िलाफ़ एक नई चाल चली गई। सरकार ने बड़ी कम्पनियों के साथ मिलकर 'कालीन' नाम से दूसरा लेबल शुरू कर दिया। उसी तरह यूरोप और अमेरिका के कुछ आयातकों ने 1995 में भारत और पाकिस्तान की कालीनों के लिए 'केयर एंड फेयर' नाम का तीसरा लेबल चला दिया।

इससे बड़ी भ्रान्ति फैलने लगी। ऐसी हालत से मुक़ाबला करने के लिए दो-तीन साल तक संघर्ष करना पड़ा। आर्थिक तंगी और मुसीबतें झेलते हुए भी मुझे जर्मनी, इंग्लैंड, बेल्जियम और अमेरिका आदि देशों के चक्कर लगाने पड़े। क़ालीन के आयातकों, विक्रेताओं और सामाजिक संगठनों के सन्देहों को दूर करके उन्हें अपने साथ जोड़े रखने में बड़ी मशक़्क़त हुई। करोड़ों डॉलर ख़र्च करने के बावजूद हमारे विरोधियों की कोशिशें धीरे-धीरे धराशायी हो गईं।

सत्ताधीशों के कोप का शिकार

ताक़तवर गलीचा उद्योग देश के तत्कालीन प्रधानमंत्री चन्द्रशेखर तक को यह समझाने में सफल रहा कि कैलाश सत्यार्थी देशविरोधी है। हालाँकि उनसे मेरा पुराना परिचय था। मैंने उनसे मिलकर अपना पक्ष रखने की कोशिश की, लेकिन उन्होंने मेरी बात सुनने के बजाय आन्दोलन बन्द करने की धमकी दे दी। उन्होंने संसद में यहाँ तक कह दिया था कि कालीन उद्योग को ख़तरनाक उद्योगों की सूची से हटा दिया जाए क्योंकि बच्चे अपना पैतृक उद्यम सीख रहे हैं न कि उनका शोषण हो रहा है। इससे मालिकों का हौसला तो बढ़ा ही, मेरा समर्थन करने वाले भी डर गए।

इसी तरह मुझे भारत सरकार के तत्कालीन कपड़ा मंत्री शरद यादव के ग़ुस्से का शिकार होना पड़ा। कालीन उद्योग उन्हीं के मंत्रालय में आता था। वे मध्य प्रदेश के बड़े क्रान्तिकारी समाजवादी युवा नेता रहे थे। हम साथ-साथ 1974-75 में लोकतंत्र की रक्षा के युवा आन्दोलन में शामिल रहे थे। इसलिए उनसे ख़ूब जान-पहचान थी। एक दिन उन्होंने मुझे अपने घर बुलाया। पहले तो समझाकर

और बाद में धमकाकर कहा कि मैं कालीन उपभोक्ता अभियान बन्द कर दूँ। वे मुझ पर देश विरोधी काम करने के आरोप लगाने लगे। इतना ही नहीं, सरकार में कई बड़े लोग यह दुष्प्रचार करते कि कैलाश सत्यार्थी बच्चों को मुक्त कराकर उन्हें ईसाई मिशनरियों को बेचने का धंधा करता है। मैं मन ही मन बहुत दुखी होता रहता। आख़िर सफाई भी देता तो किस-किस को? उन चीज़ों से मुझे गहरी मानसिक पीड़ा झेलनी पड़ी थी।

मनुष्य की आज़ादी और हक़ छीनने वाले जब लोभ-लालच और शारीरिक हमलों से किसी कार्यकर्ता को नहीं हरा पाते, तब तिरस्कार, बदनामी और चरित्रहनन करके मानसिक यातना देने के तरीक़े अपनाते हैं। बादल कितने ही घने और काले क्यों न हों, वे हमारी आँखों और सूरज की रोशनी के बीच व्यवधान तो बन सकते हैं, लेकिन आसमान नहीं बन सकते। आसमान मानव चेतना की तरह असीम है।

रगमार्क के तीन मज़बूत स्तम्भ

मेरे तीन अज़ीज़ साथियों के ज़िक्र के बिना रगमार्क की बात अधूरी रहेगी। वे कभी मेरे दोस्त, कभी बड़े भाई तो कभी मार्गदर्शक बनकर हमेशा मेरे साथ खड़े रहे। मैं कह सकता हूँ कि इनके बिना यह आइडिया सिरे ही न चढ़ पाता। हम एक परिवार थे जिसमें एक भारतीय के साथ एक पाकिस्तानी, एक अमेरिकी और एक जर्मन—सभी तन-मन-धन से हमेशा साथ डटे रहे।

पाकिस्तानी भाई ज़िया साहब

भारत के बाद मैं पाकिस्तान और नेपाल में निर्माताओं और निर्यातकों को विश्वास में लेकर रगमार्क बनाने की कोशिशों में जुट गया था। नेपाल में तो सफलता मिलने लगी, पर पाकिस्तान में बहुत कठिनाई हुई क्योंकि पाकिस्तानी रगमार्क को भारत की साजिश बता रहे थे।

संयोग से, 1990 में मेरी मुलाक़ात पाकिस्तानी मूल के एक अमेरिकी नागरिक मोहम्मद ज़िया-उल हक नाम के सज्जन से हुई थी। उनका जन्म भारत में पंजाब प्रान्त के एक गाँव में हुआ था। उनके पिता वहाँ के ज़मींदार थे। वे भारत-पाकिस्तान बँटवारे से पहले तक दिल्ली में केन्द्र सरकार में कर्मचारी रहे थे। उसके बाद कुछ सालों तक पाकिस्तान में

रहे। फिर अमेरिका जाकर बस गए। उनके साथ मेरे रिश्ते की कहानी बड़ी रोचक है।

एक बार जिया भाई ने अमेरिकी अख़बार 'वाशिंगटन पोस्ट' में मेरे बारे में एक रिपोर्ट पढ़ी थी। उन दिनों पश्चिमी मीडिया में भारत के बारे में अच्छी ख़बरें कम ही प्रकाशित होती थीं। उन्होंने वह रिपोर्ट पढ़कर मुझसे मिलने के लिए भारत आने की ठान ली। मुझे ढूँढ़ते हुए वे दिल्ली में हमारे 'मुक्ति आश्रम' पहुँच गए। मैंने उन्हें शेख सराय के अपने घर पर बुला लिया। वे एक लम्बे-चौड़े रौबदार आदमी थे। उन्होंने उम्दा सूट और टाई पहन रखे थे। वे बड़े सख़्त मिज़ाज के भी दिख रहे थे। मगर थोड़ी देर की बातचीत से पता लग गया कि वे दिल के बहुत नाजुक और नेक इनसान हैं। हमने दोपहर का खाना साथ खाया। तब से लेकर आजीवन वे मेरे दोस्त, सहयोगी, बड़े भाई और पिता की तरह बने रहे।

हमारे घर से जाते हुए उन्होंने मुझसे वादा कराया कि अगली बार से मैं जब भी अमेरिका आऊँ, उन्हीं के घर पर ठहरूँ। वे हमेशा मुझे लेने के लिए एयरपोर्ट आते और अपने घर ही ठहराते। वाशिंगटन डीसी में हर जगह अपनी कार चलाकर मुझे ले जाते। बैठकों के दौरान बाहर बैठकर मेरा इन्तज़ार करते रहते। मेरे रहते उनके घर में मांसाहारी भोजन नहीं पकाया जाता। मेरे अलावा सुमेधा जी और हमारे दोनों बच्चे भी कई बार ज़िया भाई के घर पर ठहरे थे। इस तरह दोनों परिवारों का रिश्ता बहुत गहरा हो गया था।

ज़िया भाई का पाकिस्तान में अच्छा-ख़ासा रसूख था। उनकी पत्नी जकिया आपा बड़े प्रभावशाली ख़ानदान से थीं। मैंने उनसे आग्रह किया कि वे पाकिस्तान लौटकर बाल मज़दूरी के ख़िलाफ़ मुहिम को आगे बढ़ाएँ। वे तुरन्त राज़ी हो गए। मगर यह काम आसान नहीं था। वे अमेरिकी नागरिक थे। क़रीब 30 साल वहाँ गुज़ारने के बाद पाकिस्तान लौटकर गृहस्थी जमाना बहुत हिम्मत की बात थी। फिर भी ज़िया भाई और जकिया आपा ने लाहौर जाकर रगमार्क का काम शुरू कर दिया था। उन्होंने कुछ वर्षों के बाद अमेरिका का मकान बेचकर लाहौर में एक उम्दा घर ख़रीद लिया था। मैं कई बार वहाँ भी जाकर ठहरा था।

ज़िया भाई पहले से ही दिल के मरीज़ थे। उनकी दो बार बायपास सर्जरी हो चुकी थी लेकिन उनके जोश-खरोश में कोई कमी नहीं थी। पाकिस्तान में रहते हुए वे कई बार भारत आए थे। मेरे ऊपर जब-जब हमले हुए, ज़िया भाई ज़मीन-आसमान को सिर पर उठा लेते थे। दुनिया-भर में फ़ोन और लिखा-पढ़ी करके, जो भी बन सकता था, सब कुछ करते थे। कुछ सालों के बाद पता चला कि उन्हें कैंसर है। अमेरिका और पाकिस्तान में उनका इलाज चलता रहा। मैं लगातार उनसे जाकर मिलता रहता था। वे अपनी बीमारी के बावजूद पाकिस्तान में बाल दासता से लड़ते रहे।

2011 के मई महीने की बात है। मुझे शाम को क़रीब पाँच बजे फ़ोन पर ज़िया भाई की मौत की सूचना मिली। जकिया आपा ने मुझसे रोते हुए कहा, "कैलाश, तुम जल्दी से जल्दी लाहौर आ जाओ। तुम्हारे भाई अब नहीं रहे। वे आख़िरी वक़्त में तुम्हें और शम्स (अपने बेटे) को याद कर रहे थे। उन्होंने कहा था कि कैलाश के आने से पहले मुझे दफ़न मत कर देना।" वह सुनकर मेरी आँखों से आँसू ढलकने लगे थे। मैंने तुरन्त लाहौर जाने का फ़ैसला कर लिया। पाकिस्तान जाने के लिए वीज़ा ज़रूरी था। शाम को दिल्ली में पाकिस्तान के हाई कमीशन का दफ़्तर बन्द हो चुका था। फिर भी मैंने अपनी सहायक को वहाँ भेज दिया। चौकीदार ने बड़ी मुश्किल से वीज़ा आफ़िसर से फ़ोन पर बात कराई। उस अफ़सर को भरोसा नहीं हुआ कि किसी पाकिस्तानी मुसलमान की मय्यत तभी उठेगी जब एक भारतीय हिन्दू वहाँ पहुँचकर जनाज़ा उठाएगा।

काफ़ी हील-हुज्जत के बाद वह अफ़सर लाहौर में ज़िया भाई के रिश्तेदारों से बात करने पर राज़ी हुआ। वह सच्चाई सुनकर हक्का-बक्का रह गया। उसने कहा, "मेरी ज़िन्दगी में ऐसा वाक़या कभी नहीं हुआ। कोई पाकिस्तानी डिप्लोमेट ऐसी बात सोच भी नहीं सकता।" किसी तरह देर रात तक मुझे वीज़ा मिल गया। दूसरी बड़ी मुसीबत यह थी कि अगले दिन कोई हवाई जहाज़ लाहौर नहीं जाता था। मैं आनन-फ़ानन में सुबह के जहाज़ से अमृतसर पहुँचा। बॉर्डर से लाहौर मुश्किल से 50 किलोमीटर दूर है। बाघा बार्डर से पाकिस्तान की सीमा में घुसने में क़रीब आधा घंटा लगा।

ज़िया भाई का परिवार, उनके रिश्तेदार और दोस्त मेरा इन्तज़ार कर रहे थे। उनमें से कई तो सिर्फ़ उस व्यक्ति को देखने के लिए लालायित थे जिसकी वजह से जनाज़ा नहीं उठ रहा था। आख़िरकार मैं उन्हें दफ़नाकर ही नहीं, वह खोकर लौटा जिसको बयान कर पाना मुश्किल है।

कुछ रिश्ते रक्त के होते हैं, कुछ दिल के, लेकिन कुछ उसूलों के भी होते हैं। ज़िया भाई से दिल और उसूल का रिश्ता ऐसे जुड़ गया था कि रक्त सम्बन्धी होने-न-होने की बात बेमानी हो चुकी थी।

फैरिस हार्वी

इसी तरह फैरिस हार्वी नब्बे के दशक में अमेरिका में मेरे प्रमुख सहयोगी और मित्र रहे। वे वाशिंगटन में 'इंटरनेशनल लेबर राइट फंड' के संस्थापक और निदेशक थे। वे बहुत विचारवान, भावनाशील, विनम्र और सिद्धान्तवादी व्यक्ति हैं। वे उन गिने-चुने कार्यकर्ताओं में से हैं जिनके सहयोग से बाल मज़दूरी अमेरिका में एक राजनीतिक और सामाजिक मुद्दा बन सका। फैरिस अप्रैल 1994 में बाल मज़दूरी के ख़िलाफ़ भारत यात्रा में हमारे साथ चले थे। वे हिन्दी न जानते हुए भी साथ चल रहे बच्चों से दोस्त की तरह घुलमिल जाते थे। एक बार मज़ेदार घटना हुई। हमारी यात्रा हैदराबाद के पास किसी स्कूल में रुकी थी। देर रात को मच्छर काटने से परेशान होकर मैं बस की छत पर सोने चला गया। देखा तो वहाँ पर पहले से ही कई लोग सोए हुए थे। अँधेरे में एक ख़ाली कोना पाकर मैं भी सो गया। सुबह जब नींद खुली तो चार-पाँच पुरुष यात्री उठकर बैठे हुए थे। उनमें से एक फैरिस हार्वी भी थे। वे बाल मज़दूरी के ख़िलाफ़ प्रथम पंक्ति के योद्धा रहे हैं। उन्हें पूरी भारत यात्रा के दौरान खाने-पीने और ठहरने में बड़ी मुश्किलों का सामना करना पड़ा था, लेकिन उन जैसा धैर्यवान और सादगी से जीने वाला व्यक्ति मिलना मुश्किल है। उन्होंने अमेरिका की कालीन आयातक कम्पनियों के घोर विरोध और आर्थिक तंगी के बावजूद अमेरिका में रगमार्क की स्थापना की। फैरिस के घर में उनकी 60वीं सालगिरह पर रगमार्क में सेनेटर टॉम हार्किन और मैं भी उस जश्न में शामिल हुए थे।

रैनर क्रूजे

जर्मनी के मेरे दोस्त रैनर क्रूजे के बग़ैर रगमार्क के जन्म की कल्पना तक नहीं की जा सकती। मुझमें उनका भरोसा मेरी बहुत बड़ी ताक़त रही है। जर्मन संस्था 'ब्रेड फॉर द वर्ल्ड' में काम करने वाले रैनर वह पहले व्यक्ति थे जो उपभोक्ता जागरूकता अभियान, रगमार्क और ग्लोबल मार्च जैसे विचारों से सहमत हुए थे। जिन दिनों जर्मनी के बुद्धिजीवी, लेखक, सामाजिक संगठन और उनकी अपनी संस्था तक यह मानने को तैयार नहीं थे कि बाल मज़दूरी का ख़ात्मा किया जा सकता है, तब वे अकेले मेरे समर्थन में खड़े रहे थे। वे न केवल हर तरीक़े से हमारे काम में मदद करते, बल्कि वैचारिक और सैद्धान्तिक तौर पर मेरे पक्ष में अपनी और दूसरी कई संस्थाओं से ज़बरदस्त लोहा लेते रहते। मैं स्टटगार्ट में उन्हीं के घर पर ठहरता था। रगमार्क का लेबल लगाए गए पहले तीन कालीनों में से एक रैनर को, दूसरा सीनेटर हार्किन को और तीसरा इंडो-जर्मन एक्सपोर्ट प्रमोशन संस्था को भेंट किया गया था।

रैनर बीयर पीने के बड़े शौक़ीन हैं। वे हमेशा मुझसे कहा करते, "कैलाश, जिस दिन पहला रगमार्क कालीन जर्मनी पहुँचेगा, शैंपेन की बोतल खोलकर ख़ुशी मनाई जाएगी। तुम्हें भी शैंपेन पीनी पड़ेगी।" मैं मुस्कराकर टाल देता। आख़िर वह दिन आ गया। शैंपेन खुली। लेकिन रैनर जानते थे कि मैं कभी शराब नहीं छुऊँगा। इसलिए उन्होंने बिना अल्कोहल वाली बीयर का इन्तज़ाम किया। मैंने उनसे माफ़ी माँग ली। उन्होंने भी दबाव नहीं डाला। नींबू पानी के गिलास से ही मैंने सबके साथ चीयर्स किया।

रैनर ब्रेड फॉर द वर्ल्ड में काम शुरू करने से पहले दो सालों तक नौजवान वालंटियर की तरह कलकत्ता में रहे थे। इसलिए उन्हें भारतीय समाज की बड़ी बारीक़ समझ है। क़रीब-क़रीब सभी बड़े सामाजिक कार्यकर्ताओं से उनकी ख़ासी दोस्ती रही है। कई गांधीवादी और दलित कार्यकर्ता स्टुटगार्ट में उन्हीं के घर जाकर ठहरते रहे हैं।

वे बाल मज़दूरी के अलावा रंग भेद, ग़रीब देशों के एनजीओ की स्वायत्तता और गरिमा, फ़िलीस्तीन के हिंसा पीड़ितों और जर्मनी में

शरणार्थियों के मुद्दों पर हमेशा से लड़ते रहे हैं। इसलिए रैनर की अपनी संस्था ब्रेड फॉर दी वर्ल्ड से अनबन बढ़ती गई। आख़िरकार उन्होंने जर्मनी छोड़कर दक्षिण अफ्रीका जाकर एक मानवाधिकार संगठन में काम शुरू कर दिया था। वहाँ उन्होंने बाल मज़दूरी विरोधी विश्वयात्रा 1998 में ख़ूब बढ़-चढ़कर हिस्सा लिया था। वे रिटायर होने के बाद हमारे आन्दोलन की मदद करने के लिए कई हफ़्तों तक दिल्ली में आकर रहे थे। वे मुझसे लगभग 17-18 साल बड़े हैं। कई बीमारियों के बावजूद उनकी ऊर्जा और सामाजिक सरोकार में कोई कमी नहीं आई है।

गुडवीव की स्थापना

धीरे-धीरे रगमार्क फ़ाउंडेशन काफ़ी बड़ी और साधन-सम्पन्न संस्था बन गई थी लेकिन अलग-अलग देशों के रगमार्क संगठनों के बीच तालमेल की कमी बढ़ने लगी थी। नियंत्रण और पैसों को लेकर भीतरी खींचतान भी होने लगी थी। मैंने उसे सुलझाने की बहुत कोशिश की किन्तु सफल नहीं हो सका। मैं तब तक आन्दोलन के दूसरे कामों में बहुत ज़्यादा व्यस्त हो चुका था। भारत के रगमार्क के अधिकारी कालीन उत्पादन में जाँच-पड़ताल और पर्ची लगाने में ढील बरतने लगे थे। वे चाहते थे कि दूसरे देशों के रगमार्क उन्हीं के इशारों पर चलें। नतीजा यह हुआ कि भारत के अलावा सभी देशों की रगमार्क संस्थाओं ने अपने कार्यक्रम का नाम बदलकर 'गुडवीव' कर दिया। तभी से उसका केन्द्रीय कार्यालय वाशिंगटन में है। कालीन के अलावा दूसरी वस्तुओं पर भी गुडवीव प्रमाणीकरण का काम हो रहा है।

कुछ अध्ययनों के मुताबिक 90 के दशक में दक्षिण एशियाई कालीन उद्योग में 10 लाख से भी ज़्यादा बच्चे मज़दूरी कर रहे थे। मुझे यह जानकर बहुत सन्तोष होता है कि 20 वर्षों के भीतर यह संख्या घटकर दो लाख से भी कम रह गई थी। इस दौरान कालीन का व्यापार घटने के बजाय बढ़ा है। इसका मतलब यह है कि मज़दूरी से हटे 8 लाख बच्चों की जगह कम से कम उतने ही वयस्कों को रोज़गार मिल सका होगा। इतिहास में बाल मज़दूरों के बदले वयस्कों को रोज़गार मिल पाने की इतनी बड़ी सामाजिक पहल मुझे नज़र नहीं आती।

कॉर्पोरेट जगत का सामाजिक दायित्व

उपभोक्ताओं, मीडिया और समाज की चेतना सिर्फ़ कालीनों की ख़रीद तक ही सीमित नहीं रह सकती थी। धीरे-धीरे उपभोक्ता बाल मज़दूरी से रहित कपड़ों, जूतों, खेल सामग्री और खाने-पीने की चीज़ों की माँग करने लगे। मेरी यही उम्मीद थी। कई देशों और वस्तुओं में प्रमाणीकरण और सामाजिक निगरानी जैसे काम भी शुरू हो गए। हमने 1993-94 में भारत के मेरठ और जालंधर में, और पाकिस्तान के सियालकोट में खेल सामग्री बनाने के कारख़ानों से बाल मज़दूरी ख़त्म करने का ज़ोरदार अभियान शुरू कर दिया था। उसमें भी अच्छी सफलता मिली।

आश्रमों की स्थापना

हमारी गतिविधियाँ लगातार बढ़ रही थीं। आन्दोलन को गति और विस्तार देने के हरसम्भव प्रयास चौतरफ़ा हो रहे थे। बच्चों की मुक्ति की लड़ाई योजनाबद्ध ढंग से चल रही थी। बालश्रम से मुक्त कराए गए बच्चों के पुनर्वास की व्यवस्था भी हमारी एक बड़ी जिम्मेदारी बनती जा रही थी। घरेलू मज़दूरी या छोटी-मोटी फ़ैक्ट्रियों से मुक्त कराए जाने वाले बच्चों की संख्या ज़्यादा नहीं होती थी। दिल्ली में जो बच्चे छूटते थे, हम उन्हें कभी-कभी अपने घर पर ले आते थे। कुछ दिनों के लिए उन्हें वहीं रखना पड़ता था। क़ानूनी कार्यवाही और पूरी तैयारी के बाद उन्हें उनके गाँवों तक सुरक्षित पहुँचा दिया जाता था। धीरे-धीरे उनकी संख्या बढ़ती गई जिससे उन्हें ठहराने में बहुत परेशानी होने लगी। उनके लिए भोजन, ज़रूरी कपड़े-लत्ते और रात को ठहराने का समुचित इन्तज़ाम आसान नहीं था। हम उन्हें अक्सर आसपास के खुले मैदानों, धर्मशालाओं या ख़ाली पड़े सरकारी भवनों में ठहरा देते थे। इसमें बड़ी मुश्किलें आती थीं। इन्हीं हालात में मेरे साथियों और मेरे मन में यह विचार आया कि बच्चों को ठहराने, पढ़ाने, प्रशिक्षित करने और नेतृत्व निर्माण करने के लिए अपने संगठन का ही पुनर्वास केन्द्र बनाया जाए।

ज़रूरत के अलावा पुनर्वास केन्द्र बनाने के पीछे एक बहुत स्पष्ट विचार भी था। अगर अत्याचार और ग़ुलामी के शिकार बच्चों को प्यार, इज़्ज़त और दोस्ती के माहौल में आगे बढ़ने का मौक़ा दिया जाए तो वे किसी से भी पीछे नहीं रहेंगे। कल के ग़ुलाम बच्चे आनेवाले कल में अपने सरीखे दूसरे बच्चों के नेता और मुक्तिदाता बन सकते हैं। इसके लिए ज़रूरी है कि बच्चों के साथ दया भाव नहीं, बल्कि मित्रता का रिश्ता बने। पुण्य कमाने या अपनी वाहवाही लूटने के उद्‌देश्य से की जाने वाली चैरिटी, यानी दूसरों पर दया करने के कार्य ख़ुद

के अहंकार की भूख तो मिटा सकते हैं, लेकिन समानता और गरिमा की भावना कभी नहीं जगा सकते। समाज में भले माने जाने वाले कुछ लोग दया, धर्म के नाम पर ज़रूरतमन्द लोगों की मदद करके आनन्दित, सन्तुष्ट और आत्ममुग्ध हो सकते हैं, परन्तु लेने वाले के झुके हुए हाथों के सामने देने वाले हाथ दानी के अहंकार और याचक की हीनता को बढ़ाते हैं; जबकि बराबरी की भावना से मिले हुए हाथ नैतिक जिम्मेवारी और आत्मसन्तोष का एहसास कराते हैं।

मुक्त बँधुआ मज़दूरों के रिहायशी केन्द्र की शुरुआत

इन्हीं विचारों के चलते मुझे फिर से वही वेद मन्दिर याद आया, जहाँ हम दिल्ली के शुरुआती दिनों में रह चुके थे। सुमेधा जी के पिताजी की मृत्यु के बाद से वह पूरी तरह से वीरान पड़ा था। हमने अम्मा से बात करके 1990 की सर्दियों की शुरुआत में उसी जगह को ठीक-ठाक करके पुनर्वास केन्द्र की शुरुआत कर दी। कुछ कमरों की ठीक से मरम्मत करवाकर मुक्त कराए गए क़रीब 50 बच्चों और किशोरों के रहने-खाने, पढ़ाई-लिखाई और रोज़गार से जुड़े प्रशिक्षण का इन्तज़ाम कर लिया गया।

इस काम के लिए एक नौजवान कार्यकर्ता राजीव भारद्वाज को लगाया गया। मैं राजीव को उनके बचपन से जानता था। राजीव दिल्ली में रहकर पत्रकारिता के साथ-साथ सामाजिक काम कर रहे थे। वे बहुत सिद्धान्तवादी, एक-एक पैसा बचाने में माहिर, ईमानदार और मेहनती व्यक्ति हैं। उन्होंने हमारे साथ शिक्षा का संसदीय फोरम बनवाने और सर्कसों से बाल मज़दूरी ख़त्म कराने के अभियान में ख़ूब बढ़-चढ़कर भाग लिया था। वे वेद मन्दिर में रहकर शिक्षण और पुनर्वास केन्द्र की व्यवस्था करने लगे थे। सुमेधा जी राजीव को अपना छोटा भाई मानती हैं। उनके पिता जयकृष्ण भारद्वाज जी विदिशा में अध्यापक थे। वे विदिशा में हमारे पड़ोसी भी थे और आर्य समाज में बहुत सक्रिय रहते थे। इसलिए उनके परिवार से मेरा और गहरा सम्बन्ध हो गया था। वे सुमेधा जी के माता-पिता के बड़े प्रशंसक थे। मेरे जिस लेख को लेकर जनज्ञान पत्रिका में बवंडर मचा था, उसे भारद्वाज जी ही प्रकाशन के लिए दिल्ली लेकर गए थे।

मुक्त हुए बच्चों के मन में आज़ादी का एहसास कराना, उनके खोए हुए बचपन को लौटाना, उनके अन्दर आत्मविश्वास और आत्मसम्मान जगाना और फिर उनमें शिक्षा के लिए रुचि पैदा करना बहुत चुनौती भरे काम थे। हमने

धीरे-धीरे अपने अनुभवों से ही सीखना शुरू किया था।

कुछ महीनों बाद कुछ सहयोगियों की मदद से हमारे संगठन ने क़रीब एक एकड़ ज़मीन ख़रीद ली थी। वह बड़ी ऊबड़-खाबड़ और बंजर थी। वहाँ दूर दूर तक कोई बसाहट, सड़क, बिजली, पानी आदि का साधन नहीं था। दो-तीन महीनों में, 1991 की गर्मियों से, हमने हमने किसी तरह उसे रहने लायक बनाकर और कामचलाऊ टीन-टप्पर डालकर अपने बच्चों को रखना शुरू कर दिया। उसका नाम 'मुक्ति आश्रम' रखा।

मुक्ति आश्रम में चौदह साल तक के बच्चों को कम से कम छह महीने तक अनौपचारिक शिक्षा देकर सामान्य स्कूलों में दाखिले के लिए तैयार किया जाता था। चौदह वर्ष और उससे बड़े किशोरों को पढ़ाने-लिखाने के साथ-साथ अलग-अलग तरह की ट्रेनिंग दी जाती थी। उनमें आत्मविश्वास, स्वावलम्बन, ज़िम्मेवारी, नेतृत्व, और मिल-जुलकर रहने जैसे गुण पैदा करना हमारी प्राथमिकता थी। तब तक ऐसे बच्चों के लिए देश में कोई केन्द्र नहीं था।

हमारे नये-नये प्रयोग

बाल मज़दूरी से छुड़ाए गए ज़्यादातर बच्चे बहुत डरे-सहमे रहते थे। वे आश्रम में पानी के नल को छूने से भी घबराते थे। हमारे सामने कुर्सी या चारपाई पर नहीं बैठते थे। ऐसे में हमने कुछ नये प्रयोग करने शुरू कर दिये, ताकि उनमें से हीनता की भावना और ख़ौफ़ को निकाला जा सके। आश्रम के हम सभी कार्यकर्ता उन बच्चों के साथ रहने, खाने, सोने और खेलने-कूदने लगे। दूसरा काम यह किया गया कि बच्चों की लोकभाषा के नाच-गानों को बढ़ावा देकर उनमें सभी को शामिल करना शुरू किया गया। तीसरा प्रयोग सभी के लिए बड़ा कठिन काम था। हमने मुक्ति आश्रम के सभी अधिकारियों की ज़िम्मेदारियों को उलटा कर दिया था। जैसे कि मैंने अपने जिम्मे बच्चों के शौचालय साफ़ करने का काम ले लिया। उन बच्चों ने कभी शौचालय देखे ही नहीं थे। उपयोग करना तो बहुत दूर की बात है। वे खुले मैदानों में टट्टी-पेशाब करने के आदी थे। इसलिए वे आश्रम में शौचालयों में कहीं भी बैठकर लैट्रिन कर देते थे।

मैं जब उनके गन्दे शौचालय साफ़ करता था तो कई बच्चे हक्के-बक्के होकर मुझे देखते रहते थे। कुछ तो भावुक होकर रोने भी लगते थे। वह उनकी कल्पना से बाहर की बात थी। धीरे-धीरे उन्होंने ख़ुद शौचालय साफ़ करना सीख लिया। आश्रम के प्रबन्धक, शिक्षक और दफ़्तर में काम करने वालों को सफाई,

झाड़ू-पोंछा करने और खाना पकाने में मदद करने जैसे काम सौंपे गए थे। बच्चों के जिम्मे सिर्फ़ बागवानी करना था। इन सबके कारण एक बड़ी अच्छी बात यह हुई कि उनके मन से ऊँच-नीच की दीवारें ढहनी शुरू हो गईं। वे बच्चे आश्रम की हर चीज़ को अपना मानकर उसकी बड़ी हिफ़ाज़त करने लगे और आपस में एक-दूसरे को अपना परिवार मानने लगे। मुक्ति आश्रम में न केवल हम सभी को, बल्कि मेहमानों को भी अपने बर्तन ख़ुद धोने पड़ते हैं। आश्रम से हज़ारों बच्चे शिक्षित और प्रशिक्षित होकर निकले, जिन्होंने अपने-अपने गाँवों में लौटकर स्कूलों में पढ़ाई पूरी की, युवाओं ने अपने रोज़गार शुरू किये और साथ-साथ बाल अधिकारों की मशाल जलाकर रखी है। मुक्ति आश्रम मुक्त बँधुआ बच्चों के पुनर्वास का पहला और आदर्श केन्द्र बन गया।

मुक्ति आश्रम में सुमन जी का योगदान और बाद के झंझट

मुक्ति आश्रम की स्थापना और बाद के कई वर्षों तक उसके संचालन में सुश्री सुमन ने सबसे महत्त्वपूर्ण भूमिका निभाई। वे काफ़ी पढी-लिखीं युवती थीं। अस्पताल में मनोवैज्ञानिक सलाहकार की नौकरी छोड़कर आन्दोलन से जुड़ना उनके दोस्तों और परिवार को पसन्द नहीं था। फिर भी उन्होंने वह मुश्किल रास्ता चुना। तब वे लगभग 28 साल की थीं। आश्रम बस्ती से दूर सुनसान इलाक़े में था। वहाँ अपराध भी काफ़ी होते थे। किसी लड़की के लिए वहाँ अकेले आना-जाना आसान नहीं था। लेकिन निदेशिका के नाते वे जी-जान से जुटी रहती थीं।

यूँ तो सुमन जी 1990 से संगठन में शामिल हुई थीं, लेकिन मेरे परिवार में उनका आना-जाना उसके पाँच साल पहले से था। उनसे मेरा परिचय 1985 में 'एशियन कल्चरल फोरम ऑन डेवलपमेंट' संस्था के कारण हुआ था। मैं समाज की बेहतरी के लिए उनकी निष्ठा से बड़ा प्रभावित हुआ। उनके परिवार में कई तरह की मनोवैज्ञानिक और निजी परेशानियाँ थीं, जिनके कारण वे ख़ुद बहुत परेशान रहती थीं। उन्हें मेरे परिवार में वक़्त बिताने में सुकून मिलता था। इस तरह जल्दी ही उनसे हमारी घनिष्ठता हो गई। मुक्ति आश्रम के शुरुआती वर्षों में मुझे अक्सर वहाँ जाना पड़ता और उनके साथ मेरा काफ़ी वक़्त बीतता। इस तरह उनसे मेरे गहरे संगठनात्मक, व्यक्तिगत और भावनात्मक सम्बन्ध बन गए।

सुमन जी मुक्ति आश्रम के अलावा बचपन बचाओ आन्दोलन के दूसरे कामों में भी बढ़-चढ़कर हिस्सा लेने लगीं। वे धीरे-धीरे मुझे अपने वरिष्ठ साथियों और आश्रम के बच्चों से दूर रखने की कोशिश करने लगीं। इससे कई कार्यकर्ता उनसे

मन ही मन ईर्ष्या रखने लगे। कई बार दूसरे सहयोगियों के न चाहने के बावजूद मैं उन्हें कार्यक्रमों में ज़रूरत से ज़्यादा अहमियत देता रहता। संगठन के बाहर और भीतर मुझसे चिढ़ने वाले लोगों ने मौके का फायदा उठाकर उनके कान भरने शुरू कर दिये। उसमें कुछ विदेशी लोग और संस्थाएँ शामिल थीं। सुमन जी यह मानने लगीं कि उन्हें उनकी योग्यता और मेहनत का पूरा श्रेय और सम्मान नहीं दिया जा रहा। इसके अलावा एक बात और गम्भीर थी। वे मुक्ति आश्रम में सुमेधा जी की भूमिका को बर्दाश्त नहीं कर पाती थीं। मैं उस पर ध्यान न देकर उलटा सुमेधा जी से ही झगड़ा कर लेता था।

मेरे पारिवारिक जीवन पर इन बातों का बुरा असर पड़ा। धीरे-धीरे हमारे घर में काफ़ी नोंक-झोंक और तनाव बढ़ने लगा। किन्तु मुझे इन बातों की गम्भीरता का एहसास होने में काफ़ी साल लग गए। सुमेधा जी और मेरा झगड़ा तो होता ही रहता था परन्तु भुवन ने पहली बार खुलकर विरोध किया और झगड़ा भी। अस्मिता की नाराजगी और दुख का अनुभव भी होने लगा था। आख़िर मैंने सुमन जी और उनके चाटुकारों के व्यवहार को गहराई से समझना शुरू किया। सुमेधा जी, भुवन और अस्मिता को जो मानसिक कष्ट हुआ, मुझे उसका बहुत अफसोस हमेशा रहेगा।

हमें कुछ सालों के बाद पता चला कि सुमन जी ने हमसे छुपाकर चुपचाप अपना एक संगठन बना लिया था। उसमें एक-दो विदेशी संस्थाओं ने भी आर्थिक मदद दी थी। इससे मुझे बहुत आघात लगा। मुझसे बदला लेने में जी-जान से जुटे स्वामी अग्निवेश ने सुमन जी के साथ मिलकर मुझे बदनाम करने और आश्रमों पर क़ब्ज़ा करने की मुहिम तेज़ कर दी थी। उन दोनों के लिए मेरे मन में जितना ग़ुस्सा था, उससे कहीं ज़्यादा इस बात का मलाल था कि हमारे इतने अच्छे सम्बन्ध उतनी ही कड़वाहट में कैसे बदल गए। बहुत लोगों द्वारा भड़काने के बावजूद मैंने उनके साथ कुछ बुरा करना तो दूर, कभी बुरा सोचा तक नहीं।

राजस्थान में बाल आश्रम की स्थापना

बँधुआ मज़दूरी से मुक्त होने वाले बच्चों की संख्या बढ़ती जा रही थी। मुक्ति आश्रम की जगह छोटी पड़ने लगी थी। हमने एक नया आश्रम बनाने के लिए 1997 की जनवरी में राजस्थान के जयपुर ज़िले की विराट नगर तहसील में एक बड़ी ज़मीन ख़रीद ली। दिल्ली और नज़दीक के क्षेत्रों से मुक्त कराए गए परिवारों के पुनर्वास के लिए हमारा उस इलाक़े में काफ़ी आना-जाना होता रहता

था। उससे वहाँ की समस्याओं को समझने का मौक़ा मिलता था। उस स्थान के आसपास घुमन्तू जनजातियाँ, बंजारे, नट, कालबेलिए और सँपेरे आदि रहते थे। वे समाज से तिरस्कृत और वंचित रहकर किसी तरह अपना गुज़ारा करते थे। उसके अलावा गाँवों में नारी उत्पीड़न से जुड़ी कई समस्याएँ थीं, जैसे कि लड़कियों और महिलाओं की अशिक्षा, बाल विवाह, लड़कियों को पैदा होते ही मार देना और बाल-विधवापन आदि।

हमने अपने नये केन्द्र का नाम 'बाल आश्रम' रखा। राजस्थान के राज्यपाल अंशुमान सिंह ने 19 अप्रैल, 1999 को इसका उद्घाटन किया। विराट नगर महाभारत कालीन ऐतिहासिक कस्बा है, जो दिल्ली से जयपुर के रास्ते में तक़रीबन 200 किलोमीटर की दूरी पर है। कहा जाता है कि महाभारत की कथा के मुख्य पात्र, पाँचों भाई पांडव अपने एक साल के गुप्त प्रवास के दौरान वेष बदलकर विराटनगर में ही रहे थे। तब वह राजा विराट की राजधानी थी। इसीलिए अभी तक आसपास के कई गाँवों में महाभारत से सम्बन्धित ढेरों किंवदंतियाँ प्रचलित हैं। उसके अलावा सरिस्का अभयारण्य वहाँ से केवल 25 किलोमीटर की दूरी पर है। मुग़ल काल में सोलहवीं सदी के महान् शासक अकबर दो बार वहाँ जाकर ठहरे थे। अभी भी वहाँ पर उनकी हिन्दू रानी जोधाबाई के महल का खँडहर और मुग़ल शैली का एक आलीशान शिकारगाह बना हुआ है।

चट्टान से भी मजबूत साथी हज़ारीलाल जाटौलिया और रामेश्वर तिवारी

बाल आश्रम के लिए उपयुक्त जगह तलाश करके उसका सौदा तय कराने की जिम्मेवारी हमारे वरिष्ठ साथी हज़ारी लाल जाटौलिया और रामेश्वर तिवारी को सौंपी गई थी।

जाटौलिया जी वही व्यक्ति थे जिन्होंने न केवल नाथद्वारा के मन्दिर में हरिजनों के प्रवेश के हमारे अभियान में सबसे प्रमुख भूमिका निभाई थी, बल्कि अपनी जान पर खेलकर मुझे बचाने के लिए कूद पड़े थे। वे और तिवारी जी दोनों हमारे आन्दोलन के सबसे मज़बूत खम्भों में से थे। वे अपनी अन्तिम साँसों तक मानव मुक्ति के लिए मेरे साथ जुटे रहे थे।

उन दोनों से मेरी पहली मुलाक़ात सन् 1981 में हुई थी। तब वे राजस्थान के ग़रीब किसानों के क़र्ज़ों की माफ़ी के लिए संघर्ष कर

रहे थे। छह फ़ुट लम्बे बड़ी मज़बूत क़द-काठी और स्वभाव से बेहद विनम्र जाटौलिया जी तथा साढ़े पाँच फ़ुट लम्बाई के मृदुभाषी तिवारी जी साथ-साथ दिल्ली आते थे। खादी के धोती-कुर्ते पहने और सिर पर सफ़ेद राजस्थानी साफ़ा बाँधे जाटौलिया जी तथा सफ़ेद पायजामा और रंगीन कुर्ता पहने, सिर पर सफ़ेद टोपी लगाए तिवारी जी अपने कन्धों पर कई हज़ार पन्नों की पोटलियाँ लादकर चलते थे। सैकड़ों गाँवों के हज़ारों ग़रीब आदिवासी और दलित छोटे किसानों की शिकायतें और सालों में जुटाई गई छोटी से छोटी जानकारी उन काग़ज़ों में लिखी होती थी। मैंने कई बार रात-रात भर उनके साथ बैठकर वे काग़ज़ पढ़े थे।

किसानों की क़र्ज़ मुक्ति बहुत वर्षों के बाद किसान आन्दोलनों की बुनियाद और राजनीतिक मुद्दा बन पाई थी। लेकिन वह जाटौलिया जी के दिमाग़ की उपज थी, जिस पर मुझे बड़ी मुश्किल से भरोसा हो पाया था। मैंने उन्हीं से जाना था कि दो-चार सौ रुपये के क़र्ज़ों के लिए सरकारी बैंक क़र्ज़दारों पर किस तरह के जुल्म करते थे। झूठे काग़ज़ बनाकर उनके घरबार तक हड़प लेना, जेल भेजने की धमकी देकर उनकी लड़कियों और औरतों से बलात्कार करना, जीप के पीछे बाँधकर घसीटना, गर्मियों में गरम चट्टानों पर लिटा देना और गाँव में नंगा करके घुमाना जैसे अत्याचार आम बातें थीं। उन दोनों ने बहुत मेहनत करके हिसाब बनाया था कि छोटे कास्तकार मौसम की मार और बाज़ार में फ़सल के कम दामों के चलते कभी भी अपना क़र्ज़ा नहीं चुका सकते। ख़ासकर तब; जबकि मनमाना ब्याज बढ़ रहा हो। इससे कई किसान आत्महत्या के लिए मजबूर हो जाते थे।

जाटौलिया जी और तिवारी जी से हमारे घरेलू रिश्ते बन गए थे। वे अपनी दिल्ली यात्रा के दौरान हमारे डेढ़ कमरे के घर में ही ठहरने लगे थे। दोनों की खुराक ख़ूब अच्छी थी। इसलिए सुमेधा जी उनके लिए पहले से ढेर सारा खाना पकाकर रखती थीं। कई बार वे संकोच में मना करते थे। लेकिन सुमेधा जी जानती थीं कि जिस तरह उनके लिए टूटी चप्पलें या फटी पगड़ी छुपाना मुश्किल थी, उसी तरह भूख भी। जाटौलिया जी के संगठन, ऋण मुक्ति आन्दोलन ने 14 अप्रैल, 1984 को सर्वोच्च न्यायालय में याचिका दायर कर दी। उसमें थोड़ा-बहुत सहयोग

मेरा भी था। कुछ महीनों में ही अदालत ने छोटे कास्तकारों की क़र्ज़ मुक्ति का आदेश दे दिया। उसके बाद तो सभी किसान आन्दोलनों में उसी फ़ैसले को अपने माँगों का आधार बनाया था। किसानों की जीत हुई और सरकार को उनका क़र्ज़ माफ़ करना पड़ा। बाद में किसानों की क़र्ज़ मुक्ति तो सभी राजनीतिक दलों का मुद्दा बन गई।

एक बार जाटौलिया जी को दिल का दौरा पड़ा था, किन्तु वे जल्दी ही ठीक होकर बच्चों की आज़ादी और ग़रीबों को न्याय दिलाने के कामों में जुट पड़े। कुछ दिनों के बाद 17 जनवरी, 2012 को रात के डेढ़-दो बजे उनके दामाद ने फ़ोन करके बताया कि पिताजी नहीं रहे। मैं सुन्न रह गया। सुमेधा जी रोने लगीं। मुझे कुछ नहीं सूझा। मैं सुबह तीन बजे हवाई अड्डे जा पहुँचा। पता चला कि उदयपुर के लिए एक जहाज़ पाँच बजे छूटता है। उसमें एक भी सीट ख़ाली नहीं थी। मैं अपने आँसू नहीं रोक पाया। खिड़की पर प्रतीक्षा सूची में पहले नम्बर पर खड़े किसी सज्जन को मुझ पर रहम आ गया। उन्होंने अपनी कन्फ़र्म सीट मुझे दे दी। इस तरह मैं गाँव वालों और रिश्तेदारों के पहुँचने से पहले ही उनके घर पहुँच गया। मुझे यह देखकर बहुत दुख हुआ कि जाटौलिया जी का अन्तिम संस्कार दलितों के लिए अलग से बने श्मशान घाट में किया गया। गाँव के सवर्णों का श्मशान घाट अलग था। मैं मन ही मन बहुत क्रोधित था, लेकिन परिवार, रिश्तेदारों और गाँव वालों की वजह से वहाँ कोई बखेड़ा खड़ा नहीं किया। ख़ून का घूँट पीकर रह गया। उस दिन मैंने ख़ुद को बहुत बेचारा और हारा हुआ महसूस किया।

रामेश्वर लाल तिवारी ने कई वर्षों तक राजस्थान की रामगंज मंडी क्षेत्र में रहकर पत्थर की खदानों से बँधुआ मज़दूरों को मुक्त कराने और खदान मज़दूरों को संगठित करने का काम किया। बहुत सी क़ानूनी लड़ाइयाँ भी लड़ीं। वे मेरे साथ बड़ी जोखिम भरी छापामार कार्यवाहियों में जाते रहे थे। बुढ़ापे में अपने गाँव वापस लौट गए थे। वहीं पर उनकी मृत्यु हुई। उन दोनों को याद किये बग़ैर हमारे चालीस साल के आन्दोलन की उपलब्धियाँ गिनाना नाइंसाफ़ी होगी।

विराट नगर में हमें सस्ती ज़मीन मिलने की एक बड़ी वजह थी, लोगों में

व्याप्त अन्धविश्वास। आसपास के लोग मानते थे कि जोधाबाई के महल और शिकारगाह के खँडहरों में प्रेतात्माएँ रहती हैं। वे डर के मारे रात को वहाँ से नहीं गुज़रते थे। आसपास के गाँवों में से कोई कर्मचारी वहाँ रात में नहीं ठहरता था। इसलिए दूसरी जगहों से कार्यकर्ता बुलाकर रखने पड़े थे। सुमेधा जी उन्हीं के साथ मिलकर सफाई, निर्माण कार्य, पेड़-पौधे लगाने जैसे सभी काम करती थीं। तब से बाल आश्रम उन्हीं के मार्गदर्शन और अगुआई में चल रहा है। मुक्ति आश्रम की तरह वहाँ भी बाल मज़दूरी से मुक्त कराए गए 14 साल तक के बच्चों की शिक्षा और उसके ऊपर की उम्र के बच्चों को पढ़ाई के साथ-साथ अलग-अलग तरह का व्यावसायिक शिक्षण दिया जाता है। जिन बच्चों के माता-पिता का पता नहीं चल पाता या मृत्यु हो चुकी होती है अथवा परिवार की हालत की वजह से उन्हें दोबारा ग़ुलामी में धकेले जाने का खतरा रहता है, वे वयस्क हो जाने तक बाल आश्रम में रहते हैं। वहाँ रहने वाले ज़्यादातर बच्चे नज़दीक के स्कूलों में पढ़ने जाते हैं। कुछ कॉलेजों में भी पढ़ते हैं।

एक शुरुआती घटना का ज़िक्र कर रहा हूँ। एक बार हमारे कार्यकर्ता 12-13 साल के एक बच्चे दीपक को भिखमंगी कराने वाले एक गिरोह के चंगुल से छुड़ाकर लाए थे। कहने को तो वह ट्रेनों में भीख माँगता था, लेकिन उसके ज़रिये नशीले पदार्थों को एक से दूसरी जगह पहुँचाया जाता था। उसमें अपराधी प्रवृत्तियाँ इतनी गहराई से घर कर गई थीं कि न तो वह किसी पर भरोसा करता था और न ही इज़्ज़त। सुमेधा जी उससे जितना लाड़-प्यार करतीं, वह उन पर उतना ही शक करके नफ़रत करता था। उसे लगता था कि वह महिला मुफ़्त में खाना खिलाकर, आराम से रखकर और मीठी-मीठी बातें करके उसकी किडनियाँ, आँखें या दूसरे अंग निकालकर बेच देगी।

वह दूसरे बच्चों की पिटाई भी करता रहता था। लेकिन लगातार उनके साथ रहने और सभी चीज़ों को देखने और महसूस करने से उसमें थोड़ा-बहुत फ़र्क़ आना शुरू हुआ था। एक रविवार के दिन हम बाल आश्रम में थे। सोचा कि नये बच्चों का जन्मदिन मनाया जाए। बाल आश्रम में आए बच्चों का जन्मदिन मनाने का एक नया प्रयोग शुरू किया गया था। उन बच्चों में एक-दो के अलावा किसी बच्चे को उसकी जन्मतिथि मालूम नहीं होती थी। इतना ही नहीं, उनके नाम पर परिवार में कभी कोई ख़ुशी या उत्सव नहीं मनाया गया था। ऐसी कोई भी घटना नहीं हुई, जिससे उन्हें अपने लिए किसी प्रकार की पहचान या सम्मान का अनुभव हुआ हो। मैंने सोचा कि क्यों न किसी एक दिन उस बच्चे के नाम पर जन्मदिन का उत्सव मनाना शुरू कर दिया जाए। उसी दिन को हर साल

जन्मदिन की तरह मनाया जाने लगा। स्कूल में दाख़िले में जन्म की वही तारीख़ लिखवाई जाती थी।

दूसरे और बच्चों की तरह दीपक भी नये कपड़े पहनकर हमारे साथ अपना जन्मदिन मनाने के लिए हवन करने बैठा। सभी ने उनके ऊपर फूल बरसाकर आशीर्वाद दिया। उन्हीं के हाथ से सब को लड्डू बाँटे गए। ख़ूब नाच-गाने हुए। दीपक बहुत बुद्धिमान और कठोर दिल वाला बच्चा था। भावुकता तो उसे छू तक नहीं रही थी। समारोह के शुरू में वह बड़ी पैनी और शंकालु नज़रों से सब कुछ देखता रहा था। परन्तु आशीर्वाद के दौरान जब उसके ऊपर फूल बरसने लगे तो उसकी आँखों से आँसू झर-झर गिरने लगे । उसने पहली बार सुमेधा जी के, मेरे और बाकी गुरुजनों के पैर छुए। थोड़े दिनों के बाद उसने स्कूल में दाखिल होने की इच्छा ज़ाहिर की। उसे स्कूल भेजना शुरू कर दिया गया। जन्मदिन मनाने से किसी बच्चे के भीतर घंटे-दो घंटे में ही जो आत्मगौरव, और आत्मविश्वास जाग उठता है, वैसा किसी अन्य कोशिश से होते हुए मैंने नहीं देखा। हमने मुक्ति आश्रम में जो प्रयोग शुरू किये थे, वे बाल आश्रम में भी जारी रहे।

10 साल की बच्ची के योगदान से बना बाल आश्रम

आश्रम बनाने से जुड़ी एक प्रेरणास्पद घटना है। 23 मई, 1996 को मेरी बेटी अस्मिता को कनाडा की राष्ट्रीय मज़दूर कांग्रेस ने वैंकुअर शहर में अपने चार-साला अधिवेशन में भाषण देने के लिए बुलाया था। उससे पहले वह अमेरिकी संसद में बाल मज़दूरी पर हुई एक सुनवाई में बोलने वाली सबसे कम आयु की पहली बालिका थी।

तब अस्मिता 10 साल की थी और एक बाल अधिकार कार्यकर्ता के रूप में प्रसिद्ध हो चुकी थी। वह हमारी सभी बाल श्रम विरोधी यात्राओं में शामिल रही थी। वह अपने प्रभावशाली नारों, गीतों और भाषणों द्वारा रास्ते चलते लोगों को रुकने के लिए मजबूर कर देती थी। वह स्कूल की छुट्टियों में हमारे साथ मुक्ति आश्रम जाकर बच्चों को पढ़ाना-लिखाना सिखाती थी। उसने सन् 1994 और 95 में आतिशबाज़ी के बहिष्कार के अभियान में ख़ूब बढ़-चढ़कर हिस्सा लिया था। देसी-विदेशी मीडिया ने उसके कामों की प्रशंसा की थी। सीएनयेन ने उस पर एक डाक्यूमेंट्री फ़िल्म बनाई थी।

मैं और सुमेधा जी अस्मिता के साथ कनाडा गए थे। यात्रा में जाने से पहले भुवन ने उसका भाषण तैयार करा दिया था। मैं अपनी आदत के अनुसार

जहाज़ की कुर्सी पर बैठते ही आराम से सो गया था। बीच में मेरी नींद खुली तो अस्मिता को कुछ परेशान-सा देखा। वह अपने भाषण के पन्ने पलट रही थी। मैं उसे सीट से उठाकर एक कोने में ले गया। मैंने कहा, "बेटू जी, मेरी बात ध्यान से सुनो। और ख़ूब सोचकर मेरे सवालों का जवाब दो।" पहले तो वह थोड़ा झिझकी, फिर तैयार होकर मुस्कराते हुए बोली, "हाँ पापा, पूछो।"

मैंने उससे पूछा, "बेटा, क्या आप अपने अलावा किसी ऐसे बच्चे को जानती हो, जिसके पिताजी का जीवन दूसरे बच्चों को बचाने के लिए हमेशा खतरे में बना रहता हो? यहाँ तक कि उन्हें चौबीसों घंटे पुलिस की सुरक्षा में रहना पड़ता हो?"

उसने कहा, "नहीं।" मैंने फिर पूछा, "चलो बताओ, क्या आप ऐसे किसी बच्चे से मिली हो, जिसने इतने सारे लोगों के बीच बाल मज़दूरी के ख़िलाफ़ सैकड़ों बार भाषण दिये हों?" उसने अपना सिर 'नहीं' में हिलाया।

तब मैंने तीसरा और आख़िरी सवाल पूछा, "क्या आपने अपने अलावा किसी ऐसे बच्चे के बारे में देखा या सुना है जिसने बाल मज़दूरी से छुड़ाए गए इतने सारे बच्चों से दोस्ती की हो?"

उस सवाल का जवाब मुँह से देने के बजाय वह मुझसे लिपट गई। मैंने उसका माथा चूमते हुए कहा, "बेटा, इसीलिए बाल मज़दूरी के ख़िलाफ़ बोल सकने वाला तुमसे अच्छा वक्ता कोई नहीं हो सकता। मैं भी नहीं, क्योंकि जो अनुभव तुम्हें अपने बचपन में मिल रहा है, वह तो मेरे पास भी नहीं है।" थोड़ी देर बाद मैंने देखा तो बेटू बहुत सुकून की नींद में अपनी सीट पर सो रही थी।

सम्मेलन में कनाडा के कोने-कोने से पहुँचे डेढ़-दो लाख मज़दूर प्रतिनिधियों ने भाग लिया। अस्मिता के क़रीब 15 मिनट के भाषण के बाद श्रोताओं ने तालियाँ बजाते हुए खड़े होकर उसका अभिवादन किया। कार्यक्रम पूरा होते ही श्रमिक कांग्रेस के अध्यक्ष ने उसकी ख़ूब तारीफ़ की। उन्होंने उससे कहा कि यदि वह कनाडा में रुकना चाहे तो उसकी आगे की पढ़ाई-लिखाई का सारा ख़र्च उठाने के लिए वे तैयार हैं। अस्मिता ने विनम्रतापूर्वक मना कर दिया। इस पर उन्होंने घोषणा की कि वे उपहार के रूप में उसे 10 हज़ार डॉलर देना चाहते हैं। अस्मिता ने ख़ुशी में हमारी तरफ़ देखा। चेक लेते वक़्त वह बोली, "आपकी उदारता के लिए मैं और सामने बैठे मेरे माता-पिता आप सबके बहुत आभारी हैं। मैं सोचती हूँ कि वे मुझे भारत में अच्छी तरह पढ़ा-लिखा सकेंगे। लेकिन हमारा संगठन जितने बच्चों को मुक्त कराता है, उतनों को पढ़ाने-लिखाने की सुविधा हमारे पास नहीं है। मुक्ति आश्रम में बहुत कम बच्चे रह पाते हैं। इसलिए अगर इन पैसों से एक नया आश्रम खोल दिया जाए तो बहुत अच्छा रहेगा।"

वह यह नहीं जानती थी कि एक पुनर्वास केन्द्र बनाने और चलाने में कितना ख़र्च होता है। उसकी भावना को देखकर आयोजनकर्ताओं ने वायदा किया कि उस धनराशि के अलावा इस काम में जो भी ख़र्च आएगा, वे उसका प्रबन्ध करेंगे। उन्होंने मुझसे कहा कि हम जल्दी से एक अनुमानित बजट भिजवा दें। हमने भारत लौटकर ज़रूरी निर्माण कार्यों की लागत और दो साल तक के लिए 50 बच्चों पर होने वाले ख़र्च का बजट भेज दिया। उन्होंने 5 सालों तक बाल आश्रम चलाने का पूरा ख़र्चा भी उठाया।

हमारा कालू

कालू कुमार के बग़ैर बाल आश्रम की कहानी अधूरी है। यूँ तो बाल आश्रम में प्रशिक्षित हुए ऐसे सैकड़ों बच्चे हैं जिन्होंने अपनी मेहनत और प्रतिभा से समाज को बेहतर बनाने में बड़े-बड़े काम किये हैं। लेकिन कालू की तो बात ही कुछ और थी।

कालू कुमार का सिर्फ़ 23 साल का जीवन और बलिदान बचपन बचाओ आन्दोलन के इतिहास का एक और सुनहरा पन्ना है। उसका जन्म 1988 में बिहार के एक गाँव में हुआ था। उसका परिवार मुसहर था, जिसे बिहार की सबसे निचली जाति मानी जाती है। मुसहर पुश्तैनी रूप से चूहे मारने का काम करते रहे हैं। उन्हें खाते भी हैं।

6-7 साल की उम्र के बालक कालू को एक दलाल इलाहाबाद ज़िले के एक गाँव में गलीचा कारख़ाने में बँधुआ मज़दूरी कराने ले गया था। वह गाँव उसके घर से क़रीब 700 किलोमीटर दूर था। हमने जब उसे आज़ाद कराया, तब उसकी उम्र 10 साल की होगी। ग़ुलामी के दौरान उसे बहुत उत्पीड़न सहना पड़ा था। कालू ने अपने पैरों, जाँघों, छाती और पीठ पर से कपड़े हटाकर ढेरों घाव दिखाए थे। उसके शरीर का शायद ही कोई हिस्सा बचा था, जिस पर घावों के गहरे निशान न हों।

कालू 2001 तक बाल आश्रम में रहा। हमने उसे सरकारी स्कूल में दाखिल करा दिया। वह पढ़ने में बहुत होशियार था। आश्रम में सभी कालू के मीठे और विनम्र स्वभाव, हर वक़्त दूसरों की मदद करने और हौसला बढ़ाने जैसे गुणों के कायल थे।

उसी दौरान 2000 के सितम्बर महीने में कालू की अमेरिकी राष्ट्रपति बिल क्लिंटन के साथ एक यादगार मुलाक़ात हुई। वह जानी-मानी मानवाधिकार कार्यकर्ता कैरी कैनेडी द्वारा लिखी गई पुस्तक 'स्पीक ट्रुथ टू पावर' के विमोचन का मौक़ा था। वह पुस्तक 50 मानवाधिकार रक्षकों के बारे में थी। उसमें एक अध्याय मेरे ऊपर भी था। कार्यक्रम में मैं अपने साथ कालू कुमार को भी लेकर गया था। राष्ट्रपति क्लिंटन ने विमोचन समारोह से पहले वहाँ मौजूद पुस्तक के चरित्र नायकों से मुलाक़ात की। छोटे से कालू जी उन सब में अलग ही नज़र आ रहे थे। वे सफ़ेद झकझक पायजामे, लाल रंग के कुर्ते और जैकेट में सजे-धजे हमेशा की तरह अपनी मुस्कान बिखेर रहे थे। राष्ट्रपति ने बड़े जोश के साथ सबसे पहले कालू से हाथ मिलाया। उनके बीच बातचीत तो चन्द वाक्यों में हुई, लेकिन थी बड़ी महत्त्वपूर्ण। मैं कालू जी का दुभाषिया था।

कालू ने राष्ट्रपति जी का धन्यवाद करके बड़ी विनम्रता से कहा, "मैं तो बड़ा ख़ुशनसीब हूँ कि ग़ुलामी से आज़ाद हो पाया और आज आपके सामने हूँ। लेकिन दुनिया में 25 करोड़ बच्चे ऐसे हैं, जो मेरी तरह भाग्यशाली नहीं हैं। वे अभी भी बाल मज़दूरी कर रहे हैं। बताइए, क्या वे आपके बच्चे नहीं हैं? आप उनके लिए क्या कर रहे हैं?"

राष्ट्रपति क्लिंटन को एक छोटे से बच्चे से ऐसे सीधे सवाल की उम्मीद क़तई नहीं थी। उन्होंने अपनी सरकार की बाल श्रम विरोधी नीति का हवाला देकर कालू को सन्तुष्ट करने की कोशिश की। वह क्लिंटन का दूसरा और आख़िरी कार्यकाल था। इसलिए उन्होंने कहा कि भविष्य का अमेरिकी प्रशासन भी बाल मज़दूरी ख़त्म करने के लिए काम करता रहेगा। इस पर कालू जी तपाक से बोल पड़े, "बाल मज़दूरी ख़त्म करने के लिए अमेरिका का राष्ट्रपति होना तो ज़रूरी नहीं है? आप इस पद के बिना भी हम सरीखे बच्चों की मदद कर सकते हैं।" क्लिंटन महोदय कालू की हाज़िर जवाबी, बुद्धि चातुर्य और साफ़गोई से प्रभावित हुए बिना नहीं रह सके। उन्होंने उसे गले लगाकर चूमा।

कुछ दिनों के बाद हमें पता चला कि राष्ट्रपति क्लिंटन ने ग़रीब देशों

में बाल मज़दूरी उन्मूलन के लिए दी जाने वाली अमेरिकी सहायता को तीन करोड़ डॉलर से बढ़ाकर 15 करोड़ डॉलर कर दिया। वैसे तो उसके दूसरे नीतिगत कारण रहे होंगे, लेकिन मेरे कई अमेरिकी दोस्तों का मानना था कि अचानक लिए गए उस फ़ैसले के पीछे किशोर कालू द्वारा राष्ट्रपति क्लिंटन को दी गई चुनौती सबसे बड़ा कारण थी।

2009 में कालू को बचपन बचाओ आन्दोलन में कार्यकर्ता नियुक्त कर लिया गया। उसे मुक्ति कारवाँ अभियान चलाने की जिम्मेवारी सौंपी गई थी। मुक्ति कारवाँ एक मिनी बस है जो गाँव-गाँव में घूमकर बाल मज़दूरी, ट्रैफ़िकिंग, अशिक्षा और बाल विवाह जैसी बुराइयों के ख़िलाफ़ अलख जगाती रहती है। उसमें बँधुआ मज़दूरी से मुक्त कराए गए आठ-दस नौजवानों को अच्छी तरह ट्रेनिंग दिलाकर भेजा जाता है। वे गाँवों में रुक-रुककर नुक्कड़ नाटक, सभाएँ, जागरण गीत और छोटी-छोटी बैठकें करते हैं। उसी बीच उसकी शादी हो गई थी और एक बच्चे का भी जन्म हो गया था।

2011 की बात है। कालू का मुक्ति कारवाँ झारखंड राज्य के कोडरमा इलाक़े में था। रात को कार्यक्रम करने के बाद सभी कार्यकर्ता गाँव के स्कूल में सो रहे थे। वह सुबह तीन-चार बजे उठकर पेशाब करने के लिए तालाब के पास चला गया। वहीं किसी साँप ने उसे डस लिया। सुबह तक ज़हर काफ़ी फैल चुका था। पहले कालू का इलाज गाँव के अस्पताल में कराया गया, लेकिन डाक्टरों ने उसे किसी बड़े अस्पताल ले जाने को कहा। उसे राँची के सबसे अच्छे अस्पताल में दाख़िल करवाया गया। तमाम कोशिशों के बाद भी हम कालू को नहीं बचा सके।

दुनिया के आसमान पर जगमगाए हमारे सितारे

बाल आश्रम से कई हज़ार बच्चे शिक्षित व प्रशिक्षित हो चुके हैं। वह शायद मुक्त हुए ग़ुलाम बच्चों और किशोरों में नेतृत्व निर्माण की सबसे महत्त्वपूर्ण पाठशाला बन चुका है। हमारे यहाँ से प्रशिक्षित हुए सैकड़ों बच्चे अपने-अपने गाँवों में लौटने के बाद हज़ारों बाल मज़दूरों के मुक्तिदाता बन गए हैं। कई बच्चों को देश-विदेश की संसदों, यूरोपियन यूनियन और संयुक्त राष्ट्रसंघ तक में जाकर भाषण देने

का मौक़ा मिलता है। हमारे बहुत से बच्चे प्रशासनिक सेवाओं, इंजीनियरिंग और वकालत की पढ़ाई कर रहे हैं। कुछ बच्चे इंजीनियर बन गए हैं, और बहुत से वकील, शिक्षक, मैकेनिक, व्यवसायी और सफल दुकानदार हैं। हमें ऐसे हज़ारों बच्चों के माता-पिता होने का बहुत गर्व है।

बाल आश्रम के हेडमास्टर और डिप्टी मैनेजर रामकृपाल जी और कला शिक्षक कन्हैया जी अपने बचपन में बँधुआ मज़दूर रह चुके हैं। कन्हैया की शुरुआती शिक्षा मुक्ति आश्रम में हुई थी; जबकि रामकृपाल जी को पढ़ा-लिखा कर अध्यापन की ट्रेनिंग दिलाई गई थी।

बाल आश्रम में रहने वाले बच्चों और कार्यकर्ताओं के साथ ही आगन्तुकों के हृदय में करुणा जगाने, उसे व्यवहार में लाने और फैलाने की प्रयोगशाला है। ईश्वर ने हम सभी को करुणा और चेतना के अमूल्य वरदान देकर पैदा किया है। उनके सन्तुलन और तालमेल से अपने जीवन को सार्थक बनाया जा सकता है।

मैं भी आश्रम में रहकर अपने भीतर के बच्चे को बचाए रखने की कोशिश करता हूँ। वहाँ बच्चों से सरलता, भोलापन और निष्कपटता, क्षमाशीलता जैसे गुण सीखता रहता हूँ। करुणा और चेतना को फलने-फूलने देने का सबसे सरल तरीक़ा है—अपने भीतर के बच्चे को जिन्दा रखना। उसी से दिल और दिमाग़ के ऊपर जमीं हुईं परतें टूट सकती हैं।

आश्रम में किसी बच्चे को चोट लग जाने या बीमार पड़ जाने पर ज़्यादातर बच्चे उसकी मदद के लिए वैसे ही भाग पड़ते हैं, जैसे उन्हें ख़ुद चोट लगी हो। यह स्वाभाविक तौर पर होता है। न तो कोई उन्हें ऐसा करने के लिए आदेश देता है, और न ही इसके लिए उन्हें ख़ुद कुछ सोचना पड़ता।

वहाँ करुणा का विस्तार सिर्फ़ बच्चों तक ही सीमित नहीं है, बल्कि कुत्ते, बत्तखें, गायें, कबूतर, पेड़-पौधे, फूल आदि सभी समाहित हैं। बाल आश्रम में लगभग सौ गायें और बछड़े पले हुए हैं। उनमें से दूध तो पाँच-छह गायें ही देती हैं। आसपास के गाँव के लोग बीमार और बूढ़ी गायों को चुपचाप हमारी गौशाला में छोड़ जाते हैं। हमारे कार्यकर्ता, बच्चे और कुत्ते तक उन गायों की देखभाल करने लगते हैं। सभी गायें और बत्तखें सुमेधा जी को पहचानती हैं। वे भी हरेक बच्चे के साथ-साथ अपने हर जानवर का नाम याद रखती हैं। वे अपनी बत्तखों और गायों को खिलाए बग़ैर कभी ख़ुद खाना नहीं खातीं। जब भी हमारे किसी पशु या पक्षी का नया बच्चा पैदा होता है, हम सब आश्रमवासी ख़ूब ख़ुशियाँ मनाते हैं। और किसी की भी मौत, आश्रम के परिवार के सदस्य की मौत की तरह होती है।

मार्च-अप्रैल 2020 के महीनों में आश्रम के बच्चों को पता चला कि आस-पास के गाँव वालों को न तो कोरोना बीमारी से बचने के उपायों की समझ है और न ही उनके पास मास्क हैं। लगभग 100 बच्चों और उनके शिक्षकों ने पूरी सावधानी बरतते हुए, प्रशासन के साथ मिलकर जागरूकता फैलाने का काम किया। आश्रम के बच्चों ने कुछ महीनों के अन्दर अपने हाथों से क़रीब 18 हज़ार मास्क सिलकर गाँवों में बँटवाए। हम आश्रम के नज़दीक बंजारों की कई बस्तियों में बच्चों के स्कूल चलाने, महिलाओं को प्रशिक्षण देने और समुदाय को क़ानूनी हक़ तथा सरकारी योजनाओं का लाभ दिलाने जैसे काम करते हैं। ये बस्तियाँ गाँव से कई-कई किलोमीटर दूर झोंपड़ियाँ डालकर बसाई गई हैं।

और कारवाँ बनता गया

भारत में ही नहीं, बल्कि दुनिया-भर में धर्म-प्रचार के लिए यात्राओं का लम्बा इतिहास रहा है। आमतौर पर ऐसी यात्राएँ धर्म-प्रवर्तकों द्वारा अकेले या फिर अनुयायियों द्वारा की जाती रही हैं। भारत में हिन्दू सनातन धर्म, बौद्ध मत, सूफ़ी मत, इस्लाम, ईसाईयत आदि के प्रचार-प्रसार में यात्राओं का बड़ा योगदान रहा है। इनके अलावा राजनीतिक यात्राएँ भी होती रही हैं। गांधी जी ने अपने आन्दोलनों के दौरान कुछ यात्राएँ की थीं। मैं इन जन-जागरण यात्राओं से बहुत प्रभावित रहा हूँ।

पहली बाल श्रम विरोधी यात्रा

मैं समझता हूँ कि जब तक हाशिये के बाहर धकेल दिये गए लोग ख़ुद शीर्षक नहीं बन जाते, तब तक कोई स्थायी न्यायपूर्ण व्यवस्था बन पाना सम्भव नहीं है। सदियों से गूँगे बना दिये गए मनुष्यों को जब भी आवाज़ मिलेगी तो उस आवाज़ में बड़े से बड़े सत्ताधारियों के सिंहासन हिला देने का सामर्थ्य होगा। भले ही इसमें देर लगे, लेकिन एक न एक दिन यह होना तय है।

हमने दक्षिणी बिहार के पलामू ज़िले के एक छोटे क़स्बे नगर उटारी से लेकर दिल्ली तक की बाल श्रम विरोधी यात्रा करने की योजना बनाई। हमने यात्रा का रूट तत्कालीन बिहार के नगर उटारी से शुरू करके सोनभद्र, मिर्जापुर, इलाहाबाद, कानपुर, फिरोजाबाद, अलीगढ़, मुरादाबाद होते दिल्ली तक का बनाया। उस क्षेत्र से उत्तर प्रदेश के कालीन उद्योग में सबसे ज़्यादा बच्चे लाए जाते थे। 01 फ़रवरी, 1993 से यात्रा शुरू करने का फ़ैसला किया गया था। सैकड़ों कार्यकर्ताओं और सामाजिक संगठनों के साथ पत्र-व्यवहार किया। 1,500

किलोमीटर लम्बी यात्रा के ख़र्च का बजट बनाया गया। क़रीब एक महीने की यात्रा में सात-आठ लाख रुपयों के ख़र्च का अन्दाज़ था। लगभग एक सौ यात्री लगातार चलने वाले थे। उनमें आधे यात्री बँधुआ मज़दूरी से मुक्त कराए गए बच्चे और किशोर तथा बाकियों में कुछ माता-पिता और सामाजिक कार्यकर्ता थे।

यात्रा के लिए डेढ़-दो लाख रुपये जुटा लिए गए। बाक़ी धन के लिए अन्तरराष्ट्रीय श्रम संगठन, यानी आईएलओ के दिल्ली ऑफ़िस में आवेदन किया था। वे उसके लिए राजी हो गए। हम बेफ़िक्र थे। लेकिन यात्रा शुरू होने के एक सप्ताह पहले हमें सूचित किया गया कि हमारा आवेदन खारिज कर दिया गया है। आईएलओ भारत के श्रम मंत्रालय की हामी के बाद ही किसी को आर्थिक मदद दे सकता था। हमें बताया गया कि श्रम विभाग ने आईएलओ को यह लिखकर दे दिया था कि सरकार के पास मेरे या 'बचपन बचाओ आन्दोलन' के बारे में कोई जानकारी नहीं है। मुझे कोई हैरानी नहीं हुई थी क्योंकि सरकार और उसके कर्मचारी तो हमेशा हमसे ख़फ़ा रहते थे। जिन उद्योगों की काली कमाई पर ऐसे अधिकारी मजे लूटते थे, वे तो हमारे आन्दोलन को अपना सबसे बड़ा दुश्मन मानते ही थे।

यह सूचना मिलने तक हमारी नगर उटारी पहुँचने की तैयारियाँ पूरी हो चुकी थीं। हमने एक बस और चार कारें किराए पर बुक करा दी थीं। एक टोली पूरे रास्ते में दीवार लेखन और पर्चे, पैम्फ़लेट बाँटने के काम कर चुकी थी। उसके अलावा स्थानीय स्कूलों, धार्मिक-सामाजिक संस्थाओं व ग़ैर सरकारी संगठनों से सम्पर्क साधा जा चुका था। यात्रियों के ठहरने की जगह पक्की कर ली गई थीं। नगर उटारी पहुँचने के लिए टिकट तक करा लिए गए थे। सहायता राशि के मना हो जाने की सूचना से हमें बहुत धक्का लगा। मेरे लिए यह एक बड़ी अग्नि परीक्षा की घड़ी थी। ज़्यादातर साथियों की सलाह थी कि यात्रा की तारीख़ आगे बढ़ा दी जाए, ताकि पैसों का इन्तज़ाम हो सके।

स्वयं के साथ हुए सवाल-जवाबों की रात

मेरी पूरी रात बेचैनी में गुज़री। मेरे भीतर आदर्शवादिता और व्यावहारिकता के बीच द्वन्द्व चलता रहा। मेरे मन में उथलपुथल यह थी कि जिसे मैं आदर्शवादिता समझ रहा हूँ, वह कहीं अहंकार प्रेरित ज़िद तो नहीं? और जिसे व्यावहारिकता मानने के लिए मजबूर हो रहा हूँ, वह नाकामयाबी का डर भी तो हो सकता है। मैं अपनी रणनीति, योजना और तैयारियों में कमियाँ ढूँढ़ता रहा। मुझे उनमें

कई चूक नज़र आए। जैसे कि मुझे यह जानकारी क्यों नहीं थी कि आईएलओ भारत सरकार की सहमति के बग़ैर पैसे नहीं दे सकती। मैं एकमात्र उसी संस्था के भरोसे क्यों रहा? दूसरे वैकल्पिक उपाय क्यों नहीं खोजे थे, आदि।

फिर मैंने ख़ुद से कई और सवाल-जवाब करने शुरू किये—

'यात्रा करने में तुम्हारा क्या स्वार्थ है?'

इससे मेरे समर्थकों की संख्या बढ़ेगी। शायद मेरी प्रसिद्धि बढ़ने से मेरा संगठन और फैलेगा।

'यात्रा रद्द कर देने से तुम्हारा क्या नुक़सान होगा?'

मेरा मज़ाक़ बन जाएगा। लोगों का मुझसे भरोसा उठ जाएगा।

'यह सब तो तुम्हारा अहंकार और प्रसिद्धि की भूख है। इसलिए बेहतर है कि तुम यात्रा न करो।'

इस चेतावनी से मैं सिहर उठा। बड़ी देर तक चुपचाप बैठकर उन सभी बच्चों के बारे में सोचता रहा जो ग़ुलाम बने हुए हैं।

मैंने अपने आप से फिर एक सवाल किया—

'इस हालत में अगर तुम यात्रा का फ़ैसला करते हो तो तुम्हारा सबसे बड़ा डर क्या है?'

लोग नहीं जुटेंगे तो बदनामी होगी। ढंग से तैयारी न होने के कारण बाल मज़दूरी कराने वाले मालिक हमें रास्ते में रोक लेंगे।

'आख़िर तुम्हारे भीतर वे कौन-सी ताक़तें हैं जो तुम्हें तुम्हारे डर से छुटकारा दिला सकें सकती हैं?'

मेरे भीतर मेरी करुणा, मेरा संकल्प, मेरा सत्य, मेरे विचार, मेरी आवाज़ हैं। इनके अलावा मेरे हाथ-पैर हैं और कई भरोसेमन्द साथी हैं।

कुछ देर के बाद फिर मेरे भीतर से सवालों के बजाय जवाब आने लगे थे—

वाह, इनमें से एक भी ताक़त यात्रा करने के लिए काफ़ी है। इतनी ताक़तें तो दुनिया बदल सकती हैं। सूरज उगाना तुम्हारे हाथ में नहीं, लेकिन दीया तो जला सकते हो। हज़ारों साल पुराने अँधेरे को हराने के

> लिए एक ही दीया काफ़ी है। और वह तुम हो। अगर बाहर से दीया ख़रीदने के पैसे नहीं तो क्या हुआ, घोर अँधेरे में उठी तुम्हारी आवाज़ ही रोशनी बन जाएगी। करुणामय बेचैनी की शक्ति दैवीशक्ति होती है। करुणामय मौन की आवाज़ ईश्वर की आवाज़ होती है।

सुबह होते-होते मैं चैन से सो गया। मेरे दिमाग़ पर चढ़ी अहंकार, स्वार्थ और डर की परतें पिघल चुकी थीं। मुझे मेरे असमंजस का समाधान ख़ुद के भीतर से मिल गया था। मैंने मन ही मन फ़ैसला किया कि भले ही यात्रियों की संख्या घटा दी जाए या रास्ता छोटा कर दिया जाए, बाल मज़दूरी विरोधी यात्रा तो होकर रहेगी। बुरी से बुरी हालत में मैं दो-चार कार्यकर्ताओं के साथ निर्धारित रास्ते से यात्रा करूँगा। मैंने अगली सुबह अपना संकल्प बाक़ी साथियों को बता दिया। कुछ क्षणों के लिए सन्नाटा छा गया फिर अचानक दो-चार लोगों ने तालियाँ बजाना शुरू कर दिया, जिसके उत्तर में पूरा कमरा तालियों की गड़गड़ाहट के साथ ही 'इंक़लाब ज़िन्दाबाद' 'बचपन बचाओ आन्दोलन ज़िन्दाबाद' और 'बाल दासता ख़त्म करेंगे' के नारों से गूँज उठा। उनका ज़ोरदार समर्थन और उत्साह देखकर मुझे हैरानी नहीं हुई। मैं भावुक हो उठा। बस फिर क्या था, हमने यात्रा की तैयारियाँ शुरू कर दीं।

हमने कई संस्थाओं को बार-बार फ़ोन करके प्रार्थना की कि वे रास्ते में खाने और ठहरने के इन्तज़ाम करें। बहुत से उसके लिए राजी हो गए। आख़िरकार यात्रा की शुरुआत कर दी गई। नगर उंटारी में हज़ारों गाँव वाले शामिल हुए थे। शुरुआती सफलता ने हमारे उत्साह को आसमान की ऊँचाइयों तक पहुँचा दिया। हम हर दिन कम से कम 10-12 छोटी-बड़ी सभाएँ और नुक्कड़-नाटक जैसे कार्यक्रम करते। दो-तीन कार्यक्रम तो पहले से तय होते थे, बाक़ी जहाँ भी भीड़-भाड़ दिखती थी, हम अपना कारवाँ रोककर नुक्कड़ सभाएँ कर लेते थे।

सभाओं में सबसे पहले बच्चे और कार्यकर्ता छोटा सा भाषण देते थे। मैं सबसे आख़िर में बोलता था। मैं अपनी बात ख़त्म करने के साथ ही भीड़ के सामने अपने कुर्ते की झोली फैलाकर खड़ा हो जाता था। वहाँ मौजूद लोगों से अपील करता था कि वे यात्रा के ख़र्चे के लिए कम से कम एक सिक्का मेरी झोली में डाल दें। यह प्रयोग बहुत कामयाब रहा। जनता धक्का-मुक्की करके आगे बढ़कर मेरी झोली में पैसे डालती थी। हमारी बस के ऊपर लगे माइक की आवाज़ सुनकर लोग दुकानों और घरों से निकलकर मेरी झोली में चन्द सिक्के

या नोट डालते थे। इस तरह से हर दिन तीन-चार हज़ार रुपये जमा हो जाते थे। मैंने यात्रा शुरू होने से पहले अपने साथियों से वायदा किया था कि रास्ते में बस और गाड़ियों वग़ैरह का ख़र्चा मैं ख़ुद निकालकर दूँगा।

मुझे एक घटना याद आती है। उत्तर प्रदेश के पिलखुआ क़स्बे में रात को सभा ख़त्म होने के बाद मैं बस से नीचे उतरकर झोली फैलाकर खड़ा था। हर रोज़ की तरह लोग मेरी झोली में पैसे-रुपये डाल रहे थे। ज़्यादातर दुकानें बन्द हो चुकी थीं या बन्द हो रही थीं। मेरे ठीक सामने एक चाय की दुकान थी। वहाँ काम करने वाले 8-10 साल के एक बच्चे पर मेरी नज़र पड़ी। वह बर्तन धोते-धोते अपने मालिक के पास गया। वहाँ उससे ग़ुस्से में कुछ बतिया रहा था। फिर मालिक ने उसके हाथ में कुछ रुपये रख दिये। वह उन रुपयों को लेकर दौड़ता हुआ मेरे पास आया। मेरी झोली में वे पैसे डालकर वापस लौटने लगा। वह राशि तीन रुपये की थी। मैंने बच्चे का हाथ पकड़कर उसका सिर चूमा। वह बाल मज़दूर अपनी दिन भर की कमाई मुझे सौंप गया था। हमें पूरी यात्रा के दौरान उससे बड़ा कोई और दान नहीं मिला था। वे तीन रुपये सरकारी अड़ंगे की वजह से आईएलओ द्वारा रोके गए 6 लाख रुपयों से भी ज़्यादा कीमती थे। मैंने वहाँ मौजूद जनता और चाय की दुकान के मालिक से अपील की कि वे मेहरबानी करके उस बच्चे की भावना की क़दर करें। उसे बाल मज़दूरी से आज़ाद करें ताकि वह पढ़-लिख सके। सुखद आश्चर्य यह था कि मालिक ने उसी वक़्त न केवल बच्चे को मज़दूरी से छुड़ा दिया, बल्कि उसका स्कूल में दाख़िला कराने का वायदा भी किया।

मुस्लिम बहनों की अविस्मरणीय ख़ातिरदारी

यात्रा के सिर्फ़ तीन महीने पहले बाबरी मस्जिद का खँडहर ढहाने की घटना घटी थी।

उसके कारण मुम्बई और देश के कई हिस्सों में साम्प्रदायिक दंगे हुए थे। सब तरफ़ तनाव, अविश्वास और घृणा का माहौल था। हमें इलाहाबाद के पास एक गाँव के स्कूल के बरामदे में रात गुज़ारनी थी। लेकिन किसी वजह से वहाँ इन्तज़ाम नहीं हो पाया। सभी लोग बड़े परेशान थे। उस इलाक़े में ज़्यादातर आबादी मुसलमानों की थी। यहाँ तक कि उसे छोटा पाकिस्तान कहा जाता था। मुझे पहले से चेताया गया था कि रात में उन गाँवों से निकलना बहुत जोखिम भरा है। मैंने कहा कि तब तो हम ज़रूर निकलेंगे। बड़ी मुश्किल से स्थानीय

साथी राजी हुए। ज्योंही हम ऐसे एक गाँव में घुसे, माइक की आवाज़ें सुनकर वहाँ के लोग इकट्ठे हो गए। मैंने पूरी यात्रा में दो ख़ास नारे दिये थे—

ये रहीम के असली बन्दे, ये ही सच्चे रामलला।
चलो इन्हें आज़ाद कराएँ, चलो देश का करें भला।

और दूसरा—

बाल दासता की शिकार हैं राम-रहीम की सन्तानें,
जब तक ये आज़ाद न हों, मन्दिर-मस्जिद हम क्या जानें।

भीड़ देखकर मैंने बस से उतरकर भाषण देना शुरू कर दिया। उसके बाद साथ चल रहे एक मुसलमान और एक हिन्दू बच्चे ने अपनी-अपनी कहानियाँ सुनाईं। पहले फिरोज़ाबाद के काँच के कारख़ाने से छुड़ाए गए मुसलमान बच्चे ने बताया कि किस तरह से पिघला हुआ काँच गिर जाने से उसकी हथेली में एक बड़ा छेद हो गया था। उससे ग़ुलामी कराने वाला मालिक वहाँ की बाबरी मस्जिद कमेटी का नेता था।

उसी तरह मिर्जापुर के एक गाँव से छुड़वाए गए हिन्दू बच्चे को बँधुआ बनाकर सिगरेटों से दागने वाला मालिक राम मन्दिर का झंडा उठाए घूमने वाला एक नेता था। ये बातें सुनकर गाँव की औरतें, मर्द और बच्चे भौचक्के रह गए थे। उसके बाद कई लोगों ने हमसे गले मिलकर कहा कि असली मज़हब तो यही है। उन्होंने हमें बड़ी इज़्ज़त से बैठाकर पानी और चाय पिलाई। जब हमने उन्हें अपने रात में ठहरने की समस्या बताई तो कई लोग एक साथ बोल पड़े कि आप यहीं पर ठहरिये। हम इतनी रात में आपको कहीं नहीं जाने देंगे। देखते-देखते मस्जिद के अहाते में दरियाँ लाकर बिछा दी गईं। घंटे-डेढ़ घंटे के भीतर कई बुरके वाली बहनें और माताएँ अपने-अपने घरों से रोटियाँ, दाल और सब्ज़ी वग़ैरह ले आईं।

आधी रात तक हमारी आवभगत चलती रही। यात्रा में साथ चल रहे कुछ हिन्दू और मुसलमान कार्यकर्ताओं के बीच अपनापन और प्यार नज़र नहीं आ रहा था। किन्तु उस एक रात ने उनकी ज़िन्दगी का नज़रिया बदल दिया। बाद में कुछ यात्रियों ने मुझसे यह बात स्वीकार की थी। बच्चों के प्रति करुणा की धार इतनी वेगवती होती है कि उसके आगे किसी भी प्रकार का भेदभाव, अलगाव, मत-मज़हब के झगड़े टिक नहीं सकते, सब बह जाते हैं। करुणा की शुरुआत अपने-पराए के भेद के अन्त का आरम्भ होता है।

हमें ऐसे कई इलाक़ों से गुज़रना था जो बच्चों के शोषण के गढ़ थे। हमें उनमें से कई जगह से धमकियाँ मिलीं कि उनके क्षेत्र से यात्रा न गुज़ारी जाए। लेकिन सबसे बड़ी चुनौती कालीन के इलाक़े मिर्ज़ापुर, भदोही से गुज़रना था। हम गोपीगंज नाम के कस्बे से गुज़र रहे थे। आगे-आगे चलने वाली हमारी टोली ने ख़बर दी कि वहाँ पर सैकड़ों लोग रास्ता रोककर खड़े हैं। शुक्र है कि तब तक कालीन उद्योग के कुछ निर्माता हमारे पक्ष में आ चुके थे। दो-चार तो यात्री की तरह साथ में चल रहे थे। उन्होंने विरोधियों को समझा-बुझाकर शान्त किया। हमारे गुज़रने से उस इलाक़े के नागरिकों और उद्योगपतियों की बहुत सारी भ्रान्तियाँ दूर हो गई थीं। सम्पर्क और संवाद वे रास्ते हैं जो सुलह और शान्ति तक पहुँचा सकते हैं।

उस यात्रा में हमारे साथ एक ऐसा षड्यंत्र किया गया था जिसका हमें क़तई अन्देशा नहीं था। दो नये सामाजिक कार्यकर्ता यात्रा में शामिल हुए थे। यात्रा 15 फ़रवरी को दिल्ली पहुँची। उसी दिन देश के एक प्रमुख अख़बार में उन लोगों का एक बयान देखकर आँखों पर भरोसा नहीं हुआ। मुझ पर तरह-तरह के आरोप लगाए गए थे। जैसे कि मैं सुबह से शराब के नशे में धुत्त हो जाता था, सहयात्री बच्चों और कार्यकर्ताओं के साथ बदसलूकी करता था, यात्रियों को गन्दी जगहों पर भूखा-प्यासा छोड़कर साथ चल रहीं सुन्दर लड़कियों के साथ महँगे होटलों में सोने चला जाता था; इत्यादि।

हमें बाद में पता चला था कि वे दोनों कुछ कालीन कारख़ाना मालिकों के भेदिये थे। मैं उस घटना से दुखी तो बहुत हुआ, लेकिन जल्दी ही यह सोचकर शान्त हो गया कि झूठ के पाँव नहीं होते। जब कभी बदलाव किसी व्यवस्था के बन्द दरवाज़ों पर दस्तक देता है तो पहले उसे वह अनसुना करती है, लेकिन ख़ुद पर खतरा दिखते ही तरह-तरह के हमले करने लगती है। वे हमले आर्थिक, शारीरिक और मनोवैज्ञानिक हो सकते हैं। सामाजिक बदलाव के संघर्ष में जुटे कार्यकर्ताओं को धैर्य के साथ इन परिस्थितियों के लिए तैयार रहना ज़रूरी है।

हमारी बाल दासता विरोधी यात्रा दिल्ली में गांधी जी की समाधि, राजघाट पर पूरी हुई। वहाँ हमने अहिंसक तरीक़ों से ग़ुलामी ख़त्म करने का संकल्प लिया। वह यात्रा बाल श्रम के ख़िलाफ़ भारत ही नहीं, दुनिया में पहला जन आन्दोलन था।

उसकी सफलता से उत्साहित होकर हमने 1994 में, 1 अप्रैल से 25 अप्रैल के बीच कन्याकुमारी से दिल्ली तक की बाल श्रम विरोधी भारत यात्रा कर डाली। उसमें लगभग 140 यात्री पूरे समय तक चले थे। वह यात्रा पहली यात्रा से ज़्यादा व्यवस्थित और प्रभावशाली थी। भारत यात्रा में देश के लगभग 700

ग़ैर सरकारी संगठन शामिल हुए थे। 5000 किलोमीटर की यात्रा में लाखों लोगों ने शामिल होकर उस बुराई का अन्त करने का संकल्प लिया था। उसी के कारण बाल मज़दूरी देशव्यापी सामाजिक और राजनीतिक मुद्दा बन पाया था।

बाल दासता विरोधी मंच

अपने आन्दोलन को व्यापक और पैना बनाने के लिए और भी कई नूतन पहले की गई थीं। उनमें पहली 'बाल दासता विरोधी संसदीय मंच', दूसरी 'बाल दासता विरोधी ट्रेड यूनियन मंच' और तीसरी 'बाल दासता विरोधी धार्मिक मंच' का गठन था।

'बाल दासता विरोधी संसदीय मंच' 1994 में बनाया गया था। उसकी पहली बैठक 02 अप्रैल को दिल्ली के विट्ठलभाई पटेल भवन में भूतपूर्व राष्ट्रपति ज्ञानी जैल सिंह की अध्यक्षता में हुई थी, जिसमें विभिन्न राजनीतिक दलों के 22 सांसद शामिल हुए थे। वरिष्ठ सांसद सत्यप्रकाश मालवीय को मंच का संयोजक चुना गया था। मालवीय जी बहुत संवेदनशील राजनेता थे। उन्होंने कई सालों तक उस मंच को सक्रिय रखा था। अलग-अलग पार्टियों के संसद सदस्यों द्वारा समय-समय पर लोकसभा और राज्यसभा में बच्चों के मुद्दों पर सवाल उठाने से सरकार पर बहुत दबाव बना रहता था। उसके कई अच्छे नतीजे निकले।

भारत के मज़दूर संगठनों के एजेंडा में भी बाल मज़दूरी कोई मुद्दा नहीं था। उलटे ज़्यादातर बड़े-बड़े मज़दूर महासंघ ग़रीबी को बाल मज़दूरी का एकमात्र कारण मानकर उसका विरोध करने के लिए तैयार नहीं होते थे। फिर भी मैं उन मज़दूर महासंघों के नेताओं से जाकर मिलता रहता था। आख़िर हम 1994 में उन सभी की पहली बैठक करने में सफल हुए। दिन भर की वैचारिक और सैद्धान्तिक बहस के बाद वे बाल मज़दूरी के उन्मूलन को तो नहीं, परन्तु बाल दासता का अन्त करने पर राजी हुए। इससे 'बाल दासता विरोधी ट्रेड यूनियन मंच' का गठन हो गया। कई बैठकों के बाद एक साझा घोषणा पत्र भी जारी हुआ। धीरे-धीरे मज़दूर संघों ने भी बाल मज़दूरी का मुद्दा अपनाना शुरू कर दिया।

धर्मगुरुओं का साथ आना

हमारी बड़ी सफलताओं में से एक 1995 में धर्मगुरुओं का साझा मंच बनाना थी। बाल दासता विरोधी धार्मिक मंच बनाने के विचार का बड़ा मज़ाक़ उड़ाया

गया था। लेकिन मैं और राकेश सेंगर जैसे मेरे कुछ साथी हिन्दुओं, मुसलमानों, ईसाइयों, सिखों, बौद्धों और जैनियों के बड़े-बड़े गुरुओं और नेताओं से जाकर मिलते थे। उन्हें यह बताने की कोशिश करते थे कि उनके मज़हबों के बच्चे किस तरह ग़ुलाम बनाकर रखे जाते हैं। और उन पर कैसे-कैसे अमानवीय अत्याचार होते हैं। प्रमाण के लिए हम उन्हें अख़बार में छपी ख़बरें और बच्चों के फ़ोटो दिखाते थे। उनसे आग्रह करते थे कि उनके नेतृत्व में ही मानव धर्म की रक्षा हो सकती है। हमारी उन कोशिशों से लगभग सभी धर्मों के कुछ बड़े नेता एक सर्वधर्म संगोष्ठी में आने के लिए राजी हो गए। हमने 28 सितम्बर, 2001 को दिल्ली के गांधी शान्ति प्रतिष्ठान में वह गोष्ठी रखी।

हिन्दुओं की तरफ़ से अयोध्या के रामानुज पीठ के प्रमुख जगदगुरु पुरुषोत्तमाचार्य, स्वामी विश्वेश प्रपन्नाचार्य आदि, मुसलमानों की ओर से दिल्ली की फतेहपुरी मस्जिद के इमाम डॉ. मुफ्ती मोहम्मद मुकर्रम तथा निज़ामुद्दीन दरगाह के मुख्य खादिम ख़्वाजा अफजल निजामी, जैन सम्प्रदाय के मुनि लोकेश जी, सिखों की ओर से गुरुद्वारा प्रबन्धक कमेटी के अध्यक्ष डॉ. हरमीत सिंह और ईसाई धर्मगुरु दिल्ली के आर्कबिशप फादर विन्सेंट आदि प्रमुख रूप से शामिल हुए थे। वे सब पहली बार एक साथ मंच पर बैठे थे। बच्चों के प्रति सभी धर्मों में अन्तर्निहित करुणा के कारण ऐसा सम्भव हो सका था। मुसलमान बच्चे ने हिन्दू धर्मगुरु शंकराचार्य जी का स्वागत एक माला पहनाकर किया। उसी तरह से दिल्ली के इमाम का स्वागत एक हिन्दू लड़की ने किया। हमने बाकी धर्मगुरुओं के साथ भी वही किया। बच्चों ने अपनी दर्दनाक आपबीती सुनाते हुए धर्म गुरुओं से पूछा, “क्या आपका धर्म किसी भी धर्म के बच्चे को ऐसी हालत में देखना चाहता है?” उनको बच्चों के मुँह से इतना सीधा सवाल सुनने की उम्मीद नहीं थी। सभी की आँखें भर आई थीं। उसी दिन बाल दासता विरोधी धार्मिक मंच का गठन कर लिया गया। एक साझा घोषणा पत्र जारी हुआ, जिसे देश में प्रमुख मन्दिरों, मस्जिदों, गिरिजाघरों और गुरुद्वारों आदि धर्म स्थलों में भेजा गया था। बाद में कुछ प्रान्तों में उस मंच की बैठकें होती रही थीं।

बाल मज़दूरी कैसे बना चुनावी मुद्दा

नब्बे के दशक में उत्तर प्रदेश प्रान्त हमारे काम का गढ़ रहा था। 1996 में विधान सभा के चुनाव होने वाले थे। मेरे मन में विचार आया कि उन चुनावों में एक नई तरह का अभियान चलाया जाए। उसके तहत सभी पार्टियों के और प्रमुख

निर्दलीय उम्मीदवारों से एक शपथ पत्र भरवाया जाए, जिसमें वे चुनाव जीतने के बाद बाल मज़दूरी की समाप्ति और सबको शिक्षा मुहैय्या कराने का वायदा करें। हमने अभियान की तैयारी के लिए प्रान्त की राजधानी लखनऊ में क़रीब सौ संगठनों के साथ एक बैठक की। उसमें फ़ैसला लिया गया कि अपने-अपने क्षेत्र में राजनीतिक दलों और उम्मीदवारों से सम्पर्क शुरू करेंगे। उस अभियान का नारा था—'चुनें उन्हें जो बचपन बचाएँ।'

प्रदेश के चार बड़े दैनिक अख़बारों में विज्ञापन छपवाकर ऐसे वालंटियरों को आमंत्रित किया गया जो अपने इलाक़े में उम्मीदवारों से मिलकर शपथ पत्र भरवा सकें। उसके जवाब में लगभग दो हज़ार लोगों ने वालंटियर बनने की इच्छा ज़ाहिर की। हमने उन सभी को डाक से पूरी जानकारी और शपथ पत्र भिजवा दिये। मैं महीने-डेढ़ महीने तक कई शहरों और क़स्बों में घूमा। वहाँ उन स्वयंसेवकों के साथ बैठकें कीं। लेकिन सबसे मुश्किल काम ज़मीनी स्तर पर गाँव वालों को जागरूक और सक्रिय करना था, ताकि वोट माँगने वाले नेताओं पर असली दबाव बन सके। हमने विचार किया कि हर गाँव के मुखिया को चिट्ठियाँ लिखकर अपील की जाए। हैरानी की बात यह थी कि प्रान्त के किसी मंत्रालय या विभाग के दफ़्तर में सभी गाँवों की इकट्ठी लिस्ट नहीं थी। इस तरह हफ़्तों तक हमें सरकारी दफ़्तरों के चक्कर काटने के बाद गाँवों की सूची मिल सकी थी।

प्रदेश में गाँवों की संख्या एक लाख दस हज़ार थी। उतनी चिट्ठियाँ छपवाकर लिफ़ाफ़ों में भरकर डाक से हर गाँव के मुखिया को भिजवाईं। लिफ़ाफ़ों में बाल मज़दूरी से होने वाले नुक़सान और शिक्षा के फ़ायदों की जानकारी और शपथ पत्रों के साथ एक भावुक अपील भेजी गई थी। मुखिया से निवेदन किया गया था कि जब कोई उम्मीदवार वोट माँगने के लिए गाँव में आए तो वे उस पर बचपन बचाने की शपथ लेने के लिए दबाव डालें।

हमारा तीन कमरों का दफ़्तर चिट्ठियों और लिफ़ाफ़ों से पटा रहता था। लिस्टों की फ़ोटो कॉपियाँ कराकर उनमें से एक-एक पता काटकर हम सब लिफ़ाफ़े पर चिपकाते थे। हमारे ऑफ़िस में मुझे मिलाकर कुल पाँच सहयोगी थे। उन दिनों वे हर रोज़ कम से कम 15-16 घंटे काम करते थे। हमारे दो साथी लिफ़ाफ़ों को दिल्ली के अलग-अलग डाकघरों में डालकर आते थे। जब कम्प्यूटर, ईमेल और मोबाइल फ़ोन जैसी सुविधाएँ नहीं थीं, तब वह काम पहाड़ खोदकर रास्ता बनाने से कम नहीं था।

गाँवों में भेजी चिट्ठियों के असर और वालंटियरों की मेहनत से अभियान ने

तेज़ी से ज़ोर पकड़ लिया था। सभी 424 विधान सभा क्षेत्रों से चुनाव लड़ रहे क़रीब दो हज़ार उम्मीदवारों से शपथ पत्र भरवा लिये गए। लगभग 50 उम्मीदवारों ने मना कर दिया था। उनमें सभी पार्टियों के नेता थे। चुनाव की तारीख़ के पहले शपथ लेने से मना करने वालों की एक काली सूची जारी की गई, जिसे सभी अख़बारों ने बड़ी प्रमुखता से छापा था। उससे घबराकर कुछ उम्मीदवारों ने दूसरे ही दिन शपथ पत्र मँगवाकर दस्तख़त कर दिये। शपथ पत्र भरने वाले दो सौ से ज़्यादा उम्मीदवार चुनाव जीते थे। इस तरह पहली बार बच्चों का शोषण और शिक्षा एक राजनीतिक मुद्दा बना।

उस सफलता से प्रेरित होकर हमने दो लोक सभा चुनावों में लगभग सौ संसदीय क्षेत्रों में उसी तरह का अभियान चलाया। अभियान शुरू करने से पहले प्रत्येक बड़ी राजनीतिक पार्टी का चुनावी घोषणा पत्र बनाने वालों से व्यक्तिगत मुलाक़ातें करके आग्रह किया कि वे बाल मज़दूरी की समाप्ति और सभी बच्चों को शिक्षा के वायदे घोषणा पत्र में शामिल करें। कुछ पार्टियों ने ऐसा किया भी था। शपथ पत्र पर दस्तख़त करने वाले कुछ विधायक और सांसद उन मुद्दों को विधान सभा और लोक सभा में उठाते रहे थे।

1990 में यूरोप और अमेरिका में बाल मज़दूरी के ख़िलाफ़ अभियान शुरू करने के बाद मुझे वहाँ के कई राजनीतिक नेताओं से मिलने का अवसर मिला था। मैंने महसूस किया कि बच्चों के मामले में उनमें संवेदनशीलता हमसे कहीं ज़्यादा है। जन प्रतिनिधियों में घमंड, हेकड़ी और आम जनता से दूरी बनाने की आदत भी कम है। वहाँ मैं जिस-जिस राजनेता को यह समझा पाया कि बाल मज़दूरी आर्थिक मजबूरी नहीं, बल्कि अमानवीय और अनैतिक मुनाफ़ाखोरी का जरिया है, वह मेरे विचार का समर्थन करने लगा था।

भारत में नेताओं से मिलना मुश्किल होता था। दूसरा, वे यह मानकर बैठे थे कि उनसे बड़ा ज्ञानी कोई नहीं है। कुछ पढ़े-लिखे और प्रगतिशील नेता बाल मज़दूरी ख़त्म करने के पक्ष में तो थे, लेकिन वे मानते थे कि ग़रीबी और ग़ैर-बराबरी ख़त्म किये बग़ैर बाल मज़दूरी नहीं मिटेगी। कई सांसद और विधायक तो ख़ुद अपने उद्योगों और घरों में बाल मज़दूरी कराते थे। वे मुझे अपना दुश्मन मानते थे। कुछ गिने-चुने नेता ही इसे अपराध मानकर हमारा साथ देते थे।

भारत की ज़्यादातर सरकारें मेरे साथ न केवल अछूत की तरह, बल्कि दुश्मन की तरह व्यवहार करती थीं। मेरे मुक़ाबले अपनी पिट्ठू संस्थाओं को बढ़ावा और आर्थिक मदद दी जाती थी। वे विदेशों तक में ऐसे कार्यक्रमों के बहिष्कार

करने की धमकियाँ देती थीं, जिनमें मुझे बुलाया जाता था। सरकार की तरफ़ से आईएलओ और यूनेस्को के जिनेवा और पेरिस के ऑफ़िसों में चिट्ठियाँ लिखकर मुझे वहाँ बुलाए जाने पर विरोध जताया जाता था। कई बार उन्हें यह चेतावनी दी गई थी कि भारत सरकार के मंत्री कैलाश सत्यार्थी के साथ मंच साझा नहीं करेंगे। यूनेस्को में एक बड़े अधिकारी रह चुके डॉ. अभिमन्यु सिंह ने अपने रिटायरमेंट के बाद एक अंग्रेज़ी अख़बार में इस बात का खुलासा किया था।

80 हज़ार किलोमीटर का मार्च

अब मैं सबसे पीड़ित और शोषित बच्चों के लिए शुरू हुए इतिहास के सबसे बड़े आन्दोलन, उसमें आई मुश्किलों और सफलता की कहानी लिख रहा हूँ।

वह 06 जून, 1998 का ऐतिहासिक और बेहद रोमांचक दिन था। मैं लगभग 600 विश्व-यात्रियों को साथ लेकर जिनेवा के संयुक्त राष्ट्रसंघ भवन, 'पैले दा नेशियान' में घुस रहा था। मुख्य सभागार में अन्तरराष्ट्रीय श्रम संगठन का सालाना सम्मेलन चल रहा था, जिसमें लगभग सभी देशों के श्रम मंत्री, वरिष्ठ अधिकारी, मज़दूर संगठनों के नेता और नियोजकों के प्रतिनिधि मौजूद थे। अन्दर जाने वालों में दुनिया के हर छोर से आए बच्चे और सामाजिक कार्यकर्ता थे। उनके हाथों में तख़्तियाँ और बैनर थे। जुबान पर जोशीले नारे थे। उनके चेहरों पर ऐसी चमक थी कि सौर मंडल के सारे सितारों की चमक फीकी पड़ जाए। दिलों में जोश का ऐसा तूफ़ान था कि जिसके सामने सारे समुन्दरी तूफ़ान हल्के पड़ जाएँ। भला यह होता भी क्यों न? हम लोग 103 देशों से गुज़रते हुए लगभग छह महीने तक चलकर वहाँ पहुँचे थे। हमारी यात्रा ने लगभग 80 हज़ार किलोमीटर की ज़मीनी दूरी तय की थी। वह 'करुणा के भूमंडलीकरण' का मेरा पहला अभियान था।

गो-गो, ग्लोबल मार्च
स्टॉप-स्टॉप, चाइल्ड लेबर
नन्हें हाथों में औज़ार नहीं, खिलौने दो, किताबें दो
बाल दासता ख़त्म करेंगे, ख़त्म करेंगे, ख़त्म करेंगे

—आदि नारे लगाते हुए हम अन्दर क़दम बढ़ा रहे थे। वह दृश्य सभी लोगों के लिए अकल्पनीय था। ऐसा लग रहा था, मानो इतिहास उन क़दमों के

पीछे-पीछे चल पड़ा हो और हमारी आवाज़ बदलाव का शंखनाद बन गई हो।

जिनेवा बाल श्रम विरोधी विश्व यात्रा का अन्तिम पड़ाव था। उस दिन ग़ुलामी, वेश्यावृत्ति, बाल मज़दूरी और दुर्व्यापार के शिकार रहे बच्चे अपना सीना तानकर मानव दासता को चुनौती दे रहे थे—बस, बहुत हो चुका, अब हम और नहीं सहेंगे। मैं एक दृश्य कभी नहीं भूलता। संयुक्त राष्ट्रसंघ भवन के वरिष्ठ सुरक्षाकर्मी यहाँ-वहाँ मूर्ति बनकर खड़े थे। परन्तु उनके मुखिया की आँखों में भावातिरेक में आँसू छलक पड़े थे। वह पूरा इलाक़ा ऐसा था जहाँ कई स्तरों की जाँच-पड़ताल के बिना मनुष्य तो दूर, परिंदा तक पर नहीं मार सकता था। उन सुरक्षाकर्मियों ने अपने जीवन में कभी ऐसा नजारा देखा ही नहीं था। अन्तरराष्ट्रीय श्रम संगठन के महानिदेशक श्री मिशेल हेनसन सहित सभी वरिष्ठ अधिकारी विश्व यात्रियों की अगवानी करने के लिए बाहर आए थे। सभागार में घुसते ही वहाँ मौजूद क़रीब 2,000 प्रतिनिधियों ने खड़े होकर तालियों की गड़गड़ाहट से हमारा स्वागत किया। उनमें क़रीब 150 देशों के श्रम मंत्री शामिल थे।

बच्चों के साथ वहाँ प्रवेश की इजाज़त मिलने की भी एक अनोखी कहानी है। हमने विश्व यात्रा के समापन की तारीख़ आईएलओ से तालमेल करके रखी थी। लेकिन संयुक्त राष्ट्रसंघ भवन के भीतर सम्मेलन में शामिल हो पाना मुश्किल था। हमने इस बाबत आईएलओ के मुखिया को चिट्ठी लिखी थी। उन्होंने उसे अपने गवर्निंग बोर्ड की मीटिंग में रखा। सबका कहना था कि यात्रियों का उस भवन में जा पाना सम्भव नहीं है, इसलिए आईएलओ मुख्यालय में कार्यक्रम कर लिया जाएगा। तभी किसी अधिकारी को एक बात याद आई। संयुक्त राष्ट्र भवन के अन्दर गलियारे की दीवार पर संघ के एक पूर्व महासचिव का एक उद्धरण लिखा हुआ है जिसका हिन्दी अनुवाद कुछ ऐसा होगा—

> वे एक ऐसा सपना देखते हैं, जब दुनिया के ग़रीब, फ़टेहाल और उपेक्षित लोग अपनी आवाज़ बुलन्द करते हुए उन गलियारों से गुज़र रहे हैं।

आख़िर उन दूरदर्शी पूर्व महासचिव के उस सपने के कारण हमारे प्रवेश करने की इजाज़त का ऐतिहासिक फ़ैसला ले लिया गया।

यात्रियों में सबसे आगे बांग्लादेश का 14 वर्षीय बालक खोखन था। खोखन का एक पाँव बचपन में किसी बीमारी में काट दिया गया था। वह दोनों हाथों में बैसाखियाँ लेकर हज़ारों गाँवों-शहरों और दर्जन भर से ज़्यादा देशों से चलकर पहुँचा था। वह नीले रंग की हाफ पैंट और जामुनी टी-शर्ट पहने हुए था। टी-शर्ट पर आगे अंग्रेज़ी में 'बाल श्रम विरोधी विश्व यात्रा' और पीछे 'शोषण से

शिक्षा की ओर' छपा हुआ था। उसके पीछे बाल विश्व यात्रियों का जत्था था। सबसे पीछे वयस्क यात्री चल रहे थे। सभी ने वैसी ही टी-शर्टें पहन रखी थीं। हमें सीधे मंच तक ले जाया गया। उत्साहित यात्री जहाँ जगह मिली वहीं पर बैठ गए थे। कुछ यहाँ-वहाँ खड़े रहे।

उस समय तक बच्चों की ग़ुलामी, बँधुआ मज़दूरी, बाल वेश्यावृत्ति और दुर्व्यापार, बच्चों की फौज में भर्ती, ज़बरिया भिखमंगी, अपराधों में इस्तेमाल और खतरनाक स्थितियों में मज़दूरी कराने जैसे गम्भीर अपराधों को रोकने के लिए कोई अन्तरराष्ट्रीय क़ानून नहीं था। हमारी विश्व यात्रा का उद्देश्य ऐसा ही क़ानून बनवाना था। दो बच्चों को और मुझे आईएलओ के सम्मेलन को सम्बोधित करने का मौक़ा दिया गया था। आईएलओ के इतिहास में पहली बार ऐसा हो रहा था। मैंने अपने 10 मिनट के भाषण में विश्व सरकारों से अपील की कि वे बदतर किस्म की बाल मज़दूरी को समाप्त करने के लिए एक प्रभावी क़ानून बनाएँ। अन्तरराष्ट्रीय समुदाय हर तरह का बाल श्रम ख़त्म करके सभी बच्चों को अच्छी शिक्षा दिलाने हेतु ईमानदार राजनीतिक इच्छाशक्ति दिखाए। इन मुद्दों को राष्ट्रीय प्राथमिकताओं में शामिल किया जाए और उन्हें पूरा करने के लिए समुचित बजट रखा जाए। हमने यह भी माँग की थी कि संयुक्त राष्ट्रसंघ साल के एक दिन को बाल श्रम विरोधी दिवस के रूप में घोषित करे।

मनीला, केपटाउन और सोंपालो से हुई थी शुरुआत

तीन चरणों में की गई यात्रा 17 जनवरी, 1998 को फ़िलीपींस की राजधानी मनीला से शुरू हुई थी। दूसरा चरण ब्राज़ील के सोंपालो से और तीसरा, दक्षिण अफ्रीका के केपटाउन शहर से शुरू हुआ था। सभी यात्राएँ शहरों की सड़कों, मोहल्लों, सार्वजनिक स्थलों, स्कूलों, कॉलेजों और गाँवों-देहातों की तंग गली-कूचों व खेत-खलिहानों से होते हुए दुर्गम पहाड़ियों, जंगलों, नदियों, हिंसा और युद्धग्रस्त इलाक़ों से होकर गुज़री थीं।

यात्रा में कुल मिलाकर क़रीब डेढ़ करोड़ लोग हमारे साथ सड़कों पर चले थे। दूर-दराज़ के इलाक़ों में यात्रियों के अलावा 100-150 व्यक्ति ही साथ चल पाते थे। परन्तु बड़े शहरों में यह संख्या बीस से पचास हज़ार तक होती थी। मनीला, केपटाउन, सोंपालो, दिल्ली, ब्रुसेल्स, ओस्लो, कोलकाता, पटना, जोहान्सबर्ग, काठमांडू, ढाका, लाहौर, काबुल, तेहरान, पेरिस, बैंकॉक, बर्लिन, लन्दन जैसे दर्जनों महानगरों में हज़ारों की संख्या में बच्चे, विश्वविद्यालयों के

छात्र, शिक्षक, श्रमिक, किसान और सामान्य नागरिक साथ में चले थे। संगठनों और संस्थाओं ने अपनी-अपनी जगहों पर महीनों पहले से तैयारियाँ कर रखी थीं।

हर जगह के रंग और नज़ारे अलग-अलग थे। तरह-तरह के ढोल और स्थानीय वाद्य यंत्र बजाय जाते थे। थाईलैंड में सैकड़ों बौद्धभिक्षु शंख और एक ख़ास तरह की घंटियाँ बजाते हुए चल रहे थे। नेपाल के पहाड़ी इलाक़ों में थारू जनजातियों का नृत्य देखते ही बनता था। अफ़्रीकी देशों के नगाड़ों की गूँज मीलों तक सुनाई देती थी। बनारस के पुजारियों ने मन्दिरों से निकलकर घंटे बजाते हुए हमारा उत्साहवर्धन किया था। सांतियागो और सेन होजे से लेकर वेटिकन शहर तक में सैकड़ों पादरी काले या सफ़ेद चोग़े पहने हुए बाल शोषण के ख़िलाफ़ उठे क़दमों से क़दम मिलाकर चल पड़े थे। अफगानिस्तान और ईरान के मौलवियों ने मस्जिदों में अजानों के साथ-साथ बच्चों की मुक्ति और शिक्षा की माँग में भी अपनी आवाज़ मिलाई थी। सभी देशों में जगह-जगह मज़दूर और शिक्षक कारख़ानों और स्कूलों की छुट्टियाँ करके सड़कों पर निकले थे। कई जगह पर वे लाल झंडों के साथ-साथ नीली पोशाकों और अपनी यूनियन के बैंडों के साथ शामिल हुए थे।

मुक्ति आश्रम की ऐतिहासिक गोल कुटिया

इस अनोखी यात्रा के विचार की कहानी बड़ी मज़ेदार है। 1996 के जून महीने की एक शाम याद आती है। हम एक कार्यक्रम के बाद दिल्ली के अपने मुक्ति आश्रम में बनी गोल कुटिया में बैठे हुए गप-शप मार रहे थे। उस बातचीत में सुमेधा जी, हमारे वरिष्ठ सहयोगी डॉ. नारायण सिंह, सुमन जी और कुछ बच्चे थे। मुक्ति आश्रम ग़ुलामी से मुक्त कराए गए बच्चों का शिक्षण, प्रशिक्षण और पुनर्वास का केन्द्र है जिसे हमने 1990 में बनाया था।

हम सभी पकौड़ों और चाय का मज़ा ले रहे थे। मुझे हँसी-मज़ाक़ वाले माहौल में काम की बातें करने में बड़ा मज़ा आता है। तभी एक बच्चे ने पूछा, “भाई साहब जी, काठमांडू की यात्रा तो बहुत अच्छी थी, अब हमें उससे भी बड़ा क्या करना चाहिए?”

मैंने तत्काल उसे जवाब दिया, “भई, तब तो हमें विश्व यात्रा करनी पड़ेगी।” मैंने बिलकुल अकस्मात् उस यात्रा का नाम भी दे दिया—‘ग्लोबल मार्च अगेंस्ट चाइल्ड लेबर।’

पहले तो सभी भौचक्के रह गए, फिर उनके चेहरों पर मुस्कान बिखर गई

और तरह-तरह के सवाल-जवाब शुरू हो गए। बच्चे पूछने लगे—"विश्व यात्रा तो हवाई जहाज़ से होगी।", "हवाई जहाज़ कितना बड़ा होता है?", "क्या हम अपना खाना साथ में ले जा सकते हैं?", "जहाज़ में टट्टी-पेशाब कैसे जाएँगे?"

बातों-बातों में दुनिया का एक बड़ा नक्शा लाकर गोल कुटिया के एक खम्भे पर लटका दिया गया। हमने उस पर पेंसिल से कई सम्भावित रूटमैप भी खींचे. इस तरह ग्लोबल मार्च का विचार बना।

मेरे मन में हमेशा की तरह रात भर कई कल्पनाएँ बनती रहीं। मुझमें एक जुनून-सा सवार हो गया था। मैं सोचता रहा कि दानदात्री संस्थाओं से लेकर उपभोक्ता आन्दोलनों में शामिल रहे कौन-कौन से संगठन हमारे सहयोगी बन सकते हैं? विश्व यात्रियों का चुनाव कैसे किया जाएगा? साथ चलने वाले बच्चों की देख-रेख, सुरक्षा और सम्मान को सुरक्षित कैसे रखेंगे? ज़रूरी धनराशि का इन्तज़ाम कैसे होगा; आदि-आदि...

मैंने उसी रात काग़ज़ों पर कुछ लिखा था

दूसरे दिन से विश्व-यात्रा की रूपरेखा बनानी शुरू कर दी थी। सबसे पहले सम्भावित सहयोगी संगठनों की एक सूची बनाई। ब्रिटेन की एंटी स्लेवरी इंटरनेशनल और अमेरिका के इंटरनेशनल लेबर राइट्स फंड के साथ मेरे अच्छे सम्बन्ध थे। मैंने उन दोनों के मुखियाओं से विचार-विमर्श किया। एंटी स्लेवरी के डायरेक्टर माइक डोटरिज और लेबल राइट फंड के अध्यक्ष फ़ैरिस हार्वी थे। बहुत दिनों तक चली लिखा-पढ़ी के बाद वे राज़ी हुए। हमारे संगठन दक्षिण एशियाई बाल दासता विरोधी गठबन्धन समेत उन दोनों संस्थाओं की तरफ़ से बाल अधिकारों व मानव अधिकारों से सम्बन्धित संस्थाओं को एक चिट्ठी भेजी गई। उस चिट्ठी में बाल मज़दूरी के ख़िलाफ़ विश्वव्यापी यात्रा में सहयोगी बनने का निमंत्रण दिया गया। याद रहे कि तब ई-मेल और गूगल का जमाना नहीं था। इसलिए पहले तो लगभग 25 हज़ार संस्थाओं और संगठनों के पते जुटाए गए, फिर लिफ़ाफ़ों में चिट्ठी भरकर डाक से भेजने में भी कई सप्ताह लग गए थे।

उसी बीच कनाडा का एक नवयुवक बाल मज़दूरी पर कुछ जानने-सीखने की प्रेरणा से दिल्ली आया था। उसका नाम आलम रहमान था। 24 वर्षीय आलम पाँच फ़ुट ग्यारह इंच का मज़बूत क़द काठी वाला युवक था। उसके अन्दर मानवीय करुणा के साथ-साथ ज़बरदस्त जुनून भी था। मैंने उसे ग्लोबल मार्च की महत्त्वाकांक्षी योजना के बारे में बताया। वह उस चुनौती भरे विचार से बहुत

उत्साहित हुआ। कुछ दिनों के बाद वह वापस चला गया, परन्तु जल्दी ही दिल्ली वापस लौट आया। शुद्ध शाकाहारी और बेहद मृदुभाषी। उसका जन्म टोरेंटो में हुआ था। पिता बांग्लादेशी और माँ इटैलियन थी। उस समय वह गणित में एमएससी कर रहा था। भारत आकर वह कई महीने तक हमारे घर पर रहा। उसी बीच रमजान का महीना पड़ गया। आलम रोज़े रखता था। वह जुमे की नमाज़ें अदा करने मस्जिद ज़रूर जाता था। उसकी खुराक बड़ी अच्छी थी। इसलिए सुमेधा जी और मैं सुबह चार-पाँच बजे उठकर उसके लिए ढेर सारा खाना पकाते थे।

मौसम कैसा भी हो, आलम कसरत करने में कभी कोताही नहीं बरतता था। उसके पास एक पुराना लैपटॉप था, जिसे वह जान से ज़्यादा प्यार करता था। उसके पिट्ठू बैग में उस लैपटॉप के अलावा ढेर सारे काग़ज़-पत्तर, पानी की बोतल और दो-चार फल रहते थे। वह अपना बैग हमेशा सिरहाने रखकर सोता था। मैंने अपने जीवन में आलम जैसी तीक्ष्ण बुद्धि, संवेदनशीलता, संकल्प, कठोर मेहनत, सादगी और विनम्रता का ऐसा मिश्रण किसी और नौजवान में नहीं देखा। बाद में कई देसी-विदेशी युवक-युवतियाँ वालंटियर की तरह हमारे साथ काम करने आ गए थे।

मैं विश्व यात्रा में आर्थिक सहयोग के लिए हॉलैंड स्थित अपनी एक सहयोगी संस्था नोविब के अधिकारियों से मिलने जून 1996 में नीदरलैंड के उनके कार्यालय गया। वहाँ के एक अधिकारी टून शैम्पर्स मुझे रात का खाना खिलाने एक छोटे से शाकाहारी रेस्तराँ ले गए। संयोग से वहीं पर उस संस्था के महानिदेशक मैक्स वैन वैर्ग एक कोने में बैठे मिल गए। मैक्स वहाँ की लेबर पार्टी के नेता रह चुके थे। बाद में यूरोपियन संसद के सदस्य भी रहे थे। उन्होंने हमें अपनी टेबल पर बुला लिया जिससे उनसे ग्लोबल मार्च की महत्त्वाकांक्षी योजना के बारे में बातचीत करने का अच्छा मौक़ा मिल गया। आधी रात होते-होते मुझे अपना पहला और सबसे बड़ा सहयोगी मिल गया। यात्रा की योजना पर विचार-विमर्श के लिए नोविब एक बैठक की मेज़बानी करने को तैयार हो गया। वह बैठक फ़रवरी 1997 में डैनहॉग में रखी गई, जिसमें लगभग 30 ग़ैर-सरकारी संगठनों ने हिस्सा लिया। वहाँ मेरी मुलाक़ात ऐसे कई सामाजिक कार्यकर्ताओं से हुई जो बाद में न केवल ग्लोबल मार्च के नेता बने, बल्कि मेरे गहरे दोस्त बन गए।

कुछ दिनों के बाद नीदरलैंड की सरकार और आइएलओ द्वारा एम्स्टर्डम में बाल श्रम पर पहली अन्तरराष्ट्रीय कॉन्फ्रेंस आयोजित की गई। मैं उसमें बुलाया गया। वह कॉन्फ्रेंस बहुत झंझटों में सम्पन्न हो सकी थी। सरकारों और ग़ैर सरकारी संगठनों की तरफ़ से आमंत्रित किये गए ज़्यादातर प्रतिनिधि बाल मज़दूरी

के उन्मूलन के ख़िलाफ़ थे। वे सिर्फ़ कामकाजी बच्चों की हालत में सुधार की वकालत करते थे। उनमें यूरोप के कई बड़े संगठन शामिल थे। एक दिन पहले ही ऐसे संगठनों ने अपने साथ लाए किशोरों की पत्रकार वार्ता करा दी। जिस कारण बच्चों से मज़दूरी करवाने के पक्ष में माहौल बन गया।

बच्चों की भलाई के ठेकेदार बाल मज़दूरी के समर्थक!

सम्मेलन की पूर्व संध्या पर प्रतिनिधियों का भोज था। मेरी मेज़ पर सेनेगल, बोलीविया और भारत के ऐसे तीन संगठनों के नेता बैठे थे जो दुनिया की सिविल सोसाइटी में बाल मज़दूरी जारी रखने के आन्दोलन के अगुवा थे। हम लोगों ने भोजन तो शान्तिपूर्वक कर लिया, लेकिन असली मज़ा तब आया जब वे शराब के नशे में चूर होकर अपना होशो-हवास खो बैठे। मैं तो शराब पीता नहीं। मैंने बड़े प्यार से उनके परिवार और बच्चों के बारे में बातचीत शुरू की। उन्हें यह बताते हुए गर्व हो रहा था कि किसी का बेटा फ्रांस में पढ़ रहा था तो किसी के बच्चे अमेरिका अथवा इग्लैंड में। मैंने उन्हें ख़ूब बधाइयाँ दीं। फिर बातों-बातों में यह पूछ लिया, "कृपया यह बताइए कि कितने बाल मज़दूर आपके दोस्त हैं और आप उनके दिल की बात जानते हैं?"

वे सभी इधर-उधर बगलें झाँकने लगे। फिर मैंने पूछा, "चलिए, यही बता दीजिए कि आपने पिछली बार कब और कितना वक़्त किसी बाल मज़दूर के साथ बिताया था?" उनमें से एक ने कहा कि वे ग़रीब बच्चों के बीच सिर्फ़ कुछ कार्यक्रमों में शामिल हुए थे। दूसरे व्यक्ति ने बताया कि वे भी एक अध्ययन के लिए आँकड़े जुटाने के दौरान ऐसे बच्चों से मिले थे।

दूसरे दिन के पहले सत्र में उनके साथ आई बाल श्रम का समर्थन करने वाली एक किशोरी और मुझे बोलने का मौक़ा मिला। 14-15 साल की उस बच्ची ने कहा कि अगर उसे काम से हटा दिया गया तो उसके छोटे भाई-बहन की पढ़ाई छूट जाएगी क्योंकि उसकी माँ बीमार रहती है और पिता बेरोज़गार हैं। वह अपनी कहानी सुनाते हुए फूट-फूटकर रोने लगी। मैंने तुरन्त उठकर उसे पानी पिलाया और उसका भाषण पूरा हो चुकने के बाद उससे बातचीत करने की इजाज़त ली।

मैंने कहा, "बेटी, मैं तुम्हारे दुख और परेशानी को अच्छी तरह से महसूस कर रहा हूँ। यहाँ बैठे बाक़ी लोग भी समझ गए हैं कि तुम्हें कितनी मजबूरी में काम करना पड़ रहा है।" उसने मुझे धन्यवाद कहा।

इसके बाद मैंने पूछा, "तुम अपने भाई-बहन को क्यों पढ़ाना चाहती हो? तुम्हारी तरह वे भी मज़दूरी करके माँ-बाप की मदद कर सकते हैं।"

उसने तपाक से उत्तर दिया, "नहीं, पढ़ाई के बड़े फ़ायदे हैं। अगर वे पढ़-लिख जाएँगे तो बड़े आदमी बन सकते हैं। पैसा और इज़्ज़त कमा सकते हैं।"

मैंने फिर पूछा, "अगर तुम्हारे पिता को काम धंधा मिल जाए, माँ का मुफ़्त इलाज हो जाए, तुम्हें और तुम्हारे भाई-बहनों के पढ़ाई का इन्तज़ाम मुफ़्त में हो जाए तो तुम क्या करोगी?" उसके चेहरे पर मुस्कान आ गई।

वह बोली, "फिर मैं मज़दूरी क्यों करूँगी? मैं भी पढ़ूँगी-लिखूँगी।"

मैंने उसे धन्यवाद देते हुए सभी से पूछा, "आप ही बताइए, मज़दूरी करना इस बच्ची की मजबूरी है या उसने अपनी पसन्द से यह चुना है?"

ज़्यादातर श्रोताओं ने चिल्लाकर कहा, 'मजबूरी है।' बाल श्रम समर्थकों के चेहरे फीके पड़ गए थे। मैंने ज़ोर देकर कहा कि अगर एक बच्चे को भी मज़बूरी के कारण अपनी पढ़ाई की ख़्वाहिश और आज़ादी गँवानी पड़े तो यह बहुत शर्मिंदगी की बात है। ऐसे वाद-विवाद के लिए ऐसे सम्मेलन करने के बजाय, अगले दो दिनों तक ऐसी योजना बनाकर सामूहिक संकल्प लेना चाहिए जिससे हर बच्चे को उसका बचपन और पढ़ाई मिल सके। श्रोताओं ने तालियाँ बजाकर उस बात का समर्थन किया। मौक़ा पाकर मैंने अपने भाषण में विश्व यात्रा की पूरी योजना बता दी, जिसका ख़ूब स्वागत हुआ। नीदरलैंड की सरकार और आईएलओ ने यात्रा में सहभागी बनना स्वीकार कर लिया। उस देश के विकास सहयोग मंत्री एड मैल्कर्ट और आईएलओ के कई बड़े अधिकारी मेरे अच्छे दोस्त बन गए। उन्होंने न केवल ग्लोबल मार्च में बढ़-चढ़कर हिस्सा लिया, बल्कि बाल श्रम के ख़िलाफ़ मज़बूत आवाज़ बने रहे।

कुछ महीनों के अन्दर विश्व यात्रा की ख़बरें दुनिया-भर में फैल गईं। अमेरिका, कनाडा, इंग्लैंड, जर्मनी, इटली, फ्रांस, रोमानिया, रूस, स्विट्ज़रलैंड के अलावा दक्षिण अफ्रीका, युगांडा, टोगो, कीनिया, ब्राज़ील, ग्वाटेमाला, कोस्टा रिका, चिली, मेक्सिको, इंडोनेशिया, फ़िलीपींस, जापान, बांग्लादेश और नेपाल आदि कई देशों के वालंटियर दिल्ली आकर हमारे काम में हाथ बँटाने लगे। ऑफ़िस में क़रीब 30 देसी-विदेशी वॉलिंटियर काम कर रहे थे। स्टाफ़ के लोगों की संख्या उनसे बहुत कम थी। सभी की औसत आयु 25-26 साल रही होगी। हम सब हर रोज़ कम से कम 12-14 घंटे काम करते थे।

मैंने यात्रा की तैयारी के लिए एशिया, अफ्रीका, दक्षिण अमेरिका, यूरोप और उत्तरी अमेरिका के देशों में जाकर अलग-अलग क्षेत्रीय बैठकें कीं। एशिया के

कुछ ख़ास संगठनों के नेताओं की बैठक बैंकॉक में रखी गई थी। उसमें पहले दिन बड़ी निराशा हाथ लगी क्योंकि लगभग सभी बाल मज़दूरी की पूरी तरह समाप्ति के ख़िलाफ़ थे। जो पक्ष में थे, उन्हें बच्चों के साथ यात्रा निकालना मंजूर नहीं था। वे मानते थे कि इतना बड़ा आयोजन व्यावहारिक नहीं है। उनका कहना था कि 18 साल से कम उम्र के बच्चों को यात्रा में साथ रखना बाल अधिकार के सिद्धान्तों के विपरीत है।

मैंने और मेरे साथ गए आलम रहमान ने देर रात तक एक-एक, दो-दो लोगों के साथ अलग से बैठकर बातचीत की। उनसे वायदा किया कि मैं यात्रा की तैयारी के लिए संसाधन जुटाकर दूँगा। आख़िर उनमें से कुछ हमसे सहमत दिखे। हमने सुझाव रखा कि वे ऐसे बच्चों का चयन करें जो पहले बाल मज़दूर थे या बाल मज़दूरी से छूटकर पढ़ना-लिखना चाहते हैं। उनकी कार्यशालाएँ की जाएँ और उनसे पूछा जाए कि क्या वे यात्रा में चलना चाहते हैं? यदि 'हाँ' तो बताएँ कि वे क्या माँगें करना चाहते हैं? बच्चे यात्रा की अगुआई करके लोगों को बाल मज़दूरी की बुराई के ख़िलाफ़ जागरूक करेंगे। हम सबसे बदतर हालत के बाल श्रम को रोकने के अन्तरराष्ट्रीय क़ानून की माँग पर ज़ोर दे रहे थे, जिसका सैद्धान्तिक रूप से विरोध नहीं किया जा सकता था। आख़िरकार दूसरे दिन मोटे तौर पर रज़ामन्दी हो गई। फ़िलीपीन्स की सामाजिक नेत्री मारिया सिसीलिया फ्लोरेस-ओबान्डा को दक्षिण पूर्व एशिया का समन्वयक चुन लिया गया। वे फ़ुटपाथी बच्चों, बाल कामगारों और वेश्यावृत्ति के शिकार बच्चों के बीच काम करने वाली संस्था विसायन फोरम की अध्यक्ष थीं।

मेरे कमरे में घुस आई युवती

कुछ दिनों बाद तैयारियों का जायज़ा लेने के लिए मैं फिर से मनीला गया। सिसीलिया के नेतृत्व में तो कोई सन्देह नहीं था, लेकिन बाल मज़दूरी के मामले में उसकी और दूसरे संगठनों की ढुलमुल विचारधारा के कारण बहुत शंका थी। मैं वहाँ एक सस्ते से होटल में जाकर ठहर गया। दोपहर का वक़्त था। मैं अपने कमरे में लेटा था। किसी ने दरवाज़ा खटखटाया। खोलते ही एक युवती बिना पूछे मुस्कराती हुई अन्दर आ गई। मैं भौचक्का होकर खड़ा था तभी वह मेरे बिस्तर पर बैठ गई।

मैंने पूछा, "आप कौन हैं, आपको क्या चाहिए?" वह क्या बोली, ढंग से समझ नहीं आया। उसका अंग्रेज़ी उच्चारण बड़ा अजीब था।

फिर से वही बात पूछने पर उसने टूटी-फूटी अंग्रेज़ी में कहा, "आई कम, यू नीड मी" (शायद तुम्हें मेरी कोई ज़रूरत हो, इसलिए आई हूँ।)

मैंने 'न' में सिर हिलाया तो वह बोली, "यू टायर्ड, मी मसाज" (तुम थके हो, मैं मसाज कर देती हूँ।)

तब तक मैं उसके हाव-भाव समझ चुका था, और सँभल भी गया था। मैंने हाथ जोड़कर कहा, "नहीं, मैं ठीक हूँ, आप चली जाइए।"

उसने हँसते हुए एकदम अपनी टी-शर्ट ऊपर उठा दी। फिर खड़े होकर मेरे दोनों कन्धों को पकड़ लिया। मैं डर गया। मैं उसे हाथ पकड़कर भी नहीं निकाल सकता था। अनजानी जगह पर वह अगर शोर मचाने लगती तो मेरा क्या होता? किसी तरह मैं कमरा खोलकर तुरन्त नीचे भागा। होटल के रिसेप्सन पर बैठने वाली महिला भी नदारद थी। मैं वहाँ पड़े पुराने सोफ़े पर बैठ गया। मुझे दूसरा डर सता रहा था कि कमरे में घुसकर बैठी युवती कहीं मेरा सामान चुराकर ग़ायब न हो जाए। मैं ज़ोर-ज़ोर से रिसेप्शनिस्ट को पुकारने लगा। कुछ मिनटों के बाद वह युवती ग़ुस्से में बड़बड़ाती हुई सीढ़ियों से उतरती दिखी। मैं सोचता रहा कि वह कितनी मजबूरी या ग़रीबी की वजह से ऐसा करने के लिए मजबूर हो रही होगी।

उससे पहले बैंकाक में एक बैठक के दौरान इससे मिलती-जुलती घटना घटी थी। स्वीडन में रहने वाले मेरे पाकिस्तानी दोस्त एहसान उल्लाह को रात के भोजन के बाद कुछ गपशप करते हुए बाहर घूमने का शौक़ था। हम अपने होटल के बाहर एक गली में चाय पीने निकले थे। हम यह देखकर हैरान रह गए कि चन्द मिनटों के भीतर ही कम से कम दर्जन भर लड़कियों ने हमें घेर लिया। उनमें से कई बिना किसी डर या शर्म के एहसान उल्लाह का या मेरा हाथ पकड़कर दुकानों की तरफ़ खींचने लगीं। जिस्मफ़रोशी के धंधे में धकेली गई उन बच्चियों से पीछा छुड़ाना मुश्किल हो गया था। हम दोनों को चाय पिये बग़ैर उलटे पाँव भागकर लौटना पड़ा था। मैं ऐसी बेटियों और बहनों की दुर्दशा के बारे में सोचकर कई दिनों तक बहुत दुखी होता रहा था।

मेरी किशोर अवस्था में एक घटना घटी थी जिसने एक अरसे तक मेरे मन को विचलित रखा। वह दुख और सहानुभूति की इन भावनाओं से बिलकुल अलग थी। तब मेरी उम्र 15-16 साल की थी और पूरा रुझान धर्म और ईश्वर में था। थोड़ी बहुत सामाजिक और राजनीतिक जागरूकता भी थी ही। मैं दोपहर को नदी पर नहाने गया था। घाट सूना पड़ा था। पानी में छलाँग लगाते ही मेरी नज़र दूसरे पार पर पड़ी। वहाँ पर एक युवती नदी में बेफ़िक्र होकर नहा रही

थी। उसने अपने शरीर पर बस नाममात्र का ही एक कपड़ा लपेट रखा था। मैंने घबराकर अपनी आँखें बन्द कर लीं और ख़ुद को धिक्कारने लगा। न चाहते हुए भी युवती के वे अंग तो दिख ही गए थे जिनकी उत्सुकता युवावस्था शुरू होते ही होने लगती है। मुझे लगा कि बहुत बड़ा पाप हो गया है। मैं जल्दी से बाहर निकल आया। लेकिन न जाने क्यों फिर पीछे मुड़कर उसे देखने लगा। कई बार यही होता रहा। घर लौटकर मेरा मन और भी ज़्यादा उद्वेलित रहने लगा।

मैं जितना आत्मग्लानि से भरता, उतना ही उस युवती को भुला पाना मुश्किल हो रहा था। मैंने भोजन नहीं किया, और लगभग रात भर हनुमान चालीसा का पाठ करता रहा। किसी से कुछ कह भी नहीं सकता था। मैं दूसरे दिन भी उपवास और भजन-पूजन करके अपने कुत्सित विचारों से मुक्ति पाने की कोशिश करता रहा। भुलाने की कोशिश में वे विचार और हावी हो जाते थे। दो-चार दिनों तक नदी पर नहाने भी नहीं गया। लेकिन फिर से उस युवती को उसी रूप में देखने की इच्छा का दमन नहीं कर सका। आख़िर मेरा मन मुझे फिर से सूनी दोपहर को नदी के घाट पर खींचकर ले गया, लेकिन वह युवती नहीं दिखी।

धीरे-धीरे मैंने महसूस किया कि किसी चीज़ को भुलाने की कोशिश उस याद को मरने नहीं देती। इसलिए उस घटना को भुलाने की कोशिश की। मुझे लगा कि उस तरह के विचार आने में मेरा कोई दोष नहीं है। शरीर की बनावट और मन के आवेग कुदरत की असलियतें हैं, इसलिए उन्हें वैसा ही मान लेना चाहिए। मन में आत्मग्लानि और पाप-पुण्य का झमेला सिर्फ़ भीतर की कमज़ोरी है। उससे कहीं ज़्यादा ज़रूरी, रुचिकर और महत्त्वपूर्ण कई दूसरे विचार और काम भी थे। बस, यह बात समझ में आते ही मैं अपने दोस्तों के साथ ग़रीब विद्यार्थियों के लिए फ़ीस जुटाने में लग गया था।

संयोग से थोड़े समय के बाद मुझे एक कथा पढ़ने को मिली। एक बूढ़ा और एक नौजवान भिक्षु जंगल में नदी के किनारे घूम रहे थे। अचानक बारिश हो जाने पर नदी का बहाव तेज़ हो गया। दोनों की नज़र नदी में डूबती एक युवती पर पड़ी। बूढ़ा भिक्षु आँखें बन्द करके उलटे पाँव भागा; जबकि नौजवान जल्दी से नदी में कूद गया। वह लगभग नग्न हो चुकी उस युवती को बाहर निकालकर शान्त भाव से लौट गया। जैसे कुछ हुआ ही न हो। बूढ़ा भिक्षु चिल्लाता रहा कि तूने स्त्री को गोद में उठाकर महापाप किया है। भगवान बुद्ध तुझे सज़ा देंगे। कुछ दिनों बाद उन्हें बुद्ध से मिलने का मौक़ा मिला तो बूढ़े ने युवा भिक्षु की शिकायत कर दी। पूरी बात सुनकर बुद्ध ने उससे कहा कि साधना और तपस्या करने की ज़रूरत तुम्हें है। तुम्हारा साथी तो उस लड़की को बचाकर वहीं पर

छोड़ आया था, लेकिन तुम अभी तक उसे अपने ऊपर लादे हुए हो। यह कहानी पढ़कर मुझे ख़ुद पर बड़ी हँसी आई थी!

अलग-अलग महाद्वीपों में विश्व यात्रा की तैयारियाँ

हमने एशिया के बाद वैसी ही दूसरी बैठक ब्राज़ील के शहर साओ-पाउलो में की। उसका आयोजन मेरे मित्र लैलिओ बैन्तेस कोरय्या ने किया था। लैटिन अमेरिकी देशों में लैलिओ और चिली की कार्यकर्ता कॉन्स्वैलो के अलावा ज़्यादातर प्रतिनिधि बाल मज़दूरी पर रोक लगाने के ख़िलाफ़ थे। पेरू, उरुग्वे और बोलीविया में ऐसे कई संगठन थे जो बच्चों से मज़दूरी कराने को उनके समाजीकरण और पारिवारिक उत्तरदायित्वों के लिए ज़रूरी मानते थे। बोलीविया में फ़ुटपाथी बच्चों के बीच काम करने वाले एक पादरी साहब तो मुझसे हाथापाई करने पर उतारू हो गए थे। लैलिओ की समझदारी से ही मामला टल सका।

एक अन्तरराष्ट्रीय संस्था डिफेंस फॉर चिल्ड्रेन इंटरनेशनल की कोस्टा रिका देश की प्रतिनिधि विरजीनिया मुलीलो बच्चों की ग़ुलामी और वेश्यावृत्ति के ख़िलाफ़ तो थीं, लेकिन बाल मज़दूरी की समाप्ति की बात पर चुप्पी साधे रखती थीं। उस बैठक में मैंने यह महसूस किया कि लैटिन अमेरिकी लोगों में ग़ज़ब का एका रहता है। कई कार्यकर्ताओं ने मेरे विचार को यह कहकर ख़ारिज कर दिया कि यात्राएँ करना एक भारतीय तरीक़ा है। अच्छी बात यह हुई कि लैलिओ को दक्षिणी अमेरिका का क्षेत्रीय समन्वयक चुन लिया गया था। उन्होंने बड़ी बुद्धिमत्ता से विश्व यात्रा के लिए समर्थन जुटाना शुरू कर दिया। वे ग़ज़ब के समझदार और संजीदा व्यक्ति हैं।

लैलिओ से मेरी पहली मुलाकात विश्व यात्रा निकालने के विचार पर चर्चा करने के लिए नीदरलैंड में आयोजित बैठक में हुई थी। वे हमेशा कहते रहते हैं कि उनकी संस्था एब्रिंक फ़ाउंडेशन के मुखिया ने जब उनसे उस बैठक में जाने के लिए कहा तो उनकी हँसी छूट पड़ी थी। उन्हें विश्व यात्रा की योजना शेखचिल्ली के सपने की तरह लगी थी, और मैं एक सिरफिरा आदमी। फिर उनके मन में आया कि चलो भारत के उस आदमी से मिल लिया जाए जो ऐसा सपना भी देख सकता है। सुबह बैठक शुरू होने से पहले नाश्ते की टेबल पर उनसे मेरी मुलाक़ात हो गई। वह नाश्ता क्या था, दो बिछुड़े भाइयों के मिलन जैसा था। हमारे विचारों, स्वभावों और भावनाओं में ग़ज़ब की समानता थी। फ़र्क़ सिर्फ़ इतना था कि मैं बड़े से बड़ा सपना देखकर उसे पूरा करने में भरोसा

रखता था; जबकि वे व्यवस्थित और व्यावहारिक तरीक़े से सोचते थे। नाश्ते पर बातचीत से उनका मन बदल गया। लैलिओ बैठक में पहुँचने वाले पहले व्यक्ति थे जिन्होंने ग्लोबल मार्च के विचार का समर्थन करते हुए सभी से अपील की कि भले ही असफलता मिले, लेकिन हमें मिलकर यह जोखिम उठाना चाहिए।

मार्च 1997 में मध्य अमेरिकी देशों की एक अलग बैठक कोस्टा रिका में हुई। वहाँ विरजीनिया को क्षेत्रीय समन्वयक की जिम्मेवारी सौंपी गई। अप्रैल 1997 में केन्या की राजधानी नैरोबी में दक्षिण अफ्रीका के सामाजिक संगठनों की बैठक की गई। वहाँ के ज़्यादातर देशों में बाल मज़दूरी कोई मुद्दा नहीं बना था। यूनिसेफ़ या आईएलओ की मदद से काम करने वाली ग़ैर सरकारी संस्थाएँ तक उसको अपराध नहीं मानती थीं। जो इक्के-दुक्के संगठन अन्तरराष्ट्रीय क़ानून की माँग करने और विश्वव्यापी आन्दोलन में शामिल होने के लिए राजी थे, उनके पास 10-20 लोगों को जमा करने की भी क्षमता नहीं थी। संयोग से उन दिनों एम्पकान नाम से अफ्रीकी देशों में चल रहे ग़ैर सरकारी संगठनों के नेटवर्क की कॉन्फ्रेंस चल रही थी। मुझे उसमें बोलने का मौक़ा दे दिया गया। मैंने वहाँ अपना विचार रखा जिसे सुनकर कुछ लोग मेरी बात से सहमत और उत्साहित हो गए। एक महीने बाद मैं फिर से केन्या गया। वहीं से दक्षिण अफ्रीका, तंजानिया और नाइजीरिया गया। एम्पकॉन की मुखिया प्रोफ़ेसर फैलिस्ता ओनियंगो वहाँ क्षेत्रीय समन्वयक बनने के लिए राजी हो गईं।

केन्या सहित ज़्यादातर अफ्रीकी देशों में भारतीय मूल के लोगों की अच्छी-ख़ासी आबादी बसती है। वहाँ हिन्दुओं के कई मन्दिर, शिक्षण संस्थान और सामाजिक संस्थाएँ हैं। अपनी तैयारी यात्राओं के दौरान मैं कोशिश करके आर्य समाज मन्दिरों में ज़रूर जाता था। नैरोबी, डरबन, जोहान्सबर्ग आदि शहरों में आर्य समाज में मेरे भाषण कराए गए और घरों में ठहराया गया। दक्षिण अफ्रीका की यात्रा में मेरी बड़ी इच्छा थी कि डरबन के उस इलाक़े में जाऊँ, जहाँ गांधी जी रहा करते थे। किसी ने बताया था कि अभी भी वहाँ पर वह घर और उनकी मूर्ति है। एक दिन वहाँ पहुँचने के लिए मैंने बसें और रिक्शे बदलते हुए बहुत धक्के खाए। परन्तु रात हो जाने तक वह जगह नहीं ढूँढ़ पाया। उस बस्ती के कुछ नौजवान सड़कों पर शराब में धुत्त होकर शैतानियाँ कर रहे थे। उनके हाव-भाव से लग रहा था कि वे मारपीट करके मुझे लूट भी सकते हैं। अगर मुझे दूसरे दिन दिन सुबह भारत न लौटना होता तो ज़रूर खतरा उठा लेता। मैं चुपचाप उलटे पाँव वापस लौट आया।

कुछ हफ़्तों के बाद घाना की राजधानी आकरा गया। वहीं से नाइजीरिया,

जिम्बाब्वे, जाम्बिया, माली और सिआरा लियोन की यात्राएँ कीं। वे बहुत ग़रीब देश हैं। घाना में खेतिहर मज़दूरों की बहुत बड़ी यूनियन है। वह आईसीएफटीयू यानी स्वतंत्र मज़दूर संगठनों के अन्तरराष्ट्रीय महागठबन्धन से सम्बन्धित है। आईसीएफटीयू विश्व यात्रा और अन्तरराष्ट्रीय क़ानून की माँग का सबसे मज़बूत सहयोगी था बना। उनका दफ़्तर बेल्जियम की राजधानी ब्रुसेल्स में था। वह उन पहले संगठनों में से था, जिनके पास मैं सहयोग माँगने गया था। आईसीएफटीयू और एजुकेशनल इंटरनेशनल तथा उनसे सम्बन्धित दुनिया-भर की कई मज़दूर यूनियनों और शिक्षक संगठनों ने हर देश में विश्व यात्रा में ज़ोर-शोर से भागीदारी करने का वायदा किया। घाना में कोई एनजीओ तो नहीं मिला, लेकिन खेतिहर मज़दूर यूनियन ने बहुत उत्साह से अपने देश में यात्रा का जिम्मा ले लिया। उसके एक नेता एन्ड्रयू टैगो से मेरी अच्छी मित्रता हो गई थी, जो अभी भी है।

टोगो में बच्चों के अधिकारों पर 'वाओ अफ़्रीक' नाम की एक संस्था काम करती थी। फ़ुटपाथी बच्चों के लिए उनका एक आश्रय केन्द्र भी था। क्लीओफास माली नाम के एक मज़बूत कार्यकर्ता उसके मुखिया थे। उन्हें एंटी स्लेवरी अवार्ड मिल चुका था। उनसे मेरा परिचय एंटी स्लेवरी सोसाइटी, जिसका नाम अब एंटी स्लेवरी इंटरनेशनल हो गया है, के माध्यम से हुआ था। वे पहली मुलाक़ात के बाद से मेरे बहुत अच्छे दोस्त बन गए थे। लेटिन अमेरिकियों और दक्षिण एशियाइयों की तरह अफ़्रीकी लोग भी बड़े भावनाशील, ख़ुशमिजाज, दोस्ताना और गर्मजोश होते हैं। क्लीओफास बाल मज़दूरी के सख़्त ख़िलाफ़ थे। वे ग्लोबल मार्च की योजना सुनकर बहुत उत्साहित हुए। वे आज ग्लोबल मार्च संगठन के सबसे बड़े स्तम्भों में से एक हैं।

दक्षिण एशिया में हमें उतनी मुश्किल नहीं हुई, क्योंकि वहाँ पर दक्षिण एशिया बाल दासता विरोधी संगठन का मज़बूत आधार था; जिसकी स्थापना मैंने और मेरे कुछ साथियों ने 1989 में की थी। नेपाल के गौरी प्रधान क्षेत्रीय समन्वयक चुने गए थे। यूरोप में अलग-अलग देशों की मज़दूर यूनियनें और सामाजिक संगठनों ने नीदरलैंड की संस्था नोविब को क्षेत्रीय समन्वयक चुन लिया। इसी तरह अमेरिका में इंटरनेशनल लेबर राइट फंड के मुखिया और मेरे दोस्त फेरिस हार्वी ने यह जिम्मा सँभाला।

अपने उन क्षेत्रीय समन्वयकों को साथ लेकर मैंने विश्व यात्रा की तैयारी के लिए कई देशों की यात्राएँ की थीं। कहीं-कहीं अकेला ही जाना पड़ा था। मुझे वहाँ हर तरह के खट्टे-मीठे अनुभव हुए। मेरे सामने बाल श्रम के बारे में समझ और जानकारी का अभाव, सामाजिक-सांस्कृतिक मान्यताएँ, बचपन विरोधी

मानसिकता, विरोधाभासी विचारधाराएँ, इतने बड़े स्तर की यात्रा के प्रति शंकालु रवैया, संस्थाओं के बीच प्रतिद्वंद्विता और नेताओं में अहंकार जैसी ढेरों अड़चनें आई थीं। मैंने सीखा कि दुनिया की बड़ी से बड़ी बाधा, विपदा या विरोध किसी साधारण आदमी के भीतर की करुणा से ज़्यादा ताक़तवर नहीं हो सकते। सत्य और करुणा की मज़बूत ज़मीन और तर्कपूर्ण ज्ञान के हवा-पानी से पलने-पुसने वाले संकल्प में किसी भी विरोध को समर्थन में बदलने की जादुई ताक़त होती है। मैं जहाँ भी गया, ईश्वर की कृपा से ग्लोबल मार्च के लिए समर्थकों व सहयोगियों का मज़बूत आधार बनाकर ही लौटा। इस तरह इनसानियत और इनसानों के लिए मेरा भरोसा और प्रेम बढ़ते ही गए।

तंजानिया के गाँव में बीती वह भयावह रात

ग्लोबल मार्च की तैयारी में, किये जाने वाले दौरों में, पहले से योजना बनाकर सब कुछ नहीं किया जा सकता था। ऑफ़िस के कार्यकर्ता मेरे जाने से पहले वहाँ के संगठनों को डाक से सूचना भेजते थे। कहीं-कहीं फ़ोन पर बात हो जाती थी। स्थानीय लोगों की मदद से उस देश के दूसरे शहरों और क़स्बों में सम्पर्क सूत्र ढूँढ़े जाते थे। फिर मैं उन जगहों पर पहुँचता था। ऐसे ही एक बार तंजानिया में 1997 में मई के आख़िर में किसी जगह जाते हुए रास्ते में मेरी बस ख़राब हो गई थी। बड़ी मुश्किल से एक टैक्सी नज़र आई, जिसका ड्राइवर अनाप-शनाप पैसे की माँग कर रहा था। तभी मुझे वहाँ पर किराए पर सवारी ले जाने वाली एक मोटरसाइकिल दिखी।

वहाँ के ड्राइवर और दूसरे लोग स्वाहिली भाषा बोलते थे। थोड़ी सी अंग्रेज़ी समझने वाला वह मोटरसाइकिल वाला मुझे इस शर्त पर ले जाने के लिए तैयार हुआ था कि बताए हुए पते पर छोड़कर आगे निकल जाएगा। वह जगह क्या थी—बस्ती के कोने में संस्था का दफ़्तर था। वहाँ पहुँचकर देखा कि मकान में ताला लटका हुआ था। तब तक काफ़ी रात हो चुकी थी। रात के लगभग दस बजे होंगे। आसपास सँकरी-अँधेरी गलियों में छोटे-छोटे एक या दो मंज़िला मकान थे। उनमें से इक्के-दुक्कों में ही बिजली की रोशनी थी। स्पष्ट था कि वह ग़रीब लोगों की बस्ती है। मुझे समझ नहीं आ रहा था कि कहाँ जाऊँ, क्या करूँ!

मैं अपना बैग लटकाए हुए उन घरों की तरफ़ पैदल निकल पड़ा। मैंने सोचा कि कोई न कोई मदद मिल जाएगी, जिससे कि रात को वापस लौट सकूँगा। मुझे लगभग एक सौ किलोमीटर दूर दार-ए-सलाम शहर वापस लौटना था। तभी

मैंने देखा कि तीन लम्बे-तगड़े नौजवान एक गली से निकलकर बड़ी तेज़ी से मेरा पीछा कर रहे हैं। वे नशे में थे और उनके इरादे ठीक नहीं लग रहे थे। मेरे पास बैग में ग्लोबल मार्च के काग़ज़-पत्ते, चार जोड़ी कुर्ते-पायजामे, कुछ ट्रैवलर चैक, हवाई टिकट और पासपोर्ट जैसा ज़रूरी सामान था। मुझे सबसे ज़्यादा चिन्ता पासपोर्ट, टिकट और पतों की डायरी की थी। मैं अपने डर को छुपाकर मुस्कराता हुआ उन लोगों की तरफ़ मुड़ गया। मैंने उस बन्द दफ़्तर की तरफ़ इशारा करते हुए उन्हें समझाने की कोशिश की। बाल मज़दूरों के चित्रों वाले दस्तावेज़ दिखाए। वे लोग आपस में कुछ बतियाने लगे। शायद उनमें से एक आदमी उस संगठन के बारे में कुछ जानकारी रखता था। वह बाक़ी दो को खींचकर वापस ले गया। मैंने भी अपनी भलाई इसी में समझी कि उसी दफ़्तर के पास वापस लौट जाऊँ। उस मकान के नीचे टीन की चादरों से ढकी हुई एक छोटी सी दालान थी। सामने और बाईं तरफ़ झाड़ियाँ थीं। मैं अपना सूटकेस बग़ल में रखकर और हाथ के बैग को गले में लटकाकर दालान के कोने में बैठ गया। वहीं पर बैठे-बैठे पूरी रात गुज़ारी।

ऐसा भी नहीं कि वहाँ बैठे हुए मुझे लूटपाट या हमले का कोई डर नहीं लग रहा था। परन्तु किशोरावस्था की एक डरावनी रात याद आते ही मैं मन ही मन मुस्कराने लगा था।

श्मशान घाट के प्रेत

एक बार एक तांत्रिक बाबा हमारे शहर विदिशा के एक मन्दिर में आकर रुके हुए थे। उनकी लम्बी और घनी जटाएँ और दाढ़ी पुरानी सड़ी रस्सी की तरह थीं। वे भयानक गर्मियों के दिनों में पूरे शरीर में राख लपेटे तेज़ आग जलाकर धूनी रमाए बैठे रहते थे। लोग बताते थे कि वे एक सिद्ध पुरुष हैं। एक दिन मैं उनके पास गया। वहाँ यह देखकर हैरान रह गया, जब उन्होंने अपना ख़ाली हाथ दाढ़ी पर फेरकर दो लड्डू निकाल लिये और मुझे प्रसाद की तरह खिला दिये। मुझे भरोसा हो गया था कि वे चमत्कारी बाबा हैं। मैंने उनसे कहा, "महाराज, आप सचमुच सिद्धपुरुष हैं, मैं आपका चेला बनना चाहता हूँ।"

उन्होंने रहस्यमयी मुस्कराहट के साथ जवाब दिया, "तू बड़ा होनहार बालक है। जा, शनिवार की सुबह नहा-धोकर बिना कुछ खाए-पिए फिर से मेरे पास आना।"

मैं तो बेचैन था ही। अगले शनिवार को उनके पास पहुँच गया।

वे बोले, "बच्चा, मैं तुझे एक प्रेतात्मा यानी भूत को वश में करने का रास्ता बताता हूँ। फिर तू उसे जो हुक्म देगा, वह उसे पूरा करेगा।" मैं थोड़ी देर के लिए चुप हो गया। मेरे पिताजी मुझे समझाते रहते थे कि भूत-चुड़ैल जैसी कोई चीज़ नहीं होती। लेकिन मैं तो बाबा का चमत्कार देख चुका था। इसलिए मैंने कह दिया, "बाबाजी, मैं तैयार हूँ। इसके लिए मुझे क्या करना है?"

वे मेरी तरफ़ पैनी निगाहों से देखते हुए बोले, "वैसे तो तू बहुत छोटा है, लेकिन तेरी आँखों में देखकर लगता है कि तू भूत को वश में कर लेगा।" उनकी बात से मेरा मनोबल और बढ़ गया था।

उन्होंने बताया, "श्मशान घाट में प्रेतात्माएँ बसती हैं। मैं उनसे बातें करता रहता हूँ। तुम सिर्फ़ अमावस्या की रात को ही उनसे मिल सकते हो। यह भी ज़रूरी है कि उस रात केवल एक जलता हुआ मुर्दा मिलना चाहिए। जब तुम्हें चिता की आग में से निकलती परछाईं दिखे तो बिना डरे हुए उसे पकड़ लेना।"

मुझे उनकी बातें सुनकर बहुत डर लगा था। फिर भी मैं कई महीनों तक रात को श्मशान जाने की हिम्मत जुटाता रहा। इसके लिए दिन में छुप-छुपकर चरणतीर्थ घाट पर बने श्मशान के चक्कर लगाता था। आख़िर एक अमावस्या की रात को डरते-डरते श्मशान घाट चला गया। वहाँ सिर्फ़ एक लाश जल रही थी। वैसे भी छोटा शहर होने से अक्सर श्मशान ख़ाली रहता था। वह बहुत डरावनी और सुनसान रात थी। एक तरफ़ डर के मारे मेरा बुरा हाल था तो दूसरी तरफ़ भूतों के रहस्य को जान लेने की ज़िद थी। पत्ता भी हिलता तो मैं सिहर उठता। लेकिन फिर मेरे काँपते हुए पैर उस आवाज़ का पीछा करने लगते। वहाँ जल रही चिता में लपटें तो नहीं थीं, लेकिन लाल अंगारे माहौल को और भी ख़ौफ़नाक बना रहे थे। पीछे सन्नाटे में बेतवा नदी की तेज़ धार की आवाज़ गूँज रही थी। ज़्यादा डर लगने पर मैं हनुमान चालीसा दोहराने लगता था। सुना था कि ऐसा करने से भूत-प्रेत भाग जाते हैं। श्मशान पर घंटों बिताने के बाद भी मुझे प्रेतात्माओं के दर्शन नहीं हुए। मैं निराश होकर घर लौट आया।

बाद में मेरे मन में खयाल आया कि ज़ोर-ज़ोर से हनुमान चालीसा जपने के कारण भूत सामने नहीं आया। इसके लिए मैं कई दिनों तक ख़ुद को कोसता रहा। फिर दोबारा से तैयारी शुरू कर दी। शाम को श्मशान में जाकर देख लिया कि वहाँ एक ही लाश जल रही है। रात को चरणतीर्थ पहुँच गया। उस बार मेरे अन्दर थोड़ा सा ही डर बचा था। रात में क़रीब 11 बजे से 01 बजे तक पूरे श्मशान का चक्कर लगाता रहा। मगर कोई प्रेतात्मा नहीं दिखी। अँधेरे में पेड़-पौधों में मनुष्य या जानवरों जैसी आकृतियाँ ज़रूर दिखी थीं। मुझे पूरा यक़ीन

हो गया कि भूत-प्रेतों जैसी कोई चीज़ नहीं होती। सिर्फ़ मन का वहम होता है। उस रात अंधविश्वास के साथ-साथ मेरे मन के बहुत सारे डर भी जाते रहे थे।

ख़ैर, तंजानिया के उस गाँव में सुबह होते ही मुर्गियों की आवाज़ें सुनाई देने लगी थीं। थोड़ी देर में कुछ अधनंगे, गन्दगी से सने, आँखें मलते बच्चों की धमा-चौकड़ी शुरू हो गई थी। लाउडस्पीकर पर अजान की आवाज़ सुनकर मेरा हौसला बढ़ गया। मैं तुरन्त खुली ईंटों की चारदीवारी पर प्लास्टिक की चद्दर डालकर बनाई गई मस्जिद तक जा पहुँचा। वहाँ कोई अंग्रेज़ी नहीं समझता था। फिर भी उन 10-12 लोगों के बीच पहुँचकर मैं थोड़ा सा निश्चिन्त हो गया था। मैंने दस बजे तक उस एनजीओ के दफ़्तर खुलने का इन्तज़ार किया। लोगों के इशारों से पता चला वह कभी-कभी ही खुलता है। इसलिए मैं वहाँ ज़्यादा देर न रुककर बस पकड़ने चला गया।

मैं बुरी तरह थका हुआ, भूखा-प्यासा, दोपहर बाद दार-ए-सलाम शहर पहुँच पाया था। बस से उतरने के बाद किसी सस्ते होटल की तलाश में घूमते-घूमते दो घंटे बीत गए थे। शाम को क़रीब 4 बजे एक ढाबे पर बैठकर मैं चाय पी रहा था। तभी वहाँ एक अधेड़ उम्र के सिख सज्जन आ गए। वे बड़े भले आदमी लगे। उन्होंने बताया कि पास में एक गुरुद्वारा है। ख़ुद वहाँ तक मुझे छोड़ भी गए। मैंने ग्रन्थी जी को ग्लोबल मार्च के बारे में बताया और रात की घटना भी। वे बड़े हैरान हुए कि मैं बिना लुटे-पिटे वहाँ से कैसे बचकर आ गया? रात को उनकी पत्नी ने मुझे देसी घी के उम्दा पराँठे और आलू की सब्ज़ी बनाकर खिलाई। आराम से सोने के लिए एक कमरा दे दिया।

ज़्यादातर अफ्रीकी देशों में बहुत भ्रष्टाचार था दिखा। एयरपोर्टों पर घंटों तक रोककर रखा जाता था। छोटे-छोटे सामान की बारीक जाँच-पड़ताल होती थी। कई देशों में घुसने के लिए अनिवार्य पीला ज्वर (यलो फीवर) कार्ड होते हुए भी वहाँ के कर्मचारी परेशान करते थे क्योंकि मैं उन्हें 10-20 डॉलर की रिश्वत नहीं देता था। इसके अलावा भाषा की समस्या तो थी ही।

इथोपिया में ड्राइवर के घर का स्वादिष्ट इंजारा

इथोपिया की राजधानी अदीस अबाबा की एक सुखद याद है। मुझे वहाँ तीन दिन ठहरना था, इसलिए पूरे समय के लिए एक टैक्सी किराए पर ले ली। ड्राइवर ही उस पुरानी टैक्सी का मालिक भी था। उसका संक्षिप्त नाम 'जो' था। मुझे सफ़ेद कुर्ते-पायजामे में देखकर उसे लगा कि मैं किसी खाड़ी देश का व्यापारी

हूँ। जो लगभग 40 साल का एक दुबला-पतला और भला दिखने वाला आदमी था। उसके तीखे नाक-नक्श और छोटे-छोटे घुँघराले बाल थे। वह मुझे शाकाहारी भोजन तलाशने से लेकर अनुवाद करने तक में बड़ी मदद करता था। लौटने वाले दिन सुबह मैंने जो से किराए का हिसाब-किताब करने को कहा। वह मेरे सामने हाथ जोड़कर खड़ा हो गया। बोला, 'क्या मुझे भी आप अपने मिशन का हिस्सा मान सकते हैं? मैं तीन दिनों से आपको देख-सुन रहा हूँ। आप इथोपियाई बच्चों की ज़िन्दगी बदलने के लिए पागल की तरह रात-दिन एक किये हुए हैं। मैंने कभी अपने देश के किसी आदमी को ऐसा करते हुए नहीं देखा। मैं आपसे कोई पैसे नहीं ले सकता।' उसने बहुत प्रेम और श्रद्धा से वह बात कही थी। मैंने उसे ज़बरन पूरे पैसे दे दिये।

जो ने सकुचाते हुए मुझसे पूछा कि क्या मैं शाम को उसके घर आ सकता हूँ, उसकी पत्नी और बच्चों के साथ भोजन करने? मैंने तत्काल 'हाँ' कर दी। समय पर वहाँ पहुँच भी गया। वह ग़रीबों की एक घनी आबादी वाली बस्ती थी। तंग और बदहाल गलियों में जहाँ देखो, वहीं ग़रीब; लेकिन बच्चे और महिलाएँ बेहद ख़ूबसूरत। जो का घर एक बड़े से अहाते तथा दो कमरों वाला कच्चा-पक्का मकान था। मुझे देखते ही परिवार और पड़ोसियों की भीड़ लग गई। हम बड़े कमरे में धरती पर बिछी टाट की पट्टियों पर बैठ गए। हालाँकि वहाँ एक पुरानी लोहे की कुर्सी और चारपाई भी थी। उसकी पत्नी ने बड़े प्यार से हमें इंजारा के साथ उबली हुई सूखी दालें, पालक, गोभी और फली की सब्ज़ियाँ खिलाईं। साथ में चटपटी चटनी भी थी। इंजारा आटे के घोल को कई दिनों तक रखकर बने खमीर से तैयार की गई पतली-पतली रोटियाँ होती हैं। पड़ोसी महिलाओं ने मिलकर वह स्वादिष्ट शाकाहारी भोजन तैयार किया था।

उसके बाद मेरा कई बार इथोपिया जाना हुआ। आईएलओ से रिटायर होने के बाद उस देश के मेरे मित्र असैफा बेकले ने अफ्रीकन चाइल्ड पालिसी फोरम नाम का एक संगठन बनाया था। मैं उसके बोर्ड में था। उनके साथ उम्दा से उम्दा रेस्तराँ में इंजारा खाए, लेकिन जो जैसा स्वाद जो के घर पर खाने में था, उसकी कोई तुलना नहीं।

मुझे शाकाहारी भोजन ढूँढ़ने में बड़ी तकलीफ़ उठानी पड़ती थी। ज़्यादातर जगहों पर ब्रेड और बिस्कुट तक में अंडे होते थे। कई बार तो फल तक नहीं मिल पाते थे और दिन-दिन भर भूखा रहना पड़ता था। सन् 1997 के जून महीने की बात है। ग्लोबल मार्च के क्षेत्रीय नेता लैलिओ बैन्तेस कोरय्या और मैं अर्जेंटिना की राजधानी ब्यूनस आयर्स गए थे। यह उन दिनों की बात है जब अर्जेंटिना

में भीतरी हिंसा चरम सीमा पर थी। सत्ता के ख़िलाफ़ लड़ने वाले हथियारबन्द समूह आए दिन बम विस्फोट और गोलीबारी करते थे। इसलिए रात को कोई टैक्सी वाला हमें अपने होटल तक ले जाने के लिए तैयार नहीं था। वैसे भी हम सस्ते होटलों में ही रुकते थे।

हमें बहुत मुश्किल से टैक्सी मिल पाई। जैसे-तैसे होटल पहुँचे। दोनों दिनभर से बहुत भूखे थे, इसलिए चेक-इन करने के तुरन्त बाद वहाँ के रेस्तराँ में खाने के लिए जा घुसे। वह बन्द हो चुका था, हालाँकि रात के नौ ही बजे थे। बाहर पूरी तरह सन्नाटा था। होटल वाले ने हमें आगाह किया कि बाहर जाना ख़तरनाक है। मगर पेट में तो चूहे कूद रहे थे। हम खाने की तलाश में आसपास निकल पड़े। पुलिस वाले जगह-जगह रोककर पूछताछ कर रहे थे। लैलिओ जी पुर्तगाली बोलते हैं, लेकिन वे कामचलाऊ स्पेनिश बोल लेते हैं। क़रीब घंटे-डेढ़ घंटे भूखे-प्यासे भटकने के बाद भी हमें अन्न का एक दाना तक नहीं मिल सका। उतना काफ़ी नहीं था। दूसरे दिन कोई हिंसक वारदात हो जाने पर कई घंटों के लिए कर्फ़्यू लग गया। होटल में सुबह का नाश्ता तो था, लेकिन कोई चीज़ पूरी तरह शाकाहारी नहीं थी। मुझे भूखे रहना पड़ा, लेकिन लैलिओ इतने संवेदनशील हैं कि उन्होंने भी कुछ नहीं खाया। उन्हीं ने बाद में कुछ खाने का जुगाड़ किया। उस यात्रा के बाद वे शाकाहारी बन गए थे और उन्होंने कई वर्षों तक निभाया। लैलिओ और उनके पूरे परिवार के साथ हमारे परिवार के रिश्ते बहुत गहरे होते गए। वे पेशे से वकील थे। बाद में इंग्लैंड में क़ानून की ऊँची पढ़ाई करके आईएलओ में अधिकारी बन गए थे। आजकल वे ब्राज़ील के उच्चतम श्रमिक न्यायालय में वरिष्ठ न्यायाधीश हैं।

विरोधों और समर्थनों का वह दौर

मुझे विश्व यात्रा की तैयारी के दौरान कई देशों में ग़ुलामी और शोषण के शिकार बच्चों से गुफ़्तगू करने के बहुत से मौक़े मिले। मैंने उनसे बहुत कुछ सीखा। उनकी सरल मुस्कान, उनके ख़ौफ़ज़दा चेहरे, सपनों के बिना सूनी आँखें, गूँगा दर्द, निश्छलता और कमज़ोर शरीरों के अन्दर मज़बूत दिल जैसी बहुत सी समानताएँ उनमें दिखी थीं। साथ ही मानव सेवा को व्यापार बनाकर ख़ूब इज़्ज़त, नाम और धन कमाने वाले ग़ैर सरकारी संगठनों और उनके नेताओं के विरोध का सामना भी करना पड़ा था। शुरुआत के महीनों में तो कई देशों की सरकारों का भी असहयोग रहा। बाद में आईएलओ के समर्थन के बाद स्थिति बदली।

यह महत्त्वपूर्ण था कि बच्चों के अधिकारों और हितों के लिए काम करने वाली अन्तरराष्ट्रीय संस्थाएँ अभियान का हिस्सा बनें। मैं इसी उद्‌देश्य से इंग्लैंड की तीन बड़ी संस्थाओं ऑक्सफेम, एक्शन एड और सेव द चिल्ड्रन के अधिकारियों से मिला। सेव द चिल्ड्रन सिद्धान्ततः बाल मज़दूरी रोकने के पक्ष में नहीं थी; जबकि बाक़ी दोनों ने किसी भी तरह के सहयोग से यह कहकर इनकार कर दिया कि अभी उनकी प्राथमिकता बच्चे या बाल मज़दूरी नहीं हैं। हालाँकि वे ग़रीबी हटाने और ग़रीब देशों के बच्चों को शिक्षा दिलाने में ग़ैर-सरकारी संगठनों का सहयोग करते थे। स्विट्ज़रलैंड की संस्था टैरे डेस होम्स भी बाल मज़दूरी के पूरी तरह उन्मूलन की समर्थक नहीं थी, लेकिन वे इस बात पर राज़ी हो गए कि ख़तरनाक प्रकारों के बाल श्रम के विरोध में विश्व यात्रा से जुड़ेंगे। स्वीडन और नार्वे की सबसे अमीर और बड़ी संस्था, रैडा बर्ना ने हमारा डटकर विरोध किया क्योंकि वे सिद्धान्ततः बाल मज़दूरी चलाए रखने के समर्थक थे।

गो-गो ग्लोबल मार्च, स्टॉप-स्टॉप चाइल्ड लेबर

आख़िर 17 जनवरी, 1998 का वह ऐतिहासिक दिन आ गया, जब दुनिया के सबसे शोषित बच्चों की मुक्ति के लिए इतिहास का पहला सबसे बड़ा क़दम उठाया जाना था। फ़िलीपींस की राजधानी मनीला को पोस्टरों, स्वागत द्वारों और दीवार लेखन से पाट दिया गया था। हम कुछ दिनों तक एक स्थानीय संस्था विसायन फोरम द्वारा फ़ुटपाथी बच्चों के लिए चलाए जा रहे बाल-गृह में ठहरे। वहीं बाल यात्रियों, कार्यकर्ताओं और बाक़ी सभी सहयात्रियों की अलग-अलग बैठकें चलती रहीं, मेल-मिलाप होता रहा। सभी बहुत उत्साहित थे। बाल यात्रियों में नेपाल का आठ वर्षीय बासु राय सबसे छोटा कम उम्र का था। मेरे जीवन का एक बड़ा सपना सच होने जा रहा था। सुबह के लगभग 11 बजे बीस हज़ार से ज़्यादा लोगों की मौजूदगी में 'गो-गो ग्लोबल मार्च', 'स्टॉप-स्टॉप चाइल्ड लेबर', 'नो मोर टूल्स इन टाइनी हैंड्स, वी वांट बुक्स वी वांट ट्वायस' के गगनभेदी नारों के साथ बाल श्रम विरोधी विश्व यात्रा की शुरुआत हो गई थी। मैंने उस रात एक कविता लिखी थी—

फौलाद हो चुके हैं तुम्हारे पाँव
और हाथ पहाड़ों की चोटियाँ।
देखो कि तुम्हारा दिल समन्दर बन गया है

आँखें, चाँद और सूरज
आसमान से ऊँचा हो गया है तुम्हारा मस्तक
क्योंकि निकली है तुम्हारे मुँह से आज
एक साथ पच्चीस करोड़ बेज़ुबान बच्चों की आवाज़।

जन्म लेने को है एक पूरी पीढ़ी का भविष्य
तुम्हारी इच्छा शक्ति की कोख से
और दस्तख़त कर दिये हैं तुमने
तरक़्क़ी के हाशिए से बाहर धकेली गई
इस नन्ही जमात के पहचान पत्र पर
आज तुम्हीं तो निकले हो मुस्कान डालने
ईश्वर के सबसे हसीन कोमल चेहरे में
ओ यात्री!
इसीलिए तुम्हारा हर क़दम बनेगा
अगली शताब्दी की मुक्ति का पदचिह्न!

मनीला में ही दूसरे दिन का कार्यक्रम ख़त्म होने के बाद हम लोग एक बड़े से बग़ीचे में बैठे हुए थे। मैं बाल यात्रियों की भागीदारी और जोश-ख़रोश को देखकर बहुत प्रफुल्लित था। अलग-अलग देशों और भाषाओं के बावजूद वे मुक्त कंठ से नारे लगाते हुए आगे-आगे चलते थे। मैं एक पेड़ के नीचे बेंच पर बैठा हुआ कुछ यात्रियों से बातचीत कर रहा था। तभी मेरी नज़र कम्बोडिया की लगभग 15 साल की एक बच्ची पर पड़ी। उसका (बदला हुआ) नाम चैमी था। वह कुछ दूर अकेली खड़ी थी। मैं पिछले कुछ दिनों से देख रहा था कि वह बाक़ी यात्रियों के साथ घुल-मिल नहीं पाई थी। वह न तो ज़्यादा बोलती थी, न ही नारे लगाती थी। चैमी को छोटी सी उम्र में गाँव से लाकर नौम्पैन्ह के एक डिस्को घर में बेच दिया गया था। डिस्को घर एक तरह का वेश्यालय था। उसे कुछ सालों के बाद एक संगठन ने वहाँ से आज़ाद कराया था।

मैं अपनी बेंच से उठकर उस बच्ची के पास वाली एक बेंच पर बैठ गया। उसे बुलाकर अपनी बग़ल में बैठाया। फिर अनुवाद करने के लिए उसके साथ आए कार्यकर्ता को बुलाया। उससे काफ़ी देर तक खानपान और उस जगह की सुन्दरता वग़ैरह के बारे में बातचीत करता रहा। चैमी 'हाँ, हूँ' में मेरी कुछ बातों का जवाब देने लगी।

थोड़ी देर बाद मैंने उससे कहा, “बेटी, जब तुम कह रही हो कि तुम्हें ग्लोबल मार्च में चलना अच्छा लग रहा है तो तुम बाक़ी बच्चों के साथ दोस्ती क्यों नहीं करतीं? तुम्हें और ज़्यादा मज़ा आएगा।”

उसने मेरी तरफ़ ऐसे देखा जैसे मैंने कुछ अजीब बात कह दी हो। फिर वह कुछ सोचकर बोली, “लेकिन...मैं तो अब बच्ची नहीं हूँ।”

मैंने उसके कन्धे पर हाथ रखकर उसे पुचकारते हुए कहा, “तुम मेरी बहुत प्यारी बेटी हो...मैं कहता हूँ कि तुम अभी भी बच्ची ही हो।”

मेरा यह वाक्य सुनते ही उसकी आँखों में आँसू छलक आए और उसने धीरे से अपना सिर मेरे सीने पर रख दिया। फिर सुबकते हुए उसने पूछा, “आप झूठ तो नहीं बोल रहे हैं? कोई मुझे बच्ची नहीं समझता। क्या मैं सचमुच बच्ची हूँ? मैं उसके बालों को उसी तरह सहलाने लगा, जैसे अपनी अम्मा की डाँट या थप्पड़ खाने के बाद अस्मिता मुझसे चिपट जाती थी और मैं उसके बालों और गालों को सहलाता था। यह देखकर हमारा दुभाषिया कम्बोडियाई कार्यकर्ता हमसे ज़्यादा भावुक हो गया।

मैंने चैमी का सिर चूमते हुए ज़ोर देकर कहा, “मैं सच बोल रहा हूँ कि तुम एक बच्ची हो, मेरी प्यारी बेटी। किसी बच्चे के साथ कोई बुरा हादसा हो सकता है। जो कुछ तुम्हारे साथ हुआ, मैं वह जानता हूँ। उसमें तुम्हारी कोई गलती नहीं थी। तुम वैसी ही सुन्दर और मासूम हो, जैसी डिस्को बार में धकेले जाने से पहले थीं।”

हम तीनों वहीं पर काफ़ी देर तक मूर्ति की तरह बैठे रहे थे क्योंकि वह लगातार रोती रही थी। दूसरे दिन मैंने देखा कि चैमी सबेरे से ख़ूब सज-धज कर तैयार हो गई थी। वह आगे-आगे चलकर तेज़ आवाज़ में नारे लगा रही थी, ‘गो-गो ग्लोबल मार्च’, ‘चाइल्ड स्लेवरी डाउन डाउन’, ‘नो मोर चाइल्ड एक्सप्लॉयटेशन’, ‘वी वान्ट एजुकेशन’...

कुछ दिनों तक फ़िलीपींस के अलग-अलग शहरों और दूर-दराज़ के गाँवों से गुज़रते हुए 28 जनवरी को वियतनाम में प्रवेश किया। वहाँ हमारा कोई स्थानीय सहयोगी संगठन नहीं था। इत्तिफ़ाक़ से उसी दिन वियतनामी नया साल था। ख़ुशी में नाचते-झूमते लोगों के झुंडों से सड़कें भरी हुई थीं। इसलिए यात्रा निकालने का तो सवाल ही नहीं था। वे लोग ‘चिम्मन्नामय, चिम्मन्नामय’ चिल्ला रहे थे; जिसका अर्थ है—नया साल। भीड़ देखकर मेरे मन में एक बात सूझी। ग्लोबल मार्च की टी-शर्ट पहने हुए हम सब यात्री उनमें शामिल होकर वही दोहराने लगे। हमें ऐसा करते देखकर वियतनामी बहुत ख़ुश हुए।

फिर हमने बीच-बीच में 'गो-गो ग्लोबल मार्च' और 'गुंग लाओ डोना ट्रीम'—अर्थात 'बाल मज़दूरी बन्द करो'—चिल्लाना शुरू कर दिया। वे लोग भी पूरे जोश से दोहराने लगे। इस तरह से 3-4 घंटे तक हमारी ज़बरदस्त यात्रा हो गई। वियतनाम के बाद हम मलेशिया, इंडोनेशिया, थाईलैंड, बांग्लादेश, भूटान, नेपाल, भारत, पाकिस्तान, अफगानिस्तान, ईरान आदि देशों से गुज़रे।

यात्रा के दौरान मुझे ऐसे ही कई प्रेरणास्पद अनुभव हुए। अगर कोई भी व्यक्ति अपने भीतर की करुणा की परिधि को इतना विस्तार दे दे, जिसमें हर कोई समा सके तो उस अनुभूति से उत्पन्न होने वाली ऊर्जा हमारे भीतर की आशंकाओं, अविश्वास, असुरक्षा और भय की कठोर से कठोर परतों को भेद सकती है। चेतना का विस्तार हमारे बुद्धि-विवेक, ज्ञान और अनुभव को बढ़ाता है, लेकिन करुणा के विस्तार से हमारा हृदय इतना विशाल हो जाता है कि हमारे भीतर और बाहर की दुनिया बिना प्रयास के अपने आप एक हो जाती है। इसीलिए दोनों ज़रूरी हैं।

यात्रा के रास्ते में पड़ने वाला सबसे बड़ा देश भारत था। उन दिनों ज़बरदस्त गर्मियाँ पड़ रही थीं। हमारे ठहरने का ज़्यादातर इन्तज़ाम स्कूलों के बरामदों, मन्दिरों, मस्जिदों और गिरजाघरों के प्रांगणों में होता था। एसी या कूलर तो दूर की बात है, कई जगह पंखे तक नहीं थे। हममें से कई लोग अपनी बसों की छत पर ही सोकर रात गुज़ार देते थे। भारत सहित कई देशों में ऐसे मौक़े आए, जब कुछ यात्री नाराज़ होते थे; क्योंकि वे कभी ऐसी असुविधाओं के आदी नहीं थे। परन्तु हमारी सबसे बड़ी ताक़त साथ चलने वाले बच्चे और किशोर थे। उन्होंने कभी कोई समस्या खड़ी नहीं की, बल्कि वयस्कों को समझा-बुझाकर शान्त कराते रहते थे।

भारत-पाकिस्तान के बीच मिटी सरहद

पाकिस्तान यात्रा में ऐसी बात हुई जो 1947 के बँटवारे के बाद कभी नहीं हुई थी। हम 13 अप्रैल, 1998 को वाघा बॉर्डर से पाकिस्तान में पैदल चलते हुए घुसे। पड़ोसी देश ने हमारे लिए अपनी सीमा खोल दी थी। सीमा के इस पार भारत में हम लोग लाउडस्पीकर से बाल मज़दूरी ख़त्म करने के नारे लगा रहे थे तो उस पार पाकिस्तान में खड़े सैकड़ों पाकिस्तानी कार्यकर्ता उतने ही जोश से उन नारों का उत्साहपूर्वक जवाब दे रहे थे। हमें पासपोर्ट और वीज़ा की चैकिंग और इमीग्रेशन के लिए बॉर्डर पर नहीं रोका गया।

पाकिस्तान के अधिकारियों ने हमारे द्वारा पहले से भेजी गई विश्व यात्रियों की सूची से पासपोर्ट के फ़ोटो मिलान करके अपनी सीमा में आने दिया था। उन्होंने रात को होटल में आकर ज़रूरी औपचारिकताएँ पूरी की थीं। बॉर्डर पर श्रम मंत्री की अगुआई में 8-10 हज़ार लोगों ने यात्रा का स्वागत किया। विश्व यात्रा में साथ चल रही कैरी कैनेडी ने पाकिस्तान में अमेरिकी राजदूत के माध्यम से वहाँ के प्रधानमंत्री से बात कर रखी थी। पाकिस्तान के अन्दर वहाँ के सभी प्रमुख संगठनों, सामाजिक कार्यकर्ताओं, जिया भाई, आसमां जहाँगीर, हिना ज़िलानी और अनीस ज़िलानी आदि ने केन्द्र और सभी राज्यों की सरकारों के साथ तालमेल करके यात्रा को सफल बनाया।

उसी दिन मेरे परिवार में एक बहुत दुखद घटना घट गई। मुझे टाइगर की मौत की ख़बर मिली। रोते-रोते सुमेधा जी ने फ़ोन पर बताया, "हमारा टाइगर नहीं रहा..."—मैं हक्का-बक्का सुन रहा था—"कल रात टाइगर की हालत और बिगड़ने लगी थी। वह किसी तरह हिलते-डुलते मेरे पैरों में आकर बैठ गया। ज्योंही मैंने उसका सिर अपनी गोद में लेकर पुचकारा, त्योंही उसने प्राण छोड़ दिये..."

यह सदमे का क्षण था...

टाइगर हमारे घर के एक सदस्य की तरह था। नस्ल से तो वह कुत्ता था, लेकिन वफ़ादारी, समझ, बहादुरी और संवेदनशीलता में मनुष्यों से बहुत आगे था। 1997 में मेरा ज़्यादातर वक़्त ग्लोबल मार्च की तैयारी के लिए देश-विदेश की यात्राओं में गुज़रता रहा। शुरू-शुरू में मेरे हवाई अड्डा जाते वक़्त टाइगर मेरे सूटकेस को पंजों से दबाकर बैठ जाता था। उसकी आँखों से आँसू बहने लगते थे और मुझे जाते हुए देखने से बचने के लिए वह कहीं छुप जाता था। ग्लोबल मार्च के दौरान हम अक्सर घर पर नहीं रह पाते थे। मैं यात्रा के भारत से गुज़रने के दौरान दो-तीन दिन के लिए घर पर रुक पाया था। तब मैंने टाइगर को बहुत निराश, कमज़ोर और दुखी देखा था। घर छोड़ते वक़्त उसका वह मायूस चेहरा मुझसे देखा नहीं जा रहा था।

पाकिस्तान में ज़िया भाई मेरे सबसे अज़ीज़ थे। वे भाँप गए थे कि इतने उत्साह के माहौल में भी मैं दुखी सा हूँ। हालाँकि मैं दो दिनों तक लगातार कई सभाओं में भाषण और दर्जनों पत्रकारों को इंटरव्यू देता रहा था। मुझे अकेला पाकर वे बोले, "तुम कुछ परेशान या बीमार दिख रहे हो। मुझे सच बताओ क्या हुआ है?"

मैंने कहा, "भाईजान, मैं अपना टिकट बदलकर कल ही दिल्ली लौट जाना चाहता हूँ।" वे बोले, "तुम तो अफगानिस्तान तक जाने वाले थे।" मैंने उन्हें टाइगर की मौत की बात बताई। बाद में मैंने दूसरे ख़ास-ख़ास साथियों को भी यह ख़बर बताई। सभी दुखी हुए। मैं ग्लोबल मार्च को अफगानिस्तान रवाना करके दो दिनों के लिए दिल्ली लौट आया।

टाइगर के बिना हमारा घर सूना हो गया था। उसकी अनुपस्थिति को महसूस करता हुआ मैं अपने-आप को ढाढ़स भी बँधा रहा था...और फिर 15 अप्रैल को काबुल पहुँच गया।

ग़रीबी के बावजूद अफगानिस्तान के लोग बहुत गर्मजोशी से भरे हुए, हँसमुख और दिल से बेहद प्यार करने वाले थे। वे थोड़ी-बहुत हिन्दी-उर्दू समझ और बोल लेते थे। बूढ़े-बूढ़े लोग भी बॉलीवुड फ़िल्मों के कुछ डायलॉग जानते थे। मैंने बचपन में 'काबुलीवाला' नाम की एक फ़िल्म देखी थी। मेरे मन पर उसका गहरा असर था। काबुल पहुँचकर उसी तरह के डील-डौल और पहनावे वाले ढेर सारे लोगों से मिलकर बहुत अच्छा लगा। मैं एक घर में ठहरा, जहाँ पूरे परिवार ने मिलकर मेरी अच्छी आवभगत की। शाकाहारी खाने का इन्तज़ाम किया। मज़ेदार बात यह थी कि उस परिवार में 40-50 लोग तो रहे ही होंगे। हम सब ने घर के अहाते में दस्तरख़ान पर बैठकर रात का खाना खाया और बच्चों की भलाई और भविष्य के बारे में बातें कीं।

हम पिछली यात्राओं की तरह पूरी विश्व-यात्रा के दौरान दिन में आबादी वाले इलाक़ों में जुलूस के रूप में कुछ किलोमीटर पैदल चलते थे। हर रोज़ कम-से-कम चार-पाँच जनसभाएँ, गोष्ठियाँ और दूसरे कई जनजागरण के कार्यक्रम करते थे। आबादी, बाज़ार या बस्ती नज़र आने पर वाहनों से नीचे उतरकर अपने लाउडस्पीकर से नुक्कड़ सभाएँ या नाटक कर लेते थे। इस प्रकार से दिनभर में जनजागृति के 10-12 कार्यक्रम तो हो ही जाते थे। सुनसान सड़कों पर वाहनों द्वारा 2-3 सौ किलोमीटर की दूरी तय कर लेते थे। वेशभूषा, धर्म, संस्कृति, खान-पान, रंग और भाषा सब अलग-अलग होने के बावजूद हम सभी साथ-साथ चलते हुए बड़े परिवार का हिस्सा बन चुके थे; शायद परिवार से भी ज़्यादा!

ब्राज़ील और केपटाउन से यात्राओं की शुरुआत

कुछ हफ़्तों के बाद मैं एशिया वाली यात्रा के बीच में से ब्राज़ील जा पहुँचा जहाँ से यात्रा का दूसरा चरण शुरू होने वाला था। लैलिओ के संयोजन और नेतृत्व

में 25 फ़रवरी को यात्रा की शुरुआत महानगर साओ-पाउलो के ऐतिहासिक चर्च प्रांगण से हुई। लगभग 10 हज़ार लोग उस विशाल आयोजन में शामिल हुए। उनमें हज़ारों की संख्या में स्कूली बच्चों के साथ-साथ बाल कल्याण संस्थाओं में रहने वाले बच्चे भी शामिल थे। वह यात्रा कई दक्षिणी एवं मध्य अमेरिकी देशों से गुज़रती हुई संयुक्त राज्य अमेरिका में दाख़िल हुई थी। रास्ते भर में यात्रा की उम्दा व्यवस्था हमारे क्षेत्रीय और राष्ट्रीय समन्वयकों ने सैकड़ों शिक्षक संगठनों, मज़दूर यूनियनों, चर्चों, व्यापारिक संस्थाओं और एनजीओ के साथ मिलकर की थी। उस यात्रा को दो जगह हिंसक विरोध का सामना करना पड़ा था। पेरू और बोलीविया में बाल मज़दूरी कराने के अधिकार पर काम करने वाले कुछ संगठनों ने यात्रा को रोकने की कोशिश की थी। थोड़ी-बहुत हाथापाई भी की गई।

तीसरा चरण दक्षिण अफ़्रीका के केपटाउन शहर से 11 मार्च, 1998 से शुरू हुआ। हमने अपनी यात्रा का आरम्भ 'केप ऑफ़ गुड होप' नामक टापू पर बने हुए उस जेल के सामने से किया जहाँ महान नेता नेल्सन मंडेला को कई सालों तक बन्द रखा गया था। वे उस दिन स्वास्थ्य ख़राब होने की वजह से नहीं आ सके थे, इसलिए उनकी पत्नी और प्रसिद्ध मानवाधिकार नेत्री ग्रासा माशेल ने उनका सन्देश पढ़ा। उन्होंने यात्रियों को सम्बोधित करके हरी झंडी दिखाई।

अफ़्रीका वाली यात्रा जरा अलग किस्म की थी. हर देश में व्यवस्था के लिए हमारे समन्वयक और यात्री तो थे, परन्तु पूरी यात्रा में लगातार चलने वाले मैनेजर नहीं थे। इसलिए दिल्ली से अपनी दो सहयोगियों, उर्मिला सरकार और रितु सूद को पहले से भेज दिया गया था। उन्होंने वहाँ पर एक बड़ा सा बन्द ट्रक किराए पर ले लिया। उस ट्रक में 10-12 यात्री रह सकते थे। हमने उसी में कई बिस्तर, छोटा सा रसोईघर और शौचालय जैसी सुविधाएँ बनवाई थीं। अलग-अलग जगह पर शामिल होने वाले यात्री बसों और कारों आदि में उस ट्रक के साथ-साथ चलते थे। इस तरह हमारा ट्रक—चलता-फिरता घर, ऑफ़िस और कारवाँ—यात्रा का आकर्षण था।

पूरी विश्वयात्रा के दौरान हम सभी यात्री हर रोज़ रात में कुछ वक़्त निकालकर एक साथ ज़रूर बैठते थे। हम लोग ख़ूब हँसी-मज़ाक़ और नाच-गाना करने के अलावा अपनी दिक़्क़तें और अनुभव साझा किया करते। सभी यात्राओं में एशिया, अफ़्रीका, अमेरिका और यूरोप के देशों के यात्री शामिल थे। इसलिए भाषाओं, संस्कृतियों, लोकगीतों, नृत्यों आदि में ख़ूब मज़ेदार घालमेल देखने को मिलता था। सबसे ज़्यादा परेशानी भोजन की थी। तीनों यात्राओं में मेरे अलावा इक्का-दुक्का यात्री ही पूरी तरह शाकाहारी होते थे। लगभग हर ब्रेड या बिस्कुट

में अंडा मिला होने से मैं वह नहीं खा सकता था। हालाँकि जैसे-तैसे काम चल जाता था। परन्तु कभी-कभी बिना कुछ खाए भी रहना पड़ता था।

बासु, तैमूर, मोहन, बैलूसिया, बैलूसियो, शौकंथिया, हुआन और सुल्ताना आदि सभी बच्चे मुझसे इतना घुल-मिल गए थे, जैसे कि वे मेरे बचपन के दोस्त हों। सभी बाल यात्रियों से घुल-मिल कर उन्हें उत्साहित रखने में गोविंद सबसे आगे रहता था। बच्चों ने दुनिया को एक परिवार मानने के मेरे विश्वास को अपनी ज़िन्दगियों में जी कर दिखाया। मैंने हमेशा बच्चों से सरलता, निश्छलता, पारदर्शिता, सहजता, स्पष्टता, क्षमा और जिज्ञासा जैसे गुणों की प्रेरणा ली है।

यूरोप पहुँचकर तीनों यात्राएँ अलग-अलग देशों में बँट गई थीं। मैं तो जैसे अपने पैरों में पंख लगाकर सभी यात्राओं में हिस्सा लेता रहा। कहीं-कहीं पर कुछ हफ़्ते चला तो कहीं पर एक-दो दिन ही चल पाया।

जून के पहले सप्ताह में जिनेवा पहुँचते-पहुँचते ऐसा लगने लगा था कि पूरी दुनिया में बाल मज़दूरी के ख़िलाफ़ एक तूफ़ान खड़ा हो चुका है। लगभग एक सौ स्थायी यात्रियों के अलावा अलग-अलग देशों में हमारे साथ चलने वाले क़रीब दो हज़ार कार्यकर्ता, सहयोगी और समर्थक पहले से जिनेवा पहुँच चुके थे। पूरे शहर में हलचल मची हुई थी। स्थानीय सरकार, जिनेवा स्थित दर्जनों अन्तरराष्ट्रीय संगठनों जैसे इंटरनेशनल रेडक्रॉस, अन्तरराष्ट्रीय स्काउट्स और गाइड्स, वर्ल्ड काउंसिल ऑफ़ चर्चेज़, डिफेंस फॉर चिल्ड्रन इंटरनेशनल, यूएनयेचसीआर, डब्ल्यूएचओ आदि सभी संगठन और शहर के सभी स्कूल तथा विश्वविद्यालय यात्रा के समापन समारोह में शामिल हुए थे।

जिनेवा में विश्व यात्रा के भव्य कार्यक्रम

समारोह तीन दिन चला। पहले दिन सुबह संयुक्त राष्ट्र मानव अधिकार आयोग के मुख्यालय में यात्रियों का ज़ोरदार स्वागत किया गया। आयोग के अध्यक्ष और आयरलैंड की पूर्व राष्ट्रपति मेरी राबिन्सन ने स्वयं नीचे सड़क पर यात्रा की अगुआई की थी। आयोग के सभी अधिकारी और कर्मचारियों के अलावा संयुक्त राष्ट्र की कई बड़ी हस्तियों की मौजूदगी में उन्होंने वायदा किया कि आयोग हर प्रकार की बाल मज़दूरी को मानव अधिकारों का उल्लंघन मानता है। इसलिए इस संघर्ष में हम पूरी तरह साथ हैं। मैडम रोबिन्सन और आयोग के खुले समर्थन से हमारे आन्दोलन को बहुत ताक़त मिली। उसी दिन जिनेवा के खुले मैदान में ग्लोबल मार्च का नागरिक अभिनन्दन किया गया। साथ में और

भी कुछ कार्यक्रम रखे गए थे। दूसरे दिन जिनेवा के सारे कार्यालय और बाज़ार आदि बन्द करके लगभग पूरा शहर पदयात्रा में शामिल हुआ। क़रीब 50 हज़ार लोग हमारे साथ सड़कों पर उतर पड़े थे। जिनेवा पोस्टरों, झंडों और बैनरों से ढका पड़ा था। रास्ते भर में अलग-अलग प्रकार के बैंड बज रहे थे। सभी का कहना था कि जिनेवा जैसे शान्त और ठंडे शहर के इतिहास में इतनी भीड़ और गर्मजोशी पहले कभी नहीं देखी गई।

तीसरे दिन सुबह आईएलओ के मुख्यालय में ग्लोबल मार्च का भव्य स्वागत हुआ। वहाँ के मुख्य सभागार में आईएलओ के सभी अधिकारी और कर्मचारी शामिल हुए। कई देशों के श्रम मंत्री, मज़दूर नेता और नियोजक संगठनों के प्रतिनिधि भी मौजूद थे। वहीं बाहर प्रांगण में ग्लोबल मार्च की यादगार में एक स्कल्पचर (मूर्ति) की स्थापना की गई। जिनेवा के एक प्रसिद्ध मूर्तिकार द्वारा पत्थर को काटकर बनाई गई उस ऐतिहासिक मूर्ति में एक बच्चे को दर्शाया गया है। वह बच्चा कन्धे पर किताबों का बस्ता टाँगे हुए भाग रहा है। उसके पैरों तले हथौड़े, कुदालें और साँकलों जैसे पुराने औज़ार ज़मीन में धँसे पड़े हैं, जैसे वह उन्हें रौंदता हुआ स्कूल जा रहा हो। मूर्ति के नीचे ग्लोबल मार्च का ध्येय वाक्य 'फ्रॉम एक्स्प्लॉइटेशन टु एजुकेशन' यानी 'शोषण से शिक्षा की ओर' खोदकर अंकित किया गया है। कुछ वर्षों बाद आईएलओ ने वैसी ही मूर्तियाँ अपने राष्ट्रीय दफ़्तरों के बाहर भी लगा दी थीं।

यात्रा ख़त्म होने के बाद सभी यात्रियों का अपने-अपने घर लौटने का दिन सबसे भावुक क्षण था। क्या बच्चे और क्या बड़े, सभी के चेहरे उदास थे। वे हिम्मत जुटाकर एक-दूसरे से मिल ज़रूर रहे थे, लेकिन मौक़ा देखते ही रोने लगते थे। सबने कई-कई बार अपने और एक दूसरे के आँसू पोंछे होंगे। बड़े-बड़े संघर्ष करने वाले कठोर दिलों के मज़दूर नेता हों या फिर अमानवीय जुल्मों के शिकार बच्चे—सभी ऐसे भावुक हो रहे थे, जैसे अपने परिवारों से हमेशा के लिए बिछुड़ रहे हों। हालाँकि हम कई दिनों से बच्चों को विदाई के दिन के लिए मानसिक रूप से तैयार करने में जुटे हुए थे, लेकिन वह तैयारी धरी की धरी रह गई थी।

एक कोने में भारत का मोहन और पाकिस्तान का तैमूर गले लगकर रो रहे थे। वे दोनों बच्चे अपने-अपने देशों में कालीन उद्योग में बँधुआ मज़दूरी से छुड़वाए गए थे। मुझे देखकर वे थोड़ी देर तक चुप रहे, फिर आकर मुझसे लिपट गए। वे ग़ुस्से में थे क्योंकि वे इतना तो जानते थे कि फिर शायद ही कभी मिल पाएँ।

उन्होंने पूछा, "भाई साहब, कोई बताए कि हम दोनों में क्या फ़र्क़ है? हम हिन्दुस्तानी और पाकिस्तानी क्यों हैं? हमारे बीच बॉर्डर क्यों बनाया गया? जब आप इतना बड़ा ग्लोबल मार्च निकाल सकते हैं तो इस बॉर्डर को क्यों नहीं मिटा सकते?"

मैंने इतनी गम्भीर, मार्मिक और नैतिक चुनौती का मुक़ाबला कभी नहीं किया था। मेरे पास उनके सवालों के जवाब नहीं थे। इतिहास में कभी बच्चों ने युद्ध नहीं किये। देशों के बीच बॉर्डर नहीं बनाए। इनसानियत को मज़हबों में नहीं बाँटा। इसलिए सिर्फ़ उन्हीं को ऐसे सवाल पूछने का साहस और हक़ हो सकता था। उन बच्चों के वे सवाल पूरी दुनिया के लिए थे। कभी-न-कभी पूरी दुनिया को इनका जवाब देना पड़ेगा। उसके बिना परमात्मा की यह ख़ूबसूरत धरती और इनसानियत कभी भी सुरक्षित नहीं रह सकती।

बचपन की आज़ादी के लिए फैला विश्व आन्दोलन

1998 में ग्लोबल मार्च का पहला क़दम पूरा हो गया था। अन्तरराष्ट्रीय क़ानून पारित होने का असली काम तो अगले साल, यानी 1999 में होना था। इसलिए यह ज़रूरी था कि मिलकर उसके लिए पूरा ज़ोर लगाया जाए। उसके बाद दूसरी बड़ी चुनौती उस क़ानून को प्रत्येक देश में पारित कराने की थी, जिससे कि वे उसी के मुताबिक़ नये क़ानून बनाएँ या अपने पुराने क़ानूनों को संशोधित करें।

ज़्यादातर सहयोगी संगठन यह मानते थे कि यात्रा पूरी होने के बाद ग्लोबल मार्च को आन्दोलन की तरह चलाए रखने के बजाय, एक छोटी-सी टीम काम करती रहे; जबकि कई दूसरे साथी सोचते थे कि विश्व यात्रा से उपजी अभूतपूर्व ऊर्जा से बाल मज़दूरी के ख़िलाफ़ ज़बरदस्त आन्दोलन जारी रखना चाहिए। इसलिए उसे एक संस्थागत रूप दे देना चाहिए। मेरा भी वही विचार था।

विश्व यात्रा के समापन के दूसरे दिन सभी संगठन और यात्री भविष्य की योजना पर बात करने के लिए बैठे। मैं सोचता था कि इतनी बड़ी सफलता के आनन्द में डूबे कार्यकर्ता अपने वैचारिक या व्यक्तिगत भेदभाव भूलकर आन्दोलन को मज़बूत करेंगे। लेकिन हुआ उलटा ही। एंटी स्लेवरी इंटरनेशनल, नोविब, डिफेन्स फ़ॉर चिल्ड्रन इंटरनेशनल और टैरे डस होम आदि कई संस्थाएँ मेरे विचार से सहमत नहीं थे। दोपहर तक बड़ा वाद-विवाद होता रहा जिससे कुछ देर के लिए कार्यवाही को रोकना पड़ा। उसी बीच मेरे पास सूचना आई कि यदि ग्लोबल मार्च को एक संगठन या आन्दोलन की तरह चलाना है तो उसके नेतृत्व पर दोबारा विचार होना चाहिए। मैं जानता था कि कुछ लोग मेरा नेतृत्व पसन्द नहीं करते थे। मुझे आश्चर्य तो नहीं हुआ, परन्तु तकलीफ़ बहुत हुई। ग़ुस्सा भी आया।

मैं दिल से नहीं चाहता था कि इतनी मुश्किलों और मेहनत से खड़े किये गए आन्दोलन का अध्यक्ष कोई और बने, लेकिन किसी तिकड़मबाज़ी में नहीं पड़ना चाहता था। मैंने शान्त भाव से विचार करके फ़ैसला किया कि सभी लोग जो चाहेंगे, अपने बारे में तो मंजूर कर लूँगा, लेकिन आन्दोलन रोक देने का समझौता नहीं करूँगा। जब फिर से बैठक शुरू हुई तो उसमें कोई मेरे विरोध में या अध्यक्ष बदलने के बारे में एक शब्द तक नहीं बोला। शायद उसकी सबसे बड़ी वजह यह थी कि लगभग सभी युवा यात्री और ग़रीब देशों के कार्यकर्ता मेरे साथ आन्दोलन को आगे चलाना चाहते थे। आख़िरकार तय किया गया कि 'ग्लोबल मार्च अगेंस्ट चाइल्ड लेबर' के नाम से ही गठबन्धन को मज़बूत किया जाए।

ग्लोबल मार्च से इतिहास में गठबन्धन की एक नई संस्कृति जन्मी थी। पहली बार इतने बड़े पैमाने पर स्वयंसेवी संगठनों, मज़दूरों, शिक्षक यूनियनों, धार्मिक संस्थाओं और बच्चों व युवाओं ने एक उद्देश्य के लिए साथ मिलकर एक सफल आयोजन किया था। यह एक अभियान को आन्दोलन में बदलने का प्रयोग था।

जिनेवा से लौटकर सभी संगठनों ने अपने-अपने देशों में आन्दोलन को और तेज़ किया। इसके लिए मुझे फिर से कई देशों की यात्राएँ करनी पड़ीं। उनमें बांग्लादेश भी था। मैं खोखन से मिलने उसकी झुग्गी-बस्ती में गया। यह वही बच्चा था जो बैसाखियों के सहारे अपने एक पैर से सबसे आगे चला था। वह एक छोटी सी मस्जिद के पीछे की दीवार के सहारे टाँगी गई प्लास्टिक की चादर के नीचे टूटी हुई बेंच पर फटे-पुराने कपड़ों में बैठा था। वह ख़ुशी के मारे मुझसे लिपटकर रोने लगा। उसने एक-एक करके कई विश्व यात्रियों के हालचाल पूछे।

खोखन ने अपनी ग़रीबी और भुखमरी के बारे में कोई बात नहीं की। वह आईएलओ कन्वेन्शन पारित होने के बारे में पूरी तरह से आश्वस्त था। उसने कहा, "अंकल जी, जिस काम के लिए मेरे जैसा बच्चा इतना दर्द सहते हुए एक टाँग से दुनिया-भर में घूम सकता है, वो तो अल्लाह का काम है। उसी के रहम से आप इतना बड़ा बीड़ा उठा सके। कैलाश अंकल, क़ानून तो बनकर रहेगा और बाल मज़दूरी भी ख़त्म होगी, इंशाअल्लाह।" मैंने भी जवाब में कहा, 'इंशाअल्लाह।'

ग्लोबल मार्च को एक व्यवस्थित गठबन्धन की तरह चलाने के लिए उसका एक संविधान बना लिया गया। उसी के मुताबिक़ दक्षिण-पूर्व एशिया की सिसीलिया के नेतृत्व में विसायन फोरम, दक्षिण एशिया में गौरी प्रधान के नेतृत्व में उनका

संगठन सीविन, पश्चिमी अफ्रीका से क्लीओफास माली और उनकी संस्था वाओ अफ्रीक, पूर्वी अफ्रीका से एम्पकान और उसकी अध्यक्ष डॉ. फिलिस्ता ओनियंगो, दक्षिण अमेरिकी संस्था एब्रिन्क फ़ाउंडेशन और उसके प्रतिनिधि लैलिओ बैन्तेस कोरय्या यूरोप में नोविब की तरफ़ से हैनरियाते, मध्य अमेरिका की बाल अधिकार कार्यकर्ता विरजीनिया मुलीलो और डिफेंस फॉर चिल्ड्रन इंटरनेशनल, ग्लोबल मार्च अगेन्स्ट चाइल्ड लेबर के शीर्ष नेतृत्व का हिस्सा बने।

बोर्ड में उन क्षेत्रीय समन्वयकों के अलावा श्रमिकों के महागठबन्धन, आईसीएफटीयू और शिक्षकों के महागठबन्धन, एजुकेशन इंटरनेशनल का एक-एक प्रतिनिधि शामिल था। सभी ने अपनी-अपनी सरकारों पर अन्तरराष्ट्रीय क़ानून बनवाने के लिए दबाव बनाए रखा था।

ग्लोबल मार्च के कई नेता और मैं आईएलओ की गवर्निंग बोर्ड के प्रमुख सदस्यों के सम्पर्क में भी बने रहे थे। आईसीएफटीयू के अध्यक्ष रॉय ट्रॉटमैन और महासचिव बिल जॉर्डन के अलावा संगठन के वरिष्ठ अधिकारी टिम नूनन से मेरे बड़े अच्छे सम्बन्ध थे। कई देशों के ताक़तवर मज़दूर संगठनों की प्रस्तावित क़ानून बनाने में महत्त्वपूर्ण भूमिका थी। मैं उन्हें ज़मीनी परिस्थितियों, कठिनाइयों और सरकारों के साथ होने वाले अनुभवों के बारे में बताता रहता था। साथ ही व्यावहारिक रणनीतियों और तौर-तरीक़ों की जानकारियाँ भी देता था।

12 जून, 1999 को आईएलओ के सालाना अधिवेशन में नये क़ानून का मसौदा पेश कर दिया गया। मैं अपने कुछ बच्चों और ग्लोबल मार्च के नेताओं के साथ शामिल हुआ। बच्चों की मौजूदगी ने फिर से अधिवेशन के प्रतिनिधियों को नैतिक जवाबदेही के भावों से भर दिया। आख़िरकार ख़ुशी का वह क्षण भी आ गया जब हमारी आँखों के सामने विश्व की सभी सरकारों ने एकमत से वह क़ानून अनुमोदित कर दिया। उसे 'बदतर प्रकारों की बाल मज़दूरी पर आईएलओ कन्वेंशन' के नाम से जाना गया। वह मेरे जीवन की एक सबसे बड़ी सफलता का क्षण था। सभी ख़ुशी के मारे एक-दूसरे से लिपटकर रो पड़े थे। ऐसा लग रहा था जैसे दुनिया का हर समुद्र, नदी, पहाड़, पेड़, धरती, आकाश, चाँद, सितारे, सूरज—सब ग़ुलामी से आज़ाद हुए बच्चों की तरह नाच रहे हों; और उन्हीं में से एक मैं भी हूँ।

वहाँ से लौटने के बाद हमारा सबसे बड़ा मिशन उस आईएलओ कन्वेंशन को सभी देशों में जल्दी से जल्दी अनुमोदित कराना था। हम उसमें पूरी तरह से सफल हुए और वह संयुक्त राष्ट्रसंघ के इतिहास का सबसे तेज़ी से सभी देशों द्वारा अनुमोदित किया गया पहला क़ानून बन गया। इन प्रयासों से 2000 से

2016 के बीच 16 सालों में दुनिया में बाल मज़दूरों की संख्या भी क़रीब 25 करोड़ से घटकर 15 करोड़ रह गई थी।

संयुक्त राष्ट्रसंघ की संस्थाओं के साझा समूह की स्थापना

हमने 2001 में कुछ मित्रों की मदद से अमेरिका में 'इंटरनेशनल सेंटर ऑन चाइल्ड लेबर एंड एजुकेशन' शुरू किया था। हम उसके ज़रिये बाल मज़दूरी, अशिक्षा और ग़रीबी के मुद्दों को जोड़ने वाली अन्तरराष्ट्रीय नीतियों और कार्यक्रमों को बढ़ावा देने में लगे थे। इन मुद्दों से सम्बन्धित संयुक्त राष्ट्रसंघ की संस्थाओं के बीच कोई आपसी तालमेल नहीं था। बाल मज़दूरी ख़त्म करने के काम की अगुआई आईएलओ के जिम्मे थी। सबकी शिक्षा का दायित्व यूनेस्को का था तो बाल अधिकारों की रक्षा का काम यूनिसेफ के पास था, स्वास्थ्य के लिए विश्व स्वास्थ्य संगठन और ग़रीबी समाप्त करने और विकास के कार्यक्रमों के लिए विश्वबैंक और यूएनडीपी थे। मिल-जुलकर काम करना तो दूर, वे ज़्यादातर मामलों में एक-दूसरे के प्रतिद्वंद्वी होते थे; क्योंकि अपने भारी-भरकम ख़र्चों के लिए उन्हें चन्द अमीर देशों पर ही निर्भर रहना पड़ता था। वे यह बात तक समझने को राज़ी नहीं थे कि एक ही बच्चे की अलग-अलग समस्याओं और उनसे जुड़े मुद्दों को टुकड़ों में बाँटकर नहीं सुलझाया जा सकता। मेरे मन में विचार आया कि बच्चों से वास्ता रखने वाली इन सभी अन्तरराष्ट्रीय एजेंसियों को एक टेबल पर बैठाकर एक साझा मंच बनाया जाए।

'ग्लोबल मार्च' और 'विश्व शिक्षा अभियान' के अध्यक्ष के नाते उन सभी से मेरा वास्ता पड़ता था। आईएलओ के मुखिया हुवान सोमाविया और यूनेस्को के महानिदेशक कोइचिरो मत्सूरा से बड़े अच्छे सम्बन्ध हो गए थे। नीदरलैंड के मेरे मित्र एड मेल्कर्ट विश्वबैंक के एक्जीक्यूटिव डायरेक्टर बने, फिर यूएनडीपी के उप मुखिया बन गए थे। वे 1998 में विश्व यात्रा में अपने बच्चों के साथ शामिल हुए थे और नीदरलैंड से जर्मनी की सीमा के भीतर तक लगभग 20 किलोमीटर पैदल चले थे। तब वे नीदरलैंड के विकास सहयोग मंत्री थे और प्रधानमंत्री पद के सबसे प्रभावी दावेदार थे। यूनिसेफ के प्रमुख और ब्राज़ील तथा नार्वे की सरकारों के कुछ बड़े अधिकारियों से भी मेरी अच्छी जान-पहचान थी। मैंने इन सभी से अलग-अलग मिलकर अपना विचार बताया। दो-ढाई साल की कोशिशों के बाद वे बाल मज़दूरी, अशिक्षा और ग़रीबी के उन्मूलन के लिए एक साझा समूह बनाने के लिए राज़ी हो गए। आख़िरकार 2005 में 'ग्लोबल टास्क फोर्स

ऑन चाइल्ड लेबर एंड एजुकेशन फॉर आल' का गठन कर लिया गया। उसमें आईएलओ, यूनिसेफ, यूनेस्को, विश्वबैंक, यूएनडीपी, एजुकेशन इंटरनेशनल और ग्लोबल मार्च के अलावा दो देशों-नॉर्वे और ब्राज़ील के प्रतिनिधि भी शामिल थे।

इस समूह की शुरुआती बैठकें ब्राज़ील, मिस्र, नार्वे, भारत और चीन में की गई थीं। हमारी संस्था को ही उन बैठकों के आयोजन का पूरा प्रबन्धन और संसाधन जुटाने का काम करना पड़ा था।

पहली बार बाल मज़दूरी को शिक्षा और विकास की मुख्य धारा में जोड़ने की इतनी बड़ी पहल हुई थी। उसका परिणाम यह निकला कि शिक्षा के लिए आर्थिक सहायता करने वाले कई देश बाल मज़दूरी समाप्ति पर भी ज़ोर देने लगे थे। विकासशील देश अपने राष्ट्रीय कार्यक्रम उसी तरह ढालने को मजबूर हुए। कुछ साल तक वह समूह ठीक-ठाक ढंग से चलता रहा था, परन्तु उसका संयोजन करने वाले आईएलओ के अधिकारियों में नेतृत्व की कमी और दूसरी संयुक्त राष्ट्र संस्थाओं की पुरानी चली आ रही स्पर्धा के चलते वह कमज़ोर पड़ता गया। फिर भी सन्तोष की बात यह है कि वे संस्थाएँ कुछ हद तक बच्चों के हितों में साथ-साथ काम करना सीख गईं।

कैसे बनी शिक्षा भारत में मौलिक अधिकार

हेडमास्टर जी की फटकार ने दिखाया नया रास्ता

ग़ुलामी और बाल मज़दूरी से मुक्त कराए गए बच्चों का स्कूलों में दाख़िला कराना हमारे लिए बड़ी चुनौती होती थी। हम अपने बच्चों के दाख़िले के लिए सरकारी स्कूलों के हेडमास्टरों से मिन्नतें करते फिरते थे। यह घटना 1999 के अप्रैल महीने की है। मैं अपने एक कार्यकर्ता के साथ मुक्ति आश्रम में रह रहे चार बच्चों को पास के एक सरकारी स्कूल में दाख़िल कराने ले गया था। हेडमास्टर जी मुझे देखते ही भड़क उठे। बोले, "आप फिर से इन्हें ले आए! मैं पहले ही मना कर चुका हूँ कि इनको एडमिशन नहीं दूँगा।"

मैंने प्रार्थना की, "सर, ये कई महीनों से मुक्ति आश्रम में रह रहे हैं। कामचलाऊ लिखना-पढ़ना भी सीख चुके हैं।"

वे बोले, "नहीं, अब तो इनकी उम्र निकल गई है। इन्हें छोटे बच्चों के साथ नहीं पढ़ाया जा सकता।"

मैंने फिर आग्रह किया, "तो दूसरी या तीसरी कक्षा में भर्ती कर लीजिए।"

मास्टर जी ने और ज़्यादा चिढ़कर कहा, "मैं कह चुका हूँ, इनका एडमिशन नहीं होगा। आपके जिन बच्चों को पहले दाख़िल किया था, उनकी बोलचाल ठीक नहीं है। न जाने कहाँ-कहाँ से गन्दे-सन्दे बच्चों को पकड़ लाते हो! न तो जन्म प्रमाणपत्र है, न माँ-बाप का पता-ठिकाना।"

मुझे भी ग़ुस्सा आ गया। हमारे बीच काफ़ी कहासुनी हो गई। अन्त में मैंने कहा, "ठीक है, तो मैं यहीं भूख हड़ताल पर बैठ रहा हूँ। देखें, आप इन्हें कैसे भरती नहीं करते!" तब तक बाक़ी अध्यापक और स्कूल के कर्मचारी जमा हो

गए थे। उनमें से कुछ लोगों ने मुझे समझाने की कोशिश की तो कुछ दूसरे गाली-गलौज पर उतर आए। मेरा साथी उन्हें मारने के लिए लपका। हम किसी तरह मामले को शान्त करके बाहर निकल आए। मैंने अपने एक वकील दोस्त को फ़ोन किया। मुझे उनके जवाब से बड़ी निराशा हुई। उन्होंने सलाह दी कि मैं बात को आगे न बढ़ाऊँ क्योंकि क़ानूनी तौर पर मेरे पास कोई अधिकार नहीं है। मैं दुःख और ग़ुस्से से भरा हुआ मुक्ति आश्रम वापस लौट गया।

भारत के संविधान में शिक्षा मौलिक अधिकारों में शामिल नहीं था। इसलिए हेडमास्टर से कब तक झंझट किया जा सकता था! और बात सिर्फ़ मेरी नहीं थी। देश के हज़ारों-लाखों स्कूलों में न जाने कितने बच्चों को इसी तरह कोई हेडमास्टर दाख़िला देने से मना कर देता होगा। मन में विचार आया कि शिक्षा के अधिकार को मौलिक अधिकार बनवाने के लिए संविधान में संशोधन कराने को एक आन्दोलन किया जाए।

संविधान निर्माता और भारत के पहले क़ानून मंत्री डॉ. भीमराव अंबेडकर शिक्षा के अधिकार के सबसे बड़े पक्षधरों में से एक थे। वे स्वयं अछूत माने जाने वाले समुदाय में जन्मे थे और पढ़ाई-लिखाई के कारण ही तमाम भेदभावों और विसंगतियों को पार करते हुए ऐसे सम्मानित पद तक पहुँचे थे। उन्होंने तथा कुछ अन्य नेताओं ने संविधान सभाओं की बैठकों में शिक्षा को मौलिक अधिकार बनाने की ज़ोरदार वकालत की थी। लेकिन भारत की ग़रीबी और कई वजहें गिनाकर शिक्षा को मूल अधिकार की जगह उन नीति-निदेशक सिद्धान्तों की श्रेणी में रख दिया गया जिन्हें अगले दस वर्षों में लागू किया जाना था। दुर्भाग्य से, हर दस साल के बाद इसकी मियाद अगले वर्षों के लिए बढ़ाई जाती रही।

सबसे पहले मैंने अपने संगठन के साथियों और सहयोगी संगठनों से सलाह-मशविरा किया। एक साल पहले ही हम विश्व यात्रा कर चुके थे, इसलिए वे उत्साहपूर्वक एक नये आन्दोलन के विचार से सहमत हो गए। उसके बाद देश भर के दूसरे ग़ैर-सरकारी संगठनों के नेताओं से सम्पर्क करना शुरू किया। उनमें से ज़्यादातर हमारे विचार से सहमत हुए और शिक्षा के अधिकार अभियान में शामिल हो गए। परन्तु हमारे विरोधियों और ईर्ष्यालुओं की कमी नहीं थी। ऐसे राजनीतिक लोग थे, जिन्हें मेरे हर काम में बेवजह देश को बदनाम करने, विदेशी धन लूटने और निर्धन बच्चों को ईसाई बनाने जैसी साजिश नज़र आ जाती थी। वे अनर्गल आरोप लगाते नहीं थकते थे। मैं बदनामी से तो नहीं डरता था, लेकिन मन को बड़ी तकलीफ़ होती थी।

कुछ महीनों के बाद मैंने अपने प्रमुख सहयोगियों के साथ भारत के तत्कालीन

प्रधानमंत्री अटल बिहारी वाजपेयी से उनके आवास पर मुलाक़ात की। उन्हें अपनी माँग बताई और ज्ञापन दिया। अपने स्वभाव के अनुसार उन्होंने मुझे और मेरे साथियों को बहुत प्रोत्साहित किया। वे ख़ुद हमारे उस विचार के समर्थन में थे, लेकिन उनका कहना था कि दो-तिहाई बहुमत के बिना संविधान में संशोधन नहीं किया जा सकता। वाजपेयी जी कई पार्टियों की मिली-जुली सरकार चला रहे थे। इसलिए यह काम बड़ा मुश्किल था। उन्होंने एक और महत्त्वपूर्ण मुद्दा उठाया। उनका कहना था कि अगर शिक्षा को मौलिक अधिकार का दर्जा मिल जाए तो भी पर्याप्त धनराशि के अभाव में इस पर अमल करना सम्भव नहीं होगा। संयोग की बात यह थी कि मैं कुछ दिनों पहले ही दक्षिण अफ़्रीका से लौटा था। वहाँ की सरकार और सामाजिक संगठनों के बड़े नेताओं से मेरे अच्छे सम्बन्ध थे। मुझे यह जानकारी थी कि राष्ट्रपति रहने के दौरान नेल्सन मंडेला के सामने भी यही समस्या आई थी। तब उनकी सरकार ने बड़ी सूझबूझ के साथ सभी टैक्सों के ऊपर एक छोटा-सा शिक्षा उपकर यानी एजुकेशन सेस लगाना शुरू कर दिया था। नागरिक अपनी आमदनी या ख़रीद-बिक्री आदि पर जो भी टैक्स अदा करते थे, उस टैक्स पर दो प्रतिशत धनराशि और जोड़ दी जाती थी। उससे न केवल शिक्षा के मद में होने वाले ख़र्चों की भरपाई हो गई, बल्कि शिक्षण सुधार के अन्य कार्यक्रम भी चले। मैंने वही बात अटल जी को बताई। यह उनका बड़प्पन ही था कि उन्होंने धैर्यपूर्वक और गम्भीरता से मेरी सारी बातें सुनीं।

मैंने अटल जी से वायदा किया कि संविधान संशोधन के लिए हम सभी पार्टियों के नेताओं और देश के सभी सांसदों का समर्थन जुटाने की भरपूर कोशिश करेंगे। हमने जी-जान लगाकर वही किया। हम विपक्ष की नेता सोनिया गांधी और सभी बड़ी पार्टियों के नेताओं से मिले। सबने हमारी बात को गम्भीरता से लिया।

संसद सदस्यों के दरवाज़ों पर बच्चों की दस्तक

2000 में संसद के बजट सत्र के दौरान हमने एक अनोखा अभियान चलाया। उसमें भाग लेने के लिए बाल आश्रम, मुक्ति आश्रम और बाल मित्र गाँवों के क़रीब 200 बाल नेताओं और 100 कार्यकर्ताओं को दिल्ली बुलाया गया। उनसे ख़ूब चर्चा-परिचर्चा के बाद उनकी ट्रेनिंग कराई गई। फिर उन्हें छोटी-छोटी टोलियों में बाँटा गया। वे टोलियाँ हर दिन सबेरे-सबेरे 7 से 11 बजे तक और शाम को 5 से 9 बजे तक संसद सदस्यों के घर जाकर उनके दरवाज़े खटखटाती थीं। कुछ माननीय सदस्य अन्दर बुलाकर बड़े इत्मीनान से हमारी बात सुनते थे और

चाय-नाश्ता भी कराते थे। परन्तु कुछ मिलने से ही मना करवा देते थे। दो-चार ने तो दुत्कार कर भगा दिया था।

टोली में शामिल बच्चे अपने हाथों में ख़ाली स्लेटें पकड़े रहते थे। वे सांसद महोदय से माँग करते कि संविधान संशोधन करके शिक्षा को मौलिक अधिकार बनाया जाए। फिर प्रतीक के रूप में उन्हें ख़ाली स्लेटें पकड़ाकर शिकायत करते थे कि आज़ादी के 53 सालों के बाद भी करोड़ों बच्चे निरक्षर हैं। कुछ नेता शर्मिंदा हो जाते थे तो कुछ भावुक हो उठते थे। वह अभियान तीन दिनों तक चला। इस कोशिश का नतीजा तुरन्त निकला। अलग-अलग पार्टियों के नेताओं ने पहली बार लोक सभा और राज्य सभा में शिक्षा को संवैधानिक अधिकार बनाने के समर्थन में अपनी आवाज़ उठाई। उनमें से कइयों ने अपने भाषण में बच्चों से हुई मुलाक़ात का हवाला भी दिया था।

इस काम में उत्तर प्रदेश के लखीमपुर खीरी से लोकसभा के सदस्य रवि प्रकाश वर्मा का सहयोग सबसे महत्त्वपूर्ण था। उन जैसे विद्वान, ईमानदार, भावनाशील और बच्चों के प्रति संवेदना रखने वाले राजनेता बिरले ही होंगे। बाद में तो वर्मा जी ने शिक्षा और बाल मज़दूरी को अपना निजी और चुनावी एजेंडा बना लिया था। जात-पाँत और साम्प्रदायिकता की राजनीति करने के बजाय उन्होंने शिक्षा के लिए और बाल मज़दूरी के ख़िलाफ़ अभियान चलाए रखा। इसी वजह से वे लोक सभा का चुनाव भी हारे। फिर भी उन्होंने किसी भी तरह के भ्रष्टाचार और हथकंडों का सहारा नहीं लिया। रविप्रकाश जी मेरे छोटे भाई की तरह हैं। उनसे हमारे बड़े अच्छे घरेलू रिश्ते हैं। वे कई बार अपने परिवार के साथ बाल आश्रम आकर रहे हैं। हम भी उनके गाँव जाते हैं। वे पिछले क़रीब दो दशकों से बाल मज़दूरी, ट्रैफ़िकिंग, अशिक्षा, यौन अत्याचारों के ख़िलाफ़ चलने वाले हर अभियान में, बचपन बचाओ आन्दोलन में पूरे जी-जान से जुटते रहे हैं। हमने उनके नेतृत्व में 'पार्लियामेंट्री फोरम ऑन एजुकेशन' यानी शिक्षा के लिए एक संसदीय फोरम का गठन किया था। इसके बावजूद हमें जितना राजनीतिक समर्थन मिलना चाहिए था, उतना नहीं मिला। हमने कुछ महीनों तक इन्तज़ार किया। फिर भी बात नहीं बनी तो फ़ैसला किया गया कि आन्दोलन को तेज़ करने के लिए देश भर की एक यात्रा की जाए।

देशव्यापी शिक्षा यात्रा

हमने 21 जनवरी, 2001 में केरल के तिरुअनंतपुरम से 30 किलोमीटर दूर

पटशाला नामक गाँव से शिक्षा यात्रा शुरू की। माना जाता है कि पटशाला शत-प्रतिशत साक्षरता हासिल करने वाला देश का पहला गाँव था। हमारी यात्रा पूरे ज़ोर पर थी। उसी बीच 26 जनवरी को गुजरात के कच्छ में एक भूकम्प आया जो कि भारत के इतिहास की सबसे विनाशकारी प्राकृतिक आपदाओं में से एक था। ज़ोर-शोर से चल रही यात्रा के लिए वह बहुत बड़ा झटका था। मैंने सभी नेताओं के साथ सलाह-मशविरा किया। उसमें तय हुआ कि यात्रा कुछ दिनों के लिए स्थगित कर दी जाए। आपदाओं में अक्सर बच्चों की शिक्षा और सुरक्षा जैसे गम्भीर मुद्दे पीछे छूट जाते हैं। हमारा अनुभव था कि ऐसे बच्चे ट्रैफ़िकिंग, बाल मज़दूरी, बाल यौन शोषण, भिखमंगी, वेश्यावृत्ति और बाल विवाह के आसानी से शिकार बनते हैं।

इसलिए हमने भूकम्प पीड़ित क्षेत्रों में अपने कार्यकर्ताओं को भेजकर वहाँ के बच्चों पर आपदा के असर के बारे में एक अध्ययन कराया। उसकी रिपोर्ट सरकार और राहत कार्यों में मदद करने वाली राष्ट्रीय और अन्तरराष्ट्रीय संस्थाओं को भेजीं ताकि वे बच्चों के हितों की रक्षा के लिए भी उसी तत्परता से कार्य करें।

कुछ सप्ताह बाद हमने फिर से यात्रा शुरू की। हमने देश के 20 राज्यों से गुज़रते हुए क़रीब 15 हज़ार किलोमीटर की दूरी तय की। सभी पिछली यात्राओं की तरह हम हर रोज़ रास्ते में 10-12 कार्यक्रम करते थे। आबादी वाले इलाक़ों में 12 से 15 किलोमीटर तक पदयात्रा होती थी। हम सुनसान इलाक़ों में दो बसों और पाँच-छह छोटे वाहनों में चलते थे। गली-कूचों, गाँव-देहातों, शहरों और महानगरों से गुज़रते हुए हम भारत का मस्तक माने जाने वाले प्रान्त कश्मीर पहुँचे। उस समय वहाँ के हालात ठीक नहीं थे। आए दिन हिंसक वारदातें होती थीं, लेकिन हम न केवल सुरक्षित रहे बल्कि कई अच्छे कार्यक्रम भी हुए।

19 जून, 2001 को दिल्ली पहुँचकर यात्रा का समापन हुआ। पूरी यात्रा के दौरान लाखों लोगों के अलावा 100 से ज़्यादा संसद सदस्य शामिल हुए थे। पाँच-छह सौ एनजीओ और देश भर के सभी शिक्षक संगठनों ने उसमें भागीदारी की थी। इनमें ऑल इंडिया प्राइमरी टीचर्स एसोसिएशन (एआईपीटीए), ऑल इंडिया सेकेंडरी टीचर्स एसोसिएशन, ऑल इंडिया फेडरेशन ऑफ़ टीचर्स एसोसिएशन (एआईएफटीए) और ऑल इंडिया क्रिश्चियन टीचर्स एसोसिएशन प्रमुख थे।

राष्ट्रीय अख़बारों के मुताबिक दिल्ली के रामलीला मैदान में यात्रा के समापन कार्यक्रम में 50 हज़ार से ज़्यादा लोग शामिल हुए थे। हमने यात्रियों के प्रतिनिधियों के साथ राष्ट्रपति के.आर. नारायणन, प्रधानमंत्री अटल बिहारी वाजपेयी

और प्रतिपक्ष की नेता सोनिया गांधी से मुलाक़ात करके अपनी माँगें उनके सामने रखी थीं। सभी ने हमारे उद्देश्य का समर्थन किया था।

मेरे जिन साथियों को अलग-अलग प्रान्तों में यात्रा की सफलता का श्रेय जाता है, उनमें से कई पिछले कुछ वर्षों में दिवंगत हो चुके हैं। दक्षिण भारत के पॉल भास्कर, महाराष्ट्र के श्रीनिवास कुलकर्णी, पंजाब के जयसिंह राणा, राजस्थान के हज़ारीलाल जाटौलिया और रामेश्वर लाल तिवारी तथा शिक्षक नेता रामपाल सिंह आदि प्रमुख हैं। उत्तर प्रदेश में रमाकान्त राय और बिहार में अजय सिंह और मुख़्तारुल हक़ आदि यात्रा के संयोजन में जी-जान से जुटे थे। ये सभी मेरे पारिवारिक मित्र रहे हैं।

शिक्षा यात्रा के रास्ते में अलग-अलग जगह पर वहाँ के सांसद, विधायक, प्रान्तों के मंत्री, विभिन्न पार्टियों के नेता और समाज के सभी वर्गों के प्रतिष्ठित व्यक्ति शामिल होते थे। यात्रा से पहले हमारे 'शिक्षा के लिए संसदीय फोरम' में अलग-अलग पार्टियों के लगभग 50 संसद सदस्य शामिल थे, किन्तु समाप्ति के बाद उनकी संख्या बढ़कर 163 हो गई थी। संसदीय फ़ोरम की कई बैठकें हुई थीं। कुछ बैठकें तो संसद भवन की एनेक्सी और सांसदों के क्लब में रखी गई थीं। फ़ोरम के सदस्यों ने संसद के सत्रों में बार-बार हमारी माँग को बुलन्द किया।

आख़िरकार 12 दिसम्बर, 2002 में भारत के संविधान में संशोधन किया गया और शिक्षा मौलिक अधिकार बन गई। देश के सभी सामाजिक संगठनों और शिक्षाप्रेमियों के लिए यह एक ऐतिहासिक उपलब्धि थी। हमारे आन्दोलन के इतिहास में तो यह मील का एक पत्थर है ही।

शिक्षा हज़ारों वर्षों से जीवन और समाज का महत्त्वपूर्ण हिस्सा रही है। राजसत्ताएँ, धार्मिक संस्थाएँ, सामाजिक संगठन, धनाढ्य जन शिक्षा को परोपकार, जन कल्याण तथा पुण्य मानकर बहुत सारे कार्य करते रहे हैं। इसके बावजूद करोड़ों लोग अनपढ़ रह जाते हैं। शिक्षा को अधिकार न मानना इसकी सबसे बड़ी वजह रही थी। सबसे वंचित बच्चों की शिक्षा देश की राजनीतिक प्राथमिकताओं में नहीं थी। संवैधानिक अधिकार बन जाने के बाद उसे लागू करने के लिए एक क़ानून बनना ज़रूरी था। हमें उसके लिए भी संघर्ष करना पड़ा।

हमने संसदीय फ़ोरम के अलावा नेशनल कोएलिशन फॉर एजुकेशन (एनसीई) का गठन किया। हमने फ़ैसला किया कि शिक्षा के अधिकार का क़ानून बनवाने के लिए देश के हर राजनीतिक दल से सम्पर्क करेंगे। एनसीई में देश के चारों प्रमुख शिक्षक संघों के साथ-साथ अनेकों ग़ैर-सरकारी संगठन शामिल थे। सांसद रवि प्रकाश वर्मा को एनसीई का भी संयोजक बनाया गया। मैं शुक्रगुज़ार हूँ कि

हमें सत्तापक्ष और विपक्ष की लगभग हर पार्टी में ऐसे नेता मिले जिन्होंने इसे प्राथमिकताओं में शामिल कर किया। उनमें सोमनाथ चटर्जी, अर्जुन सिंह, मुलायम सिंह यादव, लालू प्रसाद यादव, सुषमा स्वराज, उमा भारती, रीता बहुगुणा जोशी, हरकिशन सिंह सुरजीत, अतुल अंजान जैसे कई नेता थे।

2004 में देश में कांग्रेस के नेतृत्व में नई गठबन्धन सरकार आ गई। डॉ. मनमोहन सिंह प्रधानमंत्री बने। डॉ. सिंह दुनिया-भर में सम्मानित अर्थशास्त्री और विद्वान हैं। रीता बहुगुणा जोशी तब महिला कांग्रेस की अध्यक्ष थीं। वे मेरी मुँहबोली बहन हैं। उनके पिता हेमवतीनन्दन बहुगुणा जी एक क़द्दावर नेता रहे हैं। मेरा उनसे भी थोड़ा-बहुत परिचय था। मैंने रीता बहन से अधिकारपूर्वक कहा कि वह देश के बच्चों के लिए अनिवार्य शिक्षा का क़ानून बनवाने में मदद करें। दरअसल, हमें सोनिया गांधी के समर्थन की बड़ी ज़रूरत थी। वे सत्तारूढ़ गठबन्धन की अध्यक्ष थीं। इसलिए उनकी सहमति का अर्थ था—आधी लड़ाई जीत जाना। पहले संविधान संशोधन के वक़्त विपक्ष की नेता के नाते सोनिया जी ने हमारी माँग का समर्थन किया था। मैं कई दलों के नेताओं का प्रतिनिधिमंडल लेकर सोनिया जी और प्रधानमंत्री से मिला। हमारी बातचीत उत्साहजनक रही।

ऐसे कई मौक़े आए जब लगा कि इस बार क़ानून पारित हो जाएगा, लेकिन कोई न कोई अड़चन आती रही। देश के प्रमुख शिक्षक संगठनों के नेताओं के साथ मैं फिर से प्रधानमंत्री डॉ. सिंह और तत्कालीन लोकसभा अध्यक्ष सोमनाथ चटर्जी से मिला। सोमनाथ दादा (आदरपूर्वक उन्हें इसी नाम से सम्बोधित किया जाता था) ने भरोसा दिलाया कि वे प्रधानमंत्री मनमोहन सिंह और विपक्ष के नेता लालकृष्ण आडवाणी दोनों से अनौपचारिक बातचीत करेंगे ताकि जल्द से जल्द उस बिल को संसद में लाया जा सके।

तत्कालीन शिक्षा मंत्री अर्जुन सिंह मध्य प्रदेश से थे, इसलिए मेरी उनसे पुरानी पहचान थी। इस सिलसिले में मैं उनसे भी कई बार मिला। उन्होंने क़ानून बनाने की हमारी माँग का पूरा समर्थन किया था। 13 जून, 2008 को हमने शिक्षा के क़ानून पर दिल्ली में एक सम्मेलन का आयोजन किया। दिल्ली की तत्कालीन मुख्यमंत्री शीला दीक्षित के साथ अर्जुन सिंह भी उस कार्यक्रम में आए थे। अर्जुन सिंह जी ने अपने उद्बोधन में घोषणा कर दी कि वे इसी वर्ष शिक्षा के अधिकार का विधेयक संसद के पटल पर लेकर आएँगे। हालाँकि सदन से बाहर किसी निजी मंच पर सरकार की आगामी योजना के बारे में जानकारी देने के कारण विपक्षी दलों ने उन्हें घेरा भी था। लेकिन उन्होंने अपना वादा निभाया। 04 अगस्त, 2009 को वह क़ानून संसद में पारित हो गया। कुछ महीनों के बाद

01 अप्रैल, 2010 को आख़िरकार भारत में शिक्षा 14 साल तक के सभी बच्चों का क़ानूनी अधिकार बन गया।

भले ही शिक्षा को संविधान में मौलिक अधिकार बनने में आधी शताब्दी से ज़्यादा समय लगा हो और उसके बाद क़ानून का दर्जा मिल पाने में आठ साल, लेकिन मुझे ख़ुशी है कि आज देश के करोड़ों बच्चे अपने अधिकार के रूप में शिक्षा हासिल कर रहे हैं।

पड़ोसी नेपाल में भी शिक्षा बनी संवैधानिक अधिकार

मैं अस्सी के दशक की शुरुआत से ही नेपाल में बच्चों के मुद्दों पर काम कर रहा था। वहाँ लोकतंत्र आने के बाद साल 2008-09 में संविधान निर्माण की प्रक्रिया शुरू हो चुकी थी। संविधान में शिक्षा को मौलिक अधिकार बनाने का इससे अच्छा मौक़ा नहीं हो सकता था। इसलिए हमने 2009 के सितम्बर महीने में वहाँ शिक्षा के अधिकार के लिए देशव्यापी यात्रा की थी।

उस यात्रा के मुख्य आयोजक नेपाल में थारू आदिवासियों के नेता दिल्ली बहादुर चौधरी थे। वे अपने देश में बँधुआ मज़दूरी और सामाजिक भेदभाव के ख़िलाफ़ आन्दोलनों के अगुआ रहे हैं। उनसे मेरी पहली मुलाक़ात नब्बे के दशक की शुरुआत में दिल्ली में मेरे कार्यालय में हुई थी।

कुछ सालों के बाद मुझे दिल्ली चौधरी आयरलैंड की राजधानी डबलिन में फ्रंट लाइन डिफेंडर्स नामक संस्था की एक अन्तरराष्ट्रीय संगोष्ठी में मिले। तभी पता चला कि उनकी संस्था के प्रयत्नों से सैकड़ों गाँवों में हज़ारों बच्चों को पढ़ाई तथा स्वास्थ्य सुविधाएँ और वयस्कों को इज़्ज़त से जीने का अधिकार मिला है। उसी संघर्ष के कारण वे नेपाल में बँधुआ मज़दूरी कराने वालों और वंचितों पर अत्याचार करने वाले भू-स्वामियों तथा सरकारी अफ़सरों के निशाने पर थे। मैं उनके संघर्ष, दृढ़निश्चय, विनम्रता, गम्भीरता और समझदारी से बहुत प्रभावित हुआ था। वहीं से दिल्ली जी ने मुझे अपना पिता मान लिया और मैंने उन्हें बेटा। डबलिन से लौटने के कुछ ही सप्ताह बाद दिल्ली जी मुझसे और अपने नये परिवार से मिलने दिल्ली आ गए। तब तक मेरा बेटा भुवन बचपन बचाओ आन्दोलन में काफ़ी सक्रिय हो चुका था। उन दोनों में आपसी भाईचारा होते देर नहीं लगी। बाद में हमारे बीच का रिश्ता गहरा होता गया।

दिल्ली चौधरी थारू समुदाय के बड़े नेता हैं। मैंने इसे तब अपनी आँखों से देखा जब मैं डांग क्षेत्र में उनके सालाना अधिवेशन में भाग लेने गया था।

छोटी-सी जगह की सारी सड़कें, गलियारे और विशाल मैदान थारू आदिवासियों से ठसा-ठस भरे हुए थे। वहाँ पर कम से कम 2-3 लाख लोग जमा थे। दिल्ली को मंच पर नहीं देखकर मुझे बड़ी हैरानी हुई। पूछताछ करने पर पता चला कि वे मैदान के एक कोने में कुछ कार्यकर्ताओं के साथ खड़े थे। वे वहाँ आ रही जनता को सुरक्षित तरीक़े से पंक्तियाँ बनवाकर निकालने में लगे हुए थे क्योंकि वहाँ पर एक नाला टूट गया था।

नेपाल में हमारी शिक्षा यात्रा महेंद्र नगर नामक जगह से 17 सितम्बर, 2009 को शुरू हुई। तत्कालीन प्रधानमंत्री माधव नेपाल ने 25,000 से ज़्यादा लोगों की मौजूदगी में यात्रा को हरी झंडी दिखाई थी। नेपाल में यात्रा करना माओवादियों द्वारा समय-समय पर की जाने वाली हिंसक वारदातों के कारण ज़्यादा मुश्किल और चिन्ताजनक था। माओवादी गुरिल्ले चीन से प्रेरित थे। इसलिए वे किसी भारतीय की पहल पर नेपाल में चलाई जाने वाली गतिविधियों को भारत सरकार का एजेंडा मानते थे। यात्रा की शुरुआत से एक दिन पहले महेन्द्रनगर के एक गुप्त स्थान में उन्होंने सभा करके अपने कॉमरेडों को यात्रा रुकवाने का निर्देश जारी किया। यह ख़बर आते ही यात्रा के आयोजकों और सरकारी अधिकारियों में हड़कंप मच गया। यह उन दिनों की बात है जब नेपाल के कई इलाक़ों में माओवादियों की इच्छा के ख़िलाफ़ सरकारी अधिकारी हों या सामाजिक कार्यकर्ता, घुस तक नहीं सकते थे। यह तो देशव्यापी यात्रा की बात थी।

संयोग से उनमें से कई लोग दिल्ली चौधरी के बारे में अच्छी धारणा रखते थे। जब दिल्ली जी को माओवादियों के मंसूबे की ख़बर लगी तो उन्होंने मुझसे और वरिष्ठ साथियों से सलाह-मशवरा किया। हमने विचार किया कि हम माओवादी नेताओं से मिलें। रात को किसी गुप्त जगह बैठक रखी गई। माओवादियों के कठोर रवैये के बावजूद हम उनकी ग़लतफ़हमी दूर करके यह समझा पाने में कामयाब रहे कि शिक्षा का अधिकार आज़ादी, समानता और इंसाफ़ दिलाने के लिए पहली सीढ़ी होती है। आख़िर उन्होंने यात्रा शुरू करने की इजाज़त दे दी। वह यात्रा भारत के मुक़ाबले में ज़्यादा मुश्किल थी। कई पहाड़ी और जंगली इलाक़ों में से पैदल या वाहनों का गुज़र पाना बहुत जोखिम भरा था। कहीं-कहीं तो सड़कें तक नहीं थीं। चट्टानों और टूटे हुए पेड़ों को हटाते हुए आगे बढ़ना होता था। परन्तु अकल्पनीय तकलीफ़ों में जी रहे लोगों को शिक्षा के बारे में जागरूक करने का अपना आनन्द था।

यात्रा का समापन काठमांडू में हुआ। उसमें वहाँ के शिक्षा मंत्री, श्रम मंत्री सहित अलग-अलग राजनीतिक पार्टियों के नेता शामिल हुए। उन्होंने वादा किया

कि संविधान में शिक्षा को मौलिक अधिकार का दर्जा दिया जाएगा। देश में बड़ी राजनीतिक अस्थिरता के कारण कई साल तक संविधान बनाने का काम अटका रहा। आख़िरकार सन् 2015 में नया संविधान पारित हुआ। उसमें शिक्षा को मौलिक अधिकार का दर्जा मिला। यह नेपाल के बच्चों और सामाजिक कार्यकर्ताओं की भारी जीत थी।

दिल्ली जी को नेपाल की कई राजनीतिक पार्टियों के नेता अपने साथ शामिल करने का आग्रह करते रहते थे। भुवन और मेरी सलाह पर वे नेपाल की कांग्रेस पार्टी में शामिल हो गए और कुछ समय के बाद संसद सदस्य चुन लिये गए। प्रधानमंत्री शेर बहादुर देउबा जी ने 2017 में दिल्ली जी को श्रम मंत्रालय सौंप दिया। देउबा जी के साथ मेरी कई साल से अच्छी जान-पहचान थी। वे बहुत कुशल राजनीतिज्ञ हैं।

दिल्ली बहादुर चौधरी अप्रैल 2023 में नेपाल के लुम्बिनी प्रान्त के मुख्यमंत्री चुने गए। लुम्बिनी महात्मा बुद्ध की जन्मस्थली है। वे इस पद पर लगभग एक वर्ष रहे।

क़ानून बन जाना एक बात है और उसका पूरी तरह से लागू होना दूसरी बात। बच्चों को इस अधिकार का लाभ दिलाने के लिए ज़मीनी स्तर पर हमारा संघर्ष आज भी जारी है। मुझे हर साल बाल आश्रम के बच्चों के परीक्षा परिणामों का इन्तज़ार रहता है। ग़ुलामी की ज़िन्दगी से आज़ाद कराए गए कई बच्चे जब अपनी कक्षा, स्कूल और पूरे इलाक़े में अव्वल नम्बर लाते हैं तो हृदय गर्व से भर उठता है।

देश में स्कूल जाने वालों में एक और बच्चा जुड़ गया है—मेरा पोता, इंक़लाब। जब वह अपनी कक्षा से लगाकर खेल के मैदान, और सांस्कृतिक कार्यक्रमों से लगाकर गणित की अन्तरराष्ट्रीय प्रतिस्पर्धा तक की अपनी उपलब्धियों के बारे में उल्लसित होकर मुझे बताता है तो मेरा सीना आसमान की तरह फैल जाता है। जब तक हरेक बच्चे को वैसा ही उल्लास नहीं मिल जाता, तब तक मुझे चैन कहाँ है!

शिक्षा के लिए विश्व आन्दोलन

जिस तरह बाल मज़दूरी पूरी दुनिया में फैला एक कलंक था, उसी तरह अशिक्षा भी। किशोरावस्था से ही मेरे मन में यह बात समा चुकी थी कि शिक्षा के बग़ैर बाल मज़दूरी ख़त्म नहीं की जा सकती है, और बाल मज़दूरी ख़त्म किये बग़ैर शिक्षा सम्भव नहीं है। दोनों एक ही सिक्के के दो पहलू हैं। इसलिए हमने आन्दोलन की शुरुआत से ही अपना ध्येय वाक्य बनाया—

पढ़ाई के लिए आज़ादी, आज़ादी के लिए पढ़ाई

ये दोनों ही काम आसान नहीं थे। दोनों मामलों में सामाजिक-राजनीतिक चेतना का अभाव, सरकारी नीतियों और कार्यक्रमों, ज़रूरी धन और अन्य संसाधनों की कमी जैसी अड़चनों के अलावा, एक और गम्भीर समस्या थी। अशिक्षा और बाल मज़दूरी को अलग-अलग टुकड़ों में बाँटकर देखा जाता था। फिर चाहे सामाजिक नज़रिया हो, एनजीओ के कार्यक्रम हों या सरकारी नीतियाँ और बजट का आवंटन, अथवा विदेशी अनुदान; बाल मज़दूरी ख़त्म करने और बच्चों की शिक्षा के लिए संयुक्त राष्ट्रसंघ की एजेंसियों से लेकर देशों के मंत्रालय और विभाग ऐसे बँटे होते थे मानो दो अलग-अलग संसार हो। दोनों विषयों से जुड़े लोगों का आपस में मिलकर काम करना तो दूर, उनके बीच आपसी तालमेल, संवाद और सूचनाओं का आदान-प्रदान तक देखने में नहीं आता था। इसे बदलना बहुत बड़ी चुनौती थी।

1998 के नवम्बर या दिसम्बर महीने की बात है। मैं हॉलैंड गया हुआ था। अन्तरराष्ट्रीय एनजीओ नोविब की महानिदेशक सिल्विया बोरेन, एजुकेशन इंटरनेशनल के महासचिव फ्रैड वान ल्यूवैन और मैं दोपहर का खाना खाने के

लिए डेनहॉग के एक रेस्तराँ में बैठे थे। हम तीनों अच्छे मित्र थे। वहीं हमारे मन में विचार आया कि शिक्षा के लिए भी एक बड़ा अभियान शुरू किया जाए। उसमें ज़्यादा से ज़्यादा संगठनों को शामिल किया जाए। मैं उनके साथ विश्व यात्रा में अलग-अलग संगठनों को जोड़ने के अनुभव साझा कर रहा था। उसी बातचीत में हम तीनों ने यह फ़ैसला किया कि शिक्षा पर काम करने वाले प्रमुख संगठनों की एक बैठक की जाए, जिसमें हम इस बात की सम्भावना तलाश सकें कि क्या मिल-जुलकर ऐसा कोई वैश्विक अभियान चलाया जा सकता है।

एक बड़े अभियान के लिए इससे अच्छा कोई और मौक़ा नहीं था क्योंकि अगले ही साल, 2000 में संयुक्त राष्ट्रसंघ अफ़्रीकी शहर डकार में विश्व शिक्षा फोरम का आयोजन करने वाला था। हम ग्लोबल मार्च की कामयाबी के बाद शिक्षा के अधिकार को बड़ा मुद्दा बनाना चाहते थे। तब कई अन्तरराष्ट्रीय संस्थाएँ, जैसे एक्शन एड, ऑक्सफेम और एजुकेशन इंटरनेशनल अलग-अलग तरीक़े से बच्चों की शिक्षा के लिए अभियान चला रहे थे।

छिटपुट ही सही, लेकिन दुनिया-भर की सिविल सोसाइटी और शिक्षा पर काम करने वाले संगठन विश्व समुदाय और सरकारों के रवैये से नाख़ुश थे। उसका ठोस कारण था। सन् 1990 में विश्व समुदाय ने घोषणा की थी कि सन् 2000 तक सभी बच्चों को शिक्षित कर दिया जाएगा। लेकिन हो इससे उलटा रहा था। प्राथमिक कक्षाओं में पढ़ने की उम्र वाले बच्चों की संख्या साढ़े आठ करोड़ से बढ़कर लगभग 12 करोड़ हो गई थी। अमीर देशों द्वारा शिक्षा के लिए दिये जाने वाला अनुदान घट रहा था।

1999 के अक्टूबर महीने में एजुकेशन इंटरनेशनल के ब्रसेल्स स्थित मुख्यालय में वह बैठक हुई। उसमें मुख्य रूप से ऑक्सफैम, एक्शन एड, मेज़बान संगठन एजुकेशन इंटरनेशनल और ग्लोबल मार्च अगेंस्ट चाइल्ड लेबर शामिल हुए। उस क्षेत्र में दुनिया-भर में क्या काम चल रहा है, मुझे इसकी ठीक-ठीक जानकारी नहीं थी, न ही वहाँ पहुँचने वाले ज़्यादातर नेताओं से मेरा परिचय था। हालाँकि ग्लोबल मार्च के आयोजनकर्ता और अध्यक्ष के नाते ज़्यादातर लोग मुझे जानते थे और इज़्ज़त करते थे। शुरुआत के कई घंटों तक मैं लगभग ख़ामोश रहकर सबकी बातें गौर से सुनता और उनसे सीखता रहा। उन संगठनों के नेताओं की समझ और क्षमताओं ने मुझे बड़ा प्रभावित किया। मैं समझ गया कि एक्शन एड तथा ऑक्सफेम जैसे अन्तरराष्ट्रीय एनजीओ और शिक्षक यूनियनों के बीच बहुत गहरी सैद्धान्तिक खाई थी। नीतियों, कार्यक्रमों और उद्देश्यों में फ़र्क़ तो था ही,

लेकिन लगभग सभी देशों में फैले करोड़ों अध्यापकों की यूनियनों के महासंघ और बाक़ी संस्थाओं के बीच संगठन की शक्ति के मामले में कोई बराबरी नहीं थी। अन्तरराष्ट्रीय दानदात्री संस्थाएँ विकासशील देशों में प्राइवेट स्कूल चलाने वालों को आर्थिक मदद देती थीं; जबकि शिक्षक यूनियनें सरकार की ज़िम्मेवारी मानती थीं।

मैं संगोष्ठी में बैठे-बैठे स्कूल के बाहर बैठकर काम करते मोची के बच्चे और ठेले पर घूम-घूमकर एक-एक पुस्तक की भीख माँगने वाली घटनाएँ याद कर रहा था। शाम के आख़िरी सत्र में मैंने बोलना शुरू किया। अपने ऐसे निजी अनुभवों और ग्लोबल मार्च से मिली सीखों के आधार पर मैंने कहा कि हर प्रकार की बाहरी और भीतरी ग़ुलामी की ज़ंजीरों को तोड़ने का उससे सबसे धारदार हथियार है—शिक्षा। वह आग है, उजाला है, आँखें हैं और रास्ता भी है। अगर शिक्षा और ज्ञान पर सिर्फ़ चन्द लोगों का क़ब्ज़ा बना रहेगा तो न्याय, समानता, लोकतंत्र, सुशासन और शान्ति को हासिल नहीं किया जा सकता। वहाँ मौजूद लोगों ने उन बातों को बहुत ध्यान से सुना।

मैंने दूसरे दिन फिर से इन्हीं विचारों के साथ-साथ शिक्षा के अभाव में बच्चों की दुर्गति, सामाजिक संगठनों में बिखराव, प्रतिद्वंद्विता और वैचारिक मतभेद मिटाकर पूरी पीढ़ी को बचाने की ज़रूरत पर एक मार्मिक भाषण दिया। उसके बाद हुई चर्चा से यह अन्दाज़ा लग गया कि एक साझा मंच बन सकने की कुछ सम्भावना मौजूद है। लेकिन यह विश्वास नहीं था कि सभी लोग इतनी जल्दी उसके लिए राज़ी हो जाएँगे। इसका एक कारण यह भी था कि वे सौ-डेढ़ सौ देशों में ग्लोबल मार्च के प्रभाव और क्षमता से परिचित थे। सहमति बनती देख मैंने उसका नाम भी सुझा दिया, 'ग्लोबल कैम्पेन फॉर एजुकेशन', यानी शिक्षा के लिए वैश्विक अभियान। इसे संक्षेप में जीसीई कहा जाता है।

थोड़े बहस-मुहाबिसे के बाद सबने उस नाम को स्वीकार लिया। जीसीई का कार्यालय ब्रुसेल्स में बनाने पर सहमति बन गई। प्रमुख संगठनों के मुखियाओं की एक समन्वय समिति बना ली गई। उनमें मैं भी था। बैठक में कई फ़ैसले लिये गए; जैसे कि संयुक्त राष्ट्रसंघ और सरकार की नीतियों में शिक्षा को मानव अधिकार के रूप में स्थापित करने का अभियान चलाया जाए। डकार में होने वाले विश्व शिक्षा फ़ोरम से पहले सिविल सोसाइटी को संगठित करके सरकारों पर शिक्षा सुनिश्चित कराने के लिए दबाव बनाया जाए। उसके बाद वर्ष 2001 से हर साल अप्रैल के पहले हफ़्ते में अधिकतम देशों में सप्ताह भर जन अभियान चलाए जाएँ। उस साप्ताहिक अभियान का नाम 'ग्लोबल एक्शन वीक' रखा गया।

सेनेगल में विश्व शिक्षा फ़ोरम में धरने की धमकी

2000 में 26 से 28 अप्रैल के बीच डकार में 'सबके लिए शिक्षा' के मुद्दे पर संयुक्त राष्ट्र का दूसरा बड़ा सम्मेलन हुआ, जिसका आयोजन यूनेस्को और सेनेगल की सरकार ने किया था। 1990 में थाइलैंड के शहर जॉम्टियन में हुए पहले ही सम्मेलन का नारा था—'2000 तक सभी के लिए शिक्षा।' हैरानी की बात यह थी कि 1948 से ही संयुक्त राष्ट्र के घोषणापत्र में शिक्षा को मानव अधिकार मान लिया गया था, लेकिन विश्व समुदाय और सरकारों ने उस अधिकार को हासिल करने के लिए 42 सालों तक कोई ठोस योजना तक नहीं बनाई थी। उसे लागू करना तो दूर की बात है।

डकार फोरम में इन्हीं बातों की समीक्षा करने के साथ अगले 15 वर्षों के लिए कार्य योजना बनाई जानी थी। फ़ोरम में 164 देशों के 1100 प्रतिनिधि शामिल हुए थे। ग्लोबल कैम्पेन फॉर एजुकेशन (जीसीई) और उसमें दूसरी कई ग़ैर-सरकारी संस्थाओं को भी दो दिन पहले बुलाया गया था। लेकिन हमारी भूमिका सिर्फ़ बाहर से सलाह देने की थी। असल में संयुक्त राष्ट्रसंघ की सभी एजेंसियों का वही रवैया रहता था। वे या तो सिविल सोसाइटी को कोई मान्यता नहीं देती थीं, अथवा आधिकारिक सभा-सम्मेलनों में उनके लिखित सुझाव माँगकर खानापूर्ति कर लेती थीं। जीसीई की समन्वय समिति के सभी सदस्य तीन-चार दिन पहले ही डकार पहुँच गए थे। हम सब बहुत उत्साहित थे और वहाँ पहुँचे दूसरे सिविल सोसाइटी संगठनों के साथ तालमेल करने में जुटे थे। अपनी रणनीतियाँ बनाने के लिए पूरा-पूरा दिन और देर रात तक विचार-विमर्श करते थे।

हमारी बैठकों के दौरान एक बार ऐसी स्थिति बन गई कि दूसरों को साथ जोड़ना तो दूर, हमारा अपना गठबन्धन ही बड़ी मुश्किल से टूटते-टूटते बच पाया। हुआ यूँ कि सेनेगल की एक बड़ी स्वयंसेवी संस्था अन्सेफा के अध्यक्ष गोर्गी सॉव और एजुकेशन इंटरनेशनल के उप महासचिव ऐली जुआन के बीच हुई सैद्धान्तिक बहस गरमागरमी तक जा पहुँची। दोनों जीसीई के बोर्ड मेंबर थे। ब्रिटेन की संस्था एक्शन एड भी बोर्ड में थी। वह अन्सेफा सहित कुछ संगठनों को आर्थिक सहयोग करती थी। उसके कुछ अधिकारी गोर्गी को शह देकर बड़ी कूटनीति से जीसीई में शिक्षक संगठनों और एनजीओ के बीच शक्ति सन्तुलन बनाने में जुटे रहते थे।

ऐली को रोकने की बहुत कोशिश की गई, लेकिन वे ग़ुस्से से बाहर निकल गए। उन्होंने अपने संगठन को जीसीई से अलग करने की धमकी दे डाली। गोर्गी

बाहर तो नहीं निकले, लेकिन उन्होंने कह दिया कि उनका संगठन जीसीई में नहीं रहेगा। मैं ऐली के पीछे-पीछे भागा, परन्तु वे नहीं लौटे। मैं उन्हें लेकर एक कॉफ़ी शॉप में जाकर बैठ गया। हम दोनों ने फ़ैसला किया कि अगर जीसीई को भंग ही करना है तो ग्लोबल मार्च भी अलग हो जाएगा। उस बात से ऐली थोड़े ठंडे पड़े।

मेरा सुझाव था कि इतना कड़ा फ़ैसला लेने से पहले हमें एजुकेशन इंटरनेशनल के महासचिव फ्रैड वान ल्यूवैन से बात करनी चाहिए। ऐली राज़ी हो गए। हमने फ्रैड से फ़ोन पर बात की। उनकी सलाह थी कि समझदारी से मामले को सुलझाने में ही सबकी भलाई है। जैसे-तैसे फिर से बैठक शुरू हो सकी। उसकी अध्यक्षता मुझसे कराई गई। सभी को समझाने-बुझाने में आधी रात बीत गई। इस काम में बांग्लादेश में शिक्षा के अधिकार पर काम करने वाली संस्था कैम्पे की नेता और जानी-मानी सामाजिक कार्यकर्ता रशीदा चौधरी ने बड़ी मेहनत की। वे बहुत समझदार, गम्भीर और समर्पित महिला हैं। जीसीई बनाने से लेकर अब तक वे एक स्नेहमयी बहन की तरह मेरा सहयोग करती रही हैं। हमारी बैठकें और बहुत से कार्यक्रम दुनिया के अलग-अलग देशों में होते रहते थे। तब रशीदा आपा ही बड़े स्नेह से मेरे शाकाहारी खाने का ध्यान रखती थीं। हमारे बड़े अच्छे पारिवारिक रिश्ते हैं। वे भुवन के विवाह में शामिल होने दिल्ली आई थीं। मैं भी उनकी बेटी की शादी में ढाका गया था। रशीदा आपा बांग्लादेश की शिक्षामंत्री पद पर भी रही हैं। आपा लगभग मेरी उम्र की हैं।

मैंने डकार फ़ोरम के मुख्य कार्यक्रम में ग़ैर-सरकारी संगठनों के लिए कोई स्थान न होने का शुरू से ही मुखर विरोध किया। हालाँकि सिविल सोसाइटी के ज़्यादातर नेताओं ने मेरा समर्थन नहीं किया। मैंने और ऐली जुआन ने जीसीई के बोर्ड मेंबरों को तैयार किया। हम एक प्रतिनिधिमंडल लेकर यूनेस्को के महानिदेशक कोइचिरो मत्सूरा से जाकर मिले। उनसे आग्रह किया कि सिविल सोसाइटी को पूर्ण सहभागी का दर्जा दिया जाए और बोलने का मौक़ा भी। उन्होंने मना कर दिया और कहा, "हमने आपको दो दिन पहले बुलाया ही इसलिए है कि आप आपस में विचार विमर्श करके अपने लिखित सुझाव फ़ोरम को दे दें।"

मैंने कहा, "अगर काग़ज़ पर लिखे सुझाव ही माँगने थे तो हमें इतना ख़र्चा उठाकर डकार आने की क्या ज़रूरत थी। यह काम तो ई-मेल पर ही किया जा सकता था।"

वे थोड़ी नरमी दिखाते हुए बोले, "मैं आपकी बात समझता हूँ और शिक्षा के क्षेत्र में आप लोगों के योगदान का सम्मान करता हूँ, लेकिन ऑफ़िशियल

फ़ोरम में सिविल सोसाइटी को बुलाने का प्रावधान नहीं है।"

मेरा उत्तर था, "डीजी महोदय, भले ही सरकारों के मंत्रियों के पास अधिकार हैं, लेकिन सिविल सोसाइटी के कार्यकर्ता शिक्षा के मुद्दे को आगे बढ़ाने में पूरी प्रतिबद्धता से जुटे हुए हैं। इसके अलावा ज़मीनी वास्तविकता, कठिनाइयों और समाधानों की समझ और अनुभव में वे मंत्रियों से कम नहीं हैं। इसलिए हमें बाहर रोककर रखना हमारे साथ भेदभाव है।"

फिर भी बात न बनने पर मैंने उन्हें चेतावनी दे दी कि अगर ऐसा नहीं किया गया तो हम सभागार के दरवाज़े पर धरना देकर बैठ जाएँगे। मुझे तो बचपन से ही ऐसे कामों में मज़ा आता था, परन्तु जीसीई के कई सहयोगी संगठन इस विचार से परेशान हो गए। वे मुझे समझाने की कोशिश करते रहे, लेकिन अन्त में मैं उन्हें अपनी बात मनवाने में सफल रहा।

ग़ैर-सरकारी संगठनों के लिए खुले दरवाज़े

दूसरे दिन संयुक्त राष्ट्रसंघ के महासचिव कोफी अन्नान सम्मेलन का उद्घाटन करने डकार पहुँचे थे। मैंने उनके स्वागत के लिए ग्लोबल मार्च के स्थानीय साथियों की मदद से सैकड़ों स्कूली बच्चों को बुला रखा था। बच्चे स्वागत की तख़्तियाँ लिये खड़े थे, जिन पर 'ग्लोबल मार्च अगेन्स्ट चाइल्ड लेबर' के साथ-साथ 'ग्लोबल कैम्पेन फॉर एजुकेशन' का नाम भी लिखा था। उन्होंने कुछ देर तक रुककर बच्चों से बातें कीं और कैम्पेन के बारे में पूछा। मैंने उन्हें जीसीई के बारे में जानकारी देकर निवेदन किया कि सम्मेलन में ग़ैर सरकारी संगठनों की आवाज़ सुनी जानी चाहिए। उनके साथ मत्सूरा भी मौजूद थे।

वह योजना बड़ी कामयाब रही। वर्ल्ड कांग्रेस में हमारे एक प्रतिनिधि को मुख्य कार्यक्रम में बोलने का मौक़ा दिया गया। उनका नाम टॉम वीडियाको था। वे एजुकेशन इंटरनेशनल के अफ़्रीका क्षेत्र के संयोजक थे। इसके अलावा हमें सिविल सोसाइटी के सभी महत्त्वपूर्ण समितियों में शामिल कर लिया गया।

डकार में हमारी और भी कई ऐतिहासिक उपलब्धियाँ रही थीं। सम्मेलन के मुख्य दस्तावेज़ में शिक्षा को अधिकार मान लिया गया। दुनिया के बच्चों के लिए शिक्षा आगामी 15 सालों की कार्ययोजना बनाने में जीसीई की तरफ़ से मुझे और हमारे दो सहयोगी संगठनों को रखा गया। दुनिया में विकास के एजेंडा में शिक्षा की प्राथमिकता नहीं थी। हमने डकार कार्ययोजना को असरदार तरीक़े से लागू कराने के लिए एक उच्च स्तरीय समूह बनाने की माँग की। काफ़ी विचार-

विमर्श के बाद हमारी बात मान ली गई। यूनेस्को के महानिदेशक की अध्यक्षता में 'शिक्षा के लिए उच्च स्तरीय समूह (एचएलजी)' गठित किया गया। उसमें विश्वबैंक, आईएमएफ, यूनिसेफ आदि के प्रमुखों, कुछ अमीर और विकासशील देशों के राष्ट्राध्यक्षों के साथ-साथ मुझे भी शामिल किया गया था।

जिस तरह 1998 में ग्लोबल मार्च के ज़रिये सिविल सोसाइटी के लिए आईएलओ के दरवाज़े खुले थे, डकार सम्मेलन में यूनेस्को के मामले में वैसा ही हुआ। उन ऐतिहासिक घटनाओं से सिविल सोसाइटी का ओहदा और मान बढ़ने के साथ-साथ संयुक्त राष्ट्रसंघ की दो महत्त्वपूर्ण संस्थाओं को समावेशी और लोकत्रांतिक बनाने में बहुत मदद मिली। मैं इन दोनों को अपने जीवन की ख़ास उपलब्धि में गिनता हूँ।

वहीं से जीसीई की पहचान और प्रभाव ने एक बड़ी छलाँग लगा दी। इसका फैलाव भी तेज़ी से बढ़ने लगा। इसलिए हमारी समन्वय समिति ने तय किया संगठन की विश्व कांग्रेस आयोजित की जाए। मेरा प्रस्ताव मानकर हमारी पहली विश्व कांग्रेस 2001 में दिल्ली में आयोजित हुई।

मेरे मन की दबी-छुपी महत्त्वाकांक्षा

'शिक्षा के लिए विश्व आन्दोलन' (जीसीई) के अध्यक्ष पद के लिए मेरे मन के किसी कोने में छुपी बैठी महत्त्वाकांक्षा जाग उठी थी। ऐसी हालत में हम उस महत्त्वाकांक्षा के पक्ष में ढेरों तर्क ढूँढ़ लेते हैं, चाहे वे सही हों या ग़लत। मेरे साथ भी यही हुआ। मैं सोचता था कि उस समय की परिस्थितियों में जीसीई को बिखराव से बचाने और आगे बढ़ाने के लिए मुझे ही अध्यक्ष बनना चाहिए। सम्भवत: वह बात सही थी। पर दूसरी तरफ़ यह भी सोचता था कि मुझे पद की इच्छा नहीं रखनी चाहिए। मेरे मन के अन्तर्द्वंद्व का एक कारण यह भी था कि ऐसा दूसरी बार हो रहा था। पहली बार ग्लोबल मार्च अगेन्स्ट चाइल्ड लेबर का नेता चुने जाने के वक़्त वैसा हुआ था।

मेरे मन में न जाने कहाँ से तीन बातें घर कर गई थीं।

पहली यह कि मैं भले ही भारत से आया एक सामान्य कार्यकर्ता हूँ, परन्तु अमीर देशों के बड़े संगठनों के ख़ुद को श्रेष्ठतर मानने वाले नेता मुझे कमतर नहीं आँक सकते। दूसरी, परस्पर विरोधी विचारधाराओं के नेताओं को साथ रख सकने में सबसे ज़्यादा कुशल मैं हूँ। और तीसरी, ज़मीनी स्तर पर समस्याओं से जूझने का मेरे जितना अनुभव किसी के पास नहीं है।

मुझे कई बार ग़ैर सरकारी संगठनों में उत्तर और दक्षिण की मानसिकता की गहरी खाई के कड़वे अनुभव हुए थे। यूरोप और उत्तरी अमेरिका के कई सामाजिक कार्यकर्ताओं के मन में बड़े विश्वविद्यालयों में ऊँची पढ़ाई, सम्पन्नता और ग़रीब देशों पर हुकूमत करने के इतिहास की छाप आदि के कारण छुपा हुआ घमंड नज़र आ जाता था। उन्हें लगता था कि सिर्फ़ वे ही बड़े काम कर सकते हैं और बड़े संगठन चला सकते हैं। इसीलिए वे यह मानते थे कि जीसीई की अध्यक्षता या ग्लोबल मार्च का नेतृत्व पश्चिमी देशों की बड़ी संस्थाएँ ही कर सकती हैं; या फिर उनकी दूसरी पसन्द किसी ग़रीब देश में उन्हीं के दान-चन्दे से से चलने वाला कोई पिछलग्गू संगठन हो सकता है।

इसके बावजूद न तो मैंने कभी अपनी वह इच्छा ज़ाहिर की, और न ही इसके लिए कभी तनिक सी भी कोशिश की। हालाँकि दोनों संस्थाओं, 'ग्लोबल मार्च अगेंस्ट चाइल्ड लेबर' और 'ग्लोबल कैम्पेन फॉर एजुकेशन' के चुनावों में पहली बार निर्विरोध अध्यक्ष चुने जाने के कुछ ही दिनों के बाद मैं यह समझ गया था कि दूसरे कारणों के अलावा उस इच्छा में मेरा अहंकार और प्रसिद्धि पाने की भूख भी शामिल थी। अपनी उन कमियों को पहचान लेने के बाद मेरे मन से पदों का मोह जाता रहा। बाद में न चाहते हुए भी मुझे कई बार निर्विरोध अध्यक्ष और मेरे प्रिय मित्र एजुकेशन इंटरनेशनल के डिप्टी जनरल सेक्रेटरी ऐली जुआन को जीसीई का सभापति चुना जाता रहा।

शिक्षा का अधिकार कैसे बना एक जन आन्दोलन

2001 के अप्रैल महीने में लगभग 70 देशों में विश्व शिक्षा सप्ताह मनाया गया। उसके बाद से हर साल हमारे 'विश्व शिक्षा सप्ताह' का आकार बढ़ता चला गया। देशों की संख्या के साथ-साथ कार्यक्रमों में भाग लेने वालों की तादाद भी बढ़ती गई।

यूनेस्को के संयोजकत्व में शिक्षा पर उच्च-स्तरीय समूह—हाईलेवल ग्रुप ऑन एजुकेशन—का सदस्य होने के नाते मुझे शिक्षा से जुड़े अन्य मुद्दों के अलावा वंचित बच्चों को प्राथमिकता देने और ग़रीब देशों को आर्थिक मदद की माँगें उठाने का बहुत अच्छा मौक़ा मिलता रहा।

उच्च-स्तरीय समूह की पहली बैठक 2001 के 29-30 अक्टूबर को पेरिस में यूनेस्को के मुख्यालय में हुई थी। मैंने अपने वक्तव्य में आगाह किया था कि हम जब तक यह नहीं जानेंगे कि स्कूलों से बाहर रहने वाले बच्चे कौन हैं

और कहाँ हैं, तब तक सिर्फ़ हवाबाज़ी ही करते रहेंगे। मैंने ज़ोर देकर कहा कि वे बाल मज़दूरी, ग़ुलामी, वेश्यावृत्ति, भिखमंगी में लगे बच्चे हैं, खेतिहर मज़दूरों के बच्चे हैं, एड्स तथा दूसरी बीमारियों में ग्रस्त और विकलांग बच्चे हैं। वे हिंसा और युद्धग्रस्त क्षेत्रों में रहने को मजबूर हैं। वे आर्थिक और सामाजिक भेदभाव के शिकार समुदायों के बच्चे हैं। अगर हम उनको चिह्नित करके वहाँ से निकालकर स्कूलों तक नहीं ला सकते तो सबके लिए शिक्षा का लक्ष्य कभी पूरा नहीं कर पाएँगे।

वह चुनौती भारत सरकार समेत कुछ देशों के नेताओं को अच्छी नहीं लगी क्योंकि शिक्षा के विषय पर होने वाली वैसी बैठकों में इस तरह के पैने सवाल पहले कभी नहीं उठाए जाते थे। फिर भी ज़्यादातर देशों ने खुलकर मेरा समर्थन किया था। मेरे सुझावों को उच्च-स्तरीय समूह के संयुक्त संकल्प में शामिल कर लिया गया। एक अच्छी बात यह हुई कि यूनेस्को के महानिदेशक मत्सूरा जी ने मुझे अलग से बुलाकर चर्चा की। वहीं से उनके साथ मेरे अच्छे सम्बन्ध शुरू हो गए थे। वे सभी बड़े आयोजनों में मुझे बहुत सम्मान के साथ बुलाते थे और अपने साथ बैठाते थे। उन्होंने भारत सरकार के एतराज़ों के बावजूद मुझे विश्व भर के शिक्षामंत्रियों के सम्मेलनों को सम्बोधित करने के लिए बुलाया था।

दो-तीन साल बाद यूनेस्को भी आधिकारिक रूप से 'विश्व शिक्षा सप्ताह' में हमारा पार्टनर बन गया। उससे कई देशों की सरकारें हमारे अभियान में शामिल होने लगी थीं। 2006 में एक ही दिन में शिक्षा के लिए एक साथ इकट्ठे होकर आवाज़ उठाने वालों की संख्या 65 लाख के लगभग थी। यह घटना गिनीज़ बुक ऑफ़ वर्ल्ड रिकॉर्ड्स में शामिल की गई थी।

उन सात दिनों में होने वाले तरह-तरह के कार्यक्रमों में लाखों बच्चों, अध्यापकों और आम जनता के अलावा हर देश में सरकारी अधिकारी, संसद सदस्य और मंत्रीगण तक शामिल होते थे। कुछ देशों में वहाँ के राष्ट्राध्यक्ष भी शामिल हुए। प्रमुख हस्तियों में ब्राज़ील के राष्ट्रपति लूला डिसिल्वा, ब्रिटेन के प्रधानमंत्री गॉर्डन ब्राउन, दक्षिण अफ्रीका के राष्ट्रपति जैकब ज़ूमा, क़तर की राष्ट्र प्रमुख शेखा मौज़ा, जॉर्डन की रानी रानिया-अल-अब्दुल्ला, बांग्लादेश की प्रधानमंत्री शेख़ हसीना, अमेरिकी सेनेटर हिलेरी क्लिंटन और टॉम हार्किन तथा प्रसिद्ध अभिनेत्री एंजेलिना जोली आदि थे। बॉलीवुड के महेश भट्ट, प्रकाश झा, शबाना आज़मी, नन्दिता दास, तनुजा चन्द्रा और महिमा चौधरी आदि भी शामिल हुए। इस तरह शिक्षा दुनिया-भर में जन-जन का आन्दोलन बनती चली गई।

हमने उसी कड़ी में 2007 में अमेरिकी संसद में एक सुनवाई रखी थी।

उसका मुख्य उद्देश्य वहाँ के नीति निर्माताओं को दुनिया के बच्चों की शिक्षा के लिए संवेदनशील बनाकर अमेरिकी सरकार से ग़रीब देशों को आर्थिक सहयोग कराने का था। यहाँ यह बता देना ज़रूरी है कि ग़रीब देशों के बच्चों की पढ़ाई के लिए अन्तरराष्ट्रीय अनुदान के मामले में यूरोपीय देशों के मुक़ाबले अमेरिका बहुत कंजूस देश था। उस कार्यक्रम में अन्य सांसदों के अलावा हिलेरी क्लिंटन भी शामिल हुई थीं। उनसे मेरा परिचय सेनेटर हार्किन ने ही कराया था। कार्यक्रम में मैं अपने साथ बाल आश्रम के एक प्रतिभाशाली बच्चे किंशु कुमार को भी ले गया था। किंशु की मार्मिक अपील और चुनौती से अमेरिकी सांसद बड़े प्रभावित हुए थे। बाद में हिलेरी क्लिंटन तथा दूसरों के सम्मिलित प्रयासों से अमेरिकी संसद में शिक्षा अनुदान बढ़ाने के लिए प्रस्ताव लाया गया था।

उन कोशिशों के ठोस परिणाम निकले। कई देशों की सरकारों ने बच्चों की शिक्षा को फ़ीसमुक्त कर दिया, अपने शिक्षा बजट में बढ़ोतरी की, बच्चों की समावेशिता और गुणवत्ता के लिए नीतियाँ और योजनाएँ बनाईं।

भारत के सरकारी अफ़सरों का व्यवहार

10 नवम्बर, 2003 की घटना है। उस साल उच्च-स्तरीय समूह की बैठक दिल्ली में आयोजित की गई थी। भारत के प्रधानमंत्री अटल बिहारी वाजपेयी ने बैठक की मेज़बानी की थी। वे उस समूह के सदस्य थे। समूह के सदस्य के नाते यूनेस्को की ओर से मुझे भी आमंत्रित किया गया था। कार्यक्रम में मेरी कुर्सी विशिष्ट व्यक्तियों के साथ गोलमेज पर पहली पंक्ति में लगाई गई थी। हमारे सरकारी अफ़सरों के लिए पीछे की पंक्तियों में कुर्सियाँ लगाई गई थीं। उन्हें यह बर्दाश्त नहीं था कि मैं यूनेस्को के मुखिया और विभिन्न देशों के मंत्रियों के साथ बैठूँ। उन्होंने यूनेस्को के अधिकारियों से इस बात पर आपत्ति जताई। उनका कहना था कि मैं एक सामाजिक कार्यकर्ता हूँ, इसलिए मुझे बाक़ी सामाजिक संगठनों के प्रतिनिधियों के साथ पीछे बैठाया जाए, लेकिन यूनेस्को ने ऐसा करने से इनकार कर दिया।

चिढ़े हुए अफ़सरों ने मौक़ा मिलने पर भोजन के दौरान मुझे प्रमुख व्यक्तियों के लिए सुरक्षित किसी टेबल पर नहीं बैठाया। मैंने सहजता से मुस्कराते हुए बाक़ी लोगों के साथ दूसरे कमरे में जाकर भोजन किया। भोजन के बाद मुझे वहाँ से आते देखकर मेरे मित्र और यूनेस्को के उप-महानिदेशक सारा माजरा समझ गए। वे धीरे से चुटकी लेते हुए बोले, "कैलाश, यह तो जानता था कि

बड़ी-बड़ी सरकारें तुमसे डरती हैं; लेकिन तुम्हारी सरकार भी?" मैंने जवाब दिया, "भैया, सरकारें मुझसे नहीं, बल्कि एक ऐसी सच्चाई से डरती हैं, जिसका वे सामना नहीं करना चाहतीं। वे नहीं चाहते कि ग़रीबों के बच्चे अच्छी पढ़ाई करके इतने सक्षम हो जाएँ कि स्कूलों में उनके बेटों को चुनौती दे सकें। और बाद में इन्हीं बड़ी-बड़ी कुर्सियों पर आकर बैठ जाएँ।"

कुछ ठोस हस्तक्षेप

मैंने उच्च स्तरीय समूह में रहते हुए सदस्यों से आग्रह किया कि हम जिन बच्चों की शिक्षा के लिए बातें करते हैं, उनके प्रतिनिधियों को भी बैठकों में शामिल किया जाए। उस प्रस्ताव पर बड़े मतभेद थे, लेकिन अन्त में उसे मान लिया गया। विश्व नेताओं के बीच बच्चों की मौजूदगी और उनके वक्तव्य न केवल नैतिक चुनौती की तरह होते थे, बल्कि एक भावनात्मक ज़िम्मेवारी का एहसास भी कराते थे।

हमने डकार फ़ोरम में अलग-अलग देशों में शिक्षा में प्रगति पर एक सालाना निगरानी रिपोर्ट बनाने की माँग की थी, जो मान ली गई। ग़रीब देशों को आर्थिक अनुदान दिलाने के लिए एक अलग समूह बनाया गया, जिसका नाम 'फास्ट ट्रैक इनिशिएटिव फॉर एजुकेशन' रखा गया था। बाद में उसका नाम बदलकर ग्लोबल पार्टनरशिप फॉर एजुकेशन कर दिया गया। विश्वबैंक की अगुआई में संयुक्त राष्ट्र की संस्थाओं और चन्द विकसित तथा विकासशील देशों के नुमाइंदों के साथ मुझे उसके बोर्ड का सदस्य बनाया गया था। उस कार्यक्रम के ज़रिये विकसित देशों से धन जुटाकर ग़रीब देशों में ज़रूरतमन्द बच्चों को शिक्षा दिलाने में बहुत मदद कराई गई क्योंकि धन का अभाव शिक्षा से सम्बन्धित लक्ष्यों को हासिल करने के रास्ते में बड़ा रोड़ा था।

अन्तरराष्ट्रीय विकास सहयोग और अनुदान की अपनी राजनीति होती है। मैंने फास्ट ट्रैक इनीशिएटिव के बोर्ड की मीटिंगों में यह जाना कि अमीर देशों की अलग-अलग प्राथमिकताएँ होती हैं। राष्ट्रों के आपसी कूटनीतिक सम्बन्धों के आधार पर यह तय होता है कि 'किस' देश को 'कब' और 'कितनी' आर्थिक सहायता दी जाए। केवल द्विपक्षीय अनुदान में ही नहीं, बल्कि विकास सहयोग के लिए बनाई जाने वाली अन्तरराष्ट्रीय व्यवस्थाओं तक में अमीर देशों के कूटनीतिक हित सबसे ऊपर होते हैं।

अक्सर देखने में आया था कि सहायता माँगने वाले देशों के मंत्री, अनुदान

देने वाली सरकारों के मंत्रियों की तो छोड़िए, उनके अफ़सरों तक के सामने अपनी बात कहने की हिम्मत नहीं जुटा पाते थे। मैं बोर्ड की मीटिंगों में पूरे दमखम से ग़रीब देशों का पक्ष रखता था। कई अनुदानदाता देश अपनी शर्तों के अलावा प्राप्तकर्ता देश में कार्यक्रम को चलाने में अपने देश के विशेषज्ञों, प्रशिक्षकों और सलाहकारों को लगा देते थे। उनका ख़र्चा सहायता राशि में जोड़ लिया जाता था। मुझे तो यहाँ तक पता चला था कि वे अपने ही देश से पाठ्य पुस्तकें और स्टेशनरी भेजकर उनकी क़ीमत भी अनुदान राशि में जोड़ दिया करते थे। मैं हमेशा इन चीज़ों पर सवाल उठाता रहता था।

एक बार पाकिस्तान की शिक्षा मंत्री ग़रीब बच्चों की पढ़ाई के लिए सहायता माँगने आई थीं। मैंने बैठक से पहले उन्हें समझाया कि वे अफ़ग़ान युद्ध से विस्थापित बच्चों की शिक्षा पर ज़ोर देते हुए धनराशि माँगें। वे बहुत आभिजात्य और अमीर घराने की थीं। मुझे लगा कि उनकी बात में पर्याप्त जज्बा और प्रतिबद्धता नहीं थी। बोर्ड के सदस्य उनकी प्रस्तुति से सन्तुष्ट नहीं दिखे। तब मैंने आगे बढ़कर अफ़गानी बच्चों की शिक्षा के लिए आर्थिक सहायता के महत्त्व को समझाया। मेरा तर्क था कि यह राशि ज़रूरी है क्योंकि शिक्षा के अभाव में आतंकवाद के बढ़ जाने का ख़तरा न केवल उन्हीं दो देशों में है, बल्कि उसका असर दुनिया में कहीं भी पड़ सकता है। आख़िरकार, अनुदान मंजूर कर दिया गया।

पाकिस्तान और नेपाल के अलावा घाना, युगांडा, केन्या आदि को सहायता दिलवाने के प्रयासों में भी सफलता मिली। मैं लगातार दानदाताओं और प्राप्तकर्ताओं पर दबाव डालता था कि प्राप्तकर्ता देशों की राष्ट्रीय शिक्षा योजनाओं में वंचित व उपेक्षित बच्चों और बाल मज़दूरों को शिक्षा में प्राथमिकता दी जाए, लेकिन वे कोशिशें ज़्यादा सफल नहीं हो सकीं।

संयुक्त राष्ट्रसंघ में नन्ही देवली

25 सितम्बर, 2008 को एक ऐतिहासिक घटना घटी। ग्लोबल कैम्पेन फॉर एजुकेशन ने ब्रिटेन के प्रधानमंत्री गोर्डन ब्राउन के साथ मिलकर यूएनओ के सालाना अधिवेशन में एक ख़ास कार्यक्रम आयोजित किया था। उसका नाम 'क्लास ऑफ़ 2015' था। उसमें बहुत से देशों के राष्ट्रपति, प्रधानमंत्री, राजा-रानियाँ और यूएन की कुछ एजेंसियों के मुखियाओं समेत बड़ी-बड़ी हस्तियाँ शामिल हुईं।

उस विशेष आयोजन में भाग लेने के लिए हमने अफ़्रीका की एक बच्ची

अबलाबी और भारत की देवली को बुलाया था, ताकि वे करोड़ों अनपढ़ बच्चों की आवाज़ बन सकें। पत्थर खदानों में ग़ुलामी से आज़ाद कराई गई देवली 11 साल की थी, और घरेलू बाल मज़दूरी से छूटी अबलाबी 15 की। कार्यक्रम के संयोजक के नाते मैं मंच संचालन कर रहा था।

वहाँ पर कई देशों के राष्ट्राध्यक्षों और अन्तरराष्ट्रीय संस्थाओं के प्रमुखों ने 2015 तक शिक्षा मुहैया कराने का संकल्प दोहराया। फिर देवली को मंच पर बुलाया गया। उसने अपनी कहानी सुनाते हुए कहा, "ग़ुलामी से आज़ाद हुई मुझ जैसी एक ग़रीब लड़की ने क़सम खाई थी कि मेरे गाँव का कोई भी बच्चा बिना पढ़ा-लिखा नहीं रहेगा। मैंने ऐसा करके दिखा दिया। आप लोग इतने बड़े-बड़े और ताक़तवर नेता हैं। राजा-रानी हैं। बहुत अमीर हैं। आज मैं आप सबसे पूछती हूँ कि क्या आप सब मिलकर दुनिया के सभी बच्चों को मज़दूरी से छुड़ाकर शिक्षा नहीं दिला सकते?"

देवली की उस चुनौती की नैतिक ताक़त ने वहाँ बैठे नेताओं के दिलों को झकझोर दिया। उसके बोलने के चन्द मिनटों के भीतर कुछ राष्ट्राध्यक्षों और उद्योग जगत के नेताओं ने ग़रीब देशों के बच्चों की शिक्षा के लिए 45 करोड़ डॉलर अनुदान की घोषणा कर दी। इतिहास में पहली बार बच्चों की शिक्षा के लिए इतनी बड़ी सहायता राशि का ऐलान हुआ था।

मैं नहीं जानता कि और कोई उस मदद का कितना महत्त्व समझता है, लेकिन देवली अच्छी तरह समझती थी। अमेरिका से लौटते वक़्त हवाई जहाज़ में बैठकर उसने ख़ुशी के मारे चीख़ते हुए कहा था, "देखो भाई साहब जी, ऐसा लग रहा है जैसे मेरे अन्दर पंख लग गए हों। मैं बताऊँ, ये कैसे हुआ?"

मैंने कहा, "हाँ बताओ।"

"पढ़ाई-लिखाई के कारण।"

सचमुच उसकी उड़ान ने लाखों बच्चों में शिक्षा के पंख लगा दिये थे।

फ़ुटबॉल विश्व कप में वन गोल कैम्पेन

2010 का फ़ुटबॉल वर्ल्ड कप दक्षिण अफ़्रीका में आयोजित हुआ था। मैंने और जीसीई के कोऑर्डिनेटर ओएन जेम्स ने विचार किया कि इस मौक़े का फ़ायदा उठाते हुए एक अभियान चलाया जाए। हमने जीसीई बोर्ड के सदस्यों और सहयोगियों से सलाह-मशविरा किया। कई वरिष्ठ साथियों का मानना था कि फ़ुटबॉल के उस महाकुम्भ में हमारी बात नक़्क़ारख़ाने में तूती की आवाज़ की

तरह गुम होकर रह जाएगी। मैंने उन्हें बताया कि हमारा पिछला अनुभव अच्छा रहा है। 2002 में जापान में हुए वर्ल्ड कप के दौरान ग्लोबल मार्च ने 'फेयर प्ले कैम्पेन' चलाया था। फ़ीफ़ा वर्ल्ड कप में इस्तेमाल होने वाली फ़ुटबॉलें और ढेर सारी वस्तुएँ बाल मज़दूरों द्वारा बनाई जाती हैं। हमारे अभियान का उद्देश्य जनता में जागरूकता फैलाना और फ़ीफ़ा सहित सभी निर्माता कम्पनियों पर यह दबाव डालना था कि वे यह सुनिश्चित करें कि उन वस्तुओं के निर्माण में बाल मज़दूरी नहीं कराई गई है। हमें इसमें काफ़ी सफलता मिली। इसी के परिणामस्वरूप अन्तरराष्ट्रीय श्रम संगठन ने 'रेड कार्ड' कैम्पेन चलाया, जिसमें मज़दूर यूनियनों और सामाजिक संगठनों के अलावा दुनिया-भर की सरकारें भी शामिल होने लगी थीं।

आख़िर जीसीईए बोर्ड ने 'वन गोल कैम्पेन' नाम से अभियान चलाने का फ़ैसला ले लिया।

अभियान मुख्य रूप से तो इंटरनेट पर चलाया गया, लेकिन वर्ल्ड कप के दौरान हमने दक्षिण अफ़्रीका पहुँचकर और भी कई गतिविधियाँ कीं। उसके लिए मैं अपने वरिष्ठ सहयोगियों के साथ लगभग एक सप्ताह वहाँ रुका था। तक़रीबन सभी बड़ी टीमों और फ़ुटबॉल के सबसे चमकदार सितारों ने हमारे अभियान का समर्थन किया था। उनमें पेले, बॉबी चार्ल्टन, कार्लोस अल्बर्टो, रोनाल्डो, पेप गार्डियोला, ज़िदान, लूका मॉड्रिक और जॉर्ज वे आदि प्रमुख थे। फ़ाइनल मैच के पहले की शाम को हमने संकल्प सभा आयोजित करके फ़ुटबॉल टीमों के कप्तानों और विश्व प्रसिद्ध खिलाड़ियों को एक मंच पर बुलाया। यह एक ऐतिहासिक क्षण था जब कई खिलाड़ियों ने शिक्षा के समर्थन में संकल्प लिया और फ़ुटबॉलों पर अपने हस्ताक्षर किये। दुनिया के फ़ुटबॉल प्रेमियों के भगवान कहे जाने वाले पेले और रोनाल्डो जैसे खिलाड़ियों के साथ खड़ा होना मेरे लिए गर्व का क्षण था। मैं बेहद रोमांचित हो उठा जब उन्होंने हमारे साथ दोहराया—

एक गोल—शिक्षा के लिए

उनके अलावा विश्व प्रसिद्ध गायिका शकीरा, मिक जैगर, बोनो, अमेरिकी एक्टर मैट डेमोन, जैसिका अब्बा और जॉन लेजेंड जैसी कई हस्तियों ने हर बच्चे को शिक्षा के लिए हमारी आवाज़ में आवाज़ मिलाई थी। उस अभियान में कुल एक करोड़ साठ लाख से ज़्यादा लोगों ने शिक्षा के समर्थन में शपथ ली थी।

राजनीतिक हस्तियों में संयुक्त राष्ट्र महासचिव बान की मून, दक्षिण अफ़्रीकी

राष्ट्रपति जैकब ज़ूमा, हिलेरी क्लिंटन, गॉर्डन ब्राउन, ऑस्ट्रेलिया के प्रधानमंत्री केविन रड, घाना के राष्ट्रपति जॉन आट्टा मिल्स, और नीदरलैंड के प्रधानमंत्री जैन पीटर बाल्कनेंडे ने हमारा समर्थन किया था।

नेल्सन मंडेला का आशीर्वाद

दुनिया में हुए तमाम आन्दोलनों की बातें मदीबा की चर्चा के बिना अधूरी है और फ़ुटबॉल का यह मैच तो ख़ुद उनके अपने देश में हो रहा था। नेल्सन मंडेला को प्यार और सम्मान से लोग मदीबा कहकर पुकारते थे। मुझे उनसे चार बार मिलने या दर्शन करने का सौभाग्य का मिला है। मंडेला को अफ्रीका की जेल में बन्द रखे जाने के दौरान भारत के कई मानवाधिकार संगठन उनके समर्थन में विरोध-प्रदर्शन किया करते थे। मेरे जैसे कई नौजवान रंगभेद के ख़िलाफ़ चल रहे उस आन्दोलन में शामिल होते थे। पत्र-पत्रिकाओं में मैं मंडेला के पक्ष में लेख भी लिखा ही करता था। 1982 में एक बार ऐसा ही एक प्रदर्शन दिल्ली में दक्षिण अफ्रीकी दूतावास के सामने किया गया। हम लगभग 45-50 लोग शान्तिपूर्ण प्रदर्शन कर रहे थे। मैं अपने हाथ से तख़्तियाँ और पोस्टर बनाकर ले गया था। दिनभर के धरने के बाद हम अपना ज्ञापन देने के लिए दूतावास में घुसने की कोशिश कर रहे थे कि दिल्ली पुलिस ने हमें हिरासत में ले लिया और चाणक्यपुरी थाने में बन्द कर दिया। हमने कोई उपद्रव नहीं किया था, इसलिए देर रात को पुलिस ने हमें चेतावनी देकर छोड़ दिया।

दक्षिण अफ्रीका को आज़ादी मिलने के बाद 1993 में नेल्सन मंडेला भारत आए थे। भारत सरकार ने उन्हें विशेष तौर पर आमंत्रित किया था। वह उनकी पहली भारत यात्रा थी। कई बड़े सरकारी कार्यक्रमों का आयोजन किया गया था। भारत में उनको लेकर ज़बरदस्त क्रेज था। एक दिन अचानक मुझे उनके स्वागत समारोह में शामिल होने का निमंत्रण पत्र मिला। मैं ख़ुशी से नाच उठा क्योंकि मुझे तो इस बात की कल्पना भी नहीं थी।

मदीबा खुले मैदान में हो रहे कार्यक्रम में आए। उन्होंने बन्द गले का सूट पहन रखा था। उनकी आँखों में एक जुझारू विजेता वाली चमक दिखाई दे रही थी, उससे कहीं ज़्यादा विनम्रता और प्यार छलक रहा था। उन्होंने आगे की क़तारों में बैठे लोगों से बारी-बारी हाथ मिलाया और शुक्रिया कहा। उनके नज़दीक खड़े होना और हाथ मिलाना रोमांचकारी और प्रेरणास्पद क्षण था। उन्होंने मेरी पीठ भी थपथपाई।

इसके 14 साल बाद बाल श्रम विरोधी विश्व यात्रा का उद्घाटन करने के लिए मैं उन्हें आमंत्रित करने गया था। मैं एक सुबह जोहान्सबर्ग में उनके आवास पर उनसे मिला। वे बाहर लॉन में एक आरामकुर्सी पर बैठे थे। मुझे बाल मज़दूरी के ख़िलाफ़ विश्व आन्दोलन के बारे में उनसे संक्षिप्त बातचीत करने का सौभाग्य मिला था। मैंने उनसे अपनी पहली मुलाक़ात और उसकी पृष्ठभूमि भी बताई। मदीबा ने मुस्कराते हुए बहुत स्नेहपूर्वक धन्यवाद दिया। ग्लोबल मार्च के बारे में उन्होंने कहा, "यह बड़ी महत्त्वाकांक्षी और बहादुराना पहल है।"

उनके नज़दीक बैठने और बातचीत करने से मेरे भीतर उत्साह भर गया था। उन्होंने मुझे बच्चों की सरलता पर एक घटना सुनाई थी। वे एक बार जब केपटाउन में एक गली में से गुज़र रहे थे, वहाँ खेल रहे फ़ुटपाथी बच्चों की भीड़ को देखकर उन्होंने अपनी गाड़ी रोक दी और बच्चों से बतियाने लगे। उत्साह में बच्चे चिल्लाए, "मदीबा, हम आपको बहुत प्यार करते हैं।" इस पर उन्होंने बच्चों से पूछा कि "तुम मुझे इतना प्यार क्यों करते हो?" एक बच्चे ने तपाक से जवाब दिया, "क्योंकि आप हमारे लिए पैसे ख़र्च करते हैं।" यह कहकर वे खिलखिलाकर हँस दिये।

वे ख़राब स्वास्थ्य के चलते ग्लोबल मार्च के कार्यक्रम में नहीं पहुँच पाए थे, लेकिन उन्होंने लिखित सन्देश भिजवाया जो उनकी पत्नी और विश्व की जानी-मानी, मानवाधिकार नेत्री ग्राशा मिशेल ने पढ़कर सुनाया था। बाद में ग्राशा ने मुझे बताया था कि यात्रा की सफलता पर श्री मंडेला बहुत ख़ुश और उत्साहित थे।

2002 के शुरुआती दिनों में मुझे फिर से मदीबा से मिलने का सुअवसर प्राप्त हुआ था। इस बार की मुलाक़ात नेल्सन मंडेला फ़ाउंडेशन में हुई जो बहुत संक्षिप्त थी क्योंकि उस दिन उनका स्वास्थ्य ठीक नहीं था। वे ग्लोबल कैम्पेन फॉर एजुकेशन के हमारे प्रयासों से परिचित थे। हम सुश्री ग्राशा मिशेल के सम्पर्क में भी थे। दोनों ने उस कार्य में अपना समर्थन और प्रोत्साहन दिया।

मदीबा और ग्राशा ने हमें एक पत्र लिखकर कहा कि 'दुनिया-भर के लाखों-लाख अभिभावक, शिक्षक और बच्चे अपनी-अपनी सरकारों से विश्व के बच्चों के लिए मुफ्त व गुणवत्तापूर्ण शिक्षा का जन आन्दोलन कर रहे हैं। वे ग्लोबल कैम्पेन फॉर एजुकेशन के साथ हैं। और हम दोनों भी उनके साथ इस आन्दोलन में अपनी आवाज़ शामिल कर रहे हैं।'

हमारे एक सालाना 'ग्लोबल एक्शन वीक' के दौरान उन्होंने हमें लिखा था, "शिक्षा दुनिया को बदलने का सबसे प्रभावशाली हथियार है।"

मैं फ़ुटबॉल मैच के उस कार्यक्रम में अन्तिम बार दूर से उनके दर्शन कर

पाया था। उनके देहान्त के बाद ग्राशा से हमारा सम्पर्क बना रहा। मैं उन्हें बहन कहकर पुकारता हूँ। वे अभी भी बहुत ऊर्जावान, करुणामय और सक्रिय मानव अधिकार कार्यकर्ता हैं। हम दोनों कई समितियों और अभियानों में साथ मिलकर काम करते रहे हैं।

अफ्रीकी देशों के प्रेसिडेंटों के बीच फँसा एक 'प्रेसिडेंट'

फ़ुटबॉल वर्ल्ड कप का फ़ाइनल मैच देखने 15 राष्ट्राध्यक्ष अपने-अपने परिवारों के साथ पहुँचे थे। हमने दक्षिण अफ्रीकी राष्ट्रपति जैकब जूमा के साथ मिलकर मैच से पहले शिक्षा के अधिकार को बढ़ावा देने के लिए उनकी एक क्षेत्रीय संगोष्ठी आयोजित की थी।

उस दिन एक बेहद मज़ेदार वाकया हुआ। गोष्ठी के बाद सुरक्षा के लिहाज़ से केवल राष्ट्राध्यक्षों तथा उनके परिवारों को पीछे के दरवाज़े से विशेष बसों से प्रिटोरिया स्टेशन तक, और वहाँ दो डिब्बों की शाही रेल से जोहान्सबर्ग ले जाया जाना था। मैं नाइजीरिया के राष्ट्रपति ओबासंजो और उनकी पत्नी स्टैला से बातें करते-करते उनके साथ चल दिया। मुझे देखकर यूनेस्को की मुखिया इरीना बोकोवा भी आ गईं।

बस में घुसने से पहले सुरक्षा अधिकारियों ने सभी की तरह मुझसे पूछा, "श्रीमान जी, कृपया बताएँ कि आप कहाँ के प्रेसिडेंट हैं?"

मैंने भी तपाक से बोल दिया, "हाँ, मैं जीसीई का प्रेसिडेंट हूँ।" मैंने जीसीई धीमी आवाज़ में और 'प्रेसिडेंट' जरा ज़ोर से बोला था। सुरक्षाकर्मियों ने ज़ोरदार सैल्यूट मारा। मैंने अपने साथ इरीना को भी हाथ पकड़े हुए बस में चढ़ा लिया। हालाँकि वे थोड़ा हिचकिचा रही थीं। ज़ाहिर है कि वहाँ प्रेसिडेंट का मतलब सिर्फ़ राष्ट्रपति था न कि अध्यक्ष।

पूरे अफ्रीकी महाद्वीप के नेताओं को अपनी बात समझाने का इससे अच्छा मौक़ा नहीं हो सकता था। ट्रेन में अलग-अलग बैठकर इरीना और मैं हरेक राष्ट्राध्यक्ष के साथ ख़ूब बातचीत कर सके। जोहान्सबर्ग पहुँचकर हमें मैच देखने के लिए राष्ट्रपतियों के लिए बने विशेष लाउंज में बैठा दिया गया। हमें फिर से सभी राष्ट्रपतियों और उनकी पत्नियों से बाल मज़दूरी, ट्रैफ़िकिंग और शिक्षा को उनके देशों की नीतियों, कार्यक्रमों और बजटों में प्राथमिकता देने के बारे में बातें करने का भरपूर मौक़ा मिल गया था। मैंने उन्हीं लोगों के साथ बहुत स्वादिष्ट भारतीय भोजन भी किया। लॉन्ज में जाते समय मेरी नज़र नीचे की मंज़िल पर

बैठे दर्शकों पर पड़ी। उन्हीं में भारत के एक बड़े नेता राहुल गांधी और उनकी बहन प्रियंका गांधी के पति भी बैठे थे।

मैच ख़त्म होने के बाद असली तमाशा शुरू हुआ। एक-एक करके हर राष्ट्रपति की कारों का क़ाफ़िला आकर उन्हें ले जाता रहा। कुछ मिनटों में वह जगह ख़ाली हो गई। सुरक्षाकर्मी मुझे लेने के लिए आने वाली कारों के बारे में पूछने लगे। अब न तो मेरी कोई कार थी, और न ही बाहर की कोई कार या टैक्सी उस जगह पहुँच सकती थी। सुरक्षा अधिकारी हैरान थे कि मैं कैसा प्रेसिडेंट हूँ। और अगर नहीं हूँ तो आख़िर वहाँ पहुँचा कैसे? मैं बड़ी मुश्किल से उन्हें अपने प्रेसिडेंट होने की बात समझा पाया। फिर अपने संगठन के को-ऑर्डिनेटर ओएन जेम्स को फ़ोन करने की कोशिश करता रहा। उस जगह में ज़ैमर लगे थे। उसी बीच मेरे फ़ोन की बैटरी ख़त्म हो गई। मैं न तो किसी को फ़ोन कर सकता था और न ही किसी का फ़ोन नम्बर देख सकता था। क़रीब-क़रीब सभी सुरक्षाकर्मी वहाँ से निकल चुके थे। मैं किसी को ढूँढ़कर बाहर निकलने के लिए मदद माँगना चाहता था, लेकिन सभी दरवाज़े बन्द हो गए थे। वह स्टेडियम एक भूल-भुलैया की तरह था।

बड़ी मुश्किल से एक चौकीदार मिल पाया। मैंने उससे फ़ोन इस्तेमाल करने की मिन्नत की। वह मान गया। संयोग से मेरी जेब में होटल का विज़िटिंग कार्ड था। मैंने होटल फ़ोन करके ओएन का फ़ोन नम्बर हासिल किया। तब जाकर उनसे बात हो सकी। वे मुझे ढूँढ़ने के लिए पिछले दो घंटों से परेशान हो रहे थे। आख़िर मुझे स्टेडियम का पूरा चक्कर लगाकर आम जनता वाले गेट तक जाना पड़ा। लगभग आधी रात का समय हो चुका था। हम दोनों सुनसान सड़क पर क़रीब एक घंटे तक टैक्सी ढूँढ़ने के लिए भटकते रहे। जोहान्सबर्ग दुनिया के सबसे असुरक्षित शहरों में से एक था। लूट-पाट और हत्या आम बातें थीं। हमें अपने होटल का रास्ता भी नहीं मालूम था। ओएन ने किसी तरह एक लोकल कार्यकर्ता से फ़ोन पर बात करके बुलाया जिन्होंने अपनी कार लेकर हमें होटल तक छोड़ा। इस तरह मेरा प्रेसिडेंट बनना बड़ा भारी एडवेंचर रहा।

गॉर्डन ब्राउन बने शिक्षा के लिए अगुवा राजनेता

मैं पहली बार गॉर्डन ब्राउन से ओएन जेम्स के साथ लन्दन में उनके कार्यालय में मिला था। तब वे ब्रिटेन के ख़ज़ाना और वित्त-व्यवस्था मंत्री थे। हम उन्हें शिक्षा के अधिकार से सम्बन्धित एक कार्यक्रम में आमंत्रित करने गए थे। वे

उसमें शामिल हुए, और आगे भी हमारे आन्दोलन से जुड़े रहने की इच्छा जताई थी। हम काफ़ी दिनों से शिक्षा के मुद्दे पर एक सशक्त राजनीतिक नेतृत्व की तलाश में जुटे थे। हमें श्री ब्राउन में वह चैम्पियन नज़र आया। हम उन्हें जीसीई के सभी महत्त्वपूर्ण कार्यक्रमों में बुलाने लगे थे। उनका उत्साह और जुड़ाव बढ़ता गया। उन्होंने वित्त मंत्री रहते हुए अफ्रीकी देशों में बच्चों की शिक्षा के मद में आगामी दस वर्षों के लिए 15 अरब डॉलर की अनुदान राशि घोषित की थी।

गॉर्डन ब्राउन उसी दौरान एक सरकारी यात्रा पर भारत आए थे। उनके कार्यालय ने भारतीय अधिकारियों को पत्र लिखा था कि वे दिल्ली में मुझसे मिलना चाहते हैं। वे भारत सरकार के एतराज़ के बावजूद मुझसे मिले। मैं अपने साथ बँधुआ मज़दूरी से छुड़ाए गए बच्चों को भी ले गया था। मैं हमेशा उन्हें यह समझाने की कोशिश करता रहा था कि बाल मज़दूरी ख़त्म किये बग़ैर अशिक्षा और ग़रीबी दूर नहीं की जा सकती। परन्तु वे वही बात हमारे उन बच्चों की कहानियाँ सुनकर चन्द मिनटों में ही समझ गए थे।

ब्रिटेन के प्रधानमंत्री के रूप में उन्होंने मई 2007 में हमारे साथ मिलकर ब्रुसेल्स में यूरोपीय यूनियन का एक उच्च स्तरीय कार्यक्रम आयोजित किया था। उसमें कई देशों के बाल प्रतिनिधि आमंत्रित थे। बाल आश्रम से एक बालक किंशु कुमार गया था। प्रधानमंत्री पद से हटने के बाद से गोर्डन संयुक्त राष्ट्र महासचिव द्वारा शिक्षा के लिए नियुक्त विशेष दूत हैं।

ग्लोबल कैम्पेन फॉर एजुकेशन के भीतर की राजनीति

2011 में पेरिस में होने वाली जीसीई की चार सालाना महासभा थी। मुझे कुछ सालों से महसूस होने लगा था कि हॉलैंड की दानदात्री संस्था नोविब और इंग्लैंड की एक्शन एड के अधिकारी मुझे ग्लोबल कैम्पेन फॉर एजुकेशन के अध्यक्ष पद से हटाने की साजिशें रच रहे हैं। वे अध्यक्ष पद के लिए मेरे ख़िलाफ़ एक दक्षिण अमेरिकी उम्मीदवार को खड़ा करने की रणनीति बना रहे थे। वे जिसके लिए समर्थन जुटा रहे थे, उसका संगठन उनका पिछलग्गू था। मुझे इस तरह की घिनौनी राजनीति क़तई पसन्द नहीं थी। मेरे मन में पहले से ही पद पर बने रहने की इच्छा ख़त्म हो चुकी थी। शायद दस वर्षों तक अध्यक्ष की कुर्सी पर बने रहना मेरी एक भूल थी।

मैं महासभा का उद्घाटन-भाषण देने मंच पर पहुँचा। मैंने पाया कि दोनों ओर के प्रतिनिधि बड़े नर्वस दिखाई दे रहे हैं। मैंने मुस्कराते हुए अपनी बात

इस तरह शुरू की, “मैं देख रहा हूँ, अधिवेशन की बैठक शुरू होने से पहले ही बाहर कोनों और बरामदों में कई बैठकें चल रही हैं। मैं नहीं चाहता कि दस साल तक अध्यक्ष रहने के बाद आप लोग मुझे बनाए रखने या हटाने के लिए मीटिंग्स करें। मैं जानता हूँ कि आप में से कुछ लोग नये चुनाव की तैयारी कर रहे हैं। चुनाव कराना लोकतांत्रिक प्रक्रिया है। यदि ऐसे साथी पहले से मुझसे बात कर लेते तो उन्हें इतनी माथापच्ची और समय बर्बाद करने की ज़रूरत ही नहीं पड़ती। मैं सबको बता देना चाहता हूँ कि मैं ख़ुद अध्यक्ष पद का उम्मीदवार नहीं हूँ। मैं अपना नामांकन नहीं भरूँगा। सिर्फ़ साधारण सदस्य रहना चाहता हूँ।”

किसी को इतने बड़े धमाके की उम्मीद नहीं थी। वहाँ मौजूद प्रतिनिधियों में हाहाकार मच गया। स्टाफ़ के कार्यकर्ता और अधिकारी हक्के-बक्के रह गए और कुछ एकदम फूटकर रोने लगे। मैंने किसी तरह शोर-शराबे को रोका। मेरे ख़िलाफ़ गुपचुप षड्यंत्र करने वाले बुरी तरह शर्मिन्दा थे। मैंने सभी का धन्यवाद करके अध्यक्ष पद छोड़ने की घोषणा कर दी। पूरे संगठन को यह विश्वास दिलाया कि मेरे लिए ग्लोबल कैम्पेन फॉर एजुकेशन अपने बच्चे की तरह है। ज़रूरत पड़ने पर मैं हर प्रकार से मदद करूँगा। साथ ही यह आगाह ज़रूर किया कि चूँकि अशिक्षा की असली समस्या ग़रीब देशों में है, इसलिए आन्दोलन की आत्मा वहीं बसनी चाहिए, भले ही साधन, समर्थन और ज्ञान सब जगह से जुटाए जाएँ।

डकार से इंचियोन तक

नोबेल पुरस्कार मिलने के बाद बच्चों की शिक्षा के मिशन में मुझे और ऊँचे स्तरों पर अपनी बात रखने और हस्तक्षेप करने का मौक़ा मिलने लगा। 26 से 28 अप्रैल, 2015 को दक्षिण कोरिया के शहर इंचियोन में वर्ल्ड एजुकेशन फ़ोरम सम्पन्न हुआ था। उसका आयोजन वहाँ की सरकार और यूनेस्को ने किया था। 2000 से लेकर 2015 तक के पन्द्रह सालों के बीच दुनिया काफ़ी बदल चुकी थी। सबसे बड़ी बात यह है कि शिक्षा एक महत्त्वपूर्ण राजनीतिक और सामाजिक मुद्दा बन चुका था जिसके कारण स्कूल से बाहर रहने वाले बच्चों की संख्या घट गई थी। मुझे उद्घाटन समारोह को सम्बोधित करने के लिए बुलाया गया था। उसमें संयुक्त राष्ट्रसंघ के महासचिव बान की मून, कतर की शेखा मौजा, विश्वबैंक के अध्यक्ष जिम किम, यूनेस्को की महानिदेशक इरीना बोकोवा, और यूनिसेफ़ के मुखिया एंथनी लेक़ थे। जीसीई सहित कई सामाजिक संगठनों के

नेताओं को पूरे रुतबे के साथ उस फ़ोरम में भाग लेते देखकर मेरा मन प्रफुल्लित हो उठा था जहाँ 15 साल पहले डकार के फ़ोरम में हमें अन्दर घुसने के लिए भी लड़ाई लड़नी पड़ी थी।

फ़ोरम के दौरान विश्वबैंक और अन्तरराष्ट्रीय मुद्रा कोष ने एक गोलमेज सम्मेलन किया। उसमें भी मुझे अपना वक्तव्य देने का अवसर मिला। मैंने उदाहरणों और आँकड़ों के साथ समाज में सबसे पीछे खड़े बच्चों का मुद्दा उठाते हुए चेतावनी दी कि उनकी शिक्षा का अधिकार सुनिश्चित किये बग़ैर किसी भी सतत विकास लक्ष्य को पूरा नहीं किया जा सकता। विकास अनुदान और राष्ट्रीय बजट तय करने में ऐसे बच्चों के प्रति करुणा का भाव ज़रूरी है, क्योंकि वे सभी बच्चे हमारे बच्चे हैं।

संयुक्त राष्ट्र शिक्षा आयोग

अन्तरराष्ट्रीय राजनीतिक इच्छाशक्ति, ज़रूरी धन, देशों के स्तर पर प्रभावशाली नीतियों की ज़रूरत को देखते हुए 2015 में संयुक्त राष्ट्रसंघ की पहल पर एक उच्च स्तरीय एजुकेशन कमीशन बनाया गया था। नॉर्वे की प्रधानमंत्री एर्ना सोलबर्ग उसकी अध्यक्ष और गॉर्डन ब्राउन संयोजक थे। कमिश्नरों में चिली की भूतपूर्व राष्ट्रपति मिचेला बैचले, इंडोनेशिया के राष्ट्रपति जोको विडोडो, मलावी के राष्ट्रपति पीटर मुथारिका और यूनेस्को की डायरेक्टर जनरल इरीना बोकोवा, नोबेल पुरस्कार विजेता अमर्त्य सेन, प्रसिद्ध सामाजिक कार्यकर्ता ग्राशा मशेल सहित दुनिया की कई हस्तियों के साथ मैं भी था। हमारी बैठकें नियमित तौर पर होती थीं। मुझे इस बात का सन्तोष था कि मैं इन बैठकों में अपने और विभिन्न सामाजिक संगठनों के व्यावहारिक अनुभव साझा कर पाता था। और वंचित बच्चों की आवाज़ उठाता रहता था। ऐसे कुछ विश्व नेता तो मेरे बोलने से पहले मज़ाक़ में कह देते थे, "हमें पता है कि तुम उत्पीड़ित बच्चों की कहानियों के साथ सवाल पूछकर हमें कठघरे में खड़ा कर दोगे।"

उन विशिष्ट व्यक्तियों और ज्ञान से कुछ न कुछ सीखने को ज़रूर मिलता था, लेकिन धीरे-धीरे ऐसे सभी समूहों में मेरी रुचि कम होने लगी थी क्योंकि वही लोग, लगभग वही बातें—शायद कुछ नये मुहावरों और आँकड़ों के तड़के के साथ! मैं सचमुच ऊबने लगा था क्योंकि बच्चों के मामले में मेरे लिए धैर्यवान रह पाना मुश्किल है। वे लोग बहुत ज्ञानी, असरदार और प्रसिद्ध होते हुए भी बच्चों की तकलीफ़ों और समस्याओं को उतनी गहराई से महसूस नहीं कर पाते थे,

जितनी मुझे उनसे अपेक्षा थी। मेरे ख़याल से हम जिनकी चिन्ता, बातचीत और वकालत करने के लिए इकट्ठे होते हैं, अगर उनकी मजबूरियों और मुसीबतों को अपनी तरह महसूस नहीं कर सकते तो उनकी समस्याओं का स्थायी हल नहीं निकाल सकते।

2016 की 14-15 मई को जापान के कुराशिकी शहर में जी-7 राष्ट्रों के शिक्षा मंत्रियों की हुई बैठक के उद्घाटन में मुझे बुलाया गया था। वहाँ पर मैंने सीरिया, अफ़गानिस्तान और यमन में चल रही हिंसा के कारण बच्चों के जीवन के विनाश का मुद्दा बहुत ज़ोर-शोर से उठाया। मैंने जर्मनी और तुर्की के शरणार्थी शिविरों में रह रहे बच्चों के साथ अपने कई अनुभव साझा किये। वहाँ उपस्थित दुनिया के सातों अमीर देशों को उनके नैतिक दायित्व याद कराते हुए सम्मानजनक तरीक़े से उन बच्चों की सुरक्षा, स्वास्थ्य, शिक्षा और पुनर्वास का तत्काल प्रबन्ध करने की अपील की।

मेरा वक्तव्य सुनते हुए कुछ मंत्रियों की आँखों से आँसू टपकने लगे थे। उनमें इटली की शिक्षा मंत्री स्टेफ़निया गियानिनी और फ्रांस की युवा शिक्षा मंत्री नजात वल्लौद-बेलकेसम भी थीं। उद्घाटन सत्र के बाद वे दोनों मुझसे अलग-अलग मिलीं। मैं उनके भीतर की करुणा से प्रभावित हुआ। उन्होंने वायदा किया कि वे मेरे द्वारा उठाए गए मुद्दों को पूरी गम्भीरता से लेकर उन्हें प्राथमिकता देंगीं। अपने गुणों और योग्यता के कारण स्टेफ़निया बाद में यूनेस्को की सहायक महानिदेशक बनीं। सुश्री नजात के बारे में मुझे यह जानकर आश्चर्य नहीं हुआ कि वे उस समय फ्रांस की सबसे लोकप्रिय राजनेता मानी गई थीं।

माँ छोड़ गई करुणा के पथ पर

बच्चों के आज़ाद और शिक्षा-सम्पन्न बचपन का जो मैंने सपना देखा था, उसके पीछे देस-परदेस दिन-रात एक किये मैं घूम रहा था। सपने और योजनाएँ, आन्दोलन और रणनीतियाँ, नारे और ज़मीनी व्यवस्थाएँ—जीवन पूरी तरह अपने मिशन को समर्पित हो चुका था। मन का आयतन बढ़ता जा रहा था और करुणा शक्ति का मूल स्रोत बन चुकी थी। यह करुणा मेरे मन में कहाँ से पनपी? निश्चित रूप से वह मुझमें माँ से दूध और रक्त में मिली होगी।

चालीस बच्चे, एक सेब, एक केला और मेरी माँ

मेरी माँ यानी फुआ कभी-कभी मुक्ति आश्रम और बाल आश्रम में आकर ठहरा करती थीं। हमने मुक्त कराए गए बाल मज़दूरों की शिक्षा और पुनर्वास के लिए दिल्ली में मुक्ति आश्रम और राजस्थान में बाल आश्रम बनाया था। वहाँ के सभी बच्चे उन्हें दादी कहकर घेरे रहते थे। वे भी बिना किसी भेदभाव के सभी पर भरपूर प्यार लुटाती थीं। 2001-02 की बात है। उन दिनों बाल आश्रम में क़रीब 40 बच्चे रहते थे। आश्रम के कार्यकर्ता फुआ के कमरे में एक-दो केले और सेब रख देते थे। सब सोचते थे कि वे रोज़ कुछ फल खा लेती होंगी। एक बार मैं अचानक उनके कमरे में गया तो देखा कि दो प्लेटों में सेब और केलों के ढेर सारे छोटे-छोटे टुकड़े रखे हुए थे।

मैंने उनसे पूछा, “फुआ, फलों के इतने सारे टुकड़े क्यों कर रखे हैं?”

वे सीधा जवाब देने के बजाय मुझसे कुछ और बातें करने लगीं। तभी आश्रम के कार्यकर्ता रामकृपाल गुरुजी वहाँ आ गए। उन्होंने फुआ से पूछा, “अम्मा जी, बच्चों को बुला लूँ?”

मैंने उन्हीं से पूछा, "यह तो फुआ के सोने का वक़्त है? बच्चों को क्यों बुला रहे हो?"

गुरुजी ने बताया, "अम्मा रोज़ अपने फलों के टुकड़े करके इसी तरह सब बच्चों को बाँट देती हैं। ख़ुद भी एक ही टुकड़ा खाती हैं।"

यह उन दिनों की बात है जब बाल आश्रम में बच्चों के लिए दूध और फलों के लिए पैसे नहीं होते थे। उस दिन फुआ की भावनाओं की ऊँचाई ने मुझे बहुत बड़ी सीख दी।

सुमेधा जी और मैंने बिना किसी को बताए मन ही मन फ़ैसला किया कि आश्रम में सभी बच्चों के लिए फलों का इन्तज़ाम हो जाने तक हम भी फल नहीं खाएँगे। बाद में गौशाला बन गई थी और हमारे कई सहयोगी मिठाइयाँ और फल दान में देने लगे थे। फुआ बच्चों के साथ भोजनालय में वही खाना खाती थीं, जो सबके लिए बनता था।

हमारे रिश्तेदारों को बड़ी हैरानी होती थी कि वे छुआछूत की परवाह किये बग़ैर, हमारे साथ आश्रम में, रेस्तराँ में सबके साथ खाना खाने में कोई परहेज नहीं करती थीं। एक क़स्बे की विधवा ब्राह्मणी के लिए ऐसा करना किसी सामाजिक क्रान्ति से कम बड़ी बात नहीं थी।

फुआ बड़ी ख़ुद्दार थीं। मज़ाल कि कोई उनकी अनदेखी कर सके। इसीलिए वे किसी भी एक बेटे के घर ज़्यादा दिन नहीं रहती थीं। हमारे समाज में कई जगह पर बेटियों के घर भोजन तो दूर, पानी तक न पीने का रिवाज है। लेकिन उन्होंने बुढ़ापे में यह रिवाज तोड़ दिया था। वे मेरी बहन के घर उसी तरह ठहर जाती थीं, जैसे बेटों के घर पर। बिरादरी वालों को वह बड़ा नागवार गुज़रता था। कई लोग उनके इस व्यवहार के लिए मुझे दोषी ठहराते थे। फुआ ने कभी किसी सन्तान के सामने हाथ नहीं फैलाए, न ही कभी किसी चीज़ के लिए मुँह खोला। पिताजी की मृत्यु के बाद उन्हें थोड़ी-बहुत सरकारी पेंशन मिलती थी। वे उन रुपयों से नाती-पोतों को उपहार, ग़रीबों को दान-दक्षिणा और ज़रूरत पड़ने पर किसी बेटे की मदद करती रहती थीं। उन्होंने मेरे कॉलेज की पढ़ाई के दौरान मुझे कई बार पैसे दिये थे। वे अपने काम ख़ुद करने में विश्वास रखती थीं। ज़िन्दगी के आख़िरी दिन भी उन्होंने अपने कपड़े ख़ुद धोए थे और दालान में झाड़ू भी लगाई थी।

मैं उनके दिल में करुणा के अथाह सागर को याद करता हूँ। हमारे घर की दाहिनी दीवार से सटा हुआ मकान एक पंडित जी का था। उनकी पत्नी को मेरे माता-पिता मुँहबोली बेटी मानते थे। दोनों घरों के बीच एक साझा दीवार होने

से कभी-कभी मनमुटाव हो जाता था। उस पुरानी टूटी-फूटी दीवार के एक तरफ़ हमारे घर की खुली जगह थी, दूसरी तरफ़ पंडित जी के घर की ख़ाली ज़मीन पड़ी थी। जब कक्का दीवार के साथ गायों के लिए टीन की दालान बनाने लगे तो कुछ पड़ोसियों ने उनकी मुँहबोली बेटी को भड़का दिया। उन्हें लगा था कि वह दीवार उनकी है और हम ज़बरदस्ती क़ब्ज़ा कर रहे हैं। उस वजह से हमारे सम्बन्ध ख़राब हो गए थे। बाद में बोलचाल तक बन्द हो गई थी।

एक-दो साल बाद की बात है। तब मैं आठ-नौ साल का था। एक बार फुआ को पता चला था कि वह पड़ोसन बहुत बीमार चल रही हैं। वे चोरी-चोरी मुहल्ले वालों से उनकी ख़बर लेती रहती थीं। एक बार मैंने देखा कि फुआ दुर्गा की मढ़िया में उनके ठीक होने के लिए मन्नत माँग रही थीं।

मैंने हैरान होकर पूछा, “अरे, तुम तो उन्हें गालियाँ और बददुआएँ देती रहती हो, अब यह क्या कर रही हो?”

उन्होंने अपनी आँखों के आँसू छुपाते हुए जवाब दिया, “नहीं, मैं तो यूँ ही सबकी भलाई के लिए पूजा कर रही हूँ।”

मैंने कहा, “झूठ क्यों बोल रही हो, तुमने जिआ का नाम लिया था।” हमारे यहाँ बड़ी बहनों को जिआ कहते थे।

अब उनसे नहीं रहा गया। वे बोलीं, “हाँ, मैं सच में उसे देखना चाहती हूँ।”

फिर उन्होंने थोड़ा सोचकर कहा, “अच्छा, तू चाहे तो एक बार जाकर उससे मिल आ।”

मुझे क्या मुश्किल थी। मैं उसी समय उनके घर चला गया। सचमुच जिआ की हालत बहुत ख़राब थी।

मैंने उनके पैर छुए और कहा, “फुआ ने तुम्हारे हालचाल पूछने को भेजा है।”

बस वे फफक-फफककर रो पड़ीं। मैं थोड़ी देर बैठा रहा। जब लौटने लगा तो मुझे रोककर बोलीं, “भैया, अपनी पत्थर दिल माँ से पूछ लेना कि क्या वे मेरा मरा मुँह ही देखेंगी?”

मैंने घर लौटकर यह बात फुआ को बता दी। वे जैसी हालत में थीं वैसी ही उठकर जिआ के घर पहुँच गईं। जाते से ही उन्हें डाँटना शुरू कर दिया, “अभी मैं ज़िन्दा बैठी हूँ, तेरी माँ और तू मरने की बात कर रही है?”

फिर दोनों लिपटकर रोने लगीं। क्षणभर में हमारे पारिवारिक रिश्ते पहले जैसे ही हो गए थे। मुझ पर इस घटना का बहुत असर पड़ा।

शोक की वह ख़बर

अफ्रीका से लौटते हुए सुबह-सुबह मैं फ़्लाइट पकड़ने एम्स्टरडम के हवाई अड्डे पर बैठा था। तभी मेरे भतीजे उमेश ने गोलमोल तरीक़े से वह दुखद ख़बर दी। मैं हिम्मत बाँधे रहा। सोचता रहा कि मेरी माँ ने अपनी गोद से उछालकर मुझे असीमित आकाश में उड़ा दिया है और वे ख़ुद चली गई हैं। मैं अपनी आँखों के आँसू पोंछते हुए अनगिनत बातें याद कर रहा था। मेरे मन में रह-रहकर एक आत्मग्लानि उभर रही थी। मुझे अपने माँ-बाप के साथ ज़्यादा वक़्त गुज़ारने का मौक़ा नहीं मिला। दिल्ली आने के बाद मेरी माली हालत ऐसी नहीं थी कि फुआ को एक कमरे के घर में अपने पास रखकर आराम की ज़िन्दगी दे सकूँ। लेकिन जब हम थोड़े बड़े घर में रहने लगे थे, तब भी मैं उनके साथ ढंग से नहीं रह पाया। जब वे हमारे पास आकर रुकती थीं, तब मैं अक्सर अपने मुक्ति अभियानों के सिलसिले में दिल्ली से बाहर रहता था। शायद इसीलिए उनका मन दिल्ली में नहीं लगता था।

माँ तब गुज़रीं जब मेरी उम्र क़रीब 50 साल की थी और मैं दो बच्चों का पिता था। उनकी मृत्यु 85 साल की उम्र में 27 नवम्बर, 2003 को हुई।

माँ की मृत्यु के कुछ सालों बाद मेरे बड़े भाई और भाभी का भी देहान्त हो गया। उन सभी मौतों पर मुझे गहरा दुख पहुँचा था। एक साधारण आदमी की तरह शोक में डूबकर ख़ूब रोया भी था। ज़ाहिर है कि इतने सालों में मेरे भीतर बहुत बदलाव आ चुका था। जब हम समाज के हो जाते हैं, हमारे निजी दुखों की उम्र छोटी हो जाती है और सामाजिक चिन्ताओं का साथ लम्बा हो जाता है।

भुवन, अस्मिता और सर्कस

15 जून, 2004 की दोपहर का वक़्त था। मेरा बेटा भुवन और मैं लखनऊ के सिविल अस्पताल में गहन चिकित्सा कक्ष में भर्ती थे। चन्द घंटों पहले हम पर जानलेवा हमला हुआ था। हमें अगल-बग़ल के दो बिस्तरों पर लिटाकर ग्लूकोज की बोतलें चढ़ाई जा रही थीं। मैंने थोड़ा सचेत होने पर अपने चेहरे पर मुस्कराहट लाते हुए भुवन से पूछा, "कैसे हो बेटा?"

वह कराह रहा था। फिर भी मुस्कराते हुए बोला, "मैं तो ठीक हूँ, आपकी हालत ख़राब लग रही है।"

मैंने मज़ाक़ में कहा, "हाँ, लेकिन लग तो यह भी रहा है कि हम दोनों ज़िन्दा हैं। जब तक ज़िन्दा हैं, तब तक समझो कि हमारा कुछ नहीं बिगड़ा है।"

उस दिन हम एक सर्कस में ग़ुलाम बनाकर रखी गई नेपाली लड़कियों को छुड़ाने गए थे। दर्द के मारे भुवन से मुस्कराते भी नहीं बन रहा था। दवाइयों का थोड़ा सा असर होते ही उसने फ़ोन उठाकर अपनी वकालत शुरू कर दी थी। वह लगातार बाक़ी कार्यकर्ताओं को पुलिस रिपोर्ट करवाने और दूसरी कार्यवाहियाँ करने की हिदायतें देने लगा था।

भुवन मुश्किल से मुश्किल क्षणों में भी अपना सन्तुलन नहीं खोता। उसे देखते हुए मुझे कई घटनाएँ याद आ रही थीं। हम कालकाजी झुग्गी बस्ती के स्लम क्वार्टरों में पहली मंज़िल पर रहते थे। रविवार का दिन था। सुमेधा जी और मैं गली से लगी हुई अपनी छोटी सी बालकनी में आराम से बैठकर चाय पी रहे थे। अचानक नीचे से किसी पड़ोसी ने आवाज़ दी, "बाहर मदर डेयरी के पास पाँच-छह साल का एक बच्चा साइकिल से गिर गया है। उसे चोट लगी है और ख़ून बह रहा है। शायद आपका बेटा है।" उसकी बात पूरी भी न हो पाई

थी कि मैं बालकनी से नीचे गली में कूद गया। सुमेधा जी घबराकर ऊपर से मुझे रोकती रहीं। वह भुवन ही था। मैं चन्द मिनटों में ही उसे गोद में उठाकर घर ले आया। उस दिन मेरा वही बेटा मेरे सामने गुंडों के हाथों घायल होकर अस्पताल में पड़ा था।

मुझे बिस्तर पर लेटे-लेटे सर्कस की ग़ुलाम बच्चियों को न छुड़वा सकने का दुख, दिल को चीर डालने वाली उनके माता-पिता की चीख़ें, पुलिस तथा मजिस्ट्रेट की बेशर्म मिलीभगत और गोली दागने को तैयार पिस्तौल लिये खड़ा एक हैवान—सब कुछ याद आ रहा था। लेकिन एक बहादुर बेटे के बाप होने का गर्व इतना ज़्यादा था कि वैसी सैकड़ों असफलताएँ और पीड़ाएँ उसके सामने कुछ नहीं थीं। उस वक़्त यदि रज़ा ख़ान की पिस्तौल की गोली से मेरी मौत भी हो जाती तो मेरे चेहरे पर भुवन और मेरे दूसरे साथियों की बहादुरी और समर्पण से मिली एक गर्वीली मुस्कान होती।

सर्कस में फँसी नेपाली बच्चियाँ

ग्रेट रोमन नाम का वह सर्कस उत्तर प्रदेश के गोंडा ज़िले के करनैलगंज में चल रहा था। करनैलगंज नेपाल की सीमा से सटा हुआ क़स्बा है, जो अपराधियों का गढ़ माना जाता है। प्रदेश की राजधानी लखनऊ से उसकी दूरी क़रीब 90 किलोमीटर है।

नेपाल से कुछ माता-पिता अपनी बेटियों की तलाश में दर-दर भटकते हुए हमारे पास 08 जून को दिल्ली पहुँचे थे। 5-6 साल पहले उनकी बच्चियों को बहला-फुसलाकर 'ग्रेट इंडियन सर्कस' में लाया गया था। लेकिन इस नाम का सर्कस कई साल पहले बन्द हो चुका था। काफ़ी जाँच-पड़ताल के बाद हमें मालूम चल पाया कि उस सर्कस ने अपना नाम बदलकर 'ग्रेट रोमन सर्कस' रख लिया था। सर्कस मालिक फतेह ख़ान और उसका बेटा रज़ा ख़ान शातिर अपराधी माने जाते थे। वे कई सर्कसों के मालिक थे। लोग बताते थे कि एक सर्कस तो फतेह ख़ान ने अपने एक रिश्तेदार की हत्या करके छीन लिया था। उसकी उत्तर प्रदेश की राजनीति में गहरी दख़ल व ऊँचे रसूख थे।

मैंने तेज़-तर्रार, अनुभवी और युवा साथियों की एक टीम बनाई। उसमें राकेश सेंगर, राजीव भारद्वाज, विनय सिंह, राजेश चौरसिया, गोविन्द खनाल और भुवन शामिल थे। वे बच्चों के माता-पिता के साथ लखनऊ चले गए। दो कार्यकर्ता करनैलगंज जाकर आम दर्शकों की तरह सर्कस देखने गए। उन्होंने अपने पास रखे

चित्रों से मिलान करके कुछ लड़कियों की पहचान कर ली। टीम के सदस्यों का कहना था कि मुझे वहाँ जाने की ज़रूरत नहीं है। मगर मैं जानता था कि कार्रवाई बहुत ख़तरनाक है। इसलिए मैं ख़ुद भी दूसरे दिन शाम को लखनऊ पहुँच गया।

हम छुपकर एक धर्मशाला में ठहरे हुए थे। मैंने अपने क़रीबी साथी चौधरी मुनव्वर सलीम से विदिशा में फ़ोन पर बात की। सलीम ने बचपन से लेकर कई वर्षों तक मेरे साथ रहकर छात्र आन्दोलन किये थे। वे मेरे छोटे भाई की तरह थे। वे समाजवादी पार्टी के एक बड़े नेता बन चुके थे। बाद में वे राज्यसभा में सांसद चुने गए थे। उन दिनों उत्तर प्रदेश में उसी पार्टी की सरकार थी। उन्होंने हमारी मदद के लिए कुछ मंत्रियों से बात की। हम बच्चों के माता-पिता को लेकर उन मंत्रियों से मिले।

14 जून को ज़िला कलेक्टर और दूसरे सरकारी अधिकारियों से मिलकर लिखा-पढ़ी पूरी कर ली गई। अगले दिन सुबह छापामार कार्रवाई करना तय हुआ। सभी बारीकियों की समीक्षा करने के बाद सुबह-सुबह हमारी कारें लखनऊ से करनैलगंज की तरफ़ रवाना हो गईं। हम सुबह के लगभग 10 बजे वहाँ पहुँच गए। जब सर्कस के गेट पर पहुँचे तो मालिक रज़ा ख़ान, उसका मैनेजर और पाँच-छह आदमी बाहर हमारा स्वागत करने के लिए खड़े मिले। मुझे शक हुआ कि लड़कियों को रात में ही ग़ायब किया जा चुका होगा। फिर भी मौक़ा लेने की बात थी। जोखिम उठाने का फ़ैसला किया। हम उनके साथ अन्दर घुस गए। सर्कस कई एकड़ ज़मीन पर फैले एक घुमन्तू किले की तरह था। उसकी चारदीवारी अन्दर से लोहे के सीख़चों, टीन की चादरों और बाहर से मोटे बरसाती कपड़े की कनातों को फिट करके खड़ी की गई थीं। वहाँ कम से कम 150 आदमी, औरतें तथा बच्चे रहते और काम करते थे। उनमें आर्टिस्ट, जोकर, जानवरों के ट्रेनर, रसोइए, सामान ढोने वाले, ट्रकों के ड्राइवर, सफाईकर्मी, वेल्डर और सुरक्षाकर्मी वग़ैरह होते थे। इनसानों के साथ-साथ कई घोड़े, हाथी, शेर, बन्दर, भालू और अजगर जैसे जानवर भी थे। अहाते के भीतर छोटे-बड़े दर्जनों रिहाइशी टेंट लगे थे।

माफ़िया की पिस्तौल और मेरे बीच टीवी कैमरा बना ईश्वर

सरकारी कर्मचारियों, पुलिस और मजिस्ट्रेट के हाव-भाव से साफ़-साफ़ नज़र आ रहा था कि सर्कस मालिक से उनके अच्छे रिश्ते थे। रज़ा ख़ान और मैनेजर हमें खेल-तमाशे वाले मैदान के पीछे अन्दर की तरफ़ ले गए। वे ज़ोर देते रहे कि

उनके सर्कस में लड़कियाँ काम नहीं करतीं। उनके हाव-भाव से मुझे लगने लगा था कि अब हमारा सुरक्षित बाहर निकल पाना मुश्किल है। तभी अचानक एक युवती लोमड़ी की तरह तेज़ी से आकर हमसे गाली-गलौज करने लगी। उसके साथ कुछ दूसरी औरतें भी शामिल हो गईं। उन्होंने चीख़ना शुरू कर दिया, "तुम लोग लड़कियों की रिहाइशी जगह में ज़बरन घुस आए हो, निकलो यहाँ से।" उसी बीच मजिस्ट्रेट एक-दो टेंटों में झाँककर लौट आया। वह बोला, "मुझे तो यहाँ कोई नाबालिग लड़की नहीं मिली।" वह उन्हीं महिलाओं के बयान दर्ज कराने लगा। मैंने एतराज़ करते हुए कहा, "ऐसे हंगामे के बीच मालिक के सामने किसी का बयान लेने का कोई मतलब नहीं है। मालिक को दूर हटाकर अलग-अलग कर्मचारियों से पूछताछ की जाए।" लेकिन मजिस्ट्रेट ने मेरी बात नहीं सुनी।

तभी ग़ुस्से से भरा हुआ रज़ा ख़ान मेरी तरफ़ लपका। वह 35-40 साल का लम्बा-तगड़ा और चेहरे से क्रूर दिखने वाला साँवले रंग का युवक था। वह चिल्ला रहा था, "सर्कस में ज़बरन घुस आने वाले किसी भी आदमी को ज़िन्दा नहीं छोड़ा जाएगा।" अचानक उसने अपनी कमर से छुपी पिस्तौल निकाल ली और पलक झपकते ही लोड करके मेरे सीने पर तान दी। चुपचाप खड़े तमाशा देख रहे मजिस्ट्रेट, दारोगा और पुलिस वाले ने दूसरी तरफ़ मुँह फेर लिया। संयोग से मेरे बाएँ पीछे की तरफ़ एक राष्ट्रीय टीवी चैनल का कैमरा चल रहा था। दारोगा ने कैमरामैन को देखते ही सकपकाते हुए रज़ा ख़ान को हाथों से इशारा किया। लेकिन रज़ा ख़ान ने दारोगा या कैमरामैन की तरफ़ ध्यान नहीं दिया क्योंकि उसके सिर पर तो ख़ून सवार था। मजबूरी में दारोगा को ज़ोर से बुदबुदाना पड़ा, "कैमरा-कैमरा, देखो भाईजान, वीडियो कैमरा चल रहा है। सब रिकॉर्ड हो रहा है।"

मौत और मेरे बीच में सिर्फ़ ट्रिगर दबने भर का फ़ासला रह गया था। एक टीवी कैमरा उस समय ईश्वर बनकर आड़े आ गया। रज़ा ख़ान मेरे सामने से पिस्तौल हटाकर कैमरामैन की तरफ़ लपक पड़ा। उसने ग़ुस्से में ज़ोर से चीख़ते हुए अपने आदमियों से कहा, "मार डालो इसे..." वहाँ खड़ा हुआ मैनेजर भी चिल्लाने लगा, "पकड़ो इन सभी हरामजादों को...कोई ज़िन्दा बचकर नहीं जाने पाए..."

उनका हुक्म सुनते ही सर्कस के कई कर्मचारी हमें मारने के लिए दौड़ पड़े। वे जो हाथों में डंडे, लोहे की छड़ें, हॉकी स्टिक, मोटी-मोटी ज़ंजीरों के टुकड़े, छुरे और लोहे के नुकीले अंकुश लगे बाँस आदि लेकर तैयार खड़े थे। चारों तरफ़ हाहाकार और भगदड़ मच गई। गुमशुदा लड़कियों के अभिभावकों को

किसी तरह बचाते हुए हम लोग बाहर भागे। कुछ साथी मुझे बचाने की कोशिश कर रहे थे और कुछ पिटते हुए मीडियाकर्मियों को बाहर निकालने में जुटे थे।

सर्कस में फँसी एक लड़की की माँ कमला के हाथ से ख़ून बह रहा था। दूसरी लड़की के पिता हेम बहादुर के सिर पर भारी चोट लगी थी। हमारे दो साथी और एक पत्रकार घायल होकर लँगड़ाते हुए बाहर निकल रहे थे। कमला और एक दूसरी बच्ची की माँ विशुमाया हमारे साथ लौटने को तैयार नहीं थीं। वे दोनों घायल होकर भी सर्कस के सीख़चों पर सिर पीट-पीटकर अपनी बेटियों को पुकार रही थीं। वह दृश्य इतना हृदय विदारक था कि इनसानियत ख़ुद पर धिक्कार उठे।

किराए पर लाई गई हमारी चारों टैक्सियाँ गेट के बाहर खड़ी थीं। तब तक सर्कस के हथियारबन्द गुंडे गेट पर, बाहर की खुली जगह में और सामने की सड़क पर हमें रोकने के लिए पहुँच चुके थे। टैक्सियों के ड्राइवर बुरी तरह से डर गए थे। पहले तो वे गाड़ी चलाने को तैयार नहीं हुए। फिर बड़ी मिन्नतें करने पर राज़ी हुए। उनके हाथ-पैर काँप रहे थे। कुछ हमलावर हमारी गाड़ियाँ स्टार्ट होते ही लपककर हम तक पहुँच गए। उन्होंने गाड़ियाँ रोककर ड्राइवरों को और हमें बाहर खींचने की बड़ी कोशिश की, लेकिन किसी तरह हमारी गाड़ियाँ वहाँ से निकल भागीं।

हमने देखा कि आगे थोड़ी दूरी पर कुछ हथियारबन्द लोग रास्ता रोके खड़े हैं। इसलिए हम खेतों के बीच से निकलकर भागने लगे। दुर्भाग्य से सड़क और खेत के बीच भारी झाड़-झंखाड़ और एक सूखा नाला था। दोनों ड्राइवरों ने बीच में ही गाड़ियाँ रोक दीं और भाग खड़े हुए। मैं और भुवन उन्हीं दोनों कारों में थे। इसलिए हम झाड़ियों और गड्ढों में से होते हुए पैदल भागे। हमारे बाक़ी कार्यकर्ता कारों के अन्दर बैठे थे।

किसी तरह हम सड़क पर पहुँच गए। कई हथियारबन्द लोग तीन तरफ़ से हमारी तरफ़ बढ़े आ रहे थे। उन्होंने हमारे साथियों पर हमला कर दिया। सर्कस का मैनेजर उनकी अगुआई कर रहा था। एकाएक उसकी नज़र बचपन बचाओ आन्दोलन के कैमरामैन पर पड़ी जो भागते हुए पूरी मारपीट को अपने कैमरे में रिकॉर्ड कर रहा था। गुंडे मुझे छोड़कर पहले उस पर लाठियाँ बरसाने लगे। वह कैमरे को छाती से चिपटाए हुए सड़क पर पीठ के बल गिर पड़ा। मुझे लगा कि वे लोग उसकी हत्या कर देंगे। मैं उसे बचाने के लिए दौड़ पड़ा। हमलावर उसको छोड़कर एक साथ मुझ पर टूट पड़े। मैं भी सड़क पर गिर पड़ा। किसी ने मेरे पैरों में एक बड़ा-सा बाँस फँसाकर मुझे गिराया था। लोहे की छड़ें, लाठियाँ,

लात-घूँसे आदि न जाने क्या-क्या मुझ पर बरस रहे थे। भुवन और गोविन्द उन नेपाली महिलाओं को बचाकर नाले से ऊपर निकालने की कोशिश कर रहे थे जो हमारे साथ आई थीं। उन्हें छोड़ वे मुझे बचाने के लिए दौड़ पड़े। तभी उन पर गुंडों ने हमला कर दिया। भुवन को कई चोटें पड़ीं। वह वहीं गिर गया। उसका हाथ हिल-डुल नहीं रहा था। सड़क पर ख़ून ही ख़ून पसरा हुआ था।

तब तक सड़क पर काफ़ी भीड़ जमा हो गई। रास्ते में चलते कई वाहन भी रुक गए। लेकिन डर के मारे कोई पास नहीं आया। हमलावर सर्कस कैम्प में वापस लौट गए। कार्यकर्ता इधर-उधर भागकर अपनी जान बचाने में लगे थे। कुछ हाथ जोड़कर राह चलते वाहनों को रोकने की कोशिश कर रहे थे। संयोग से एक बड़ी-सी कार हमारे सामने आकर रुकी। वह अल-जज़ीरा न्यूज़ चैनल के एक परिचित पत्रकार नीलांजन चौधरी की थी। वे वहाँ हमारी छापामार कार्रवाई को फ़िल्माने के लिए आए थे, परन्तु किसी वजह से देरी से पहुँच सके थे। उन्होंने भुवन और गोविंद के साथ मिलकर मुझे उठाकर कार में धकेल दिया। वे हम पाँच घायलों को लखनऊ के एक अस्पताल में ले गए। डॉक्टरों ने तीन साथियों को मरहम-पट्टी करके छोड़ दिया। भुवन और मुझे आईसीयू में भेज दिया।

बचते-बचाते बिताई रात

सर्कस माफ़िया ने हमारे अस्पताल का पता लगा लिया था। इसलिए हमें रात में ही उसी हालत में वहाँ से निकलकर किसी गुप्त स्थान पर जाना पड़ा। हमारे शरीर पर कई जगह पट्टियाँ बँधी हुई थीं। हमने पूरी रात तड़पते हुए गुज़ारी। भुवन की रीढ़ की हड्डी में कई चोटें आई थीं जिनमें आज तक दर्द उठता है।

घटना की आँखों-देखी ख़बरें कई बड़े समाचार चैनलों पर दिखाई जाने लगीं। दूसरे दिन सभी मुख्य अख़बारों में रिपोर्टें छपीं। फिर भी सरकार की तरफ़ से किसी तरह की कार्यवाही के संकेत नहीं मिले। देर रात तक पुलिस ने हमारी तरफ़ से कोई शिकायत दर्ज नहीं की। उलटा, पहले से ही मेरे और कुछ कार्यकर्ताओं के ख़िलाफ़ एक एफआईआर दर्ज कर ली गई। उसमें आरोप लगाया गया कि कैलाश सत्यार्थी और उनके साथियों ने बिना इजाज़त के सर्कस में ज़बरन घुसकर मारपीट और महिला कलाकारों के साथ छेड़खानी की। बहुत मुश्किल से हमारी शिकायत भी लिखी जा सकी।

उधर रज़ा ख़ान की मदद के लिए उसका पिता माफ़िया सरगना फतेह ख़ान और कई शातिर अपराधी करनैलगंज और गोंडा पहुँच गए थे। वे उस छोटे से

क़स्बे में कारों और मोटरसाइकिलों पर दनदनाते हुए घूम रहे थे। सर्कस के गुंडे लगातार मुझे ढूँढ़ रहे थे, इसलिए एक ही जगह पर दूसरी रात ठहरना सुरक्षित नहीं था। मेरे दोस्त सुबह पौ फटने से पहले मुझे चुपचाप किसी तीसरी जगह पर ले गए। भुवन को अलग ठिकाने पर ले जाकर ठहरा दिया गया।

हमले वाले दिन सुमेधा जी राजस्थान में बाल आश्रम में थीं। उन दिनों वहाँ मोबाइल फ़ोन नहीं चलते थे। वे शाम को अपने तय कार्यक्रम के मुताबिक़ दिल्ली लौट रही थीं। रास्ते में हादसे की ख़बर पाकर अगली सुबह बुरी तरह घबराई हुईं वे हमारे पास पहुँचीं। उन्होंने इधर-उधर झाँका और लगभग रोते हुए पूछा, "सोना (भुवन) कहाँ है?"

मैंने कहा, "उसे किसी दूसरी जगह ठहराया गया है।" यह सुनते ही उनके चेहरे का रंग उड़ गया। वे डर और ग़ुस्से में भरकर बोलीं, "तुम झूठ बोल रहे हो। सच बताओ, वह कैसा है? अस्पताल में तो नहीं है?" मैंने और मेरे साथियों ने उन्हें भरोसा दिलाया कि भुवन ठीक है। कुछ सँभलने के बाद उन्होंने मेरा हालचाल पूछा। फिर बोलीं, "सोना को लेकर हम रात में ही दिल्ली वापस लौट चलेंगे।" मैं मुस्करा रहा था। वे शायद यह तो नहीं समझ पाईं कि मेरे मन में क्या चल रहा है, पर इतना ज़रूर जान गईं कि उनका बेटा सुरक्षित है। थोड़ी देर के बाद उन्हें उससे मिलने भेज दिया।

लखनऊ में अनशन

घटना की ख़बर देश-दुनिया-भर में फैले मेरे दोस्तों और हितैषियों तक आग की तरह फैल गई। सभी की राय थी कि हम तुरन्त दिल्ली लौटकर ठीक ढंग से इलाज कराएँ। उत्तर प्रदेश में रुकना जोखिम भरा है। लेकिन मैंने अपने मन में ठान लिया था कि किसी भी क़ीमत पर यह लड़ाई बीच में छोड़कर दिल्ली वापस नहीं लौटूँगा, भले ही चाहे जो हो। मैंने अपना संकल्प सबको बता दिया कि जब तक सर्कस की लड़कियाँ बरामद नहीं हो जातीं, तब तक मैं लखनऊ में विधानसभा के सामने बैठकर आमरण अनशन करूँगा। यह फ़ैसला सुनकर सभी अवाक् रह गए। कुछ रो पड़े। डॉक्टरों ने समझाया कि मेरे सिर से बहुत ख़ून बह जाने के कारण भूखे रहना आत्महत्या की तरह है। सबका कहना था कि यह बहुत लम्बी लड़ाई है, इसी बार तो अन्तिम फ़ैसला होना नहीं है। एकाध महीने के बाद फिर से अभियान शुरू करना ठीक रहेगा।

मैं ख़ुद भी अपने फ़ैसले से जुड़े ख़तरों और चिन्ताओं से अच्छी तरह से

वाक़िफ़ था। उस वक़्त माफ़िया और भ्रष्ट सरकारी-तंत्र के नापाक गठजोड़ के ख़िलाफ़ संघर्ष का रास्ता चुनना एक कड़ी परीक्षा की घड़ी थी। लेकिन मुझे यह विश्वास था कि इतने गम्भीर मुद्दे को पूरी तरह दबा पाना किसी भी सरकार के वश की बात नहीं। आख़िरकार, मैं अपनी ज़िद मनवाने में सफल रहा। मैंने अपने सहयोगियों को कह दिया कि यदि वे किसी भी कारण से घर लौटना चाहें तो मुझे कोई शिकायत नहीं है। वे तो वापस नहीं गए, उलटे जगह-जगह से सैकड़ों सहयोगी लखनऊ पहुँचने लगे।

17 जून की दोपहर होते-होते सरकारी औपचारिकताएँ पूरी करके अनशन की जगह तैयार कर ली गई। विधानसभा भवन के ठीक सामने के ख़ाली मैदान में शामियाना और लाउडस्पीकर वग़ैरह लगा दिये गए। लेकिन शाम को मेरे वहाँ पहुँचते ही तेज़ आँधी के साथ घनघोर वर्षा होने लगी। हमारा शामियाना बिखर गया। सब कुछ अस्त-व्यस्त हो गया। हम सभी पूरी तरह भीग गए। अँधेरी रात में आँधी-पानी के साथ आसमान में बिजली कड़क रही थी। मानो इन्द्र देवता हमारे धैर्य का इम्तिहान ले रहे हों।

मेरे सहयोगियों ने समझाया कि अनशन रोककर मैं कुछ खा-पी लूँ। व्यवस्था ठीक करके अगले दिन से अनशन शुरू किया जाएगा। मैं इस बात पर राज़ी हो गया कि अगर अगले दो घंटे के भीतर बारिश नहीं रुकी तो हम सब वापस लौट चलेंगे, लेकिन मैं अनशन ख़त्म नहीं करूँगा। संयोग से घंटे-डेढ़ घंटे में बारिश पूरी तरह थम गई। फिर से सूखी दरियों वग़ैरह का इन्तज़ाम किया गया। जल्दी से मेरे गीले कपड़े और घावों की पट्टियाँ बदली गईं। सुमेधा जी, नेपाली लड़कियों के माता-पिता और हमारे कई साथी रात भर वहीं तख़्त पर लेटे रहे।

दूसरे दिन से बचपन बचाओ आन्दोलन के कार्यकर्ताओं ने देश में अलग-अलग जगह धरना-प्रदर्शन करना शुरू कर दिया था। नेपाल के राष्ट्रीय टीवी चैनल और कई अख़बार लगातार इस घटना को मुख्य समाचार की तरह दिखा रहे थे, जिससे वहाँ के नागरिक भी बेचैन हो उठे थे। काठमांडू की सड़कों पर सैकड़ों समाजकर्मियों और मानवाधिकार कार्यकर्ताओं ने ज़बरदस्त प्रदर्शन किया था। उन्होंने अपनी सरकार से माँग की थी कि वह भारत पर राजनयिक दबाव बनाए ताकि बच्चियों को ढूँढ़कर वापस भेजने की व्यवस्था हो।

मेरे ऊपर हुए हमलों के ख़िलाफ़ तथा मेरी सुरक्षा के लिए आवाज़ उठाने वालों में अमेरिकी सेनेटर टॉम हार्किन हमेशा सबसे आगे रहे हैं। इस बार भी उन्होंने तुरन्त फ़ोन करके मेरा हालचाल पूछा और अमेरिका में भारतीय राजदूत को बुलवाकर विरोध प्रकट किया, सुरक्षा की माँग की। उनके अलावा आईएलओ

के महानिदेशक हुवान सुमाविया, यूनेस्को के महानिदेशक मत्सूरा और यूनिसेफ़ की अन्तरराष्ट्रीय निदेशिका कैरोल बैलामी आदि ने हमले की निन्दा की। यह सब होने से मेरा मनोबल काफ़ी बढ़ गया, लेकिन उत्तर प्रदेश की सरकार पर इन सब बातों का कोई असर नहीं हुआ।

मेरी तबीयत तेज़ी से बिगड़ रही थी। समर्थकों के अलावा सामाजिक सरोकार रखने वाले सैकड़ों नागरिक और राहगीर उपवास स्थल पर आ-जा रहे थे। पाँचवें दिन हमारे डॉक्टरों की मौजूदगी में सरकारी डॉक्टरों के एक दल ने मेरी कई जाँचें कीं। रिपोर्ट काफ़ी चिन्ताजनक थी। मेरी किडनी में ख़राबी शुरू हो चुकी थी। कीटोन की मात्रा लगातार बढ़ रही थी। हालाँकि मैं लेटे-लेटे ही ढंग से बातचीत कर पा रहा था। कभी-कभी बैठकर अपने समर्थकों को सम्बोधित करता था। अनशन के पहले और दूसरे दिन बड़ी बेचैनी और दर्द बना हुआ था। लेकिन धीरे-धीरे मेरा शरीर भूख और दर्द बर्दाश्त करने के लिए तैयार हो गया था।

उसी बीच एक और मज़ेदार वाक़या हुआ। सरकार ने अपनी फ़ज़ीहत होते देखकर किसी बड़े अधिकारी की नियुक्ति करके मामले की जाँच करने के आदेश दे दिये। दो दिनों में जाँच कमेटी ने अपनी रिपोर्ट जारी कर दी। हम सब सवेरे-सवेरे अख़बारों में वह रिपोर्ट पढ़कर हँसने लगे। उसमें एक 'ज़ोरदार' खुलासा किया गया था, "कैलाश सत्यार्थी अपना एक सर्कस खोलना चाहता है। इसके लिए वह काफ़ी समय से तैयारी कर रहा था। चूँकि सर्कस में करतब दिखाने वाले कलाकार आसानी से नहीं मिल पाते, इसलिए वह बाल मज़दूरी कराने के नाम पर कई सर्कस मालिकों को ब्लैकमेल कर रहा था। कलाकार दिलवाने के लिए उन पर दबाव डाल रहा था। न्यू रोमन सर्कस के मालिक श्रीमान फतेह ख़ान ने जब कैलाश की बात नहीं मानी तो उसने अपने हथियारबन्द गुंडों के साथ कलाकारों को ज़बदरस्ती अगवा करने की कोशिश की। लेकिन मौक़े पर पुलिस और मजिस्ट्रेट साहब के पहुँच जाने के कारण वह ऐसा नहीं कर सका।" जाँच कमेटी ने मेरे ख़िलाफ़ कार्यवाही की सिफ़ारिश भी की थी।

उपवास के छह दिन बीत चुके थे। उस दिन सुबह से सरकारी डॉक्टरों का आना-जाना शुरू हो गया था। उस जगह क़रीब पाँच सौ कार्यकर्ता जमा थे। उनमें ग़ुस्सा तथा बेचैनी ज़रूर थी, लेकिन हताशा और हिंसा का भाव क़तई नहीं था। मुझे यह देखकर बहुत सन्तुष्टि मिल रही थी। धीरे-धीरे पुलिस का बन्दोबस्त बढ़ने लगा। हम शान्त बने रहे।

अचानक पुलिस के कई अफ़सर और डॉक्टर मेरे सामने आकर खड़े हो गए। मेरे साथी जोश में 'इंक़लाब ज़िन्दाबाद' के नारे लगा रहे थे। थोड़ी गरमा-गरमी

के बाद पुलिस ने मुझे गिरफ़्तार करके मंच के पीछे खड़ी एंबुलेंस में लिटा दिया और सीधे अस्पताल ले गए। मैंने लेटे-लेटे देखा कि सैकड़ों कार्यकर्ता नारे लगाते हुए काफ़ी दूर तक पीछे-पीछे भागते चले आ रहे थे।

मेरे विरोध करने के बावजूद डॉक्टरों ने फ़ौरन ग्लूकोज की बोतल और किडनी की दवाओं के इंजेक्शन शुरू कर दिये। कुछ कर्मचारी मेरे हाथ-पैर पकड़े हुए थे। मैंने हँसते हुए उनसे कहा, "क्या आप लोग मुझे पहलवान समझ रहे हैं जो यहाँ से उठकर भाग जाएगा?" वे बोले, "नहीं सर, हमें यह आदेश है कि जब तक आपकी तबीयत में सुधार ना होने लगे, तब तक हम आपको रोके रखें।"

अगर आप मर जाओगे तो...

मैं अस्पताल में बिस्तर पर पड़े-पड़े यह मन बना रहा था कि अपने मुँह से किसी भी तरह का भोजन न लेकर अपना सत्याग्रह जारी रखूँगा। दवाइयों के असर से आधी नींद जैसी हालत में था। कुछ साथियों ने पहले से ही फलों का ताज़ा रस मँगवाकर रखा हुआ था। ज्योंही सुई हटाई गई, वे मुझसे जूस पी लेने की ज़िद करने लगे। मैंने उन्हें समझाया कि मेरी हालत अब पूरी तरह से ठीक है। तभी कमला ने जूस का गिलास मेरे आगे कर दिया। वह गहरी लाचारी और दर्द से भरी हुई रोए जा रही थी। फिर भी उसकी आँखों में आशा की किरण जीवित थी। शायद उसने मुझसे ही वह किरण जोड़ रखी थी। वह बोली, "भाई साहब जी, आप मर जाओगे तो मेरी बेटी मुझे कभी नहीं मिलेगी। मेरी क्या, किसी को भी उनकी बेटियाँ नहीं मिलेंगी। अगर आप अच्छे हो जाएँगे तो हमें अपने बच्चे ज़रूर मिल जाएँगे।"

कमला के शब्द मेरे दिल को छू गए। उसके विश्वास ने मेरे आत्मविश्वास, संकल्प और ऊर्जा को चौगुना कर दिया। मुझे नहीं मालूम कि उन चन्द सेकेंडों में मेरे भीतर क्या कुछ घटा। मैं कुछ भी सोच सकने की हालत में नहीं था। न जाने कब एक मशीन की तरह उठकर बैठ गया और उस बहन ने जूस पिलाना शुरू कर दिया। सिर्फ़ एक ही बात याद रही कि सभी बेटियों को सर्कस से आज़ाद कराना है।

सहयोगियों ने मुझे सुरक्षित दिल्ली पहुँचाने के लिए एक योजना बना रखी थी। सबको यह बता दिया गया कि मैं अगले दिन एक पत्रकार वार्ता को सम्बोधित करने के बाद रात की ट्रेन से दिल्ली रवाना हो जाऊँगा। मगर वार्ता के बाद तुरन्त मुझे और सुमेधा जी को पत्रकार भवन के पिछवाड़े तैयार खड़ी

एक टैक्सी से हवाई अड्डे भेज दिया गया। भुवन और बाक़ी लोग कुछ दिनों के बाद अलग-अलग ट्रेनों से दिल्ली लौटे।

दिल्ली में दूसरे दिन सुबह हमारे परिवार के डॉक्टर के.एस. श्रीवास्तव आ गए। उन्होंने लखनऊ की सारी रिपोर्टें देखकर मेरे शरीर का ठीक ढंग से परीक्षण किया। उन्होंने देखा कि मेरी बाईं आँख के ऊपर माथे पर बड़ा गम्भीर घाव लगा था। वे भावुक होकर बड़ी देर तक ईश्वर का धन्यवाद करते रहे। उनका कहना था कि किसी नुकीले हुक से किया गया वह घाव अगर जरा सा और गहरा हो जाता तो मेरी मौत हो सकती थी।

उसी दिन मुझे एक बहुत चिन्ताजनक और दुखदायी ख़बर मिली। मेरे अनशन पर बैठ जाने की ख़बर सुनते ही विदिशा से मेरे दोस्त मुनव्वर सलीम अपने कुछ मित्रों के साथ कार से लखनऊ के लिए रवाना हो गए थे। वह शाम तक फ़ोन पर मुझे यह समझाते रहे थे कि मैं अनशन पर न बैठूँ। दुर्भाग्य से रास्ते में उनकी कार दुर्घटनाग्रस्त हो गई। उसमें सवार सभी लोगों को बेहोशी की हालत में अस्पताल में दाख़िल कराया गया। सलीम के एक पैर को बचपन में लकवा मार गया था, उस दुर्घटना में उनका दूसरा पैर भी चकनाचूर हो गया था। उनके साथ चल रहे डॉ. राजीव चौधरी बाल-बाल बच सके थे। सिर और चेहरे पर गम्भीर चोटों की वजह से उन्हें महीनों तक अस्पताल में रहना पड़ा था। मैं उन लोगों से मिलने तक नहीं जा सका। इस बात का मुझे बहुत अफ़सोस रहा।

विनम्रता और दबंगई का अद्‌भुत मिश्रण सलीम

बचपन से लेकर कॉलेज तक मेरे भतीजे दिनेश और सलीम में बड़ी गहरी दोस्ती थी, इसलिए वह अक्सर हमारे घर आता रहता था। वह पुराने ज़मींदार घराने का बहुत दबंग युवक था। स्कूल में दादागिरी और मारपीट करने की वजह से उसके घरवाले परेशान रहते थे। बचपन में ही उसके पिता का देहान्त हो गया था। सलीम की माँ मुझे बेटे की तरह मानती थीं। एक बार उन्होंने बहुत दुखी होकर मुझसे सवाल किया, "बेटा, क्या तुम सचमुच सलीम से बड़े भाई की तरह प्यार करते हो?" मैंने उत्तर दिया, "अम्मी, आप कैसी बात कर रही हैं? सब उसे मेरा छोटा भाई समझते हैं।"

फिर उन्होंने आँखों में आँसू भरे हुए कहा, "मैं भी ऐसा ही समझती हूँ, इसलिए उसे तेरे हवाले कर रही हूँ क्योंकि वह जिस रास्ते पर जा

रहा है, उसका अन्त बहुत बुरा है। मेरे जने बेटों में सलीम सबसे बड़ा है, लेकिन अब मेरा बड़ा बेटा तू है।"

मैंने उन्हें भरोसा दिलाया और सलीम को ज़्यादा समय अपने साथ रखने लगा था। वह मेरे साथ सामाजिक कार्यों और समाजवादी युवा आन्दोलन में बढ़-चढ़ कर भाग लेता था। सवा छह फ़ुट लम्बे, तगड़े और छोटी दाढ़ी रखने वाले गोरे-चिट्टे उस पठान नौजवान का व्यक्तित्व बहुत चुम्बकीय था। धीरे-धीरे राजनीति के साथ-साथ अध्ययन और साहित्यिक क्षेत्र में भी उसकी रुचि बढ़ती गई। वह विनम्रता और दबंगई का अद्‌भुत मिश्रण था। सलीम बातचीत में जितना माहिर था, उससे कहीं ज़्यादा भाषण में निपुण हो गया था।

मेरे विदिशा छोड़ने के बाद वह और उसकी अम्मी मेरे घरवालों से भी कहीं ज़्यादा दुखी और चिन्तित हुए थे क्योंकि साम्प्रदायिक राजनीति करने वाले उसे अपना दुश्मन मानते थे। एक बार विदिशा में कुछ सिरफिरे हिन्दुओं और मुसलमानों के बीच दंगा हो गया। पूरे शहर में ख़ून-ख़राबा और आगजनी फैल गई। समझदार हिन्दुओं और मुसलमानों ने एक-दूसरे की जानें बचाईं और अपने घरों में शरण दी। लेकिन अम्मी को किसी पर भरोसा नहीं था। उन्होंने मुझे फ़ोन करके कहा कि तत्काल विदिशा पहुँच जाऊँ। वे अपने किसी बच्चे को घर से नहीं निकलने दे रही थीं। मैं रात की ट्रेन पकड़कर अगली सुबह विदिशा पहुँच गया। दो दिन उसी के घर पर रुका रहा। सभी समुदायों के मित्र और जान-पहचान वाले मुझसे मिलने वहीं आते रहे। शान्ति और सद्‌भावना के लिए जो भी हो सका, मैंने किया।

सलीम के सभी बच्चों की शादियों में सुमेधा जी और मैं उनके ताई-ताऊ की तरह शामिल हुए। उसी तरह वह भी हमारे दोनों बच्चों की शादियों में सगे चाचा की तरह आया। मैं जब भी विदिशा जाता, वह स्टेशन पर मुझे लेने से वापस छोड़ने तक ज़्यादातर वक़्त मेरे साथ गुज़ारता। संसद सदस्य की तरह दिल्ली में रहते हुए सलीम का लीवर ख़राब हो गया था। हालाँकि वह कभी शराब नहीं पीता था। दो-तीन वर्षों तक देश के बड़े-बड़े अस्पतालों में उसका इलाज चलता रहा, लेकिन हालत बिगड़ती ही रही। उसी बीच उसकी राज्यसभा सदस्यता

के छह साल पूरे हो गए। दुर्भाग्य से 2019 में उसका निधन हो गया। सलीम के जनाज़े को उठाकर क़ब्र में दफ़न करने तक के क्षणों की वेदना को शब्दों में बयान कर पाना असम्भव है।

हाई कोर्ट की मदद से मुक्त हुईं लड़कियाँ

लखनऊ में जब हम अनशन पर बैठे थे उसी दौरान बचपन बचाओ आन्दोलन ने उत्तर प्रदेश हाई कोर्ट की लखनऊ बेंच में एक याचिका दायर कर दी थी। परिणामस्वरूप चन्द दिनों के भीतर न केवल वे सभी 12 लड़कियाँ आज़ाद हो गईं जिनके माता-पिता ने शिकायत की थी, बल्कि दूसरी दर्जन भर ग़ुलाम बच्चियाँ भी मुक्त करा दी गईं।

उसके अलावा हाई कोर्ट ने 27 जुलाई, 2004 को सर्कसों में चलने वाली बाल मज़दूरी को ख़तरनाक काम घोषित करके उस पर रोक लगाने का बहुत बड़ा फ़ैसला दे दिया। उससे पहले तक सर्कसों में बच्चों से मज़दूरी कराना ग़ैर क़ानूनी नहीं था। आख़िर में भारत सरकार को क़ानून में सुधार करके मनोरंजन और सर्कसों वग़ैरह में बाल मज़दूरी पर पूरी तरह रोक लगानी पड़ी। न्यायालय ने एक और महत्त्वपूर्ण फ़ैसला दिया था। उसमें भारत में रह रहे किसी भी अपराध के शिकार होने वाले विदेशियों को भारतीय नागरिकों की तरह मानव अधिकार प्रदान करने के निर्देश दिये गए थे क्योंकि सर्कस की लड़कियाँ नेपाली थीं।

भुवन ने इस विषय में देसी और विदेशी क़ानूनों की गहरी समझ हासिल करके कुछ सीनियर वकीलों के साथ मिलकर इस अपराध के ख़िलाफ़ सर्वोच्च न्यायालय में मुक़दमा लड़ा। 18 अप्रैल, 2011 को एक ऐतिहासिक फ़ैसला आया। अदालत ने इस अपराध के हर पहलू को अपराध मानकर सज़ा तय कर दी।

भुवन ने सभी बड़ी अदालतों में कई मुक़दमे दायर करके बहुत से महत्त्वपूर्ण फ़ैसले और आदेश हासिल किये हैं। उनमें बाल मज़दूरी पर रोक की क़ानूनी उम्र, गुमशुदा बच्चों की तलाश के लिए तत्काल कार्यवाही की प्रक्रिया, बच्चों में नशाखोरी रोकने की जवाबदेही, बाल-गृहों में बच्चों की सुरक्षा और प्लेसमेंट एजेंसियों के अनिवार्य पंजीकरण जैसे गम्भीर मामले शामिल हैं।

हमने सभी लड़कियों को सुरक्षित नेपाल वापस भिजवा दिया। वहाँ की सरकार और स्वयंसेवी संगठनों ने उनकी पढ़ाई-लिखाई और पुनर्वास का जिम्मा लिया। परन्तु यह कहानी आसानी से ख़त्म होने वाली नहीं थी। जब मैं अनशन पर बैठा था, तभी से हमारे दिल्ली आफ़िस में बार-बार धमकियों भरे फ़ोन आ

रहे थे। जिन दो अलग-अलग मोबाइल फ़ोनों से कॉल आ रहे थे, उनके नम्बर पुलिस को दे दिये गए थे। बाद में जाँच से पता चला कि वे दोनों फ़ोन रज़ा ख़ान के थे।

एक दिन हमारी एक सहयोगी शीतल रैना की नज़र ऑफ़िस के आसपास मोटरसाइकिलों पर चक्कर लगा रहे कुछ सन्दिग्ध लोगों पर पड़ी। जब उसने हमले वाले दिन रिकॉर्ड की गई फ़ुटेज को खँगाला तो उसका दिल धक्क रह गया। चक्कर लगाने वाले वही गुंडे थे, जिन्होंने हम पर हमला किया था। हमारे एक पड़ोसी ने भी बताया कि बिना नम्बर प्लेट की कार में बैठे कुछ ख़तरनाक से दिखने वाले लोग हमारा पता ढूँढ़ रहे थे। एक दिन अस्मिता ने मुझे ऑफ़िस में फ़ोन करके कहा, "पापा, सुबह से घर के फ़ोन पर लगातार ब्लैंक काल आ रहे हैं। मैं जब भी फ़ोन उठाती हूँ तो कॉल करने वाला लाइन काट देता है। अभी कुछ देर पहले किसी अनजान आदमी ने मुझे मार डालने की धमकी दी है।"

अस्मिता फिर भी शान्त और संयत थी। वह बोली, "पापा, आप परेशान मत होइए। मैं देख लूँगी।"

मैं हँसा, "बेटा न तो तुमने मार्शल आर्ट सीखा है और न ही अपने साथ पिस्तौल लेकर घूम रही हो। तुम उन्हें कैसे देख लोगी?"

उसने मुझे समझाते हुए कहा, "पापा, आप और भैया अपना ध्यान रखिए; क्योंकि सर्कस वाले आप दोनों से बदला लेने की कोशिश करेंगे। मुझे तो यूँ ही धमकियाँ देकर आपको परेशान करना चाहते हैं।" ख़ैर, मैंने उसे चौकन्ना रहने की सलाह दी।

दूसरे दिन फिर किसी अनजान आदमी का फ़ोन आया। इस बार फ़ोन हमारे रसोइए ने उठाया था। उसने बहुत डरी हुई आवाज़ में मुझे बताया, "भाई साहब, बेटू जी को बचा लीजिए। अभी किसी फतेह ख़ान का फ़ोन आया था। वह कह रहा है कि 'वो (कैलाश सत्यार्थी) बड़ा लड़कियों को बचाने वाला पैदा हुआ है! उसको बोल देना कि पहले अपनी बेटी को बचाकर देख ले। हम उसकी बेटी के साथ वही करेंगे, जो नेपाली छोकरियों के साथ करते हैं।'" हमने फ़ौरन इसकी सूचना पुलिस थाने में दे दी।

ऑफ़िस में भी मेरे नाम पर कई धमकी भरे फ़ोन आए थे, जिनमें कहा जाता था, "उसको बता देना कि नेपाली छोकरी और उसकी माँ से रज़ा साहब के ख़िलाफ़ दर्ज केस वापस करवा दे। अगर मेरा बेटा जेल चला गया तो उस कैलाश का बेटा दुनिया से चला जाएगा।"

संयोग से कुछ हफ़्तों के बाद मुझे अमेरिका के आयोवा विश्वविद्यालय में एक

व्याख्यान देने के लिए जाना था। वहाँ मेरे दोस्त बार-बार आग्रह कर रहे थे कि कुछ दिनों के लिए भुवन और अस्मिता को भी साथ ले आऊँ, ताकि वे सुरक्षित रह सकें। मैं अपने दोनों बच्चों को साथ अमेरिका ले गया। कुछ दिनों तक हम अपने दोस्त और आन्दोलन के वरिष्ठ साथी डॉ. सुधांशु जोशी के घर पर रुके। हमने बच्चों के हक़ में अन्तरराष्ट्रीय नीतियों को प्रभावित करने के उद्देश्य से अमेरिका में एक संस्था बनाई थी। उसका नाम 'इंटरनेशनल सेंटर ऑन चाइल्ड लेबर एंड एजुकेशन' रखा था। जोशी जी उसके निदेशक थे।

अस्मिता को अमेरिका भेजना

मेरे सभी अमेरिकी दोस्तों की सलाह थी कि सुरक्षा के लिहाज से भुवन और अस्मिता को अमेरिका में ही रखना चाहिए। सेनेटर हार्किन ने अपने संसदीय प्रान्त आयोवा के राजकीय विश्वविद्यालय में दोनों को मुफ़्त में दाख़िला दिलाकर पढ़ाई और रहने-खाने के नि:शुल्क प्रबन्ध की पेशकश की थी। बच्चों को घर से दूर कर पाने के विचार से हमारा दिल बैठ जाता था। इस बात की कल्पना करना भी मुश्किल था कि हम अपने बच्चों को अमेरिका छोड़कर दिल्ली में अकेले रहेंगे। कुछ दिनों बाद हम दिल्ली लौट आए, लेकिन ख़तरा तब भी नहीं टला था। अपराधी शक्लों वाले लोग हमारे घर और दफ़्तर के चक्कर लगाते रहते थे। आख़िर हमने अस्मिता को कुछ वर्षों के लिए आयोवा में रहकर पढ़ाई करने के लिए राज़ी कर लिया।

अस्मिता को अमेरिका भेजने का निर्णय शायद मेरे जीवन के सबसे कठोर फ़ैसलों में से एक था। वह बहुत नाज-नखरों और लाड़-प्यार में पली थी। वह ग्लोबल मार्च में जाने के अलावा पहले कभी हमसे अलग नहीं रही थी। एक तरफ़ उसकी सुरक्षा की चिन्ता थी तो दूसरी तरफ़ कम से कम चार साल के लिए उससे अलग रहने का गम सताए जा रहा था। बेटू बचपन में मेरे साथ चिपटकर सोती थी क्योंकि मैं देर रात तक उसे तरह-तरह की कहानियाँ गढ़कर या नन्ही परी के गीतों की तुकबन्दियाँ गाकर सुनाया करता था। उसे अमेरिका जाने के लिए हवाई अड्डे पर विदा करके मैं घर लौटकर चुपचाप उसके कमरे में गया। वहाँ उसके सूने पड़े बिस्तर को झाँककर देखा। मुझे लगा कि मैं अपने ही भीतर पसर गए एक गहरे सूनेपन में अकेला डूबा जा रहा हूँ। फिर कई दिनों तक उसके कमरे में घुसने की हिम्मत नहीं हुई। वक़्त के साथ सब कुछ सामान्य सा लगने लगा, लेकिन हक़ीक़त में वैसा था नहीं।

मुझे एक घटना याद आ रही थी। एक बार झूले पर खेलते हुए गिर जाने से उसके एक हाथ की हड्डी टूट गई थी। तब वह आठ साल की थी। सुमेधा जी घर पर नहीं थीं। मैं काँच के कारख़ानों में काम करने वाले बँधुआ मज़दूरों को छुड़ाने के लिए दिल्ली से बाहर गया था। 14 साल का सोना घर पर अकेला था। वह बड़ी हिम्मत करके पड़ोसियों की मदद से बेटू को अस्पताल ले गया था। कुछ देर बाद जब सुमेधा जी अस्पताल पहुँचीं तो उन्होंने मुझे ख़बर दी।

डॉक्टरों का कहना था कि बेटू के हाथ का तत्काल ऑपरेशन करना पड़ेगा। मेरे मन में यह दुविधा थी कि रात में ही दिल्ली लौट आऊँ या सुबह तक रुककर अपना काम पूरा करने के बाद वापस लौटूँ। मैं अपने दिल पर पत्थर रखकर रात भर वहीं पर रुका रहा। लौटकर आने के बाद सुमेधा जी और पड़ोसियों से पता चला कि मेरी बेटी चोट लगने से लेकर ऑपरेशन कराने के लिए बेहोश किये जाने तक और होश में आने के बाद भी दर्द में कराहती हुई—'पापा कहाँ हैं?', 'पापा, मुझे बचा लो'—पुकारती रही थी। मैं अब तक उस क्षण को याद करके सिहर उठता हूँ। मैं नहीं जानता कि उस रात तत्काल दिल्ली न लौटने का मेरा निर्णय कितना सही या ग़लत था?

अस्मिता छुटपन से ही नाचने की बड़ी शौक़ीन थी। वह उन दिनों कथक और भरत नाट्यम् सीखती थी। हाथ टूट जाने से उसे एक गहरी वेदना सताए जा रही थी कि वह अब कभी नृत्य नहीं कर पाएगी। मैं उसके इस दर्द को, शायद उससे कहीं ज़्यादा गहराई से महसूस करके मन ही मन यंत्रणा भोग रहा था। हमारी आर्थिक हालत ऐसी नहीं थी कि उसका इलाज महँगे डॉक्टरों से करा सकें। कुछ डॉक्टरों की सलाह थी कि यदि उसे ठीक कराना है तो अमेरिका जाकर ऑपरेशन कराना पड़ेगा। सुमेधा जी और मेरे लिए वह कल्पना और हैसियत से बाहर की बात थी। अपना छोटा सा घर बेचने के बाद भी उतने रुपयों का इन्तज़ाम नहीं हो सकता था। संयोग से होम्योपैथी के एक डॉक्टर ने अस्मिता को दवाइयाँ देकर पूरी तरह ठीक कर दिया।

अमेरिका में पढ़ाई के दौरान अस्मिता का सारा ख़र्च आयोवा विश्वविद्यालय उठाता था। अपनी जेब ख़र्च के लिए वह ख़ुद कभी किसी भारतीय रेस्तराँ में काम करके तो कभी हिन्दी और शास्त्रीय नृत्य की कक्षाएँ लेकर कुछ पैसे कमा लेती थी। इसके अलावा छोटे-मोटे ख़र्चों के लिए मैं भी कुछ पैसे भेजता रहता था। अन्तरराष्ट्रीय बैठकों और कार्यक्रमों की ज़्यादातर मेज़बान संस्थाएँ हवाई टिकटों के अलावा होटल, भोजन, नाश्ता और टैक्सी भाड़ा आदि ख़र्चों के अलावा कुछ दैनिक भत्ता देती थीं। मैं हर जगह सबसे सस्ते होटल तलाशता था। वहाँ

छोटे-छोटे कमरों में ठहरना होता था। शौचालय और नहाने की जगह साझा होती थी। ऐसे होटल दूसरे अतिथियों के शोर और सिगरेट के धुएँ से भरे होते थे। मैं हमेशा किसी सुपर बाज़ार से डबल रोटी, मक्खन, दूध, चायपत्ती और टमाटर आदि ख़रीदकर कमरे में रख लेता था। आठ-दस डॉलर का सामान बड़े आराम से दो-तीन दिन चल जाता था; जबकि रेस्तराँ में एक बार के भोजन में ही पन्द्रह-बीस डॉलर ख़र्च हो जाते थे। मैं अपनी चाय बनाने के लिए बिजली की छोटी सी केतली भी साथ ले जाता था। ब्रेड कमरे में रखी इस्तरी पर सेंक लेता था।

आख़िरकार अस्मिता ने अमेरिका में रहकर विकास के अर्थशास्त्र (डेवलपमेंट इकोनॉमिक्स में ग्रेजुएशन) अपनी पढ़ाई पूरी कर ली। बाद में वहीं पर एक साल सरकारी कार्यक्रम के तहत गुमशुदा बच्चों के अन्तरराष्ट्रीय संगठन में काम किया। उसने सेनेटर हार्किन के साथ और जिनेवा में अन्तरराष्ट्रीय श्रम संगठन के मुख्यालय में भी इंटर्नशिप की थी। साल-डेढ़ साल तक अमेरिका में रहकर उसने जानवरों के अधिकारों पर काम करने वाली एक संस्था में नौकरी की। लेकिन उसका मन अमेरिका में नहीं लगा और वह भारत आ गई।

परिवार में प्रियंका का आगमन

सर्कस की घटना और उसके कारण हुईं परेशानियों से भुवन के व्यक्तित्व में और ज़्यादा दृढ़ता, गम्भीरता और ज़िम्मेवारी दिखने लगी। धीरे-धीरे उसने बचपन बचाओ आन्दोलन का ज़्यादातर काम सँभाल लिया। हालाँकि शुरू में संगठन के अन्दर और बाहर के कुछ लोगों को यह पसन्द नहीं आया। मैंने सिर्फ़ अपना बेटा होने के कारण न तो दूसरे साथियों को पीछे धकेलकर उसे कभी बढ़ावा दिया और न ही कभी उसको अनुचित अधिकार दिये। मैं तो उसकी तारीफ़ करने या अपना प्यार दर्शाने तक में कंजूसी बरतता रहा। उसने मेहनत, प्रतिभा और व्यक्तित्व से ख़ुद अपनी जगह बनाई। वह संगठन के सभी कामों में मेरा सबसे बुद्धिमान सलाहकार और सहयोगी बन गया था। कई मुद्दों पर मेरा और उसका स्वभाव तथा विचार मेल नहीं खाते। हमारे बीच गरमागरम बहस भी होती रहती है। बाप-बेटे के मामले में यह कोई अजूबी या बुरी बात नहीं है। माता-पिता के नाते हमने हमेशा अपने बच्चों को उनके सोच, नज़रिये, सवाल पूछ सकने और ख़ुद फ़ैसले ले सकने की आज़ादी को बढ़ावा दिया।

ग्लोबल मार्च का अन्तरराष्ट्रीय कार्यालय दिल्ली से चलता था। उसमें काम करने वालों में प्रियंका बारिक नाम की एक बहुत प्रतिभावान, समर्पित, मेहनती

और सुन्दर लड़की थी। मैं उससे बड़ा प्रभावित था और बहुत लाड़-प्यार करता था। भुवन और प्रियंका की अच्छी दोस्ती हो गई थी। वह हमारे घर में आने-जाने लगी थी। फिर भी हम यह अन्दाज़ नहीं लगा पाए थे कि एक दिन वही लड़की हमारी बहू बनने वाली है। हालाँकि मेरे मन में ऐसी इच्छा ज़रूर थी। उसके माता-पिता उड़ीसा के थे, जो बच्चों के जन्म से पहले से दिल्ली में आकर बस गए थे।

2007 के दिसम्बर महीने की बात है। मैं अफ्रीकी देश इथियोपिया के आदिस अबाबा हवाई अड्डे पर बैठा था। अचानक सुमेधा जी का फ़ोन आया। उन्होंने बताया कि उनके पास भुवन और प्रियंका आए हैं। वे विवाह करना चाहते हैं। भला हमारे लिए इससे ज़्यादा ख़ुशी की बात और क्या हो सकती थी?

अफ्रीका से लौटने के बाद हमने 30 दिसम्बर की तारीख़ तय कर दी। अस्मिता को अमेरिका से बुला लिया गया। मेरे कुछ रिश्तेदारों में प्रियंका के परिवार की जात-बिरादरी को लेकर कानाफूसी ज़रूर हुई। उसके भी रिश्तेदारों में ऐसी ही बातें चलीं, लेकिन किसी ने हमसे कभी कुछ पूछा नहीं।

हमने शादियों में होने वाले दिखावे और फ़ालतू ख़र्चों से बचने के लिए विवाह का कार्यक्रम एक खुले मैदान में रखा। वह भी दिन में। हमारे असली मेहमान बाल आश्रम, मुक्ति आश्रम और बाल मित्र गाँवों के बच्चे थे। लगभग दो सौ बच्चों के लिए शादी के मैदान में खेल-तमाशे और खाने-पीने का इन्तज़ाम किया गया था। बच्चों के अलावा हमारे और प्रियंका के परिवार के निकट सम्बन्धी, हमारे संगठन के साथी और दोस्त वग़ैरह थे। मेरे कुछ निजी दोस्त यूरोप, अमेरिका, बांग्लादेश, नेपाल और पाकिस्तान से भी आए थे।

ग्लोबल मार्च के ऑफ़िस में काम करने के दौरान प्रियंका बड़ी समझदारी से सभी कार्यकर्ताओं के साथ तालमेल रखकर उन्हें उत्साहित करती रहती थी। संगठन का अन्तरराष्ट्रीय बोर्ड उसके कामकाज से बहुत प्रभावित था। जब ग्लोबल मार्च बहुत आर्थिक तंगी से गुज़र रहा था, प्रियंका ने जी-जान लगाकर स्टाफ़ और बोर्ड के सदस्यों का उत्साह और भरोसा बनाए रखा। विवाह से पहले उसने कार्यालय का पूरा संचालन सँभाल रखा था। शादी के तुरन्त बाद उसने ग्लोबल मार्च से त्यागपत्र दे दिया क्योंकि वह अपने ससुर के नेतृत्व वाली संस्था में काम करना उचित नहीं समझती थी। लेकिन बोर्ड और मैनेजमेंट कमेटी ने इस्तीफ़ा नामंजूर कर दिया। उन्होंने उससे आग्रह किया कि किसी नये अधिकारी का इन्तज़ाम हो जाने तक काम करती रहे। यूँ तो वह बहुत ज़िद्दी लड़की है, लेकिन सभी के समझाने-बुझाने के बाद मान गई।

26 फ़रवरी, 2015 को सुमेधा जी और मेरे जीवन के सबसे सुखद दिनों में से एक दिन आया। हम उस रोज़ भुवन और प्रियंका के बेटे के दादा-दादी बन गए। उस एहसास और ख़ुशी को शब्दों में बयान कर पाना मुश्किल है। अपने बेटे के जन्म पर भी शायद इतनी ख़ुशी नहीं थी। हमारे पोते का नाम इंक़लाब है।

अस्मिता और सुदीप का विवाह

अमेरिका में पढ़ाई के दौरान अस्मिता भारत आती रहती थी। एक बार उसे किसी दोस्त के घर अपने बचपन का एक और दोस्त सुदीप मिल गया। उस दिन वे एक-दूसरे से 10-12 साल बाद मिले थे। उस मुलाक़ात के बाद से उनमें नज़दीकियाँ बढ़ती रहीं। सुदीप मित्तल कई सालों से एक विदेशी कम्पनी में मर्चेंट नेवी अधिकारी था।

एक दिन भुवन की तरह ही अस्मिता ने भी सुदीप से शादी करने की इच्छा ज़ाहिर कर दी। भला हमें क्या एतराज़ होना था! मैंने और भुवन ने सुदीप से अलग से मिलकर बातचीत की। हमको लगा कि सुदीप बहुत ईमानदार, मेहनती और मज़बूत इरादों वाला युवक है। वह जितना बुद्धिमान है, उतना ही भावुक है। हम विवाह की बातचीत करने के लिए उसके परिवार से मिले। उसके माता-पिता बहुत भले और सिद्धान्तवादी लोग हैं। इस बार भी हमारे और उनके रिश्तेदारों में जात-बिरादरी को लेकर थोड़ी-बहुत सुगबुगाहट हुई, लेकिन सामने किसी ने कुछ नहीं कहा। 02 मई, 2015 को दोनों की शादी हो गई।

सुदीप बहुत आदर्शवादी नौजवान है। उसने शर्त रखी थी कि सगाई की अँगूठी के अलावा वह शादी में कोई उपहार नहीं लेगा। उसने वही किया।

विवाह के दौरान मेरा पंडितों के साथ बड़ा विवाद हो गया। विवाह वैदिक तरीक़े से हो रहा था जिसमें कन्यादान की रस्म एक ज़रूरी कर्मकांड होता है। मैं शुरू से ही स्त्री को हीन मानने और दिखाने वाली इस परम्परा के सख़्त ख़िलाफ़ था। मैंने शादी शुरू होने से पहले पंडितों से पूछा, “क्या बेटी गाय, बकरी, कार, मोटरसाइकिल जैसा कोई जानवर या सामान होती है, जिसे किसी को दान दे दिया जाए?” वे एक-दूसरे का मुँह ताकने लगे। फिर समझाते हुए बोले, “यह सदियों से चली आ रही परम्परा है, जिसका एक उद्देश्य यह है कि ससुराल जाने से पहले बेटी अपने मायके का, और माँ-बाप अपनी बेटी के लिए मोह छोड़ दें।”

मैंने कहा, "मोह तो किसी भी चीज़ से नहीं होना चाहिए। फिर बेटी को मोह-त्याग का पहला शिकार क्यों बनाया जाए? मैं मानता हूँ कि बेटी या बेटे की शादी के बाद उनकी भूमिका और ज़िम्मेवारी बढ़ जाती है। लेकिन उनके और माता-पिता के बीच प्यार और भरोसे के रिश्ते तो ख़त्म नहीं होना चाहिए।" पंडितों के पास कोई जवाब नहीं था। वे आपस में सलाह करके बोले, "फिर तो यह विवाह संस्कार पूरा नहीं माना जाएगा।" मैंने कहा, "जो भी हो, मैं कन्यादान नाम का पाप नहीं करूँगा।"

थोड़ी देर के लिए हमारे बहुत से रिश्तेदारों ने अपने मुँह बिदका लिये। आख़िर कन्यादान के बिना ही विवाह सम्पन्न हुआ। सुदीप और अस्मिता हँसी-ख़ुशी मुम्बई में बस गए हैं।

इस तरह सर्कस की घटना का मेरे पूरे परिवार के जीवन पर असर पड़ा।

पुराने क़ानूनों की सीमा और नये की सफल लड़ाई

दुकानों पर काम करते छोटे-छोटे बच्चे यानी सबके 'छोटू' इस देश में एक आम बात है। दिन-रात मेहनत करते ये बच्चे एक दिन अपना नाम ही भूल जाते हैं। छोटू ही उनका नाम, उनकी पहचान, उनका पूरा अस्तित्व बन जाता है। कहाँ से आते हैं ये छोटू? ग़रीबी और हालात के मारे ये ऐसे बच्चे हैं जिन्हें कोई दलाल चुराकर, बहला-फुसलाकर या उनके माता-पिता को प्रलोभन देकर ख़रीद लाता है। दो वक़्त का भोजन और दुकानों की बेंच पर कुछ घंटों के लिए सोने की जगह, इतने भर में ये जीवनभर वहाँ ग़ुलामी करते खप जाते हैं।

ऐसे ही कुछ लाचार बच्चे-बच्चियाँ सुविधा-सम्पन्न उच्च मध्यवर्गीय परिवारों के घरेलू बाल मज़दूर होते हैं। इनकी हालत तो कई बार दुकानों के छोटुओं से भी ख़राब हो जाती है। कहने को तो इन्हें रहने के लिए घर मिला होता है लेकिन वे घर उनके लिए ऐसी काल-कोठरियाँ होती हैं जहाँ वे बस सिसकते रहते हैं। उनका दर्द सुनने-समझने वाला कोई नहीं होता। दिल्ली के एक सरकारी अधिकारी के घर में काम करने वाले अशरफ़ की आपबीती इसका उदाहरण है। वह एक ऐसा घरेलू बाल मज़दूर था जिसको इंसाफ़ दिलाने के लिए लड़ी गई लम्बी लड़ाई ने अन्ततः इस देश में घरेलू बाल मज़दूरी को ग़ैर-क़ानूनी घोषित करा दिया।

भारतीय घरों में बच्चों से मज़दूरी कराना आम बात रही है। इसे न तो अपराध माना जाता था और न ही बुरा समझा जाता था। बचपन बचाओ आन्दोलन इस बुराई के ख़िलाफ़ जागरूकता फैलाने का काम करता रहता था। संगठन का नियम था कि कोई भी सदस्य, कार्यकर्ता या कर्मचारी ऐसे किसी घर, ढाबे और भोज आदि में नहीं खाएगा-पीयेगा, जहाँ बच्चे से मज़दूरी कराई जाती हो। अशरफ़ की

कहानी से पहले मैं अपनी एक पारिवारिक घटना का ज़िक्र करना चाहता हूँ।

एक बार मेरी साली ने हमें भोजन के लिए बुलाया। उसने बहुत तैयारी की थी। तरह-तरह के पकवान बना रखे थे। मेज़ पर खाना लग चुका था। जब हम हाथ धोने के लिए अन्दर गए तो रसोईघर में काम करती हुई 12-13 साल की एक बच्ची पर नज़र पड़ गई। मेरा पूरा परिवार खाना छोड़कर लौट आया। मैंने मेज़बानों से कहा कि वे उसी समय बच्ची का हिसाब-किताब करके उसे उसके घर वापस भेज दें, नहीं तो हम क़ानूनी कार्यवाही करेंगे। उन लोगों ने उस बच्ची को तो मज़दूरी से भी ज़्यादा धनराशि देकर उसके घर वापस भेज दिया, लेकिन उसके बाद से मेरे ससुराल वाले और उनके रिश्तेदार कई साल तक हमसे नाराज़ रहे।

अशरफ़ की कहानी पर लौटते हैं।

12 सितम्बर, 1996 का दिन था। हमें यह जानकारी मिली कि एक सरकारी अफ़सर हामिद हुसैन ने 6-7 साल के एक बच्चे को जली हुई हालत में अपने बँगले से बाहर फेंक दिया है। वह बच्चा अशरफ़ उस घर में घरेलू बाल मज़दूर था। जब हम उसकी माँ को लेकर वहाँ पहुँचे तो देखा कि उसका शरीर जगह-जगह जला हुआ है। हम उसे उठाकर पुलिस थाने और सरकारी अस्पतालों के धक्के खाते रहे, लेकिन कोई कार्यवाही या इलाज नहीं हो सका। प्राइवेट डॉक्टर से इलाज कराए जाने पर दूसरे दिन अशरफ़ कुछ बोलने की हालत में आ गया।

अशरफ़ ने हमें बताया कि हादसे वाली सुबह मालिक-मालकिन ने उसे बुरी तरह जला दिया था। वह आदमी भारत सरकार में एक बड़ा ऑफ़िसर था और उसकी पत्नी स्कूल में शिक्षिका थी। अशरफ़ का क़सूर यह था कि उसने चुपचाप अपने मालिक के बेटे के गिलास में बचा हुआ दो-चार चम्मच दूध पी लिया था।

मैं दो दिनों तक अशरफ़ के घाव देखता रहा। उसके मुँह से वह कहानी सुनते हुए ऐसा लगा जैसे कोई गर्म चिमटे से मेरे ही शरीर की बोटी-बोटी नोच रहा हो। मेरे भीतर बड़ी उथल-पुथल चल रही थी। एक तरफ़ तो मेरे बचपन के संस्कार और अहिंसा में गहरी आस्था, दूसरी तरफ़ न्यायतंत्र के खोखलेपन, प्रशासनिक व्यवस्था के भ्रष्टाचार और सभ्य कहे जाने वाले पाखंडी समाज में फैली हैवानियत से उपजी अनास्था थी। यह विरोधाभास मुझे भीतर ही भीतर खाए जा रहा था। मैं यह मानने को तैयार नहीं था कि मासूम अशरफ़ के रोने-चीख़ने की आवाज़ किसी ने भी नहीं सुनी होगी; जबकि मकानों की दीवारें और खिड़कियाँ बिलकुल पास-पास थे। यह भी सम्भव नहीं था कि बाहर फेंक दिये गए घायल बच्चे पर किसी पड़ोसी की नज़र तक न पड़ी हो। उदासीनता, उपेक्षा,

तटस्थता और असंवेदनशीलता न केवल मानवता के सबसे बड़े दुश्मन होते हैं, बल्कि वे सामूहिक पतन और विनाश का बुलावा भी हैं।

मुझे पूरी रात बहुत ग़ुस्सा आता रहा। मैं ग़ुस्से को बुरा लक्षण नहीं मानता। ग़ुस्से में अपनी एक ऊर्जा होती है। ज़्यादातर लोग अहंकार, द्वेष, नुक़सान, अपमान, स्वार्थ पूरा न होने, असफलता और धोखा खाने जैसे कारणों से क्रोध करते हैं। ऐसा क्रोध अक्सर बदले की भावना, विध्वंस, हिंसा तथा दूसरों और ख़ुद को नुक़सान पहुँचाने में बेकार चला जाता है। फिर पछतावा ही हाथ लगता है। परन्तु अगर वही क्रोध किसी बुराई, अत्याचार और अन्याय के ख़िलाफ़ लड़ने में लगाया जाए तो बहुत उपयोगी हो सकता है। इसलिए मैं अपने क्रोध को सँजोकर रखने की कोशिश करता हूँ। क्रोध की ऊर्जा का सकारात्मक और रचनात्मक इस्तेमाल कर पाना बड़े धीरज का काम होता है। मेरा भरोसा है कि ऐसा करने से समाज को बेहतर बनाया जा सकता है।

अगला दिन रविवार था। मैं अपने कुछ कार्यकर्ताओं के साथ अशरफ़ और उसके माता-पिता को लेकर राष्ट्रीय मानव अधिकार आयोग के अध्यक्ष न्यायमूर्ति रंगनाथ मिश्रा के सरकारी निवास पर पहुँच गया। यह आयोग एक स्वतंत्र संवैधानिक संस्था है। अशरफ़ की आपबीती सुनकर वे भी भावुक हुए बिना नहीं रह सके। उन्होंने वहीं पर आयोग की विशेष सुनवाई के आदेश दिये। थोड़ी देर में आयोग के सदस्य न्यायमूर्ति वीएन मलीमथ सहित कुछ अधिकारी वहाँ पहुँच गए। इस तरह की सुनवाई राष्ट्रीय मानव अधिकार आयोग के इतिहास में पहली बार हुई थी। आयोग ने अशरफ़ के सरकारी अस्पताल में बेहतरीन इलाज और पूरे मामले में जाँच-पड़ताल के आदेश दे दिये।

हामिद हुसैन ने पहले तो फूलजहाँ को रुपयों से ख़रीदने की कोशिश की। जब वह नहीं मानी तो कुछ मौलवियों और मुल्लाओं ने मज़हब का वास्ता देकर उसे समझाने और दबाव डालने की कोशिश की। बिस्तर पर पड़े टी.बी. के मरीज़ की पत्नी और अपनी झुग्गी के बाहर अंडे बेचकर परिवार का गुज़ारा करने वाली फूलजहाँ लालच और धमकियों के आगे नहीं झुकी। न्यायमूर्ति मलीमथ के नेतृत्व में राष्ट्रीय मानवाधिकार आयोग सेवा के नियमों में बदलाव करके सरकारी कर्मचारियों के घर बाल मज़दूरी करने को रोकने की कोशिशों में जुटा रहा। हम उनकी मदद करने के साथ-साथ ज़ोरदार आन्दोलन चलाते रहे। साथ ही, अदालत में भी लड़ते रहे। आख़िरकार कोशिशें सफल हो गईं।

हमने घरेलू बाल मज़दूरी के मामले में 10 अक्टूबर, 2006 को एक ऐतिहासिक सफलता हासिल की। उस दिन भारत के बाल मज़दूरी (निषेध एवं नियमन)

क़ानून को संशोधित करके घरेलू बाल मज़दूरी को ग़ैर-क़ानूनी बना दिया गया। उसका सबसे बड़ा श्रेय अशरफ़ और उसकी माँ फूलजहाँ को है।

अनिका की कहानी और ट्रैफ़िकिंग का अपराधीकरण

इसी कड़ी में एक और ऐतिहासिक घटना है। 01 जनवरी, 2013 के दिन एक आदमी के साथ 16-17 साल की डरी-सहमी बच्ची हमारे ऑफ़िस आई। उसका नाम अनिका था। वह झारखंड की रहने वाली थी। अनिका ने मुझे बताया कि वह अपनी बकाया मज़दूरी का भुगतान दिलाने में मदद माँगने के लिए हमारे पास आई है।

3-4 साल पहले एक दलाल अच्छी नौकरी का लालच देकर उसे दिल्ली लाया था। उसने अनिका को एक प्लेसमेंट एजेंसी के हवाले कर दिया। जहाँ बड़ी बेरहमी से उसका यौन-शोषण होता रहा। उसके बाद उसे बिना मज़दूरी दिये अलग-अलग जगह घरेलू नौकरानी के काम पर लगा दिया गया। फिर उस एजेंसी वाले अनिका को वेश्यावृत्ति कराने के लिए मुम्बई भेजने की जुगत में थे। इत्तेफ़ाक़ से उसने उन लोगों की बात सुन ली और किसी तरह एक आदमी की मदद से हम तक पहुँच गई।

इतने अत्याचारों को भुगतने के बावजूद अनिका को सिर्फ़ अपनी बक़ाया मज़दूरी से मतलब था। वह उन भयंकर यातनाओं को जीवन की कड़वी सच्चाई मान रही थी। मैंने उससे कहा, "बेटा, तुम्हारे साथ बहुत जुल्म हुआ है, उसकी सज़ा जुल्मियों को ज़रूर मिलनी चाहिए।" लेकिन वह बार-बार एक ही बात कह रही थी, "एजेंसी वालों ने मुझसे वायदा किया था कि वे मेरे काम की मज़दूरी दिलाएँगे। उन्होंने मेरे सारे पैसे खा लिये। उनकी सज़ा यही है कि वे मेरी पूरी मज़दूरी लौटा दें।"

मैं उसका चेहरा देखकर सोचता रहा कि शोषण और अत्याचार के भुक्तभोगियों और उनकी वेदना को दूर से महसूस करने वालों के नज़रिये कितने अलग-अलग होते हैं! इसी वजह से प्राथमिकताओं, सोच के तरीक़ों और समाधानों में भी बहुत बड़ा फ़ासला बना रहता है। दोनों की संवेदना और चेतना के अलग-अलग और समानान्तर स्तर होते हैं। इन फ़ासलों को भरना समाज-परिवर्तन की प्रक्रिया में एक महत्त्वपूर्ण चुनौती है। मैं उन दुष्टों को कड़ी से कड़ी सज़ा दिलाने में कोई कमी नहीं रखना चाहता था; जबकि वह बच्ची अपने बक़ाया वेतन से ज़्यादा कुछ और नहीं सोच पा रही थी।

यह उन दिनों की बात है जब पूरा देश दिल्ली में हुए निर्भया सामूहिक बलात्कार कांड के ख़िलाफ़ ग़ुस्से में उबल रहा था। दोषियों को तत्काल और कठोरतम सज़ा देने के लिए नये क़ानूनों की माँग को लेकर ज़बरदस्त आन्दोलन छिड़ा हुआ था। भारत सरकार ने बलात्कार और स्त्री-सुरक्षा से सम्बन्धित आपराधिक क़ानूनों में संशोधन के लिए एक उच्च स्तरीय समिति बनाई थी। न्यायमूर्ति जे.एस. वर्मा की अध्यक्षता वाली उस कमेटी ने बचपन बचाओ आन्दोलन को अपने सुझाव देने के लिए बुलाया था। संगठन की ओर से भुवन ने कमेटी की मीटिंगों में शामिल होकर कई लिखित और मौखिक सुझाव दिये। कमेटी के मुख्य कर्ताधर्ता और देश के सुप्रसिद्ध वकील गोपाल सुब्रमण्यम ने अनिका को कार्यालय में बुलाकर लम्बी बातचीत की। उसके साक्षात्कार और हमारे सुझावों को राष्ट्रपति महोदय को सौंपी गई वर्मा कमीशन की रिपोर्ट में जस का तस शामिल किया गया।

हमारा संगठन लम्बे समय से अपराध क़ानूनों में मानव तस्करी के अलग-अलग पहलुओं को शामिल करने की माँग करता रहा था। हमारा तर्क था कि बच्चों की गुमशुदगी, ग़ुलामी, ट्रैफ़िकिंग और यौन अपराधों के बीच गहरा सम्बन्ध है, इसलिए इन सभी को जोड़ते हुए एक कठोर क़ानून बनाया जाए। हमने इस मामले में सैकड़ों सांसदों को पत्र लिखे थे और उनसे व्यक्तिगत मुलाक़ातें की थीं।

अन्त में हमारी मेहनत कामयाब हुई। 19 मार्च, 2013 को लोकसभा ने और 21 मार्च, 2013 को राज्यसभा ने 'आपराधिक क़ानून (संशोधन) अधिनियम 2013' पारित कर दिया। उस अधिनियम में मानव तस्करी और दासता के हर पहलू को क़ानूनी अपराध घोषित कर दिया गया, जिसके लिए अलग-अलग प्रकार की सख़्त सज़ा तय कर दी गई थी। यह एक ऐतिहासिक उपलब्धि थी। वह क़ानून मानव तस्करी और ग़ुलामी के शिकार देश के लाखों बच्चों, स्त्रियों और पुरुषों के जीवन में न्याय की एक नई किरण बनकर आई। वह भोली बच्ची अनिका इस बात की कल्पना तक नहीं कर सकती थी कि उसके साथ हुए अत्याचारों से उपजे गम्भीर मुद्दे भारत के आपराधिक क़ानूनों की दिशा बदल देंगे।

गुमशुदा बच्चों पर उच्चतम न्यायालय का फ़ैसला

चन्द हफ़्तों के बाद ही सुमेधा जी का जन्मदिन यानी 10 मई, 2013 एक और नई सौगात लेकर आया जो बाल अधिकारों के इतिहास में एक मील का पत्थर है। भारत में पहली बार गुमशुदा बच्चों के मामले में सुप्रीम कोर्ट ने बड़ा आदेश दिया। सुप्रीम कोर्ट ने अपने फ़ैसले में कहा कि पुलिस 2009 के बाद से गुम हुए बच्चों

की सभी शिकायतों पर एफआईआर दर्ज करके उनकी तत्काल जाँच-पड़ताल शुरू करे। उस फ़ैसले में अदालत ने सरकार को आदेश दिया कि गुमशुदगी के हरेक मामले को सम्भावित अपराध मानते हुए पुलिस रिपोर्ट दर्ज की जाए।

हमारे देश में बच्चों की गुमशुदगी के ख़िलाफ़ कोई क़ानून नहीं था। अपहरण सम्बन्धी क़ानून के तहत जब तक कोई शिकायतकर्ता किसी पर शक नहीं जताता था, तब तक एफआईआर दर्ज नहीं हो सकती थी। अनजान लोगों द्वारा चुराए गए बच्चों के मामले में माँ-बाप आख़िर शक करें भी तो किस पर? यही वजह थी कि बच्चों की गुमशुदगी के मामलों में गिनी-चुनी एफआईआर ही दर्ज होती थी।

सरकारों के पास तो गुमशुदा बच्चों का लेखा-जोखा तक नहीं था। हमने सूचना के अधिकार के क़ानून का इस्तेमाल करके प्रत्येक ज़िले के अधिकारियों से सालभर में गुम हुए बच्चों की जानकारी इकट्ठी की और उसी के आधार पर सुप्रीम कोर्ट में याचिका दायर कर दी।

देश में बच्चों की गुमशुदगी की घटनाओं में लगातार बढ़ोतरी होती रही थी। हर 8 मिनट में कहीं न कहीं से एक बच्चे को ग़ायब कर दिया जाता था। सर्वोच्च न्यायालय का फ़ैसला आने के बाद से हर जगह पुलिस को कार्यवाहियाँ करनी पड़ रही हैं, जिससे गुमशुदगी में बहुत कमी आई है। चुराए गए बच्चों को ढूँढ़कर उनके माता-पिता के पास पहुँचाने का काम तेज़ हो गया है। ऐसे कई माँ-बाप अपने बरामद हुए बच्चों को साथ लेकर धन्यवाद करने के लिए हमारे ऑफ़िस आते रहते हैं। उनकी ख़ुशी देखकर जो आनन्द मिलता है, वह हमारी सफलता और सार्थकता का एक बड़ा पैमाना है।

स्वप्नदर्शी : युवा कैलाश सत्यार्थी (1978)

पिता स्व. रामप्रसाद शर्मा

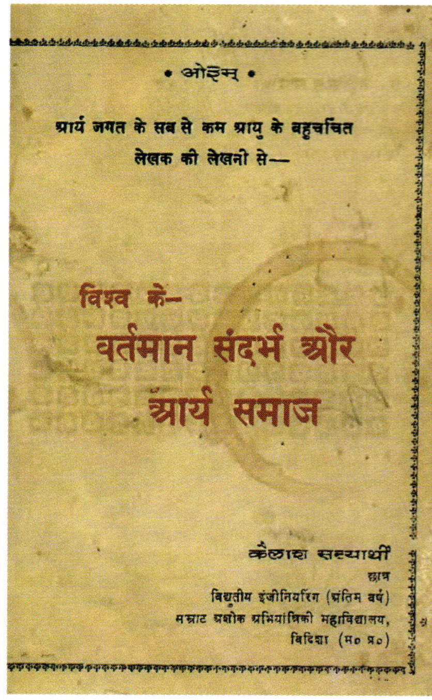

पहली पुस्तक : जब लिखा तब उम्र थी 21 वर्ष

माँ स्व. चिरोन्ज

स्वप्नदर्शी : युवा कैलाश सत्यार्थी (1978)

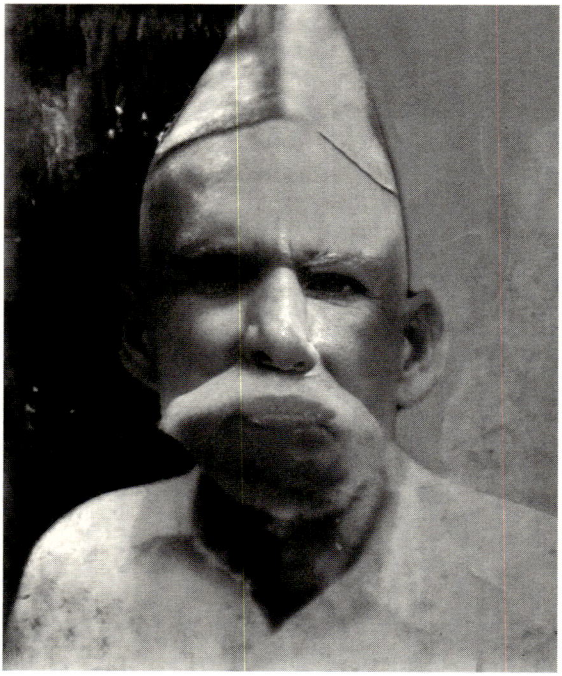

पिता स्व. रामप्रसाद शर्मा

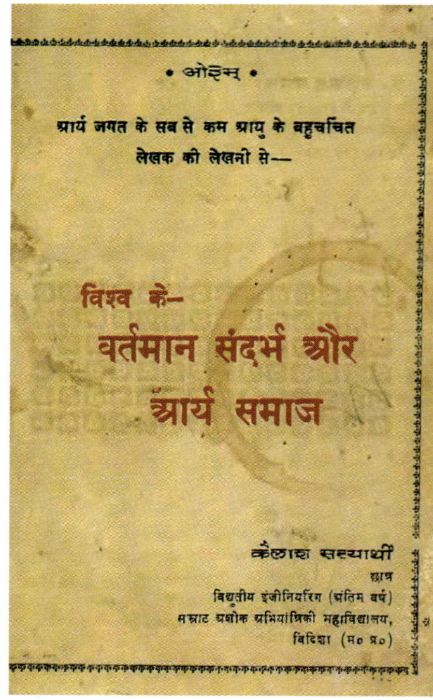

• ओ३म् •

आर्य जगत के सब से कम आयु के बहुचर्चित लेखक की लेखनी से—

विश्व के—

वर्तमान संदर्भ और आर्य समाज

कैलाश सत्यार्थी
छात्र
विद्युतीय इंजीनियरिंग (अंतिम वर्ष)
सम्राट अशोक अभियांत्रिकी महाविद्यालय,
विदिशा (म० प्र०)

पहली पुस्तक : जब लिखा तब उम्र थी 21 वर्ष

माँ स्व. चिरोन्जी देवी के साथ

कॉलेज के दिन : एक समारोह में

विवाह का क्षण : दिल्ली (8 अक्टूबर, 1978)

घर-परिवार : पत्नी सुमेधा, पुत्र भुवन और पुत्री अस्मिता के साथ

पुत्री अस्मिता और पुत्र भुवन के साथ

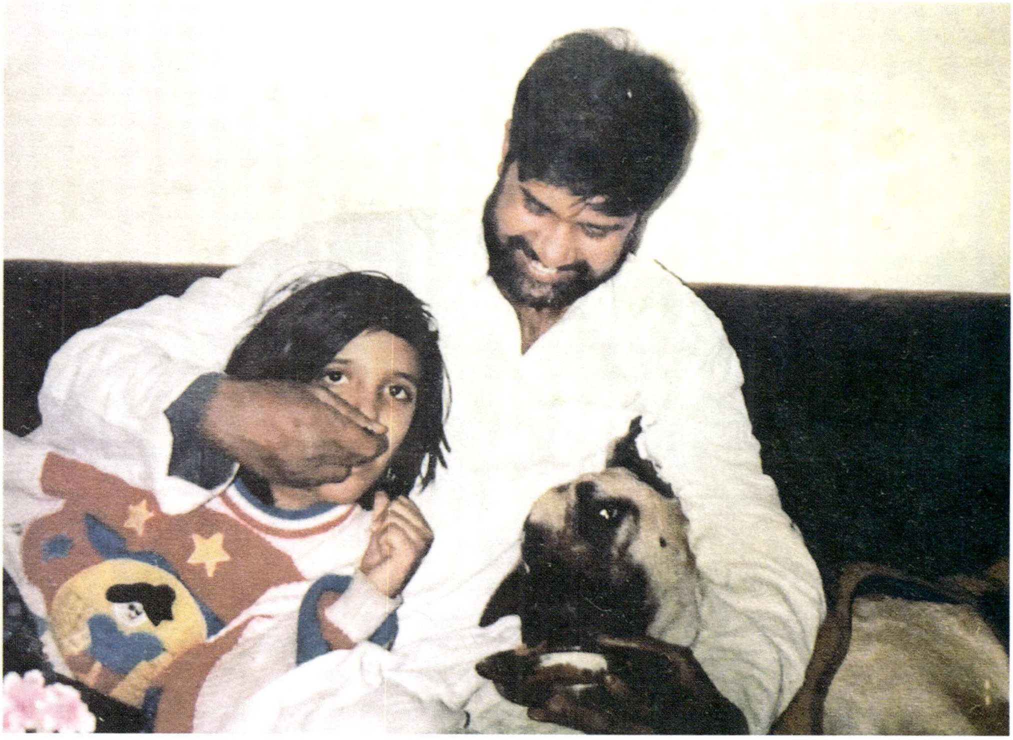

टाइगर के साथ

विदिशा में परिवार के साथ

ओरछा में परिवारजनों के साथ

बहू प्रियंका, बेटी अस्मिता, पत्नी सुमेधा, दामाद सुदीप और बेटे भुवन के साथ

पोते इंक़लाब के साथ खेलते हुए

पत्नी सुमेधा के साथ बचाव अभियान में जाते हुए

पत्नी के साथ हवन करते हुए

जीवनसंगिनी के संग गपशप

चला जाता हूँ : फ़ुरसत के पल

मित्रों के लिए दावत की तैयारी, स्पेशल भरवाँ टमाटर

संघर्ष के साथी : साबो बचाओ अभियान के जयसिंह राणा

आज़ाद बचपन के लिए शहादत : धूमदास, जिन्होंने 1984 में खनन माफ़िया के ख़िलाफ़ संघर्ष करते हुए जान दी; आदर्श किशोर, जो 1985 में खनन माफ़िया से लड़ते हुए मारे गए; कालू कुमार, जिन्होंने बाल दासता के ख़िलाफ़ 2011 में आयोजित मुक्ति कारवाँ अभियान के दौरान झारखंड के एक सुदूर इलाके में अपनी जान दी। (बाएँ से दाएँ)

बर्लिन की दीवार को तोड़ते हुए (15-16 मई, 1990)

मुक्त बचपन की चिन्ता : बचपन बचाओ आन्दोलन के दिल्ली स्थित कार्यालय में

जर्मनी में बालश्रम-मुक्त कालीन की गारंटी के लेबल रगमार्क के लोगो का लॉन्च (1994)

दिल्ली में बाल श्रम के ख़िलाफ़ आयोजित धर्म संसद में धार्मिक हस्तियों के साथ (1994)

तस्करी के शिकार एक बच्चे को बचाए जाने के बाद (12 सितम्बर, 1996) {वैध कारणों से बच्चे का चेहरा नहीं दिखाया गया है।}

अन्तरराष्ट्रीय श्रम संगठन (आईएलओ) के जिनेवा स्थित कार्यालय में (07 जून, 1998)

'ग्लोबल एम' के समापन के अवसर पर जिनेवा में आईएलओ के अन्तरराष्ट्रीय श्रम सम्मेलन में वैश्विक नेताओं के साथ मंच पर गुलामी और शोषण से बचाए गए बच्चे (जून, 1998)

अमेरिका के पूर्व राष्ट्रपति बिल क्लिंटन और कालू के साथ (सितम्बर 2000)

प्रधानमंत्री अटल बिहारी वाजपेयी के साथ (2001)

शिक्षा-यात्रा का उद्घोष (2001)

शिक्षा-यात्रा का समापन : दिल्ली के रामलीला मैदान में क़रीब 50 हज़ार शिक्षा-यात्री शामिल हुए। (19 जून, 2001)

शिक्षा के लिए विश्व अभियान की बैठक को सम्बोधित करते हुए। (2002)

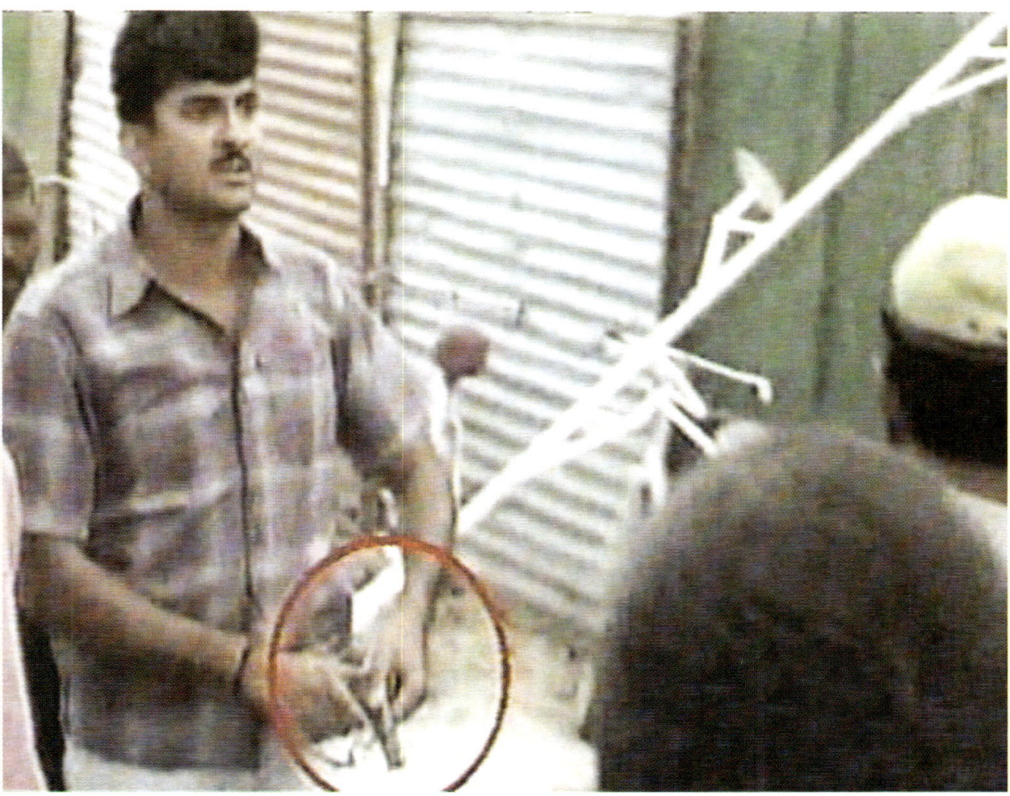

बाल-बाल बचे : गोंडा में छापेमारी के दौरान सर्कस मालिक रज़ा ख़ान ने पिस्तौल निकाल ली।

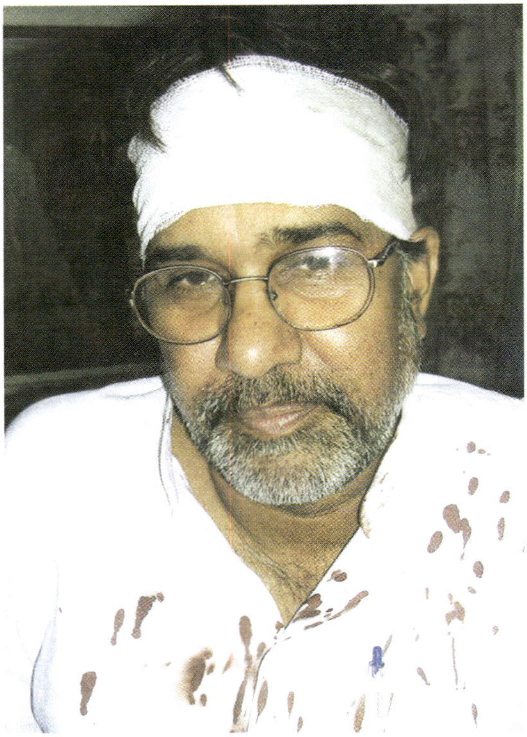

जज़्बा : गोंडा में एक सर्कस से बच्चों को मुक्त कराने के अभियान के दौरान हुए जानलेवा हमले में घायल होने के बाद (15 जून, 2004)

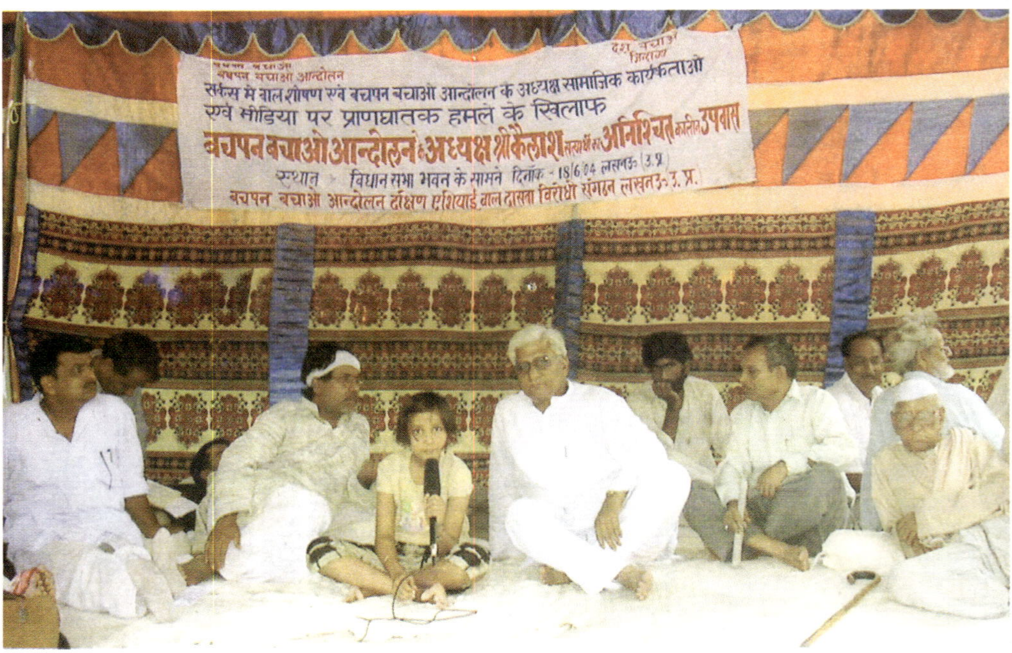

गोंडा में सर्कस में बच्चों के शोषण के ख़िलाफ़ विरोध-प्रदर्शन और उनके बचाव-अभियान के दौरान सर्कस माफ़िया द्वारा बचपन बचाओ आन्दोलन के कार्यकर्ताओं और मीडियाकर्मियों पर हुए जानलेवा हमले के विरोध में भूख हड़ताल पर (2004)

आज़ादी की ख़ुशी : गोंडा में सर्कस से मुक्त कराए गए बच्चों के साथ (15 जून, 2004)

कोडरमा के अभ्रक खदान में (2005)

नोबेल शान्ति पुरस्कार पदक के साथ दिल्ली में (2014)

नोबेल शान्ति पुरस्कार प्रदान किये जाने की घोषणा के बाद 'बचपन बचाओ आन्दोलन' कार्यालय में उत्साहित सहकर्मियों ने कैलाश सत्यार्थी को गोद में उठा लिया। (10 अक्टूबर, 2014)

नोबेल पुरस्कार प्राप्त करने के बाद प्रधानमंत्री नरेन्द्र मोदी के साथ प्रधानमंत्री कार्यालय में (2014)

स्टॉकहोम में अन्य नोबेल पुरस्कार विजेताओं के साथ (10 दिसम्बर, 2014)

तेरा तुझको अर्पण : राष्ट्रपति प्रणब मुखर्जी के माध्यम से नोबेल पदक देश को समर्पित करते हुए (7 जनवरी, 2015)

विचारों और कार्ययोजना का आदान-प्रदान : दिल्ली में बाल अधिकारों की सुरक्षा के सन्दर्भ में अमेरिकी राष्ट्रपति बराक ओबामा से मुलाक़ात (जनवरी, 2015)

दिल्ली में संयुक्त राष्ट्र के पूर्व महासचिव बान की मून के साथ (13 जनवरी, 2015)

दुनिया का आह्वान : दिल्ली में '100 मिलियन फॉर 100 मिलियन' अभियान का शुभारम्भ (11 दिसम्बर, 2016)

राष्ट्रपति भवन में राष्ट्रपति रामनाथ कोविन्द को स्मृति-चिह्न सौंपते हुए (2017)

जॉर्डन के ज़ातारी शरणार्थी शिविर में बच्चों के साथ (2018)

चर्च में बाल यौन शोषण के बढ़ते मामलों पर वेटिकन में पोप फ्रांसिस से चर्चा (20 नवम्बर, 2018)

दिल्ली में ब्राज़ील के राष्ट्रपति लूला डी सिल्वा के साथ (3 अगस्त, 2023)

विराटनगर (राजस्थान) में मानव बन्धुत्व एवं करुणा पर शिखर सम्मेलन में विभिन्न धर्मों के प्रतिनिधियों के साथ (2 अक्टूबर, 2023)

दिल्ली में 'करुणा' आन्दोलन की शुरुआत (11 मार्च, 2024)

मुक्त किये गए बच्चों एवं उनके माता-पिता से बात करते हुए

मिर्ज़ापुर में एक कालीन-कारख़ाने से मुक्त कराए गए बाल-बँधुओं के साथ

विराटनगर स्थित बाल आश्रम में बच्चों के साथ मस्ती

बाल आश्रम के बच्चों के लिए गरमागरम ब्रेड पकौड़े

अफ्रीका में बच्चों के साथ

कोको प्लांटर्स, आइवरी कोस्ट में बच्चों के साथ

विदेशी संस्थाओं के सहयोग-असहयोग

मुझे दुनिया-भर में विकास और मानव सेवा के लिए काम करने वाली हज़ारों छोटी-बड़ी सामाजिक संस्थाओं से भरपूर सहयोग और समर्थन मिला है, सीख भी मिली है। धोखाधड़ी, विरोध, ईर्ष्या और अहंकार का सामना भी करना पड़ा है। व्यापार, धर्म और राजनीति की तरह समाज-सेवा का क्षेत्र भी इन बुराइयों से अछूता नहीं है।

आन्दोलन के शुरुआती दौर में आर्थिक सहयोग करने वाली किसी विदेशी संस्था के बारे में मुझे जानकारी नहीं थी। पहली बार जर्मनी की संस्था टैरे-डस-होम्स के बारे में पता चला। उनका एक छोटा-सा दफ़्तर दिल्ली में था। सभी कर्मचारी भारतीय थे। बँधुआ मज़दूरों की मुक्ति की ख़बरें अख़बारों में पढ़कर उन्होंने हमसे सम्पर्क किया था। यह 1984 में सिखों के ख़िलाफ़ हुए दंगों के ठीक बाद की बात है। वे हमारे माध्यम से दंगा पीड़ित बच्चों और उनके परिवारों को राहत पहुँचाना चाहते थे।

हमें उन पर भरोसा नहीं हुआ। हमने पढ़ा-सुना था कि अमेरिकी ख़ुफ़िया एजेंसी सीआईए और रूस की एजेंसी केजीबी दुनिया में अपना प्रभुत्व जमाने के लिए कई तरह की गुप्त गतिविधियाँ चलाते हैं। राष्ट्रों को अस्थिर करने के लिए अलग-अलग नामों से संस्थाएँ बनवाते हैं या उन्हें पैसे देकर अपना पिछलग्गू बनाए रखते हैं। मेरे मन में भारतीय होने का गर्व भी कम नहीं था। इसलिए किसी विदेशी के सामने हाथ फैलाना अपना अपमान समझ रहा था। दूसरी तरफ़ मन में यह विचार आ रहा था कि विदेशियों ने हमारे देश को ग़ुलाम बनाकर ख़ूब लूटा था। अब भी औद्योगिक देश हम जैसे ग़रीब देशों से बहुत कमाई करते हैं। यहाँ तक कि उन्हें आर्थिक उपनिवेश जैसा बना रखा है। तो फिर उनसे पैसा

लेने में परहेज़ क्यों किया जाए? बहुत असमंजस की स्थिति थी।

हमने अपनी जान-पहचान वाले कुछ वरिष्ठ सामाजिक कार्यकर्ताओं से बातचीत की। उन्होंने बताया कि सभी विदेशी संस्थाएँ एक जैसी नहीं हैं। पश्चिमी देशों के नागरिकों में मानव कल्याण के लिए दान देने की पुरानी परम्परा है। वहाँ की सरकारें भी अपने बजट में निर्धन देशों के लिए सहयोग राशि रखते हैं। भारत की सरकार और कई सामाजिक संगठन विदेशी सरकारों और संस्थाओं से काफ़ी आर्थिक सहयोग लेते हैं। टैरे-डस-होम्स के बारे में पूरी जानकारी लेने के लिए मैं एक बार उनके ऑफ़िस गया। संस्था के अधिकारियों ने अच्छी तरह से समझाया कि उनके पास पैसा कहाँ से आता है और वे किन कामों में ख़र्च करते हैं। उन्होंने अपने काम के बारे में बहुत सा साहित्य दिया। यह देखकर बड़ा सुखद आश्चर्य हुआ कि दुनिया में ऐसे लोग और संस्थाएँ भी हैं जो इस तरह से ज़रूरतमन्द लोगों की मदद करती हैं। आख़िर हमने हामी भर दी। उन्होंने हमारे संगठन को तब शायद सत्तर हज़ार रुपये का अनुदान दिया था।

हमें कुछ समय के बाद यूरोप की तीन और ऐसी संस्थाओं की जानकारी मिली। नीदरलैंड की नोविब, जर्मनी की ब्रेड फॉर द वर्ल्ड और ब्रिटेन की क्रिश्चियन एड—ये संस्थाएँ मुख्य रूप से ग़रीबी, महिलाओं, आदिवासियों, ग्रामीण विकास, स्वास्थ्य, शिक्षा जैसे विषयों पर काम करती थीं और कई देशों के जाने-माने स्वयंसेवी संगठनों की मदद करती थीं। तब उन दानदात्री संस्थाओं को हमारे कामों के बारे में समझा पाना बड़ा मुश्किल था क्योंकि तब तक कहीं कोई स्वयंसेवी संगठन बँधुआ मज़दूरों की मुक्ति का काम नहीं करता था। हाँ, वे ग़रीबों के लिए चैरिटी और विकास के काम ज़रूर करती थीं। कुछ समय के बाद हमारा काम और उसके नतीजे देखकर उन दानदात्री संस्थाओं ने हमारे संगठन में रुचि लेनी शुरू की। वे हमारे काम में आर्थिक मदद करने लगीं।

ये सभी संस्थाएँ अपनी अनुदान राशि के ख़र्चों, प्रबन्धन और लेखा-जोखा रखने से लेकर संगठन चलाने के हमारे तौर-तरीक़ों तक पर गहरी नज़र रखती थीं। इसके लिए वे लगातार मूल्यांकन और ऑडिट आदि करती रहती थीं। वे काम के नतीजों के बारे में सख़्त थीं। इसके अलावा उनका कोई और एजेंडा नहीं दिखा। कम से कम हमारे मामले में तो बिलकुल नहीं। यह बड़ी अच्छी बात थी।

मैं उन चारों संस्थाओं का बेहद आभारी हूँ कि उन्होंने कई सालों तक हमारे संगठन की मदद की। उनके सहयोग के बिना भारत और दुनिया-भर में बाल दासता के ख़िलाफ़ इतने बड़े आन्दोलन की कल्पना तक नहीं की जा सकती

थी। समय गुज़रने के साथ बच्चों की ग़ुलामी का मुद्दा उनकी प्राथमिकता में नहीं रहा। उसके बाद जब उनके नेतृत्व में बदलाव होने लगा तो परेशानी और बढ़ने लगी। नये अधिकारियों में से कई तो यह मानते थे कि सिर्फ़ वे ही इस विषय के सबसे बड़े जानकार हैं। उनमें दानदाता होने का अहंकार साफ़ झलकता था। यूरोप के बड़े विश्वविद्यालयों से पढ़ाई करके निकले ऐसे युवा दानदात्री संस्थाओं के अधिकारी बन गए थे।

ग़रीब देशों में एनजीओ चलाने वाले बहुत से लोग थे जो उन्हें अपना भगवान समझते थे। इससे उन संस्थाओं के अधिकारियों का रौब-रुतबा बढ़ता गया। मेरे और मेरे संगठन के साथियों के लिए न तो चापलूसी करना सम्भव था और न ही सिद्धान्तों से समझौता।

ग्लोबल मार्च और विश्व शिक्षा आन्दोलन में द्वेषपूर्ण तिकड़मबाज़ी

धीरे-धीरे यह एहसास होने लगा था कि दानदात्री संस्थाओं के अलावा दूसरी कई विदेशी संस्थाएँ मेरा और मेरे कामों का विरोध करने लगी हैं। पश्चिमी संस्थाएँ हमारे काम के फैलाव, असर और समर्थन को बर्दाश्त नहीं कर पा रही थीं। ख़ासकर ग्लोबल मार्च, ग्लोबल कैम्पेन फॉर एजुकेशन और रगमार्क की सफलता बहुतों की आँखों को नहीं सुहा रही थीं।

यूरोप की कुछ संस्थाओं के प्रतिनिधि ग्लोबल मार्च के बोर्ड के भी सदस्य थे। वे हमारे अलावा अन्य देशों में कई ऐसी संस्थाओं को अनुदान देते थे जो ग्लोबल मार्च की सदस्य थीं। स्वाभाविक था कि उन पर दानदाताओं का बहुत असर था। विश्व यात्रा की सफलता तक तो ठीक था, परन्तु उसके बाद कई दानदात्री संस्थाएँ मुझ पर यह दबाव डालने लगी थीं कि मैं बाल मज़दूरी उन्मूलन पर इतना सख़्त रवैया न अपनाऊँ। उसके बजाय, बच्चों की मज़दूरी और कुछ घंटे पढ़ाने की मिली-जुली व्यवस्था को मान लूँ। मैं क़तई तैयार नहीं हुआ। बड़ी कम्पनियों और अपनी सरकारों से भारी मदद लेने वाली यूरोपीय संस्थाएँ चाहती थीं कि ग्लोबल मार्च उनके प्रति नरम रुख रखे। यह और भी आपत्तिजनक बात थी। ऐसी परिस्थितियों के कारण उनसे हमारे रिश्ते और ज़्यादा बिगड़ते गए। वे मुझ पर मनोवैज्ञानिक दबाव डालने के लिए बार-बार हमारे बही-खातों की जाँच-पड़ताल कराने लगीं। उनके ऑडिटर एक-एक रुपये के ख़र्च पर नुक्ताचीनी करके तरह-तरह के बेतुके सवाल पूछते थे। जैसे कि हमारे कार्यकर्ता ने गाँव में रिक्शे वाले से छपी हुई रसीदें क्यों नहीं लीं या अपने खाने-पीने के ख़र्चे का

भुगतान चेक से क्यों नहीं किया? हमले में घायल हुए कार्यकर्ता ने मरहम-पट्टी और दवाई की रसीदें जमा क्यों नहीं कराई? कार्यकर्ता बाल मज़दूरों को ढूँढ़ने के लिए अलग-अलग गाँवों में कितनी बार गए थे, उसका प्रमाण क्या है? वे गाँव के मुखिया से लिखवाकर क्यों नहीं लाए? छापामारी में छुड़ाए गए बच्चों के लिए कच्छे-बनियान ख़रीदने से पहले कोटेशन लेकर कमेटी से स्वीकृत क्यों नहीं कराया गया? कभी-कभी मेरे बोर्डिंग पास गुम हो जाने पर सवाल किये जाते थे कि मैंने वह यात्रा की भी थी या नहीं।

सवाल यह भी उठने लगे कि अगर प्रोजेक्ट में किसी प्रान्त से सौ बँधुआ बच्चों को छुड़ाने का लक्ष्य रखा था तो वहाँ से 300 क्यों छुड़ाए गए? या 50 ही क्यों छूट पाए? आश्रमों में एक-एक चम्मच, कटोरी और गिलासों की गिनती करानी पड़ती थी। यदि किसी बच्चे से गिलास टूट गया था तो तारीख़ के साथ रजिस्टर में एंट्री क्यों नहीं हुई? मैं और मेरे साथी जवाब देते-देते तंग आ चुके थे। जब देखो तब कोई न कोई ऑडिटर या विशेषज्ञ हमारे सिर पर आकर बैठा रहता था।

उन्हें जब हमारे ख़िलाफ़ कोई ठोस सबूत नहीं मिला तो मेरे ऑफ़िस में काम करने वाले कुछ विदेशी वालंटियरों को उकसा दिया। ग्लोबल मार्च ख़त्म हो चुकने के बाद कुछ वालंटियर सिर्फ़ टूरिस्ट वीज़ा पर लम्बे समय भारत में टिके रहना चाहते थे क्योंकि उनकी हमारी महिला व पुरुष कार्यकर्ताओं से गहरी दोस्ती हो गई थी। जब उनसे पूछताछ की गई तो वे नौजवान अपने-अपने देशों की संस्थाओं से हमारा फंड रुकवाने की धमकी देते थे और मेरे परिवार तथा आन्दोलन के ख़िलाफ़ झूठे और घिनौने आरोपों से भरी चिट्ठियाँ लिखते रहते थे।

कुछ अन्तरराष्ट्रीय संस्थाओं के लिए ग़रीब देशों के मुद्दे, संगठनों की उपलब्धियाँ और नेता दान-चन्दा इकट्ठा करने की मशीन होते हैं। उसी धन से सैकड़ों कर्मचारियों की वे भारी-भरकम संस्थाएँ चलती हैं। वे अपने प्रचार-प्रसार में ख़ूब धन ख़र्च करती हैं, ताकि अपनी साख बनाए रख सकें।

लन्दन की एक संस्था क्रिश्चियन एड के साथ मेरा ऐसा ही अनुभव रहा। नब्बे के दशक के शुरुआती दौर में जब बाल दासता का मुद्दा ज़ोरों पर था, तब क्रिश्चियन एड हमारे काम में सहयोग करती थी। उस दौरान ब्रिटेन के मीडिया में हमारे कामों के बारे में ख़ूब ख़बरें आती रहती थीं। इसीलिए उस संस्था ने हमारे संगठन को दो बार अपने दान-चन्दा अभियान के लिए चुना था। हर साल वह अपने किसी 'पार्टनर' के लिए एक साप्ताहिक अभियान चलाती थी। इसमें

पार्टनर संस्था के कामों का ज़ोरदार प्रचार करके वह करोड़ों पाउंड का दान इकट्ठा कर लेती थी। हालाँकि पार्टनर संस्था को तो वे दस-पन्द्रह लाख रुपये सालाना ही देते थे।

उन्होंने हमारी संस्था के लिए भी अभियान चलाया। उसके अधिकारी मुझे देश के कोने-कोने में ले जाते थे। हर रोज़ 14-15 घंटों तक मीटिंगें, भाषण, इंटरव्यू और पत्रकार वार्ताएँ वग़ैरह कराते थे। मैं सोचता था कि इससे ब्रिटेन में बाल मज़दूरी के ख़िलाफ़ जागरूकता फैल रही है। साथ ही, इससे दूसरे देशों के ग़ैर-सरकारी संगठनों को मदद भी मिल सकेगी। लेकिन सच्चाई इससे अलग थी।

नोविब और क्रिश्चियन एड को झिड़कने का नतीजा

2003 की मई की बात है। एक दिन क्रिश्चियन एड और नोविब के अधिकारी हमारे संगठनों के हिसाब-किताब की जाँच-पड़ताल के लिए अपने साथ कई चार्टर्ड अकाउंटेंट को लेकर हमारे दफ़्तर पहुँचे; जबकि पहले हुई रज़ामन्दी के मुताबिक़ सिर्फ़ दो व्यक्तियों को ही आना था। इतना ही नहीं, ऑफ़िस में घुसते ही उन्होंने कहा कि जाँच अभी से शुरू होगी। वे ऐसा जता रहे थे जैसे वे जाँच करने नहीं, कोई छापा मारने आए हैं। मैंने अपनी नाराज़गी को छुपाते हुए उन्हें इज़्ज़त से अपने कमरे में बैठाकर विनम्रतापूर्वक कहा, "हम आपके दो प्रतिनिधियों को ही जाँच-पड़ताल करने की इजाज़त देंगे क्योंकि यही तय हुआ था।"

उसमें से एक बोला, "देखिए, हम अपना काम अच्छी तरह से जानते हैं और यह भी जानते हैं कि उसे पूरा करने के लिए कितने लोगों की ज़रूरत है।"

मैंने फिर समझाया, "हमारे संगठन के दो अकाउंटेंटों से इतने सारे लोग कैसे और कहाँ बैठकर पूछताछ करेंगे? आपकी मंशा हिसाब-किताब की जाँच से ज़्यादा परेशान करने की नज़र आती है।"

वे मुझे धौंस देने लगे, "इसका मतलब हम आपका फंडिंग बन्द कर दें?"

मैंने कहा, "आप दानदाता होने के गुरूर में यह भूल गए हैं कि हम ग़रीब देशों के लोग भिखारी नहीं हैं। सामाजिक कार्यकर्ताओं का भी आत्मसम्मान होता है। उनकी गरिमा का भी ध्यान रखा जाना चाहिए। कृपा करके यहाँ से तुरन्त निकल जाइए।"

उनका चेहरा देखते ही बनता था। वे शायद सपने में भी ऐसे बर्ताव की उम्मीद नहीं करते थे। वे लोग उठकर चले गए, लेकिन उसके बाद जो होना था, वही हुआ। क्रिश्चियन एड और ब्रेड फॉर द वर्ल्ड संस्थाओं ने हमारी मदद रोक दी।

हम तो पहले से सरकार का असहयोग और नाराज़गी झेल रहे थे। बच्चों से मज़दूरी कराने वाले मालिक तो हमारे दुश्मन थे ही। मुझे समझ में नहीं आ रहा था कि उस मुश्किल हालात से कैसे निपटा जाए। कई दिन और रातें तनाव, वेदना और चिन्ता में गुज़रे। आर्थिक संकट के साथ-साथ मुझ पर लग रहे भ्रष्टाचार के झूठे आरोप और बदनामी सबसे ज़्यादा पीड़ादायक थी।

हमें कई ज़रूरी ख़र्च कम करके महत्त्वपूर्ण गतिविधियाँ रोकनी पड़ीं। अपने कई साथियों की छँटनी करनी पड़ी। मैं उनमें से ज़्यादातर के परिवारों की हालत जानता था। कुछ कार्यकर्ता संगठन छोड़ते वक़्त फूट-फूटकर रो पड़े। मैं भी अपने आँसू नहीं रोक पाता था। इसके बावजूद ज़्यादातर साथी कई महीनों तक वेतन लिए बग़ैर काम करते रहे। आश्रम बन्द करने तक की नौबत आ गई। वहाँ बच्चों को रख पाना मुश्किल हो रहा था और वापस भेजना उन्हें मझधार में धकेल देने जैसा था। मैं बहुत दुखी और परेशान रहता था। परिवार और संगठन में किसी के सामने अपनी चिन्ता ज़ाहिर नहीं करता था।

नोविब, बचपन बचाओ आन्दोलन के अलावा ग्लोबल मार्च और जीसीई के सबसे बड़े सहयोगियों में था। नीदरलैंड की वह संस्था बड़ी प्रगतिशील मानी जाती थी। वह क्रिश्चियन एड और ब्रेड फॉर द वर्ल्ड की तरह चर्च या किसी और पंथ से सम्बन्ध नहीं रखती थी। मैं नोविब की महानिदेशक सिल्विया बोरेन पर बहुत भरोसा करता था। मुझे नहीं मालूम था कि वहाँ काम करने वाले दो बड़े अधिकारी क्लेमैन्स डायस और इमाद साबी मन ही मन मुझे नापसन्द करते थे। उन्हें इस बात से भी एतराज़ था कि मैं शिक्षा और बाल मज़दूरी के क्षेत्र में नेतृत्व करने वाले दोनों विश्व संगठनों का मुखिया हूँ।

नोविब में काम कर चुके कुछ व्यक्तियों ने मुझे इस बात के लिए आगाह किया था कि वे लोग साम्प्रदायिक मनोवृत्ति के भी हैं। मैंने कभी इस बात पर ध्यान नहीं दिया, भरोसा करना तो दूर की बात है। वित्त विभाग के अध्यक्ष के नाते क्लेमैन्स दूसरी दानदात्री संस्थाओं और सिल्विया बोरेन को यह समझा पाने में सफल हो गए कि मेरे संगठन आर्थिक प्रबन्धन में बहुत कमज़ोर हैं। सम्भवत: मैं और मेरा परिवार भ्रष्टाचार करता है। तरह-तरह की जाँच-पड़ताल के बाद भी जब कुछ नहीं निकला तो उन्होंने यह आरोप लगाना शुरू किया कि दिल्ली में काम करने वाले विदेशी कार्यकर्ताओं के मन में मेरी छवि बहुत ख़राब है। इसलिए हमारा सहयोग बन्द कर देना चाहिए।

एक दिन सिल्विया ने मुझे फ़ोन करके कहा, "कैलाश, अब तुम्हारे अन्त की शुरुआत हो चुकी है।" यह सुनकर मैं थोड़ी देर के लिए घबरा गया। विचार

आ रहे थे कि नोविब की देखा-देखी बाक़ी दोनों संगठन भी हमारा सहयोग करना बन्द न कर दें।

मैंने गहरी साँसें लीं। फिर सोचा कि जब मेरा आरम्भ ही किसी दानदाता के भरोसे नहीं हुआ, तो अन्त कैसे हो सकता है? जलते हुए दीये को अँधेरे में अपनी मौजूदगी साबित करने की ज़रूरत नहीं पड़ती। इसलिए जब बारिश और तूफ़ानी हवाएँ उसे बुझाने पर उतारू हो जाएँ, तब बाहर के बजाय अपने भीतर की लौ को जलाए रखना ज़रूरी है। बाहर दिखने वाली रोशनी सफलता, सम्मान और संसाधन हो सकते हैं, लेकिन सच्चाई, आत्मविश्वास और दृढ़ संकल्प ऐसी आग हैं, जिनसे भीतर की रोशनी को जगाए रखा जा सकता है।

मुझे सिल्विया की धमकी से बहुत हैरानी और दुख हुआ था क्योंकि कुछ दिन पहले नोविब ने अपने देश के एक प्रसिद्ध समाजशास्त्री थियोवान कूलविक से हमारे कार्यों का मूल्यांकन कराया था। उनकी रिपोर्ट में कम धनराशि में ज़्यादा और गुणात्मक नतीजों की तारीफ़ करते हुए हमारी सहायता बढ़ाने की सिफ़ारिश की गई थी। इसी तरह उन्हीं की ऑडिट कम्पनी ने अपनी रिपोर्ट में हम पर लगाए गए सभी आरोपों को ख़ारिज कर दिया था। उसी आधार पर हमने सिल्विया से आग्रह किया कि वे ख़ुद अपने अधिकारियों के साथ बचपन बचाओ आन्दोलन, ग्लोबल मार्च और जीसीई के बोर्ड के प्रमुख नेताओं की एक बैठक बुलाएँ, जिसमें प्रत्येक आरोप और जाँच की रिपोर्टों की खुलकर समीक्षा हो। मुश्किल से ही सही, वे उसके लिए राज़ी हो गई थीं।

नोविब के कार्यालय में वह बैठक भी हुई। दिनभर की माथापच्ची के बाद मेरे कामकाज के तरीक़ों और संगठनों में धन की कोई गड़बड़ी नहीं पाई गई। उनके पास कोई तर्क और मेरे या संगठन के ख़िलाफ़ कोई आरोप नहीं बचा था इसलिए उस दिन यह फ़ैसला लेना पड़ा कि फिलहाल हमारा सहयोग न रोका जाए।

2005 में दानदात्री संस्थाओं ने प्रस्ताव रखा कि ग्लोबल मार्च का आर्थिक प्रबन्ध दिल्ली से हटा दिया जाए। मुझे कोई एतराज़ नहीं था। चिली की एक संस्था ओप्सियान को वह ज़िम्मेवारी सौंप दी गई। बाद में नोविब का बहुत दबाव था कि ग्लोबल मार्च का कार्यालय दिल्ली के बजाय किसी और देश से चलाया जाए। वह बहुत ख़र्चीला काम था क्योंकि दिल्ली में कार्यालय चलाना सबसे सस्ता था। इसलिए संगठन को क़ानूनी तौर पर नीदरलैंड में पंजीकृत करा दिया गया। वहीं से पैसे-धेले का पूरा संचालन और नियंत्रण होने लगा। बाक़ी गतिविधियाँ दिल्ली से चलती रहीं।

उस पर हमें कोई एतराज़ नहीं था। इसके बावजूद भी नोविब सहित कई सहयोगी संस्थाओं ने यह कहते हुए हमारी मदद बन्द कर दी कि अब बाल मज़दूरी का मुद्दा उनके एजेंडे में नहीं है। बची-खुची सहयोगी संस्थाओं और ग्लोबल मार्च के सदस्यों को यह लगने लगा था कि संगठन को बन्द करना पड़ेगा। लेकिन मुझे गर्व है कि ज़्यादातर सदस्य संगठनों ने ग्लोबल मार्च का साथ नहीं छोड़ा। वे अपने-अपने तरीक़ों से संघर्ष करते रहे।

मैं एक रोज़ बाल आश्रम में सूरज उगने से पहले बाहर निकलकर टहल रहा था। मुझे उगते हुए सूरज की रोशनी में वहाँ के सभी बच्चे मुस्कराते दिखाई दिये। मैं उनके चेहरे पर अँधेरा घिरने की कल्पना से चिन्तित हो उठा। फिर ख़याल आया कि अँधेरा तो सिर्फ़ रोशनी का अभाव है। भले ही सूरज मेरी पहुँच से काफ़ी दूर है, लेकिन कोई न कोई चीज़ है जो मेरे हाथों और सूरज को जोड़े हुए है। शायद वह है—मेरा जीवन। थोड़ी देर में मेरी निराशा का अँधेरा छँटने लगा। मेरे मन में एक उपाय सूझा कि पहले अपना मकान बेचूँगा, फिर ज़रूरत पड़ी तो ऑफ़िस का कुछ हिस्सा बेचेंगे। मैंने यह बात अपने ख़ास-ख़ास साथियों को बताई। सभी ने उस परेशानी को एक साझा चुनौती की तरह लिया। हमें घर या दफ़्तर नहीं बेचना पड़ा।

उस वक़्त भी 'ब्रेड फॉर द वर्ल्ड' के रैनर क्रूजे जैसे हितैषियों ने मुझे सलाह दी कि मैं उन संस्थाओं के बोर्डों में अपनी शिकायत लिखकर भेजूँ। मुझे उनकी सलाह अच्छी लगी, लेकिन फिर यह सोचकर चुप रहा कि उस झगड़े में उलझकर कहीं अपने असली मिशन से न भटक जाऊँ। दूसरा एक बड़ा कारण था कि ग्लोबल मार्च के बहुत से सदस्य संगठन उन्हीं यूरोपी संस्थाओं की मदद पर निर्भर थे। उनमें से कई मुझे बताते रहते थे कि वे भी दानदाता संगठनों की दादागिरी और मनमानेपन से बुरी तरह पीड़ित हैं, लेकिन आवाज़ उठाने को तैयार नहीं थे। मैं नहीं चाहता था कि मेरे कारण उन्हें नुक़सान उठाना पड़े या वे आन्दोलन को छोड़ दें। मेरे विचार से हर दानदात्री संस्था में एक बाहरी, निष्पक्ष और सम्माननीय लोकपाल होना चाहिए, जो संस्था की मनमानी से पीड़ित संगठनों को इंसाफ़ दिला सके।

एक बड़े आन्दोलन की भ्रूणहत्या

मैं यहाँ पर एक और घटना का ज़िक्र करना चाहूँगा। 01 जून, 2006 की बात है। कई युद्धग्रस्त देशों में बच्चों की दुर्दशा को देखकर मेरे मन में विचार आया

कि फिर से एक विश्व यात्रा की जाए। वह यात्रा 'बच्चों के लिए शान्ति, शान्ति के लिए बच्चे' के ध्येय वाक्य के तहत हो। मुझ जैसे कई कार्यकर्ता सोचते थे कि देश के भीतर होने वाली किसी भी कलह, हिंसा तथा ख़ून-ख़राबे और सीमाओं पर चलने वाले युद्धों की आँच बच्चों पर नहीं आनी चाहिए। यात्रा के ज़रिये हम सरकारों और अन्तरराष्ट्रीय समुदाय से यह माँग करने वाले थे कि वे हर हालत में बच्चों की सुरक्षा की गारंटी दें। ग्लोबल मार्च की तरह ख़ुद बच्चे उस पहल की अगुआई करें। मैं बच्चों से सम्बन्धित दुनिया के दोनों सबसे बड़े गठबन्धनों ग्लोबल मार्च और ग्लोबल कैम्पेन का अध्यक्ष था। उनसे जुड़े ढेरों संगठन उस नये आन्दोलन में शामिल होने को राज़ी हो गए थे।

मैंने अभियान की योजना बनाने के लिए नोविब के डेनहाग के ऑफ़िस में कई प्रमुख संगठनों की एक बैठक बुलाई। तब उनसे मेरे सम्बन्ध ठीक-ठाक थे। बैठक में सभी ने उस पहल का ज़ोरदार स्वागत और समर्थन किया। लेकिन मुझे अन्दाज़ा नहीं था कि नोविब, जो तब तक ऑक्सफैम नीदरलैंड बन चुका था, ने उस विचार को कुचलने का मन बना लिया था। हालाँकि मैंने संस्था की महासचिव सिल्विया बोरेन से मिलकर पहले से बात कर रखी थी। बैठक का ख़र्च उन्हीं ने उठाया था। लेकिन उन्होंने बड़ी चतुराई से कई बहाने बनाकर न केवल अपने हाथ खींच लिये, बल्कि यात्रा की योजना का विरोध भी किया। उतनी बड़ी संस्था के रवैये से छोटे-छोटे संगठनों का हौसला भी पस्त हो गया था। फंड के बिना इतना बड़ा आयोजन नामुमकिन था। आख़िरकार मुझे वह विचार छोड़ देना पड़ा।

मेरे जीवन में वह ऐसी पहली घटना थी, जब मैं अपने विचार और संकल्प को पूरा नहीं कर सका था। कई सालों तक इस बात का मलाल रहा। बाद में मालूम चला कि वे पश्चिमी संस्थाएँ यह नहीं चाहती थीं कि मैं तीसरा इतना बड़ा अन्तरराष्ट्रीय अभियान चलाऊँ। उन्होंने एक और दुष्प्रचार शुरू किया कि मैं बच्चों की सुरक्षा को विश्व शान्ति से जोड़कर नोबेल पुरस्कार पाने की फ़िराक़ में हूँ और इसके लिए जन आन्दोलन शुरू करना चाहता हूँ। ग्लोबल मार्च और जीसीई के कुछ नेताओं ने इस बात पर भरोसा भी कर लिया।

भयंकर मानसिक तनाव, आर्थिक तंगी और बदनामी के मुश्किल दौर में रैनर क्रूजे, फ्रांस के ऐली जुआन और नीदरलैंड के फ्रांस रोजेलार जैसे बुज़ुर्ग साथी न केवल मुझे सलाह-मशविरा देते रहे, बल्कि तन-मन से मेरे साथ खड़े रहे। ऐली एजुकेशन इंटरनेशनल में डिप्टी सेक्रेटरी जनरल, जीसीई के सभापति और ग्लोबल मार्च के बोर्ड के सदस्य रह चुके थे। वे शिक्षक जगत के सबसे

प्रभावशाली नेताओं में से थे। ऐली का कुछ वर्ष पहले देहान्त हुआ है। इतना बुद्धिमान, गम्भीर, असरदार, मज़बूत और सच्चा दोस्त मुश्किल से मिल पाता है। फ्रांस रोज़ेलार आईएलओ में आइपैक के मुखिया के पद से रिटायर हुए थे। वे मेरे आग्रह पर ग्लोबल मार्च के बोर्ड के सदस्य बने थे, और अब तक हैं।

मानव दासता से लड़ रहा अनूठा योद्धा

पश्चिमी देशों की दानदात्री संस्थाओं के अधिकारियों में श्रेष्ठता की मनोग्रन्थि और अहंकार के उलट पहली बार हमारा परिचय एक ऐसे व्यक्ति से हुआ जो हर साल अरबों डॉलर कमाता है। वह किसी बच्चे से ज़्यादा सरल, साफ़ मन वाला है और किसी साधु की तरह आध्यात्मिक स्वभाव का है। उस व्यक्ति का नाम सर क्रिस्टोफर हान है। मेरे विचार से 57 साल के क्रिस व्यापारिक मामलों में दुनिया के सबसे अधिक बुद्धिमान लोगों में से एक हैं। अथर्ववेद में कहा गया है, शतहस्त समाहर सहस्रहस्त संकिर यानी सौ हाथों से कमाकर हज़ार हाथों से दान किया जाए। उनके लिए यह बात पूरी तरह लागू होती है।

उन्होंने चिल्ड्रेन इन्वेस्टमेंट फंड फ़ाउंडेशन बनाकर ग़ुलामी, बाल वेश्यावृत्ति, पर्यावरण, स्वास्थ्य, पीने का पानी आदि अनेक मुद्दों पर अरबों डॉलर दान में दिये हैं। वे यह काम दानदाता की तरह नहीं, बल्कि इन बुराइयों का अन्त करके एक बेहतर दुनिया बनाने को बेचैन एक योद्धा की तरह कर रहे हैं। दाता का अहंकार उनके पास कभी नहीं आ सकता।

क्रिस से हमारे परिचय और मित्रता की कहानी बड़ी मज़ेदार है। उनका संगठन भारत और विश्व भर में भी कई ग़ैर-सरकारी संगठनों और सरकारों की मदद करता रहा है। वे उसी सिलसिले में 2015 में भारत आए थे। तब वे मेरे कार्यालय में भुवन और मुझसे मिले। हमने उनमें मानव दुर्व्यापार, बाल यौन शोषण का धंधा और दासता जैसी बुराइयों को ख़त्म करने के लिए पागलपन की हद तक का जुनून देखा था। हम उनके इस जुनून के साथ-साथ मुद्दों की गहरी समझ से बड़े प्रभावित हुए थे। उनकी रुचि नीतिगत और क़ानूनी बदलाव लाकर समस्या के स्थायी समाधान में थी। उसी चर्चा के दौरान भारत में क्रिस के काम की रणनीतियों और क़ानून को लेकर उनमें और भुवन के बीच तीखी बहस हो गई। मैं कोशिश करता रहा कि पहले उन विषयों पर बातचीत करनी चाहिए, जिन पर आपसी सहमति हो। लेकिन वे दोनों किसी भी क़ीमत पर एक-दूसरे की बात मानने को तैयार नहीं हुए। क्रिस असन्तुष्ट होकर चले गए।

क्रिस को उसी दिन लन्दन वापस लौटना था। जाने से पहले उन्होंने भुवन को फ़ोन करके पूछा कि यदि उसके पास समय है तो हवाई अड्डे तक साथ में बातचीत करते हुए चल सकते हैं। वह उनके साथ चला गया। वे उस बातचीत से न केवल आगे चर्चा करने के इच्छुक हुए, बल्कि वहीं से उनमें आपसी समझ और सहमति की शुरुआत हुई। वे धीरे-धीरे गहरे वैचारिक, भावनात्मक और व्यक्तिगत मित्र बन गए हैं। आज क्रिस बाल मज़दूरी, बाल व्यापार और बाल विवाह का अन्त करने के दिशा में बहुत काम कर रहे हैं।

हम लन्दन में अक्सर उन्हीं के घर पर ठहरते हैं। उनकी तरह का मेज़बान मिलना मुश्किल है। वे ख़ुद हमारी छोटी-छोटी ज़रूरतों का ख़याल रखते हैं। उनका वही व्यवहार अपने दूसरे मित्रों और कर्मचारियों तक के साथ है। पिछले कुछ सालों से उनका रुझान बड़ी तेज़ी से आध्यात्मिक होता जा रहा है। संयोग से उनकी पत्नी काईली भी आध्यात्मिक झुकाव वाली महिला हैं। आत्मा या चेतना की रहस्यमयी शक्तियों, परा-मनोविज्ञान और दार्शनिक विषयों पर दोनों ने गहरा अध्ययन किया है। मेरी तो जब कभी उन दोनों से मुलाक़ात होती है, ज़्यादातर वक़्त साथ बैठकर ध्यान लगाने और आध्यात्मिक चर्चाओं में ही गुज़रता है।

करुणामय समाज के प्रयोग

करुणामय समाज बनाने की पहली सीढ़ी : बाल मित्र गाँव

2001 की सर्दियों की बात है। हम जयपुर ज़िले के नवरंगपुरा गाँव में एक सभा कर रहे थे। कुछ महीनों पहले ही उस गाँव को बाल मित्र गाँव बनाने का काम शुरू हुआ था। पूरे गाँव के बच्चे, औरतें और आदमी जमा थे। उस दिन नई-नई चुनी गई बाल पंचायत के साथ ग्राम पंचायत की मिलीजुली सभा हो रही थी। चुने गए बच्चे और सभी पंच एक साथ मंच पर बैठे थे। बाल सरपंच चुनी गई बारह वर्षीय हेमलता से मैंने पूछा, "बेटी, यह बताओ कि तुम्हें बाल मित्र गाँव बनने से पहले और अब में क्या फ़र्क़ दिखता है?"

जवाब देने के लिए जब उस लड़की ने हाथ में माइक पकड़ा तो पूरा गाँव हक्का-बक्का रह गया क्योंकि उससे पहले कभी किसी ने उस लड़की को माइक थामे हुए नहीं देखा था। हेमलता ने बताया कि सभी बच्चों को मज़दूरी से हटाकर उनका स्कूल में दाख़िला हो चुका है। मैंने पूछा, "यह तो मुझे मालूम है, लेकिन इसके अलावा गाँव में और क्या बदला है?"

हेमलता ने थोड़ा सोचकर जवाब दिया, "भाई साहब जी, जब से मैंने होश सँभाला है तभी से मेरी अम्मा खाना पकाने से पहले बापू से पूछती थी कि आज क्या सब्ज़ी बनाऊँ? वे जो कहते थे, वही खाना बनता था। जब से बाल मित्र गाँव बना है, उन्हें न जाने क्या हो गया है! वे अम्मा से मुस्कराकर कहते हैं, 'मुझसे क्या पूछना, हेमलता से पूछ ले। जब पूरा गाँव बदल रहा है तो तू भी बदल जा।'"

सुमेधा जी भी कहाँ चूकने वाली थीं। मौक़ा देखते ही उन्होंने पूछ लिया कि गाँव की महिला सरपंच कौन है? सुनकर एक आदमी ने अपना हाथ उठाया।

वह सरपंच पति था। असली सरपंच भीड़ में एक तरफ़ घूँघट में छुपी बैठी थी। क़ानूनी तौर पर भारत की पंचायतों में महिला के लिए सीट रिजर्व होती है, लेकिन उसके चुने जाने पर पति, ससुर, भाई या पिता उस ओहदे का उपयोग करते हैं। सुमेधा जी ने उस महिला को मंच पर बुलवा लिया। वह आने को तैयार नहीं थी, इसलिए वे ख़ुद नीचे उतरकर उसका हाथ पकड़कर मंच पर ले आईं। यह देखकर काफ़ी लोगों के नाक-भौं सिकुड़ गए।

मैंने माइक लेकर कहा, "देखो सुमेधा जी और मैं साथ-साथ बैठे हैं। ये एक औरत हैं। घूँघट नहीं निकालतीं, फिर भी इनकी इतनी इज़्ज़त होती है। हेमलता के बापू का दिल बदल गया है तो सरपंच पति जी, आप अपना दिल बड़ा करने की बहादुरी क्यों नहीं दिखा सकते?" मेरी बात सुनकर वह आदमी शरमा गया। सुमेधा जी ने धीरे से महिला सरपंच का घूँघट हटा दिया। औरतें और बच्चे ख़ूब तालियाँ बजाकर हँसने लगे। उसी दिन से चुनी हुई महिला सरपंच को सही मायनों में सरपंच मानना शुरू हो गया।

बाल मित्र गाँव बनाने की पहल

मेरे जीवन का सबसे बड़ा सपना, संकल्प और संघर्ष यही रहा है कि दुनिया का हर बच्चा अपना बचपन जीने के लिए आज़ाद हो। उसे खेलने-कूदने, मस्ती करने, पढ़ने-लिखने, चैन की नींद सोने और बड़े से बड़ा सपना देखने की पूरी आज़ादी हो। दुनिया में कुछ भी उसके सपनों में बाधक न बने, बल्कि उन्हें पूरा करने के अवसर, साधन और सुरक्षा मुहैया कराए जाएँ। यह तभी मुमकिन हो सकता है जब हम अपनी दुनिया को बाल मित्र दुनिया बना दें।

बाल मित्र गाँव की परिकल्पना चार खम्भों पर टिकी थी। पहला, सभी बच्चे हर प्रकार के शोषण से मुक्त हों। यानी उस गाँव में बाल मज़दूरी, बाल विवाह, बच्चों से छेड़खानी और दुर्व्यापार पूरी तरह से बन्द हो जाएँ। दूसरा, सभी बच्चे स्कूलों में पढ़ते हों। तीसरा, गाँव के सब बच्चे मिलकर अपनी बाल पंचायत का चुनाव करें। और चौथा, लेकिन सबसे मुश्किल काम था कि गाँव वालों की चुनी हुई पंचायत बाल पंचायत को मान्यता देकर आपसी तालमेल से काम करे। इन बातों का अर्थ यह हुआ कि गाँव-समाज मुक़दमेबाज़ी और कोर्ट-कचहरी के बिना बच्चों से मज़दूरी कराना या उनकी शादियाँ करना बन्द कर दे। यह सैकड़ों साल पुरानी मानसिकता को बदलने और स्थायी रूप से बच्चों का बचपन लौटाने की चुनौती थी।

बच्चों से दोस्ती का रिश्ता

उत्तर प्रदेश के एक गाँव की बात है। वहाँ के सरपंच ऊँची जाति के पढ़े-लिखे और ख़ानदानी अमीर थे। वे एक कार्यक्रम के दौरान व्यंग्य करते हुए मुझसे बोले, "ग़रीबों के लिए आपका कार्यक्रम अच्छा है। मैं तो अपने बेटे का बहुत अच्छा दोस्त हूँ। फिर भी वह उखड़ा-उखड़ा रहता है।"

मैंने कहा, "भाई, इनसान ही नहीं, ज़्यादातर जानवर भी अपने बच्चों से लाड़-प्यार करते हैं और जितना हो सके, उनकी देखभाल करते हैं। लेकिन क्या सचमुच आप अपने बच्चों के दोस्त हैं?"

वे बोले, "हाँ, मैं बच्चों को महँगे से महँगे कपड़े और जूते दिलाता हूँ। उनकी इच्छाएँ पूरी करता हूँ। अच्छे स्कूल में पढ़ाता हूँ। फिर भी मेरे बड़े बेटे का पढ़ने में मन नहीं लगता।"

मैंने कहा, "दोस्ती के लिए सिर्फ़ ख़र्चे और प्यार ही नहीं; बल्कि आपस में एक-दूसरे पर भरोसा करने, इज़्ज़त करने और सीखने व सिखाने को तैयार रहने जैसी बातें ज़रूरी हैं। आप जैसे माँ-बाप अपने बच्चों की सुख-सुविधा और सुरक्षित भविष्य के लिए जी-जान से जुटे रहते हैं, मगर ऐसे रिश्ते नहीं बना पाते कि बच्चा आपसे अपने मन की बात कह सके। आपके पास इत्मीनान से बैठकर उनकी बात सुनने तक की फ़ुरसत नहीं होती। ज़्यादातर घरों में अभिभावकों और बच्चों के बीच एकतरफ़ा संवाद होता है।"

शायद उन्हें मेरी बात अच्छी नहीं लगी। कार्यक्रम ख़त्म होने के बाद हम अपने-अपने घर लौट आए। हमारे कार्यकर्ताओं ने वहाँ बाल मित्र गाँव बनाना शुरू कर दिया। कुछ महीनों के बाद उन्हीं सज्जन ने मुझे फ़ोन करके बताया कि मेरी बात मानकर उन्होंने अपने बेटे के साथ खेलना और साथ घूमकर बातें करना शुरू किया, तब पता चला कि एक नज़दीकी रिश्तेदार बच्चे का यौन शोषण करता था। धीरे-धीरे उनका बच्चा सामान्य हो गया और पढ़ाई में भी मन लगाने लगा। वे सरपंच महोदय बाल मित्र गाँव बनाने में बढ़-चढ़कर साथ देने लगे थे।

वयस्क लोग मानकर चलते हैं कि वे सब कुछ जानते हैं, इसलिए बच्चों के बारे में हर फ़ैसला लेने का हक़ उन्हीं का है। हम बच्चों को अनुशासन, संस्कार और शिक्षा के नाम पर ख़ुद की मान्यताओं, विचारों और अनुभवों को उनके ऊपर थोपते रहते हैं। अपने तमाम छुपे डर, दमित इच्छाओं, प्रकट-अप्रकट लालच

और अधूरे सपनों के ताने-बाने से बच्चों का भविष्य गढ़ते हैं। हम बच्चों को अपने दिमाग़ी साँचे में ढालने की ज़िद पर अड़े रहते हैं। अपनी सीमाओं को उनकी मानसिक हद बना देते हैं। उनकी चेतना, उनके भीतर की करुणा को ढक देते हैं। हम भूल जाते हैं कि प्रत्येक बच्चा प्राकृतिक तौर पर स्वतंत्र जन्म लेता है। स्वतंत्रता में ख़तरे तो हैं, लेकिन सम्भावनाएँ भी अनन्त होती हैं। इसलिए बचपन को बचाने की एक नई संस्कृति की रचना की ज़रूरत है—बच्चों से दोस्ती की संस्कृति।

ग्रामीणों की मानसिकता बदलने में हमारे कार्यकर्ताओं और बच्चों को बहुत मुश्किलों का सामना करना पड़ा। बाल विवाह और बाल मज़दूरी रुकवाने की कोशिश में कई जगह हमारे साथियों पर हमले भी हुए।

हमने मेरठ ज़िले के दस गाँवों को बाल मित्र गाँव बनाना शुरू किया था। वे सभी मुसलमानों की घनी आबादी के गाँव थे। उन गाँवों में कुछ लड़कियाँ मदरसों में पढ़ती थीं। अपवादस्वरूप कोई एकाध ही बच्ची सरकारी स्कूल जाती थी। कुछ गाँवों में तो कोई भी लड़की कभी स्कूल नहीं गई थी। ज़्यादातर बच्चे घरों में फ़ुटबॉल सिलने की मज़दूरी करते थे। एक चुनौती यह भी थी कि ठेकेदार और मालिक बच्चों से सस्ती मज़दूरी पर काम कराकर ख़ूब कमाई करते थे। सबसे बड़ी चुनौती वहाँ मुल्ला-मौलवियों और माँ-बाप की पुरानी सोच की थी। हमने पहले वहाँ के कुछ मुसलमान नौजवानों से दोस्ती करके उन्हें अपने संगठन का कार्यकर्ता बनाया। फिर उनके प्रयास से कुछ समझदार मौलवी भी हमारे काम में सहयोग करने लगे।

शिक्षा की उड़ान भरती बेटियाँ

एक बार मैं दो दिनों के लिए एक ऐसे गाँव में जाकर ठहरा, जिसमें केवल मुसलमान रहते थे। मुझे यह जानकर बड़ी हैरानी हुई कि वहाँ पर कभी किसी हिन्दू ने रात नहीं गुज़ारी थी। मुझे किसी घर में ठहरा दिया गया। वहीं गाँव के बहुत से लोग बड़े कौतूहल से मुझे घेरकर बैठ गए। मैंने सभी बुर्के वाली युवतियों को अपनी बहनें और बेटियाँ, तथा बुज़ुर्ग महिलाओं को माँ कहकर बातें कीं। दूसरे दिन सबेरे मैंने अपनी मेजबान गृहिणी से इजाज़त माँगकर, उनके साथ बैठकर चूल्हे पर मक्के की रोटी और सरसों का साग भी बनाया। जो महिलाएँ अपने सगे रिश्तेदारों से पर्दा करती थीं वे मेरे सामने मुँह खोलकर आराम से

बातें करने लगी थीं। मैंने उनसे वायदा लिया कि वे सभी लड़कियों को मज़दूरी से हटाकर स्कूल भेजेंगी, और उन्होंने निभाया भी।

उन गाँवों की गुलफ्शां, फातिमा, जैनब, साजिदा और रजिया जैसी मेरी ढेर सारी बेटियाँ स्कूल जाने वाली पहली पीढ़ी थीं। बाद में कई गाँवों में लड़कियाँ बाल पंचायतों के चुनाव लड़कर जीती थीं। लड़कों को हराकर उनका चुनाव जीत पाना एक बड़ी सामाजिक क्रान्ति की शुरुआत थी।

2024 दिसम्बर तक भारत के अलग-अलग प्रान्तों में 1392 गाँवों को बाल मित्र गाँव बनाया जा चुका है। बहुत सी लड़कियाँ स्कूलों में अलग से शौचालय न होने के कारण स्कूल छोड़ देने को मजबूर होती थीं। बाल पंचायतों की कोशिशों से उन गाँवों में लड़कियों के लिए शौचालय बनाए गए। अध्यापक पढ़ाई पर ध्यान नहीं देते थे या अक्सर ग़ैरहाज़िर रहते थे। कई विषयों के अध्यापक ही नहीं थे। सरकारी कर्मचारी, सरपंच और हैड मास्टर मिलकर मिड-डे-मील में घपलेबाज़ी करते थे। दलित बच्चों के साथ भेदभाव और छुआछूत होती थी। पीने के पानी का इन्तज़ाम नहीं था। स्कूल की चारदीवारी न होने से कक्षाओं में जानवर घुस जाया करते थे। बाल पंचायतों और हमारे कार्यकर्ताओं द्वारा गाँव में बनाए गए महिला एवं युवा मंडलों ने मिलकर पूरी तस्वीर बदल दी है। गाँव-समाज की भागीदारी से पेड़ों की कटाई या ग़ैर क़ानूनी खनन रुकवाने और गाँव में सफाई जैसे काम भी किये जाते हैं।

सप्लाई चेन में बाल मज़दूरी का अन्त

पहली बार मुझे 1998 के अप्रैल महीने में बाल श्रम विरोधी विश्व यात्रा के दौरान बिहार के कोडरमा, नवादा, और गिरिडीह इलाक़े से गुज़रने का मौक़ा मिला था। कुछ कार्यकर्ताओं के साथ मैं कोडरमा के एक गाँव में गया। हम एक मड़ई (झोंपड़ी) के सामने मातम का माहौल देखकर रुक गए। पता लगा कि पिछली शाम उस परिवार का 10-11 साल का बच्चा अभ्रक की गहरी खदान में काम करते हुए ऊपर से मिट्टी ढहने से दबकर मर गया था। गाँव वालों के पास इतने साधन और सुविधाएँ नहीं थीं कि वे खोदकर उसकी लाश निकाल पाते। उनमें पुलिस में शिकायत करने की हिम्मत भी नहीं थी।

खदानों की ज़मीन बहुत भुरभुरी होती है। बच्चे छोटी-छोटी सुरंगें बनाते हुए अन्दर से अभ्रक के टुकड़े निकालते रहते हैं। वहाँ कई बच्चों की उँगलियों में घाव थे। अभ्रक के टुकड़े काग़ज़ जैसे पतले-पतले काँच की तरह होते हैं।

गाँव वालों ने बताया कि धूल मुँह, नाक और आँखों में घुस जाने से उन्हें कई बीमारियाँ हो जाती हैं। कई बार सुरंगें धँस जाने से उन्हीं में दबकर मर जाते हैं। मुझे यह नहीं मालूम था कि अभ्रक निकालने के ख़तरनाक काम में हज़ारों बच्चे लगे हुए हैं।

अभ्रक का इस्तेमाल सौन्दर्य प्रसाधन सामग्री, कारों के रंग-रोगन और बिजली के छोटे-बड़े ट्रांसफ़ार्मरों, स्विचों, इस्त्री, टोस्टरों, हीटरों जैसे उपकरणों में होता है। 2004 की शुरुआत में अन्तरराष्ट्रीय मीडिया में भारत के झारखंड और बिहार की अभ्रक खदानों में बाल दासता कराए जाने का बड़ा खुलासा हुआ। ज़्यादातर कम्पनियों ने तो लीपापोती का तरीक़ा अपनाया, लेकिन संवेदनशील नज़रिया रखने वाली अमेरिकी कम्पनी ऐस्टेलॉडर ने उसे गम्भीरता से लिया। ऐस्टेलॉडर के मुखिया विलियम लॉडर ने मुझसे बातचीत करके आग्रह किया कि अभ्रक खदानों से बाल मज़दूरी ख़त्म करने के ठोस उपाय करें। उन्हें अन्देशा था कि उनकी कम्पनी द्वारा ख़रीदे जा रहे अभ्रक में बाल मज़दूरी कराई जाती है। हमें उनके विचार में ईमानदारी दिखी। उन्होंने हमारे साथ मिलकर जाँच-पड़ताल करने और समाधान ढूँढ़ने के लिए अपनी कम्पनी के एक अधिकारी को भारत भेजा। काफ़ी विचार-विमर्श के बाद यह फ़ैसला लिया गया कि उस इलाक़े में बाल मित्र गाँव बनाकर ही समस्या का समाधान किया जा सकता है। कालीनों की तरह निगरानी, प्रमाणीकरण और लेबलिंग जैसी रणनीति यहाँ सम्भव नहीं थी। हमें बाल मित्र गाँव के प्रयोग से उद्योग की सप्लाई चेन से बाल मज़दूरी ख़त्म करने में सफलता मिली है।

उग्र माओवाद की चुनौतियों के बीच

हमने 2004 के मध्य से उस क्षेत्र में बाल मित्र गाँव बनाना शुरू कर दिया। तब से 2023 के अन्त तक 20 हज़ार से ज़्यादा बच्चों को अभ्रक खदानों से हटाया गया है और 30 हज़ार से ज़्यादा बच्चों का स्कूलों में दाख़िल कराया जा चुका है। खदान मज़दूरों की दिहाड़ी में भी अच्छी-ख़ासी बढ़ोतरी हुई है। कई जगह पर नये स्कूल खोले गए हैं। उन गाँवों में बाल विवाह पूरी तरह रुक चुके हैं। इसके अलावा बहुत से युवक-युवतियाँ हर तरह की सामाजिक बुराइयों के ख़िलाफ़ लड़ रहे हैं।

ध्यान देने वाली एक और बात यह है कि अभ्रक खदानों का इलाक़ा उग्र माओवाद से प्रभावित रहा है। ग़रीबी, ग़ैर-बराबरी, सामाजिक प्रवंचना, महिला

उत्पीड़न, सरकारी तंत्र में फैले भ्रष्टाचार और निकम्मेपन के कारण कई वर्षों से उस इलाक़े में माओवादियों ने क़ब्ज़ा कर रखा था। उनकी अनुमति और इच्छा के बग़ैर कोई सरकारी या ग़ैर-सरकारी काम सम्भव नहीं था। हथियारबन्द माओवादी चाहे जब साहूकारों, अमीरों, अफ़सरों, नेताओं और पुलिसकर्मियों की गोली मारकर या बारूदी सुरंगें बनाकर हत्याएँ करते रहते थे।

वहाँ के गाँव जंगलों और पठारों में दूर-दूर बसे थे। एक बार मैं कुछ कार्यकर्ताओं को जीप में बैठाकर ढोढाकोला नाम के गाँव की तरफ़ जा रहा था। रास्ते में कुछ लोगों ने रोककर आगाह किया कि आगे गाँव में माओवादियों ने डेरा डाल रखा है। हमें वहीं रुकना पड़ा। हमने काफ़ी सोच-विचार के बाद फ़ैसला लिया कि उन माओवादी नौजवानों से मिलने में कोई हर्ज नहीं है। अगर हम उनसे बिना बात किये डरकर छुपे रहे तो उस क्षेत्र में आगे भी काम करना मुश्किल होगा। हमने आपस में विचार विमर्श करके सरजू सिंह नाम के एक स्थानीय कार्यकर्ता को माओवादियों के पास भेज दिया। उसने लौटकर बताया कि वे माओवादी शायद हमारे काम से पहले से परिचित थे। उन्होंने उस कार्यकर्ता को आश्वासन दिया कि बचपन बचाओ आन्दोलन के लोगों का रास्ता नहीं रोका जाएगा।

बाद में पता चला कि बिहार और झारखंड के सबसे बड़े 'नक्सली' नेता का नाम डॉ. विनयन है। मैं जानता था कि वे और उनका परिवार आर्यसमाजी थे। उसी नाते उनके नक्सली बनने से पहले स्वामी अग्निवेश के साथ मैं उनसे कई बार मिल चुका था। बाद में पता चला कि विनयन ने ही अपने स्थानीय कमांडर से कहकर हमें वहाँ काम करने की छूट दिलाई थी।

इस प्रकार से गाँवों के कई बच्चों और नौजवानों में शान्तिपूर्ण और रचनात्मक तरीक़ों से न्याय पाने का जज़्बा बढ़ा। लगभग पिछले 20 सालों के काम से वहाँ पर तैयार हुई पीढ़ी हथियारों और हिंसा के बजाय किताबों और शिक्षा में भरोसा करने वाली पीढ़ी है। शायद तब माओवादियों ने यह सोचा भी नहीं होगा।

मीठे चॉकलेट का कड़वा सच : बच्चों की ग़ुलामी

सन् 2002 में एक अन्तरराष्ट्रीय टेलीविज़न चैनल पर एक सनसनीख़ेज़ रिपोर्ट में कोकोआ के खेतों में बच्चों की मज़दूरी और ग़ुलामी का ख़ुलासा किया गया था। वह रिपोर्ट अफ़्रीकी देश, आईवरी-कोस्ट (कोत्देवा) और घाना के बारे में थी। विश्व के सबसे बड़े कोकोआ उत्पादक देश हैं। उससे चॉकलेट कम्पनियों

में हड़कम्प मच गया था क्योंकि चॉकलेट कोकोआ के बीजों से ही बनाई जाती है। अमेरिकी संसद में सेनेटर हार्किन ने बड़े ज़ोर-शोर से वह मुद्दा उठाया। उस दबाव में प्रमुख चॉकलेट निर्माता कम्पनियों, अन्तरराष्ट्रीय मज़दूर यूनियनों, उपभोक्ता आन्दोलनों, सामाजिक संगठनों और घाना तथा आईवरी कोस्ट (कोत्देवॉ) की सरकारों के बीच एक लिखित करार हुआ, जिसमें बाल मज़दूरी की पूर्ण समाप्ति का वायदा किया गया। सेनेटर हार्किन ने उस प्रक्रिया में मुझे भी शामिल रखा। उस समझौते के तहत 2002 में 'इंटरनेशनल कोको इनिशिएटिव' संस्था बनाई गई जिसका कार्यालय जिनेवा में है। मैं उसके बोर्ड का संस्थापक सदस्य रहा हूँ। वह संगठन जनता में जागरूकता, शिक्षा, जवाबदेही और उत्पादन में पारदर्शिता जैसे उपाय करके कोको उद्योग से बाल मज़दूरी की समाप्ति के लिए काम करता है।

घाना के श्रम मंत्रालय और सेनेटर हार्किन के ऑफ़िस के बीच बहुत तनातनी शुरू हो गई थी। सरकार समझ रही थी कि अमेरिका उनकी पारम्परिक खेती, रोज़गार और कोको उत्पादन में ज़बरन दख़लअन्दाज़ी कर रहा है। वहाँ के श्रम मंत्री और श्रम कल्याण निर्देशक बच्चों के शोषण के ख़िलाफ़ तो थे, लेकिन कोकोआ की खेती में बाल मज़दूरी को बुरा नहीं मानते थे। मैंने दोनों पक्षों में तनाव ख़त्म करने के बहुत प्रयत्न किये और काफ़ी हद तक कामयाबी भी मिली। उसमें घाना में ग्लोबल मार्च के मित्र संगठनों और राष्ट्रीय खेतिहर मज़दूर यूनियन का बहुत योगदान रहा।

सेनेटर हार्किन ने अमेरिकी सरकार से घाना और कोत्देवॉ को अच्छा-ख़ासा अनुदान दिलवाया था। आईएलओ को भी बड़ी राशि देकर वहाँ कई कार्यक्रम चलवाए। संयोग से कोत्देवॉ के राष्ट्रपति अलासेन क्वातारा की फ्रांसीसी पत्नी डोमिनिक क्वातारा बच्चों के प्रति संवेदनशील महिला हैं। सेनेटर हार्किन ने उनसे और उनके पति से मेरा परिचय करवाया था। मैं श्रीमती क्वातारा से मिलकर भारत सहित दूसरे कई देशों में बाल मज़दूरी के ख़िलाफ़ अपने अनुभवों को साझा करता रहा था। मैंने उनके देश में शान्ति के लिए अहिंसा के महत्त्व पर भी बहुत चर्चाएँ की थीं। उन्हें महात्मा गांधी की एक बड़ी मूर्ति भेंट करके कोत्देवॉ के राष्ट्रपति भवन के मुख्य कक्ष में रखवाई।

कुछ चॉकलेट कम्पनियों ने बड़ी ईमानदारी से काम किया तो दूसरी कई बड़ी कम्पनियों ने सिर्फ़ खानापूर्ति ही की। वे साझा कार्यक्रमों में पैसा ख़र्च करने के बजाय अपने-अपने ब्रांड के नामों से स्कूल, स्वास्थ्य केन्द्र आदि चलाकर भलाई की आड़ में विज्ञापनबाज़ी करने में जुटी रहीं। धीरे-धीरे कुछ अच्छे नतीजे

निकले, लेकिन जितनी मात्रा में वहाँ पैसा भेजा गया, उसके मुक़ाबले वे नतीजे बहुत कम थे। इसका एक और कारण था। 'इंटरनेशनल कोको इनिशिएटिव' के सबसे बड़े पदों पर पश्चिमी देशों के तथाकथित विशेषज्ञ बैठा दिये गए। वे ज़मीनी कार्यकर्ताओं को अपने तरीक़े से हाँकते थे। कार्यक्रमों को चलाने वाली नीतियाँ बनाने और आर्थिक फ़ैसले लेने में लोकल लोगों की भागीदारी दिखावे भर की थी। इन सभी कारणों से मैंने 2015 में बोर्ड की सदस्यता से इस्तीफ़ा दे दिया।

एक जमाना था, जब विज्ञान से टेक्नोलॉजी, टेक्नोलॉजी से उद्योग, उद्योगों से व्यापार और बाज़ार चलते थे। अब बाज़ार की ताक़त सबसे ज़्यादा बढ़ गई है। बाज़ार अपने फ़ायदे के लिए टेक्नोलॉजी और विज्ञान पर दबाव बनाता है। बाज़ार का एक बहुत बड़ा अंग विज्ञापनतंत्र है जो सुख-सुविधा और दिखावे पर टिकी उपभोक्तावादी मानसिकता बढ़ा रहा है। और जाने-अनजाने में यही बाज़ार उपभोक्ताओं के दिमाग़ और जेब का मालिक बन बैठा है। वही हमारी सरकारी नीतियों, पढ़ाई-लिखाई, रहन-सहन, पहनावे आदि को चला रहा है। हमारे भीतर का इनसान बाज़ार की चकाचौंध, भीड़-भाड़ और शोर-शराबे में खोता जा रहा है। इसलिए यह ज़रूरी है कि हमारे भीतर के इनसान और बाहर की दुनिया को बचाने के उपाय किये जाएँ। हमारी यह कोशिश होनी चाहिए कि हम उन्हीं वस्तुओं का इस्तेमाल करें जिनके उत्पादन में किसी का भी शोषण और पर्यावरण का नुक़सान न हुआ हो। कुछ वस्तुओं पर इस तरह की जानकारी दी जाती है। फिर भी सामान ख़रीदते समय ऐसी माँग करनी चाहिए ताकि विक्रेताओं और उत्पादकों पर दबाव बना रहे। चेतनासम्पन्न और करुणामय उपभोक्ता अपनी इसी ताक़त से मनुष्य और धरती को बचा सकते हैं।

अफ़्रीका में बाल मित्र समुदायों की शुरुआत

2016 में हमने अपने एक सहयोगी संगठन 'नोटू' की मदद से युगांडा के 20 गाँवों को बाल मित्र गाँव बनाया। युगांडा एक ग़रीब अफ़्रीकी देश है। आन्तरिक कलह और भ्रष्टाचार के चलते उनकी सामाजिक, प्रशासनिक और आर्थिक हालत जर्जर थी। हमें मालूम था कि इस बदहाली के सबसे बड़े शिकार बच्चे ही हैं। वहाँ के आधे बच्चे ग़रीबी की हालत में जीते हैं और हर पाँच में से एक भयानक निर्धनता में जकड़ा हुआ है। एक साल की उम्र के केवल 60 फ़ीसदी बच्चों का जन्म पंजीकरण हुआ था। अभी भी एक-तिहाई बच्चों को पीने का साफ़ पानी नहीं मिलता।

सवा चार करोड़ की जनसंख्या के देश में 20 लाख से अधिक बच्चे खेती, मछली पालन, ईंट भट्ठों और छोटी-छोटी दुकानों आदि में बाल मज़दूरी करते हैं। कई बच्चे वेश्यावृत्ति के भी शिकार हैं। ग्लोबल मार्च में वहाँ के कुछ संगठन, बच्चे और कार्यकर्ता शामिल हुए थे। बाले और मुकोनो ज़िलों में ऐसे कुछ बाल मित्र गाँव बनाए गए थे। वहाँ सैकड़ों बच्चों को बाल श्रम से मुक्त कराकर स्कूल में दाख़िल कराया गया। ऐसे देश में जहाँ लोकतंत्र और प्रशासन व्यवस्थाएँ धीरे-धीरे घुटनों के बल चलना सीख रही हों, वहाँ के गाँवों में बाल पंचायतों का गठन, युवा और महिला मंडलों की स्थापना जैसे प्रयोग बड़े क्रान्तिकारी माने गए।

इस अनुभव से हमें भरोसा हो गया कि बाल मित्र गाँव की अवधारणा को स्थानीय ज़रूरतों और परिस्थितियों के मुताबिक़ ढालकर दुनिया में कहीं भी बाल मित्र समाज बनाया जा सकता है।

एक नये अध्याय की शुरुआत

पिछली शताब्दी के अन्त में विश्व समुदाय द्वारा जब मिलेनियम डेवलपमेंट गोल यानी सहस्राब्दी के विकास लक्ष्य निर्धारित किये जा रहे थे, तब हमने अपने कई मित्र संगठनों के साथ मिलकर यह आवाज़ उठाई थी कि बाल मज़दूरी ख़त्म किये बग़ैर कई लक्ष्यों को पूरा नहीं किया जा सकता। यहाँ तक कि अपनी माँग को लेकर न्यूयॉर्क में संयुक्त राष्ट्र मुख्यालय के सामने धरना-प्रदर्शन भी किये। 'बाल मज़दूरी' या 'ग़ुलामी' जैसे शब्द तक उन लक्ष्यों में शामिल नहीं थे। हम उस भूल के ख़िलाफ़ आवाज़ उठाते रहे। हमारी बात नहीं सुनी गई।

2013 के अन्त तक सतत विकास लक्ष्यों के बारे में काफ़ी चर्चा शुरू हो गई थी क्योंकि 2015 में मिलेनियम डेवलपमेंट गोल, यानी सहस्राब्दी विकास लक्ष्यों की अवधि पूरी होनी थी। उस लक्ष्य में सभी बच्चों की शिक्षा, बाल मज़दूरी का ख़ात्मा और ग़रीबी के आँकड़े को आधा कर देने जैसे वायदे थे, किन्तु उनकी फ़ज़ीहत हो चुकी थी। फिर भी संयुक्त राष्ट्रसंघ और दुनिया की सरकारें अपनी पीठें थपथपा रही थीं।

सतत विकास लक्ष्यों में उन मुद्दों को जुड़वाने के लिए ग्लोबल मार्च की अगुआई में 2013 में एंटी स्लेवरी इंटरनेशनल, अन्तरराष्ट्रीय मज़दूर यूनियनों, विश्व शिक्षक महागठबन्धन, थॉमसन रॉयटर्स फ़ाउंडेशन, ईसीएलटी फ़ाउंडेशन आदि कई संगठनों ने एक अभियान शुरू किया। हमने उस माँग के समर्थन में पाँच लाख से अधिक नागरिकों से हस्ताक्षर कराकर संयुक्त राष्ट्र महासचिव को पत्र भेजे। उसी बीच 2014 के अक्टूबर में नोबेल पुरस्कार मुझे देने की घोषणा हो गई। कई बड़ी हस्तियों ने फ़ोन करके या चिट्ठियाँ भेजकर मुझे बधाइयाँ दीं। मैं इस मौक़े को हाथ से नहीं जाने देना चाहता था। इसलिए संयुक्त राष्ट्र की संस्थाओं

के मुखियाओं और कई विश्व नेताओं से उसी बात का समर्थन माँगता रहा।

नोबेल पुरस्कार मिलने की घोषणा के बाद से न केवल हमारे आन्दोलन को, बल्कि बाल मज़दूरी और ग़ुलामी को ख़त्म करने के लिए चलाए जा रहे सभी प्रयासों को अभूतपूर्व ताक़त मिली। बाल अधिकारों के लिए काम करने वाले संगठनों की बात को उनके देशों और अन्तरराष्ट्रीय समुदाय में पहले से ज़्यादा तवज्जो दी जाने लगी। दुनिया में इन मुद्दों पर काम करने वाले हज़ारों संगठनों से मेरा सम्बन्ध रहा है और अनगिनत कार्यकर्ताओं के साथ व्यक्तिगत तथा पारिवारिक मित्रता है। वे सब ख़ुद को बहुत सशक्त और उत्साहित महसूस करने लगे थे। मेरे लिए यह एक बड़ी उपलब्धि है।

बराक ओबामा का समर्थन

2015 के सितम्बर महीने में होने वाली संयुक्त राष्ट्र महासभा में नये विकास लक्ष्यों की घोषणा होनी थी। हमारे पास काफ़ी वक़्त था। 2015 की 13 जनवरी को मेरी मुलाक़ात संयुक्त राष्ट्र महासचिव बान की-मून से हुई जो बड़ी उपयोगी रही। मैंने उनकी पत्नी और उनके साथ भोजन करते हुए विस्तार से अपनी बात समझाई। वे मुझसे पूरी तरह सहमत हो गए। उन्होंने बड़े मित्र भाव से सलाह दी कि इसके लिए कुछ प्रभावशाली राष्ट्राध्यक्षों का समर्थन हासिल करना ज़रूरी है।

अमेरिका के राष्ट्रपति की भूमिका बहुत महत्त्वपूर्ण थी। इसलिए मैंने तत्कालीन राष्ट्रपति बराक ओबामा का समर्थन लेना ज़रूरी समझा। उनसे मेरी पहली मुलाक़ात सेनेटर टॉम हार्किन के दफ़्तर में 2008 में हुई थी, जब वे राष्ट्रपति पद की दौड़ में थे। सेनेटर हार्किन का ऑफ़िस वाशिंगटन डीसी में सेनेट हार्ट्ज़ बिल्डिंग के सातवें माले पर था। मैं अपनी लगभग सभी अमेरिकी यात्राओं के दौरान उनसे मिलता रहा हूँ। उनके दफ़्तर में कई महत्त्वपूर्ण सांसदों और नेताओं से मिलना हुआ है। उनमें सबसे प्रमुख सेनेटर बराक ओबामा थे।

उस दिन मैं सेनेटर हार्किन के ऑफ़िस में थोड़ा जल्दी पहुँच गया था, इसलिए उनके स्वागत कक्ष में मुलाक़ात के समय का इन्तज़ार कर रहा था। टॉम अमेरिका के सबसे बड़े मक्का उत्पादक इलाक़े आयोवा प्रान्त से चुनकर आते थे। उनके रिसेप्शन पर ताज़े मक्के भूनने की मशीन रखी थी। आगन्तुक उसमें से गरम-गरम मक्के के दाने निकालकर खाते रहते थे। मैं भी वही कर रहा था।

मैंने देखा कि दो सहयोगियों के साथ लम्बी और छरहरी क़द-काठी के सेनेटर ओबामा आकर खड़े हो गए। उनका व्यक्तित्व बड़ा प्रभावशाली था। ओबामा

का ऑफ़िस उसी बिल्डिंग में था। टॉम किसी लम्बी टेलीफ़ोन वार्ता में व्यस्त थे। यह उन दिनों की बात है जब डेमोक्रेटिक पार्टी सेनेटर हिलेरी क्लिंटन और बराक ओबामा में से किसी एक को राष्ट्रपति पद के उम्मीदवार के लिए चुनने की प्रक्रिया में लगी थीं। मैंने ओबामा को पहचानकर खड़े होकर उनसे हाथ मिलाया और अपना परिचय दिया। वे बड़ी गर्मजोशी से मिले, हालाँकि कुछ परेशान से लग रहे थे।

उन्होंने पूछा, "क्या आप भारत से हैं?" मेरे 'हाँ' में उत्तर देते ही उन्होंने पूछा, "भारत के क्या हाल हैं? प्रधानमंत्री डॉ. सिंह कैसे हैं?"

मैंने कहा कि "भारत मनमोहन सिंह जी के नेतृत्व में अच्छी तरक़्क़ी कर रहा है। डॉ. सिंह बहुत भले इनसान हैं।" वे बोले, "मैं उनका बहुत सम्मान करता हूँ।"

उन्होने मेरे यहाँ आने का कारण पूछा। मैंने बताया कि सेनेटर हार्किन मेरे मित्र और बाल मज़दूरी के ख़िलाफ़ लड़ाई में मेरे सबसे बड़े सहयोगी राजनेता हैं। इसी सिलसिले में यहाँ आया हूँ। सेनेटर ओबामा मुझसे कोको उत्पादन में बाल मज़दूरी के बारे में बातचीत करते रहे।

मैंने उनसे कहा, "सेनेटर, मैं भारत और अमेरिका सहित दुनिया-भर के उपेक्षित बच्चों की आज़ादी और शिक्षा के लिए काम करता हूँ। बहुत सम्भावना है कि आप अमेरिका के राष्ट्रपति चुन लिये जाएँगे, हमारी इस मुलाक़ात को भी भूल जाएँगे। आप मुझे याद रखें, यह न तो ज़रूरी है और न ही सम्भव। लेकिन मैं इतना निवेदन करना चाहूँगा कि आप शोषण और ग़ुलामी में जी रहे करोड़ों बाल मज़दूरों को मत भूलिएगा। अमेरिकी राष्ट्रपति के नाते आप इतना ही याद रख लेंगे तो दुनिया का भविष्य बेहतर हो सकता है।"

वे आँखों में आँखें डालकर मेरी बात को ध्यान से सुनते रहे। उनके चेहरे पर ईमानदारी और दृढ़ता नज़र आई। फिर अपने दोनों हाथों में मेरे हाथ लेकर बोले, "ज़रूर, मुझे यह बात याद रहेगी। कृपया दुआ कीजिए।" थोड़ी देर बाद सेनेटर हार्किन ने उन्हें अन्दर बुला लिया। लगभग साल भर बाद न्यूयॉर्क में क्लिंटन ग्लोबल इनीसिएटिव के एक कार्यक्रम में राष्ट्रपति ओबामा से मेरी संक्षिप्त मुलाक़ात हुई। तब मैंने उन्हें बाल मज़दूरी उन्मूलन में किये जा रहे अमेरिकी प्रयासों के लिए धन्यवाद दिया। राष्ट्रपति ओबामा के दोनों कार्यकालों में बाल मज़दूरी उन्मूलन हेतु आईएलओ और कई देशों को आर्थिक मदद दी जाती रही थी।

संयोग से राष्ट्रपति ओबामा और उनकी पत्नी मिशैल ओबामा 2015 के गणतंत्र दिवस पर भारत के मेहमान थे। उनसे मेरी मुलाक़ात दिल्ली के राष्ट्रपति भवन में आयोजित कार्यक्रमों और भोज में हुई। फिर उनके अमेरिका लौटने से

पहले सुमेधा जी और मेरी राष्ट्रपति ओबामा और श्रीमती मिशैल के साथ अलग से एक व्यक्तिगत मुलाक़ात हुई। हमारे साथ बाल विवाह और बाल दासता से छुड़ाए गए दो बच्चे थे। ओबामा दम्पती ने 13 साल की बच्ची पायल और 7 साल के दीपक से बहुत आत्मीयता से बातचीत की।

बँधुआ मज़दूरी में जन्मे दीपक की उँगलियाँ चारा काटने की मशीन में कट गई थीं। पायल ने परिवार और समाज से विद्रोह करके ख़ुद की और अपनी साल भर बड़ी बहन की शादियाँ रुकवाई थीं। वह हमारे बाल मित्र गाँव अभियान की सक्रिय कार्यकर्ता थी। मिशैल उसके संघर्ष की कहानी सुनकर बहुत भावुक हो गई थीं। उन्होंने अचानक अपनी हीरे की अँगूठी उँगली से निकालकर पायल को पहना दी थी। हम सभी भौचक्के रह गए थे। ख़ुद उनके पति भी। पायल ने देखा कि उनके हाथ में एक ही अँगूठी थी। उसने वह विनम्रता के साथ उन्हें वापस लौटा दी। उनसे यह वायदा ले लिया कि अगली बार भारत आने पर उपहार के तौर पर वे उसके गाँव ज़रूर आएँ।

राष्ट्रपति ओबामा हमारे कार्यों से अच्छी तरह परिचित थे। मैंने उन्हें अपनी पहली मुलाक़ात याद दिलाई। वे भी हँस पड़े। मैंने उनसे कहा, "आज हम सिर्फ़ अमेरिकी राष्ट्रपति और सामाजिक कार्यकर्ता की तरह नहीं, बल्कि साथी नोबेल पुरस्कार प्राप्तकर्ताओं की तरह मिल रहे हैं। इसी नाते मैं आग्रह कर रहा हूँ कि संयुक्त राष्ट्रसंघ के सतत विकास लक्ष्यों में बच्चों की ग़ुलामी, दुर्व्यापार और बाल मज़दूरी के ख़ात्मे का लक्ष्य जुड़वाने में मेरी मदद करें।"

वे बड़ी उत्सुकता से मेरी बात सुन रहे थे। उन्होंने बाल मज़दूरी और विकास लक्ष्यों के सम्बन्धों के बारे में कुछ और बातचीत की। मैंने अपने वही तर्क दिये कि बाल मज़दूरी समाप्त किये बिना विकास के कई लक्ष्य हासिल नहीं किये जा सकते। उन्होंने तत्काल हमारा समर्थन करने का वायदा किया। राष्ट्रपति ओबामा का यह समर्थन किसी ऐतिहासिक उपलब्धि से कम नहीं था।

लेकिन एक और बात का ज़िक्र ज़रूरी है। मुझ जैसे बहुत सारे मानव अधिकार कार्यकर्ता आशा कर रहे थे कि उनके कार्यकाल में बच्चों से सम्बन्धित दो महत्त्वपूर्ण फ़ैसले लिये जाएँगे। पहला, राष्ट्रपति ओबामा संयुक्त राष्ट्र बाल अधिकार सन्धि को पारित कर देंगे, और दूसरा, अमेरिका में खेतिहर बाल मज़दूरी पर रोक लगाने का क़ानून पारित हो जाएगा। उस वक़्त तक सिर्फ़ संयुक्त राज्य अमेरिका और सोमालिया दो ऐसे देश थे, जिन्होंने बाल अधिकार सन्धि को अपने देशों में लागू नहीं किया था। अब तो अकेला अमेरिका बच गया है। इसके लिए कई वर्षों से वहाँ के कई सारे संगठन, ख़ासकर चाइल्ड लेबर कोएलिशन ने

अभियान चला रखा है। उसमें मैं भी भागीदार रहा हूँ। हमने अमेरिका में स्थित अपने संगठनों, 'इंटरनेशनल सेंटर ऑन चाइल्ड लेबर एंड एजुकेशन' और 'ग्लोबल मार्च' के माध्यम से इसके लिए कई सेनेटरों और कांग्रेसमेनों का समर्थन जुटा लिया था। हमने इस बारे में राष्ट्रपति ओबामा को पत्र लिखकर आग्रह किया था। परन्तु उन प्रयासों का कोई परिणाम नहीं निकला।

कुरुचिवा की जेल में क्रान्तिकारी लूला ड सिल्वा

प्रसिद्ध लैटिन अमेरिकी नेता लूला ड सिल्वा 2015 में भले ही राष्ट्रपति पद पर नहीं थे, परन्तु पूरे क्षेत्र में सबसे प्रभावशाली नेता माने जाते थे। सतत विकास लक्ष्यों में अपने मुद्दे जुड़वाने के लिए मैंने उनसे और उनके माध्यम से ब्राज़ील तथा अन्य देशों के राष्ट्रपतियों के सामने यह माँग रखी। मैं उनके और ब्राज़ील के तत्कालीन राष्ट्रपति डिल्मा रूसेफ के समर्थन के लिए बहुत आभारी हूँ।

पहली बार मुझे 2013 में ब्राज़ील में हुए बाल मज़दूरी पर आईएलओ के विश्व सम्मेलन में पूर्व राष्ट्रपति लुइस इनासिओ लूला ड सिल्वा से मिलने का मौक़ा मिला था। वे उसमें प्रमुख अतिथि थे और आकर्षण का सबसे बड़ा केन्द्र थे। मुझे मुख्य वक्ता की तरह बुलाया गया था। मैं उनसे मिलकर बड़ा प्रभावित हुआ था। ग़रीबी उन्मूलन के साथ-साथ बाल मज़दूरी ख़त्म करने के लिए उनकी प्रतिबद्धता लाजवाब थी। वे स्वयं बाल मज़दूर रह चुके थे। उसी दौरान उनके बाएँ हाथ की उँगली कट गई थी। वे 12 साल की उम्र में सड़कों पर जूता पॉलिश करने का काम करते थे। उनकी स्कूली शिक्षा तो दूसरी कक्षा तक ही हो पाई थी। बाद में वे एक लोकप्रिय मज़दूर नेता बने और वर्कर्स पार्टी नाम से राजनीतिक दल बनाया। 2003 में उसी पार्टी की ओर से चुनाव जीतकर ब्राज़ील के राष्ट्रपति बने। मेरे विचार से लूला का राष्ट्रपति काल ब्राज़ील के इतिहास में राजनीति का सबसे अच्छा दौर था। उस दौरान कम-से-कम तीन करोड़ लोगों को भयंकर ग़रीबी से उबारा गया। लाखों बच्चों को बाल मज़दूरी से छुटकारा दिलाकर उन्हें शिक्षा हासिल कराई गई।

राष्ट्रपति लूला ने क्रिस्टोवम बुआर्के द्वारा शुरू किये गए बोल्सा स्कोला को और बढ़ाकर उसमें परिवार के स्वास्थ्य को भी जोड़ दिया था। उन्होंने उसका नाम 'बोल्सा फेमिलिय' रख दिया था। सेनेटर बुआर्के उससे सहमत नहीं थे। शिक्षा मंत्री रहते हुए उन्होंने मुझसे यह बात साझा की थी।

मैं 06 दिसम्बर, 2013 को लूला से मिलने के लिए साओ-पाउलो में उनके घर गया था। साओ-पाउलो का ट्रैफ़िक बहुत ख़राब है। मैं लगभग डेढ़ घंटे देर से पहुँच पाया। वे तब भी मुझसे बड़ी गर्मजोशी से मिले। मिलते ही बोले, "अच्छा हुआ, आपको मेरे शहर के ट्रैफ़िक का अनुभव तो हुआ।"

मैंने कहा, "मैं ड्राइवरों की परेशानी को भी समझ गया। ट्रैफ़िक के साथ-साथ टूटी-फूटी गाड़ी हो तो और बुरा है। आपने कई साल तक इस देश को इतनी तेज़ रफ़्तार से कैसे चलाया, यह दुनिया के लिए सीखने की चीज़ है।" वे खिलखिलाकर हँस पड़े।

संयोग से उस दिन उनके पोते का जन्मदिन था। वे उसके और बाक़ी बच्चों के साथ खेलने लगे। उन्होंने अपने एक सहयोगी को बोलकर मुझे भोजन कराया। वे तब राष्ट्रपति नहीं थे। उनकी एक सहयोगी दिल्मा रूसेफ उस पद पर थीं। लूला लैटिन अमेरिका के सबसे प्रभावशाली राजनेता थे। मेरे विचार से अब भी उनसे ज़्यादा लोकप्रिय और असरदार कोई अन्य नेता नहीं है। ज़्यादातर देशों के राष्ट्रपति उनकी बात नहीं टाल सकते थे। मैं उन दिनों सतत विकास लक्ष्यों में बाल मज़दूरी और ग़ुलामी आदि मुद्दों को जुड़वाने के अभियान में जुटा हुआ था। मैंने उनसे इसमें समर्थन करने का आग्रह किया। वे इससे पूरी तरह सहमत थे। उन्होंने उसी समय राष्ट्रपति महोदया को फ़ोन करके मेरी बातचीत के बारे में बताया। अगले साल ब्राज़ील ने संयुक्त राष्ट्र महासभा में हमारे मुद्दे का समर्थन कर दिया था।

2016 में मैं फिर से लूला से मिला। तब मेरे साथ सुमेधा जी, मेरे मित्र लैलिओ और उनकी पत्नी गोरैची थे। वह मुलाक़ात भी उनके घर पर ही हुई थी। मैंने उनसे लॉरिएट्स एंड लीडर्स फॉर चिल्ड्रन की परिकल्पना पर विस्तार से बातचीत की। उन्होंने बड़े उत्साह से उसमें शामिल होने का वायदा किया था। लेकिन वे उसी वर्ष भ्रष्टाचार के आरोपों में ऐसे फँसे कि जेल तक जाना पड़ गया। देश में बहुत राजनीतिक उथल-पुथल हो गई। सभी पार्टियाँ और कई बड़े नेताओं के भ्रष्टाचार और रिश्वतखोरी के मामले उजागर होने लगे। राष्ट्रपति दिल्मा को कुर्सी छोड़नी पड़ी। उनके ख़िलाफ़ महाभियोग लगने से कुछ महीनों पहले दिल्मा से मेरी अच्छी मुलाक़ात हुई थी। उस समय उनकी सरकार डाँवाँडोल हो रही थी। संसद के दोनों सदनों में विरोधी पक्ष ज़बरिया मज़दूरी के क़ानून को कमज़ोर करने के लिए संशोधन का प्रस्ताव लाया था। सत्तारूढ़ गठबन्धन के कई सांसद संशोधन के समर्थन में थे। सरकार की हार लगभग तय थी। मुझे संसद के दोनों सदनों को सम्बोधित करने के लिए बुलाया गया। उसका

अप्रत्याशित लाभ हुआ। कई वरिष्ठ सांसदों के साथ मेरे सम्बन्धों के बारे में दिल्मा और उनके साथी जानते थे। वे चाहते थे कि मैं उनकी मदद करूँ। मैंने अपने मित्र सांसदों के प्रतिनिधिमंडल के साथ सेनेट और कांग्रेस के अध्यक्षों से कई मुलाक़ातें कीं। हम उन्हें समझा-बुझाकर मतदान टलवाने में कामयाब रहे। उससे मानव अधिकार संगठनों के साथ-साथ सरकार और राष्ट्रपति को भी बड़ी राहत मिल सकी।

2019 के अक्टूबर महीने में मैं सर्वोच्च न्यायालय और ब्राज़ीलिया विश्वविद्यालय के कार्यक्रमों में भाग लेने ब्राज़ील गया। हमेशा की तरह सुमेधा जी और मैं लैलिओ के परिवार के मेहमान थे। उसी यात्रा में हम अपने एक अन्य मित्र डिवेल्डो परैरा फ्रेंको के बुलावे पर वाहिया सेल्वाडोर गए। 93 साल के डिवेल्डो विश्व प्रसिद्ध आध्यात्मिक मानवतावादी कार्यकर्ता हैं। हम 2018 में उनके साथ रहे थे। हमारे बीच बड़ा गहरा आत्मीय भाव है। हमने देश के दूसरे हिस्से कुरिचिवा जाकर जेल में बन्द लूला ड सिल्वा से मुलाक़ात करने का कार्यक्रम बना रखा था। हम तीन हवाई जहाज़ बदलकर किसी तरह वहाँ पहुँच सके थे। लूला से मिलने जाने का मतलब वर्तमान सरकार से नाराज़गी तो थी ही, लेकिन मुलाक़ात की इजाज़त मिलना बहुत मुश्किल था। सरकारी इजाज़त न मिलने की हालत में मैं अदालत जाने को तैयार था। मैंने एक वकील मित्र को अपनी ओर से वकालतनामा दे दिया था। शायद शासन को इसकी भनक लग गई थी। उन्होंने आनन-फ़ानन में अनुमति दे दी।

हम 23 अक्टूबर की रात को कुरिचिवा में लूला के निजी वकील और पारिवारिक मित्र के घर पर ठहरे थे। दूसरे दिन बहुत सख़्त पहरों के बीच जेल के एक छोटे से कमरे में डेढ़ साल से रह रहे लूला से मुलाक़ात हुई। सुमेधा जी और मेरे अलावा उनके एक सहयोगी और दुभाषिया मौजूद थीं। वह बहुत भावपूर्ण क्षण थे। कुछ देर तक हम दोनों एक-दूसरे को बाँहों में भरे हुए चिपटकर खड़े रहे। वे शरीर से बहुत कमज़ोर, लेकिन मन से उतने ही मज़बूत नज़र आ रहे थे। उन्होंने अपनी दिनचर्या, दक्षिण अमेरिकी देशों और विश्व की राजनीति के बारे में बहुत चिन्ता जताई। हमने अमेरिका और दुनिया के कई देशों में बढ़ती घृणा फैलाने वाली, लोकलुभावन नारेबाज़ी की सिद्धान्तहीन और व्यक्तिवादी राजनीति के दूरगामी दुष्परिणामों पर बड़ी देर तक चर्चा की। हमने मिलकर काम करने का अपना संकल्प दोहराया।

वहाँ पर एक और उल्लेखनीय बात हुई। लूला ने बहुत विनम्रता से हमें कॉफ़ी परोसी जो उन्होंने पहले से बनाकर रखी थी। सुमेधा जी ने उन्हें धन्यवाद

देते हुए कहा, "पतली प्लास्टिक के गिलासों में गर्म कॉफ़ी आपकी सेहत के लिए ठीक नहीं है और पर्यावरण के लिए भी बुरा है।" उन्होंने सुमेधा जी के गले में हाथ डालकर जवाब दिया, "मेरी प्यारी बहन, जेल में यही बड़ी बात है। फिर भी मैं यहाँ के अफ़सरों से बात करूँगा।"

मैंने एक रोशनदान की तरफ़ इशारा करते हुए उनसे कहा, "मेरे भाई, जानते हो, मैं क्या देख रहा हूँ? मैं देख रहा हूँ कि बादल फटकर तितर-बितर हो रहे हैं। और सूरज पहले से ज़्यादा देदीप्यमान होकर साफ़-साफ़ दिखाई दे रहा है। वह सूरज आप हैं। मुझे उस रोशनी में से आपकी आज़ादी की किरणें दिखाई दे रही हैं।" वे भरी हुई आँखों से मुझे बार-बार चूमते रहे। फिर बोले, "जिनके जीवन में बड़े उद्देश्य होते हैं, वे आसानी से नहीं मरते। इसलिए मैं 120 साल की उम्र तक जीऊँगा।" हम सब हँस पड़े।

मुझे ख़ुद ही उस ख़बर पर भरोसा नहीं हुआ था। हमारे लौट आने के दो हफ़्तों में ही लूला जेल से रिहा हो गए!

उसके बाद मैं उसी सिलसिले में फ्रांस के राष्ट्रपति फ्रांस्वा ओलान्दे, नॉर्वे की प्रधानमंत्री ऐर्ना सोल्वर, स्वीडन के प्रधानमंत्री स्टीफन लोवेन, ब्राज़ील की राष्ट्रपति दिल्मा वाना रूसेफ आदि कई राष्ट्राध्यक्षों और शासनाध्यक्षों से जाकर मिला था। यह नोबेल शान्ति पुरस्कार का ही चमत्कार था कि लगभग सभी से पूरा समर्थन मिला। संयुक्त राष्ट्र महासभा में 25 से 27 सितम्बर, 2015 को सम्पन्न हुई दुनिया-भर की सरकारों के मुखियाओं की बैठक में नये विकास लक्ष्य स्वीकृत कर लिये गए। आख़िरकार बाल मज़दूरी, ग़ुलामी, ट्रैफ़िकिंग, ज़बरिया मज़दूरी जैसे अपराधों की समाप्ति को विकास लक्ष्यों में शामिल कर लिया गया। आईएलओ और पोप फ्रांसिस की इसमें बड़ी महत्त्वपूर्ण भूमिका थी।

उस वक़्त मैं वहीं मौजूद था। मुझे महासभा को सम्बोधित करने के लिए बुलाया गया था। यह बड़े सौभाग्य और सम्मान की बात थी। इससे पहले मुझे 1999 में संयुक्त राष्ट्र महासभा के अधिवेशन में बोलने के लिए बुलाया गया था। तब संयुक्त राष्ट्र बाल अधिकार कन्वेंशन के दस वर्ष पूरे हुए थे। लेकिन उन दोनों अवसरों में बहुत फ़र्क़ था। पहली बार के भाषण में मैंने बच्चों के अधिकारों की रक्षा के मामले में सरकारों की लापरवाही और ढीले-ढाले रवैये को लेकर चिन्ता और नाराज़गी ज़ाहिर की थी। दूसरी बार के वक्तव्य में सभी सरकारों के प्रति आभार जताते हुए उनसे प्रार्थना और अपेक्षा की कि वे विकास के एजेंडा को अंजाम देने के लिए उचित नीतियाँ बनाएँ और ज़रूरी धन का प्रबन्ध करें।

बच्चों के लिए संसद सदस्यों का अन्तरराष्ट्रीय मंच

मैं 2014 से पहले दो ख़ास उद्देश्यों के लिए काम कर रहा था, लेकिन उन्हें हासिल करने में बहुत मुश्किलें आ रही थीं। पहला, संयुक्त राष्ट्रसंघ के विकास एजेंडा में बच्चों के मुद्दों को जुड़वाना, जिसकी सफलता की चर्चा ऊपर हो चुकी है। दूसरा, हम दुनिया-भर के ऐसे संवेदनशील सांसदों का एक मंच बनाकर बच्चों के अधिकारों की रक्षा के लिए काम करना चाहते थे जो बाल मज़दूरी को रोकने के लिए संकल्पित और बाल अधिकारों के मुखर पैरोकार बनें। बजट में बच्चों के लिए पर्याप्त आवंटन और उनके हितों को संरक्षित करने वाले क़ानून बना सकें।

भारत में हम इस तरह के प्रयोग पहले कर चुके थे। मैंने अपने मित्र और ब्राज़ील के सेनेटर क्रिस्टोवम बुआर्के के सामने यह प्रस्ताव रखा। बुआर्के से मेरी पहली मुलाक़ात 1997 में हुई थी। तब वे ब्राज़ीलिया राज्य के गवर्नर थे। बच्चों की स्कूल में उपस्थिति की एवज़ में ग़रीब परिवार को मासिक भत्ता देने की दुनिया की सबसे पहली और अनोखी योजना उन्होंने शुरू की थी। उस योजना का नाम 'बोल्सा स्कोला' था। शिक्षामंत्री बुआर्के ने उसे पूरे देश में लागू कर दिया था। जो भी निर्धन बच्चा बाल मज़दूरी या फ़ुटपाथी ज़िन्दगी से हटाकर स्कूल में भेजा जाता था, बदले में उसकी माँ के बैंक खाते में गुज़ारा भत्ते के रूप में कुछ धनराशि जमा कराई जाती थी। उनके दोनों कार्यकालों के दौरान मेरा उनसे मिलना-जुलना होता रहा था। हम खुले मन से उनके कार्यक्रमों की समालोचना और समीक्षा करते थे। उनके और लूला के बीच अच्छे सम्बन्ध नहीं थे। हालाँकि, वे सत्तारूढ़ गठबन्धन में रहते हुए राष्ट्रपति लूला की सरकार में शिक्षामंत्री रह चुके थे। 2006 में आपसी वैचारिक और राजनीतिक मतभेदों की वजह से बुआर्के ने लूला के ख़िलाफ़ राष्ट्रपति पद के लिए असफल चुनाव लड़ा था।

बुआर्के इस विचार से बड़े उत्साहित थे। इस तरह 'पार्लियामेंटेरियन्स विदाउट बॉर्डर्स फॉर चिल्ड्रन' नाम से एक अन्तरराष्ट्रीय मंच के गठन की पहल हुई। कुछ समय में ही हमने 17-18 देशों के कई सांसदों को इस मंच से जोड़ लिया।

इस विचार को मूर्त रूप देने के लिए 2015 में मार्च के महीने में नेपाल की राजधानी काठमांडू में 'पार्लियामेंटेरियन्स विदाउट बॉर्डर्स फॉर चिल्ड्रन' की पहली बैठक हुई। उसमें नौ देशों के 22 वरिष्ठ संसद सदस्य शामिल हुए। भारत की तरफ़ से जय पांडा, सुप्रिया सुले, सुष्मिता देव, बलवंत खुबा शामिल हुए। संयुक्त राष्ट्रसंघ में सतत विकास लक्ष्यों की मुख्य सलाहकार अमीना मोहम्मद

और नेपाल के कई मंत्रियों ने भी भाग लिया था। मंच अलग-अलग क्षेत्रीय स्तरों पर सक्रिय हो गया था।

इसी बैठक में नीदरलैंड के सांसद रुलॉफ वैन लार ने वादा किया कि वे सप्लाई चेन को बाल श्रम से पूरी तरह मुक्त बनाने के लिए अपने देश की संसद में एक प्रस्ताव लाएँगे। यह एक तरह से आपूर्ति शृंखला (सप्लाई चेन) से बाल श्रम को ख़त्म करने के लिए पारित महत्त्वपूर्ण क़ानून ड्यू डिलिजेंस एक्ट की दिशा में पहला मज़बूत क़दम साबित हुआ। इसकी विस्तार से चर्चा आगे करूँगा ।

कैलाश सत्यार्थी चिल्ड्रं'स फ़ाउंडेशन का गठन

हमने 2015 और बाद के कुछ वर्षों के भीतर अमेरिका, ब्रिटेन और भारत में 'कैलाश सत्यार्थी चिल्ड्रं'स फ़ाउंडेशन' नाम की संस्था का गठन कर लिया था। अब हमारे सभी नये कार्यक्रम उसी फ़ाउंडेशन के द्वारा चलाए जा रहे हैं। 2015 में ही मैंने ग्लोबल मार्च का अध्यक्ष पद छोड़ दिया था।

फ़ाउंडेशन के भारतीय बोर्ड में मेरे अलावा भारत के भूतपूर्व मुख्य न्यायाधीश और बच्चों के मामले में अत्यन्त संवेदनशील न्यायमूर्ति अल्तमस कबीर तथा देश के प्रमुख उद्योगपति और समाजसेवी राहुल बजाज शामिल थे। राहुल जी और उनका परिवार अपने दादा स्वर्गीय जमनालाल बजाज के आदर्शों और मूल्यों पर चलता रहा है। महात्मा गांधी जमनालाल जी को अपना पाँचवाँ बेटा मानते थे। जमनालाल जी और उनकी पत्नी गांधी जी के साथ देश के स्वतंत्रता आन्दोलन में शामिल रहे थे। वे सत्यनिष्ठा, ईमानदारी और मानवता के सिद्धान्तों पर चलने वाले बिरले उद्योगपतियों में गिने जाते हैं।

भारत के उद्योग जगत की सबसे सशक्त नैतिक आवाज़

जमनालाल जी के पोते राहुल बजाज जी ने पूरे बजाज समूह के मुखिया के नाते न केवल ख़ानदानी उद्योगों को शिखर तक पहुँचाया, बल्कि शिक्षा और समाजसेवा के क्षेत्र में अरबों रुपए दान किये। मानव सेवा और देश के आर्थिक विकास के कार्यों के लिए उन्हें भारत का तीसरा सबसे बड़ा नागरिक सम्मान 'पद्मभूषण' मिला। मज़ाक़-मज़ाक़ में गहरी बात कह देने में उनका हुनर लाजवाब था। उन्हें भारतीय उद्योग जगत का सबसे मुखर और नैतिक आवाज़ माना जाता था। जमनालाल

बजाज फ़ाउंडेशन हर साल उनके नाम पर कुछ पुरस्कार देता है। वे पुरस्कार महात्मा गांधी के सिद्धान्तों को बढ़ावा देने वाले विकास कार्यों और समाजसेवा के लिए दिये जाते हैं।

पहली बार नवम्बर 2014 में राहुल जी मुझसे मेरे ऑफ़िस में मिले। वे मुझे उस वर्ष के जमनालाल पुरस्कार वितरण के लिए आमंत्रित करने आए थे। मैं उनके ऊर्जावान व्यक्तित्व से बहुत प्रभावित हुआ। उनमें स्पष्टवादिता, ईमानदारी, प्रखर बुद्धिमत्ता और ज्ञान कूट-कूटकर भरा था। मैं उनका आमंत्रण स्वीकार करके उस कार्यक्रम में मुम्बई गया। तब से वे हमारे परिवार से भी ख़ूब हिल-मिल गए। मैं उनका सम्मान बड़े भाई की तरह करता था। वे उसी तरह से मुझे बहुत स्नेह और आदर देते थे। हमें फ़ाउंडेशन के कामों में उनसे बहुत प्रेरणा और विवेकपूर्ण सलाह-मशविरे मिलते रहे। बाल मज़दूरी के मामले में उनकी समझ और सरोकार किसी बाल अधिकार कार्यकर्ता से कम नहीं थी। कुछ वर्षों के बाद उन्होंने मुझे जमनालाल बजाज फ़ाउंडेशन का ट्रस्टी बनने की पेशकश की, जिसे मैंने मान लिया। उनके भाइयों, सन्तानों और परिवार के कई सदस्यों से मेरे बड़े अच्छे सम्बन्ध हैं। वे हमारे फ़ाउंडेशन के प्रमुख आर्थिक सहयोगियों में हैं।

राहुल भाई परिवार के एक सदस्य की तरह नोबेल पुरस्कार समारोह में भाग लेने गए थे। वहाँ उनकी ख़ुशी और उमंग देखते ही बनती थी। पहले दिन शाम को भोजन के लिए मेरे कमरे में शाकाहारी पिज्जा मँगाया गया। राहुल भाई, फुल्का जी और रमेश जी भी वहीं मौजूद थे। हम सबको बड़ी भूख लग रही थी। गरम-गरम पिज्जा आते ही हम सब उस पर टूट पड़े। दूसरे दिन नोबेल रात्रिभोज के बाद बहुत से अतिथि उत्सव मनाते हुए नाचने लगे। राहुल भाई भी ख़ुशी में झूम-झूमकर महिलाओं और पुरुषों के साथ नाचने लगे। सुमेधा जी और हमारे बच्चे फिरंगी युवतियों के साथ उनके डांस करने की बात को लेकर उनसे अक्सर मज़ाक़ किया करते थे। वे भी ख़ूब चटखारे ले-लेकर ओस्लो की कहानियाँ सुनाया करते थे।

देश-दुनिया और समाज की परिस्थितियों पर उनके साथ फ़ोन पर घंटों चर्चा होती थी। चीज़ों को जिस बारीकी से वे देखते-समझते और

अपना विचार रखते थे, वह अद्‌भुत था। 12 फ़रवरी, 2022 को मैंने अपना एक मित्र, सहयोगी और बड़ा भाई खो दिया। यह मेरी बहुत बड़ी व्यक्तिगत क्षति थी।

नोबेल पुरस्कार मिलने के बाद मेरे मन में दो नई महत्त्वाकांक्षी योजनाओं ने जन्म लिया। उनमें पहली, नोबेल पुरस्कार विजेताओं और मानवता की रक्षा में जुटे अगुआ विश्व नेताओं का एक साझा मंच बनाना। दूसरी, युवा शक्ति को प्रेरित और आन्दोलित करके उन्हीं के नेतृत्व में बचपन को बचाने का विश्वव्यापी अभियान खड़ा करना।

मैं हमेशा सोचता रहता था कि जितनी तेज़ी से मनुष्य की सुख-सुविधाएँ, ज्ञान-विज्ञान-टेक्नोलॉजी, बाज़ार-व्यापार आदि बढ़े हैं, उतनी ही तेज़ी से करुणा का दायरा सिकुड़ता जा रहा है। इसका सीधा असर व्यक्तिगत और सार्वजनिक नैतिकता में कमी के रूप में दिखाई दे रहा है। यही वजह है कि अच्छे से अच्छे क़ानूनों, योजनाओं, कार्यक्रमों, वायदों और संकल्पों के बावजूद बच्चों के शोषण का अन्त नहीं हो पा रहा है। कुछ अपवादों को छोड़कर ज़्यादातर नोबेल पुरस्कार विजेताओं और कई पूर्व राष्ट्राध्यक्षों में वह करुणा और नैतिकता देखने को मिल जाती है। ऐसे व्यक्तियों को जोड़कर एक सशक्त आवाज़ बनाई जा सकती है जिससे समाज की चेतना और व्यवहार में बदलाव लाया जा सके और सरकारें भी उसे आसानी से नज़रअन्दाज़ नहीं कर सकें।

पहली योजना : लॉरिएट्स एंड लीडर्स फॉर चिल्ड्रन

2015 से ही मैंने अलग-अलग देशों की यात्राओं और कार्यक्रमों के दौरान ऐसी कई प्रमुख नैतिक हस्तियों से 'लॉरिएट्स एंड लीडर्स फॉर चिल्ड्रन' के बारे में बातचीत शुरू कर दी; जैसे धर्मगुरु दलाई लामा, पोप फ्रांसिस, आर्कबिशप डेसमंड टूटू, कोफी अन्नान, तिमोर-लेस्ते के राष्ट्रपति रामोस होर्ता, मोहम्मद यूनुस आदि। विश्व की इन प्रमुख नैतिक हस्तियों ने मेरे विचार का समर्थन किया। इनके अलावा भारत के राष्ट्रपति प्रणब मुखर्जी, प्रधानमंत्री नरेन्द्र मोदी, चिली की राष्ट्रपति मिशैल बेचेले, ब्राज़ील की राष्ट्रपति दिल्मा रूसेफ, कोलम्बिया के राष्ट्रपति हुआन मैनुअल सैंतोस, नेपाल के प्रधानमंत्री सुशील कोइराला और ताइवान के राष्ट्रपति मा यीन जियाओ, पनामा के राष्ट्रपति हुआन कार्लोस बरेला सहित यूरोप के कई देशों के तत्कालीन और पूर्व शासनाध्यक्षों से मिलकर संयुक्त मंच

बनाने का विचार रखा। उनमें से बहुत से व्यक्तियों ने अपना समर्थन जताया।

मैं यह ऐतिहासिक पहल भारत से करना चाहता था। हालाँकि, कतर की राजमाता शेखा मौजा, नीदरलैंड के मित्र संगठन किड्स राइट्स, संयुक्त अरब अमीरात के शेख नहयान और वहीं के मेरे मित्र मोहम्मद रजा सहित कुछ अन्य देशों के विशिष्ट व्यक्ति और संगठन मेज़बानी करने के लिए तैयार थे। मैंने भारत के राष्ट्रपति श्री प्रणब मुखर्जी और प्रधानमंत्री नरेन्द्र मोदी से मिलकर बातचीत की। उन दोनों ने हमारे सम्मेलन में भाग लेना स्वीकार किया। राष्ट्रपति जी ने तो बड़े उत्साहपूर्वक वह सम्मेलन करने और मेहमानों को ठहराने के लिए राष्ट्रपति भवन में सुविधा देने की पेशकश की। इस प्रकार 10-11 दिसम्बर, 2016 को दिल्ली के राष्ट्रपति भवन में 'लॉरिएट्स एंड लीडर्स फॉर चिल्ड्रन' का पहला सम्मेलन हुआ।

तिब्बत के निर्वासित धर्मगुरु दलाई लामा और ताइवान के ली युआन-से को भी आमंत्रित किया गया था। दोनों ने स्वीकृति दे दी, किन्तु इस बारे में कई दिनों तक बड़ी कशमकश बनी रही। यह एक संवेदनशील मामला था क्योंकि इसका सीधा असर भारत-चीन सम्बन्धों पर पड़ सकता था। कार्यक्रम से पहले अचानक एक दिन राष्ट्रपति जी ने मुझे बुलाया। वे बहुत परेशान और उखड़े-उखड़े लग रहे थे। उनके हाथ में सभी आमंत्रितों की सूची थी।

हमने उनको प्रत्येक मेहमान का संक्षिप्त परिचय पहले से भेज रखा था। फिर भी वे कई नामों पर असहज लग रहे थे। आमंत्रित जनों की सूची में नोबेल पुरस्कार विजेताओं के अलावा मोनाको के शासक की एल्बर्ट द्वितीय की पत्नी प्रिंसेस शार्लिन विटस्टॉक, जॉर्डन के प्रिंस अली, नीदरलैंड की प्रिंसेस लॉरेंटीन, पनामा के राष्ट्रपति की पत्नी लोरेना कास्तिलो डि वरेला, ऑस्ट्रेलिया की पूर्व प्रधानमंत्री जूलिया गिलार्ड, ओईसीडी के सेक्रेटरी जनरल एंजल गुरिया, कैरी कैनेडी, सतत विकास लक्ष्यों में संयुक्त राष्ट्र महासचिव के सलाहकार जैफ्री साक्स आदि बहुत सी हस्तियाँ थीं। मैंने राष्ट्रपति जी से स्पष्ट कहा कि हम ऐन वक़्त पर तारीख़ों में कोई बदलाव नहीं कर सकते। राष्ट्रपति भवन की जगह बदलने से दुनिया में हमारे देश की छवि पर बुरा असर पड़ेगा। हाँ, ताइवानी मेहमान से ज़रूर बात की जा सकती है। मैंने राष्ट्रपति महोदय को स्पष्ट किया कि हम दलाई लामा जी और ली युआन को साथी नोबेल पुरस्कार विजेताओं की तरह आमंत्रित कर रहे हैं। हमारा उनकी राजनीति या उनकी राजनीतिक विचारधारा से कोई लेना-देना नहीं है। मेरे उनसे किसी प्रकार के संगठनात्मक, आर्थिक या धार्मिक सम्बन्ध भी नहीं हैं।

मैंने नाज़ुक स्थिति को समझते हुए ताइवान के ली साहब को फ़ोन करके भारत की नीति के बारे में बताकर यात्रा स्थगित करने के लिए विनम्रतापूर्वक निवेदन किया। उनसे मेरे बड़े अच्छे सम्बन्ध हैं। वे आसानी से समझ गए।

प्रधानमंत्री नरेन्द्र मोदी द्वारा हामी भर देने से सभी उत्साहित थे। उनके कार्यालय और हमारे संगठन के वरिष्ठ साथी लगातार आपसी सम्पर्क में रहे। उनका नाम मुख्य अतिथि के तौर पर निमंत्रण-पत्रों और कार्यक्रम-पत्र में छप चुका था। उद्घाटन के पहले की रात तक प्रधानमंत्री के सचिव और हमारे कार्यकर्ता उनके द्वारा दिये जाने वाले उद्घाटन भाषण के मसौदे को अन्तिम रूप देने में लगे रहे थे, लेकिन प्रधानमंत्री जी को उसी दिन अचानक दिल्ली से बाहर एक चुनावी सभा में जाना पड़ गया, जिस कारण वे सम्मेलन में नहीं आ सके।

दो दिवसीय कार्यक्रम में चौबीस नोबेल पुरस्कार प्राप्तकर्ता शामिल हुए। नोबेल पुरस्कार विजेता तिमोर-लेस्ते के राष्ट्रपति रामोस होर्ता, लेमा बोई, तवाक्कुल करमान आदि पहले से मेरे मित्र थे। बाद में हमारे सम्बन्ध और ज़्यादा प्रगाढ़ हो गए। साथ ही बच्चों के बारे में उनकी साझा प्रतिबद्धता भी बढ़ी। धर्मगुरु दलाई लामा पूरे कार्यक्रम में मौजूद रहे। कार्यक्रम ख़त्म होने के बाद उनकी उपस्थिति पर चीन की सरकार ने भारत से अपना एतराज़ जताया था। राष्ट्रपति भवन ने आधिकारिक तौर पर स्पष्ट किया कि वह आयोजन कैलाश सत्यार्थी का था और दलाई लामा उन्हीं के कार्यक्रम में शामिल हुए थे। राष्ट्रपति भवन द्वारा केवल सुविधा दी गई थी।

लॉरिएट्स एंड लीडर्स के सम्मेलन में विश्व के अनेक देशों से लगभग चार सौ विशिष्ट अतिथि और युवा प्रतिनिधि आए थे। यह पहला मौक़ा था जब इतनी बड़ी संख्या में जानी-मानी मानवतावादी और नैतिक हस्तियाँ बच्चों की ख़ातिर एक साथ इकट्ठी हुई थीं।

सम्मेलन का घोषणापत्र 'विल फॉर चिल्ड्रन' यानी 'बच्चों के लिए संकल्प' शीर्षक से जारी किया गया। जिसमें बच्चों की ग़ुलामी सहित उनके किसी भी प्रकार के उत्पीड़न और शोषण का अन्त करने का संकल्प व्यक्त किया गया और सरकारों से भी यह माँग की गई। पत्र के साथ यह दस्तावेज़ प्रत्येक सरकार के मुखिया को भेजा गया। ओईसीडी के महासचिव गुरिया ने 2017 में जर्मनी में हुए जी-20 देशों के सम्मेलन में 'लॉरिएट्स एंड लीडर्स फॉर चिल्ड्रन' की तरफ़ से वह घोषणापत्र प्रस्तुत किया। उन्होंने वहाँ यह प्रस्ताव रखा कि जी-20 के कार्यों में बाल मज़दूरी की समाप्ति का मुद्दा जोड़ा जाए।

गुरिया मेरे बड़े अच्छे मित्र हैं। मैं उनके आमंत्रण पर कई बार ओईसीडी

की उच्च स्तरीय सभाओं में जाता रहा हूँ। वे बौद्धिक और राजनीतिक रूप से जितने प्रखर हैं, संवेदना के स्तर पर उतने ही भावुक हृदय और दृढ़संकल्प के धनी भी हैं। गुरिया और उनकी सहयोगी गैब्रिआला रामोस के प्रयासों से पहली बार जी-20 के कार्यक्रम में हमारे मुद्दे शामिल कर लिये गए। वह हमारे सम्मेलन की एक महत्त्वपूर्ण और ठोस उपलब्धि थी। कुछ वर्षों के बाद गैब्रिआला ओईसीडी छोड़कर यूनेस्को से जुड़ गईं। अब वे वहाँ उपमहानिदेशक के पद पर रहते हुए हमारे कामों की बहुत बड़ी समर्थक बनी हुई हैं। 2022 में उनकी बेटी जूलिया रामोस ने कई महीनों तक बाल आश्रम में वालंटियर की तरह काम किया। गैब्रिआला बहुत ही करुणामय नेत्री होने के साथ-साथ समाज के लिए बहुत समर्पित और व्यावहारिक महिला हैं। हमारे पूरे परिवार के साथ उनकी बहुत घनिष्ठता है।

लॉरिएट्स एंड लीडर्स को चलाने के लिए एक संचालन समिति बनाई गई। इसके संयोजक नोबेल शान्ति पुरस्कार विजेता और दक्षिण-पूर्वी एशियाई देश तिमोर लेस्ते के राष्ट्रपति होजे रामोस होर्ता हैं।

जनता के राष्ट्रपति होर्ता

होजे रामोस होर्ता से मेरी पहली मुलाक़ात सितम्बर 2000 में अमेरिका में कैरी कैनेडी की किताब 'स्पीक ट्रुथ टू पावर' के विमोचन के मौक़े पर हुई थी। तब वे नोबेल पुरस्कार विजेता थे और मैं एक साधारण सामाजिक कार्यकर्ता। परन्तु उनकी सहजता, विनम्रता और सहृदयता अनुकरणीय थी। गांधीवादी तरीक़े से बिना हिंसा के अपने देश को आज़ादी दिलाने में उनकी प्रमुख भूमिका रही थी। बाद में वे वहाँ के प्रधानमंत्री और राष्ट्रपति भी रह चुके थे। उसके कई वर्षों बाद, 2016 में मेरी उनसे फिर मुलाक़ात हुई। उन्होंने अपनी नोबेल पुरस्कार प्राप्ति की बीसवीं सालगिरह पर तिमोर लेस्ते की राजधानी डिली में एक भव्य कार्यक्रम रखा था। उन्होंने मुझे और सुमेधा जी को बहुत आग्रहपूर्वक बुलाया। हम कुछ दिन साथ रहे। उनकी सादगी और सहजता पहले से भी अधिक दिखी।

वहाँ की एक घटना अविस्मरणीय है। पहले ही दिन वे अकेले अपनी सस्ती-सी कार, जो कम से कम 40-50 साल पुरानी रही होगी, चलाकर हमारे होटल पहुँचे। वे जानते थे कि हम शाकाहारी हैं इसलिए वे

अपनी कार लेकर हमें एक शाकाहारी रेस्तराँ में खाने के लिए लेने आए थे। मैंने कहा कि कार मैं चलाऊँगा। वह छोटी-सी कार बाहर से तो रँगी-पुती थी लेकिन भीतर से इतनी जर्जर हालत में थी कि उसका हर पुर्जा आवाज़ करता था।

होर्ता जी की लोकप्रियता का अन्दाज़ा इस बात से लगाया जा सकता है कि कार की आवाज़ सुनकर लोग भागकर चले आते और अभिवादन करते। हर कोई उनकी कार पहचानता था। उसी साल हमारे निमंत्रण पर वे लॉरिएट्स एंड लीडर्स के पहले सम्मेलन में दिल्ली भी आए थे। फ़ोन पर हम अक्सर बातें करते रहते हैं। कोरोना काल में तिमोर लेस्ते की आर्थिक स्थिति बहुत जर्जर हो गई। वहाँ की सरकार से देश की हालत नहीं सँभल पा रही थी।

2022 में राष्ट्रपति चुनाव होने थे। मैं भी होर्ता जी के उन मित्रों में से था जो उन्हें फिर से चुनाव लड़ने की लगातार सलाह देते रहते थे। मैंने तो उनसे हँसते हुए यहाँ तक कहा कि अगर हवाई सेवाएँ बन्द नहीं होतीं तो मैं आपके लिए चुनाव प्रचार करने भी आता। उन्होंने मुझसे वादा लिया कि चुनाव लड़ने पर अगर वे जीतकर राष्ट्रपति बने तो सुमेधा जी और मैं उनके शपथ ग्रहण समारोह में ज़रूर शामिल होंगे। वे 2022 में चुनाव जीत गए और वादे के मुताबिक़ हम उनके शपथ ग्रहण समारोह में शामिल भी हुए।

शपथ ग्रहण समारोह का दृश्य भी अद्‌भुत था। कई देशों के राष्ट्राध्यक्ष राष्ट्रपति भवन में मौजूद थे। होर्ता जी को फिर से राष्ट्रपति बनते देखने की लालसा से हज़ारों लोग राष्ट्रपति भवन के दरवाज़े पर खड़े थे। विदेशी अतिथियों की सुरक्षा का ख़याल रखते हुए सुरक्षाकर्मियों ने उन्हें रोक दिया था। यह ख़बर होर्ता जी को मिली। उन्होंने दरवाज़े खोल देने का आदेश दिया। सैकड़ों की संख्या में बच्चे, औरतें और आदमी राष्ट्रपति भवन में आ गए। बच्चों ने तो एक तरह से राष्ट्रपति भवन पर क़ब्ज़ा ही कर लिया। कोई सोफ़े पर पसरा हुआ था तो कुछ ने बेडरूम पर क़ब्ज़ा जमा लिया था। कुछ किचन में घुस गए। विदेशी मेहमानों के सुरक्षाकर्मियों के हाथ-पाँव फूल गए। लेकिन होर्ता जी यह सब देखकर बड़े ख़ुश हो रहे थे। होर्ता जी ने सबसे कहा कि आप

भोजन करें और फिर अपने-अपने घरों को जाएँ। हैरानी की बात यह थी कि जो देश दशकों तक गृहयुद्ध से त्रस्त रहा हो, उसकी जनता ने अपने राष्ट्रपति का अनुरोध तुरन्त मान लिया। होर्ता जी सही मायने में जनता के राष्ट्रपति हैं।

दूसरी महत्त्वाकांक्षी योजना की शुरुआत

बच्चों और युवाओं की ऊर्जा, उत्साह, इरादों, सक्रियता और नेतृत्व के बग़ैर एक अच्छी दुनिया नहीं बनाई जा सकती। आज कम से कम दस करोड़ बच्चे ऐसे हैं, जिनका बचपन पूरी तरह छीन लिया गया है। वे कई तरह की हिंसा के शिकार हैं। और दूसरी तरफ़ दुनिया के लगभग तीन अरब बच्चों और युवाओं में कम से कम दस करोड़ ज़रूर ऐसे हैं, जिनमें मानवता के लिए कुछ कर गुज़रने का जज़्बा है। वे आर्थिक रूप से ठीक-ठाक हैं और अपने अलावा समाज की बेहतरी के लिए कुछ करना भी चाहते हैं, लेकिन उन्हें स्पष्ट उद्देश्य और रास्ते की तलाश है।

कई आदर्शवादी किशोरों में उतावलापन, असहनशीलता, ग़ुस्सा, हिंसा, निराशा और अवसाद जैसी प्रवृत्तियाँ बढ़ती देखी जा सकती हैं क्योंकि वे घिसे-पिटे धार्मिक उद्देश्यों, दमनकारी रीति-रिवाजों-परम्पराओं और लगातार बिगड़ती राजनीति से उकता चुके हैं। कई जगह उनके इस मोहभंग का फ़ायदा अतिवादी और अपराधी समूह उठा रहे हैं। अगर ये युवा अपनी ऊर्जा, ईमानदारी और समय को सकारात्मक उद्देश्यों और कामों में लगा सकें तो निश्चित तौर पर एक बेहतर समाज बनाया जा सकता है। स्कूलों, कॉलेजों आदि में पढ़ने वाले 10 करोड़ बच्चे और युवा अपने 10 करोड़ वंचित और शोषित भाई-बहनों के साथ मिलकर उनकी ज़िन्दगी को बेहतर बनाने का बीड़ा उठाएँ। वे ख़ुद उनकी आवाज़ बनें और अभियान का नेतृत्व करें। मुझे यक़ीन है कि इस तरह युवाओं द्वारा करुणा का वैश्वीकरण किया जा सकता है।

11 दिसम्बर, 2016 को लॉरिएट्स एंड लीडर्स फॉर चिल्ड्रन के पहले सम्मेलन में '100 मिलियन फॉर 100 मिलियन' यानी 'दस करोड़ के लिए दस करोड़' अभियान की शुरुआत कर दी गई। दिल्ली में राष्ट्रपति भवन के मैदान में 10 हज़ार से ज़्यादा स्कूली बच्चों, सैकड़ों मुक्त बाल मज़दूरों और सम्मेलन में भाग ले रहे विशिष्ट व्यक्तियों की उपस्थिति में भारत के राष्ट्रपति ने हरी झंडी दिखाकर अभियान का शुभारम्भ किया। हमने वहीं एक मार्च भी किया, जिसमें

राष्ट्रपति महोदय बड़े उत्साहित होकर कुछ दूरी तक पैदल साथ चले। अब इस अभियान का ऑफ़िस लन्दन से चलता है। 30 से अधिक देशों में छात्र और युवा पूरे उत्साह से राष्ट्रीय और अन्तरराष्ट्रीय नीतियों में बदलाव के प्रयासों के साथ-साथ गाँवों और बस्तियों के युवाओं के बीच गतिविधियाँ चलाते हैं। वे देसी और बहुराष्ट्रीय कम्पनियों पर दबाव बनाते हैं कि वे अपने सामान के उत्पादन में बाल मज़दूरी न कराएँ।

लॉरिएट्स एंड लीडर्स फॉर चिल्ड्रन का दूसरा सम्मेलन 2018 के मार्च महीने में जॉर्डन के डेड सी शहर में बड़े ज़ोर-शोर से सम्पन्न हुआ था। यह जॉर्डन के राष्ट्राध्यक्ष किंग अब्दुल्ला बिन अल-हुसैन के संरक्षकत्व और उनके भाई प्रिंस अली बिन हुसैन की मेज़बानी में आयोजित हुआ। प्रिंस अली हमारे मंच की संचालन समिति के संस्थापक सदस्य हैं। वे जब दिल्ली में हुए पहले सम्मेलन में भाग लेने आए थे तभी से मैं उनकी संवेदनशीलता, बुद्धिमत्ता और ज्ञान से बहुत प्रभावित हुआ था। जॉर्डन में हमारा प्रमुख मुद्दा शरणार्थी, दुर्व्यापार के शिकार और घर-बार छोड़ने को मजबूर हुए बच्चे की सुरक्षा का था क्योंकि वे बच्चे बाल मज़दूरी, ग़ुलामी, यौन शोषण, ट्रैफ़िकिंग और बाल विवाह जैसे अपराधों के शिकार होते हैं। साथ ही स्वास्थ्य, शिक्षा सहित सभी अधिकारों से वंचित रह जाते हैं।

सम्मेलन में राजा और राजघराने के कई वरिष्ठ सदस्यों के अलावा पनामा के राष्ट्रपति और उनकी पत्नी, विश्व की जानी-मानी मानव अधिकार कार्यकर्ता मेरी रॉबिन्सन, 23 नोबेल पुरस्कार प्राप्तकर्ताओं, मित्र, उद्योग-व्यापार तथा शिक्षा जगत की हस्तियों, बड़ी संख्या में युवा प्रतिनिधियों और जटारी कैम्प के कई शरणार्थी बच्चों ने भाग लिया।

जॉर्डन के जटारी कैम्प में पड़ोसी देश सीरिया में हुए गृह युद्ध और हिंसा से बचकर आने वाले लगभग 80 हज़ार शरणार्थियों को रखा गया है। मैं दो बार उस शिविर में जा चुका हूँ। वहाँ के बहुत प्यारे-प्यारे बच्चों और वयस्कों के साथ बैठकर बातचीत करने का मौक़ा मिला है। उनकी दिल दहला देने वाली आपबीतियों के बावजूद उनके भीतर जिजीविषा और आगे बढ़ने का जज़्बा उतना ही प्रेरणादायक है। दिल्ली की तरह जॉर्डन सम्मेलन में जारी किये गए घोषणापत्र को सभी राष्ट्राध्यक्षों के पास भेजा गया। हमारी तरफ़ से पनामा की प्रथम महिला लोरेना ने संयुक्त राष्ट्र के महासचिव एंटेनियो गुटेरेस को 08 मार्च, 2018 को वह घोषणापत्र सौंपा था।

ग़रीब देशों में शिक्षा के लिए अमीर देशों का योगदान बढ़ा

100 मिलियन कैम्पेन ने पिछले कुछ वर्षों में जितनी बड़ी सफलताएँ हासिल की हैं, दुनिया के इतिहास में शायद ही किसी संगठन ने अपनी शुरुआत के इतने कम समय में हासिल की हो। यूरोपीय यूनियन ड्यू डिलिजेंस लॉ के अलावा स्वीडन द्वारा शिक्षा के मद में की जाने वाली कटौती की योजना को अन्ततः बजट में बढ़ोतरी में तब्दील करा देने के प्रयासों को मैं सबसे बड़ा मानता हूँ।

2018 में, स्वीडिश सरकार स्वीडिश इंटरनेशनल डेवलपमेंट कोऑपरेशन एजेंसी (सिडा) द्वारा रखे गए एक नये प्रस्ताव के बाद वैश्विक शिक्षा के लिए अपने वित्तपोषण में कटौती की घोषणा करने की तैयारी कर चुकी थी। सिडा एक सरकारी एजेंसी है और वैश्विक विकास के लिए स्वीडन की राष्ट्रीय नीति तैयार करने में इसकी महत्त्वपूर्ण भूमिका रहती है। यदि स्वीडिश सरकार उस प्रस्ताव को मान लेती तो विश्व के कई ग़रीब देशों में शिक्षा के स्तर में सुधार के लिए चल रहे प्रयासों को गहरा धक्का लगता। ज़ाहिर है, इसकी पहली आँच बच्चों पर आती।

इससे एक साल पहले ही हम स्वीडन में दो प्रमुख छात्र संघों और दो बड़े शिक्षक संघों के साथ स्वीडन में 100 मिलियन यूथ कैम्पेन की शुरुआत कर चुके थे। इस सिलसिले में मैं स्वीडन के प्रधानमंत्री और कई अन्य वरिष्ठ मंत्रियों से भी मिल चुका था।

स्वीडिश युवाओं को जब यह ख़बर लगी कि उनका देश वैश्विक शिक्षा के लिए अपनी मदद में कटौती की घोषणा कर चुका है तो उन्होंने इसका विरोध शुरू किया। हमने वहाँ के छात्र संगठनों, शिक्षा यूनियनों और सामाजिक संस्थाओं के साथ अपना अभियान शुरू कर दिया। अक्टूबर 2017 में छात्रों ने अपने-अपने क्षेत्र के सांसद को चर्चा के लिए स्कूलों में आमंत्रित किया। 'संसद सदस्य स्कूल लौटें' नाम से चलाए गए उस कार्यक्रम में देश के लगभग बीस फ़ीसदी सांसदों ने अपने स्कूलों का दौरा किया। वे उन स्कूलों में गए, जहाँ कभी उन्होंने पढ़ाई की थी। वह उनके लिए एक भावनात्मक अनुभव था। वहाँ के विद्यार्थियों ने माँग की कि सरकार अपना फ़ैसला बदलकर ग़रीब देशों के बच्चों की पढ़ाई के लिए दी जाने वाली सहायता राशि नहीं घटाए। कैम्पेन को हर तरफ़ से समर्थन मिलने लगा।

युवाओं ने सरकार पर दबाव बनाए रखा। कुछ महीनों बाद, 23 जनवरी, 2018 को कई संसद सदस्यों की पहल पर स्टॉकहोम में संसद भवन में एक

विशेष बैठक रखी गई जिसमें छात्र नेताओं के साथ-साथ मुझे भी बुलाया गया। मुझे स्वीडिश संसद को सम्बोधित करने का निमंत्रण मिला। हमने सांसदों, मंत्रियों और अधिकारियों के सामने अपना पक्ष रखा। इसके बाद सिडा के महानिदेशक मुझसे मिले और हमने लम्बी चर्चा की। हमें उसी शाम को सरकारी फ़ैसला बदले जाने की ख़बर मिल गई थी। अगले दिन स्वीडन ने घोषणा की कि वह कटौती करने के बजाय ग्लोबल पार्टनरशिप फॉर एजुकेशन के लिए अपनी शिक्षा निधि में 27 प्रतिशत की बढ़ोतरी करेगा। उस क़दम से हमारे 100 मिलियन कैम्पेन को भारी मान्यता मिल गई।

यह युवाओं की एक स्वत:स्फूर्त अहिंसक क्रान्ति थी जिसने दुनिया-भर के अनगिनत बच्चों के लिए स्कूलों के द्वार खोले। इस सफलता ने मेरे उस विश्वास को और मज़बूत किया कि युवा ऊर्जा के अक्षय भंडार हैं, उन्हें बस एक मार्ग दिखाने भर की ज़रूरत है।

मील का एक और पत्थर : यूरोपीय संघ में नया क़ानून पास

हम जर्मनी में कई वर्षों से सप्लाई चेन (सामानों का उत्पादन करने की चेन) को पूरी तरह बाल श्रम मुक्त रखने के लिए एक क़ानून की माँग कर रहे थे। ऐसा पाया गया था कि यूरोपीय देशों ने अपने यहाँ भले ही बाल श्रम रुकवा दिया हो लेकिन ग़रीब देशों में मौजूद उनकी कम्पनियों के कारख़ानों या वर्कशॉप में धड़ल्ले से बाल श्रम हो रहा है। हमारा मानना था कि जब तक कम्पनियों पर सप्लाई चेन से बाल श्रम को पूरी तरह ख़त्म करने का दबाव नहीं बनाया जाता तब तक इस वैश्विक समस्या का स्थायी निदान नहीं हो सकता।

जर्मनी में 100 मिलियन से जुड़े छात्रों ने इसके लिए ज़ोरदार आवाज़ उठानी शुरू कर दी थी। हमारे युवा कार्यकर्ता अक्टूबर 2018 में संघीय आर्थिक सहयोग और विकास मंत्री गर्ड म्यूलर और जर्मनी के अन्य राजनीतिक दलों के प्रतिनिधियों से मिले। वे बच्चों के उत्साह और क़ानून की उचित माँग से न केवल प्रभावित और सहमत हुए। इस सन्दर्भ में विस्तृत चर्चा के लिए उन्होंने मुझसे मिलने की इच्छा जताई। नवम्बर 2018 में, बर्लिन में, मेरी श्री म्यूलर से मुलाक़ात हुई। चर्चा बड़ी उत्साहजनक रही और उन्होंने जरा सी भी देर न करते हुए इस पर मेरे साथ एक संयुक्त प्रेस कॉन्फ्रेंस का प्रस्ताव दिया जिसे मैंने सहर्ष स्वीकार लिया। मंत्री महोदय ने मीडिया को बताया कि उनका देश सप्लाई चेन पर एक नया क़ानून लाने को इच्छुक है। इस तरह एक और ऐतिहासिक क़ानून की दिशा

में हमने एक महत्त्वपूर्ण क़दम बढ़ा दिया। बाद में म्यूलर ने भी इसे एक तरह से अपना मिशन बना लिया था।

अगले दिन मेरी मुलाक़ात जर्मनी की चांसलर एंजेला मार्केल से हुई। एंजेला मार्केल को मैं एक विलक्षण नेत्री मानता हूँ। दुनिया-भर की पत्र-पत्रिकाएँ उन्हें विश्व की सबसे ताक़तवर महिला बताती थीं जो कि वह थीं भी। वह जितनी कुशल प्रशासक थीं उतनी ही संवेदनशील। युद्धों और हिंसा से प्रभावित शरणार्थियों की समस्याओं को लेकर उनकी सक्रियता और बच्चों से जुड़े मुद्दों पर उनकी संवेदनशीलता का मैं बड़ा प्रशंसक हूँ। सप्लाई चेन से बाल श्रम को ख़त्म करने के लिए क़ानून के लिए अपना समर्थन जताया और कहा कि वे इस बात से ख़ुश हैं कि म्यूलर ने इस दिशा में काम शुरू कर दिया है।

इसी माँग को लेकर नवम्बर 2019 में बर्लिन में जर्मन संसद बुंडेस्टाग के सामने 03 दिसम्बर, 2019 को एक ज़ोरदार प्रदर्शन किया गया। हमने शहर में मार्च भी निकाला। उस दिन मूसलाधार बारिश हो रही थी लेकिन लोगों का उत्साह देखते बनता था। छतरियाँ ओढ़े प्रदर्शनकारियों के बीच अलग-अलग राजनीतिक दलों के प्रतिनिधियों के रूप में कई वरिष्ठ सांसद भी शामिल हुए थे। उसी दिन संसद में, इस मुद्दे को लेकर कई सांसदों और वरिष्ठ नेताओं के साथ मेरी दो गोलमेज वार्ताएँ भी हुईं। मैंने उन्हें नीदरलैंड के एक सफल उदाहरण से समझाया।

उसमें कुछ सांसदों ने सवाल उठाया कि अन्य देशों में मौजूद जर्मन कम्पनियों की सप्लाई चेन में अगर बच्चों से काम कराया जाता है तो इसे रोकने की ज़िम्मेदारी उन देशों की है जहाँ ये कारख़ाने चलते हैं। आप अपनी समस्याएँ हमारे सिर पर क्यों लादना चाहते हैं? आप अपने देशों की सरकारों पर सख़्त क़ानून बनाने के लिए दबाव क्यों नहीं डालते? मैंने उन्हें समझाया कि हम ऐसा करते हैं। इसके लिए अदालत तक का सहारा लेते हैं। लेकिन पश्चिम की जो कम्पनियाँ अपने यहाँ बाल मज़दूर नहीं रख सकतीं, वे ग़रीब देशों में अपने सप्लाई चेन में बच्चों से ग़ुलामी कराएँ, यह कौन सी नैतिकता है?

दरअसल, हम कुछ समय पहले मई 2019 में नीदरलैंड में ऐसा ही एक क़ानून 'चाइल्ड लेबर ड्यू डिलिजेंस लॉ' बनवाने में सफल रहे थे। इसका यह 'पार्लियामेंटेरियन्स विदाउट बॉर्डर्स फॉर चिल्ड्रन' के नेता रूलॉफ वैन लार और दूसरे संवेदनशील नेताओं की मेहनत से सम्भव हो पाया था। इसी बीच बांग्लादेश में दो बड़ी दुर्घटनाएँ हो गईं जिससे हमारे तर्कों को एक बड़ा आधार मिल गया। आगजनी की इन दुर्घटनाओं में बहुत से लोगों की जानें गईं जिनमें बड़ी संख्या में बच्चे भी थे। इससे कुछ साल पहले भी ढाका के आसपास की गारमेंट फ़ैक्ट्रियों

में बड़ी दुर्घटनाएँ हुई थीं जिनमें सैकड़ों लोगों ने जान गँवाई थी। ये सारी फ़ैक्ट्रियाँ अमेरिका और यूरोप के मल्टीनेशनल ब्रांडों के लिए कपड़े तैयार करती थी।

दुनिया के कई मानवाधिकार और मज़दूर संगठनों ने पश्चिमी देशों की सरकारों और कम्पनियों पर उत्पादनकर्ता देशों में कामगारों की सुरक्षा सुनिश्चित करने के लिए भारी दबाव बना रखा था। लेकिन बातें सिर्फ़ सुरक्षा इन्तज़ामों को पुख़्ता करने की हो रही थीं।

नीदरलैंड की सफलता ने हमें पूरे यूरोपीय संघ में ऐसा ही क़ानून बनवाने के लिए एक नैतिक बल दिया। इसके लिए जर्मनी में क़ानून बनना ज़रूरी था क्योंकि वह ईयू के सबसे प्रभावशाली और समृद्ध देशों में से एक है। और कुछ साल बाद जर्मनी के पास जी-20 की अध्यक्षता आने वाली थी।

सप्लाई चेन क़ानून के लिए हमारी माँग को जर्मनी में छात्रों के साथ-साथ वहाँ की मज़दूर यूनियनों और सामाजिक संगठनों का भी ज़ोरदार समर्थन मिल रहा था। सरकार में मंत्री म्यूलर के रूप हमारे प्रबल तो थे ही। नवम्बर 2019 तक हमने इतना दबाव बना दिया कि जर्मन संसद ने इस विषय पर इंडिकेटिव वोट कराया जिसे वहाँ के दो प्रमुख दलों ने पारित किया। इंडिकेटिव वोट एक ऐसी व्यवस्था है जिसके तहत जर्मन संसद अपनी भावी प्राथमिकताएँ रेखांकित करती है जिन पर संसद ज़रूरत के मुताबिक़ क़ानून बना सकती है।

आख़िरकार जुलाई 2021 में जर्मनी ने सप्लाई चेन को पूरी तरह से बाल श्रम मुक्त बनाने के लिए सप्लाई चेन ड्यू डिलिजेंस लॉ पारित कर दिया। इससे हमें पूरे यूरोपीय यूनियन में क़ानून बनवाने का रास्ता खुलता नज़र आ रहा था। उसी साल यूरोपीय संघ ने घोषणा की कि वह समूचे यूरोपीय संघ के देशों की कम्पनियों के लिए बाल श्रम, मानवाधिकार और पर्यावरण के मुद्दे पर एक नये क़ानून के लिए परामर्श कराएगा। कई बड़ी कम्पनियाँ इसके लिए राज़ी हो गईं लेकिन ऐसी कम्पनियों की संख्या भी कम नहीं थीं जिन्होंने अपने राजनीतिक सम्पर्कों का इस्तेमाल करके इसके विरोध में माहौल बनाना शुरू कर दिया। इसमें कई अड़चनें आईं। वक़्त भी लगा लेकिन आख़िर में यूरोपीय संसद ने नये क़ानून के लिए सहमति जता दी। यह क़ानून यूरोपीय यूनियन में शामिल विभिन्न देशों की संसद में दिसम्बर 2023 में विचार के लिए गया और पारित होता गया।

मार्च 2024 में इस पर यूरोपीय काउंसिल से अन्तिम सहमति दी जानी थी तब तक जर्मनी की सरकार बदल चुकी थी। नई सरकार ने इस पर हीलाहवाली दिखानी शुरू कर दी। हमारे लिए यह एक बड़ा झटका था क्योंकि जर्मनी ही

यूनियन की सबसे ताक़तवर आवाज़ था। मैंने फिर से पूर्व मंत्री म्यूलर से सम्पर्क किया। अब वे संयुक्त राष्ट्रसंघ में एक महत्त्वपूर्ण पद पर काम कर रहे थे। हम इस नतीजे पर पहुँचे कि अब इस मामले को सीधे जनता के बीच लेकर जाया जाए। मैंने मीडिया के माध्यम से दबाव बनाने के लिए इस विषय पर अख़बारों में सम्पादकीय लेख लिखने का सुझाव दिया। वे इसके लिए तैयार हो गए। हमने जर्मनी के सबसे लोकप्रिय अख़बार में एक संयुक्त लेख लिखा। इसका बड़ा असर हुआ। जनता ने नेताओं से प्रश्न पूछने शुरू कर दिये।

कई वर्षों की जद्दोजहद के बाद अन्तत: 24 अप्रैल, 2024 को यूरोपियन यूनियन ने ईयू कॉरपोरेट सस्टेनेबिलिटी ड्यू डिलिजेंस डायरेक्टिव्स पारित कर दिया। बाल श्रम रोकने के अलावा मानवाधिकार और पर्यावरण की रक्षा के मामले में इस क़ानून के दूरगामी परिणाम होंगे। दूसरे देशों में उत्पादन करने वाली यूरोपीय कम्पनियों के सप्लाई चेन से बाल श्रम में उल्लेखनीय कमी आएगी, ऐसा मेरा विश्वास है। क़ानून को बनवाने में यूरोप के कई सामाजिक संगठनों के साझा मंच का बहुत बड़ा श्रेय है।

पुरस्कार, प्रसिद्धि और खट्टे-मीठे अनुभव

नोबेल शान्ति पुरस्कार मिलने की घोषणा के साथ ही मीडिया और आम लोगों ने अचानक मुझे एक सेलिब्रिटी की तरह देखना शुरू कर दिया। मन ही मन यह सोचकर मुस्कुराता कि मैं जो पहले था वही अब हूँ, लेकिन पद-पदवियाँ, तमग़े और उपाधियाँ किस तरह व्यक्ति की छवि को बड़ा बना देती हैं! तमग़े मुट्ठियों में रखे रहें या गले में लटके रहें, वहीं तक अच्छा है। अगर वे दिमाग़ में जाकर बैठ जाएँ तो उसे मैला ही करेंगे। मैंने बचपन से पढ़ा था कि उपलब्धियों और सफलताओं के बाद अहंकार से मुक्त रहना चाहिए। सच्ची बात तो यह है कि मुझे न तो ऐसा कभी एहसास हुआ, और न ही इसके लिए कभी कोई कोशिश करनी पड़ी।

मुझसे अक्सर यह पूछा जाता है कि पहले और अब में मेरे जीवन में क्या फ़र्क़ आया है? हाँ, कुछ चीज़ों में अन्तर ज़रूर आया है। पहले भी बहुत विदेश यात्राएँ होती थीं, परन्तु उनमें हवाई जहाज़ के साधारण दर्जे की सीट में फँसकर बैठे-बैठे नींद के झोंके लेना पड़ता था। अब ऊँचे दर्जे की सीट पर आराम से लेटकर सो जाता हूँ। इस तरह देर तक बैठे रहने से मेरी पसलियों, कंधे और पीठ में लगी पुरानी चोटों के दर्द से छुटकारा रहता है।

अब अक्सर सुमेधा जी भी साथ जाती हैं। पहले उनके साथ पूरे साल में घर पर जितना वक़्त नहीं मिल पाता था, शायद उतना महीने भर में गुज़ार पाता हूँ। हमें बुलाने वाले अब अच्छे होटलों में ठहराते हैं, जहाँ शाकाहारी खाना मिलने में पहले की तरह ज़्यादा मुश्किल नहीं होती। ज़्यादातर विदेश यात्राओं में वहाँ की सरकार के मुखिया से मुलाक़ात हो जाती है। अब वे मेरी बातें बहुत गम्भीरता से सुनते हैं और कई बार अमल करते हैं।

एक और बदलाव आया है। पहले थोड़े-बहुत गन्दे हो जाने पर भी अपने कुर्ते-पायजामों को चार-पाँच दिनों तक पहन लेता था जिससे धुलाई का पैसा और साबुन, पानी आदि बच जाते थे। लेकिन अब बच्चों और सहयोगियों का दबाव मानकर उन्हें दो या तीन दिनों तक ही पहनता हूँ।

मेरे हितैषी और साथी सलाह देते रहते हैं कि बाहरी लोगों से मिलने-जुलने, लिखने, बोलने और कार्यक्रमों के आमंत्रण स्वीकार करने में सावधानी बरतूँ। सुमेधा जी और बच्चे भी यही कहते हैं। लेकिन मैं अपनी आदत से मजबूर हूँ। इसीलिए कई बार समय और ऊर्जा का पूरा उपयोग नहीं हो पाता। मुझे लगता है कि वे सही कहते हैं। फिर मन में यही द्वंद्व बना रहता है कि एक्सक्लूसिविटी या विशिष्टता के नाम पर अपने भीतर इतना बड़ा बदलाव कैसे लाऊँ!

एक मज़ेदार बात है। किसी नोबेल पुरस्कार प्राप्तकर्ता को देखने या छूने के लिए मुझे पचास साल की उम्र तक इन्तज़ार करना पड़ा था। जर्मनी के बर्लिन में 07 जून, 1995 को आयोजित किरसेंटा कार्यक्रम में मुझे दलाई लामा जी के साथ आमंत्रित किया गया था। मंच पर मेरी बग़ल में बैठे हुए उन्होंने मेरा परिचय पूछकर मेरा हाथ पकड़ लिया था। मुझे रोमांच हो उठा था। तब मेरी नज़रें किसी फ़ोटोग्राफ़र को ढूँढ़ रही थीं जो उनके साथ मेरा फ़ोटो खींच सके। दुर्भाग्य से वह नहीं हो पाया। इसलिए सोचता हूँ कि दूसरे लोगों के साथ ऐसा क्यों हो?

इससे भी ज़्यादा गहरी एक और समस्या है। जिन लोगों ने कभी मुझे और संगठन को नुक़सान पहुँचाया था, वे अभी भी बड़ी चतुराई से मेरा फ़ायदा उठा लेते हैं। झूठे आरोप लगाकर बदनाम करने वालों, कोर्ट-कचहरी में घसीटने वालों, संगठन के संसाधनों पर क़ब्ज़े की कोशिश करने वालों और धोखा देने वालों की कभी कमी नहीं रही। वे अब भी बाज नहीं आते। मुझे उनकी पुरानी करतूतें याद नहीं रहतीं, लेकिन उनका छोटा सा सहयोग तक एहसान की तरह याद रहता है। अगर यह एक कमज़ोरी है तो यही ठीक है। इसकी सबसे ज़्यादा क़ीमत मेरे परिवार और संगठन को चुकानी पड़ती है। जीवन और समाज की व्यावहारिकता और सहजता के बीच की इन गहरी विसंगतियों को समझ पाना बहुत मुश्किल है।

2014 अक्टूबर से दिसम्बर के दौरान कई देसी-विदेशी एजेंसियों ने हमसे सम्पर्क करना शुरू कर दिया था। वे व्यक्तित्व और छवि निखारने, व्याख्यानों और यात्राओं का ठेका लेने, भाषण लिखने, ब्रांड बनाने, मीडिया में प्रसिद्धि दिलाने, यहाँ तक कि भाषणों में एक 'पंच लाइन', यानी असरदार वाक्य लिखने जैसे काम करती थीं। मुझे यह जानकर बहुत हैरानी हुई थी कि वे एजेंसियाँ

बड़े-बड़े राजनेताओं, उद्योगपतियों, फ़िल्मी हस्तियों, साधु-संतों और खिलाड़ियों से भारी फीस लेकर यही काम करती हैं। उनमें से कुछ ने एक-एक सामाजिक कार्यक्रम में शामिल होने या भाषण कराने के लिए हज़ारों डॉलर से लेकर लाख-सवा लाख डॉलर तक की फीस दिलवाने का प्रस्ताव रखा। लेकिन शर्त थी कि मैं उन्हीं गिनी-चुनी जगह जा सकूँगा, जहाँ वे चाहेंगे। वे मेरे सिनेमा देखने या किसी रेस्तराँ में खाना खाने जाने तक को एक मीडिया इवेंट बनाएँगे। लोगों से मिलना-जुलना, फ़ोटो या सेल्फ़ी खिंचवाना और फ़ोन पर बात करना जैसे काम उन्हीं की मरज़ी से किये जाएँगे। उन सभी एजेंसियों को बड़ी निराशा हुई होगी, क्योंकि मैंने उनसे मिलने से इनकार कर दिया था।

नेपालियों और ताइवानियों का अविस्मरणीय प्यार

मैं नोबेल पुरस्कार के बाद की पहली तीनों यात्राओं में उमड़े हुए जन सैलाब से मिले प्यार और आत्मीयता को कभी नहीं भुला सकता। नॉर्वे से लौटने के बाद मैं सबसे पहले अपनी जन्मस्थली विदिशा गया। बाद में नेपाल और ताइवान की यात्राएँ कीं। मेरे मुँहबोले बेटे दिल्ली बहादुर चौधरी ने नेपाल में कई बड़े-बड़े कार्यक्रम रखे थे। उनमें काठमांडू में संसद के दोनों सदनों में संयुक्त उद्बोधन, सैकड़ों स्कूलों के हज़ारों बच्चों की सभा, राष्ट्रपति राम बरन यादव, प्रधानमंत्री सुशील कोइराला, भूतपूर्व प्रधानमंत्री शेर बहादुर देउबा द्वारा आयोजित सम्मान समारोह आदि प्रमुख थे।

दिल्ली चौधरी के अपने क्षेत्र डांग में सबसे भावनात्मक और बड़ा कार्यक्रम हुआ था। हवाई अड्डे से सभा-स्थल तक जाने वाली सड़कों के दोनों ओर कम से कम पचास हज़ार लोग जमा थे। सभा में एक-डेढ़ लाख लोग शामिल हुए थे। उनमें से ज़्यादातर लोग तीन-चार दिनों तक पहाड़ी और जंगली रास्तों से चलते हुए वहाँ पहुँचे थे। वे कंधों पर पोटलियों में रास्ते के लिए खाने का सामान बाँधकर लाए थे। मैं ऐसे सैकड़ों लोगों से मिलकर बहुत भावुक हो उठा, जिन्हें 15-20 सालों पहले कभी भारत से ग़ुलामी से मुक्त कराया था। उनमें से कई लोग काँच में मढ़कर रखे मेरे साथ वाले अपने फ़ोटो और हाथ से लिखा हुआ पता लेकर पहुँचे थे। उन्हें देखकर मेरी आँखों में आँसू आ गए थे।

मैंने उस यात्रा में नेपाल की सभी पार्टियों के नेताओं, सांसदों और हर वर्ग के लोगों से अपील की कि वे किसी मजबूरी, दबाव, बहकावे या लालच के कारण अपने बच्चों को भारत या दूसरे देशों में ग़ुलामी और वेश्यावृत्ति के लिए

नहीं जाने दें। मैंने नेपाल स्थित विदेशी राजदूतों की एक सभा में उनसे आग्रह किया कि नेपाल से बच्चों की ट्रैफ़िकिंग रोकने में हर सम्भव मदद करें। सभी सरकारी और ग़ैर सरकारी कार्यक्रमों में उपस्थित हज़ारों लोगों से बच्चों की आज़ादी, सुरक्षा और शिक्षा के लिए काम करने के भी संकल्प कराए।

हमारे ताइवान जाने की कहानी बड़ी मज़ेदार और मर्मस्पर्शी है। कई वर्षों से ताइवानी विद्यार्थी और युवा समाज-कार्यों और स्वयंसेवा के लिए बाल आश्रम आकर रहते थे। वे बीस-पच्चीस के समूहों में तीन-चार हफ़्ते रुककर बच्चों को गणित, अंग्रेज़ी, कई तरह के खेल, पेंटिंग और हस्तशिल्प सिखाते थे। उस दौरान वे सुमेधा जी और मेरे साथ कुछ समय बिता पाते थे। वे बहुत प्यारे और भावनाशील बच्चे थे। उनमें से कई हमसे अपने व्यक्तिगत जीवन की समस्याएँ तक साझा कर लेते थे। मेरा जापान, कोरिया आदि कई देशों के युवाओं के साथ यह अनुभव था कि वे शिक्षा, कैरियर और कमाई की अन्धी दौड़ में स्वयं को ही खोते जा रहे हैं। शायद उनके माता-पिता को यह बात महसूस करने की फ़ुरसत नहीं है। देश की आर्थिक तरक़्क़ी की क़ीमत युवाओं को एकाकीपन और अवसाद के रूप में चुकानी पड़ रही है। मैंने वही हालत ताइवानी युवाओं में देखी थी। उनमें आत्मीयता और स्नेह की बहुत गहरी भूख थी। हमारे साथ रहने से शायद उनके भीतर की वह भूख कुछ कम हुई हो।

कई ताइवानी युवक-युवतियाँ सुमेधा जी को और मुझे मम्मी-पापा कहने लगे थे। स्वदेश लौटने के बाद भी वे हमारे साथ इसी तरह के रिश्ते बनाए रखते थे। मुझे पुरस्कार मिलने की घोषणा वाले दिन ताइवान के कोने-कोने में रह रहे उन युवाओं और उनके परिजनों ने उत्सव मनाया था। नाच-गाने और आतिशबाज़ी आदि किये थे। उसकी ख़बरें वहाँ के अख़बारों में प्रमुखता से छापी गई थीं। हमारे उन बच्चों ने हर जगह यही कहा था कि उनके पापा को नोबेल पुरस्कार मिला है। राष्ट्रपति और प्रधानमंत्री तक उन ख़बरों से चकित रह गए थे। दो-तीन दिनों के बाद उन्होंने भारत में ताइवान के प्रतिनिधि (राजदूत) को अपने देश के पत्रकारों के साथ मुझसे मिलने भेजा और हमें सपरिवार ताइवान आमंत्रित किया।

हम पहली बार 2015 के जनवरी महीने में तीन दिनों की ताइवान-यात्रा पर गए। ताइपेइ हवाई अड्डे पर हमारे उन सैकड़ों बेटे-बेटियों ने बहुत गर्मजोशी से हमारा सत्कार किया। वहीं पर अच्छा-ख़ासा उत्सव शुरू हो गया। बड़ी संख्या में हवाई अड्डे के कर्मचारी, सुरक्षाकर्मी और यात्रीगण हमारे बच्चों के साथ नाचने-गाने लगे। एक बच्ची की माँ ने भावुक होकर मेरे गले से लगकर कहा

था, "मैं नहीं जानती थी कि जीवन से पूरी तरह हताश हो चुकी मेरी बेटी की ज़िन्दगी में फिर से उमंग भर देने वाले असली माता-पिता भारत में रहते हैं। हमने तो उसे सिर्फ़ जन्म दिया था।"

दूसरे दिन राष्ट्रपति भवन में राष्ट्रपति मा यिंग-जियोउ ने एक भव्य समारोह आयोजित किया था, जिसमें उप-राष्ट्रपति, प्रधानमंत्री, विदेश मंत्री और दूसरे कई मंत्रियों सहित अलग-अलग पार्टियों के वरिष्ठ सांसद और नेता मौजूद थे। उसी तरह का एक समारोह संसद भवन में संसद के अध्यक्ष ने आयोजित किया था। अपनी संक्षिप्त यात्रा के दौरान सुमेधा जी और मैंने कई कार्यक्रमों में भाग लिया। हम ज़ू ची विश्वविद्यालय और स्कूलों में विद्यार्थियों को सम्बोधित करने भी गए। वहीं मेरी मुलाक़ात रसायनशास्त्र में नोबेल पुरस्कार विजेता युआन ली से हुई, जिन्होंने बच्चों के अधिकारों की रक्षा के लिए लॉरिएट्स एंड लीडर्स फॉर चिल्ड्रन के मंच का तहेदिल से समर्थन किया। उसके अलावा हम देश के सबसे रमणीय तोरोको राष्ट्रीय उद्यान और म्यूज़ियम भी गए। हम स्वयंसेवी युवाओं को भारत भेजने वाले संगठनों वेक फ़ाउंडेशन और ईडन फ़ाउंडेशन के कई कार्यक्रमों में गए। पूरी यात्रा में सरकार के बड़े-बड़े अफ़सरों के अलावा राजदूत तियान चुंग सपत्नीक हमारे साथ रहे थे। उनसे हमारी बड़ी अच्छी मित्रता हो गई थी।

शारजाह की मेहमाननवाज़ी और मैं

किसी एजेंसी की मदद के बग़ैर यात्राएँ करने के बहुत से खट्टे-मीठे अनुभव रहे हैं। दो मज़ेदार घटनाएँ याद आ रही हैं। पहली, अरब देश शारजाह की और दूसरी, लेटिन अमेरिकी कम्युनिस्ट देश क्यूबा की।

2016 की बात है। शारजाह के शासक शेख सुल्तान बिन मोहम्मद अल कासिमी की पत्नी शेखा जवाहिर बिन्त मोहम्मद ने महिला सशक्तीकरण से सम्बन्धित एक कॉन्फ्रेंस में मुझे बुलाया था। सुमेधा जी और मुझे उनके पुराने महल में ठहराया गया। शासक परिवार कुछ समय पहले एक नये महल में जाकर रहने लगा था। हमने इतनी भव्यता और ख़ातिरदारी पहले कभी नहीं देखी थी। हमारे लिए कई कमरे, आरामगाह और बैठकें थीं। एक कक्ष में सौ से अधिक प्रकार के खजूर, 40-50 प्रकार की चाय और शायद उतने ही तरह के फल पहले से सजाकर रखे गए थे। पूरे महल में सुरक्षाकर्मियों से लगाकर व्यवस्थापक और कर्मचारी तक सिर्फ़ महिलाएँ थीं। उस परिसर में कोई पुरुष नहीं जा सकता था। महल में दर्जनों कमरे ख़ाली पड़े थे, फिर भी मेरे सहयोगी

ओएन जेम्स को पड़ोस के एक होटल में ठहराया गया था। उन्हें अन्दर आकर हमसे मिलने तक की मनाही थी।

हमारी तीमारदारी कर रही एक वरिष्ठ अधिकारी ने हमसे पूछा कि शाम के स्नैक्स और रात के भोजन में हम क्या लेना पसन्द करेंगे? मैंने उससे ही पूछ लिया, "क्या सादा शाकाहारी भारतीय खाना मिल सकता है?" उन्होंने मुस्कुराते हुए बड़ी विनम्रतापूर्वक कहा, "सर, आप शारजाह के शाही मेहमान हैं। दुनिया का किसी भी प्रकार का शाकाहारी व्यंजन परोसने में हम सम्मानित महसूस करेंगे। हर तरह का भारतीय भोजन ज़रूर उपलब्ध होगा।" वह दो मिनट में भोजन के मेन्यू की पूरी किताब उठाकर ले आई। उसका हरेक पन्ना चाँदी से सजाया गया था। हमने शाम की चाय के साथ पनीर पकौड़ों और रात में बिना घी की रोटी के साथ कम चिकनाई की हरी सब्ज़ी और एक दाल की फ़रमाइश की थी, लेकिन उन लोगों ने दस-बारह सब्ज़ियाँ, दालें और कई तरह की रोटियाँ परोसीं। हमारे डायबिटिक होने के कारण बिना शक्कर की ढेरों मिठाइयाँ अलग से।

हमें शाम को शेख़ सुल्तान साहब और उनकी धर्मपत्नी ने अपने महल में आमंत्रित किया। सुल्तान बहुत विद्वान और हुनरमन्द व्यक्ति हैं। उन्होंने बताया कि वे अपनी डॉक्टरेट की डिग्री के दौरान मुम्बई विश्वविद्यालय की लाइब्रेरी में बैठकर पढ़ाई करते थे। वे कई बार भारत आ चुके थे। शेख़ साहिबा बच्चों के कई कल्याणकारी कार्यक्रम चलाती हैं। मैं ग़रीब बच्चों के प्रति उनकी करुणा और सरोकार से बड़ा प्रभावित हुआ। हम चारों बड़ी देर तक बच्चों की भलाई के अलावा पशु-पक्षी, बागबानी, टेक्नोलॉजी, विश्व राजनीति, अध्यात्म, दर्शन आदि कई विषयों पर चर्चाएँ करते रहे। बीच-बीच में हँसी-मज़ाक़ की बातें भी चलती रहीं। मैंने शेख़ साहिबा से कहा, "हमारी भावनाएँ और विचार भाई-बहनों की तरह मिलते हैं।" वे तपाक से बोलीं, "हाँ, ज़रूर, मेरे भाई।" मैं आगे की बातचीत में उन्हें विनम्रतापूर्वक बहन कहकर सम्बोधित करने लगा था।

बाहर निकलते वक़्त, चलते-चलते मैंने अपना हाथ उन नई बहन के कन्धे पर रखकर बड़े स्नेह और आदर से उन्हें हमारे आयोजन लॉरिएट्स एंड लीडर्स के सम्मेलन में दिल्ली आने के लिए आमंत्रित किया। वे क्षण भर के लिए तो एकदम ठिठक गईं। हम कुछ क़दम तक यूँ ही चलते रहे। कुछ देर बाद मैंने महसूस किया कि उनके पीछे-पीछे चल रहीं तीन-चार अंगरक्षिकाएँ बड़ी बेचैन हो रही थीं, लेकिन मैं कुछ समझ नहीं पाया। सुल्तान सुमेधा जी से बातें करते हुए दो-चार क़दम आगे चल रहे थे। जब हम सभी दरवाज़े पर पहुँचे तो वे भी

सुल्तान के कन्धे पर मेरा हाथ देखकर ठिठके। फिर मुस्कुरा उठे। मैं समझ गया कि मुझसे कुछ गड़बड़ हो गई है।

सुल्तान से गले मिलते हुए मैंने कहा, "हमारी भारतीय परम्परा में बहनें पूजनीय मानी जाती हैं, परन्तु बहनोइयों का रुतबा और इज़्ज़त उनसे भी ज़्यादा होती है। आप तो मेरे बहनोई हैं।" वे दोनों ख़ूब खिलखिलाकर हँस पड़े और हमें कार में बैठाकर लौटे। मुझे यह बाद में पता चला कि किसी बाहरी आदमी द्वारा शासक की पत्नी को छूना सबसे बड़े अपराधों में से एक माना जाता है, जिसकी सज़ा हाथ काटने से लेकर मृत्युदंड तक हो सकती है। मैं नहीं जानता कि यह बात कहाँ तक सच है!

क्यूबा की वो मुश्किल रात

क्यूबा का अनुभव शारजाह से बिलकुल उलट था। 2017 में मुझे पहली बार क्यूबा जाने का मौक़ा मिला। सुमेधा जी और अमेरिकी कार्यकर्ता नेथन क्राइडर मेरे साथ गए। मुझे वहाँ पेडागॉजी, यानी अध्यापन शास्त्र की विश्व कांग्रेस में बोलने के लिए आमंत्रित किया गया था। कार्यक्रम की डायरेक्टर, राष्ट्रपति राउल कास्त्रो की बेटी डॉक्टर मरीला कास्त्रो थीं। हवाना के अन्तरराष्ट्रीय हवाई अड्डे से कांग्रेस स्थल तक जाने में ही क्यूबा के कम्युनिस्ट देश होने का एहसास हो गया था। रहन-सहन, पहनावे और रिहाइशी इलाक़ों आदि में साफ़ तौर पर समानता नज़र आ रही थी। वहाँ पर मॉल, महँगे बाज़ार और किसी भी तरह की नई कारें या दूसरे वाहन नहीं थे। क़रीब-क़रीब सभी वाहन रूस में निर्मित 40-50 साल पुराने ट्रक, बसें और कारें थीं। वहाँ भुखमरी भले ही न हो, किन्तु ग़रीबी तो थी ही। मुझे मालूम पड़ा कि क्यूबा के बच्चों और वयस्कों की पड़ोसी देशों में सेक्स ट्रैफ़िकिंग की जाती है। उसी तरह देश के अन्दर वेश्यावृत्ति और व्यभिचार के लिए पर्यटन का धंधा भी पनप रहा है।

विश्व प्रसिद्ध कम्युनिस्ट नेता और क्यूबा के राष्ट्रनायक फिदेल कास्त्रो ने अपने शासनकाल में शिक्षा और स्वास्थ्य को बहुत महत्त्व दिया था। उसका असर हर जगह दिखाई दे रहा था। वहाँ पर सौ फ़ीसदी नागरिक साक्षर हैं। एक समय तो क्यूबा के योग्य चिकित्सकों की माँग कम्युनिस्ट देशों में ही नहीं, बल्कि अमेरिका तक में थी। 1959 में कास्त्रो बन्धुओं, फिडेल और राउल कास्त्रो के नेतृत्व में भ्रष्ट तानाशाह सैनिक शासक बसिस्ता को अपदस्थ करके कम्युनिस्ट शासन की स्थापना हुई थी।

हम उन दोनों रिहाइशी घरों को देखने गए, जहाँ फिडेल कास्त्रो राष्ट्राध्यक्ष रहते हुए, राष्ट्रपति पद पर रहने के दौरान और उसके बाद में जाकर रहे थे। हम उनकी मृत्यु से सिर्फ़ तीन महीने बाद ही वहाँ गए थे। उनके बारे में जिससे भी बात होती, उसकी आँखें भर आती थीं। कुछ तो उनके बारे में बताते-बताते रोने लगते थे। हम उस स्कूल में भी गए जो फिडेल का सबसे पसन्दीदा था। उसका नाम वोटीथांग स्कूल था। वे जीवन के आख़िरी दिनों तक अपने उस प्रिय स्कूल में जाते रहते थे। स्कूल और उनके घर के बीच में सहजन के पेड़ों का बग़ीचा और एक छोटा सा खेत था। हमें बताया गया कि भारत यात्रा के दौरान प्रधानमंत्री इंदिरा गांधी ने फिडेल को सहजन के कुछ पौधे भेंट में दिये थे। उन्होंने क्यूबा लौटकर सहजन के चिकित्सकीय और स्वास्थ्य सम्बन्धी गुणों पर शोध कराई। उसके गुणों की पूरी जानकारी मिलने पर क्यूबा में सहजन की खेती शुरू करा दी थी। हमें वहाँ घुमाने वाले हेडमास्टर और शिक्षकों के गले बार-बार उन्हें याद करके रुँध जाते थे।

हम उन कमरों में गए और उन बेंचों तथा कुर्सियों पर बैठे जिन पर फिडेल कास्त्रो जाकर बैठा करते थे। मुझे रोमांच हो उठा। हमें नाश्ता भी उसी जगह कराया गया, जहाँ कभी वे बड़े शौक़ से बैठकर खाते-पीते थे। मेरे लिए वे बहुत रोमांचकारी क्षण थे। हमने लगभग तीन-चार घंटे उस स्कूल में बिताए। वहाँ के विद्यार्थियों से '100 मिलियन फॉर 100 मिलियन' कैम्पेन के बारे में विस्तार से बातचीत की। मैंने उन्हें प्रेरित किया कि वे उसमें शामिल होकर उस अभियान के माध्यम से बच्चों और युवाओं के जीवन में बदलाव लाने के लिए अन्तरराष्ट्रीय स्तर पर अपनी भूमिका निभाएँ। सभी विद्यार्थियों ने हाथ उठाकर दुनिया के बच्चों की आज़ादी, सुरक्षा और शिक्षा का समर्थन किया। हालाँकि क्यूबा के शिक्षण संस्थानों और सामाजिक जीवन में अभिव्यक्ति की स्वतंत्रता को हतोत्साहित किया जाता है। हम उस दुकान और मकान में गए थे जहाँ दूसरे विश्वप्रसिद्ध साम्यवादी और क्रान्तिकारी नेता चे-ग्वेरा ठहरते थे। चे उसी के पास जिस छोटे से कॉफ़ी हाउस में जाकर बैठते थे, हम भी वहाँ जाकर बैठे। वह जगह अभी भी उतनी ही ख़स्ताहाल है। उसके पास नाई की एक पुरानी दुकान थी।

हमें कांग्रेस भवन के वीआईपी कक्ष में ठहराया गया था। वह साम्यवादी शासन के पहले निर्मित किसी होटल का बहुत पुराना कमरा था। उसका बिस्तर और फ़र्नीचर बहुत ज़्यादा ख़स्ता हालत में थे। कमरे में लगा बिजली का पंखा किसी भारी इंजन की तरह आवाज़ कर रहा था। रात में हमारे पीने के लिए पानी का कोई इन्तज़ाम नहीं था। वहाँ का रेस्तराँ शाम को 5 बजे बन्द हो जाता

था। हमने कई बार रिसेप्शन पर फ़ोन करके पानी माँगा, लेकिन वहाँ उपस्थित महिला टालमटोल करती रही। सुमेधा जी और मैं डायबिटीज के मरीज़ हैं। इसलिए रात को एक गोली खाना ज़रूरी है। मैं कई बार दो मंज़िल से उतरकर रिसेप्शन पर शिकायत करने, और पानी की बोतल ढूँढ़ने के लिए बिल्डिंग में चक्कर लगाता रहा। रिसेप्शनिस्ट ने कहा कि वह मैनेजर से बात कर रही है। वह शाम को घर जा चुका था।

उसने लगभग 11 बजे रात को सूचना दी कि हम पैसा देकर पानी की बोतल ख़रीद सकते हैं। मैं परेशान होकर बुरी तरह झुँझला रहा था। मैं डॉलर में पैसे देने लगा तो उस रिसेप्शनिस्ट ने कहा कि वह सिर्फ़ राष्ट्रीय मुद्रा में नगद पैसे ले सकती है। वहाँ कोई बाहरी क्रेडिट कार्ड नहीं चलता था। हमारी सुबह उठकर चाय पीने की आदत है। वहाँ चाय की तो छोड़िए, ब्रेड और सलाद के अलावा और कोई भोजन नहीं था। कांग्रेस भवन सरकारी था, इसलिए वहाँ इतनी लालफीताशाही और झंझटों का सामना करना पड़ा था। हम हवाना में किसी प्राइवेट होटल में नहीं ठहर सकते थे, क्योंकि शिक्षा मंत्रालय के मेहमान थे। हमारी सुरक्षा सरकार की ज़िम्मेवारी थी और मुझे अगली सुबह अन्तरराष्ट्रीय कांग्रेस का समापन भाषण देना था।

अच्छी बात यह थी कि मेरा सहयोगी नेथन पहले कभी हवाना में रह चुका था। वह वहाँ के एकमात्र पिज्जा रेस्टोरेंट से परिचित था, जहाँ शाकाहारी पिज्जा मिलने की सम्भावना थी। उस रेस्टोरेंट को बहुत सारी शर्तों और बंदिशों के साथ सरकारी लाइसेंस मिल सका था। हम दोपहर और शाम को वहीं पर जाकर अपनी मरज़ी का पिज्जा बनवाकर खाते रहे।

कुछ दिनों पहले नेथन ने मुझे उस रेस्टोरेंट के मेन्यू कार्ड की फ़ोटो भेजी थी, जिसमें एक पिज्जा का नाम मेरे नाम पर रख दिया गया है, क्योंकि उसके मालिक और शेफ को वह पिज्जा बहुत ज़्यादा पसन्द आया था।

भला हुआ मेरी मटकी फूटी, मैं पनियाँ भरन से छूटी

पनामा की प्रथम महिला लोरेना कैस्टिलो से हमारी बड़ी पारिवारिक मित्रता रही है। मैं पहली बार उनके पति राष्ट्रपति जुआन कार्लोस वरेला और उनसे जिनेवा में आईएलओ के अधिवेशन के दौरान मिला था। वहाँ उन्होंने पनामा को दक्षिणी अमेरिका का पहला बाल मज़दूरी मुक्त देश बनाने का संकल्प लिया था। मैंने इस काम में उनका पुरज़ोर सहयोग करने का वायदा किया था। उसके बाद से

हमारे बीच लगातार सम्पर्क बना रहा। उनके आमंत्रण पर सुमेधा जी और मैं, दो बार पनामा की यात्रा कर चुके हैं। मुझे वहाँ की संसद को सम्बोधित करने का अवसर मिला था। लोरेना मुझे अपने भाई की तरह मानती हैं और मैं उन्हें बहन कहता हूँ। शुरू-शुरू में वे सुमेधा जी को 'बावी' कहकर बुलाती थीं, लेकिन बाद में हिन्दी में बहुत अच्छे उच्चारण के साथ भाभी कहकर पुकारने लगीं। हम श्रीमती वरेला और वहाँ के श्रम मंत्री के साथ देश के ऐसे कई दुर्गम इलाक़ों में घूमे, जहाँ सबसे अधिक बाल मज़दूरी होती है। मैं अन्य देशों में अपने अनुभवों के आधार पर उसका हल खोजने के लिए कई तरह के सुझाव भी देता रहा हूँ ।

6 फरवरी, 2017 की बात है। हम राजधानी पनामा सिटी के एक रेस्तराँ में राष्ट्रपति वरेला तथा उपराष्ट्रपति और उनकी पत्नियों के साथ खाना खा रहे थे। वह एक निजी और पारिवारिक रात्रिभोज था। अचानक भुवन का फ़ोन आया। तब दिल्ली में 07 फरवरी का सवेरा हो चुका था। वह बहुत ज़रूरी होने पर ही फ़ोन करता है। मैं मेहमानों से माफ़ी माँगकर हाथ में मोबाइल फ़ोन लिये बाहर निकल गया। भुवन ने बताया कि पिछली रात हमारे फ़्लैट में बड़ी चोरी हो गई है। चोर नोबेल डिप्लोमा सहित सभी पुराने मेडलों, गहनों, अच्छे कपड़े आदि सारा क़ीमती सामान चुरा ले गए। किसी ने रात को खिड़कियों के दरवाज़े तोड़कर यह कारनामा किया था। उस रात हमारे घर में कोई नहीं था।

मैंने भुवन से कहा कि रात्रिभोज ख़त्म होने के बाद हम इत्मीनान से बात करेंगे, तब तक वह पुलिस आदि की कार्यवाही करता रहे। मैं अपने चेहरे के भाव छुपा नहीं पाता, फिर भी सामान्य बने रहने की कोशिश करता रहा। मैं नहीं चाहता था कि किसी देश का राष्ट्रपति भारत के बारे में यह सोचे कि उस देश का एकमात्र नोबेल शान्ति पुरस्कार विजेता इतनी असुरक्षा में रहता है। हमने तो कुछ नहीं बताया, लेकिन राष्ट्रपति का मेहमान होने के कारण कुछ देर के भीतर ही वहाँ के ख़ुफ़िया अधिकारियों ने उन्हें घटना की जानकारी दे दी थी। फिर भी, उन्होंने इस बारे में हमसे दूसरे दिन ही बातचीत की।

होटल लौटकर हमने अपने बच्चों और साथियों से बातचीत की। वे पुलिस में रिपोर्ट दर्ज कराने के लिए यह जानना चाहते थे कि घर में क्या-क्या क़ीमती सामान था। सुमेधा जी परेशानी और दुख की वजह से कुछ भी ठीक से याद नहीं कर पा रही थीं। मुझे याद तक नहीं था कि पिछले कई सालों में मिले अन्तरराष्ट्रीय पुरस्कारों में सोने या चाँदी के कितने मेडल और शील्ड जैसी क़ीमती चीज़ें थीं। नोबेल पुरस्कार के बाद देश-विदेश से मिले मूल्यवान उपहारों को भी सँभालकर नहीं रखा गया था। न ही हमारे पास उनकी ठीक-ठीक गिनती थी।

सुमेधा जी ने कुछ ही महीनों पहले, पहली बार घर में एक लोहे का लॉकर ख़रीदा था, ताकि उसमें नोबेल डिप्लोमा और मेडल की प्रतिकृति (रेप्लिका) रखी जा सके। हमने कभी बैंक लॉकरों का प्रयोग तक नहीं किया था। हम लोगों को जितना याद आ सका, उतना भुवन को बता दिया। मैंने रात को बिस्तर पर सोने से पहले सुमेधा जी को संत कबीर की कुछ पंक्तियाँ गाकर सुनाईं—"भला हुआ मेरी मटकी फूटी, मैं तो पनियाँ भरन से छूटी रे"..."भला हुआ मेरी माला टूटी, राम भजन से छूटी रे"...वे भी मुस्कुरा दीं।

हम दोनों ने सोचा कि अब घर में रखने को ही कुछ नहीं बचा तो अलमारियों, लॉकरों और तालों से छुटकारा मिल गया।

दुनिया भर के अख़बारों में उस चोरी की ख़बरें छपीं। मेरे पास पत्रकारों के सैकड़ों फ़ोन और ईमेल इत्यादि आते रहे। कई लोगों ने मेरे प्रति सरकार की लापरवाही के बारे में बड़ा दुख, चिन्ता और ग़ुस्सा ज़ाहिर किया, लेकिन मैंने उन बातों पर ध्यान देने के बजाय अपनी दक्षिण अमेरिका की यात्रा जारी रखी। बीच में से लौटने का कोई फ़ायदा नहीं था। आख़िरकार दिल्ली पुलिस के प्रयासों से चार-पाँच सप्ताह में तीन चोरों को पकड़कर नोबेल डिप्लोमा सहित लगभग सारा सामान ढूँढ़ निकाला गया। फिर उसे वापस हासिल करने के लिए कोर्ट-कचहरी का मुश्किल भरा दौर शुरू हुआ।

सुमेधा जी और हमारे वकीलों को क़रीब दो साल तक पुलिस थाने और कचहरी के चक्कर काटने पड़े। क़ानून की पेचीदगियाँ ऐसी कि ईश्वर भी तौबा कर ले। ख़ैर, जैसे-तैसे हमें बरामद किया हुआ सामान मिल गया। उस दौरान बाक़ी चीज़ों की तो दुर्गति हो ही चुकी थी, नोबेल डिप्लोमा तक में गन्दगी और फफूँद लगनी शुरू हो गई थी।

'द प्राइस ऑफ़ फ्री' और सनडांस फ़िल्म महोत्सव

ओस्लो में पुरस्कार समारोह के दौरान एक बड़े जाने-माने डॉक्यूमेंट्री निर्देशक डेविस गूगनहाइम ने हमसे सम्पर्क किया था। वे मेरे जीवन और काम पर डॉक्यूमेंट्री बनाने के लिए बड़े उत्साहित थे। उन्होंने हमसे बातचीत करने और जानकारियाँ इकट्ठा करने के लिए अपने दो सहयोगियों, डैरेक डोनीन और सारा एंथनी को दिल्ली भेजा। कुछ दिनों तक वे हमारे साथ रहे। उन्होंने कहानी की रूपरेखा तैयार करके धन का इन्तज़ाम कर लिया। यह 2016 की बात है। उनकी टीमें मेरे और संगठन के दूसरे कार्यकर्ताओं के साथ फ़िल्म के निर्माण में जुट

गईं। यह आसान काम नहीं था, न तो उनके लिए और न हमारे लिए। डेविस गूगनहाइम के मार्गदर्शन में ही सही, डैरेक पहली बार इस तरह की डॉक्यूमेंट्री फ़िल्म का निर्देशन कर रहा था। वह बहुत मेहनती और साहसी नौजवान है। कई मुद्‌दों पर उसके और हमारे नज़रिये और काम करने के तरीक़ों में बहुत फ़र्क़ था। उदाहरण के लिए हमारे फ़िल्मकार मेरे सन्तुलित बने रहने पर भरोसा नहीं कर पा रहे थे। बच्चों के माँ-बाप की वेदना सुनते हुए, छापामार कार्रवाइयों में ख़तरों के बीच, मालिकों से पुलिस की मिलीभगत के कारण नाकामयाब हो जाने पर और मुक्त हुए बच्चों पर हुए अमानवीय अत्याचारों की कहानियाँ सुनने के दौरान मैं विचलित क्यों नहीं होता? उनकी परेशानी का कारण यह था कि उन्हें उस तरह के दृश्य फ़िल्माने के लिए नहीं मिल पा रहे थे।

2018 में 'कैलाश' शीर्षक से वह फ़िल्म रिलीज़ हुई। उसे 18 जनवरी को अमेरिका के सबसे प्रतिष्ठित और बड़े फ़िल्म समारोह सनडांस फ़िल्म फ़ेस्टिवल में रिलीज़ किया गया। उसमें भाग लेने के लिए मैं अपने परिवार के साथ अमेरिका के सॉल्ट लेक सिटी गया। किसी फ़िल्म को उस समारोह में प्रदर्शन के लिए चुना जाना ही अपने आप में बड़े सम्मान की बात थी। इनाम जीतने के तो कहने ही क्या? पहाड़ियों पर बसा वह छोटा-सा क़स्बा सफ़ेद चमकदार बर्फ़ की चादर से ढका हुआ बेहद ख़ूबसूरत लग रहा था।

उस अभूतपूर्व चकाचौंध, रंग-बिरंगी लाइटों से बिखरती रोशनी में नहाती भीड़ और शानो-शौकत में हमारे साथ फ़िल्मी सितारों की तरह व्यवहार किया जा रहा था। अन्तरराष्ट्रीय फ़िल्म फ़ेस्टिवल में दुनिया भर से आईं फ़िल्मी हस्तियों और उनके प्रशंसकों की भीड़ में गलियों और सड़कों से गुज़रना मुश्किल हो रहा था। बर्फ़ गिरने के दौरान भारी कपड़ों से लदे होने के कारण एक-दूसरे को पहचान पाना मुश्किल होता था। परन्तु धूप खिलते ही प्रशंसकों के झुंड आगे-पीछे होकर फ़ोटो खींचने लगते थे।

मैं बॉलीवुड तक के ज़्यादातर फ़िल्मी सितारों को नहीं पहचानता। हॉलीवुड और दुनिया के दूसरे देशों के अभिनेताओं की तो बात ही छोड़िए। मेरे बच्चे बीच-बीच में बताते रहते थे कि मुझसे हाथ मिलाने या विशिष्ट जगहों पर कंधे रगड़ते हुए निकले अथवा रेस्टोरेंट में बग़ल की टेबल पर खाना खाने वाली अभिनेत्री या अभिनेता कौन हैं। वहाँ की गली-गली में अलग-अलग देशों से आए टेलीविज़न और मीडिया संस्थानों ने आलीशान स्टूडियो बना रखे थे। मैंने पहले कई बार डाबोस में वर्ल्ड इकोनॉमिक फ़ोरम में उनसे मिलते-जुलते स्टूडियो में साक्षात्कार दिये थे, लेकिन उनकी तुलना सॉल्ट लेक सिटी की भव्यता और

आधुनिकता से नहीं की जा सकती। हमारा ज़्यादातर वक़्त उन्हीं स्टूडियो में भागते-दौड़ते बीतता था।

हमारे भारत लौटने के कुछ दिनों बाद ख़ुशख़बरी मिली कि फ़िल्म को सनडांस फ़ेस्टिवल में सर्वश्रेष्ठ डॉक्यूमेंट्री की तरह चुना गया है। फ़िल्म निर्माताओं और हमारे संगठन ने योजना बना रखी थी कि मैं अमेरिका के कुछ बड़े शहरों के सिनेमाघरों में फ़िल्म प्रदर्शन के दौरान मौजूद रहूँ। उसके अलावा हमारे फ़ाउंडेशन ने भी कई बड़ी कम्पनियों, विश्वविद्यालयों, सरकारों, संसदों, सामाजिक संगठनों और संयुक्त राष्ट्रसंघ से सम्बन्धित संस्थाओं के साथ मिलकर फ़िल्म के ढेरों प्रदर्शन आयोजित किये थे। कुछ समय के बाद निर्माताओं और वितरकों ने फ़िल्म का नाम 'कैलाश' से बदलकर 'द प्राइस ऑफ़ फ्री' रख दिया था।

उसी फ़िल्म के सिलसिले में हमें कान्स के प्रसिद्ध फ़िल्म महोत्सव में बुलाया गया था। वहाँ की शानो-शौकत तो सनडांस से भी कई गुनी ज़्यादा थी। हमें जिस भव्य होटल में ठहराया गया था, उसके हर कमरे, लॉबी और रेस्टोरेंट में ही नहीं, पूरे शहर के चप्पे-चप्पे में दुनिया भर की फ़िल्मी हस्तियाँ नज़र आ रही थीं। मैं वहाँ भी उनके बारे में अनाड़ी ही था। मुझे कान्स के एक समारोह में हॉलीवुड प्रेस संगठन की तरफ़ से सम्मानित किया गया, जिसमें बहुत सारे प्रसिद्ध अभिनेता, अभिनेत्रियाँ और फ़िल्म इंडस्ट्री से जुड़े लोग शामिल हुए थे।

करुणा के वैश्वीकरण की ज़रूरत

बाल यौन शोषण के ख़िलाफ़ अभियान की शुरुआत

2015 और 2016 में शायद ही कोई ऐसा महीना गया हो, जिसमें कम से कम 10-15 दिन विदेशों की यात्राएँ न हुई हों। ज़्यादातर महीनों में तो हर सप्ताह एक-दो देशों की यात्राएँ होती रहीं। वे हमारे आन्दोलन के लिए बड़ी उपयोगी थीं, लेकिन मेरा दिल तो सड़कों पर जन-आन्दोलन की यात्रा के लिए तड़प रहा था। मैंने उस दौरान दुनिया भर में बढ़ रहे बाल यौन शोषण और बलात्कार की घटनाओं पर ज़्यादा ध्यान देना शुरू कर दिया था। टेक्नोलॉजी और सोशल मीडिया के बढ़ने के साथ-साथ यह बुराई महामारी की तरह बढ़ती जा रही थी। भारत में सरकार की एजेंसी नेशनल क्राइम रिकॉर्ड ब्यूरो की रिपोर्टों के हिसाब से हर घंटे में चार बच्चों के साथ यौन उत्पीड़न होना बहुत शर्मनाक बात थी।

मैं एक बार दिल्ली के एक अस्पताल में पाँच-छह साल की पीड़िता बच्ची और उसकी माँ से मिला था। उसकी स्कूल वैन के ड्राइवर ने घर लौटते वक़्त उससे बलात्कार किया था। वह बुरी तरह घायल हालत में अस्पताल लाई गई थी। उसकी माँ रशीदा खातून (बदला हुआ नाम) ने मुझे बताया, "जल्दी निकाह होने से मैं तो पढ़-लिख नहीं पाई, लेकिन मेरा सपना था कि बेटी ज़रूर पढ़े। इसलिए अपने पति से लड़-झगड़कर मैं गाँव छोड़कर बच्ची के साथ दिल्ली आ गई। यहाँ इसे स्कूल भेजना शुरू किया। किसी तरह गुज़ारा कर रहे थे, लेकिन अब तो हम मुँह दिखाने लायक़ भी नहीं रहे।"

मैंने उसे सांत्वना देकर हर तरह की मदद का वायदा किया। वह बच्ची बहुत चुलबुली और प्यारी थी। हमने उसे खाने का कुछ सामान और खिलौने दिये।

दो-एक कहानियाँ भी सुनाईं। फिर उससे पूछा, "बेटा, अब तुम ठीक हो रही हो। बड़े होने पर पढ़-लिख कर क्या बनोगी?" मुझे उस वक़्त अपने आप पर बड़ी शर्म आई, जब पढ़ाई-लिखाई का नाम सुनते ही वह चीख़ पड़ी थी और उसने बिस्तर में अपना मुँह छुपा लिया था।

थोड़ी देर बाद हिम्मत करके मैंने साथ में खड़ी डॉक्टर की तरफ़ इशारा करके बच्ची से पूछा, "तुम्हें ये कैसी लगती हैं?"

वह मुस्कुराकर बोली, "बहुत अच्छी।"

मैंने फिर पूछा, "क्या तुम भी इनकी तरह बनना चाहोगी?"

वह कुछ सोचकर मुस्कुरा उठी और बोली, "हाँ-जी, ज़रूर।"

उसके सिर पर हाथ फेरकर मैंने कहा, "बेटी, अस्पताल से छुट्‌टी होने से पहले इन्हीं से पूछना कि इनकी तरह बनने के लिए तुम्हें क्या करना पड़ेगा?" उसने 'हाँ' में अपना सिर हिला दिया।

मेरे वहाँ जाने से अस्पताल के अधिकारियों और कई डॉक्टरों तथा विशेषज्ञों ने उस पर ज़्यादा ध्यान देना शुरू कर दिया। मैंने एक कार्यकर्ता को उसकी क़ानूनी मदद के लिए लगा दिया। अस्पताल से लौटते वक़्त मेरा मन बहुत उद्वेलित था। अगर स्कूल और पढ़ाई का नाम सुनते ही ख़ौफ़ के कारण किसी मासूम बच्ची की चीख़ निकल पड़े तो हमारे बच्चे कहाँ सुरक्षित रहेंगे?

मैं देश में कई जगह ऐसे दर्जनों बच्चों और उनके परिवारों से जाकर मिला। उनके लिए सहानुभूति दिखाना, लिखा-पढ़ी करना, इलाज करवा देना और क़ानूनी लड़ाई में मदद करना पर्याप्त नहीं था। उस बुराई के ख़िलाफ़ देशव्यापी आन्दोलन चलाकर जनजागृति पैदा करना और सख़्त क़ानून बनवाना ज़रूरी था। हमारे संगठन ने एक देशव्यापी यात्रा करने का संकल्प लिया। संयोग की बात यह थी कि वह फ़ैसला भी हमारे मुक्ति आश्रम की उसी गोल कुटिया में बैठकर लिया गया, जिसमें ग्लोबल मार्च और दूसरी कुछ यात्राओं के फ़ैसले किये गए थे। सिर्फ़ एक यात्रा निकालने के बजाय देश के अलग-अलग कोनों से छह यात्राएँ निकालने का फ़ैसला किया गया। भारत यात्रा का ध्येय वाक्य 'सुरक्षित बचपन-सुरक्षित भारत' तय हुआ।

12 हज़ार किलोमीटर की दूरी और एक ध्येय : सुरक्षित बचपन

भारत के प्रधानमंत्री नरेन्द्र मोदी ने पारम्परिक राजनीति के अलावा कई अभियान शुरू किये थे। उनमें बेटियों को बचाने तथा पढ़ाने और स्वच्छता व शौचालय

निर्माण आदि प्रमुख हैं। मैंने कई बार उनसे मिलकर बाल मज़दूरी रोकने के लिए क़ानून में सुधार करवाने और ख़तरनाक बाल मज़दूरी पर आईएलओ के कन्वेंशन को पारित करने का अनुरोध किया था। वे उससे सहमत हुए थे। सरकार ने वे दोनों ही काम कर दिये। इसलिए हमारी दिली इच्छा थी कि सुरक्षित बचपन के अभियान का शुभारम्भ उन्हीं के द्वारा हो। मैं और भुवन, मोदी जी से जाकर मिले। हमने उनसे यौन उत्पीड़न की त्रासदी और उससे होने वाले सामाजिक पतन के बारे में विस्तृत बातचीत की और उन्हें आमंत्रित किया। उन्होंने हमारी योजना को पूरा सहयोग देने का वादा करते हुए यात्रा की तारीख़ें बढ़ाने का सुझाव दिया। उनके समय की उपलब्धता के हिसाब से हमने यात्रा शुरू करने की तारीख़ 16 अगस्त के बजाय 11 सितम्बर, 2017 कर दी।

कन्याकुमारी से यात्रा शुरू करने के दो दिन पहले तक हम यही समझते रहे कि मोदी जी हरी झंडी दिखाने अवश्य आएँगे। किन्तु उसी दिन दिल्ली में युवाओं के एक अन्य कार्यक्रम में व्यस्तता के कारण वे कन्याकुमारी नहीं आ सके। अलबत्ता उन्होंने अभियान को अपना समर्थन देते हुए मुझे एक पत्र भेज दिया था। यात्रा के उद्घाटन के समय वह पत्र पढ़कर सुनाया गया।

विश्व में इस मुद्दे पर यह इस स्तर का पहला जन-आन्दोलन था। यात्रा सितम्बर-अक्टूबर महीने में की गई। भारत के दक्षिणी छोर कन्याकुमारी में विवेकानन्द शिला स्मारक से शुरू हुई यात्रा ने 22 राज्यों से गुज़रते हुए 12 हज़ार किलोमीटर की दूरी तय की। कई प्रदेशों के मुख्यमंत्रियों, न्यायाधीशों, पुलिस अधिकारियों, धर्मगुरुओं, उद्योगपतियों, हज़ारों सामाजिक संगठनों और शिक्षण संस्थाओं, सरकारी अफ़सरों, वकीलों, डॉक्टरों, युवाओं और छात्रों के संगठनों की सक्रिय भागीदारी से लगभग 12 लाख यात्री हमारे साथ शामिल हुए। सभी ने बलात्कार और यौन उत्पीड़न के ख़िलाफ़ लड़ने का संकल्प लिया।

यात्रा का समापन राष्ट्रपति भवन में हुआ। तत्कालीन राष्ट्रपति रामनाथ कोविंद ने भारत यात्रा की तुलना इतिहास की महानतम यात्राओं से की। समापन कार्यक्रम में बाल वेश्यावृत्ति की शिकार रह चुकी मंच पर बैठी एक बच्ची ने जब अपनी दास्ताँ सुनाई तो राष्ट्रपति महोदय की आँखों में आँसू छलक आए। मैं उस यात्रा की सफलता से पिछली सभी यात्राओं की तरह नई ऊर्जा और उत्साह से भर गया था। रास्ते भर में ढेरों बच्चों ने मुझ पर भरोसा करके, कभी मेरी छाती से चिपटकर या बोलकर अथवा कई बार मौन रहते हुए भी आँसुओं से भरी आँखों के ज़रिये अपनी चुप्पी तोड़ी थी। उनकी आवाज़ मेरे दिल में हमेशा एक चुनौती की तरह गूँजती रहेगी।

हमारी यात्रा के कई सार्थक परिणाम निकले। हमारी माँगों के आधार पर कुछ प्रान्तों की सरकारों ने नये क़ानून बनाए। न्यायालयों ने ऐसे अपराधों में जल्दी फ़ैसले लेने शुरू किये। पुलिस महकमे ज़्यादा ज़िम्मेवारी से तेज़ कार्यवाही करने लगे। कई स्कूलों में उम्र के अनुसार सेक्स एजुकेशन शुरू कर दिया गया। मीडिया में रुचि और संवेदनशीलता बढ़ी। कुछ महीनों के भीतर ही भारत की संसद ने बाल यौन उत्पीड़न तथा बलात्कार से सम्बन्धित क़ानूनों को कठोर और प्रभावी बनाने के लिए बहुत से महत्त्वपूर्ण संशोधन किये।

बच्चों का डिजिटल यौन उत्पीड़न रोकने के लिए क़ानून की माँग

पूरी दुनिया में बच्चे-बच्चियों का डिजिटल यौन उत्पीड़न तेज़ी से बढ़ रहा है, यह चिन्ता मुझे कई सालों से सता रही थी। एक तरफ़ अश्लील चित्रों, वीडियो और बातचीत के लिए बच्चों का इस्तेमाल किया जाना, दूसरी ओर बड़े पैमाने पर किशोर और छोटे बच्चों द्वारा वेबसाइटों पर आसानी से अश्लील सामग्री देखना—यह अरबों डॉलर का काला धंधा बन चुका है। बच्चों से जुड़ी पॉर्न सामग्री के उत्पादन तथा वितरण का धंधा ख़ूब फल-फूल रहा है। मासूम बच्चे और बच्चियों के फ़ोटो और वीडियो का दुरुपयोग हो रहा है। उनके साथ दुर्व्यवहार हो रहा है। शिशुओं और किशोरों के डिजिटल यौन उत्पीड़न को रोकने के लिए कोई अन्तरराष्ट्रीय क़ानून नहीं है, यह जानकर मुझे बड़ी हैरानी हुई थी। किसी-किसी देश में अपने कुछ क़ानूनी प्रावधान ज़रूर हैं, लेकिन इंटरनेट और डेटा के लिए देशों की सीमाएँ कोई मायने नहीं रखतीं। हमने सोचा कि इसके लिए एक अन्तरराष्ट्रीय क़ानून ज़रूरी है जो अन्य उपायों के अलावा बाल यौन हिंसा को बढ़ावा देने वाले तमाम ऐसे वेबसाइट और इंटरनेट सेवा प्रदाता कम्पनियों को भी जवाबदेह बनाए।

जॉर्डन में 2018 के लॉरिएट्स एंड लीडर्स फॉर चिल्ड्रन सम्मेलन में यह मुद्दा उठा था। उसमें पारित किये गए 'डेड सी घोषणापत्र' में संयुक्त राष्ट्र द्वारा क़ानून बनाने की माँग की गई थी। मैंने उसी के आधार पर समर्थन माँगने के लिए कई विश्व नेताओं से मेल-मुलाक़ातें और चर्चा शुरू की। बर्लिन में जर्मनी की चांसलर एंजेला मार्केल से मुलाक़ात बहुत उत्साहजनक थी। उन्होंने अपने विदेश मंत्री को हमारे साथ मिलकर प्रक्रिया को आगे बढ़ाने का निर्देश दिया। उनका सुझाव था कि हमें कई और महत्त्वपूर्ण देशों का समर्थन जुटाना चाहिए। उनके विचार से अमेरिका के राष्ट्रपति डोनाल्ड ट्रंप की बेटी इवांका ट्रम्प इस काम में

हमारी बड़ी सहयोगी हो सकती हैं। मैंने उन्हें बताया कि मेरा उनसे कोई परिचय या सम्पर्क नहीं है। इस पर वे ख़ुद इवांका से बात करने के लिए राज़ी हो गईं। श्रीमती मार्केल एक बड़ी संवेदनशील विश्व नेत्री हैं। उन्होंने तमाम विरोधों के बावजूद शरणार्थियों को जर्मनी में बसाने के मामले में यह बात साबित की थी।

मैंने इसी क्रम में नॉर्वे की प्रधानमंत्री एर्ना सोल्वर्ग और स्वीडन के प्रधानमंत्री स्टीफन लॉवेन से भी मुलाक़ातें कीं। वे भी अपने देशों में हो रहे इस अपराध के बारे में चिन्तित थे। मोटे तौर पर वे अन्तरराष्ट्रीय क़ानून बनाने के विचार से सहमत थे। उन्होंने कई राजनीतिक अड़चनों के बारे में भी मुझे आगाह किया। मैंने इस सिलसिले में बांग्लादेश की प्रधानमंत्री शेख़ हसीना, जॉर्डन के शाह, कतर की राजमाता शेखा मौजा, बहरीन के प्रधानमंत्री, ताइवान, कोलम्बिया और अर्जेंटीना के राष्ट्रपतियों सहित अनेक विश्व नेताओं से मिलकर बातचीत की। अधिकांश नेता ऐसे अन्तरराष्ट्रीय क़ानून के विचार से सहमत थे।

पोप से महत्त्वपूर्ण मुलाक़ात

2018 के नवम्बर में इस विषय को लेकर मेरी मुलाक़ात पोप फ्रांसिस से हुई। मैं इससे पहले भी 2016 में उनसे मिल चुका था। परन्तु वह एक शिष्टाचार भेंट थी। दूसरी बार मिलने के पीछे दो कारण थे। पहला, चर्च में होने वाले व्यभिचारों के लगातार हो रहे खुलासों पर बात करना और दूसरा, बच्चों के प्रति हो रहे डिजिटल यौन हिंसा और उत्पीड़न के ख़िलाफ़ अन्तरराष्ट्रीय क़ानून के लिए उनका समर्थन हासिल करना।

पोप के साथ मेरी मीटिंग वेटिकन में उनके निजी आवास पर हुई। सामान्य तौर पर पोप राष्ट्राध्यक्षों और विशिष्ट अतिथियों से घर में न मिलकर, बैठक कक्षों में ही मिलते हैं। मैं यह जानकर अपने मुद्दे को बेबाक ढंग से रखने के लिए काफ़ी सहज महसूस करने लगा था। मुलाक़ात में हम दोनों के अलावा सिर्फ़ उनका अनुवादक मौजूद था। पोप फ्रांसिस बहुत अपनेपन और सम्मान के साथ मुझे अपने अध्ययन कक्ष में ले गए। हम एक छोटी सी टेबल पर बैठे। लगता था कि वह टेबल और कुर्सियाँ कमरे की तरह ही सदियों पुरानी हैं। एक स्वतंत्र राष्ट्र वेटिकन भले ही संयुक्त राष्ट्रसंघ का सदस्य न हो, लेकिन बहुत से देशों की जनता और सरकारों पर पोप फ्रांसिस का ज़बरदस्त प्रभाव है।

बातचीत की शुरुआत में मैंने उनसे कहा, "मैंने अर्जेंटीना में फ्लोरेंस इलाक़े में वह घर देखा है जहाँ आपका जन्म हुआ था। उन झुग्गी-बस्तियों में भी घूमा

हूँ और वहाँ रहने वालों से बातचीत की है, जहाँ आप जनसेवा किया करते थे। तब वे लोग आपको झुग्गियों का बिशप कहते थे।" वे भी मेरे कामों से परिचित थे। इसलिए मैंने करुणा के वैश्वीकरण की ज़रूरत पर विस्तार से बात की। फिर बच्चों की ग़ुलामी, ट्रैफ़िकिंग और यौन उत्पीड़न से हो रहे परिणामों के बारे में बातचीत शुरू कर दी और उसे रोकने के लिए सामाजिक प्रयासों और अन्तरराष्ट्रीय क़ानून के लिए उनका समर्थन माँगा।

उन्होंने चर्च द्वारा बच्चों की भलाई और बाल अधिकारों के कार्यों के बारे में बताया। थोड़ी देर तक चर्चा करने के बाद वे समर्थन के लिए तैयार हो गए। उन्होंने मुझे काग़ज़ पर वेटिकन के एक वरिष्ठ अधिकारी का नाम लिखकर दे दिया जो हमारे बीच का सम्पर्क सूत्र होगा।

मैं उनके व्यवहार से बहुत उत्साहित हुआ। तभी मौक़ा देखकर उनसे कहा, "मैं दुनिया के सभी बच्चों को अपना बच्चा मानता हूँ। उनमें ईसाई बच्चे भी शामिल हैं। अब मैं आपसे जो बात करने जा रहा हूँ, शायद वह आपके अनुयायी नहीं कर सकें। आपके विरोधी तो करेंगे ही।"

वे बहुत स्नेह से मेरा हाथ पकड़े हुए बोले, "कृपया आप ज़रूर बोलिए।"

मैंने उनकी हथेली पर अपने दूसरे हाथ की हथेली रखते हुए कहा, "चर्च के वरिष्ठ अधिकारियों और पादरियों द्वारा किया गया बच्चों का यौन शोषण बहुत दुखद बात है। अब तक जो हो चुका, उस पर कार्रवाई तो आप करेंगे, लेकिन भविष्य में वहाँ बच्चों का उत्पीड़न न हो, इसके लिए भी आप कुछ ठोस उपाय कीजिए। अगर आप चाहें तो मैं और मेरा संगठन आपका पूरा सहयोग करने के लिए तैयार हैं। मैं आपको ग़रीबों और पीड़ितों का पोप समझता हूँ। ईसाइयों के सर्वोच्च धर्मगुरु के नाते अगर आप अभी इस समस्या का समाधान नहीं करेंगे तो कौन कर सकेगा? शायद भविष्य का कोई पोप यह काम नहीं कर पाएगा।"

हम दोनों एक-दूसरे का हाथ पकड़े हुए ही कुछ क्षण के लिए चुप बैठे रहे। फिर उन्होंने कहा, "जल्दी ही विश्वभर की बिशप कॉन्फ्रेंस के प्रमुखों की बैठक होने वाली है। विश्वास कीजिए, हम उसी में एक कठोर नियमावली बनाएँगे जो चर्च से सम्बन्धित सभी संस्थाओं के अधिकारियों और पादरियों के लिए बाध्यकारी होगी।" मैंने आगे बढ़कर उन्हें गले लगा लिया।

कुछ महीनों के बाद मीडिया के माध्यम से पता चला कि पोप फ्रांसिस ने ऐसी नई नियमावली की घोषणा कर दी है। मैंने इसके लिए उन्हें बधाई दी। इसका कुछ न कुछ असर ज़रूर होगा। फिर भी सदियों से चले आ रहे बाल यौन शोषण की बुराई का अन्त करने के लिए कई तरह की कोशिशें करनी पड़ेंगी।

करुणा के लिए विश्व आन्दोलन

दुनिया में ऐसी कई घटनाएँ घट रही हैं जो मन को विचलित कर देती हैं। राजनीति में नैतिकता का संकट, शासन में लोकतंत्र का संकट, समाज में सहिष्णुता का संकट, व्यापार में आचार का संकट, व्यवस्था में न्याय का संकट, ज्ञान में सत्य का संकट, धरती के विनाश का संकट और सभ्यता में मनुष्यता का संकट तेज़ी से बढ़ रहा है। यह चिन्ताजनक ही नहीं, बल्कि भयावह है। जिस सम्पदा विज्ञान और टेक्नोलॉजी का इस्तेमाल करके पहले से चली आ रही बुराइयों और कमियों को ख़त्म किया जा सकता है, उनका इस्तेमाल उन्हें बढ़ावा देने के लिए हो रहा है। मैं इन मुद्दों पर लिखता और बोलता रहता हूँ। लेकिन फिर अपने आप से पूछता रहा कि क्या इतना ही पर्याप्त है?

2020 की कोरोना महामारी से उपजे संकट और चिन्ताएँ

2020 की फरवरी का महीना दुनिया भर में कोविड-19 की महामारी के रूप में एक ऐसा संकट लेकर आया, जिसका असर किसी न किसी रूप में अभी तक बना हुआ है। महामारी से बचाव और पीड़ितों को हर प्रकार की मदद करने में जुटे दूसरे संगठनों की तरह हमने भी कई महीनों तक उनके लिए राशन, हाथ धोने के लिए साबुन और मास्क आदि का इन्तज़ाम किया। उसी तरह मुक्ति आश्रम में रह रहे बच्चों और स्टाफ़ ने व्यवस्था में लगे पुलिस वालों और अस्पतालों के कर्मचारियों को भोजन के पैकेट पहुँचवाए। पूरे संगठन ने चार-पाँच महीनों में लगभग 50 लाख ख़ुराकों का प्रबन्ध किया।

यह सब करते हुए हमें सबसे ज़्यादा चिन्ता बाल आश्रम में रह रहे बच्चों

की थी। इसलिए दिल्ली में लॉकडाउन खुलते ही सुमेधा जी और मैं वहीं जाकर रहने लगे। हमारे लिए भी वह दिल्ली के मुक़ाबले ज़्यादा सुरक्षित जगह थी। वह असल में सभी के दिल-दिमाग़ को हिला देने वाला ख़ौफ़नाक दौर था। फिर भी, महामारी के दौरान इनसानियत में गहरा भरोसा जगाने वाली भलमनसाहत, त्याग और समर्पण की ढेरों घटनाएँ देखने-सुनने में मिलती थीं। सरकारों के अलावा अनगिनत सामाजिक संगठनों, उद्योगपतियों, धार्मिक संस्थानों और मीडिया के लोगों ने करुणा, एकजुटता और मदद के अद्भुत उदाहरण पेश किये। चिकित्साकर्मियों की कर्तव्यपरायणता और बलिदान मानवता में भरोसे को जगाते हैं।

लगता था कि जिस त्रासदी से पूरी मानवता पीड़ित हो रही है, वह हमें सामूहिक ज़िम्मेदारी और जवाबदेही सिखाएगी। लेकिन उन्हीं दिनों उससे ठीक उलटी घटनाएँ भी देखने-सुनने में आने लगीं। अस्पतालों, दवा विक्रेताओं, राशन की दुकानों आदि से क्रूरता, बेईमानी और लूट-खसोट की ऐसी ख़बरें आती थीं जो शर्मसार कर दें। बाद में कोरोना के रोकथाम के टीके खोज लिये गए। लेकिन अमीर और ग़रीब देशों के बीच में वैक्सीन के बँटवारे में घोर अन्याय देखने को मिला। महामारी के प्रभाव से होने वाले आर्थिक संकट को दूर करने के लिए जुटाई गई धनराशि के मामले में भी यही हुआ।

उस दौरान मुझे दुनिया की हालत पर गहराई से सोच-विचार करने का काफ़ी वक़्त मिल गया। इससे पहले के कुछ सालों में अलग-अलग मत-मज़हबों के बीच तेज़ी से बढ़ी अतिवादिता, समुदायों के बीच घृणा, अलगाव और हिंसा, आर्थिक ग़ैर-बराबरी, नैतिक जवाबदेही और ज़िम्मेदारी का अभाव, चारित्रिक गिरावट और घृणास्पद तरीक़े से नागरिकों में साम्प्रदायिक ज़हर फैलाने जैसी प्रवृत्तियाँ तेज़ी से बढ़ रही थीं। इनके कारण अनगिनत लोग पीड़ित, दुखी या उद्वेलित थे। मैं भी उन्हीं में से एक था। इन अमानवीय परिस्थितियों ने मुझे और ज़्यादा बेचैन कर दिया था। मैं रात में कभी भी अचानक नींद से जाग उठ जाता था और इन समस्याओं का हल ढूँढ़ने के बारे में सोचता रहता था।

बच्चों पर मँडरा रहे संकट की गम्भीरता को देखते हुए मेरे मन में यह विचार आया कि नोबेल पुरस्कार प्राप्तकर्ताओं और विश्वनेताओं को मिलाकर सरकारों तथा अन्तरराष्ट्रीय समुदाय से माँग की जाए कि कोविड-19 के संकट के दौरान और उसके बाद नागरिकों की सुरक्षा और कल्याण से जुड़े कार्यक्रमों में विश्व के वंचित बच्चों को न भुलाया जाए। उनकी आज़ादी, सुरक्षा और शिक्षा पर आँच नहीं आनी चाहिए। मैंने अपने मित्र रामोस होर्ता, लेमा बोई, मैरी रॉबिन्सन, कैरी कैनेडी, प्रिंस अली और लोरेना बरेला के साथ ज़ूम कॉल करके सलाह-

मशविरा किया। सभी इस विचार से सहमत थे कि कई और नैतिक हस्तियों को शामिल करके एक संयुक्त बयान देकर यह माँग की जाए कि कोरोना संकट से निबटने के लिए ख़र्च की जाने वाली धनराशि का पाँचवाँ हिस्सा दुनिया के 20 प्रतिशत सबसे वंचित बच्चों और उनके परिवारों पर ख़र्च किया जाए। सबसे ज़्यादा उत्साहजनक बात यह है कि 'फेयर शेयर फॉर चिल्ड्रन' (बच्चों के लिए समुचित भाग) का नारा हमारे 100 मिलियन फॉर 100 मिलियन अभियान चलाने वाले छात्रों और युवाओं की तरफ़ से दिया गया है।

मई के महीने में जारी संयुक्त वक्तव्य पर 88 नोबेल पुरस्कार प्राप्तकर्ताओं और विश्व नेताओं ने हस्ताक्षर किये थे। हमने इसी से उत्साहित होकर 09 और 10 सितम्बर, 2020 को 'लॉरिएट्स एंड लीडर्स फॉर चिल्ड्रन' का तीसरा सम्मेलन आयोजित किया। हालाँकि वह दिल्ली और जॉर्डन में सम्पन्न हुए पिछले दो सम्मेलनों की तरह न होकर, इंटरनेट पर ही हो सका। इसका फ़ायदा यह हुआ कि दुनिया के कई देशों से क़रीब 03 लाख लोग शामिल हो सके। अफ्रीका, यूरोप और लेटिन अमेरिका के सभी प्रमुख छात्र संगठनों के नेताओं, संयुक्त राष्ट्रसंघ की तीन एजेंसियों—आईएलओ, यूनिसेफ़ और विश्व स्वास्थ्य संगठनों के प्रमुखों, स्वीडन के प्रधानमंत्री तथा कई देशों के भूतपूर्व राष्ट्राध्यक्षों और अनेकों नोबेल पुरस्कार विजेताओं सहित विश्व की 43 जानी-मानी हस्तियों ने वंचित बच्चों के बचपन को बचाने हेतु ज़ोरदार आह्वान किया।

उसी बीच एक ऐसी रिपोर्ट जारी हुई जिसने मुझे बहुत ज़्यादा विचलित कर दिया। वह अन्तरराष्ट्रीय श्रम संगठन (आईएलओ) द्वारा बाल मज़दूरी पर जारी की जाने वाली चार साला रिपोर्ट थी। रिपोर्ट आईएलओ और यूनिसेफ़ के साझा अध्ययन पर आधारित थी। संयुक्त राष्ट्र महासभा के अध्यक्ष वोल्कन बोज़किर, संयुक्त राष्ट्रसंघ की उप महासचिव अमीना मोहम्मद, आईएलओ के महानिदेशक गाय रायडर, यूनिसेफ़ की एग्जीक्यूटिव डायरेक्टर हेनेरिटा फोर के साथ मैंने 10 जून, 2020 को वह रिपोर्ट जारी की।

रिपोर्ट जारी करते वक़्त मैंने बेहद कठोर शब्दों में विश्व समुदाय को ललकारते हुए कहा था कि हमने बच्चों के साथ धोखा किया है। आप लोगों के पास ऐसी कोई दलील और बहाना नहीं है जिसके पीछे आप अपना मुँह छुपा सकें। मैंने अपने संक्षिप्त वक्तव्य में यह भी कहा था कि समाज और राजनीति में हर स्तर पर ईमानदारी और नैतिकता घट रही है और इसका समाधान करुणा से ही सम्भव है। यानी बच्चों के दर्द को जब तक हम अपने बच्चों के दर्द की तरह महसूस करके उसे दूर नहीं करेंगे, तब तक खोखली भाषणबाज़ी ही चलती

रहेगी। विश्व के उन वरिष्ठतम नेताओं ने ऐसी असहज स्थिति का सामना शायद ही कभी किया हो। हालाँकि मेरे बोलने के तुरन्त बाद अमीना मोहम्मद ने मेरी बात का पुरज़ोर समर्थन किया था। मैं समझ गया कि दुनिया में समस्याओं के समाधानकर्ताओं और समस्या-पीड़ितों के बीच बढ़ती खाई का सबसे बड़ा कारण करुणा का अभाव है।

कोरोना काल के दौरान वीडियो पर होने वाली कॉन्फ्रेंसों, और उसके बाद के सालों में जिन-जिन महत्त्वपूर्ण कार्यक्रमों में मुझे बोलने के लिए बुलाया गया, मैंने वहाँ पुरज़ोर तरीक़े से करुणा के वैश्वीकरण का आह्वान किया है। लगभग सभी जगह लोगों की सकारात्मक प्रतिक्रिया और ज़ोरदार समर्थन ने बहुत उत्साहित किया। शायद इसके दो कारण थे। पहला यह कि मैंने अरुणा को करूँगा अरुणा के विचार अवधारणा और परिभाषा को सरल तरीक़े से प्रस्तुत किया। मेरा कहना था कि दया, कृपा, भलाई या परोपकार, सहानुभूति या संवेदना की तरह करुणा कोई धार्मिक या आध्यात्मिक मूल्य नहीं है। करुणा तो पुरानी परम्पराओं, मान्यताओं, व्यवस्थाओं और संस्थाओं से उपजे और चलाए जा रहे उत्पीड़न, अन्याय, भेदभाव और असमानता को समाप्त कर सकने वाली परिवर्तनकारी ताक़त है। वही हमें दूसरे की समस्याओं और पीड़ाओं को अपनी तरह महसूस करके उन्हें दूर करने के लिए क्रियाशील बनाती है। सरल तरीक़े से यूँ कहा जा सकता है कि विवेकपूर्ण और स्वार्थरहित रहकर समस्याओं का समाधान करना। इसके अलावा सबसे ज़्यादा इस बात का असर होता था कि मैं करुणा को ही अपने जीवन संघर्ष और दुनिया भर के बच्चों के बचपन को बचाने के प्रयासों और आन्दोलनों की प्रेरणा बताता था। वे कहानियों करुणा के क्रियाशील और परिवर्तनकारी असर का जीता-जागता प्रमाण हैं।

यहाँ ऐसी ही कुछ उत्साहजनक घटनाओं का ज़िक्र कर रहा हूँ। अजरबैजान की राजधानी बाकू में कई विश्व नेताओं, विशेषज्ञों और जाने-माने विद्वानों का एक वार्षिक सम्मेलन आयोजित किया जाता है, जिसे 'बाकू फ़ोरम' कहते हैं। यह उच्च स्तरीय संवाद के द्वारा कट्टरवाद और उग्रवाद को चुनौती देकर विश्व शान्ति और आपसी भरोसा, शान्ति और सुरक्षा का वातावरण तैयार करने का मंच है।

मेरी पहल पर 2023 बाकू फ़ोरम में 'करुणा के वैश्वीकरण' पर एक विशेष सत्र रखा गया। वहाँ मैंने विश्व समुदाय को इस करुणा की प्राणवायु की ज़रूरत से परिचित कराया। मेरे वक्तव्य के बाद कई विश्व नेताओं के साथ मेरी लम्बी व्यक्तिगत चर्चाएँ हुईं। मैंने 11 मार्च को इजराइल और फ़िलिस्तीन के भूतपूर्व प्रधानमंत्रियों को एक साथ बिठाकर बातचीत की और उनसे आग्रह

किया कि विश्व में शान्ति और स्थायित्व लाने के लिए करुणामय राजनीतिक नेतृत्व विकसित करना ज़रूरी है।

उसी यात्रा में अजरबैजान के राष्ट्रपति इल्हाम अलियेव ने मुझे अपने आवास पर आमंत्रित किया। अलियेव उस समय गुटनिरपेक्ष देशों के समूह के अध्यक्ष थे। राष्ट्रों के बीच ध्रुवीकरण के दौर में हमने गुटनिरपेक्षता को बढ़ावा देने पर बातचीत की। मैंने विश्व शान्ति के लिए युवाओं की भूमिका और नेतृत्व पर ज़ोर दिया। अजरबैजान और पड़ोसी देश अर्मेनिया के बीच के सम्बन्ध लम्बे समय से तनावपूर्ण रहे हैं। दोनों देशों के बीच सीमा पर अक्सर हिंसक सैन्य झड़पें होती रहती हैं।

बातचीत में मैंने राष्ट्रपति महोदय से पूछा कि क्या वे अपने पोते-पोतियों को विरासत में एक ऐसा अजरबैजान देना चाहेंगे जो अर्मेनिया या किसी भी पड़ोसी के साथ युद्धरत हो? क्या वे चाहेंगे कि दोनों देशों के बच्चे एक दूसरे के प्रति नफ़रत की भावना रखते हुए बड़े हों?

वे कुछ क्षणों के लिए काफ़ी संजीदा हुए। फिर उन्होंने कहा कि नहीं मैं ऐसा हरगिज़ नहीं चाहूँगा लेकिन आज की परिस्थिति में इस स्थिति को बदल पाना सम्भव नहीं है।

मैंने कहा कि अगर दोनों देशों के बच्चों और युवाओं के दिलों में करुणा जगाने के उपाय किये जाएँ तो भविष्य में ऐसा ज़रूर सम्भव हो सकता है। उन्हें एक सुझाव दिया कि दुनिया भर के अलग-अलग युद्धरत क्षेत्रों के युवाओं का बाकू में एक सम्मेलन किया जाए। उन युवाओं को बातचीत की पूरी आज़ादी दी जाए। सम्भव है कि शुरुआत में वे एक दूसरे पर अपनी भड़ास निकालें, एक दूसरे पर चीख़ें-चिल्लाएँ। परन्तु जब वे साथ-साथ रहेंगे, बातचीत करेंगे, साथ में खेलेंगे-कूदेंगे और खाएँगे-पिएँगे, तो मुझे पूरा यक़ीन है कि कुछ दिनों के बाद अपने घर लौटते वक़्त वे एक-दूसरे से गले मिलकर जाएँगे। वे अपने-अपने देशों में शान्ति और सौहार्द के चैम्पियन बनेंगे। दुनिया की समस्याओं का समाधान करुणा से ही हो पाएगा। उन पर इस बात का गहरा असर हुआ। वे ऐसे आयोजन के लिए तुरन्त मान भी गए, लेकिन किन्हीं कारणों से बात आगे नहीं बढ़ पाई।

मैं वहीं नहीं रुका। 06 नवम्बर, 2024 को मैंने अर्मेनिया के प्रधानमंत्री निकोल पशियाँ से मिलकर इस विषय में लम्बी बातचीत की। मैंने उन्हें राष्ट्रपति अलियेव से हुई मुलाक़ात के बारे में भी विस्तार से बताया। वे मेरे विचार से पूरी तरह सहमत थे। मुझे यह जानकर अच्छा लगा कि न केवल उनकी रुचि शान्ति की स्थापना शान्ति स्थापित करने में है बल्कि और दशा में गम्भीर कूटनीतिक

प्रयास भी शुरू हो चुके हैं। इसलिए प्रधानमंत्री निकोल ने मेरे सुझाव पर अमल करने के बारे में थोड़ा इन्तज़ार करने की सलाह दी।

इसी तरह उद्योग, व्यापार और टेक्नोलॉजी के क्षेत्रों से भी बड़ी सकारात्मक प्रतिक्रिया मिली। सऊदी अरब की सरकार ने अक्टूबर 2022 में रियाद में फ़्यूचर इन्वेस्टमेंट समिट किया था। उसका ध्येय वाक्य था—'इन्वेस्ट इन ह्यूमैनिटी' यानी मानवता में निवेश। आप दुनिया की जिस भी बड़ी कम्पनी का नाम लें, लगभग सभी के मुखिया, निजी पूँजी निवेश जगत की प्रमुख हस्तियाँ और कई देशों के मंत्रीगण उसमें शामिल हुए थे। मैंने सम्मेलन के शुरुआती सत्र को सम्बोधित करते हुए करुणापूर्ण निवेश का विचार रखा था। मेरा सुझाव था कि बड़े-बड़े उद्योगों और व्यापार में अरबों-खरबों रुपया निवेश करने वाली कम्पनियाँ यह सुनिश्चित करें कि उस धन से उन उद्योगों में काम करने वाले श्रमिकों, स्थानीय समुदायों और पर्यावरण का नुक़सान न होने पाए। श्रोताओं के लिए यह एकदम नई बात थी। बाद में, अपने सम्बोधनों में कई वक्ताओं ने मेरे इस विचार का हवाला दिया था। इसी तरह से सिंगापुर में टेक्नोलॉजी जगत के अन्तरराष्ट्रीय विशेषज्ञों के अलावा अनेक प्रतिष्ठित विश्वविद्यालयों जैसे प्रिंसटन, हॉर्वर्ड, वाशिंगटन, येल, कोलंबिया, सिएटल और भारत की अशोका यूनिवर्सिटी के छात्रों और विद्वानों के बीच मैंने करुणा के वैश्वीकरण का अपना विचार रखा। उनकी प्रतिक्रिया से मेरा उत्साह बढ़ा। कहने की ज़रूरत नहीं कि मैं अपने कई साथी नोबेल पुरस्कार प्राप्तकर्ता मित्रों से लगातार सलाह और मार्गदर्शन लेता रहता हूँ।

2023 में गांधी जयंती पर हमने एक और अनूठी पहल की थी—करुणा और भाईचारे पर विश्व युवा सम्मेलन। यह आयोजन बाल आश्रम में रखा गया जिसमें 18 देशों के लगभग 700 युवा कार्यकर्ताओं ने भाग लिया था। वे ऐसे युवा थे जिन्होंने अपने-अपने क्षेत्रों में करुणा से प्रेरित ऐसे कार्य किये जिनसे बड़े महत्त्वपूर्ण सामाजिक बदलाव आए। बिना किसी झगड़े-झंझट के बाल मज़दूरी, बाल विवाह, यौन शोषण, पर्यावरण विनाश, जात-पाँत, स्त्री-पुरुष और साम्प्रदायिक भेदभाव जैसी समस्याओं का समाधान निकाला। उनकी मौजूदगी और उनके द्वारा बोली गई हर बात किसी को भी यह भरोसा दिलाने के लिए काफ़ी थी कि करुणा के माध्यम से समाज में स्थायी परिवर्तन सम्भव हैं।

उन्हीं दिनों रूस और यूक्रेन का युद्ध शुरू हो गया था। यूक्रेन के मासूम बच्चों, महिलाओं और नागरिकों की हत्याओं ने दुनिया को झकझोर दिया था। एक दिन लेमा बोई का फ़ोन आया। 2011 की नोबेल शान्ति पुरस्कार प्राप्तकर्ता लेमा मेरी पारिवारिक मित्र और छोटी बहन की तरह हैं। वे बड़ी तेज़-तर्रार

सामाजिक नेत्री हैं जिन्होंने गृहयुद्ध और तानाशाही से जूझ रहे अफ्रीकी देश लाइबेरिया में लोकतंत्र और शान्ति स्थापना में ऐतिहासिक भूमिका निभाई थी। यह काम उन्होंने अभूतपूर्व साहस और संकल्प से कई ख़तरों और उत्पीड़न का डटकर मुक़ाबला करते हुए साधारण महिलाओं और किशोरियों को जागृत और आन्दोलित करके किया।

फ़ोन पर लेमा ने बताया कि दुनिया में गहराते संकट से वे मानसिक रूप से बहुत परेशान और उद्वेलित हैं। उन्होंने इच्छा ज़ाहिर की कि वे भारत आकर कुछ दिनों तक हमारे साथ रहना चाहती हैं। सुमेधा जी और मुझे उनकी यह इच्छा जानकर बेहद ख़ुशी हुई। वे सितम्बर-अक्टूबर 2022 में तीन हफ़्ते से ज़्यादा हमारे साथ बाल आश्रम और दिल्ली के घर में ठहरीं। लेमा जैसी शुद्ध मांसाहारी महिला को उतना ही शुद्ध शाकाहारी बनकर रहना पड़ा। आख़िरकार मुझ जैसे व्यक्ति को भाई बनाने की कुछ न कुछ क़ीमत तो चुकानी पड़ेगी। हालाँकि हमने ख़ूब मज़े भी किये। घंटों बैठकर गपशप, देश और दुनिया की समस्याओं पर माथापच्ची करने की बजाय निजी ज़िन्दगी की कहानियाँ, हँसी-मज़ाक़, योग, नाच-गाना हमारी दिनचर्या रहती थी।

लेमा बहुत ही मज़ाक़िया और हँसोड़ हैं। एक मज़ेदार घटना है। 8 अक्टूबर, 2022 को मेरी शादी की सालगिरह पर सुबह-सुबह वे अचानक एक गुलाब का फूल लेकर आ गईं। फिर सुमेधा जी के सामने घुटनों के बल बैठकर बोलीं, "मैडम, क्या आप मेरे भाई से शादी करेंगी?" हम लोग हँस-हँसकर लोट-पोट हो गए। लेमा अपने लोगों से भावनात्मक रूप से बहुत गहराई से जुड़ी रहती हैं। लड़कियों को ज़्यादा से ज़्यादा शिक्षित करना तो एक तरह से उनका जुनून है। वे लाइबेरिया के बहुत सारे बच्चों की पढ़ाई का अपने देश में तो ख़र्च उठाती ही हैं, होनहार बच्चों की विदेशों में पढ़ाई का भी प्रबन्ध करती हैं।

भारत में लेमा ने निजी समय बिताने के अलावा हमारे साथ एक ऐतिहासिक अभियान के शुभारम्भ में भी भाग लिया। 18 अक्टूबर को कैलाश सत्यार्थी चिल्ड्रन फ़ाउंडेशन के तत्त्वावधान में 'बाल विवाह मुक्त भारत' अभियान शुरू किया गया था। उसका पूरा संयोजन भुवन ने किया था। उसमें देश-भर के सैकड़ों सामाजिक संगठनों और 15 प्रान्तों की सरकारों ने भागीदारी की थी। सबसे उत्साहजनक बात यह थी कि हज़ारों गाँवों की लगभग 75 हज़ार युवतियों ने बड़े साहस के साथ आगे बढ़कर अपने-अपने इलाक़ों में बच्चों की शादियों को रोकने की मुहिम की अगुआई करने की शपथ ली थी। भारतीय ग्रामीण महिलाओं के भीतर की घुटन, आक्रोश और ऊर्जा की इससे प्रभावशाली अभिव्यक्ति पहले कभी नहीं

देखी गई थी। 18 अक्टूबर की शाम को देश के सभी प्रान्तों में लाखों लोगों ने मशालें जलाकर बच्चों की ज़िन्दगी में एक नया सवेरा लाने की शपथ ली। लेमा बोई, सुमेधा जी और मैंने कई हज़ार बच्चों और ग्रामीणों के साथ जयपुर ज़िले के नवरंगपुरा से मशालें जलाकर अभियान की शुरुआत की थी।

07 अक्टूबर, 2023 को फ़िलिस्तीन के आतंकी समूह, हमास द्वारा सैकड़ों इजरायली नागरिकों को अगवा कर लेने की अमानवीय और शर्मनाक घटना घट गई। मैंने दूसरे ही दिन अपने देसी-विदेशी मित्रों से आग्रह किया कि हम सभी मिलकर निरपराध लोगों को छुड़वाने के लिए आवाज़ उठाएँ। इस हादसे की बहुत भयानक प्रतिक्रिया होने का भी गम्भीर अन्देशा था। मैंने अपने कुछ नोबेल पुरस्कार विजेता मित्रों और सामाजिक व धार्मिक संगठनों के बड़े नेताओं से फ़ोन पर बात करके अपनी चिन्ता साझा की। उनसे आग्रह किया कि हमें दोनों देशों के बच्चों को बचाने के लिए आवाज़ उठानी चाहिए। मैंने उनसे अनुरोध किया कि इस समस्या को केवल धार्मिक व राजनीतिक चश्मे से देखने के बजाय बच्चों और मानवता पर मँडराते बहुत बड़े संकट के रूप में देखा जाना चाहिए। मुझे यह देखकर बहुत तकलीफ़ हुई कि भारत और अन्य देशों में बहुत ज़िम्मेदार लोग भी दो खेमे में बँटे हुए थे—मुस्लिम समर्थक और ग़ैर-मुस्लिम समर्थक।

दुर्भाग्य से, हफ़्तेभर के अन्दर ही गाज़ा पट्टी में अस्पतालों, स्कूलों, धार्मिक स्थलों, नागरिक बस्तियों पर इजराइली बमबारी, ड्रोन हमले और सैनिक कार्रवाई शुरू हो गई। अनेकों बच्चों और महिलाओं सहित निरपराध नागरिकों की नृशंस हत्या कर दी गई। बहुत दुखी होकर मैंने दुनियाभर के सभी नोबेल पुरस्कार प्राप्तकर्ताओं को एक मार्मिक चिट्ठी लिखी। उसमें ज़ोर देकर कहा कि इजराइल और फ़िलिस्तीन के बच्चे हमारे बच्चे हैं। वे किसी भी युद्ध के लिए ज़िम्मेदार नहीं हैं लेकिन उन्हीं को युद्ध का सबसे ज़्यादा ख़मियाज़ा भुगतना पड़ रहा है। हम अपने बच्चों को असहाय नहीं छोड़ सकते। उन बच्चों की सुरक्षा और शान्ति सुनिश्चित करना पूरे विश्व समुदाय की ज़िम्मेदारी है। कृपा करके उनके प्रति गहरी करुणा के भाव से मिलकर आवाज़ उठाएँ। उस पत्र का ज़बरदस्त असर हुआ। 103 नोबेल पुरस्कार विजेताओं ने उस पर अपने हस्ताक्षर कर दिये। उसे हमने दुनिया के प्रत्येक राष्ट्राध्यक्ष को भेजा और उस पर सन्तोषजनक प्रतिक्रिया मिली।

धीरे-धीरे मुझे यह भरोसा हो गया कि पारम्परिक तौर-तरीक़ों से इनसानियत और धरती को नहीं बचाया जा सकता। हम जानते हैं कि मनुष्य और पशु-पक्षी ही नहीं पेड़-पौधे तक ऑक्सीजन के बग़ैर जीवित नहीं रह सकते, लेकिन रोज़मर्रा की ज़िन्दगी में उसकी अहमियत पर ध्यान नहीं देते। कोरोना के दौर में

अनगिनत लोगों ने इसी प्राणवायु के अभाव में तड़प-तड़पकर दम तोड़ दिया था। हमने ज़रूरतमन्दों के लिए एक-एक ऑक्सीजन सिलेंडर का इन्तज़ाम कराने की जद्दोजहद में कई-कई रातें जागते हुए गुज़ारीं। उस पीड़ा और तनाव को शब्दों में बयान करना मुश्किल है। ऐसी स्थितियों में इस अदृश्य संजीवनी ऑक्सीजन का महत्त्व समझ में आता है।

मैं सोचता था कि वह कौन सी ऑक्सीजन है जिसकी कमी के कारण समाज के हर वर्ग में इनसानियत, नैतिक ज़िम्मेदारी और जवाबदेही घटती जा रही है? काफ़ी मंथन के बाद अन्ततः इस नतीजे पर पहुँचा कि करुणा ही वह ऑक्सीजन है। जहाँ-जहाँ यह ऑक्सीजन घट रही है, वहाँ-वहाँ संकट गहराता जा रहा है। मुझे पक्का विश्वास हो गया कि राजनीति, समाज, व्यापार, चिकित्सा, पुलिस, न्यायपालिका, शिक्षा, धर्म आदि सभी क्षेत्रों में इस प्राणवायु को बचाने और बढ़ाने के लिए पूरे जी-जान से जुटना ज़रूरी है।

1998 में बाल श्रम विरोधी विश्व यात्रा के दौरान मैंने कई स्थानों पर करुणा के वैश्वीकरण का आह्वान किया था। जहाँ तक मुझे याद है मैं यह बात उसके पहले भी बोलता रहा हूँ। 2014 में मेरे नोबेल पुरस्कार वाले भाषण का मूल सन्देश करुणा का वैश्वीकरण ही था।

आख़िरकार मैंने अपने मन में चल रहे ऊहापोह को ख़त्म करके फ़ैसला कर लिया कि करुणा के वैश्वीकरण का एक नया आन्दोलन खड़ा किया जाए। मैं अच्छी तरह जानता हूँ कि यह एक बड़ा चुनौती और जोखिम भरा काम है। पहली बात तो यह कि मेरी पहचान मानवाधिकार या बाल अधिकार कार्यकर्ता की रही है। लगभग पाँच दशकों से मेरा कार्यक्षेत्र बच्चों से ही सम्बन्धित रहा है। इसलिए मेरे कार्यकर्ता, समर्थक, सहयोगी और दानदाता मोटे तौर पर उन्हीं मुद्दों पर मुझसे जुड़े रहे हैं। इसलिए यह आन्दोलन एक नई दुनिया बसाने, या सत्तर साल की उम्र में एक नये जीवन की शुरुआत करने जैसा है। दूसरा, करुणा के मामले में लोगों की समझ और दृष्टि न्याय और बदलाव के लिए संघर्ष से एकदम विपरीत है। तीसरा, व्यावहारिक लोग यही सोचते हैं कि आज के प्रतिस्पर्धा, व्यक्तिवादिता, लेन-देन और नफ़े-नुक़सान के युग में 'करुणा' जैसी बातों को सुनने और अमल करने की किसको फ़ुरसत है। चौथा 'सफलता' और 'उपलब्धि' की वर्तमान परिभाषाओं में करुणा के बारे में मेरा विचार और प्रयास कैसे टिक पाएँगे।

ये सब बातें जानते-समझते हुए मेरा फ़ैसला भावुकता नहीं, बल्कि अपनी अन्तरात्मा की आवाज़ है। मेरी प्रेरणा अब भी वही दियासलाई है जो अपने दिल में

आग का समंदर लेकर चलती है और अपनी आख़िरी साँस तक अँधेरे को हराकर दुनिया को रोशन करने का सामर्थ्य और शक्ति रखती है। स्वयं को और संसार को प्रकाशित करने के लिए करुणा से बड़ी कोई अन्य ताक़त नहीं हो सकती।

मेरे भीतर चल रही उथल-पुथल के बारे में भला सुमेधा जी से ज़्यादा और कौन जान सकता था। उनका यह भरोसा कि ईश्वर मुझसे और भी बड़ा काम कराना चाहता है, मुझे बड़े से बड़ा जोखिम उठा सकने की शक्ति देता है। उनके अलावा मैंने अपने पूरे परिवार और नज़दीकी मित्रों व सहयोगियों के साथ महीनों तक गहरा विचार-विमर्श किया। उनकी राय बँटी हुई थी। मेरे फ़ैसले से असहमत होने वालों में बेटा भुवन सबसे आगे था। हालाँकि मुझे भरोसा है कि कभी-न-कभी वह भी समझ जाएगा। अब वह अपने तरीक़े से बाल अधिकारों की रक्षा में जुटा है। दूसरी ओर, हमारी बेटी अस्मिता एक अन्तरराष्ट्रीय संगठन 'ग्लोबल सस्टेनेबिलिटी नेटवर्क' का सबसे बड़ा ओहदा त्यागकर करुणा के वैश्वीकरण के आन्दोलन में शामिल हो गई। अब वही एक बहुत समर्पित, योग्य और ऊर्जावान टीम के साथ करुणा के विश्व आन्दोलन की अगुआई कर रही है। मुझे सबसे ज़्यादा सन्तोष इस बात का है कि अस्मिता का पति सुदीप न केवल उसके फ़ैसले से पूरी तरह से सहमत है और उसका उत्साह बढ़ाता है, बल्कि दुनिया की बेहतरी के लिए करुणा की ज़रूरत और उसे पूरा भरोसा है।

हमने 11 मार्च, 2024 को दिल्ली में नोबेल पुरस्कार विजेताओं, न्यायविदों, वरिष्ठ सामाजिक कार्यकर्ताओं, कॉरपोरेट, विज्ञान और टेक्नोलॉजी की प्रमुख हस्तियों, पत्रकारों, बुद्धिजीवियों और युवाओं के साथ मिलकर सत्यार्थी मूवमेंट फॉर ग्लोबल कम्पैशन (एसएमजीसी) की औपचारिक घोषणा कर दी।

नोबेल शान्ति पुरस्कार से सम्मानित जोड़ी विलियम्स, विश्व प्रसिद्ध मानवाधिकार कार्यकर्ता कैरी कैनेडी, मोनैको के पूर्व प्रधानमंत्री सर्ज टेल, ब्राज़ील के सुप्रीम कोर्ट (लेबर) के मुख्य न्यायाधीश लेलियो बेन्तेस कोरेया, भारत के सुप्रीम कोर्ट के पूर्व जज और न्यायविद् जस्टिस ए.के. सीकरी, जस्टिस इंदिरा बनर्जी, भारत सरकार के दूसरे सर्वोच्च नागरिक सम्मान पद्म विभूषण से सम्मानित वैज्ञानिक डॉ. रघुनाथ ए. मशेलकर, भारत के पूर्व सेनाध्यक्ष जनरल दलजीत सिंह सुहाग, प्रसिद्ध उद्योगपति मीनल बजाज, वर्ल्ड समिट ऑफ़ नोबेल पीस लॉरिएट्स की अध्यक्ष ई. कैटरीना, पूर्व राज्यपाल किरण बेदी, रोटरी इंटरनेशनल की पहली महिला अध्यक्ष जेनिफर जोन्स समेत भारत और विश्व की कई प्रतिष्ठित हस्तियाँ उस कार्यक्रम में शामिल हुईं। हम सबने अपनी दुनिया को करुणा के माध्यम से बेहतर बनाने का साझा संकल्प लिया। कार्यक्रम में भाग लेने के लिए आए मेरे

पारिवारिक मित्र लेलियो, उनकी पत्नी गोरैची, जोडी विलियम्स और अमेरिका की जानी-मानी क़ानूनविद् ली वेंडरवर्ड हमारे घर पर ही ठहरी थीं। ये सभी हमारे भाई-बहनों की तरह हैं। इसलिए तीन-चार दिन घर पर ख़ूब गहमागहमी और रौनक रही। कार्यक्रम के बाद वे लोग कुछ दिनों हमारे साथ बाल आश्रम में रहे।

अब मैं और एसएमजीसी, यानी, सत्यार्थी मूवमेंट फॉर ग्लोबल कम्पैशन मुख्य रूप से पाँच क्षेत्रों में काम करने में जुट पड़े हैं। पहला, लगभग 14 सौ गाँवों को बाल मित्र बनाने के हमारे अनुभव को आधार बनाकर समुदायों और समाज की छोटी-छोटी इकाइयों में क्रियात्मक करुणा के माध्यम से सशक्त और न्यायपूर्ण समाज बनाना। दूसरा, कम्पैशन कोशिएंट स्थापित करके व्यक्तियों के समूह में करुणा के स्तर को नापते हुए उसे बढ़ाने के तरीक़े खोजना। तीसरा, समाज के सबसे प्रभावशाली क्षेत्रों, जैसे कि न्यायपालिका, शिक्षा, चिकित्सा, मीडिया, कॉरपोरेट जगत, संसद और राजनीति की बड़ी-बड़ी हस्तियाँ किसी के साथ छोटी-छोटी संगोष्ठियाँ करके करुणामय नेतृत्व बढ़ाना। चौथा, यूनेस्को के साथ मिलकर दुनिया के युवाओं में करुणामय नेतृत्व निर्माण। और पाँचवाँ, इन सभी कामों का विधिवत समायोजन और संचालन करने के लिए एक अन्तरराष्ट्रीय केन्द्र का निर्माण। मुझे बहुत ख़ुशी है कि 2024 के आख़िरी छह-सात महीनों में इन सभी दिशाओं में काम बढ़ रहा है। निश्चय ही इसका सबसे बड़ा श्रेय अस्मिता और उसकी छोटी-सी टीम को जाता है। मुझे उन पर पूरा भरोसा है।

मैं बड़े सपने देखने में यक़ीन करता हूँ क्योंकि मेरे लिए वह सपना ही रोशनी, रास्ता, पैरों की रफ़्तार और मंज़िल होता है। अपने अनुभवों से मैंने यह सीखा है कि साधारण से दिखने वाले अनगिनत लोगों में बड़े सपने देखने का माद्दा है। उनमें साहस और क्षमता भी भरी पड़ी है। बस, उन्हें दियासलाई की चिंगारी दिखाने की ज़रूरत है। ऋग्वेद का एक सूक्त है—*अग्निना अग्नि: समिध्यते*—आग से ही आग जलती है। मैं वही कर रहा हूँ।

मेरे लिए करुणा से भरी दुनिया का मतलब है कि हमारी शासन व्यवस्थाएँ, राजनीति, उद्योग और व्यापार, स्वास्थ्य सेवाएँ, पुलिस और न्याय-तंत्र, कार्यस्थल, समुदाय, शिक्षण संस्थान और मीडिया व संचार-तंत्र आदि करुणा से प्रेरित हों। यानी दूसरों की तकलीफ़ों और समस्याओं के समाधान के लिए चुने गए या सक्षम लोग उन समस्याओं से जूझ रहे लोगों को अपनी तरह मानें और उन तकलीफ़ों को दूर करें।

मुझे पूरा भरोसा है कि एक न एक दिन इस सपने की नियति इसका साकार हो जाना है।

साथ जुड़ें साथ पढ़ें